【北京社科名家文库】

羁鸟恋旧林

BEIJING SHEKE MINGJIA WENKU

张世英自选集

张世英◎著

图书在版编目(CIP)数据

羁鸟恋旧林：张世英自选集/张世英著．—北京：首都师范大学出版社，2008.12

（北京社科名家文库）

ISBN 978-7-81119-432-6

Ⅰ．羁…　Ⅱ．张…　Ⅲ．哲学—文集　Ⅳ．B-53

中国版本图书馆 CIP 数据核字(2008)第 198130 号

北京社科名家文库

JINIAO LIAN JIULIN

羁鸟恋旧林

张世英自选集

张世英　著

项目统筹：杨小兵　　责任编辑：张慧芳　陈　曦

责任设计：王征发　　封面绘画：王征发

责任校对：王亚利　　责任印制：沈　露

首都师范大学出版社出版发行

地　址　北京西三环北路 105 号

邮　编　100037

电　话　68418523(总编室)　68982468(发行部)

网　址　cnuph.com.cn

E-mail　master@cnuph.com.cn

北京嘉实印刷有限公司印刷

全国新华书店发行

版　次　2008 年 12 月第 1 版

印　次　2008 年 12 月第 1 次印刷

开　本　787mm×1 092mm　1/16

印　张　40.5　　插　页　1

字　数　480 千

定　价　82.00 元

《北京社科名家文库》编委会

出版说明

1978 年，中国改革开放的元年。自那一年开始，中国已经走过了波澜壮阔的 30 年。这是伟大的 30 年，是改变中国的 30 年，是震惊世界的 30 年，也是哲学社会科学蓬勃发展的 30 年。

在哲学社会科学这 30 年的辉煌成就里，浸透着为新中国哲学社会科学奠基的老一辈专家呕心沥血的求索，也镌刻着寻着他们足迹的后来者追求真理的步伐。“学之大者，国之重器”。我们有责任将这些“大者”潜心研究的成果，重新编辑出版以飨读者。为此，北京市社会科学界联合会和首都师范大学出版社将这一套《北京社科名家文库》奉献给读者。她以自选集的体例形式，每年推出一批，争取在几年内达到百种以上。《北京社科名家文库》将系统展示当代哲学社会科学名家学者 30 年来的学思精华，展示他们的学术探索历程和风采。同时，为使这套《北京社科名家文库》更加丰富，编委会决定在首都师范大学出版社已出版的《当代著名学者自选集》中挑选符合体例的图书 10 种，编辑成《北京社科名家文库·纪念辑》，这将更完整地反映北京学人在学术风范和学术使命上的历史延续。

我们相信，《北京社科名家文库》将能够成为具有文化传承价值的经典性大型出版工程，成为集中展示首都哲学社会科学重要成果的一个窗口。由于我们水平所限，定有不足之处，希望读者和同仁给予批评指正。

编　委　会

2008 年 11 月

张世英先生

目录

北京社科
名家文库

北京社科
名家文库

北京社科
名家文库

改革开放——我哲学生涯的分水岭*

（代 序）

一

从1949年全国解放到1978年改革开放大约三十年的时间，是一个以政治压倒学术、代替学术的年代。我虽然在政治运动的夹缝中也做了一些学术研究，但在当时“要求进步”的思想指导下，我的著作和论文大多打上了“左”的教条主义的烙印，“大批判”成了这些论著的主线。我的研究领域是西方哲学，是非马克思主义的东西，根据当时的规定，对于这些东西首先是批判，批判其中的唯心主义和形而上学。针对西方哲学中马克思主义以前古典的东西，尚可在大批判的前提下根据具体情况，适当地吸取其中的“合理内核”，我那时的几本关于黑格尔哲学的著作和西方哲学史方面的论文，就是在这个固定公式下写成的。至于西方哲学中的现当代哲学部分，则更被判定为反动的、腐朽的资产阶级思想，有如洪水猛兽，不敢问津，即使出于某种需要在课堂上讲到它，那也只能是批判又批判。我在那个年代里也讲授过现当代资产阶级哲学课程，名称就叫做《现当代资产阶级哲学批判》，发

* 本篇原载《社会科学战线》2008年第1期。

表的几篇关于现当代资产阶级哲学的文章，题目也多带“批判”二字。

我的那些“左”的论著在当时曾得到社会上的好评与某些领导的赏识，许多报刊也常约我撰稿，由此可见那个时代的学术风尚之一斑。现在回想起来，我那部分“大批判”文字不过是在当时政治形势下的“一唱亿和”之作。那个时代从事哲学专业的人，称为“哲学工作者”，不能心存“哲学家”之想，意思是不能有自己独立的思想，只能做些注释和讲解马克思主义经典著作的工作，或者像我这样以非马克思主义为专业的人，就只能做些“大批判”的工作。

在历次政治运动中，我虽因年轻，没参加过国民党、三青团，没有这方面的历史包袱需要做自我批判，但我的思想检查仍然连连不断，那就是检查我不问政治、自鸣清高的思想。我在那个年代里的为学道路，是一个与各种政治运动同行的过程，是一个与批判我个人不问政治、自鸣清高的思想检查同行的过程。两者同行的结果，无非是以政治压制学术、代替学术。我今天仍然认为学术应“走出象牙之塔”，但我从“象牙之塔”走出以后，却长期误入了一条“左”的教条主义的歧途。陶渊明诗云：“误落尘网中，一去三十年。”我有感于从解放到改革开放约三十年里所经历过的人生道路，也写了两句：“三十年华转眼过，天涯浪迹岁蹉跎。”“三十年”者，言其成数也。（陶诗所谓“三十年”，则实系十三年，这里不作详细论述。）

“文化大革命”期间，我已经常反思解放后我所走过的道路，而“文革”结束以后，随着改革开放浪潮的推进，我的思想更是逐渐地从政治独断和教条主义束缚下解放出来。“羁鸟恋旧林，池鱼思故渊”。我仿若一个飘摇在外、“一去三十年”的游子，踏上了返回自己思想家园的归途。我感到长期套在哲学脖子上的枷锁正在打开，“光明在望”。从此以后，我回到了纯正的学术研究的道路，开始了真正做学问的时期。在新的形势下，我个人的业务进展也比较大，青年时期就已萌发的哲学追求也似乎找到了一点边际。但“夕阳无限好，只是近黄昏”。80年代初，我已是六十岁的老人了。苏老泉二十七岁发愤已恨晚，我与同辈人到花甲之年才有条件认真为学，未免可笑亦可悲。然而为了找回已失去的盛年，我仍以“人一能之己十之，人十能之己百之”的精神，勤耕至今。所以我在前两句诗之后又续了两句：“故园别久思归去，犹盼日西挥鲁戈。”我幻想挥戈返日，假我天年，得偿夙愿。

二

改革开放以来三十年的时间里，前八九年我仍以德国古典哲学、黑格尔哲学为主要研究方向，但不再以“大批判”为主线，而是纯正的学术性研究。这些研究成果主要体现在已出版的《黑格尔〈小逻辑〉绎注》、《论黑格尔的精神哲学》、《康德的〈纯粹理性批判〉》、《自我实现的历程——解读黑格尔的〈精神现象学〉》等著作和相关论文中。还主编了《黑格尔辞典》，其中本人亲笔撰写10万余字。又从德文原文翻译了德国著名哲学史家 Kuno Fischer 的《近代哲学史》一书的部分章节，定名为《青年黑格尔的哲学思想》。在《黑格尔〈小逻辑〉绎注》中，对《小逻辑》一书，除逐节逐段作了较通俗的讲解外，还特别在“注释”部分下了一番苦功：一是用黑格尔注释黑格尔，即就同一问题，同一术语，不仅把散见在《小逻辑》各节中的相关论述集结起来，而且把黑格尔其他著作中的相关材料也搜集在一起，使读者对同一问题、同一术语的解释可以从我的注释中得到相互参照、相互发明的便利。为了注释黑格尔的某个论点、某个术语，我常常翻遍他的全集。二是借用西方一些研究黑格尔的学者的讲解和注释以注释黑格尔，这实际上是采用了中国传统的集注的办法。我对黑格尔哲学的整体把握和评价，在这段时期里，也有一个新的转变。和“文革”前着重批判黑格尔哲学的唯心主义不同，我更多地强调黑格尔哲学对他死后的西方现当代哲学的积极作用和影响，强调学习黑格尔哲学中关于人的主体性和自由本质的意义。我现在认为，黑格尔哲学既是西方传统形而上学的顶峰，更蕴涵和预示了传统形而上学的颠覆和现当代哲学的某些重要思想，例如现当代现象学的口号“回到事情本身”，其内涵和实质就可从黑格尔《精神现象学》“序言”关于“实体本质上即是主体”的著名命题中得到真切的理解和说明。我过去总爱说黑格尔是西方传统形而上学之集大成者，其实，更应该说，黑格尔是西方现当代哲学特别是人文主义思潮的先驱，现当代许多批评黑格尔哲学的大家们往往是踩着黑格尔的肩膀起飞的。〔本《自选集》“黑格尔哲学”部分所选论文和专著节选，大体上代表改革开放三十年以来我对黑格尔哲学的新近的观点和理解——《自选集》加注。〕

“文革”结束后，我多次参加国际学术讨论会或应邀到国外讲学，所讲的内容多以西方哲学、黑格尔哲学为主题。我的学术视野大大地开阔了，这与改革开放的总的形势是分不开的。

80 年代中后期以来，我的研究范围逐渐由德国古典哲学、黑格尔哲学转向现当代西方哲学与中国古代哲学，致力于中西哲学如何结合的问题特别是关于哲学何为与中国哲学向何处去等问题的研究。我的目标集中到一点，就是要探索出一个哲学发展的新方向，其成果体现在《天人之际——中西哲学的困惑与选择》(人民出版社，1995 年第 1 版，2007 年第 2 版)和《进入澄明之境——哲学的新方向》(商务印书馆，1999 年)两书中。与此同时，还写了《北窗呓语——张世英随笔》(东方出版社，1998 年)，以随笔、散文形式凝结了我那一时期的哲学思想。

随后的几年里，我按新的哲学方向在继续探索的道路上，逐渐形成了一系列属于我个人的思想观点，其所涉及的领域除哲学本身所讲的本体论和认识论之外，还包括美学、伦理学、历史哲学，我越来越萌发了清理和系统化自己的哲学思想的打算。正好这时北京大学哲学系的负责同志要我以老教授身份为一年级本科生开设哲学导论课程。教学相长。我借此良机，把原先打算清理和系统化自己的哲学思想的意愿贯穿其中，完成了《哲学导论》一书(北京大学出版社，2002 年第 1 版)。这是一本能代表我晚年哲学思想基本观点的著作。此书把我的哲学明确概括为“新的‘万物一体’的哲学”。它更系统地回答了《天人之际》与《进入澄明之境》两书中所提出的哲学何为与中国哲学向何处去的问题。“万物一体”(或“天人合一”)是中国本土文化的两大支柱儒家和道家的哲学思想之核心，为人与人、人与自然的和谐相处提供了理论基础，但“万物一体”、“天人合一”，都缺乏西方“主体—客体”关系式的思想环节，荀子的“天人相分”有些类似“主体—客体”关系式，但荀子不像孟子那样属于儒家正统，“天人相分”始终没有在中国传统文化中占主导地位。我把中国思想史上占主导地位的“万物一体”、“天人合一”称做“前主客关系的万物一体”或“前主客关系的天人合一”。这种思想，因其不以区分主客为哲学原则，不重物我之分，不重认识论，不重作为主体的人对作为客体之自然物的认识与征服，因而也不能为发展科学提供哲学理论上的根据，徒有与自然和谐相处之主观精神境界，而缺乏认识自然、征服自然以达到与自然和谐相处的具体途径。我由此而主张把主—客关系纳入万物一体、天人合一的思想指导之下，我称这种超越主—客关系的万物一体、天人合一为“后主客关系的万物一体”或“后主客关系的天人合一”。这也就是“新的‘万物一体’的哲学”之“新”的含义。我以为中国哲学向何处去的问题可以从这里找到具体答案。在这种思想指导下，我认为哲学就是提高境界之学，即提高到一种超越主客关系的万物一体或天人合一的境界，也可以叫做“后主客关系的万物一体或天人合一的境界”。〔本《自选集》“哲学与哲学史”部分“第一阶段”中所选论文和专著节选，大体上代表20世纪80年代中期到20世纪末我在会通中西哲学研究基础上所提出的以“万物一体”为主纲的新哲学观——《自选集》加注。〕

但《哲学导论》一书中所讲的东西，主要是从个人精神修养方面看问题，缺少社会维度的思考。有的学者看了此书后，说我的哲学是“个人哲学”，称我为“个人哲学家”，委婉地含有批评之意。在该书出版后，我逐渐认识到，个人的精神境界是在其所生长的自然条件下和一个民族的历史文化传统的熏染下形成的，而后者尤具决定性的影响。文化有社会性，它不只是个人的精神境界，而且更准确地说，是整个民族的精神境界。提高人的精神境界(无论个人的还是整个民族的)，与继承和弘扬一个民族的历史文化传统有深切的联系。这样，如何提高人的精神境界问题就变成了一个如何继承和弘扬民族历史文化传统的问题。我在刚刚由人民出版社出版的《境界与文化》一书(2007年9月)中集中探讨了这个问题。我着重讲了弘扬传统文化必须与吸取西方文化的优胜之处相结合而不能固步自封的观点。〔本《自选集》“哲学与哲学史”部分“第二阶段”所选文章主要是《境界与文化》一书的节录，代表我本世纪开始至今的哲学思想和观点——《自选集》加注。〕

改革开放三十年以来，我们在克服中华传统文化中封建主义的糟粕、发扬人民民主、促进思想解放等方面，的确向前迈进了一大步。我个人在浪迹天涯三十年之后踏上返回自我思想家园的归途中所取得的上述一系列学术成果，都是与改革开放的形势分不开的。撇开这些成果的质量不说，仅就数量而言，我在改革开放后的三十年所写的字数就几乎六倍于改革开放之前的三十年。而这后三十年，已是我的老迈之年。改革开放把先前套在哲学脖子上的绳索松绑以后，的确焕发了像我这样的“哲学工作者”的青春活力，让我深感庆幸。

正是改革开放的形势鼓舞着我，必须继续前行。改革开放，我把它理解为一场反封建专制主义的思想文化运动。中国传统文化有精华与糟粕两个方面，这已是老生常谈。但欲思前进，则不能一味徜徉于对传统文化的颂扬声中，应当清醒地意识到，传统文化需要新生，需要我们多思考一点如何去其糟粕的问题。中华文化长期累于封建专制主义及其各种变式之重负，释负不易。真正意义的民主、平等、自由、个性解放，至今人多嗫嚅而不敢直言，诺诺者千夫，谔谔者一士难求。更有甚者，因“久在樊笼里”，安于主人喂食之欢跃，以致乐不思蜀，丧失“羁鸟恋旧林”的本能，则尤令人悲叹。针对这些情况，我在《境界与文化》一书中初步表达了自己的一些意愿：如主张基本人权平等，增强平等之爱的道德意识，发扬自我批判、自我超越的精神，提倡科学的“自由”精神，培养对真理之爱的宗教感情，发掘道家传统中的科学基因，等等。实现这些意愿，意味着对封建传统势力的进一步清除，意味着一系列深刻的文化改革。但我以为只有这样，就个人来说，才有可能摆脱封建主义的樊笼，回归本己的精神家园；就民族来说，才有可能达到文化创新、民族复兴的光明前景。

第一编　哲学与哲学史

20世纪80年代中后期以来，我的研究重点由德国古典哲学、黑格尔哲学转向现当代西方哲学与中国古代哲学，致力于中西哲学如何结合的问题，特别是关于哲学何为与中国哲学向何处去等问题的研究。我极力想探索一条哲学发展的新方向。20余年来，我在会通中西哲学研究的基础上，逐渐形成了一系列属于我个人的思想观点，我总称之为超越“主—客”关系的“新的万物一体观”，又简称为“万有相通的哲学”。这里选辑的30篇论文和专著节录，大体上能代表我的这一哲学探索的历程和思想观点。

第 一 阶 段

(20 世纪 80 年代后期至世纪末)

“天人合一”与“主客二分”*

中国人有一句口头语：“人生在世”。译成白话就是，人生在世界之中，借用海德格尔的语言来说，即“在世界之中存在”(In-der-Welt-sein)。所谓“在世界之中”，或简称曰“在之中”(In-Sein)，究竟是什么意思？人总归是在世界之中，这是不待言的，问题是如何“在之中”？对于“在之中”如何理解？这个问题实际上是人和世界的关系问题。按照海德格尔的说法，有两种意义的“在之中”：一是指两个现成的东西，其中一个在另一个“之中”。例如水在杯子“之中”，椅子在教室“之中”，学校在城市“之中”。按照这种意义下的“之中”来理解人和世界的关系，那么，人就不过是一个现成的东西(人体)在另一个现成的东西(世界)“之中”存在，这两者的关系是两个平等并列的现成的东西共处的关系。即使把人理解为以肉体为根基的精神物，只要把人和世界看成是两个现成的东西，那也还是属于这种意义的“之中”关系。在这样的“之中”关系中，人似乎本来是独立

---

* 本篇原载《哲学研究》1991 年第 1 期。

于世界的，世界似乎是碰巧附加给人的，或者说，是碰巧与人聚会在一起的，简言之，两者处于外在关系之中。海德格尔认为，西方哲学传统中主客的关系就是这样的“之中”关系：客体是现成的、外在的被认识者，主体是现成的、内在的认识者，两者彼此外在。这样看待人与世界的关系，必然产生一个问题，即，主体怎么能够从他的内在范围走出来而进入一个外在的客体范围中去？也就是说，内在的认识怎么能够有一个外在的对象？主体，认识怎么能够超越自己的范围？或者再简单一点说，主体怎么能够认识客体？与“主体——客体”式的“在之中”相对的，是另一种意义的“在之中”，海德格尔称之为“此在和世界”的关系。这种意义的“在之中”不是一个现成的东西（主体）在另一个现成的东西（客体）之中。按照这种意义的“在之中”，人乃是“融身”在世界之中。“依寓”于世界之中，世界乃是由于人的“在此”而对人揭示自己、展示自己。人生在世。首先是同世界万物打交道，对世界万物有所作为，而不是首先进行认识。换言之，世界万物不是首先作为外在于人的现成的东西而被人凝视、认识，而是首先作为人与之打交道、起作用的东西而展示出来。人在认识世界万物之先，早已与世界万物融合在一起，早已沉浸在他所活动的世界万物之中。世界万物与人之间它们打交道不可分，世界只是人活动于其中的世界。所以，融身于世界之中，依寓于世界之中，繁忙于世界之中，——这样的“在之中”，乃是人的特殊结构或本质特征。人（“此在”）是“澄明”，是世界万物之展示口，世界万物在“此”被照亮。至于“主体——客体”式的“在之中”关系，在海德格尔看来，必须以这里所说的“此在和世界”的“在之中”关系为基础才能产生，也就是说，认识植根于这第二种意义下的“在之中”关系之上。为了使世界万物作为现成的东西而可能被认识，人首先必须有与世界万物打交道的活动，然后才从制作、操作等活动中抽出空来，逐步走向认识，这样，人才不致因主客彼此外在而弄得主体不可能越出自己的范围，使认识成为不可能。按照海德格尔的这种解释，认识之所以可能，是因为人一向就已经在世界万物之中，或者说，一向已经“在外”，即一向已经融身于世界万物之中。所以，认识乃是人生在世的一种方式，通过认识，人对于世界获得了一种新的存在之地位。

本文的兴趣并不是要阐述海德格尔的学说本身，而是想以海德格尔关于人与世界关系的理论为主要参考，论述中西哲学史上关于人与世界关系的几种不同类型的学说。

海德格尔关于“在之中”的两种解释，第一种是“主客”式，这是海氏本人已经采用的术语。第二种，他叫做“此在和世界”的关系，用辞生僻，而且他对这种关系的解释比较曲折，又正如他自己所说，多系从否定方面来界说，所以比较晦涩难懂；为了通俗起见，我想借用中国哲学的术语，姑称之为“天人合一”式，这里的“天”是指世界、自然。海德格尔关于“此在和世界”的关系的理论与中国的“天人合一”说有极其重大的区别，但单就两者都把人与世界看成息息相通，融为一体来说，则是一致的。我用“天人合一”来概括海氏的第二种“在之中”，就是取的这个意思，至于如何息息相通，如何融为一体，两者又是大不相通的。就“天人合一”的这种最广泛、最粗略的意义来说，我们可以认为，中西哲学史各自都兼有“天人合一”式与“主客二分”式的思想，不过需要强调的是，西方哲学史上占统治地位的旧传统是“主客二分”式，中国哲学史上的主导思想是“天人合一”式。

西方哲学史在苏格拉底、柏拉图以前，早期的自然哲学关于人与世界、自然的关系的学说，主要是“天人合一”式，即人与自然不分，当时的“物活论”就是最明显的表现。柏拉图的“理念论”，主要从存在论的角度讲理念是事物的本根，属于“天人合一”的思想，但他也从认识论的角度讲理念是“知识”的目标，是真理，而不是“意见”的对象，柏拉图实开“主客二分”思想之先河。明确地把主体与客体对立起来，以“主客二分”式为哲学主导原则，乃是以笛卡儿为真正开创人的西方近代哲学之事；但笛卡儿的哲学也包含有“天人合一”的思想因素，他的神就是思维与存在的统一，是世界万物之共同的本根或创造主。黑格尔是近代哲学的“主客二分”思想之集大成者，他的“绝对精神”是主体与客体的最高统一，但他的“绝对精神”不仅是认识的最高目标，最终极的真理，也是世界万物之最终的本根或创造主，它是最高的客观精神，也是人类精神的最高形态，人与世界相通。可以说，黑格尔哲学既是“主客二分”式思想，也是“天人合一”式的思想，两者结合为一体。

黑格尔以后，从主要方面来说，继续沿着“主客二分”式思想前进的有费尔巴哈、马克思等哲学家，大多数西方现代哲学家则贬低以至反对“主客二分”式，其中，海德格尔是一个划时代的人物，他把批评“主客二分”式同批评自柏拉图至黑格尔的旧形而上学传统联系起来，认为这种旧形而上学传统的根基是“主客二分”式。如果说，黑格尔哲学是西方近代哲学中“主客二分”思想和旧形而上学的顶峰，那么，海德格尔哲学就可以说是西方现代哲学中“天人合一”思想和反旧形而上学思想的开端。

不过，海德格尔决非一味否定“主客二分”式的哲学家。如前所述，海德格尔明确地主张“此在和世界”的“在之中”关系优先于“主体与客体”的“在之中”关系，亦即“天人合一”式优先于“主客二分”式，而且，他还论述了“主客二分”式以“天人合一”式为根基的道理，他认为没有“天人合一”就不可能有“主客二分”。显然，海德格尔的这个思想是欧洲“主客二分”式思想长期发展之后的产物，它和古希腊早期的

“天人合一”思想，有明显的高低之不同。如果说，古希腊早期自然哲学的“天人合一”是原始的“天人合一”，那么，海德格尔的哲学则可以说是经过了“主客二分”和包摄了“主客二分”的一种更高一级的“天人合一”。从古希腊早期自然哲学的“天人合一”思想，经过长期的“主客二分”思想发展过程到以海德格尔为主要代表的现代哲学的“天人合一”思想，正好走了一个否定之否定的路程，这也可以说是从古到今的整个西方哲学史的特征之一。

从这个角度来看，中国哲学史走的是一条什么样的路程呢？

中国哲学史上的“天人合一”说起于孟子。他主张天与人相通，人性乃“天之所与”，天道有道德意义，而人禀受天道，因此，人性才是有道德意义的。人之性善有天为根据。

老庄实际上也是主张“天人合一”说的。他们认为“道”是宇宙万物之本根，人亦以“道”为本。《老子》：“人法地，地法天，天法道，道法自然。”(上篇)《庄子·外篇》：“汝身非汝有也。……孰有之哉？曰：是天地之委形也。生非汝有，是天地之委和也。性命非汝有，是天地之委顺也。孙子非汝有，是天地之委蜕也。”(《知北游》)人的一切皆非独立于自然，而为自然之物。在谈到人的最高境界时，老庄之“天人合一”的思想则更为明显。《老子》之轻视知识、提倡寡欲和回复到婴儿状态或愚人状态，实际上是要人达到一种“天人合一”境界。庄子更是明确地主张通过“坐忘”、“心斋”，即一种忘我的经验、意识，取消一切区别，以达到“天地与我并生，而万物与我为一”的“天人合一”境界。庄子称此种境界为“玄德”。《老子》之婴儿状态或愚人状态实际上可以说是包括而又超过知识和欲望的状态。庄子的“玄德”亦非真正的“昏”、“愚”，而只是“若昏”、“若愚”，这也是包括而又超过知识和愿望之意。但我们是否可以说，老庄的“天人合一”境界达到了海德格尔所主张的"在之中"的水平呢？不能这样说。海德格尔的"天人合一"，即他所谓的人融身于世界，依寓于世界的关系学说，如前所述，乃是欧洲"主客二分"式思想长期发展之后的高一级的"天人合一"，老庄的"天人合一"是未经"主客二分"式思想洗礼的原始的"天人合一"；海德格尔明确地给予"主客二分"式和认识论以一定的地位，并作了详细的、系统的论述，只不过"主客二分"要以"天人合一"为根基，"天人合一"优先于"主客二分"而已，老庄哲学则少有"主客二分"式思想和认识论，我们只是根据他们的一些只言片语，通过我们的分析推论，才说他们的思想包含有知识的因素。老庄哲学和海德格尔哲学的区别不仅是中国哲学与西方哲学的区别，而且是古代哲学和现代哲学的区别。

老庄的"天人合一"与孟子的"天人合一"显然有不同之处：第一，在孟子看来，人之所本，有道德意义，而老庄的"道"则是没有道德意义的，它只是自然而然，所谓"道法自然"。第二，由于孟子的"天"有道德意义，所以达到"天人合一"境界的方法也有道德意义，这个方法就是"强恕"、"求仁"；而老子的方法是"心斋"、"坐忘"，这是没有道德意义的忘我的经验、意识。

西方哲学史上，古希腊早期自然哲学的"天人合一"是无道德意义的。柏拉图哲学以最高理念为"至善"，万物包括人在内部分享和参与理念，他的"天人合一"是有道德意义的。近代哲学以"主客二分"为主导思想，但大多含有"天人合一"的思想成分，他们的"天人合一"一般较少道德意义。康德哲学中所包含的"天人合一"是有道德意义的。黑格尔有浓厚的"天人合一"思想，但其道德意义并不强烈。西方现代哲学家大多反对"天人合一"的道德意义，海德格尔就是最明显的一例，在这一方面，他的哲学很像老庄哲学。总起来说，西方哲学史与中国哲学史相较，西方哲学史不但不以"天人合一"的思想为主导，而且，其“天人合一”亦较少道德意义，而中国哲学史则以孟子的“天人合一”说为主导，这种“天人合一”富有强烈的道德意义，与老庄的“天人合一”之无道德意义正好形成鲜明的对比，在中国哲学史上有如二水分流，各有异彩，但后者远不及前者之得势，这也是很明显的，这是中国哲学史重人伦道德的表现。魏晋玄学虽然继承了老庄的“天人合一”思想，但玄学已将道家思想与儒家思想相结合，有违老庄的原意，它包含了很多儒家“天人合一”说的成分。

孟子之以人伦道德原则为本根的“天人合一”说，至宋明道学而发展到了高峰。

张载的“天人合一”说是宋代道学之开端。张载说：“大其心则能体天下之物。物有未体，则心为有外。世人之心，止于闻见之狭。圣人尽性，不以闻见牿其心，其视天下，无一物非我。孟子谓尽心则知性知天以此。天大无外，故有外之心不足以合天心。见闻之知，乃物交而知，非德性所知。德性所知，不萌于见闻。”(《正蒙·大心篇》)张载这一段话似乎涉及了“主客二分”式与“天人合一”式的关系。“见闻之知，乃物交而知”，就是说，“见闻之知”乃主体与客体相互作用的结果。若停止在“主客二分”式上，则是在主体(心)之外尚有现成的客体，这是“以闻见牿其心”，即用闻见的知识，把主体封闭在自身之内，这叫做“心为有外”或“有外之心”，“有外”者，在心(主体)外尚有现成的客体之意。“有外之心”当然“不足以合天心”，不能“体天下之物”，也就是不能达到“天人合一”。只有破除主客间的障隔，打开此“牿”，而“大其心”，才能“体天下之物”，“视天下无一物非我”，从而达到“天人合一”即所谓“合天心”的境界，这种境界如果也叫做“知”，那就是“德性所知”，而非“见闻之知”。张载明确指出，“德性所知，不萌于见闻”。张载显然主张“德性所知”高于“见闻之知”，“天人合一”高于“主客二分”。当然，他不可能像海德格尔那样分析、说明后者怎样以前者为根基而产生。

道学的“天人合一”说，在张载以后，逐渐分为程朱理学与陆王心学两派。

程伊川和朱子以万物之本根为“理”，“理”是老庄的“道”之变形，不过程朱赋予了“理”以道德意义，此程朱理学之大不同于老庄哲学之处。程朱主张人禀受形而上的理以为性，故天人相通。据此，程伊川和朱子的“天人合一”的最高境界便是“与理为一”。“与理为一”，从人来说，就是人遵循理，从天来说就是理体现于人。

陆王心学的“天人合一”说，不同于程朱理学，陆王强调理不在心之上或之外，认为人心即是理。王阳明明确否认有超乎人心和具体事物之上的形而上的理的世界，主张唯一的世界就是以人心为天地万物之心的天地万物。王阳明这种融人心于世界万物的“天人合一”说，大大超过了程朱以至老庄的“天人合一”的思想。程朱和老庄所主张的本根，“道”也好，“理”也好，无道德意义也好，有道德意义也好，都是形而上的东西，他们的“天人合一”都是形而上的东西与形而下的东西之结合，而在王阳明这里，则只有一个现实的世界，此世界是人心与天地万物之彻底融合，人与世界万物之息息相通、融为一体的程度，比起老庄哲学特别是比起程朱哲学来，也可以说，比起以往整个中国哲学史上的“天人合一”说来，都要深刻得多。（早在周秦之际的儒家作品《礼运》中，虽然已有“人者，天地之心也”之说，与王阳明所说一样，但《礼运》此语的意思没有像王阳明那样阐发得明确详细。）和中国哲学史上的这种情况相似，海德格尔之视人心为世界万物之展示口，世界万物因人心而被揭示的“天人合一”思想，其“合一”的程度也比柏拉图至黑格尔的旧形而上学传统中所包含的“天人合一”的程度要深刻得多。所以，从“天人合一”思想的发展史来看，王阳明在中国哲学史上所占的地位同海德格尔在西方哲学史上所占的地位颇有相似之处：我们也许可以说，王阳明是中国哲学史上“天人合一”说之集大成者，而海德格尔则是西方哲学史上“天人合一”思想之集大成者。但王阳明作为中国哲学家和古代哲学家，与海德格尔作为西方哲学家和现代哲学家，两人的“天人合一”思想又有根本的区别。我在别的文章中已论述过这些区别，这里再作比较简明的概括：

一、最根本的一点是，王阳明的“天人合一”说具有中国古代哲学的特点，即缺乏“主客二分”的思想。中国哲学史上虽然也有“天人相分”说，但一直不占主导地位，而且语焉不详，很难说它就是“主客二分”式。后期墨家的认识论中“主客二分”的思想一直要到王阳明之后的王船山那里，才得到比较明确的阐发。而海德格尔的“天人合一”思想，已如前面所一再说过的，是欧洲“主客二分”思想长期发展之后的产物①。

---

① 有一种意见认为，原始人没有自我意识，没有觉察到人与自然的区别，但一旦文明时代开始，人就有了自觉，就能区分人与自然，因此，要说像孟子等中国古代哲学家这样的人物不能区分自然与人，不能区分天人，那是不可能的。持这种意见的人便由此断言，中国古代哲学家的“天人合一”说是在区别天人基础上再肯定天人统一，是高级的天人合一。这种意见显然不了解，个人发展到区分主客的自我意识阶段并不等于整个人类思想或一个民族的思想发展到了区分主客的自我意识阶段。我在《从主体性原则看中西哲学之差异》一文中说过，个人从出生到能区分主客，能有自我意识，其所需的时间只不过以月计，而整个人类思想或一个民族的思想发展，由不能区分主客的无自我意识阶段到区分主客的有自我意识的阶段，则往往要以百年计或千年计。个人或某哲学家能区分主客，也不等于他就能建立以主客式或自我意识为基本原则的哲学。古希腊早期自然哲学家，就其个人来讲，当然能区分主客，当然有自我意识，但他们并未达到以“主客二分”为哲学基本原则的水平；同理，孟子等中国哲学家的情况也类似。我这里并无意认为，中国自孟子到王阳明的“天人合一”说与古希腊早期自然哲学属于同一个水平。

二、王阳明的人心有道德意识，而且是封建的伦理道德意识；海德格尔的“此在”则无道德意义，他的“此在”是一般与世界万物打交道的活动与作为，其内容非常广泛。

三、王阳明的人心是理，属于理性，只不过专指道德理性；海德格尔的“此在”不是理，属于非理性的东西。

四、王阳明的人心是“人同此心”之心，“心同此理”之理，故王阳明思想中没有个人的自由选择；海德格尔的“此在”则是个体性，“此在”是个人根据自己的“本己”而“自由存在的可能性”，是自由选择。

五、王阳明哲学缺乏认识论，没有“主客二分”式的地位；海德格尔明确承认认识，承认“主客二分”式的一定的地位。

中西两个集“天人合一”思想之大成者的哲学思想之间的这些区别，颇能说明整个中国哲学与西方哲学之间的区别。我并不主张中国哲学今后要亦步亦趋地跟在西方哲学之后，更反对全盘接受海德格尔哲学，但无论如何，从上述这些区别来看，一味赞扬中国的“天人合一”说，是不符合人类思想发展之大势的。要发展中国哲学，以下三点很值得我们考虑：一是要认真反对中国哲学传统中根深蒂固的封建伦理道德意识；二是要发展“主客二分”的思想和科学精神；三是要注意发扬人的个体性，防止以共性压制个性。

略论中西哲学思想的区别与结合*

王阳明说："盖天地万物与人原是一体，其发窍之最精处，是人心一点灵明。""人心是天渊，心之本体无所不该，原是一个天，只为私欲障碍，则天之本体失了。""天地鬼神万物，离却我的灵明，便没有天地鬼神万物了。我的灵明，离却天地鬼神万物，亦没有我的灵明。如此，便是一气流通的，如何与他间隔得？"(《传习录》)这几段话可以看作是王阳明天人合一说最简要的说明。我这里不打算讨论他这几段话所涉及的各个方面，只想借用他的这些话，谈谈我所要讲的天人合一思想中的两个问题：一是人与天地万物"原是一体"的含义问题；二是原本合一的天人一体是如何"间隔"的问题。

* 本篇原载《学术月刊》1992年2月号。

一

中国哲学史上关于人与天地万物原是一体的含义有几种：一是道家的无道德意义的“道”与人合而为一，即所谓“天地与我并生，而万物与我为一”；二是儒家的道德意义的天与人合而为一。这里又分两类：一是董仲舒的“人副天数”的天人相类说，二是孟子首创、宋儒阐发的天人相通说，其中有两派：一是朱熹所代表的天理体现于人心，即所谓人受命于天、“与理为一”；二是以陆王为代表的“人心即天理”、致人心之良知即能“以天地万物为一体”。

我比较同意道家的“道”之无道德含义，同意王阳明的人心即天地万物之心。

人生在世，总得与世界、与天地万物打交道。所谓“打交道”，按海德格尔的说法，分为与物打交道和与人打交道两类，具体地说，就是指“制造、办理、嫌避、疏远、自卫”等等。若按狄尔泰的说法，就是指他所说的“经验”、“生活”，亦即人与万物之间的“作用与反作用”。狄尔泰认为，人与万物之间的关系就是“作用与反作用”的关系。狄尔泰和海德格尔都用“纠缠在一起”、“扭在一起”这样一些字眼来形容人与世界之间的这种关系。其实，这些字眼所表达的，如果用王阳明所讲的天人合一(当然，要去掉其道德内涵)来说明，也许能更亲切地把握其含义。王阳明的“一气流通”、“原只一体”同狄尔泰和海德格尔所说的人与万物“纠缠在一起”、“扭在一起”，正可以相互发明，都是对天人合一的最生动的描述。这里，我们也许会想到“实践”这个词。但“实践”按我们现在的一般用法，主要是指人对世界的有目的的改造，与认识相对，往往不包括情感、本能和下意识的活动在内，所以，它远不足以涵盖人与万物打交道的全部内容，远不足以表达人与万物"一气流通"、"纠缠在一起"或"扭在一起"的丰富含义，一句话，远不足以穷尽生活的无比深厚的内涵。至于把"实践"仅仅限定为革命的实践，这种用法就更加狭窄了。

人的生活，人与万物"打交道"、"纠缠"，绝不是我们平常所认为的那样，仅仅限于认识，也不限于认识加实践。它是认识、情感、意志、包括本能的和下意识的活动等方面的整体。天人合一应该是指作为这些方面之整体的人与万物"一气流通"、"纠缠在一起"的合一：人不仅是作为认知的人与天地万物打交道，而且是作为有情感、有意志、有本能的和下意识的活动的人与天地万物打交道。我们平常仅仅把人与世界万物的关系看成只是主客二分的关系：人站在世界万物之外，对事物进行认识；即使是在实践中，也只是一种从事物之外进入到事物之内的活动，人与世界仍然是在主客二分的模式之中。天人合一的内容和意义比起主客二分式来要丰富与深刻得多了。狄尔泰曾明确告诉我们："我们理解的总是比认识的多。"①他所说的"理解"，是指在人与世界"扭在一起"、"相互作用"过程中的一种体验，不同于主客二分式的认识。世界是人与之交往、与之相互作用的世界，外此则世界无意义。人既然是上述诸方面的整体，因此，世界就不只是被认识的世界，而且是被情感、意志、包括本能的和下意识的活动所把握的世界。世界的内容如此丰富，为什么要把这一切全都纳入主客二分模式和认识的范围之中呢？

当然，作为上述诸方面的整体，人在与世界打交道的过程中，有时会突出这一方面，有时会突出另一方面，有时这一方面占主导地

---

① 转引自 H. A. Hodges，*The Philosophy of Dilthey*，p. 128，Greenwood Press，1974。

位，有时另一方面占主导地位，这是应该承认的。但是除了尚无自我意识的婴儿阶段还谈不上认识之外，在人的一生中，上述诸方面总是以这样或那样的形式结合在一起，可以说，每一生活经验都包含有这些方面。

以上这些，就是天人合一的具体含义和具体内容。

二

是什么使原本合一的天人一体发生“间隔”的呢？王阳明从具有道德含义的天人合一的观点出发，认为是由于“私欲障碍”。这是我所不能同意的。我以为天人合一之所以被破坏，是由于主客二分的发生。这可以分两层意思来说明：一是指婴儿成长到了有自我意识的阶段；另一是指有了自我意识以后，抽象地把原本合一的天人一体分离、割裂为主体与客体两个独立的实体，然后为了使两者统一，便使用认识的手段（不管它是感知、或者是思想概念、或者是两者的结合）把两者联结起来，从而突出了认识的地位，甚至把认识的方面从情感、意志等等方面所构成的整体中抽离开来，孤立起来。天人一体和丰富生动的生活就这样地被割裂、“间隔”为干巴巴的、无血无肉的单纯认识之物，而我们还自以为这是最真实的所谓客观真理。

天人一体被“间隔”为主客两个实体的另一结果，是把世界撕裂成了碎片。在主客二分式的认识（包括通过一般所谓实践进行的认识）过程中，人只能一个片面、一个片面地认识。所谓认识的全面性只能是相对的，永无绝对全面的认识。这样，单纯在认识领域中生活的人，便只能是片面的人、抽象的人，即是说，他的生活只能是片面的、抽象的。我认识到这朵花是红的，那朵花是黄的，这是正确的，那是不正确的，这是真理，那不是真理，事情是这样而不是那样，如此等等，所有这些区别，其实都有各式各样的条件。所谓有条件，就是将整体加以割裂，就是实行抽象，好像在科学实验室里一样，总是要隔绝一些因素，要先让“other things being equal”，然后才能进行试验。我们的实际生活也都是首先假定了“other things being equal”，然后才能说这是红的，那是绿的，这是真理，那不是真理。只不过在日常生活中，这种条件是自然地被假定的，往往不为我们所觉察，我们甚至以为永远如此，绝对如此，只有等到“other things bejng equal”被自然地打破了，条件自然地改变了，我们才认识到原先认为是这样的变成了那样的，原先以为是真理的变成了非真理。我们就是这样永远处于有条件的、被割裂了的生活之中，或者说，永远处于相对认识之中，即使这种片面性越来越缩小，全面性越来越扩大，也不能改变这种有条件的、相对的、片面的本性。

说我们的日常生活是有条件的、片面的、被割裂了的，绝不是说日常生活是主观虚构，那只是单纯地用主客二分式对待世界的结果。它也是生活的一个方面，甚至是必要的方面，但仅仅是一个方面。如前所述，人对待世界不仅是作为认识的人，而且是作为有知、情、意，包括有本能的和下意识的活动的人而与世界“纠缠在一起”的，这才是生活的全面。所以，人要获得全方位的、多层次的、活生生的生活，就要超越主客二分式，超越那种单纯用认识(包括通过一般所谓实践进行的认识)对待世界的态度，而达到高级的天人合一的境界，达到作为上述诸方面的整体的人对待世界的境界。

三

人们在讨论中西思想文化传统之比较时，谈到这样几种区别：中国的思想文化传统重人生和精神之探讨；重本末、源流之区分；重直觉、了悟的方法；重道德和善的追求；重义轻利，等等。西方的思想文化传统重认识、重自然之研究；重现象与实在之分；重推理、分析的方法；重真理之追求；重功利，等等。我以为，所有这些区别实则都可用天人合一与主客二分之别来说明。天人合一与主客二分，既是人对世界的两种关系，也是两种人生态度，它们的不同决定着中国与西方两种思想文化的不同。可以说，在中国，占主导地位的是天人合一的思想文化传统，在西方，占主导地位的是主客二分的思想文化传统，这便是中西文化思想传统之首要区别。

中国哲学史上的天人合一说所强调的是人与世界之融合。无论道家的天人合一，儒家的天人合一，天人相类的天人合一，天人相通的天人合一，朱熹的天人合一，王阳明的天人合一，都是以此为最高理想。在天人合一这个基本观点的支配下，人们很自然地强调世界与人不可须臾分离，重视人、重视人生，就成了天人合一说之必然。中国天人合一说的这种重人生与精神之探索的特征，在西方反传统的现代哲学家狄尔泰那里倒是表现得更为直接、鲜明。他贬低西方主客二分的旧传统；他所提倡的实际上是天人合一，尽管他的天人合一思想与中国的天人合一说有很多区别，但强调人与世界之融合这个基本点则是共通的，而且他对于这种融合的阐释比中国哲学史要细致得多，其融合的程度也更为深刻，含义也更丰富。正是基于这种天人合一的思想，他干脆把自己的哲学说成是生活哲学。这样，一个反西方旧传统的现代哲学家在客观上便画龙点睛地道破了中国旧的思想文化传统之所以重生活、重精神之探索的秘密。可以说，中国古代哲学史占主导地位的是生活哲学，这是天人合一的根本思想所决定的。

与此相反，西方旧传统所强调的是主客二分，人作为认识的主体站在世界之外研究世界，研究客体，故有重认识、重自然科学之研究。只是到现代，尼采、狄尔泰、海德格尔等人才基于他们各自不同的天人合一思想，反对把人生的研究屈从于自然科学的研究，而把人生的研究提到首位，认为哲学若无关人生，则什么也不是。

中国哲学讲本末、源流、根枝之不同，乃是与天人合一说紧密联系在一起的。老庄以“道”为本，而最终是落实到人与“道”合一，达到“知常”、“袭明”或“以道观物”、“万物与我为一”之境界。朱熹以“理”、“太极”为本，最终也是要落实到“圣人与理为一”的境界。王阳明以“心”为本根或“天地万物之主”，是一种更透彻的天人合一的观点。

西方传统重视现象与实在之分，认为现象是表面的，实在才是真实的，其中大多数哲学家认为实在超乎现象之外，在现象的背后。这种区分乃是主客二分模式的产物。主体把客体看成是外在的东西而加以认识，这就必然产生表面认识与本质认识之分，前者是现象，后者是实在。这样区分的极致就是把实在看成是超乎现象之上、在现象背后的超感性的世界即形而上学的本体世界。西方传统形而上学就是这样产生的。这里涉及中西思想文化传统的另一组区别，即中国哲学史上占主导地位的、从孟子到朱子的儒家传统是一种道德形而上学，而西方传统特别是西方近代哲学传统是一种主体性形而上学(参阅拙文《中西哲学史上的形而上学》与《西方主体性形而上学》,《尼采与李贽》等)。孟子、朱子均赋予人的道德意识以形而上学的根据，认为人的道德意识得之于天，这种形而上学我称之为道德形而上学，这是以孟子、朱子为代表的天人合一说所导致的。西方的主体性形而上学虽然也有道德含义，但远不及中国儒家形而上学的道德含义之突出。主体性形而上学是主客二分的产物，是以主体与客体间的认识关系为基础的，所以主体性形而上学轻视、甚至抹杀人的生活。尼采、狄尔泰都曾对西方传统的主体性形而上学作过这样的判定。而中国的孟子、朱子所主张的形而上学的世界——“天”或“天理”，实际上是将人的道德意识独立化、客观化、绝对化的产物。这种形而上学可以反过来看做是中国传统重人生(重道德)的表现，也可以说是以形而上学的形式讲形而下的人生。(当然，如果以此为由，便简单否认有中国式的形而上学，那也是不符合实际的，至少是片面的)不过这里有一点需要说明，即我们虽然说中国式的形而上学是重人生的一种表现，但这个说法只是就其与西方传统形而上学相比较而言，就其重道德意识而不像西方传统形而上学那样重抽象的本质概念而言。实际上，中国的道德形而上学所讲的道德是一套封建的道德原则，它以天理灭人欲，大不同于西方现代哲学特别是现象学之重视人生、重视人的情感、欲望的思潮。

中国传统所注重的直觉、了悟，乃是天人合一过程中对人生的一种体验，它是不以知为主的知、情、意等等方面相结合的一个整体；离开天人合一，离开知、情、意等等方面的整体，就不可能懂得直觉、了悟的含义。在天人合一与知、情、意等等方面相结合的整体中，直觉所提供给我们的总是一次性的东西，或者说是唯一的东西。中国哲学往往糅理与情为一，重思与诗的结合，哲学家亦兼诗人，其为文多富审美创造性，其原由在此。

西方传统所注重的推理和分析，完全是主客二分式中主体对客体的认识方法，这种方法所提供给我们的，是普遍性的、常住性的东西，它所追求的是知识，是普遍真理，而不是直觉中对生活的一次性的体验。这里不禁使我们联想到中国传统思想文化重人生之自得其乐、自满自足和西方传统思想文化之重进取、重无穷追逐的特点。后者似乎是由主客二分式中对普遍真理的无穷认识、不断追求的意识所致，前者似乎是由天人合一中直觉的唯一性和审美意识的愉悦性所造成的。儒家所提倡的孔颜乐趣，庄子的“天和”、“天乐”，不就是他们各自所理解的天人合一境界中通过直觉所达到的某种自满自足和审美愉悦吗？歌德的浮士德不就是西方近代人孜孜不息、不断进取的一个典型形象吗？

还有一种说法，认为西方人重功利，中国人重义而轻利。西方近代哲学的主客二分式重认识、重自然之研究，乃是西方近代科学发达、物质文明昌盛的哲学根源，西方近代人重功利是其必然结果。当然，说他们重利绝不等于说他们轻义。至于说中国人重义轻利，这主要应是指儒家传统而言。墨家虽然贵义，但更重利。道家则对义和利均抱超然态度，谓道家轻利，固然完全正确，但道家对义亦表漠然。就儒家与道家而言，谓中国传统轻利，可以说是符合实际的。为什么轻利？究其思想根源，也可以归之于中国的天人合一。从理论上讲，天人合一的思想不像主客二分式那样追问存在者是什么，不管有无独立的存在者，更谈不上对存在者兴占有和攫取的意愿，这也就是说，无功利之心。从中国哲学的史实来看，道家如《老子》的理想人格是在天人合一的境界中“绝巧弃利”、“绝仁弃义”；(《老子》第十九章)庄子的理想人格是在天人合一中“死生无变于己，而况利害之端乎？”(《庄子·齐物论》)死生利害均置之度外。宋代道学家邵子颇有道家的天人合一意味，认为“君子喻于义，贤人也；小人喻于利而已。义利兼忘者，唯圣人能之。”(《皇极经世观物外篇》)儒家如孟子的“天”本有道德含义，即所谓义理之天。天人合一正是教人“集义”，以生“浩然之气”，使行无“不慊于心”。(《孟子·公孙丑上》)程朱的理学与陆王的心学都主张天人合一，都认为人的道德意识即宇宙本根，本根之理即道德准则，也就是义；行义正是天人合一的表现。故朱子说：“义利之说乃儒者第一义。”(《与延平李先生书》)。

西方的思想文化与宗教紧密联系在一起，而中国传统则缺乏宗教，这一人所熟知的差别，也是主客二分与天人合一之别的表现。主客二分式很容易导致两个世界的观念，即此岸世界与彼岸世界之分离。西方宗教上的上帝和哲学上的超越性本体世界都是主客二分式把世界分裂为二的产物。主客二分式既可促进科学认识，又可产生宗教信仰，这乃是西方传统既重科学又重宗教的哲学根源。西方民族既有神学、上帝主宰一切的中世纪的历史，又有科学昌盛的近现代历史；西方许多大科学家往往同时笃信宗教，其故亦在此。宗教的根本要义是彼岸的意识，而中国传统主天人合一，无此岸与彼岸之分，也就是说，无彼岸意识，因而也缺乏宗教。中国之缺乏宗教与科学不甚发达两者并行，同西方之宗教发达与科学昌盛两者并行的现象，正好形成鲜明对比，其根源就在于中国重天人合一，西方重主客二分。

* * *

我在其他论文中多次说过，从个人精神意识发展的阶段性来看，大体上是从原始的天人合一状态经过主客二分状态再到高级的天人合一状态；从整个人类哲学思想的主导原则的发展过程来看，大体上也是从原始的天人合一的原则经过主客二分即主体性原则再到高级的天人合一的原则。粗略言之，西方哲学史在古希腊早期哲学中，似乎以原始的天人合一原则占主导地位，人的知、情、意等等方面尚结合为一个整体，这是一个神话尚占重要地位的阶段，神话就是上述诸方面的整体。柏拉图以后，特别是从笛卡尔到黑格尔的西方近代哲学，则是以主客二分原则为主导的哲学，知(认识)被人们从上述诸方面的整体中抽离出来，认识论、理性主义、主体性形而上学在这个阶段中占了统治地位。黑格尔以后，西方现代和当代哲学，如人文主义思潮的现象学、存在主义，甚至还有不少分析哲学流派，大多反对主客二分，人文主义思潮中的尼采、狄尔泰、海德格尔等人所主张的实际上都属于天人合一的思潮，我们也许可以称之为后主体性的天人合一。在这个阶段中，人的知、情、意等等方面又回复到一个更高级的整体，认识论、理性主义、主体性形而上学统治一切的时代渐成过去，审美意识似乎代替科学与宗教而成了人生的最高追求。中国哲学史在明清之际王船山以前，占主导地位的大体上是以原始的天人合一为原则的哲学，也许可以称做前主体性的天人合一。在这个漫长的时期中，中国哲学虽然也有重认识和知识的思想派别，但发挥、论证不够，在历史上也不占重要地位。有的哲学派别虽然也讲认识和知识，甚至要求超乎认识之上，但这样的思想很零星，甚至是暗含的、不鲜明的，不能说已达到了以主客二分或主体性为哲学原则的高度。只是到了明清以后，才缓慢地、但似乎比较明确地走上强调科学认识、强调类似主客二分式的原则的道路。总起来说，中国哲学史缺乏主客二分思想和主体性原则，而以前主体性的天人合一思想为主导；西方现代哲学中的一股重要思潮则是在认识到主客二分模式的弊端之后，极力倡导天人合一。我以为西方哲学发展的前景也许是继续申述和扩展天人合一的思想，而中国哲学则需要吸取西方近代哲学史上主客二分的思想，把中国古代哲学与西方现代哲学结合起来，使中国传统的天人合一思想提升到一个崭新的高度。中西哲学的结合点也许就在这样一个共同的公式中：

前主体性的天人合一→主客二分或主体性原则→后主体性的天人合一。

超越自我*

我在一些文章中都强调要超越主客二分，以达到天人合一的自由境界。究竟应该怎样才能超越主客二分呢？靠面壁打坐或绝圣弃智吗？不行。本文将着重说明，超越主客二分，实际上也就是超越日常生活中的自我。

一

主客二分的特点有三：一是实体性，就是说，把主体、自我和客体、非我看成是独立自存的某种东西；二是二元性，即把主体与客体看成是彼此外在、相互对立的东西，换言之，二元性就是指主客分离，即使是讲主客统一，也是在主客二分的基础上讲统一；三是超验性，即承认有超感性的、超经验的、形而上的本体世界。所以要超越主客二分，就要超越实体性、二元性和超验性。

我们日常生活中的自我即主体，都是把自我当作与外

---

* 本文原系 1992 年 6 月作者应邀到维也纳大学和德国美因兹大学所作的公开讲演（英文），后发表在《社会科学战线》1993 年第 2 期。

物、与他人彼此外在、互相对立的实体，这样看待自我，则自我总是不自由的，表面上有主体性，但归根结底，它总是受外物的限制，受他人的限制。这种自我观念在我们日常生活中已根深蒂固，为亿万人所接受，似乎很难说它有什么不当。但是康德却突破了这个陈旧的观念。他认为笛卡尔的“我思故我在”中的“我在”就是把“我”当作实体性的存在，康德断言，实体是认识的对象，而进行认识的“我”根本不能作为被认识的对象。例如“地球是圆的”这一判断中的“地球”虽然是判断中的主词(主体)，但这个主词(主体)是被认识的对象，而判断总有一个下判断的主体，这个主体就是自我，自我不能是被认识的对象，只能是进行认识的主体。以笛卡尔为代表的旧形而上学者就是混淆了这两种不同含义的主体，错误地把进行认识的主体——自我当成和被认识的对象一样是实体性的东西。其实，判断中的主词(主体)是实在的主体，而下判断的自我是逻辑的主体，康德认为前者有内容的同一性，而后者则不具内容同一的意义，只具有形式的同一性。所以我们平常说，康德所主张的自我是空灵的，空灵就是指它不是实在主体而说的。康德着重论证自我不是实体，目的在于说明自我的自由本质：把自我看成是实体，那就是把自我看成是现象界的东西，是被决定的东西，只有把自我看成是非实体性的东西，这样的自我才是自由的。显然，康德在西方哲学史上为自我的非实体化、为论证自我的主体性和自由本质迈进了一大步，这也是康德的一大贡献。

但是康德在这方面的功绩也是有限度的。他对于自我的空灵性，除了说它只有形式的同一性之外，没有更多的正面主张. 他所主张的自我是超验的，而且他认为作为主体的自我其本身也是不可知的“物自身”，它和作为客体的另一个不可知的“物自身”两者交互作用而产生经验、知识。这些都说明康德没有脱离主客二分式的窠臼：实体性没有完全被克服，二元对立性和超验性以新的形式保留了下来。尼采在责骂康德的“你应当”的超验王国时，说康德是“‘你应当’这个正规观念的狂热者”，是“反对生命的敌人”(《强力意志》第888节)。

尼采不仅否定了主体的实体性，而且否定了物质客体的实体性，否定了超验的、永恒的本体，否定了主客二元性，从而否定了整个主客二分式，但正如基尔西霍夫和海德格尔等人所指出的，他的“强力意志”说仍属传统形而上学的范围。他仍有主体性和超验性的思想成分。他把强力意志看成是世界背后甚至是上帝背后的基本原则，说明他的哲学没有摆脱实体性而达到自我的空灵性。

比起康德和尼采来，禅宗在克服和超越主客二分方面走得更远，其学说有更多可取之处。禅宗认为日常生活中的自我是主客二分的产物，是实体性的自我，在自我意识中这种自我是被认识的对象。当我说“我意识到我”时，这句话中后面的那个“我”是被认识、被意识的对象，是客体，前一个“我”是进行认识活动、意识活动的主体，它不是被认识的对象，而且永远不是，也不可能是被认识、被意识的对象，因为一旦它成为被认识、被意识的对象，则仍然有一个对它进行认识的主体在它后面，这个主体真可说是“瞻之在前，忽焉在后”，我们永远不可能把握它——认识它，只要你把它放在面前加以把握——认识，它就成了客体，而作为认识主体的它就躲藏到后面去了，这个永远在逃避我们的认识而又主持着我们的认识活动的主体，禅宗称之为“真我”。唐代禅师临济(义玄)形容这个“真我”说：“著即转运，不求还在目前，灵音属耳。”普愿(南泉)说这个“真我”是“拟向即乖”，都是上面所说的这个意思。康德把这个“真我”说成是只具有“形式同一性”的逻辑主体，康德的这个观点如前所述仍未脱离主客二分式。其实，“真我”既非实体性的自我，也不能说是逻辑的主体或哲学上的、逻辑上的设定。为了不致引起概念上的混淆，我想把我们日常生活中说的自我(即主客二分式中的自我)叫做“自我”或“主体”，而不把“真我”叫做“主体”，因为“主体”这个词是与“客体”相对而言的，“真我”则根本不在主客关系之中，尽管“真我”更具自由的本质，或者借用主客二分学说的语言来说，更具“主体性”，甚至可以说是真正的“主体性”。

禅宗着重说明了“真我”是对主客二分式的克服和超越。

我们日常生活中的“自我”总是与他人、他物相对而言的，这是因为在主客二分式中，“自我”被实体化了、被对象化了。我们平常说的自我意识就是把“自我”当作实体、当作对象来把握，而实体性的、对象性的东西总是彼此外在、相互对立的，所以自我意识必然使“自我”与他人、他物彼此外在、相互对立，要超越主客二分，超越主客的对立，其本身就意谓着超越“自我”或自我意识，或者倒过来说，要超越“自我”或自我意识，就意谓着超越主客二分和对立，超越自我与他人、他物之间的外在性和对立性。

我们日常生活中的“自我”，又总是把世界上的事物与事物之间看成是彼此外在、相互对立的。例如认为山就是山，水就是水，此就是此，彼就是彼，此与彼之间判然分明，僵硬对立。这是因为在主客二分式中，“自我”不仅实体化了自己，而且实体化了客体，而此一实体化的客体与彼一实体化的客体之间只能是彼此外在、相互对立的，所以要看到山不是山，水不是水，此不是此。彼不是彼，就必须不把世界上的事物实体化，也就是说，不要把世界上的事物看成是实体，而要做到这一步，首先就要超越实体化的根源——“自我”和主客二分，或者倒过来说，要超越“自我”和主客二分，就要看到此不是此而是彼，彼不是彼而是此。

日本禅学教授阿部正雄在其所著《禅与西方思想》一书中引述了我

国唐代青原惟信的这样一段话[1]:“老僧三十年前来参禅时,见山是山,见水是水。及至后来,亲见知识,有个入处,见山不是山,见水不是水。而今得个休歇处,依前见山只是山,见水只是水。”这里说的“见山是山,见水是水”,就是上面所说的此就是此,彼就是彼,此与彼判然分明,僵持对立;所谓“见山不是山,见水不是水”,就是上面所说的此不是此而是彼,彼不是彼而是此。阿部正雄在解释为什么先前“见山是山,见水是水”,后来又“见山不是山,见水不是水”时,认为这是由于“主观与客观的二元性”中的“自我”站在事物(客体)之外,从外部看待事物(客体),从而把事物“客观化了所致”[2]。因此,他认为“要克服主——客二元对立,只有通过第二阶段‘山不是山,水不是水’的认识才有可能。与这一认识密切相关的,是‘我不是我,你不是你’这一认识”[3]。阿部正雄所说的“主观与客观的二元性”就是指主客二分,所谓“客观化”,就是对象化、实体化[4]。为什么阿部正雄补充一句“与这一认识密切相关的,是‘我不是我,你不是你’这一认识”呢?这是因为坚持我是我,你是你,你我判然分明,僵持对立的观点,乃是主客二分的观点,而“‘我不是我,你不是你’这一认识”则是超越了主客二分和“自我”的结果:“我不是我,你不是你”的认识之所以与“山不是山,水不是水”的认识“密切相关”,乃是因为分别“自我”与他人、他物同分别此一事物与彼一事物这两种分别都是主客二分的结果,两者“是紧密地相连结的”,主客二分和“自我”的观点乃是作出

① 见阿部正雄:《禅与西方思想》,8页,上海译文出版社,1989。

② 同上书,9—10页

③ 同上书,22页。

④ 同上书,18页。

上述两种“区分的基础”[1]。要超越人与我的区分，超越物与物的区分，就意味着超越“自我”，这也就是禅宗所说的“无我”，“无我”者，超出主客二分式中之“自我”也，仅此而已。

为什么惟信说，最后又“依前见山只是山，见水只是水”了呢？阿部正雄解释说，“见山不是山，见水不是水”，乃是对“见山是山，见水是水”的“否定性认识”，这个认识虽然是重要的，也是必要的，但如果仅停留在这种否定性认识上，那将是虚无主义的，因为这将会把“无我”与“自我”简单对立起来，“人们仍易于把无我客体化，把无我执着为有别于自我的一种东西”[2]，也就是说，仍未最终摆脱主客二分式的实体性、二元性和超验性，只有到了“依前见山只是山，见水只是水”的高度，才能完全摆脱主客二分式及其实体性、二元性和超验性，也就是说，不把“无我”当作实体，不把“无我”与“自我”对立起来，不把“无我”看成是超验的东西。所谓“见山只是山，见水只是水”，就是见到“万物皆如其本然”，——即认识到事物有各自的个性，是自己决定自己的，不受制于、不附属于什么超验的绝对或上帝，同时，也不能附加给它任何别的成分，例如不能把不平等的观念强加给它，说什么这是高等的，那是低等的，应该认识到“山只是山，水只是水”，松树只是松树，竹子只是竹子，你只是你，我只是我，没有什么高低贵贱之分。这样，万事万物便既保持了各自的独特性，又相互融合，圆融无碍，这种禅悦、安宁的境界与主客二分中的“自我”执意以我为中心、把人我对立起来的焦躁不安的状态迥然不同[3]。这种

① 阿部正雄：《禅与西方思想》，10页。

② 同上书，13页。

③ 同上书，24、259—262页。

境界与中国道家哲学中的天人合一、万物一体的境界是相通的。

这里很自然地会让我们联想到黑格尔的辩证法。黑格尔认为，此即此，彼即彼，乃是“知性思维”的方面；此即彼，彼即此，乃是辩证理性的方面；彼与此的对立统一，则是思辩理性的方面。黑格尔的这个观点与禅宗的上述思想的共同之处在于不坚持彼与此之间的鸿沟，在于黑格尔也不同意把主体与客体简单地看成是实体，但两者的根本出发点又是大不相同的：概括言之，禅宗是从克服和超越“自我”(“主体”)出发的，其哲学的根本原则是“无”，而黑格尔的实体即主体说，并未完全摆脱实体性的思想，他的“绝对精神”是“自我”发展的最高阶段，也未真正摆脱实体性，更不是“真我”。

禅宗认为最高境界——即能“见山只是山，见水只是水”的我，不是主客二分式中的“自我”，而是“真我”。这“真我”既非实体，亦非与世界万物和“自我”对立，禅宗把它叫做“空”或“无”。“空”或“无”不是乌有和空虚，它就是前面所说的那个永远不能作为认识对象而又主持着认识活动的“真我”，之所以说它是“空”，是指它不是超验的、与世界对立的实体，不是可以认识到的实存的东西，不是日常生活中的“自我”，而是“无我”。只有这种非实体性、非二元性、非超验的“真我”，才不致于像主客二分中的日常“自我”那样执着于我，执着于此而非彼，才不致于把我与他人、他物对立起来，把此一事物与彼一事物对立起来，从而见到“万物皆如其本然”。

临济禅师为了表示“真我”的非实体性，把“真我”叫做“无位真人”，有时也一般地称之为“人”：“赤肉团上，有一无位真人，常从汝等诸人面门出入，未证据者看看。”①“无位真人”亦即临济所谓“求著

① 转引自阿部正雄：《禅与西方思想》，83页。

即转运，不求还在目前”的“真我”，他正因为“无位”，正因为超越主客二分的自我意识，故能出入人们的感官，主持人们的自我意识，成了主客二分中被实体化、对象化的“自我”的根源，而他本身却自决自足，不再需要别的什么作为他的根源①。故临济说，“无位真人”“随处作主，立处皆真”②。“无位真人”最具创造性和主动性，日本学者铃木大拙称他为“绝对主体性”③。

“无位真人”的提法启发我们，要把握“真我”，必须领悟“无位”即“空”或“无”的观念。西方哲学总起来说是以“有”为最高原则，“无”总被看作是次等的、派生的、消极的(否定性的)，“有”高于“无”、优于“无”，肯定优于否定、高于否定。巴门尼德宣称不存在的不存在；柏拉图认为“理念”是纯存在，它决定着现实存在物，而现实存在物是存在与非存在；亚里士多德认为神是最高存在；基督教认为上帝就是存在，他能抵抗非存在，基督教所谓上帝从无中创造一切的学说，并不是把质料看成是上帝之外的东西，而是认为上帝也创造了质料，同时，虚无被基督教看作是反抗上帝意志的罪的根源；西方近代哲学的主体性原则更明显地是一种认“有”优于“无”、高于“无”的原则。与此相应的是，西方传统哲学认为生优于死、善优于恶。就此而言，西方传统和中国儒家传统的“未知生，焉知死”的观点颇为相似，而和庄子的齐生死、超仁义的观点则不同。禅宗以至整个佛教思想接近老庄。禅宗认为，作为根本原则的“空”或“无”不是超出有之外、与有对立的形而上的东西，而是包含有与无在内的“无”，它是有与无的对立性的

① 参阅阿部正雄：《禅与西方思想》，86 页。

② 同上书，90 页。

③ 同上书，86 页。

克服和超越，在对立中的有与无是平等的。谁也不低于谁，谁也不高于谁。这超越有无对立的“无”或“空”就是由有转化为无、由无转化为有的动态的整体①。铃木又把它叫做“宇宙无意识”②。禅宗之所以认为这个整体是“空”，意思就是要既不执着于有，也不执着于无，既不执着于肯定，也不执着于否定，从而也就既不执着于生，也不执着于死，既不执着于善，也不执着于恶。不执着就是“空”。西方哲学传统认为有高于无。肯定高于否定，生和善高于死和恶，就是执着，执着与“空”是对立的。禅宗的“真我”就是这个“空”，就是这个有与无相互转化的动态的整体，所以悟到“真我”，也就是从这个动态的整体的角度看待事物，就是不像西方传统哲学那样执着于“自我”，也不执着某一事物或某一个方面。执着就是限制，主客二分式总是给人以限制，总是执着，“空”则无限制，因而也是自由。

总括以上所说，我们可以把禅宗的“真我”界定为这么几个等号：“真我”＝超越主客二分式的、不可认识而又主持着认识的、非实体性的我＝“无我”＝“空”（“无”）＝有无相互转化的动态的整体。

这里有一个重要的问题：“真我”既然是我，就必然有我性，有个体性，但它又是超出我性、超出个体性的宇宙整体，这两者间的关系究竟是怎样解决的呢？西方传统哲学一般都用普遍性与个体性两个概念来说明，前者是本质，后者是现象，两者结合而成为现实的东西，这种观点容易导致二元性，导致超验性。禅宗的“真我”不能按这种西方传统模式来理解。在禅宗看来，有我性的个人和超越我性的整体都是同一个现实世界，不存在什么二元性和超验性。但究竟应该如何具

① 参阅阿部正雄：《禅与西方思想》，151—155 页。

② 同上书，89 页。

体理解禅宗的“真我”和“空”？我以为对这个问题仍有进一步申述的必要。

二

禅宗所说的“空”实际上是指宇宙间的万物不是各自独立不依的，都不过是相互依存、相互转化、永远流变的过程。我同意这个观点。但我还想接着禅宗谈谈我个人对于超越“自我”的问题的看法，其中也包括我对于禅宗上述思想的一些进一步的理解。

整个宇宙，包括自然、人类社会和人的精神意识领域，是一个普遍联系之网，宇宙间任何一个事物，任何一个现象，都是网上的纽结或者说交叉点，每一个交叉点都同宇宙间其他交叉点有着或近或远、或直接或间接的联系，这些联系既包括空间上的，也包括时间上的，宇宙间除了时间上和空间上的现实世界之外再也没有什么超时空的、超验的东西躲藏在现实世界背后。一砖一瓦，一草一木，都是这网上的一个个交叉点，人也是这样一个交叉点，只不过人这个交叉点能意识到“自我”，即具有自我意识，并能超越“自我”。

人也好，物也好，每一个交叉点都不是独立不依的，交叉点的存在完全依赖于它和别的交叉点的联系和关系，就像几何学上的点一样，它是线与线的交叉点，而这个点的本身是没有面积的，把它叫做“空”，也未尝不可。但人的自我意识却人为地割断了“自我”这个交叉点和别的交叉点(他人和他物)的联系，既把自我实体化了，又把别的交叉点也实体化了，于是自我和他人、他物被分裂为两个彼此外在、相互对立的实体，即主体与客体，这就叫做主客二分。当人超越主客二分、超越自我意识时，人就能悟到禅宗所谓的“真我”(我倒是想把它叫做“本我”)，悟到自己原来不是独立不依的实体，而是“空”，不是与他人、他物可以须臾分离的，而是与他人、他物有着千丝万缕的联系，以致于我们可以说，“本我”就是整个联系之网，就是宇宙整体，“本我”所囊括的范围涉及宇宙的每一角落。试想，割断了我与他人、他物的联系，哪里还有我？甚至割断了前一瞬间之我与此一瞬间之我的联系，也没有我。无他人则无我，无他物则无我，无前一瞬间之我则无此一瞬间之我。

我们也不能把“本我”看作是一个固定的交叉点（当然，任何一个物也都不是固定的交叉点），宇宙间的联系瞬息万变，“本我”处在这个联系之网的整体中，也瞬息万变。说“本我”是“空”，不是实体，就意味着没有永恒不变之我，意味着它是变动不居的，因为整个宇宙是一个有无不断转化、不断流变的整体。

这样，“本我”在空间上便是无边无际的，在时间上是无始无终的，因而也可以说它是无穷无尽的无底深渊。

但“本我”又是有个体性的，正如整个宇宙之网上每个交叉点——即每个事物都各有自己的个体性一样。这是因为，尽管每个交叉点囊括整个宇宙之网，但各个交叉点与其他交叉点的联系和关系又是各不相同、各式各样的：张三与这座山、这条水有切近的、直接的联系，李四与这座山、这条水只有遥远的、间接的联系，张三与这位朋友有切近的、直接的联系，李四与这位朋友只有遥远的、间接的联系，张三有张三的遗传因素，李四有李四的遗传因素，张三有张三的禀赋、气质和潜意识，李四有李四的禀赋、气质和潜意识，……如此等等，总之，自然界和社会上的各种事物以至个人自己的各种先天的和后天的生理因素和心理因素，以远近程度不同和千变万化的联系方式构成千姿万态的交叉点或“本我”，因此，每一交叉点、每一“本我”虽然都是同一个宇宙之网的整体，但彼此之间又有各自的个性和独特性。个体性融合在整体性之中，每个“本我”即是整体，整体即是每一个“本我”。这就是为什么“本我”既有我性又超出我性而为宇宙整体的道理。正因为如此，我与他人、他物才融为一体，无有隔碍，而又能同时保持我自己的独立性、创造性和自由。这也就是我所理解的“天人合一”或“万物一体”。

黑格尔的最具有普遍性的“绝对精神”也包含个体性，不能简单地认为“绝对精神”排斥个体性，但黑格尔过分强调“绝对精神”的优先地位，实际上“绝对精神”成了超乎个体之上的永恒的东西，因而吞没了个体性。按我这里关于“本我”是交叉点的看法，则“本我”的个体性和整体性都在时空之中，都是现实的，二元性和超验性得到完全克服，整体性不但不吞没个体性，而且更张扬了个体的主动性和创造性。

我们平常总以为“自我”决定着我的思想、言行，其实，这里的“自我”只是主客二分式中的我。笛卡尔说的“我思故我在”的“我”便是一个实体性的思维者，这个思维者是主客二分式的“自我”。人们经常说，“我观察外部世界”，“我改造外部世界”，这里的“我”是与外部世界对立的、彼此外在的，此“我”也是主客二分式的“自我”。但如深入研究一下，我们就会提出怀疑：起着思维、观察、改造作用的，或者说，决定着我的思维、观察、改造行为的，果真是这种主客二分式的“自我”吗？我(“自我”)为什么要这样做而不那样做？为什么要这样思想而不那样思想？他(另一个“自我”)为什么要这样做而不那样做？为什么要这样思想而不那样思想？这里的主宰果真只是我(“自我”)吗？主客二分式的“自我”是实体化、对象化的东西，他只在一定程度上是自由不依的，是他自己的思想、言行的决定者，但从全面看，却另有更深层次的、更大范围的、最终的决定者，这就是“本我”——整个宇宙的动态的联系之网。我说的话表面上完全出自我这个狭小的“自我”，实际上是宇宙的联系之网的整体在通过我说话，通过我这个交叉点表达它自己，同样，你说话也是宇宙整体通过你在说话，通过你这个交叉点表达它自己。你和我以至每个人都是同一个宇宙整体之意义的展示口，每个人的思想、言行最终都是由宇宙整体决定的，都是它的显示。一个窃贼应对他的偷窃行为负责，因为他是这种行为的决定者，给他以处罚，乃是对他的自由意志的承认。但严格讲来，他的自由意志是有限度的，因为这里的“他”(即他的“自我”)是主客二分式的“自我”，这个“自我”尚有“本我”——宇宙整体为其根源，具体地说，他的偷窃行为只能说是以他的“自我”为直接决定者，而最终的决定者是宇宙间无穷无尽的联系在他那里汇合的那个交叉点即他的“本我”，也就是说，他的偷窃行为是他所处的自然界、社会、时代以及他自己的思想意识、各种心理状态……无穷无尽的因素以不同的方式、或远或近或直接或间接地交织在一起的结果。我们处罚他，是由于承认他的一定限度的自由意志而处罚他主客二分式的“自我”，至于超越主客二分的“本我”则是不能受处罚的。也就因为这个缘故，我们在处罚窃贼的同时，总是要分析他的偷窃行为的间接因素。用佛教、禅宗的话来说，每件事物都有“缘起”，都是待缘而起，也就是说，都与世界上的其他万事万物有各式各样的、不同程度的联系，都是与它们互相依存的。当然，我们分析某一偷窃行为之所以产生的间接因素时，也只是挑选其中同它有较近的、较直接的重要联系，而不可能穷尽这无边无际的无底深渊。但悟到了这一点，——悟到了“本我”，就不至于死死盯住“自我”不放，而能超越“自我”，对于像偷窃这样的行为就不至于仅仅处罚而已，而能以更广阔的眼光看待和分析他人的恶行。

与“自我”之自由自决只有一定限度的情况不同，“本我”则是无限自由自主的。“本我”不是实体，又不是与有对立的超乎有之上和之外的东西，而是有无不断转化、流变的整体，它是一切事物的根源，而它自己却没有更高的根据或根源，所以它是最有主动性和创造性的。

“本我”包含“自我”，但它比“自我”更深更广，它既是宇宙整体，又有个体性。就其有自己的个性而言，张三的“本我”之外尚有李四的“本我”；就其为宇宙整体而言，每个“本我”之外再没有别的什么超乎“本我”之上的东西来主宰“本我”。“本我”就是“如此如此”，不能追问它之上还有什么根据或根源。“本我”决定“自我”，“本我”自身没有更高的决定者。这也就是“本我”之所以最有主动性和创造性的道理。

能否说这种观点是宿命论呢？不然。单纯从“自我”的观点出发，的确有无数在我这里交叉的因素处于“自我”之外，与“自我”对立，也是“自我”所无能为力的，即使无穷代愚公式的“自我”也不可能解决这个原则问题，这也就是前面说过的，“自我”的自由自决和主体性总是有限度的。事实上，“自我”所能左右和控制的范围，与宇宙的整体之网相比，只能说是一些细节。西方近代哲学一般都夸大了“自我”的作用，夸大了主体性，特别是黑格尔竟把“自我”夸大到神圣的“绝对精神”的地位。西方现代哲学家如尼采、海德格尔、伽达默尔等人，都谴责了近代哲学把“自我”夸大成无所不能的狂妄态度。正确认识“自我”的能力的限度，不但不是宿命论，反而更能促进“自我”的能力的发挥，更能促进“自我”在力所能及的范围内尽自己最大的努力创造自己的事业。例如每个人的出身就是个人所无法改变的，强名之曰“命”，亦未尝不可，但我们可以在这个“命定”的前提下用十倍百倍的努力做出自己的成绩，所谓改变“命定”，就是这个意思，也只能是这个意思。——这样看待“自我”，实在已经是对“本我”多少有所了悟。真正悟到了“本我”，从“本我”的观点出发看事物，则“自我”所无能为力的因素都囊括在“本我”之内，“本我”就是天人合一，就是最终的决定者，这是真正的最高的自由境界。

“本我”与其他每一事物既然都是宇宙整体之网上的交叉点，因此，只要悟到了“本我”，也就能悟到其他任何事物都是一个交叉点，这样，也就不会执着于此是此，彼是彼，不会执着于此与彼的僵硬对立，而能悟到此与彼互相交叉——互相融合，此既是此又是彼，彼既是彼又是此。这里的关键在于悟到“本我”不是独立不依的实体而是交叉点，进而悟到其他事物也不是独立不依的实体而是交叉点。只要坚持实体的观点，就必然有此即此、彼即彼的僵硬对立，反之，只有突破实体的观点，才能悟到此与彼的交叉融合。

从“本我”的观点出发，不仅不会坚持事物彼此之间的僵硬对立，更重要的是不会坚持“自我”与他人的对立，不会以“自我”为中心。如前所述，每一个人的“本我”都是同一个宇宙整体网上的交叉点。因此，人与人“一气相通”(王阳明语)，休戚相关。悟到了“本我”，就能意识到我与人“本是同根生”，从而消极地说不致损人肥己，积极地说，就能同甘共苦，患难相助。

“本我”的观点，说得通俗一点，也就是不执着，就是从宇宙整体的联系之网的观点看待一切：不执着于我就是我，则能在我中看到他人，在他人中看到我，这样，就能有四海之内皆兄弟的广阔胸襟，就连他人的恶行也使自己感到痛心，而不是采取幸灾乐祸的报复心理和狭隘态度。张载说：“民吾同胞，物吾与也”(《西铭》)。“民胞”“物与”，就是破除“自我”与他人、他物的僵硬对立，达到人我无间、天人合一的境界。另一方面，不执着于此就是此，彼就是彼，则能在此中看到彼，在彼中看到此，在生中看到死，在死中看到生，在苦中看到乐，在乐中看到苦，从而超脱生死苦乐，达到超然的自由境界。张载说："存吾顺事，殁吾宁也"(《西铭》)。我以为此语亦可作如是解，这也就是既不执着于生，也不执着于死。佛教求无生，道教求长生，或执着于死，或执着于生，仍然是执着。我们应该生活一天，就作一天的追求，一日死至，就安然无畏地死去，这才是真正做到不执着，真正做到超脱。所以我这里所强调的不执着，与我们日常生活中执着地追求，并没有矛盾。日常生活中的执着追求，是坚持不懈地追求之意，我这里所说的执着是僵硬对立，只知其一，不知其二，死抓住一个片面不放。生本来就是不断追求，死本来就是停止追求，生时坚持追求，临死无所求，这正是不执着的人生态度。不执着则能获得自由；反之，执着于生或死，死时贪生怕死，生时欲自绝于尘世，都是不自由。当然，在人生不断地、执着地追求的过程中，还可以有执着与不执着两种态度和胸襟，一种是在追求中，胸次浩然，不因一时有所得而沾沾自喜，不因一时有所失而自暴自弃，这是不执着的态度和胸襟，反之，则是执着。我们应当以不执着的宽阔胸襟，不断地、执着地追求。

前面谈到西方哲学传统以"有"为最高原则，认有优于无，肯定优于否定，生优于死，禅宗和道家以"无"为最高原则，认有与无、肯定与否定、生与死同等。我以为就人生本是不断向上追求而言，应该承认有优于无，肯定优于否定，生优于死，西方哲学传统以"有"为最高原则，确实是一种积极进取精神的表现；但就宇宙总是有无生死不断流变的整体而言，则这些对立的双方实无高低优劣之分，禅宗和道家以"无"为最高原则，确实能给我们一种旷达超然的胸怀。两者的着重点虽有不同，但不是不可以结合的。我主张积极进取的精神与超脱旷达的胸次相结合，这也许是西方传统思想同东方禅宗和道家思想相结合的一个关键。

要达到双方的结合，需要注意各自之所短，取对方之所长。西方哲学有以主客二分式的“自我”和“有”为原则的传统，强调发挥“自我”的主体性，以征服客体，克服其与客体的对立，但与这种积极进取精神相伴随的是缺乏“无”或“空”的原则，对西方人来说，把有与无、肯定与否定等量齐观的超然态度，是与他们的认识格格不入的。所以当今西方人应着重突破主客二分式，克服对“自我”的无限夸大，培养天人合一的境界。西方现代哲学家如海德格尔等人不遗余力地从东方引进“无”的原则，强调超然，这是西方哲学的一大突破，在某种意义上也可以说是西方正在走向东方的一个趋势。东方的禅宗和道家有天人合一和以“无”为原则的传统，强调旷达、超然，但与此同时，却不免缺乏积极进取之心，所谓“王侯蝼蚁，毕竟成尘”(陆游:《沁园春》)，虽有齐贵贱、等有无的超然态度，但其中毕竟含有消极的思想，这类思想延缓了中国历史前进的步伐。我以为当今中国哲学的发展应在保持天人合一的高远境界的同时，着重引进西方近代哲学的主体性原则。当然，这只是就中国旧传统给我们造成的影响而言，若就一般人的日常生活来说，则即使是对于有天人合一的传统的中国人，超越主客二分式的“自我”以达到天人合一式的“本我”和超然境界，仍然是更大的难题，因而也是更应该强调的主题。人处在日常生活中太久了，而日常生活离不开主客二分式，因此，以“自我”为中心的思想在一般人心目中根深蒂固。要超越“自我”，主要靠修养。中国儒家传统主张通过道德修养以达到道德意义的天人合一，我在别的文章中说过，审美意识高于道德意识，审美意识给人的自由高于道德意识给人的自由，所以我主张通过审美修养以超越“自我”。

天人合一与知行合一*

一

我们一提到知行问题，就想到认识与实践，并且认为认识就是指主体认识到客体、对象是什么，实践就是指改造世界、改造自然，使其为主体服务。但中国哲学史所讲的知行问题是否只是指的这种含义呢？或者更具体地说，是否主要的是指这种含义呢？其实，这种含义主要来自西方哲学传统，至于中国哲学传统所讲的知行，主要地不是指这种含义，而是指道德意义的知和道德意义的行。前一种含义的认识与实践问题是一个认识论的问题，后一种含义的知行问题是一个伦理道德问题。中国哲学传统所讲的知行问题主要地是伦理道德问题，当然也包含认识论问题。把中国哲学史上的知行问题主要地当作认识问题来讨论，从而把中国哲学史上的知行理论主要地当作某种认识论来批判，未免文不对题，至少是不恰当的。

---

* 本篇选自《国学研究》第1卷，北京，北京大学出版社，1993。

中国哲学史上占主导地位的儒家大都有知行合一的思想，尽管他们中间有的重知，有的重行，尽管“知行合一”的命题直至王阳明才明确提出。孔子反对“言过其行”，孟子主张“养”浩然之气，将善端扩而充之，“强恕而行，求仁莫近焉”(《孟子·尽心上》)，都含有知行合一之意。程伊川虽然主张“以知为本”，但认为“知之深则行之必至，无有知而不能行者”，“知而不能行，只是知得浅”(《语录》十五)。这可算作是王阳明知行合一说之先声。朱熹也讲知先行后，但仍认为知行不可分离：“知行常相须，如目无足不行，足无目不见。论先后，知为先；论轻重，行为重。”(《语类》九)王阳明更明确地提出了“知行合一”说。他认为知与行是一件事情的两个方面：“知之真切笃实处即是行，行之明确精察处即是知，知行工夫本不可离。”(《答顾东桥书》)他也认为知与行是一个过程，即所谓“知是行的主意，行是知的工夫。知是行之始，行是知之成。若会得时，只说一个知，已自有行在；只说一个行，已自有知在”(《传习录》)。如果说，王阳明以前的一些儒家还只是主张知与行两者不可分离，却仍然认为它们是有明确区分的两件事，那么，王阳明所明确提出的“知行合一”说则把知行合一的思想推进到了这样的地步：知与行不仅仅是不可分离的两件事，而且就是一件事物的两个方面，犹如手心之于手背，从这一面看是手心，从另一面看是手背，从“明确精察”的方面看是知，从“真切笃实”的方面看是行，从一事之“始”看是知，从一事之“成”看是行。有一种看法，认为王阳明混淆了知与行，从而“知行不分”。这种看法并不符合实际。王阳明的“知行合一”说对前人知行合一思想的发展，多少有点像斯宾诺莎把笛卡尔的精神物质的二元论发展成为同一实体的两个方面、两种属性的一元论的情况，我们不能说斯宾诺莎把精神与物质、思维与广袤混为一谈，同样，我们亦不能说王阳明混淆了知与行，

“知行不分”，“以知为行”，“销行归知”。

王阳明以前的一些儒家特别是程伊川和朱熹一派的理学家，其所谓知行虽然主要地仍然是指道德意义上的知行，但比起王阳明来，毕竟还包含有西方哲学传统所讲的认识论意义上的认识与实践的含义，所以他们关于知行问题的理论总起来说虽然还是以知行合一的思想为主导，但毕竟还包含有把知与行看作是两事而非一事的思想，因为认识论意义上的知与行即认识与实践，的确是可以发生知而不行(即有了认识，但不去实践)或行而不知的情形的。可是道德意义上的知与行则是紧密联系，不可须臾分离的。王阳明专从道德意义上讲知行，几乎不讲认识论意义的知行，所以在他那里，知与行相合一的程度达到了前人所未曾达到的最高峰。王阳明所谓“一念发动处便是行”(《传习录》)更明显地是指道德意义上的行。若把它当作认识论上的问题，则诚如王阳明所说，“只因知行分作两件，故有一念发动，虽是不善，然却未曾行，便不去禁止。”(同上)但此“一念”既是道德意义之“念”，则念善便是道德，念恶便是不道德，故一念之初便已是行。道德意义之念即是道德意义之行，道德就是要讲动机(“念”)。王阳明的原话：“我今说个知行合一，正要人晓得一念发动处便即是行了，发动处有不善就将这不善的念克倒了，须要彻根彻底，不使那一念不善潜伏在胸中，此是我立言宗旨。”(同上)可见王阳明“知行合一”说的“立言宗旨”就是有道德意义的。他虽然也提到学问思辨亦是行，但那种意义的行并不是他立论的主旨，而且他主要是为强调“工夫”之切实才说这番话的：“凡谓之行者，只是着实去做这件事，若着实做学问思辨工夫，则学问思辨亦便是行矣”(同上，重点号是我加的)。王阳明从道德意义上明确提出“知行合一”说，把道德意义的知行作为“知行合一”说的“立言宗旨”，正是抓住了以往儒家一贯偏重道德意义的知行问题的探讨和强调知行不可分离的思想的核心，可算是对中国哲学史上知行理论的一个总结和发展。

二

“知行合一”与儒家的“天人合一”有密切的关系，可以说，知行合一就是为了达到天人合一的最高境界，知行合一是方法，是手段，天人合一是理想，是目标。

孟子认为人之善端乃“天之所与我者”，但必须扩而充之，“强恕求仁”，也就是必须通过修养之行，“反身而诚”，才能达到与天为一、与万物为一的天人合一境界，至此，人就可以成为最有道德的圣人。

程伊川强调“学者须是真知，才知得便是泰然行将去也”。“人既能知见，岂有不能行”？知就是知理，而“理性本善”，故“真知”也就是知“良知”。能知良知，知理性本善，则只要“循理而行”(《宋元学案·伊川学案上》)，就可以达到“与理为一”的天人合一境界。

朱熹讲“知行常相须”，其所谓知，就是知“天理”，而朱熹所谓“天理”或“太极”的主要内容是“仁”，也就是有道德意义的义理之天。他说：“义理不明，如何践履?”(《语类》九)所以朱熹和伊川一样，也认为循理而行即可达到“与理为一”的天人合一之境。

王阳明的知行合一说最明显地表达了它与天人合一说的密切关系。王阳明所谓的知是指良知，所谓行主要是致良知。人与天地万物原是一体，人之良知即天地万物之良知，人之心即天地万物之心。此心或良知又称“明德”或“一体之仁”，人皆有之，“是故见孺子之入井，而必有怵惕恻隐之心焉，是其仁与孺子而为一体也。孺子犹同类者也，见鸟兽之哀鸣觳觫而必有不忍之心焉，是其仁之与鸟兽而为一体也。鸟兽犹有知觉者也，见草木之摧折而必有悯恤之心焉，是其仁之与草木而为一体也。见瓦石之毁坏而必有顾惜之心焉，是其仁之与瓦石而为一体也”(《大学问》)。总之，人与一切生物以至非生物皆息息相通，“一气流通”，这是王阳明的天人合一说之主旨。王阳明认为，当人不为私欲所蔽时，人既能“自知”其良知，亦必能实行此良知，故“知行合一”之“本体”就是“天人合一”。但因私欲障碍，人往往不能实行其良知，知行分离，于是天人相隔，这既“不是知行的本体”(《传习录》)，也不是天人合一，不是天地万物一体之本然。只有“去其私欲之蔽，以自明其明德”(《大学问》)，亦即“致良知”——实行良知，才能“复其天地万物一体之本然”(同上)，回复到天人合一，这也同时就是回复到“知行的本体”即知行合一。可见在王阳明那里，知行合一与天人合一已经达到一而二、二而一的地步：知与行合一则天与人合一，知与行分离则天人相隔。可以说，王阳明把中国儒家天人合一的思想与知行合一的思想以及二者间密切相关的思想都发展到了中国哲学史上的顶点。

王阳明以后，天人合一与知行合一的思想逐渐衰退，西方传统哲学中占主导地位的主客二分思想在中国哲学史上也逐渐抬头。主客二分式的一个主要特点是主体与客体原本相互外在，彼此对立，而主体要通过自身的主体性，认识客体(认识)和改造客体(实践)，从而达到主客的统一。这样，以道德意义为核心的知行合一的思想，也就逐渐为认识论意义的认识与实践的思想所代替。明清之际以后的哲学发展趋势大体上就是如此。

王船山既有天人合一的思想，也有主客二分即所谓“能所”的思想，所以他既有道德意义的知行合一的思想，也有认识论意义的认识与实践的思想。而认识论在王船山哲学中占有比道德问题更重要的地位，就如同主客二分思想在他那里占有比天人合一更重要的地位一样。王船山明确反对程朱的知先行后说和王阳明的知行合一说，而主张“知以行为功”(《尚书引义》卷三)，颇有强调实践在认识中的地位之意，当然，这里说的实践还不是指阶级斗争和生产斗争，而是指一般的日常活动和行动。

颜元提倡“事物之学”，攻击程朱陆王的“主静空谈之学”，他所主张的“习行”虽然仍以“习礼”、“习乐”为主，但他也从认识论角度强调实际活动在认识中的作用，他认为“格物致知”之“格”即“手格猛兽之格”，“格物”即“犯手实做其事”(《言行录》)，必须“手格其物而后知至”，“必箸取而纳之口，乃知如此味辛”(《四书正误》)。颜元实际上是形象地、具体地强调了实践在认识中的基础地位。

魏源公开反对天人合一和万物一体的思想，与此相应，他颇多主客二分的思想，着重从认识论角度谈知行问题，他强调“及之而后知，履之而后艰”(《默觚》)。

魏源以后的一些近代先进思想家如谭嗣同、梁启超等人也都不注重讲天人合一，他们强调“我”或“心之力”，实际上就是强调西方传统哲学中的主体性思想，着重讲认识论，讲主体改造客体即实践的作用，尽管他们中有的人也谈知行合一，但那已不是重要的了。至孙中山则明确提出心物二元论，公开反对以王阳明为代表的知行合一说，提倡“知难行易”说。不管他的知行观有这样那样的可以指责之处，但无论如何他摆脱了儒家主要从道德意义谈知行问题的旧传统，而专门从认识论角度谈知行问题，并强调实践的重要性，这是中国近代史上一些先进思想家向西方学习主客二分思想和主体性原则①的一个总结和成就，是中国哲学史上的一大突破。如果说中国哲学史在王阳明以

① 参阅拙文《中国哲学对主体性的召唤》。

前是以天人合一和知行合一的思想为主流，那么，中国近代哲学史，或者说得早一点，自明清之际的王船山以后，则是一段学习和发展主客二分思想和以之为基础的认识与实践理论的历史。前者重道德修养，后者重科学认识。前者以王阳明为集其大成者，后者至孙中山而告一大的段落。

三

中国哲学史上占主导地位的儒家传统的知行合一思想决定了中国哲学史上的哲学家一般都要求把自己的哲学观点付诸实践，使哲学与实际生活，包括政治生活，打成一片，他们不单是讲哲学，而且要用哲学，身体力行。所以一般哲学家，当然主要是儒家，都集哲学与政治思想、伦理思想于一身，他们往往既是哲学家，又是政治家、道德家。儒家所讲的内圣外王最典型地说明了这一点。我很赞赏金岳霖对这个道理所作的概括：既有内在的圣智，就必然可以外在化为王者治国安邦之道，哲学思想必然可以在经国济世的活动中得到实现，哲学家必然要成为政治家。① 所以“一位杰出的儒家哲人，即便不在生前，至少在他死后”，可以成为“无冕之王”②。

儒家哲人的这种特点不仅与知行合一思想直接相关，而且说到底还是他们的天人合一思想的表现。儒家的天人合一本来就是一种人生哲学。人主要地不是作为认识者与天地万物打交道，而是主要地作为一个人伦道德意义的行为者与天地万物打交道，故儒家的天人合一境界是一个最充满人伦道德意义的境界，在此境界中，哲学思想与道德

① 见《金岳霖学术论文选》，359页，中国社会科学出版社，1990。
② 同上。

理想、政治理想融为一体，个人与他人、与社会融为一体。这样，在儒家传统中，哲学与实际的政治生活、人伦生活合而为一，哲学家与实践的政治家、道德家合而为一，便是很自然的事情了。

和这种情况不同，西方哲学传统重主客二分，重对自然的认识与征服，重认识论与方法论，比起中国儒家传统来，较少重人生哲学。如果用“为道”与“为学”的术语来说，中国儒家传统是重“为道”，而西方哲学传统则是重“为学”①。重“为道”的哲学家必然把自己的哲学与人生、与生活紧密联系在一起，“按照自己的哲学信念生活”②；重“为学”的哲学家则比较脱离实际生活，处在实际生活之外，用金岳霖的话来说，“他推理、论证，但是并不传道。……他懂哲学，却不用哲学”③。也可以说，他“知”哲学而不“行”哲学，不身体力行。前者往往兼作政治家、道德家，后者则往往脱离实际，对哲学作学究式的研究，在自己的哲学推理和论证中自得其乐。这当然不是说西方传统哲学家不讲政治思想和伦理思想，相反，他们大都有自己的系统的政治思想和伦理思想。但在大多数情况下，他们的政治思想、伦理思想或则与他们本人的生活虽有紧密联系，却与他们的哲学思想并无紧密联系，或则与他们的哲学思想虽有紧密联系，却与他们本人的生活并无紧密联系，他们都不像中国的儒家哲人那样，其政治思想、伦理思想既与哲学家的哲学思想紧密联系在一起，同时又与哲学家本人的生活紧密联系在一起④，甚至于哲学家与政治家、道德家，哲学思想与政治思想、伦理思想都是同一的。

---

① 参阅拙文《为学与为道》。

② 见《金岳霖学术论文选》，361页。

③ 同上。

④ 同上书，359页；我这里基本上采用了金岳霖在该书中阐发的观点。

西方哲学的这种特点大都表现在西方近代哲学史上。上面所说的西方传统哲学主要地也是指近代哲学。这仍然是由于上面已提到的主客二分式的发展所造成的。主客二分式和主体性是西方近代哲学的模式和原则，故上述特点在西方近代哲学史上表现得较普遍、较明显。古希腊的苏格拉底、柏拉图和亚里士多德就不是这样，他们的情况和中国儒家颇有些类似①，柏拉图的“哲学王”就很像中国儒家的“内圣外王”之王。西方现代哲学尽管仍然保持近代哲学史上的基本情况，但已经有接近中国传统的趋势。在这一点上，我倒是不完全赞同金岳霖的看法。金岳霖在“中国哲学”一文中认为西方现当代的哲学家与中国哲学家“大异其趣”，“中国哲学家都是不同程度的苏格拉底式人物。其所以如此，是因为伦理、政治、反思和认识集于哲学家一身，在他那里知识和美德是不可分的一体”。至于西方现当代，则“苏格拉底式的人物已经一去不复返”，“现代苏格拉底是再也不会有的”②。金岳霖的主要理由是求知有分工，“每个知识部门都取得了很多专门成就，要我们这些庸才全部掌握是几乎不可能的”，所以我们“不必野心勃勃地要求某一位学者独立统一不同的知识部门”③。我以为分工明细固然使哲学家不可能再像苏格拉底那样集伦理、政治、反思和认识于哲学家一身，不可能使哲学家同时成为政治家、道德家，就像中国哲学的情况那样，但西方传统哲学之所以具有哲学或哲学家与实际生活(政治生活、伦理道德生活等)的联系不那么紧密的特点，其主要原因还是在于人对世界的态度问题。中国儒家哲人的天人合一与知行合一

---

① 参阅《金岳霖学术论文选》，357—358页，360页。

② 同上书，360，361页。

③ 同上书，360页。

的思想态度，决定着儒家既是哲学家又是政治家、道德家，西方近代哲学的主客二分的思想态度及认识与实践的理论决定着西方近代哲学家与实际生活有不同程度的分离的特点；至于西方现当代哲学中现象学和存在主义以至后结构主义思潮中的哲学家，则大反主客二分式，他们中的大多数人所提倡的实际上是类乎中国天人合一的思想(当然不是儒家式的天人合一)，他们都把哲学思想与人的实际生活结合在一起，而人的实际生活在他们看来，不仅是认识自然、改造自然的认识活动与实践活动，也不仅是道德行为，而更重要的是人的感情、情欲等等，他们大都公开反对做书呆子式的、学究式的学者，反对那种把人看做是只有认识，只知向自然索取而没有感情、情欲，只知理性至上而无非理性因素的干巴巴的观点。基尔凯廓尔、尼采、狄尔泰、海德格尔、萨特等基本上都是如此。他们不一定全都像中国儒家哲人那样既是哲学家，又是政治家、道德家，但他们都关心实际生活，以致关心政治生活，他们的哲学都是不同形式、不同程度的人生哲学，他们也都要求身体力行自己的哲学，要求“按照自己的哲学信念生活”，这一点却是和中国儒家哲人非常相似的。尼采不就是由于自己的哲学信念而疯狂致死吗？尼采反对苏格拉底、柏拉图，主要是反对他们过分吹捧理性，吹捧知识，但就尼采哲学之紧密联系人生，紧密联系生活而言，则与苏格拉底、柏拉图有相通之处，尼采实际上是要超越以主客二分和主体性为模式和原则以及重认识的西方近代哲学而回复到古希腊的某种意义的天人合一的时代。海德格尔之向往前苏格拉底哲学也是一个明显的例子。萨特明确主张哲学应具有实践性，他本人就是一个实践家，一个身体力行其哲学的哲学家。看来，西方现当代哲学中现象学、存在主义等思潮，就其要求与人生、与实际生活紧密结合这一点来说，颇有以新的形式回复到古希腊哲学之势，也是向中国哲学靠拢的一种表现。也许西方现当代哲学中的分析哲学多有金岳霖所说的那种情况，但毕竟分析哲学不是西方现当代哲学之全部。当然，金岳霖也举了分析哲学以外的英国新黑格尔主义的例子，他认为新黑格尔主义者的政治思想与其哲学虽有内在联系，但与这些哲学家本人（“只有格林除外”）的联系却“非常外在”①。但金岳霖毕竟没有看到分析哲学和新黑格尔主义以外的现象学和存在主义哲学家们那种把哲学与实际生活紧密结合起来，并身体力行其哲学的特点。还是用“为道”与“为学”的术语来说吧。西方现当代的现象学与存在主义思潮反对西方近代哲学史上的重“为学”的旧传统，颇有中国哲学史上重“为道”的思想，故其哲学以及哲学家本人多与实际生活紧密相连。金岳霖说西方现当代哲学家“推理、论证，但是并不传道”，这个说法未免笼统，其实，例如基尔凯廓尔、尼采就不搞甚至反对脱离实际生活的推理、论证，而着重“传道”，只是这里的“道”不能理解为中国儒家之“道”，基尔凯廓尔、尼采不但“传道”，而且身体力行其“道”。

四

西方现当代一些哲学家们所传的“道”或“天人合一”（借用中国哲学的术语来说）思想类乎中国道家式的“道”或“天人合一”。（关于两者的区别，本文不打算论述）道家的“天”和“道”是没有道德意义的，这和儒家的“天”和“道”具有道德意义特别是封建道德意义很不相同。道家讲在天人合一境界中达到超脱，他们乃是既要超脱功利，又要超脱仁义。道家的情况似乎证明天人合一的思想并不一定导致知行合一，并不一定导致哲学家及其哲学与实际生活紧密结合，似乎只有在儒家

① 见《金岳霖学术论文选》，359页。

那里才有这种由前者导致后者的关系。这种理解实际上只是表面的。儒家的天主要是有道德意义的义理之天，它所讲的知行问题主要是道德问题，故由天人合一导致知行合一，非常明显，易于说明；道家否定天和道的道德含义，其哲学似乎是脱离实际行动和实际生活的，但深入考察一下道家就知道，他们讲超功利、超仁义，却并不脱离实际行动和实际生活，他们并不是不关心社会政治生活的学究。超功利、超仁义也是一种实际行动和实际生活。道家也重“为道”，只是不为儒家之道，至于道家轻“为学”，则比儒家往往有过之而无不及。所以道家也不像西方传统的哲学家那样“推理、论证，但是并不传道”，而是既传道，也身体力行其道。道家和儒家都属中国传统，道家哲人和儒家哲人一样都关心社会，关心政治，都把哲学与社会思想、政治思想紧密结合起来，都有自己的政治理想和社会理想，只不过道家的哲学和政治理想、社会理想是企图超功利、超仁义的，当然，道家不像儒家那样大都是政治家。《老子》：“法令滋彰，盗贼多有。”(第五十七章)“我无为而民自化，我好静而民自正，我无事而民自富，我无欲而民自朴。”(第五十七章) 这些，既是《老子》的哲学，又是其社会政治思想，可称作无为而治的社会政治哲学。《老子》还说：“小国寡民……甘其食，美其服，安其居，乐其俗。邻国相望，鸡犬之声相闻，民至老死不相往来。”(第八十章) 这是《老子》的社会政治理想。可见《老子》有明确的社会政治思想，而且与其哲学结合成了一个有机的整体，只不过它是一种反传统的社会政治思想。庄子的逍遥游和齐物论的思想既是一种哲学，也是一种讲绝对平等自由，讲超功利、超仁义的社会政治思想。庄子妻死，鼓盆而歌，乃是庄子身体力行其哲学的一种表现。

老庄虽不谈知行关系，但实际上都主张不但要知“道”，而且要行

“道”。庄子说：“且有真人而后有真知。”(《大宗师》)“真知”当然不是像西方哲学传统那样指认识自然，而是指了悟“道”，也就是以道观物，达到天人合一，以见物无不齐，物我不分。但要达到这种境界，需要修养，修养就是行。儒家的修养是道德修养，即“去私”，这是儒家的行；道家的修养是“去知”、“忘我”，这是道家的行。儒家要求通过行达到人与道德意义的义理之天合一，道家要求通过行达到人与无道德意义之道合一。庄子讲“体道”，也许就是指身体力行其道。

* * * *

哲学与实际的社会政治生活紧密相连，与哲学家本人的生活、行动紧密相连，这是中国哲学传统所走的道路；哲学与这些有不同程度的分离，乃是西方哲学传统所走的道路。中国哲学传统的老路一直保持到今天，似乎没有什么改变，“学哲学，用哲学”，集哲学家、政治家以及其他各种家于一身，仍为当今的风尚。至于西方哲学传统的老路，如前所述，似乎更多地存在于近代，而现当代西方哲学中则兴起了一种与之异趣的思潮。我以为哲学是关于人的学问，本不应自外于实际生活，哲学家本人也应按自己的哲学信念生活，否则，哲学便会失去自己的光辉和生命力，中国哲学传统的道路在这方面是值得继承的，西方现当代哲学中现象学和存在主义等流派把哲学与人生紧密联系起来的思潮也是值得我们吸取的。但是第一，中国儒家的义理之天必须打倒，儒家的天人合一与知行合一的道德含义必须清除，只有这样，我们才能既把哲学与实际生活紧密联系起来，又不致使我们的哲学与实际生活被一套封建道德生活与政治生活的教条所束缚。这是在儒家传统根深蒂固的中国这个国度里发展哲学所应注意的一个重要问题。

其次，哲学既然应当与实际生活紧密相连，那么，每个人的实际生活不一样，则每个人的哲学思想和哲学信念也不可能完全一样，这是一个不可否认的事实。不同的哲学思想和哲学信念可以通过彼此间的交往和讨论，或相互融合，或更进而加深其自身，发展其自身，这都不是用外在的力量所能强求的。

第三，哲学虽然应与实际生活紧密相连，但这并不是说哲学与实际生活包括政治思想、伦理思想就没有区别。与西方哲学传统相比，中国哲学传统未免有些与实际的社会政治思想和生活搅混在一起了。就此而言，西方哲学传统把两者的距离拉得远一些，也有它好的一面，即可以使哲学得到更多、更深入的专门研究，不致出现集各种“家”于一身而对哲学并无深入的专门研究的哲学家；其实，把这样的人称为思想家也许更为合适。当今之世，求知为道，都有分工明细的特点，金岳霖所指出的这个事实是对的，我们不能因强调哲学应与实际生活紧密相连，就把哲学与实际的社会政治思想与生活不加区分地搅混在一起而不对哲学作专门的研究，搅混在一起的作法与看法确实是不合时宜的。

审美—超越—自由*

我在《天人合一与主客二分》一文(《哲学研究》1991年第1期)中论述了什么叫做“天人合一”，什么叫做“主客二分”以及这两者在中西哲学史上所占的不同地位等问题。本文拟根据那篇文章中关于“天人合一”与“主客二分”的界定和观点，讨论一下审美意识或者说美感的问题。

一

学者们一般都把审美意识放在主客二分关系中来讨论：有的主张审美意识主要源于主体；有的主张审美意识主要源于客体；有的主张审美意识是主客的统一。不管这三种观点中的哪一种，都逃不出主客二分的思想模式。其实，主客二分的思想特点归根结底，在于把主体与客体二者都看成是两个彼此外在、相互独立的实体。主体的本质是思维，他是一个能思维——能认识的思维者或认识者。尽管

* 本篇选自《国故新知——中国传统文化的再诠释》，北京，北京大学出版社，1993。

按照主客二分的思想模式来看待人与世界的关系的各派哲学家们，没有一派不采取某种途径以求达到主客之间的统一，但这种统一都是在主客二分式的基础上达到的统一，即是说，都是主体对原本在主体以外的客体加以认识、思维的结果。所以主客二分的模式的特点，也可以分为主客相互外在和认识、思维两个要点。这两个要点即使在集主客统一论之大成的黑格尔哲学那里也占据极其重要的地位。至于黑格尔的整个哲学中包含有非主客二分模式即“天人合一”的思想，那却是另外一回事。本文不讨论“主客二分”与“天人合一”在西方哲学家们的各种体系中所占的成分与地位，本文的重点是想说明，按主客二分式来看待人与世界的关系，则无审美意识可言，审美意识不源于主客二分式，而源于天人合一。

主客二分式就是叫人（主体）认识外在的对象（客体）**“是什么”**。可是大家都知道，审美意识根本不管有什么外在于人的对象，根本不是认识，因此，它也根本不问对方**“是什么”**。实际上，审美意识是人与世界的交融，用中国哲学的术语来说，就是“天人合一”，这里的“天”指的是世界。人与世界的交融或天人合一不同于主体与客体的统一之处在于，它不是两个独立实体之间的认识论上的关系，而是从存在论上来说，双方一向就是合而为一的关系，就像王阳明说的，无人心则无天地万物，无天地万物则无人心，人心与天地万物“一气流通”，融为一体，不可“间隔”，这个不可间隔的“一体”是唯一真实的。我看山间花，则此花颜色一时明白起来，这“一时明白起来”的“此花颜色”，既有人也有天（世界），二者不可须臾“间隔”，不可须臾分离；在这里，我对此花的关系，远非认识上的关系，我不是作为一个植物学家去思考、分析、认识此花**是**红或**是**绿，**是**浅红或**是**淡绿，等等。我只是在看此花时得到了一种“一时明白起来”的意境，我们也许可以把这意境叫做“心花怒放”的意境吧。这个用语不一定贴切，但我倒是想借用它来说明这意境既有花也有心，心与花“一气流通”，无有“间隔”。这里的心不是认识、思维，而是一种感情、情绪、情调或体验。我们说“意境”或“心境”、“情境”，这些词里面都既包含有“境”，也包含有“心”，“情”，“意”，其实都是说的人与世界的交融或天人合一，审美意识正是一种天人合一的“意境”、“心境”或“情境”。李白的《菩萨蛮》：“平林漠漠烟如织，寒山一带伤心碧。暝色入高楼，有人楼上愁。”山本无所谓寒，碧亦无所谓伤心，“寒山”与“伤心碧”皆因一个“愁”字而起，是“愁”的心情与“碧山”之境交融的一种情境或意境，也就是一种天人合一。我们不妨举李白另外两首诗为例，也许更能说明问题。《早发白帝城》：“朝辞白帝彩云间，千里江陵一日还。两岸猿声啼不住，轻舟已过万重山。”如果简单地把这首诗理解为描写三峡水流之急速，那就不过是按照主客二分模式对客体(三峡水流)的一种认识，未免太乏诗意，太乏审美意识。这首诗的意境主要在于诗人借水流之急速表现了自己含冤流放，遇赦归来，顺江而下的畅快心情。这里，水流之急速与心情之畅快，“一气流通”，无有间隔，完全是一种天(急速的水流)人(畅快的心情)合一的境界，哪有什么主体与客体之别？哪有什么主体对客体的思维和认识？当然也无所谓主体通过思维、认识而达到主客的统一。李白的另一首诗《秋浦歌》之四：“两鬓入秋浦，一朝飒已衰。猿声催白发，长短尽成丝。”猿声通过一个“催”字与白发融为一体，这“催”字所表达的意境是猿声与白发的融合，也是一种天人合一的境界，远非主客关系所能说明。有趣的是，与前面一首诗相比较，似乎是那首诗里的猿声与心情之畅快联系在一起，这首诗里的猿声却与暮年的慨叹联系在一起，这是否意味着审美意识仅只源于人的主观心情呢？我以为不完全如此。前一首诗里的猿声是在飞速的动态中听到的，“啼不住”者，舟行太快，余音未尽之意也，这正足以表现诗人的畅快之情。后一首诗里的猿声，虽未明言动静，但看起来似乎是在静态中听到的，静态中听白猿啼叫声，自然使人倍增愁绪。《秋浦歌》之二：“秋浦猿夜愁，黄山堪白头。”静夜中听猿声，当然更令人感到宛转凄绝。这两首《秋浦歌》里的猿声与“两岸猿声啼不住”的猿声显然不是完全一样的。从《早发白帝城》和《秋浦歌》的对比可以看到，审美意识或意境既非单方面的境，亦非单方面的情或意，而是人与世界，天与人“一气流通”、交融合一的结果。

人生之初，都有一个天人合一或不分主客的阶段，在这个阶段中，谈不上人的主体性，也谈不上主体对客体的认识，或者说谈不上知识，但在这个阶段中，人却有体验，有体验应该说就多少有几分审美意识，从这个意义上来理解，也许可以说，“人是天生的诗人”。不过我们也不能把这句话作简单的字面的理解。刚生下来的婴儿的天人合一是最原始的天人合一，婴儿毕竟不是诗人，无思的诗应该说不是真正的诗。真正的审美意识终究要渗透着某种思。随着岁月的增长，人逐渐有了自我意识，有了主体与客体之分。因而也有了认识和知识，能说出这**是什么**，那**是什么**，这是人的成长过程之必然，但仅只认识到这是什么，那是什么，则无论你认识到的“什么”如何之多，无论你的知识如何之宏富，也不能说你是诗人，说你有诗意或审美意识。知识不可能代替审美意识。也许就因为人在日常生活中。出于日常生活的需要，过多地、过久地习惯于用主客二分的模式看待人和世界的关系，所以大多数人在一般情况下，都缺少诗意或审美意识，只有少数人才成为诗人和艺术家。这少数“优选者”的诗意或审美意识从何而来？我想作一个简单的回答，就是超越主客二分式，达到更高一级的天人合一境界。谁多一分这样的境界，谁也就多一分审美意识。

中国哲学传统之不同于西方哲学传统的一个特点就在于前者重天人合一，而后者重主客二分，也许就是因为这个缘故，中国成为一个公认的诗的国度。《老子》教人复旧于婴儿，教人做愚人，其实不是真正的婴儿和愚人，而是超越了知识领域的高一级的婴儿或愚人，也就是超越了主客二分模式的天人合一境界。① 诗人可以说是高级的“婴儿”或“愚人”。《老子》的这套理论，我以为不仅是一般的哲学观点，而且可以看做是一种美学理论。这个理论很可以说明审美意识之产生的根源。婴儿在其天人合一境界中，尚无主客之分，根本没有自我意识，这种原始的天人合一，我把它叫做“无我之境”；有了主客二分，从而也有了自我意识之后，这种状态，我称之为“有我之境”；超越主客二分所达到的更高一级的天人合一，应该说是一种“忘我之境”。审美意识都是忘我之境，也可以说是一种**物我两忘**之境。物我两忘者，超越主客之谓也。诗人都是忘我或物我两忘的愚人。所以审美意识的核心在于“超越”二字。这里要注意的是，超越不是抛弃，超越主客二分不是抛弃主客二分，而是高出主客二分，超越知识不是不要知识，而是高出知识。

二

我们平常说，审美意识有直觉性、创造性、不计较利害和愉悦性等等特点，其实，这些特点都可以用我这里所说的超越主客二分的超越性来说明。

审美意识具有直觉性，但不能认为所有的直觉都是严格意义的审美意识，初生婴儿的直觉就是如此。任何对于事物的原始的感性直

---

① 请参阅我的论文《尼采与老庄》等文章。

觉，如对于一片红色的感性直觉，对于一块坚硬的石头的感性直觉，其本身都不能构成审美意识。马致远的小令《秋思》："枯藤老树昏鸦，小桥流水人家。古道西风瘦马。夕阳西下，断肠人在天涯。"这里的藤、树、鸦、桥、水、家、道、风、马等等，就其本身而言，都是感性直觉中的一些零星对象，无审美意识可言；即使把这首小令归结为"藤是枯的"，"树是老的"，"水是流动的"，"道是古的"等等认识上的述语，那显然也是极其平庸乏味、滑稽可笑的。这些述语不过是主客二分模式的产物。这首小令的诗意在于通过审美直觉的感性直接性表达了超越认识对象(不是离开或抛弃认识对象)之外的思致，即诗人的惆怅之情。小令所描绘的决非认识对象或事物性质的简单罗列，而是一幅萧瑟悲凉的**情境**。藤之枯，树之老，鸦之昏，桥之小，道之古等等，根本不是什么独立于诗人之外的对象的性质，而是与漂泊天涯的过客之凄苦融合成了一个审美意识的整体，这整体也是一种直接性的东西，是一种直觉，但它是超越原始感性直接性和超越认识对象的直觉和直接性。可以说，不经过原始直觉，不经过主客二分从而认识到藤之枯，树之老，鸦之昏等等，不可能有审美意识，但要达到审美意识，又必须超越它们，达到更高的天人合一。

这里顺便谈谈思与诗或审美意识的关系问题。思属于认识。原始的直觉是直接性的东西，思是间接性的东西，思是对原始直觉的超越，而审美意识是更高一级的直接性，是对思的超越。如前所述，超越不是抛弃，所以审美意识并不抛弃思，相反，它包含着思，渗透着思。可以说，真正的审美意识总是情与思的结合。为了表达审美意识中思与情相结合的特点，我想把审美意识中的思称之为"思致"。致者，意态或情态也，思而有致，这种思就不同于一般的概念思维或逻辑推理。审美意识不是通过概念思维或逻辑推理得到的。所谓"形象思维”，如果说的是思想体现于或渗透于形象中，那是可以的；如果说的是思维本身有形象，或者说有一种运用形象的思维，这种流行看法我以为不可取。黑格尔说过，思想活动本身是摆脱了表象和图像的，思想是摆脱了图像的认识活动。① 黑格尔的说法是对的。我所说的“思致”不是一般流行的所谓“形象思维”。“思致”是思想—认识在人心中沉积日久已经转化(超越)为感情和直接性的东西。审美意识中的思就是这样的思，而非概念思维之思的本身。伽达默尔认为，艺术的象征就是感性现象和超感性意义的合一状态。这超感性的东西就是思，就是他所说的概念。但这种与感性现象处于合一状态的概念，我以为不是概念本身，而是已经转化为感情的东西了。

说审美意识渗透着思，不等于说审美意识能认识真理。有一种说法，认为审美意识比逻辑推理更能认识真理。这个提法仍然有混淆主客二分模式和天人合一之嫌。审美意识本身是一种天人合一的境界，根本不管认识，不管真理和非真理、规律和非规律。审美意识中的思或诗人的思只是一种思绪，其中包含有观点和看法，这些，在审美意识中，在诗人那里，都是真挚的，但不可以真理或非真理论。虽然有的哲学家说审美意识能认识真理，但实际上他所说的认识乃是一种独特的认识方式，不是指一般的科学认识或概念认识，他所说的真理也不是指一般的科学真理或规律。

前面说审美意识既经过对原始直觉的超越，又经过对思维和认识的超越，也可以说是原始的直觉性经过间接性达到更高一级的直接性。这里应该注意两点：第一在实际的审美意识中，这双重超越并不是依时间先后次第进行的，而是一次完成的，诗人的意境并非在时间

① 请参阅拙著《论黑格尔的精神哲学》，56页，上海，上海人民出版社，1986。

上先有原始直觉，然后进行思维和认识，最后再达到审美意识。第二，从原始的直觉性经过间接性达到高一级的直接性，这似乎就是黑格尔所讲的直接认识经间接认识再到直接认识的过程。但实际上，两者大不相同，黑格尔所讲的过程，其基础是主客二分的思想模式，他的原始直觉可算是天人合一之境，但他的间接认识和最后达到的高一级的直接认识均属主客二分式的思想、认识。他说的高级的直接性是主体与客体的对立统一，是他所谓最高真理或最高认识。作为情与思或情与境相结合的审美意识在他那里是作为真理和认识的一个环节来看待的。他主要地是一个理性主义者，他把美视作理念、概念的感性显现，他所尊崇的是理念，是理性。我以为审美意识是要把思想认识转化为感情，而黑格尔则是要把感情提升为思想、概念；我以为天人合一(不是指原始直觉的天人合一)高于主客二分式，黑格尔则是要把天人合一纳入主客二分式(包括主客的对立统一公式)之内。

审美意识的创造性，简单一点说，就是指的一次性或不可重复性。在主客二分的模式中，主体所认识的对象(客体)总是可以重复的。这是因为主客二分式所追问的问题是，“它是什么”，这个“什么”必须是可以重复的，才有正确与真理之可言，如果我说它是如此，你说它是如彼，或者我今天说它是如此，明天说它是如彼，那就没有认识出它究竟“是什么”，也就是说没有真正的认识。但认识所要求的这个“是什么”，正好不是审美意识所要追问的。审美意识是天人的合一，情境的交融，人在审美意识中能超越周围事物之所“是”，发现其所“不是”，能超越周围事物之常住不变性，发现其异常的特征。所以审美意识所见到的总是全新的，因而也是特异的，而这就是创造。姜夔《点降唇》：“数峰清苦，商略黄昏雨。”这“清苦”、“商略”的意境，便是诗人的新发现和创造。主客二分式所告诉我们的不过是：黄昏时候，山雨欲来而已，但审美意识却远远超越了这个所是，而发现了其所不是，即“清苦”、“商略”的意境。不能把“清苦”、“商略”理解为诗人主观上强加的，那是一种肤浅之见。超越不是主观强加，不是简单的拟人化。这意境既不能说是客观的东西，也不能说是主观的东西，但它又是确实的、真实的东西，只有有审美意识的人才能发现它，创造它，至于只知主客二分式的人则不可能发现它，创造它。主客二分式的思想模式只能见到重复的、共同的东西，只有有审美意识的人才能发现这只能一次出现的奇珍。从这个意义来说，相比之下，那一味沉溺于主客二分式的人，其生活未免太贫乏、太平庸了，而有审美意识的人真可说是有别人所没有的、所不能重复的享受。我们平常说的“美的享受”，必然具有这样的特点，这也是“美的享受”的珍贵之所在。这里的关键在于“超越”。人不可能离开主客二分式，不可能离开认识，甚至可以说，一般人主要是按主客二分式看待周围事物(尽管人实际上都生活在天人合一之中)，唯有少数人(一般人则只有在少有的情况下)能独具慧眼和慧心，超越主客二分，创造性地见到和领略到审美的意境，这也就是为什么诗人总是极少数，一般人只是偶尔才真有点诗意或者一辈子从无真正诗意的缘故。科学家也可以有创造、有发现，但科学家作为科学家，其创造发现的意义不同于审美意识的创造发现。科学家创造、发现的结果仍然是可以重复的东西，规律、定理就是如此。

愉悦性是审美意识的另一特征。我这里用“喻悦性”一词主要是为了从俗。愉悦性一词似乎可以区别于快感一词，但实际上很难区别。一般流行的用法“美的享受”或者说得文一点叫做“审美享受”，也许可以比较贴切地表达“愉悦性”的含义。且不去纠缠名词用语吧。我所要说明的主要意思是，审美意识既非经验主义所说的生理上的快感，亦非理性主义所说的理性的概念。生理上的快感和理性的概念，或属于感性认识，或属于理性认识，总归都是主客二分和认识的结果。审美意识不是这些，而是在超越主客二分达到与周围事物交融合一境地的一种感受，这种感受是人的生命的激荡，人因这种激荡，特别是这种激荡得到适当形式的表现和抒发而获致一种精神上的满足感，这种满足感就是所谓“美的享受”。这种“享受”不是处于低级感性认识阶段的快感或痛感，也不是处于高级理性认识阶段的完善或不完善，而是它们的超越或升华。苏轼的《前赤壁赋》：“客有吹洞箫者……其声呜呜然，舞幽壑之潜蛟，泣孤舟之嫠妇。”这里不是什么快感或痛感，也不是什么完善不完善，而只是诗人生命的颤动。在呜咽的箫声中，似乎诗人的血脉与幽壑之潜蛟，孤舟之嫠妇，以至整个宇宙处于共振共鸣之中。诗人的这种感受就是一种“审美享受”。

审美意识之不计较利害的特性也是超越主客二分式的表现。主客二分式关心客体的存在，而计较利害的实用性活动归根结底属于认识领域(指广义的认识，平常说的实践也包括在内)，属于主客二分式，因而也关心客体的存在。欲望就是要占有存在并进而攫取存在。没有客体的存在，欲望就无法得到满足。审美意识则不关心存在，或者像康德所说的那样，对于对象的存在，采取淡漠的态度。这并不是说，审美意识完全起于人的主观意识，而只是说审美意识不过问对象的存在与否。我们说审美意识超越利害，从理论根源上说，就因为它超越存在与否的问题，也就是说，它超越主客二分式。《老子》里“昭昭”“察察”的俗人就是指的一心沉溺于知识和欲望之人。“昭晤察察”就是过于精明计较之意。《老子》里“昏昏”“沌沌”的“愚人”则是指的超越主客二分而有了天人合一境界的人，这种人超越了利害得失的干扰，故能“淡兮其若海，飂兮若无止”，也就是不受具体功利之束缚而逍遥自得，这也就是有审美意识的人。陶渊明《饮酒》诗里的“一士长独醉，一夫终年醒”，说的也是这个意思。“醒”者锱铢必较，斤斤于现实存在物，但得到的是生活的平庸和贫乏；“醉”者超越现实存在物，不论得失，但得到的却是美的享受。前者过于“昭昭察察”，病在一个“醒”字，后者“昏昏沌沌”，贵在一个“醉”字。看来，“醉”是审美意识的一个特点。

总之，审美意识的直觉性、创造性、愉悦性，以及不计较利害的特性，归根结底，都离不开对主客二分式或认识的超越。我并不认为审美意识与知识、真理相互对抗，并不认为天人合一与主客二分相互对抗，我认为前者是对后者的超越。超越主客二分，其实，也就是超越有限性：按主客二分的思想模式看待周围事物，则事物都是有限的，一事物之外尚有别事物与之相对，我（主体）之外尚有物（客体）与之相对。我在前面说主客二分是有我之境，也就是指在我之外尚有客体限制我。可是在审美意识中，在天人合一中，一切有限性都已经被超越了，万物一体，物我一体，人不意识到自己之外尚有外物限制自己，所以我在前面把审美意识称为物我两忘或忘我之境。审美意识的这种超越颇似宗教上的超越，两者都是要超越有限，但宗教上的超越是人与神的合一，审美意识的超越是人与宇宙合一，与周围事物合一；宗教上的超越往往以灵魂不灭或轮回为达到永恒的途径。而审美意识的超越，既非灵魂不灭，也非轮回（尼采的永恒轮回究应如何看待，是一个复杂问题，兹不具论，我个人不赞成他的永恒轮回的思想）；既非上帝的永恒，也非西方传统形而上学所谓超感性的抽象本质世界（即尼采所斥责的“真正的世界”）之永恒，而是有限的人生与永恒的宇宙万物“一气流通”。融合为一，从而超越了人生的有限性。人在这种“一气流通”中忘了一切限制，获得了永生，就这个意义来说，人变成了无限的，即无限制的。当然，审美意识中的这种无限性或者叫做永恒性，只是精神上的，而绝非肉体上的和生理上的。我想，艺术家们所谓对无限或永恒的追求，都应当作这样的理解。

超越不是一件易事，不是人人都能做到的，也不是经常能做到的。人们在日常生活中习惯于按主客二分式看待周围事物，所以要想超越主客二分，达到审美意识的天人合一，就需要修养。这里的修养就是美的教育。美的教育不是教人知识，而是教人体验生活，体验人生的意义和价值，锻炼在直观中把握整体的能力，培养超凡脱俗的高尚气质等等。所有这些，归结起来无非是教人超越主客二分，超越知识和欲望，回复(不是简单回复)到类似人生之初的天人合一境界，或者用《老子》的话来说，就是教人"学不学"、"欲不欲"，"复归于婴儿"。所谓诗人不失其赤子之心，其哲学理论基础即在此。

三

哲学家们都认为审美意识给人以自由。康德说："诗使人的心灵感到自己的自由的能力。"①黑格尔说："审美带有令人解放的性质。"②这里引起我们提出一个问题：自由究竟来自认识还是来自审美？或者用《老子》的话来说，究竟来自"学"？还是来自"学不学"？我们平常说自由是对必然的认识，这就是主张自由来自"学"。但学得了知识，就等于获得了自由吗？我在《中西哲学史上关于自由的哲学思考》一文中专门讨论了这个问题。我在那篇文章中主张，尽管认识必然性比盲从必然性要自由得多，但有了对必然性的知识，还得更进而有超出必然

---

① Immanuel Kant, *The Critique of Judgement*, pp. 191—192, Oxford University Press, London, 1952.

② 黑格尔：《美学》第1卷，147页，北京，商务印书馆，1979。

性的自由意识或境界。认识不等于境界，认识必然不等于进入自由境界。康德着重论证了自由境界之超出必然性知识的本质，对西方传统形而上学，作了一次冲击；黑格尔虽然承认审美有令人解放的性质，但总起来看，他却使康德费尽气力从必然性知识中提升出来的自由境界又纠缠在必然性的网罗之中，使自由变成了永远不可企及的幽灵。要真正获得自由的意识和境界，则必须超出西方近代哲学史上自笛卡尔到黑格尔其中也包括康德的传统的主客二分模式。

主客二分式是以主客彼此外在为前提，主体受客体的限制乃是主客二分式的核心，因此，不自由便是主客二分式的必然特征。只有超越，才有真正的自由。原始感性的直觉认识中的悲痛、流泪是一种限制，一种不自由，但因一首诗、一曲戏的感动而流泪、而悲惋，则是一种自由的享受，关键在于审美意识中的悲惋、流泪是原始感性直觉中的悲痛、流泪的超越，我们平常称之为“升华”。欲念中利害的计较给人以烦恼、痛苦，原因也是由于主客二分式给人以限制，即使是生理上的快感，也是一种限制，它不过是欲念的满足，而“欲壑难填”，欲望与限制相伴而行。如能做到不“以物累形”，不“以心为形役”，那就有了自由，这里的关键也在于超越，我们平常称之为“超脱”。认识的结果只是关于必然性的知识，而审美意识的创造性则可以展示无限的可能性，这是一种不受限制的自由，一种最大的自由，这里的关键同样在于超越，所谓“游乎方外”，除了超脱世事或利害之外，似亦包含无限可能性的意义在内。

总之，超越了主客二分，就会从欲念、利害以至整个认识领域里逻辑因果必然性的束缚下获得解放和自由，这就是自由的理论根据。我在前面把人生之初原始的天人合一境界叫做无我之境，主客二分的自我意识叫做有我之境，超越主客二分的天人合一叫做忘我之境。按自由的观点来看，无我之境既无自觉，也就无自由的意识可言；有我之境则是不自由；忘我之境则是审美意识。

超越除审美意义上的超越之外，还有宗教意义的超越和道德意义的超越，因此自由除审美意义上的自由外，还有宗教意义的自由和道德意义的自由。我不信宗教，宗教上的超越是否给人以自由，就我个人来讲，我至少持怀疑态度。道德上的超越是否给人以自由？康德用绝对命令解释道德，把道德放在自由的领域，固有一定的道理，但用“绝对命令”解释道德，毕竟是不现实的，道德总是受制约、受限制的。康德虽然想通过审美自由以克服感官世界与道德世界的二元论，但毕竟不如谢林明确地把艺术自由放在最高的地位。孔子注重“礼教”、“乐教”，极力要把审美意识和仁义道德结合起来，反对无道德内涵的审美意识：“礼云礼云，玉帛云乎哉？乐云乐云，钟鼓云乎哉？”(《论语·阳货》)他还说：对于仁义道德“知之者不如好之者，好之者不如乐之者”(《论语·雍也》)。孔子似乎懂得一点审美意识高于认识和知识的道理，但他却因此而想通过审美意识把封建道德原则变成心灵的内在追求，实际上破坏了审美意识的超越性，限制了人的自由。我这里决无教人不道德之意，但我以为审美意识的自由高于道德上的自由。一个真正有审美意识的人，一个伟大的诗人，都是最真挚的人，他们中有的人虽不谈论道德，甚至主张非道德(例如西方的尼采，中国的李贽)，但他们的真挚，或者用李贽的话来说，他们的“童心”，一句话：审美意识，使他们成为最高尚、最正直、最道德、最自由的人。光讲德育，不讲或不重美育，则很难教人达到超远洒脱、胸次浩然的自由境界。

论境界——兼论哲学何为*

一

现实的人都活动在时间之中，超时间的人和任何超时间的物一样都是不现实的，因此，人人都有自己活动的“时间性场地”。问题是这个“时间性场地”究竟是什么？我们一般地都会回答说，最现实的时间性场地是“现在”：过去的已经过去了，未来的尚未到达，因而过去与未来皆非现实，人不可能现实地生活在过去与未来中。如果采用西方现当代流行的哲学术语，把“现在”叫做“在场”或“在场的东西”，“过去”与“未来”叫做“不在场”或“不在场的东西”，那也就可以说，人们通常的意识是把在场的东西看作优越于不在场的东西，在场的东西是现实的，不在场的东西是不现实的。但是，试仔细想一想，孤立的现在或当前果真那么现实吗？所有我们认为是现在的、当前的东西，瞬息之间都成了过去；另一方面，只要我们一息尚存，未来总是在不

---

* 本篇选自拙著《天人之际》，北京，人民出版社，1995。

断地向我们扑来，哪有一个把握得住的单纯的现在或当前呢？我在这里用了一个“瞬间之间”的词，其实，现在或当前是没有“之间”的，“之间”是一段时间的距离，是由过去、现在与未来构成的一条线，而现在或当前不是一条线，不是时距，此番道理本来很浅显明白，甚至可以说是常识，但是自柏拉图以来的西方传统形而上学都采取单纯的在场是第一性的观点，从而把永恒的现在或常住不变的在场看成是居于至高无上的地位，是一切不在场的东西的基础，所谓本质主义实即把常在或恒在看成是最高的根据。西方传统哲学认有优于无，肯定优于否定的原则皆由此而来。只是到了海德格尔，才看出了这一点，打破了这种认在场居于无上地位的旧传统，从而也摧毁了单纯的现在优于过去与未来的地位。海德格尔主张过去、现在与未来三者的融合与同时性：过去并非简单地过去了，它仍然是，只不过是曾是；它仍然存留着；未来也并非简单地没有到来，它已在现在或当前中到达了，只不过是作为未完成的东西而到达，Otto Pöggeler 在解释海德格尔的时间观时说：“过去，作为曾是，在其存留中离去；未来在其仍未完成中到达。过去与未来都不应该按现在的恒久不变性来解释为尚未出现的东西”①。

海德格尔的思想给了我们很多启发。

就人的现实生活而言，他的确可以说是生活在现在，活动在现在，现在居优先地位，问题是如何正确理解和把握现在。离开了过去与未来的孤立的现在是不现实的。现在的内涵在过去与未来，它是过去与未来的结晶，没有过去与未来，现在就是空洞、抽象和无意义

① Otto Pöggeler：《海德格尔的思想道路》，203 页，Atlantic Highlands，NJ，Humanities Press，Icn. 1987。

的。人所活动于其中的“时间性场地”(“时域”)就是这样一个由过去与未来构成的真正现实的现在，也可以说，是一个融过去，现在与未来为一体的一体。我们平常说，任何一个人都有他自己的世界或境界，此世界或境界就是这个“一体”或“现在”。我这里说的“境界”不专指文学上所说的诗意境界，我所说的境界既包括高境界，也包括低境界，它是每个人都必然生活于其中的“时域”，也就是每个人所拥有的自己的世界。一个人的过去，包括他个人的经历、思想、感情、欲望、爱好以至他的环境、出身等等，都积淀在他的这种“现在”之中，构成他现在的境界，从而也可以说构成他现在的整个这样一个人；他的未来，或者说得确切一点，他对未来的种种向往、筹划、志向、志趣、盘算等等，通俗地说，也就是，他对未来想些什么，也都构成他现在的境界的内容，从而也构成他现在的整个这样一个人，从这个方面来看，未来已在现在中“先在”。我们看一个人的境界如何，看一个人是怎样一个人，就得了解他的过去曾经是如何，以及他对未来想些什么，其中也包括他对自己的过去将要采取什么态度。

按这样的观点来理解人的境界，实际上就是把境界理解为交叉点。我在《超越自我》一章中说明了人是宇宙的普遍联系之网上的交叉点。正是根据这种观点，我在这里也主张每个人现在的境界就是他的过去与未来的交叉点，这交义点好像几何学上的点，不是点积式的实体，但它又是真实的和现实的。西方的后哲学家们都反对传统哲学关于主体是有点积的、原子式的、脱离肉体的论点。① 后哲学家们的这种论点也可以用来解释人的境界，境界就不是有点积的实体。借用海

① 参阅 Kenneth Bagnes 等合编：《后哲学——终结或变形?》，London，8页，The MIT Press，1987。

德格尔的比喻，每个人当前的境界就像“枪尖”一样，它是过去与未来的集中点，它放射着一个人的过去与未来。一个诗人，他过去的修养和学养，他对远大未来的憧憬，都决定着他现在的诗意境界；一个过去一向只有低级趣味，对未来只知锱铢必较的人，他当前的境界也必然是低级的。这两种人从各自的“枪尖”上发射出来的东西是大不相同的。

从以上所说的可以看到，一个人当前的境界，即现在出场或在场的东西，只能靠不出场、不在场的东西来说明。西方旧传统片面重视在场的永恒性的哲学，不足以解释一个人的境界。这也就是为什么一个人的本质都与他所处的历史传统紧密相连的缘故。伽达默尔认为历史的、过去的东西已与当前的东西融合成为一个整体，其间无分明的界线[①]。他的观点颇值得我们玩味。就拿我们平日读书来说，开始读某一段文字时，对它的理解还很空洞、抽象，或者不清楚、不深刻，及至读完了以后的段落，参考了与之有关的其他资料之后，再回过头来读那段文字，则对它的理解大不一样，更具体、更深刻了，这就是因为有了那段文字以后的段落或其他参考资料作背境的缘故。缺乏背境的东西总是空洞的、肤浅的。后现代主义者德里达等人继承并大大发展了海德格尔的哲学，主张不在场的东西比在场的东西更为重要，更为本质，这也就是所谓“补充的逻辑”[②]。大家经常说的“意在不言中”，可以说就是讲的这个道理。西方传统哲学也讲一事物与他事物或中心与非中心的联系，但后现代主义者们的主张与传统哲学有一个

① 参阅伽达默尔：《真理与方法》，洪汉鼎中译本，第二版序言，台北，时报文化出版企业有限公司，1993。

② 参阅 Kenneth Bagnes 等合编：《后哲学——终结或变形?》，120 页。

原则上的区别：旧传统哲学讲联系，仍以在场者为核心，以原本为核心；而后现代主义则更重不在场者，重边缘，重所谓"补充的东西"或"附加的东西"，后现代主义的这种思想有其可取之处。

前面说到过去在现在中的存留，其实，这种存留在后哲学和后现代主义看来，不可能原封不动地存留，它总是以现在的形式而存留，这也就是所谓"过去的在场"，具体地说，人总是以现在的观点对过去进行重新评审和估价，过去在现在中总是被"现在化"了，被"现在"重新建构、消化、更新、销熔和据为己有了，或者说，被转化到"现在"的新的境界中了。像传统哲学那样要求复原过去之原本而不附加任何新的解释，乃是片面地只重"在场"、抹杀"不在场"的思想表现，也是不切实际和不现实的，因此，后现代主义哲学要求我们不要做历史的奴隶和附庸。按照这种观点，现在对过去的原本所作的解释、"补充"或"附加"，就比原本更重要、更本质、更核心，正是这种解释、"补充"或"附加"'构成现在的内容、现在的境界。换言之，现在的境界、内容，是对过去的改装，而不是对过去的简单积累和复原。中国传统哲学家重注疏，往往是通过对原本原作的注和疏来论述自己的哲学观点，实际上是对原本原作的改作，有时甚至离原本原作的本意相去甚远，这种文风和作风与西方后现代主义哲学的所谓"补充逻辑"颇有相似之处。至此，我以为后现代主义哲学的观点是可以接受的。但后现代主义哲学家们有的由此而有拒斥连续性和确定性、根本否认原本的存在的思想倾向，这是我所不能同意的。我们诚然不仅需要批判性地继承过去，而且需要创造性开拓未来，需要超出伽达默尔的解释学范围，吸取德里达的"解构"的优点，但我们必须避免德里达等后现代主义哲学家的上述缺点。

以不在场来构成在场，以过去与未来构成现在和以现在解释、

“补充”过去的原本，这些，都可叫做“超越在场”。超越并不专指超出时间以外，走进超时空。由此可见，一个人的境界以超越为前提，若不能超越而一味死死盯住在场或现在，就无境界可言，无境界则事物无意义。动物只有当前或在场，没有过去和历史，没有未来和前景，这就表明动物不能超越，因此，动物也无境界之可言，事物对动物是无意义的。海德格尔断言只有人才有世界，动物无世界，我想也可以作这样的理解。后现代主义者一概反对超越，其实，他们所讲的以不在场者构成在场者的思想，也是一种超越。

靠抽象概括可以说明人的境界吗？不能。抽象概括所得到的只是常注不变的在场，是一些僵死的抽象概念，远非活生生的境界。活的时间总是不断地绽出自身，否则，就是永在，而境界只能是人活动于其中的变动不居的时间性场地或时域。早期希腊人的思想本认为在场与不在场、出现与未出现是结合在一起的，但那时对两者的关系没有作具体的考虑，以致到古希腊后期，两者的关系被遗忘了，于是思想家们把在场或出现看成是单纯的在场或出现，而不在场或未出现则被驱逐于不真实之列，无的原则完全被否定，形而上的永恒现在成了唯一真实的基础。柏拉图的“理念”就是这样一种永恒现在的东西。①“理念”实际上是一种抽象的概括。从柏拉图到黑格尔的西方形而上学传统扼杀了人生活于其中的境界或变动不居的时域。

境界是具体存在者或者说是天地万物之总和吗？不是，那是旧形而上学对于世界的观念。总和是一个僵死的抽象概念，无人生意义参与其间，境界是宇宙万物之整体，但这里说的整体不是总和，而是一个包含人生意义在内的概念，其内容比总和要无比丰富，毋宁说，它

---

① 参阅 Otto Pöggeler：《海德格尔的思想道路》，162—163 页。

是一个无底深渊，而不是有底的基础。海德格尔说："所谓人的世界，即指由意志与创造、行动与责任构成的变动不居的疆域，当然其中也有专断和骚动，腐败和混乱"。[①] 中国哲学所讲的"吾心即宇宙"，也是指人的世界或境界，即天地万物之整体，此整体也不是总和，而是有人生意义在内的，只不过在中国儒家哲学中，此整体或世界、境界所包含的意义主要是指道德意义，"仁"就是这种道德意义的境界之核心。至于海德格尔所讲的"世界"所包含的意义则是指神意，当然，他所说的神不是基督教的上帝。

与此相联系的是，境界的内容也是不可以计算或计数的。人们只有在主客二分式的思维中，把世界对象化，把万物看成是认识的客体或对象，这才把事物看成是可以计算的。但境界是给具体存在者以意义的一种内在性，它不受计算的束缚，计算在这里是次等的、派生的。如果把境界的内容用可计算的时间或空间来说明，那就破坏了人所活动于其中的时间性场地，即破坏了境界。[②] 境界是浓缩和结合一个人的过去、现在与未来三者而成的思维导向（思维在这里是广义的）也可以叫做"思路"或"路子"，它之表现于外就是风格。一个人有什么样的过去与未来，有什么样的历史经历和对未来的筹划，就有什么样的思维导向和风格，这种思维导向和风格决不是靠时间、空间的计算可以指明的，"清新庾开府，隽逸鲍参军"。庾开府有庾开府的清新风格，它标志着庾开府的境界和思维导向，鲍参军有鲍参军的隽逸风格，它标志着鲍参军的境界和思维导向。"人心之不同，各如其面"。

---

① 海德格尔：《海德格尔诗学文集》，214 页，武汉，华中师范大学出版社，1992。

② 参阅 Otto Pöggeler：《海德格尔的思想道路》，204 页。

其实，这句话也是说的人的境界之不同，各如其面，彼此不可代替。从这个意义来讲，各人在世界这个大舞台上所扮演的角色就像戏院里小舞台上所扮演的角色一样，生旦净丑末，各有各的位置或者说脸谱，不可移易。可是靠计算来说明的东西终究只能是同质的，死板的，可以互相代替的。这里所讲的道理，同前面讲的境界不是抽象概括，不是普遍概念，是一回事，都是说的境界具有独特性，而抽象概念和可计算性都是讲的普遍性。

二

境界是语言所能表达的吗？前面已经提到的“意在不言中”就已经回答了这个问题。靠主客二分式的知识命题和主谓式语言来言说境界，那是说不完、道不清的。境界是人作为活动者（不是简单的旁观者）与万物打交道时所拥有的一种对万物的把握，它是人与物、情与景交融的产物，是“天人合一”的产物；只是从有了自我意识、有了主客二分和认识之后，人才把事物对象化，把造物归结为受事格，把自我建立为主格或主体，这是对“天人合一”境界的一种破坏，或者用《圣经》上的话来说，是一种“堕落”。“堕落”后的语言对“天人合一”所产生的浑然境界是说不清、道不完的。人的生活过程总是先形成浑沌的“天人合一”境界，然后再对本来说不清的东西企图说清，对本来说不完的东西不断地说下去。通常的知识命题和主谓式是理性的东西，依从逻辑和推理，企图用理性的东西去说明浑然一体的境界，必然说不清、道不完。康德以前的旧形而上学以为用理性的东西可以说明世界之真实，其结果是陷入独断论，康德批判了这种理性至上主义，但他的“物自身”或“本体世界”是超越的“真正世界”，它仍然是理性的公设，是现象世界以外的彼岸世界，形而上的僵死的基础，完全不是现实的、活生生的境界。

按照海德格尔的思想，只有用诗的语言才可以表达一个人的世界或境界。诗具有独特性、一次性，境界可以通过诗意或审美意识一次性地体验到、把握到。Otto Pöggeler在解释海德格尔关于诗和思的关系时说："思维的说"与"诗意的说"，或者说，"思维"与"诗化"，"它们之接近在于两者因各自言说的特性而保留着相互的区分。海德格尔用公式化的简明语言说：'思想家言说存在，诗人给神圣的东西命名'。……诗人所作的是给神圣的东西的要求以一种直接的回答，给神圣的东西'命名'，而思想家不能自命作到这一点。……相反，思维必须拒绝对神圣东西的要求作直接的回答"①。所谓"命名"，乃是指独特性、一次性，(只有诗人才可以在诗意中独特地、一次性地)亦即创造性地直接把握到真意或境界，思想家用逻辑的、推理的语言，总是只能把握到一些普遍性的、抽象的东西，对真意或境界只能间接地去把握。这就是诗与思，诗人与思想家、哲学家的不同之所在。按照海德格尔和德里达的看法，古希腊早期，哲学或思本来是与诗结合在一起的，两者的分家是后起之事，他们主张把两者再结合起来。

"人诗意地栖居"，这是诗人荷尔德林的诗句，海德格尔曾以此为题，大作了一番文章。从每个人都诗意地栖居来说，每个人都是诗人，就像通常所说的，"人生而就是诗人"。若联系我这里所讲的境界来说，我们就可以这样来看待这个问题：每个人都有自己的境界，都生活在有一定意义的境域或意境之中，也可以说都诗意地栖居于一定的境界之中，亲自经历和体验着自己的意境，所谓"如人饮水，冷暖自知"，我想，这也许就是每个人都是诗人的含义。但真正讲来，并

① Otto Pöggeler：《海德格尔的思想道路》，227页。

不是每个人都是严格意义的诗人。这里至少有两点区别：一是境界有高低，二是诗是否与思相结合。一个真正的诗人至少要具备高超的境界和诗思结合两个条件。诗人而无高超的思想和境界，决不能算作是真正的诗人。与此相似，每个人既然都有自己的境界，那也就可以说每个人都有自己的哲学，但要做一个真正的哲学家，则需有高超的思想和境界。一个人作为诗人直接地体验着自己的境界，并用诗的语言抒发于外；作为哲学家，他又用逻辑的、推理的语言间接地表达他的境界。人似必先作为诗人直接体验着自己的境界，然后才有可能用理性的语言间接言说这个境界，这也就是说，人必先有诗意，然后才有哲学。如果说诗是第一性的，那么，哲学就是第二性的。同一个人作为哲学家总是跟在他作为诗人之后；同一个民族，诗的发达也是早于哲学的发达。“在希腊，荷马、赫希俄德与早期抒情诗人先于伟大的前苏格拉底哲学家，而埃斯库罗斯与索福克勒斯的悲剧先于苏格拉底、柏拉图和亚里士多德的哲学”①。

诗与思、诗人与哲学家虽然从原则上讲是互相结合的，但毕竟又有区别。中国与西方相比，中国在两者构结合方面比较明显；中国哲学史上的哲学著作大多也是文学著作，颇富诗意，中国哲学家大多也是文学家，或者说可以算作是文学家，有的也是诗人。在西方，德法比起英美来似乎结合得比较紧密一些。当前，许多西方后哲学家们反对传统哲学在逻各斯与神话、逻辑与修辞、概念与隐喻、推论与陈述、精确性与形象比喻性之间的严格划界，反对传统哲学把诗与修辞

---

① Worner Brock：《海德格尔论荷尔德林》，转引自《海德格尔诗学文集》，345—346页。

学排斥在哲学之外，而主张两者的融合[1]，德里达是其中最典型的代表，这种观点颇与中国传统哲学的实际情况相近。我以为诗与思、诗人与哲学家的原则结合是值得提倡的，但两者之间实际上又必然保持着差异，海德格尔就认为彼此隶属而又保留差异。西方传统哲学自柏拉图以后过于严格划分哲学与诗的界线，并片面主张哲学高于诗，黑格尔是这种观点的集大成者，这就使得西方传统哲学家们大多用干巴巴的语言磨损了本来多彩多姿的诗意境界的色泽。后哲学家们大概是出于对这种旧传统的愤懑，所以一意对它加以否定、摧毁，但一些后哲学家们的主张似乎又走得太过头了。诗与思毕竟有各自的特点，诗人与哲学家毕竟各有偏重，不可能完全没有区分。即如中国传统哲学在两者的结合上算得上是世界思想史上最出色的，但一般说来，哲学家与文学家仍有一定的区别，而且中国传统哲学著作中那种诗意的浑沌，也造成了它缺少逻辑推理和论证的缺点，中国哲学的发展似乎正走着一条修正这种缺点的道路。

西方传统哲学与诗决裂，哲学语言过于干枯，而当今的后哲学要求与诗融合为一，又容易堕入神秘莫测，中国传统哲学有些类似西方的后哲学之处。因此，许多人主张诗与思的对话，这种想法是对的。我由此而想到，中国传统哲学与西方传统哲学的对话，以及西方后哲学与西方传统哲学的对话，以至整个中国哲学与整个西方哲学的对话，也是诗与思的对话内容之一。就中西的对话来说，如果我们能把中国传统哲学所充溢的诗意境界尽可能用西方传统哲学所擅长的理性语言和分析语言来加以剖解和表达，以期西方人理解，把西方传统哲学用理性语言不断分析言说的东西，用中国传统哲学所擅长的诗意语

---

① 参阅 Kenneth Baynes 等合编：《后哲学——终结或变形?》，5 页。

言和凝炼的术语来加以浓缩和提炼，以期中国人领会，那很可能是沟通中西思想文化的一条可行的途径，也很可能是结合诗与思的一条可行的途径。这里的困难是明显的，彼此的历史背景不同，境界各异，交流不易。但我们首先不应该也不可能要求达到一种脱离我们这些解释者的本文原意，不应该也不可能要求达到中西哲学家之间的完全理解。在这样的前提下，只要能不懈地进行对话，中西哲学之间，总是可以愈来愈接近的，当然，也有助于诗与思之间的接近与结合。

每个人有每个人的境界，因此，每个人有每个人的诗意，同样，每个人也有每个人的哲学。就像我们不可能强求有普遍的诗一样，也不可能强求有普遍的、人人一致的哲学。同一个民族有同样的历史传统和背景以及对未来的憧憬，其境界有相同之处，因而也有某种相同特征的该民族的哲学；同一个阶层的人们，其境界和哲学也会有某种相同之处。但即使是同一个民族、同一个阶层的个人与个人之间，他们的哲学也总是千差万别的。差异是绝对的，同一是相对的。

同一个人的境界也不是固定不移的，而是变动不居的，因此，一个人的哲学也会有前后之不同，同理，同一个民族的哲学也有其历史发展过程。此外，每个人对别人哲学的理解，后人对前人哲学的理解，以及每个民族对别民族哲学的理解，也随着各自境界的不同而不同，随着各自境界的变异而变异。——由于这些原因。哲学不仅在人与人之间、民族与民族之间千差万别，而且从时间上、从历史过程上看，哲学也是一个永远做不完的课题。就像诗是做不完的一样，哲学也是讲不完的。

我们平常对诗是千差万别和做不完的这一点，都不会有异议，唯独听到说哲学可以千差万别，并且做不完，就觉得有些奇怪，这也许是受了传统哲学以追求终极真理、绝对普遍、最后根据、最高同一性为中心任务的哲学观念的影响，西方后现代主义者和后哲学家们正在从各种不同角度驳斥这种观念。他们的看法虽有许多弱点，但也有值得我们重视和吸取之处。就本章的主题而言，我以为哲学应以人的境界为主要对象，以提高境界为主要任务，而不是以追求终极真理和绝对普遍之类为对象和任务。当今之世，远非古希腊可比，寻求规律和真理已是科学之事，而非哲学之事，这一点已毋庸置疑。如果说科学已经从过去的哲学观念中夺走了这些，那么，哲学还有什么事情可做呢？哲学何为的问题必然摆在我们面前。但只要把哲学与诗联系起来考虑，认识到人人都首先诗意地栖居于世界或境界之中，人人又都要求用理性的语言论述自己的境界，那就是哲学之事，哲学并未终结，用理性语言论述自己的境界这个工作是科学所不能代替的，就像诗决非科学一样。

从人皆有诗意到做一个真正的诗人，其间有很大的距离，同样，从人皆有哲学到做一个哲学家，其间当然也有很大的距离。就做哲学家来说，这个距离除了笼统地说需要提高思想和境界来缩短外，具体地说，其中应包括提高推理、论证和分析等思维的能力，学习哲学史的知识，甚至包括丰富科学知识在内，哲学虽非科学，但也不能外于科学，如果脱离科学知识或外于科学知识，思想和境界的提高是不可能的[①]。这些，就是哲学家的任务。Richard Rorty 的“陶冶哲学”把哲学归结为“陶冶的会话”(edifying conversation)，正如哈柏马斯所指出的，完全脱离科学知识，“伤害了对真理的欲望”[②]。中国传统哲学特别是老庄哲学，重提高境界，而有轻视科学知识之弊。对这些，我们

---

① 参阅 Kenneth Baynes 等合编：《后哲学——终结或变形?》，309 页。

② 同上书，308—309 页。

都应该加以避免。

哲学，人各不同，不可能强求普遍一致的哲学，但出现一种能引起人们共鸣的哲学则是完全可能的，共鸣有赖于差异。西方当今的后现代主义或后哲学，是西方的历史时代处于转折点的产物。当今中国的历史时代也处在一个重要关头，贫穷的时代即将过去，时代呼唤着一种新的、能引起人们共鸣的哲学的出现，呼唤着伟大哲人和诗人的降临。

说不可说——再论哲学何为*

一

按照主客二分的思维模式，哲学和其他任何科学一样，也是我们人(主体)研究和认识的对象(客体)，人站在对象之外，对于对象进行总结和概括。在这种主客二分的立场看来，哲学不同于其他科学之处不过是：其他科学所总结和概括的对象只是该门科学领域的特殊事物，而哲学所总结和概括的对象则是所有领域的最普遍的事物，但两者同样地把自己研究和认识的东西当作是对象性的东西，是外在于研究和认识者的主体之外的东西。这种外在性、对象性的哲学观点在我国当代哲学界长期占据统治地位，以致大家都习而不察，以为哲学之为物，古今中外，从来如斯。其实，这只是西方自柏拉图以后到黑格尔的传统哲学中占主导地位(也不是唯一的)的观点。德国现代哲学家海德格

* 笔者曾撰文《论境界——兼论哲学何为》，可算是“一论”(见拙著《天人之际》)，故此文为“再论”。本篇原载《北京大学学报》1995年第1期。

尔就反对这种观点。他在1955年8月于诺曼底所作的一次题为《哲学何物?》的报告中说:“当我们问:哲学何物?我们谈的是论(关于,über)哲学。按这种方式提问,我们显然是停留在哲学之上亦即在哲学之外的立场。但我们的问题的目的却是要进入(in)哲学之内,按照哲学的方式处理自已,亦即‘作哲学思考’(‘philosophieren’)”①

所谓“进入哲学之内”,按海德格尔的看法就是,人进入哲学所要把握的事物之内,与之合一。具体地说,哲学所要把握的是具体存在者(具体存在物)之存在,人不应只按主客二分式把存在看成是人以外的东西而加以认识,人与存在的关系乃是内在的关系,“作哲学思考”就是要达到人与存在合一的境界,这就像中国的天人合一。我们都知道,在中国哲学史上长期占主导地位的天人合一思想,已经有力地证明了,哲学之为物,决非像主客二分式所设想的那样,从来就是对外在的全部事物之认识、总结与概括。

按照海德格尔的讲法,“φ ιλόσοφos”(爱智的)一词可能是赫拉克利特造出来的,这说明:对赫拉克利特来说,还没有φ ιλοσοφία(哲学)一词”。② 海德格尔说,在赫拉克利特看来,一就是一切,一切在这里就意味着整体(das Ganze),即存在者的全体。“σοφόυ(智)说的是:一切存在者是在存在中,说得更清晰一点,存在是存在者,是在这里是及物动词,说的是‘集合’。存在集合存在者于其中,以至于它就是存在者。存在就是集合——逻各斯。”③所谓“爱智”之“爱”就是

① 海德格尔:《哲学何物?》(Was ist das — die Philosophie?),8页,Günther Neske Pfullingen出版社,1956。

② 同上书,21页。

③ 同上书,22页。

“与智协调一致”[1]，也可以说，就是与集合存在者的存在合一，简言之，即与存在合一。可是后来由于智者派在市场上需要理智的说明，这种对存在的协调一致——一种对智的“惊异”，却成了需要希腊加以“拯救和保护”的东西，“爱（φ ιλετυ）不再是与智的原始的协调一致，而成了一种对智的特殊追求，因此，φ ιλετυ τὸ σοφόυ（爱智）就变成了φ ιλοσοφία（哲学）。对它的追求，是由对哲理的渴望来规定的”。[2] 这种追求所问的问题从此就变成了“什么是存在者”？而这也就是“哲学”（Philosophie）。[3] 海德格尔指出，“由智者派作准备的到达‘哲学’（Philosophie）的这一步，首先由苏格拉底和柏拉图实现”。[4]

海德格尔的这些说明和考证告诉我们：关于哲学之为物，或者说，哲学的最高任务，有两种观点：一是人与存在合一、协调，一是把存在当做人所渴望的外在之物加以追求。海德格尔认为前者是赫拉克利特和巴门尼德的观点；后者是由智者作准备，由柏拉图首先实现的观点。这种观点用柏拉图的语言来说就是：哲学，或者说，哲学的最高任务，就是追求理念、认识理念。海德格尔主张回复到前者而贬抑后者。人本来就处于与存在相适应（Entsprechen）的状态中，本来就处于受存在的访问（Zuspruch）之中，“哲学就是与存在者的存在相适应”，所以我们应当倾听存在的言说，领悟存在的意义。[5]

关于这两种观点的区别，有一个很重要之点需要特别提出来，这就是，前一种观点把握了人与存在合一之整体，而后一种观点，由于

---

① 海德格尔：《哲学何物?》，23 页。

② 同上。

③ 同上书，24 页。

④ 同上。

⑤ 同上书，35 页。

把人与存在对立起来，所以它缺乏这样的整体观念。赫拉克利特虽然强调变化和斗争，但正如罗素所指出的，“有时候他说起来，好像是统一要比歧异更具有根本性”。① 巴门尼德的“存在”究竟是一个整体，还是指具体的存在者(das Seinde)，研究家们的说法不完全一致。但我以为从总体上看，巴门尼德既然认为“存在”是“不变的”、“无始无终的”、“唯一的一”、“唯一的全”，再结合海德格尔对于巴氏思维与存在同一命题的解释②，我想，把他的“存在”看作是人与存在协调合一的整体的看法，是比较确切的。③ 不过我不想在这方面多作论述，我的主要兴趣是如何把握整体的问题。

按照主客二分式，人这个主体通过感觉，更进而通过概念，即可认识客体之本质，故客体之本质是可以通过概念来言说的。柏拉图哲学虽然还不能说已达到主体性原则，不能说已经是主客二分式，但柏拉图已开主客二分之先河，所以在他看来，哲学所要把握的最高目标——理念，是可以认识的，是可以通过概念来言说的。可是，就作为人与存在之协调合一的整体来说，人即在整体之内，人不能像主客二分式那样站在存在之外，通过概念以认识存在，言说存在。那么，究竟应采取什么途径才能把握这样的整体呢？

在巴门尼德看来，即使是他所主张的人与存在协调合一的整体，也可以通过概念来认识和言说。巴门尼德只承认有(存在)，不承认无(非存在)，因为无(非存在)“既不能认识，也不能把它说出来”。④ 这

① 罗素：《西方哲学史》上册，72页，北京，商务印书馆，1963。

② 参阅拙文《海德格尔的形而上学——兼析陶渊明的诗》。

③ 参阅黑格尔：《哲学史讲演录》第1卷，266页，北京，商务印书馆，1959。

④ 《古希腊罗马哲学原著选辑》，51页，北京，商务印书馆，1982。

就是说，在巴门尼德哲学中，没有不可认识的，没有不可说的。正是根据这一点，巴门尼德着重反对赫拉克利特，说赫拉克利特承认“存在物可以不存在”，“这件事是无法言说和不可思议的”。[1] 由此可见，巴门尼德之所以认为他所主张的人与存在协调合一之整体可以通过概念来认识和言说，是与他主张有(存在)是他的哲学最高原则，只承认有而不承认无，有密切联系的。柏拉图虽开主客二分之先河而与巴门尼德关于人与存在协调合一的思想不同，但柏拉图也是以有(存在)为哲学的最高原则(尽管柏拉图承认有“非存在”，但“非存在”属于感觉世界)，他的“理念”就是最真实的、最高的存在。所以在柏拉图哲学中，也没有超越理念，超越最高存在之上的“无”。“无”不是柏拉图哲学的最高原则。就此而言，主张有人与存在协调合一之整体的巴门尼德和作为主客二分式之先驱的柏拉图是一致的：两人的哲学中，都没有不能通过概念来认识和言说的“无”的最高原则。问题是，对于人与存在协调合一之整体来说，没有超越有(存在)的无(非存在)作为最高原则，是不可能把握这样的整体的。换言之，要真正把握这样的整体，就必须有超越有的无的境界和原则。巴门尼德关于人与存在协调合一的思想诚然比柏拉图以后的主客二分思想优越，但巴门尼德不承认有不可认识、不可说的“无”，这就不能不使他的哲学半途而废。其实，“无”虽然不可说，但不能认为不可说者就没有，我们应该承认有“无”。人们有时说，巴门尼德的哲学颇有东方色彩，但就其缺乏“无”来说，终究属于柏拉图式的以“有”为最高原则的西方哲学传统。

为什么必须承认超越“有”的“无”这一最高原则，才能真正把握人与存在协调合一之整体呢？海德格尔回答得很好：“无是我们与现实

---

① 《古希腊罗马哲学原著选辑》，52 页。

存在物作为整体相合一时才遇到的。”“无是现实存在物之整体的失落。”[①]“无”是“对现实存在物的超出”，这就叫做“超越”[②]，但超越不是抛弃和消除现实存在物。超越“有”而达到“无”，乃是“万物和我们自己都沉入到了无所轩轾的状态”[③]，也就是达到了空无的状态，颇像中国人所说的“即世而出世”的境界。所以只有采取超越的态度以达到“无”的境界，才算真正把握了整体——这也就是，从整体观物，以见万物和我们自己都“无所轩轾”、无所轻重。所以海德格尔又说：超越“有”以达到“无”，“其目的是为了回到现实存在物本身并把它们作为整体来把握”。在海德格尔看来，把握“无”从而真正把握人与存在协调合一之整体，乃是哲学之最高任务，哲学思考之第一要义：“作哲学思考就是要问‘为什么有现实在物而没有无’?”[④]并且，海德格尔认为，存在者的整体，或者说存在，是一般遵循“公众逻辑”的语言所不能说的，“存在”会因这种语言的表达而隐匿、而被遮蔽；只有在语言不能表达的地方，在不可说的地方，通过“无”的境界，才能使“存在”敞亮，让我们领悟到“存在”的真谛。

海德格尔承认有“无”，承认有不可说者，并认为这是最高的境界，认为只有通过“无”、通过不可说者才能真正把握整体——海德格尔的这一套思想在西方哲学史上是一大突破，但这些思想早在两千多年前的中国老庄哲学中已有素朴的但也比较明确的表述。老子的“道”

---

① 海德格尔：《什么是形而上学?》，33 页，Frankfurta. M，1955。

② 同上书，34 页。

③ 同上书，32 页。

④ 海德格尔：《形而上学导论》，Ralph Manheim 英译本，7 页，耶鲁大学出版社，1959。

就是不可以言语论的东西，它超出名言而不可说，它也是“无”①。庄子说：“泰初有‘无’，无有无名”。(《庄子·天地》)庄子的以道观物，见物无不齐，与海德格尔的“在‘无’中”，“万物和我们自己都沉入到了无所轩轾的状态”，其意一也。“无所轩轾”就是“物无不齐”。庄子所讲的通过“心斋”、“坐忘”以达到与道合一的境界，也是一种无知、无别的不可说的境界，这种境界是真实的，也是最高的。庄子说：“知止乎其所不能知，至矣。”(《庄子·庚桑楚》)“言休乎知之所不知，至矣。”(《庄子·徐无鬼》)魏晋时期的玄学家何晏、王弼则更明确主张以“无”为本。王弼的“言不尽意”、“得意忘言”的观点，就是认为“道”或“无”是不能通过名言来认识的，是不可说的，但这不可说者却是最真实的，正是在不可说的地方敞开了“道”，敞开了人与万物合一之整体，王弼所谓“圣人体无”，也就是这个意思。(关于本体意义的“无”与境界意义的“无”的问题，本文不拟讨论，但我以为本体意义的“无”包含境界意义的“无”。)

我们一般都把这种以“无”为最高原则、承认有不可说者的思想贴上神秘主义的标签，就以为可以一棍子打死，我过去也是这样看问题。② 其实，这是由于不懂得把握人与存在合一之整体正是哲学思考之第一要义，不懂得只有在不可说的地方，通过“无”的境界，才能真正把握这种整体的意义。这种观点片面地以为人对世界万物的唯一态度和关系就是主客二分式，因而认为哲学的最高任务只是把握客体或对象性事物之本质，而看不到对上述整体之把握；这种观点还在于片

---

① 关于老子的“道”是无的说法，学者有不同意见，兹不具论。

② 参阅拙文《西方哲学史上关于多样性统一的认识理论》，载《社会科学战线》1981 年第 4 期。

面的理性至上主义，以为最高、最真实的东西只是可以通过概念、通过逻辑来认识的，只是可以言说的，而看不到正是在不可说的地方，在一般所谓神秘的地方，有着最真实、最深刻的意义。如果我们能承认人是超理性的存在，承认人在平常说的感性认识和理性认识之上还有超理性，那么，我们就不会因这种整体之神秘和不可说而否认它。① 相反，我们应该把对这种整体的把握当做是哲学的最高任务。

二

对哲学何为问题的这种片面观点，无论在西方在中国，都有其长远的历史根源。

中国虽有道家的传统，但它在思想史上不占主导地位。占主导地位的儒家思想虽重天人合一，重人与万物合一之整体，但儒家主要是以“有”为最高原则。孔子的“未知生焉知死”，便是重“有”的思想表现。张载明确地说：“知太虚即气则无‘无’。”(《正蒙·太和》)朱熹的“无极而太极，只是说无形而有理”(《朱子·语类》卷九四)，颇像柏拉图的最高理念——至善的理念，虽然无形，却是最高的存在(有)。王阳明也许是儒家中最富有“无”的思想的哲学家，他的“不着相”乃“虚无本色”的主张，就是一例，这是他高于一般儒家之处，但归根结底，他的整个哲学仍以“有”为重。所以在儒家看来，没有不可说者，没有不可认识者，天人合一之整体亦可认识，亦可言说，只不过儒家的天人合一之整体不是通过一般的概念来认识和言说的，而主要的是通过道德概念特别是通过封建道德的概念来认识和言说的。换言之，在儒

① 参阅拙文《王船山与黑格尔——兼论理性与超理性》，见《国学研究》第2卷，北京，北京大学出版社，1994。

家的天人合一之整体中，天对人所说的理主要是封建道德之理，是封建道德的概念。说得通俗一点，天对人所说的几乎满口都是仁义道德。王船山大讲“神理”，认为“神理”是超名言之理，超经生之理（超道德概念之理）①。“神理”的思想实际上承认了不可说者，承认了合理性的“无”，这在儒家中诚属难能可贵，但王船山仍以“有”为最高原则：天所言说的仍是道德概念，这不能不说是他哲学中的矛盾之处。

总之，儒家一般地说缺乏“无”，缺乏不可说者，所以比起道家来说，不能说真正把握了天人合一之整体。

在西方哲学史上，柏拉图以后的传统哲学之主流是主客二分式，以“有”为最高原则②，这种哲学观点一般地说认为没有不可说者，没有不可认识者。托玛斯·阿奎那认为信仰高于知识，启示高于理性，凭知识、理性所不能获得的，可以凭信仰、启示获得。在阿奎那这里，超理性的东西有崇高的地位，但他所谓凭信仰、启示可以完全把握的上帝，并不是古希腊早期哲学所讲的人与存在协调合一之整体，也不是中国哲学所讲的天人合一之整体，上帝是在时间之先的创造时间的创造主。而且，在对上帝存在的证明中，阿奎那也强调了理性的因素，冲淡了他的超理性的思想。近代哲学中康德以前的旧形而上学家把他们所认为的最高者都看成是通过概念可以完全认识、完全言说的，从而陷入了独断论。只是到康德才大力反对传统的理性至上主义，用“二律背反”的理论驳斥了旧形而上学的独断论，主张有不可知的、用一般概念不可说的最高的东西，这是康德的一大历史贡献。然而康德哲学毕竟以主客二分为基础，他的最高者“理念”是人的理性认

① 参阅拙文《王船山与黑格尔——兼论理性与超理性》。

② 参阅拙文《超越自我》。

识不断追求而又达不到的整体，不能算作是天人合一之整体或人与存在协调合一之整体，而且他在“信仰”的领域仍然以理性的公设说了很多很多的言语。黑格尔反对康德，把不可用一般概念言说的最高者变成了可以通过他的概念辩证法而说尽的东西，这就是他的“绝对”。如果说那些主张有超理性的、不可说的领域的思想家们，特别是像中国的老庄，都具有较多的诗人气质，那么，黑格尔就可以说是最大的散文家。

无论主张天人合一的中国儒家，还是以主客二分为主导的西方传统哲学，他们都以“有”为最高原则，故一般都主张没有不可说者，不同的是，儒家的最高者说的主要是封建道德之理，西方传统哲学的最高者说的主要是一般的自然事物之理。或者反过来说，儒家主要是通过道德概念来言说最高者——“天”，西方传统哲学主要是通过自然事物的概念以言说最高者——“绝对”。

其实，在西方哲学史上，也有一些主张或近乎主张以“无”为最高原则，承认有不可说的领域的思想派别，只不过它们没有被系统展开，又被斥为神秘主义而未能在西方哲学史上占主导地位，多少类似中国道家的处境。试举几例如下：

古希腊后期的新柏拉图主义者普罗提诺（Plotinus，204—269）明确主张最真实的、最高的东西是无所不包的整体，他称之为“太一”（或“上帝”），但“太一”这个整体不是一切个体的总和，而是最高的统一性，而此统一性又不是与存在着的东西的总和分开的。[①]“太一”是无感觉、无意志、无思想、无区别的，但它是区别与万物的源泉，是最充实的、最完满的东西，世界万物与区别都是“太一”所“流溢出来”的，但“流溢”并不是流出“太一”之外，所以“太一”既是“有”之整体，

① 参见黑格尔：《哲学史讲演录》第3卷，187页，北京，商务印书馆，1959。

又是“无”，即“超越于‘有’之上”[①]，它是“不可知的”[②]，是“不可定义的”[③]，即不可说的。普罗提诺的原话：“我们对于‘太一’的理解与我们对其他认识对象的知识不同，并没有理智的性质，也没有抽象思想的性质，而具有高于理智的呈现的性质。因为理智借概念而进行，概念则是一种属于多的东西，灵魂陷入数目和多的时候，就失去‘太一’了。……因为这个道理，所以柏拉图说，‘太一’是语言文字所不能名状的。”[④]普罗提诺主张对“太一”的把握要靠“出神”即一种“心醉神迷的状态”，只有在这种状态中，人才与“太一”合一。普罗提诺的思想实际上是主张在不可说的地方，通过“无”，以达到对整体的把握。普罗提诺明确地把“太一”放在柏拉图的“理念”之上，主张有超出理性思维和概念的不可说的领域，这比起柏拉图以把握“理念”为哲学最高任务的思想来，应该说高明得多，可是在西方哲学史上，普罗提诺却被视为神秘主义者而遭贬抑，这是西方哲学史上的一个迷误。

普罗克洛(Proclus，410—485)把我们对于存在物的认识按统一性的程度之多少高低划分为三个等级，越是高一级的知识越具有较多的统一性，也越接近“太一”，而“太一”则是最完全的最高统一性，它不是知识、概念所能认识、所能言说的。[⑤]

在总结新柏拉图派的哲学时，就连黑格尔这样的理性主义者也说了一些赞扬新柏拉图派思想的话，说它是“人类精神、世界、世界精神的一种向前迈进”。他甚至得出了这样惊人的结论：“哲学家是突然

① 罗素：《西方哲学史》上册，363页。

② 参见黑格尔：《哲学史讲演录》第3卷，188页。

③ 罗素：《西方哲学史》上册，363页。

④ 《古希腊罗马哲学原著选辑》，463页。

⑤ 普罗克洛：《神学原理》，多茨英译本，59页，牛津大学出版社，1933。

被推进到与最内在的神圣东西在一起的神秘之中的人，而其他人的兴趣不过是统治权、财富、少女。”①

中世纪的新柏拉图主义者爱里更那（John Scotus Erigena，约810—877）也认为最高统一体超出名言，是不可说的，只能在忘我的精神状态中直观到它。黑格尔说，像爱里更那这样被称为神秘主义者的哲学家是“虔敬的、富于精神修养的人物。……在这里人们可以找到纯真的哲学思想，这也就是人们所谓的神秘主义”②。黑格尔甚至把新柏拉图派的神秘主义与中世纪正统经院哲学相对比，谴责后者的“彼岸性”，而对前者的现实整体性和反彼岸性表示赞赏。③ 爱里更那被罗马教会斥为异端。

14世纪的艾克哈特（Meister Eckhart，1260—1327）的“上帝”也是寓于万物之中的统一性整体，他希望同这样的统一体建立超知性、超理性的关系，认为专凭冥想，无需推论式的概念，即可与“上帝”这个整体合一。这种冥想是超乎感性、理性之上的能力，即超理性，他称之为“火花”，凭“火花”可以达到超多样性的“寂静荒芜之地”。艾克哈特的“寂静荒芜之地”实际上也就是“无”的境界。他和新柏拉图主义者一样，认为“上帝”这个整体是不可思、不可说的。

在库隆的尼古拉（Nicolaus Cusanus，1401—1464）那里，把握最高统一体要靠一种“出神”状态、一种直观，他又把这种状态叫做“有学识的无知”，颇像老子的“学不学”，显然也是一种超知识、超名言的境界。

---

① 《黑格尔著作集》第19卷，489页，法兰克福，Suhrkamp出版社，1971。

② 参见黑格尔：《哲学史讲演录》第3卷，188页。

③ 同上书，319页。

和康德同时代的耶柯比(F. H. Jacobi，1743—1819)的最高者——上帝，不是康德所谓理性公设的“理念”，不是理性认识永远追求而不可企及的整体，而是最真实的、现实的、活生生的统一性整体。耶柯比说：“吾心存在着火花，但当我把它带入知性之中的时候，这火花就会熄灭。……它诚然可以展示很明确的固定的形象，但在这些形象背后还隐藏着一个深渊。”①这就是说，凭“知性”(耶柯比称之为“间接知识”)可以得到固定的、确定的概念，但不能把握其背后的深渊，即现实的、活生生的整体(“上帝”)。耶柯比认为这样的整体只能靠“直接知识”即“信仰”来把握。他所说的“信仰”不同于基督教的信仰，而是一种超言说的直觉。如果把康德哲学和耶柯比的哲学对比一下，就更可以看清康德哲学的主客二分式的基础，而耶柯比的哲学则与中国的天人合一特别是道家的天人合一相接近。

对于上述这一系列过去被视为异端的神秘主义者，我们是否应该做一点新的审视呢?② 是固守主客二分式，站在“外于哲学”的立场，以通过概念、名言认识客观对象之本质为哲学的最高任务呢?还是“进入哲学之内”，在不可说的地方以把握天人合一(人与存在协调合一)之整体为哲学的最高任务呢?哲学应是言无不尽呢?还是言不尽意?西方现当代哲学和中国现当代哲学都正面临这样的困惑与选择，只是两者的历史背景和出发点不同，因而两者的未来道路亦不相同。

---

① 转引自余柏威：《哲学史》第2卷，莫利斯英译本，200页，纽约，Charles Scribner's Sons 出版社，1909。

② 当然，西方传统哲学如果不是以主客二分式和有为主导原则，而以神秘主义为主导，那显然不会给西方人带来近代科学和物质文明的昌盛发达，但在今天这些原则的弊端已将西方人带入困境的情况下，对西方的另一传统重新审视，还是必要的。这并不等于说在今天还要原封不动地照搬神秘主义，更不等于不要理性。

不过本文不打算从历史的角度推断未来。下面仅从理论的角度谈谈我的一些想法。

三

我在《超越自我》和《论境界——兼论哲学何为》两文中已经专门论证了每一个人都是宇宙整体的普遍联系之网上的一个交叉点，每个人生活于其中的现实的“时间场地”也是他的过去与未来的交叉点，这交叉点就是每个个人的世界和境界（这里所谓境界，不专指文学上的境界，也不专指高尚的境界，或者也可以说类似视域、思维导向、思路、心态之类）。每个人都生活于此世界、此境界之中，所以此世界、此境界也是一个天人合一之整体，同时，此整体又是全部宇宙的整体，每个个人（每个交叉点）以各自不同的独特方式汇集着、联系着宇宙整体的每一个角落而与之息息相通，因而它既是无所不包的世界整体，又有其各自的个体性、独特性。每个人就是这样与他人、他物融为一体的。——这就是我所主张的天人合一的整体观。如果借用海德格尔的话来说，每个人的境界就像“枪尖”一样，集宇宙间千丝万缕的联结线于一点，集过去与未来（对未来的筹划、盘算、预期等等）于一点，所以每个人从他的“枪尖”上所发射出来的一切举止言谈、神态都表现了他们各自拥有的整个世界。“人心之不同，各如其面”。每个人的境界不同，他在世界这个大舞台上所扮演的角色也各不一样，生旦净丑末，不可移易——这就是我主张的境界观。

现在的问题是，这境界或天人合一之整体是可说的呢？还是不可说的？

根据本文前两部分中的历史考察，回答显然是后者。但仍应从理论上做些说明。

世界因人而有意义，无人的世界是没有意义的，也不成其为世界。正是根据这个道理，海德格尔指出，动物没有世界。世界、意义从何表现？按照欧洲大陆语言哲学的观点，这就是语言。没有语言，存在就无法理解。正是语言打破了天地的浑沌，使意义得以显示。伽达默尔说："语词已经就是意义。""世界本身是在语言中得到表现。""能被理解的存在就是语言。""世界的创造曾是通过上帝的语词而实现的。"上帝以发出语言而创造一切。所以伽达默尔又说："谁拥有语言，谁就'拥有'世界。""没有语言性之外的'自在世界'。"①

什么叫做拥有语言、拥有世界？为什么语词就是意义？

伽达默尔解释道：动物没有语言，它们束缚于与它们相遇的个体物而不能超越，所以对于动物来说，只有一个个死板的物，而没有"如此这般情况的事实"(Sachverhält，"事态")，没有"否定性"，没有"可变性"，即没有对同一物可以这样表述也可以那样表述的可能。可是人却具有超越个体物即超越伽氏所谓"环境"(Umwelt)的能力，这种能力就是具有语言的意义，即能表述"事态"，能表述"否定性的事实情况"，能对同一物采取"各种表述的可能性"，等等，简言之，能"远离"(亦即"超越")个体物或"环境"而获得不受其束缚的自由(这里的自由只是相对于动物而言)境域，这样的境域就是人的世界——一个富有意义的语言世界。②

这样看来，人们似乎有理由说，每个人的境界、世界或天人合一之整体，都是可以言说的，是可以言无不尽的。但仔细深入地考察一下就可以知道，不能得出这样的结论。

---

① 伽达默尔：《真理与方法》，533 页。

② 同上书，537 页。

每个人的天人合一之整体，无论在意义的广度和深度上，在空间和时间上，都是一个无底深渊，也就是说，是无限的，但语言却具有有限性。在说话过程中，每一个语词，每一句话语都通向、指向和蕴涵某种观点和意义(包括说话的环境和生动现实性以及对这种观点和意义的解释)之整体，而这个整体是可以扩展到无限的。以有限的语言表达意义之无限整体，显然只能是“言不尽意”的。但另一方面，已经说出的语言与未尽(未完全说出来的)的无限意义之间又是一气相通的，用伽达默尔的话来说，就是，说出的与未说出的“具有答复和暗示的关系”，说出的“都在自身中带有未说出的成分”①。这样，我们就可以说，语言既是通向整体、显示整体的道路(即是说，语言和整体之间不是隔绝的)，又总是保留有未说出的领域，这就是伽达默尔所说的“语言的思辨性”，它要求从说出的东西中“反映”(“折射”)出未说出的东西，而不是固守住说出的东西。人们正是利用语言的这种思辨性，才更能使听话人理解说话人所指的意义。伽达默尔说：“说话(Sagen)作为让人理解某人所指的意义的活动……把被说出的话同未说出的无限性连结在意义的统一体之中并使之被人理解。用这种方式说话的人也许用的只是最普通最常用的语词，然而他却用这些语词表达出未说和该说的意思。因此，当说话者并非用他的语词摹仿存在物而是说出同存在整体的关系并把它表达出来时，他就表现出一种思辨性。”正是根据这个道理，伽达默尔指责黑格尔的辩证法“只停留在”一切皆可说的“陈述的领域”之中，“而没有达到语言世界经验的领域”②，即没有达到以有限的语言通向未说出的领域的地步。

---

① 伽达默尔：《真理与方法》，570 页。

② 同上书，574 页。

更进而言之，语言有诗的语言和遵循公众逻辑，通过普遍性概念和推论进行的日常语言。后者是按主客二分式，站在对象之外，针对对象或客体说话，说这是如此，那是如彼。这样的语言虽然也指向和通向未说出的东西，但不可能直接把握天人合一之整体，对于这种语言来说，天人合一之整体原则上是不可说的。① 用海德格尔的术语来说，这就叫做语言“遮蔽”了存在。

诗的语言则不然。海德格尔认为，思（概念、推论等）是“间接”把握存在的“神意”，诗则是“直接”把握存在的“神意”②。伽达默尔认为诗的语言在语言中具有最终的思辨性，即是说，它从说出的东西中“反映”未说出的东西的程度最大、最深远。诗意往往脱离原作者的“一切主观意图和个人经历”③，就是诗的语言的思辨性的表现。诗的语言不仅一般地表达出对存在的关系，而且在诗的语言中，“谈话整体以一种神秘的方式出现在那里”④。这也就是说，诗的语言的思辨性“强化”到了这样的程度，以致不仅一般地从说出的东西中“反映”出未说的东西，而且能让日常语言所不可说的整体得以直接呈现、敞亮。伽达默尔的这些思想是和上述海德格尔的思想一脉相承的。

在诗意中，人不是处于存在之外以存在为认识对象，而是融合于存在之中，与存在成为一体，诗人在这个整体中有其独特性的感受，拥有整个儿世界，但不是对事物有普遍性的认识。诗人所拥有的世界是全新的，因而他所用的语词、语言、说话方式，也是全新的、创造性的。伽达默尔说：“诗的语言乃是以彻底消除一切熟悉的语词和说

---

① 参阅拙文《论境界——兼论哲学何为》。

② 同上。

③ 伽达默尔：《真理与方法》，577 页。

④ 同上书，578 页。

话方式为前提的。""诗并不描述或意指一种存在物，而是为我们开辟神性和人类的世界。诗的陈述唯有当其并非描摹一种业已存在的现实性，并非在本质的秩序中重现类(Species)的景象，而是在诗意感受的想象中介中表现一个新世界的新景象时，它才是思辨的。"①

语言本是诗的语言，遵循公众逻辑的日常语言或概念式的语言是后起的，这就像天人合一是根本的，主客二分是派生的一样。②

人都是首先有自己的天人合一的境界(不论其高低)，然后才以概念式语言来言说之，首先有诗意(不论其高低)，然后才有哲学的论证(非哲学家也有自己的哲学)。所以一个人有什么样的境界，就有什么样的哲学。思与诗，哲学家与诗人既是互相结合的，又有区别。一个人作为诗人，他可以通过诗的语言直接把握天人合一之整体，但作为哲学家，他乃是通过说理，通过概念式的语言，间接论述天人合一之整体。即使是诗人哲学家如尼采，其作品也有大量的说理成分和概念式语言。庄子可谓文学哲学家，其作品的说理成分和概念式语言更是显而易见。哲学之为哲学，其最高任务诚然应该是把握天人合一之整体，就此而言，哲学与诗是完全一致的，但就把握的通道和途径来说，哲学毕竟不是诗，哲学总是要说理，要运用概念式的语言(这就像在黑格尔那里，艺术、宗教、哲学所要把握的目标一样，都是"绝对"，但三者把握的形式却不一样)。

哲学以把握天人合一之整体为己任，却又不能直接地把握它，所以哲学只能用日常的概念式语言去间接地烘托出天人合一之整体。

---

① 关于原始的天人合一与超越主客二分的天人合一之分，关于广义的所谓人皆为诗人的诗意与真正的诗人的诗意之分，我在《论精神发展的阶段》、《论境界——兼论哲学何为》等文中已申述过，这里不再赘述。

② 参阅拙文《论境界——兼论哲学何为》。

(我这里用的“烘托”，相当于伽达默尔所说的“反映”、“折射”，即由于语言的思辨性，可以从可说的东西中“反映”、“折射”出未说的东西)。倒过来说，这整体虽然对于日常概念式的语言来说是不可说的，但这种语言仍可把不可说的天人合一之整体“烘托”出来，就像烘云托月一样，这就是本文的标题“说不可说”的含义。确切地讲，这标题应写成“说‘不可说’”。直接地说(诗)是一种“说”，间接地烘托(哲学)也是一种“说”。如果说主客二分是天人合一境界的“堕落”(借用《圣经》的语言)，那我们也可以说，日常概念式语言是诗的语言的“堕落”。“堕落”后的语言对天人合一的境界只能“烘托”(“反映”、“折射”)而不能直接说出。但哲学既然在历史上早已与诗分家，它就只能处于这样的地位。人们由于受主客二分式的影响，特别是受黑格尔哲学的影响，每每认为哲学高于诗，因而很可能会觉得这样看待哲学，实在是哲学的悲哀。但我以为只要能承认哲学的最高任务是把握天人合一之整体，或者说，人与存在协调合一之整体，而不停滞于主客二分的模式，那么，我这里的主张正是给哲学以其应有的地位：诗高于哲学，哲学是为论述诗意境界服务的，理性是为论述超理性的东西(只要不是贬义，叫做神秘的东西亦未尝不可)服务的。我这里的主张也是符合史实的，不用说，中国的道家哲学最能证明这些。且举几个西方哲学史的例子如下：

康德的全部认识论就是为他的不可知的“信仰”领域留地盘，为这个领域作导论的。① 有些学者还认为康德全部哲学的归宿是审美意识，我想这应该说也是很有道理的。

康德哲学以主客二分为基础，举康德为例也许很不典型。让我们

---

① 参阅拙著《康德的纯粹理性批判》，北京，北京大学出版社，1987。

看看其他的例子吧。

前面谈了一些新柏拉图主义者，他们也讲了不少关于具体存在物的认识论，但他们的认识论最终都是为了烘托出不可说的东西，烘托出他们认为最高的神秘境界。

维特根斯坦的《逻辑哲学论》一书说了那么多关于“逻辑空间”的话，那么多关于可说的领域的话，实际上也是为了铺垫书末的最后一句：“对于不可说的，必须保持沉默。”①也就是说，维特根斯坦所说的，是为不可说的神秘领域作导论的，是为了烘托出不可说的领域的，用他自己的话来说，是为了“指出”、“意味”②不可说的东西的。他不是为研究逻辑领域而研究逻辑领域，他研究逻辑领域乃是“醉翁之意不在酒”，而在于以不可说的神秘领域为归宿。他所说的神秘领域包括审美意识、诗意在内。

维特根斯坦主张“确有不可说的东西”③，主张对不可说的就不要说，是为了反对西方传统形而上学对于本不可说的也加以言说的错误，而我则主张说“不可说”，这是否意味着我赞成西方传统形而上学，对不可说的领域也加以概念式的言说呢？不是的。我所谓“说不可说”、乃是上面所说的烘托（“反映”、“折射”）之意，即用日常概念式的语言烘托不可说的领域，而不是指用这种语言去直接陈述不可说者。不可说者是不可能用这种语言去说的。我同意维特根斯坦对不可说的不说（“保持沉默”）的观点，但我这里更强调的是维特根斯坦关于用可说的东西可以“指出”、“意味”不可说的东西的主张。我以为哲学

① 维特根斯坦：《逻辑哲学论》7.。

② 同上书，4.115.。

③ 同上书，6.522.。

之为哲学，就在于以日常概念式语言的方式(这才是哲学的方式)去烘托(“指出”、“意味”)神秘的、超理性的东西，就在于以逻辑的东西去烘托超逻辑的东西。

维特根斯坦哲学的一个主要特点，在我看来，是他虽然主张有不可说的东西，但由于他过于着重在可说与不可说之间划界，因而在他的哲学中看不出一个无所不包的天人合一的整体。他一心想抛弃思和语言世界，抛弃“逻辑空间”，站到这世界之外谈论意义和价值①，而不懂得在整体之内，通过“有”的超越(不是抛弃)，以达到天人合一的境界，体验人生的意义和价值，更不懂得诗的语言的“思辨性”之强，足以直接把握整体(尽管维特根斯坦谈到过神秘的感觉)。

即使是那些不承认有不可知、不可说的领域的西方传统形而上学哲学家，他们和任何人一样，也都有自己的天人合一的境界，他们把他们的最高者说得淋漓尽致，一干二净，而实际上(即在实际的人生中)都保留了一个未说出的神秘境界，因为这种境界本是不可说的，但他们所说的一切(包括认识论以至对最高者所说的本体论)都“反映”、烘托出他们未说出的神秘境界。正像任何一个人的境界本身虽不可说，但都由他的具体言行表现出来一样，任何一个哲学家的境界也都由他的著作中所说的一切“反映”、烘托出来。康德哲学著作所“反映”、烘托出来的境界不同于黑格尔的境界，古希腊哲学所“反映”的古希腊人的境界不同于近代哲学所“反映”的近代人的境界，中国哲学与西方哲学之不同也“反映”出中国人与西方人的境界之不同。② 总

① 维特根斯坦：《逻辑哲学论》6.41.；6.42.。

② 人们也许会习惯性地追问：你能说出他们各自的境界究竟是什么吗？回答只能是“不可说”。但人们可以从他们在著作中所说的一切体会到他们的境界，就像从一个人的言行中体会到此人的境界一样。

之，境界不同、文化心态不同，就有不同的哲学。哲学是由境界、心态决定的，哲学不过是对境界的间接烘托。哲学过于自负，以为自己可以高于一切的时代也许就要过去。提高哲学，首先要提高境界。在人们正按主客二分的思维模式，热衷于经济和科学追求的今天，同时提倡一点超越主客二分的高远境界，应该是合乎时宜的。以物观物，诚属实际生活之必然；以道观物，也应该是人类心灵的需要。我想，这也许不算是迂阔之论吧。

市场经济与终极关怀*

把市场经济与终极关怀联系在一起，未免有些不伦不类，一在天，一在地，可谓风马牛不相及。但有意思的是，值此市场经济愈趋繁荣之际，关于终极关怀的谈论也越来越多。哲学界在谈，文学界也在谈。这种现象实不难理解，它正是出于人们对过份沉溺于功利追求的一种担忧。功利追求是市场经济的一个重要特征，但人生的意义和价值是否止于功利追求？这是市场经济所必然带来的一个大问题。终极关怀也许正是对这个大问题的一种回答。

基督教把人生的终极意义和价值寄托在彼岸世界，寄托在上帝身上。这是人们通常最容易想到的一种终极关怀。但就连相信基督教的西方传统也被尼采所宣布的“上帝已经死了”的口号所打破，何况我们中国人，我想更不必提倡到基督教的上帝那里去找终极关怀了。西方传统哲学家柏拉图、康德、黑格尔的“理念世界”、“自在世界”、“绝对理念”，以不同的方式，在不同程度上，实际上都是要在超越

* 本篇原载《光明日报》1995年9月21日；《新华文摘》1996年第1期转载。

时间之外、超越感觉之外的、形而上的本体世界中去找终极关怀。这条道路属于西方的旧传统，尼采也把它和上帝一起埋葬。现当代的大多数西方哲学思想流派已舍弃了这条道路。中国正统儒家所讲的那种与人欲绝对对立的“天理”，显然更不能成为我们今天市场经济时代所应该提倡的安身立命之所或终极关怀。

“何用别寻方外去，人间亦自有丹丘”。人生的最高意义和价值并不在超越时间之外、超越感觉之外的“方外”或他界，而就在现实的、世俗的“人间”或此岸。就在这时间之内的现实世界，即可找到“丹丘”常明之处。问题在于我们如何对待这现实世界，对这现实世界采取什么态度。

一种态度是以我为主，以物(包括他人、他物)为客，物与我判然分明，功利、占有和征服自然的主体性由此而生。这在西方近代哲学中有专门的术语，叫做“主客二分”。主客二分中主体的上述特性叫做“主体性”。另一种态度是我与物一体相通，二者无主客之分，西方哲学一般称之为主客不分或无主体性，却缺乏一个专门而通俗流行的术语来表达。我借用中国哲学的术语称之为天人合一。但中国哲学所讲的天人合一，含义甚多而歧异，特别是儒家天人合一说中把封建道德所讲的君君臣臣那一套伦理绝对化为天，是我所反对的。我这里借用天人合一一词，只是取其人与物、人与自然的一体相通之意。而且，人对物的这种不分主客的关系又可分为前自我意识(或前主客二分)和超主客二分两个不同的阶段，前者指人尚无自我意识，不能区分主体与客体的阶段，而主客二分是人的意识发展过程中一个大的飞跃和进步，但人往往不停滞于主客二分的阶段，而要超出主客二分。前自我意识或前主体性是严格意义的主客不分；超主客二分乃是经过主客二分而又进而超出之。人生之初，必然处于前自我意识阶段，这可以撇开不说。我这里所提出的人对现实世界的两种态度，除主客二分之外，另一种态度则是指经过主客二分而又超出主客二分的天人合一境界。这里的“超”不是脱离或“外于”之意，超主客二分的天人合一与主客二分在这里不是截然对立的，而是结合在一起的。

这两种态度也可以说是人生的两个方面。在主客二分中，主体总想占有客体，使客体为主体所用，这就产生了征服自然、追逐功利之心，这是人生的实际的方面，亦即功利的方面。但人也有“不切实际”、“好高骛远”亦即超功利的方面：人的审美意识使人处于一种物我两忘、人己一体，超出主客二分的天人合一境界之中。在这里，无占有之意和功利之心，这就是人生的超功利的方面。即使是一个普通的人，一般也多少有这一方面。“终极关怀”的“终极”如果是指超越感觉之外的绝对和最终之意，诚非我所信，但若以超主客二分的审美意识为人生的最高意义和价值之所在，则我以为这也可以说是一种终极关怀，而且这种终极关怀不是彼岸的，而是最现实的。

我强调超主客、忘物我必须经过主客物我之分，就是要表示人不可能脱离物欲功利而过着禁欲主义的生活，人生的超功利的方面只能建立在功利的基础之上。这里的“超”也不是脱离或“外于”之意。把超功利理解为抛弃功利的所谓“纯”精神生活，只能是虚构。

但人若陷入功利而不能自拔，过分地沉溺于孜孜以求的日常事务，人又总会觉得缺乏心灵上的自由、安顿与安宁，希望找到人生的家园。人生天地之间，既要脚踏实地，又爱仰望天空，天和地就这样困惑着我们，但正是这种困惑孕育着有希望、有充实内容、有丰富意义的人生。“地”养育着我们，原有万物之根的意义。德国现代哲学家胡塞尔认为，我们“全体”的人都是俗世的、实际的。但胡塞尔在大讲这套道理时，却又令人惊奇地拟想到人能像飞鸟一样飞离大地，或者说飞离自己的“诺亚方舟”，而到天边或更玄远之处，可这天边或更玄远之处最终还是离不开“活生生的现在”，离不开这俗世之“地”，也就是说，人在飞离大地之际，“地”的“原始力量”。仍然“隐蔽”在其中。所以，胡塞尔又谈到康德的鸽子不能离开空气在真空中飞离大地。

胡塞尔的这些哲学遐想启发了我们。人生的最高意义和价值既不在天，也不在地，而在天地之间。套用中国的“即世间而出世间”这句老话，就可以说是“即功利而超功利”，实际上仍然是我前面所说的经过主客二分而又超出主客二分，达到天人合一、物我一体的境界。有人把它称为“非功利”境界，如果“非利”一词不引起与功利对立的误解，亦未尝不可。

超功利不是抛弃和摒绝功利，所以超功利的自由和安宁总是与物欲、功利的束缚，与不断追求的躁动分不开的。当今市场竞争激烈，人们热衷于功利追求。若要探求人生的最高意义和价值，提高人们的精神境界，决非谴责市场经济和功利追求所能为力。那种以片面提倡旧学，变相提倡以儒家的封建伦理道德观来“匡救时弊”，或者以提倡前主体性的不分主客的哲学原则来“拯救危机”的做法，都是站不住脚的。市场经济使几千年来饱受封建束缚的中国人获得了一次大解放，其内涵和意义之深远还只是初露端倪。我们决不能因为在时代的交接处必然出现的某些弊端而否定市场经济，否定功利追求，否定主客二分和主体性。我们只能在功利追求的基础上提倡超功利的境界。这里需要的是有敢于面对物欲功利而又能从物欲功利中超脱出来的勇气、胸怀与气魄。这不是不可能的矛盾，而是一种忍受和愉悦的交织，一种深层的陶冶、修养和培育。我在一些文章中主张提倡一种既在功利追求上有执著精神，又同时具有远大和旷达胸怀的理想人格，就是基于这个思路和道理。追求功利与超功利是可以结合在一起的。

陶冶、修养和培育，有道德意义上的，也有审美意义上的。我个人以为审美意识包含而又高于道德意识。审美意识在更深、更高的意义上，表达了物我交融、天人合一的最高境界。一个有真正审美意识的人，也必然是一个有道德的人。在这里，个人和宇宙、人与天合而为一，这种状态下的人不是作为主体而与客体相关联，而是自身成了宇宙的化身，人不再为任何外在的对象或客体所限制，不再有占有外物之意欲。人的这种境界也可以说是一种"爱"，——一种人与物融为一体的"爱"。所以在今天，既要提倡道德上的陶冶、修养和培育，更要重视审美意义上的境界的陶冶、修养和培育。我们应当把美育作为经济时代的一个重要环节来看待。

审美意识和道德意识一样有高低之分。我们不可能要求每个人都成为诗人、文学家，都达到超功利境界的高限。但人只要多一分这方面的修养和境界，他也就能多领略一分人生的意义和价值，多一分心灵上的自由与安宁，也为熙熙攘攘的市场人群多吹来一点清凉幽香之气。

有一种看法认为市场经济使一切物化，把人的精神、灵魂挤得无栖身之处，哲学和文学也似乎无所作为。这是一种把功利追求与超功利的修养绝对对立起来的看法。当今的功利追求和人们的情欲，比以往任何时候都更发达、范围更广阔。从这个角度看，哲学和文学所能讲、能写的超功利的方方面面，也比以往任何时候要丰富得多，哲学和文学比以往有更多用武之地。当然，从另一角度看，人们的情欲越发达，功利之心越强烈，超功利的难度也就越大，谴责超功利为迂腐的声音就会越高。这也许就是今天人们惊呼"精神失落"的重要原因。但我想这同时也正是人们特别是哲学家和文学家们今后应当努力以赴的课题。

相同与相通*

1. 正如尼采所说："世界上本来没有相同的东西。"①莱布尼茨更形象地说过："找不到两片相同的树叶。"我们只能通过认识的抽象活动，撇开相异的方面，抽取其共同的、彼此相同之处，构成抽象的普遍性、共同性、同一性（这里的"同一性"不是指相互依存、相互转化）或者说相同性，这就是抽象概念。

但现实中没有这种抽象的相同性，现实的东西总是千差万别的，彼此不同的。彼此不同的东西而又能互相沟通，这就是我所说的相通。

西方许多哲学家重认识论，把认识相同性视为哲学的一项重要任务。中国许多哲学家重存在论，认为把握现实的东西之彼此相通是哲学的重要任务。

但本文的兴趣不是历史的，不打算在这方面比较中西哲学之异同。本文的兴趣毋宁说是理论的，本文打算说明

---

* 原载《北京大学学报》1995 年第 4 期。

① 尼采：《快乐的科学》，第 111 节。

宇宙万物不同而相通的意义，并进而说明哲学之最高任务不是认识相同性，而是把握相通性。我无意反对认识相同的必要性和重要性，但我更强调的是，把握相通高于认识相同。我的主张，说得简单一点，就是万有相通。

2. 不少人认为，既然找不到彼此完全相同的东西，那也就谈不上彼此相通。例如，有的主张语言只能私有的论者就认为，私有语言只是说话的本人才了解的东西，只与说话的本人私有的感觉相关，因而主张此一说话人与彼一说话人不能相通，不能交流，也就是说，他们之间无共同语言，他们在使用同一个语词或同一种说法时，实际上是在表达各自不同的、私人独有的经验。

再举一个具体的例子。人们有时抱怨不能完全了解彼此对同一事件的感受或感觉，甚至对自己最亲密的人，也不能完全做到这一点。的确，我的手指被刀割破的疼痛感觉与你的手指被刀割破的疼痛感觉不可能绝对相同，这是现实的事实。问题是以此为遗憾而抱怨，这实际上还是源于一种不同者不能相通的观点。如果我们能理解到我的痛感与你的痛感虽然总不能完全相同，但你的痛感仍能牵动我的不忍之心，好像我也在痛一样，这就是我与你之间的相通，这种相通并不要求我的痛感与你的痛感完全相同，因而也就没有抱怨和遗憾的必要。

庄子与惠施关于鱼乐的那段辩论，也包含相同与相通的道理。若单就鱼与人不同、庄子与惠施不同而言，则惠施所说的“子非鱼，安知鱼之乐”与庄子的辩词“子非我，安知我不知鱼之乐”都能成立，也就是说，庄子不可能了解鱼之乐，惠施不可能了解庄子之知鱼乐，鱼与庄子之间，庄子与惠施之间，既然彼此不同，也就不能相通。其实，如果我们懂得不同者亦能相通的道理，则庄子之知鱼乐和惠施之知庄子之知鱼乐，都是可以成立的，因为庄子与鱼之间，庄子与惠施之间，虽不相同，而又是彼此相通的。

我以为我们平常所谓的彼此之间的相互了解，所谓我知道你，你理解我，实皆指彼此之间相通，我你之间相通，而不是指两者之间的绝对相同。懂得了这一点，我想那种认为人与人之间不可能相互了解的主张和观点，应该说是站不住脚的，至少是片面的。西方近代哲学，特别是经验主义，认为人最理解私己的心灵感觉，把内在的、心灵私有的东西放在首位，这就为不同者不能相通的私有语言论提供了理论基础。维特根斯坦主张感觉可以交流，可以让渡，语言能得到公共的理解，正是要扭转西方近代哲学史上这一传统的见解。可惜维特根斯坦只限于从语言的角度论述他的观点，而没有考虑到不同的东西可以相通的道理。

3. 不同的东西何以能够相通？相通的含义是什么？

且先谈谈中国的天人相通。

程伊川认为人受性于天，天道即存于人的心性之中，天道与人道，其为道一也。“天地人只一道也，才通其一，则余皆通。”(《语录》十八)若不管程伊川的“天”所包含的道德含义，则他的天人合一观就是指人与宇宙万物为一体，“道”贯通于人与宇宙万物之中。人与万物之所以能相通，关键在于“道”本一以贯之。

王船山关于天与人之所以能相通的道理讲得更清楚明白。他认为天与人虽彼此不同，“形异质离，不可强而合焉”(《尚书引义》)，但由于“道”一以贯之，故能相继——能相通。他的原话：“天与人异形离质，而所继者惟道也。”(同上)

王阳明曾以具体的例子生动地说明了他关于人与万物一体相通的道理。“大人之能以天地万物为一体也，非意之也，其心之仁本若是，其为天地万物而为一也。岂惟大人，虽小人之心，亦莫不然。彼顾自小之耳。是故见孺子之入井而必有怵惕恻隐之心焉，是其仁与孺子而为一体也。孺子犹同类者也，见鸟兽之哀鸣觳觫而必有不忍之心焉，是其仁之与鸟兽而为一体也。鸟兽犹有知觉者也，见草木之摧折而必有悯恤之心焉，是其仁之与草木而为一体也。见瓦石之毁坏而必有顾惜之心焉，是其仁之与瓦石而为一体也。是其一体之仁也，虽小人之心，亦必有之。是乃根于天命之性而自然灵昭不昧者也。”(《大学问》)天地万物贯穿“一体之仁”，就像人的灵魂渗透于人体各不同的部分，使之成为一体一样。故人不仅与人相通，从而“见孺子之入井而必有怵惕恻隐之心”，而且与不同类之鸟兽相通，与无知觉之草木瓦石相通，而对鸟兽草木瓦石“有不忍之心”，“有悯恤之心”，“有顾惜之心”。总之，人与任何不同的东西，皆因其为一体而彼此相通，而无“分隔隘陋”(同上)。按王阳明这里所讲的道理和例子推之，则庄子所讲的“知鱼之乐”，也可以看作是天地万物一体的一种表现。同样，你的痛感会通过语言而引起我的同情，也是我与你融为一体的表现，与“孺子之入井”会引起我的“怵惕恻隐之心”是同一道理。

4.“天地万物一体”，或者说，“一气流通”，这个基本观点，我以为是有道理的。但是，第一，儒家的天人合一说一般都主张天有道德含义，具体说，有封建道德意义，这是我所反对的，我在许多文章中都论述到这一点，兹不再赘述。第二，中国旧的传统哲学家所主张的天人合一，大体上尚属前主体性的天人合一，少主客二分思想，少认识论，因而也较少关于超主客二分、超知识的论述，尽管他们也大谈破除私欲以达到天人合一的境界，但只是从道德的角度，而缺少从超知识的角度。老子有超知识的高级愚人的思想，但不明确，很少讲认识论。第三，天地万物究竟如何一体相通？中国旧的传统哲学对此都讲得太笼统。是由于“仁”渗透于其中而使之成为一体的吗？把道德意义的“仁”赋予“天”，是一种不合实际的强加。是由于莱布尼茨的“前定和谐”使得不同的万物（包括人与物的不同和人与人的不同）成为一体而彼此相通的吗？我以为莱布尼茨的“单子没有窗户”的观点是站不住脚的，它否定了万物之间的相互影响、相互作用，其目的是为神的存在提供论据。否定了神，就无法说明他所主张的每一“单子”反映全宇宙的观点。近来我国有人把儒家的和谐思想比拟为莱布尼茨的“前定和谐”，我以为是不恰当的，儒家没有“前定和谐”的思想。

5. 我在《超越自我》一文中主张每人、每物皆宇宙普遍联系之网上的交叉点，并从这一角度阐述了我的万物一体观，我在那里借用中国传统哲学的术语称之为我的天人合一观。

我在那里说的普遍联系，更具体地、确切地说，就是普遍的相互作用、相互影响，它使每一人、每一物甚至每一人的每一构成部分或每一物的每一构成部分都成为一个千丝万缕的联系、作用与影响的交叉点，此交叉点无广延性，类似几何学上的点，但它是真实的而非虚构。尼采关于事物是相互作用的总和的思想①是合理的。由于每一交叉点集全宇宙普遍作用与影响于一身，因此，我们也就可以说每一交叉点都反映全宇宙，或者说，就是全宇宙，类似莱布尼茨所说的每一“单子”都是全宇宙的一面镜子，也类似华严宗所说的“一即一切，一切即一”，不同的是，华严宗讲的是事与理的关系，相当于本体与现象的关系，我则是讲每一交叉点与整体的关系；莱布尼茨的“单子”“没有窗户”，靠神的“前定和谐”而反映全宇宙，我所说的交叉点本身就是全宇宙内部的相互作用、相互影响的结晶。张三是此一宇宙内部相互作用、相互影响的结晶，李四亦然，草木瓦石鸟兽虫鱼亦如是。

---

① 尼采：《强力意志》，第551节。

每一物、每一人、每一部分、每一句话、每一交叉点都是一个全宇宙，但又各有其个性，因为各自表现了不同的相互作用、相互影响的方式，或者说，各以不同的方式反映了唯一的全宇宙。我以为这就足以说明部分能与整体相通，此一部分能与彼一部分相通，简言之，各不相同的东西都能彼此相通：说"不同"，是指普遍的相互作用、相互联系的方式不同；说"相通"，是指它们都反映唯一的全宇宙，或者说它们本是一体。这里的"相通"显然不是指从不同的东西中抽象出相同的共同性，相通的关键在于不同者所反映的全宇宙的唯一性。

还是以前面谈到过的痛感为例。由于我与你都是唯一的全宇宙的反映，我的身心、血性、禀受等等与你的身心、血性、禀受等等都是唯一的全宇宙普遍联系与作用的结晶，所以我的痛感会牵动你的不忍之心，这就是我和你之间彼此相通。但你反映唯一的全宇宙的方式与我反映唯一的全宇宙的方式又是不相同的，所以你的痛感与我的感受又不是绝对相同的。不相同而相通，这就是本文所要论说的主旨。企图达到两个人之间的痛感完全相同，那是不可能的，但这并不妨碍一个人的痛感可以与别人交流。

6. 上面说部分与部分相通，部分与整体相通，其中所谓的部分只有相对意义。严格讲来，每一部分都是一个整体，因此也可以说，世界上归根结底，没有部分。说"部分"，乃是人为地把整体(全宇宙)加以割裂和撕裂的结果，所以部分总是抽象的。

7. 上面说每一交叉点或每一物、每一人都反映唯一的全宇宙，都是全宇宙的一面镜子，这里所谓的反映和镜子只有比喻意味，不能理解为真像照相那样，把宇宙整体的模样机械地、具体而微地缩小到每一交叉点或每一物、每一人这样的小小照片中。"反映"是指联系、作用、影响之类的含义。例如某一特殊的人之所以为他，乃是无限联系、作用、影响的结果，这些联系、作用和影响包括父母的以至祖祖辈辈的，朋友的以至不相识者的，近处的以至遥远的，现在的以至过去的，物质的以至精神的，有形的以至无形的，重要的以至不重要的，如此等等，以至无穷。总之，每一交叉点或每一物、每一人都向全宇宙开放而囊括一切，一切又向它集中，交织于它。就是在这种意义下，我说它"反映"全宇宙。

8. 万有相通的道理无疑也适用于过去与现在和将来的关系，也就是说，过去与现在、将来也是不相同而相通。

从有限的、割裂的、抽象的观点看一物、一人，它都受外在的作用的推动，也就是说，是被动的，例如植物需要外部的阳光之类。但从无限的、具体的、普遍联系的观点看一物、一人，则如前面所说，每一物、一人都是宇宙整体，所以它的活动和开展是不假外求的，不需要外部作用推动的。它的活动与开展是自我活动、自我开展，类似莱布尼茨所讲的"内在原则"。

宇宙整体既承载着过去，也孕育着现在和将来，这就像一棵橡树的果实既是全部橡树的结晶，它沉积着、浓缩着橡树过去的全部发展过程，又孕育着、蕴涵着橡树将来要发生的全过程。当然，比喻总是有限制的，有限的橡树果实之发展为橡树，还需要外部的作用或条件，而无限的宇宙整体，其作用、联系则如前所说，是不假外求的。

关于宇宙整体之为过去的沉积、浓缩，是全部过去的承载者，这个道理是很显然的，也许不需要加以论证。我这里想着重说明的是宇宙整体孕育着、蕴涵着未来。必须说明这一点，才能谈得上过去与未来相通。

我所说的孕育不是"原型先蕴式的假设"(Einsehachtelungshypothese，box-within-box hypothesis)，不是说现在的东西过去已具体而微地存在了，将来的东西现在已具体而微地存在了，好像飞机早在远古时代就已具体而微地存在了一样。孕育的意思乃是说，形成现在和未来的东西的无穷因子或因素都已在过去潜存于宇宙整体中，这些因子或因素是一种自我酝酿、自我开展和自我发展的过程，所以现在的现实事物不可能不经过这样的长过程而一蹴即就地、具体而微地、现实地存在于过去。例如形成婴儿的无穷因子或因素早已潜存和蕴涵在他的父母和祖祖辈辈那里，以至早已潜存在和蕴涵在整个宇宙中，但婴儿并非一蹴即就地、具体而微地早已现实地存在于过去。当然，通常理解的某一婴儿，总是有限的存在，他的诞生需要外部条件或外力。但这个比喻应有助于说明孕育不是“原形先蕴”之意。

整个宇宙之由过去到未来的开展与发展，都是它的内部活动，它作为整体，是自满自足的，它不断地酝酿而形成形式上越来越多、越来越复杂的万事万物，但万事万物并不在它之外，并不像婴儿脱离母体那样。万事万物即是宇宙整体自我活动、自我表现的诸种形态。普罗提诺(Plotinus)说他的“太一”绝对完满，一切具体的东西由它“流溢”，以它为源，但并“没有流出去”①——并没有流溢到“太一”之外。普罗提诺的“太一”，说的也是宇宙整体，至于普罗提诺对“太一”的理解与我对宇宙整体的理解的不同之处，这里就不必说了。

从表面上看，上面所讲的过去孕育未来的观点，似乎会导致宇宙间不能产生新鲜东西的结论。这当然是一种误解。首先，我对“原型先蕴式的假设”的否定，正是要否定一切事物早已具体而微地、现实地存在于过去的观点。更重要的是，说形成事物的无穷因子或因素早已潜存于过去，这并不等于说事物早已现实地存在于过去。宇宙整体

① 转引自黑格尔：《哲学史讲演录》第3卷，190页。

在其自我开展、自我发展的过程中，它的每一阶段，甚至每一瞬间，都表现为不同的面貌，不同的形态或状态，这不同的面貌、形态或状态的具体内容，就是各种新生的人和事物，或者倒过来说也一样，各种新生的人和事物的出现就是宇宙整体不断地自我开展、自我发展的表现。这样看来，尽管在宇宙整体的开展和发展过程中，无外来作用之加入，但仍可以说，宇宙间新鲜事物层出不穷，日新月异，瞬息万变。

由此可见，所谓过去与未来（包括现在）不相同而相通，其中的“不同”就是指宇宙整体开展和发展的过去的阶段、面貌、状态与其后来的阶段、面貌、状态彼此不同；不同者之所以又能“相通”，就是因为过去与未来都是唯一的宇宙整体之自我开展和发展。所谓“一脉相承”，对于过去与未来的关系来说，这相承、相通的“一脉”，不是指不变的抽象的同一性或相同性，而是指“唯一的宇宙整体”。（见文末注）

9. 万有相通，乃是古今融合的历史观之存在论上的根据。

唯一的宇宙整体一方面负载和沉积着过去，一方面孕育、蕴涵着未来，从过去到未来都是唯一的宇宙整体之自我开展和发展，这个道理应用于历史，则历史也是一个古今虽不同而又相通的、“一脉相承”的流变整体。历史的今天和现实不可能脱离历史的传统和昨天，历史上过去的东西，其内涵和意义也总是要在其未来中展开。因此，我们研究历史人物和历史事件，应该从历史长河的整体中来考虑。伽达默尔既反对从孤立的、脱离过去的“现在视域”看待历史上过去的东西，也反对从孤立的、脱离今天的“过去视域”看待历史，正是要把历史看成一个连续性的、一脉相承的统一性整体，用他自己的术语来说，就是从一个融古今于一体的“大视域”或“唯一的视域”来研究历史①。他这种视域融合的历史观我想也可以用我所讲的万有相通、古今相通来说明，只是伽达默尔没有作这种考虑。

伽达默尔曾在他的著作中花了不少篇幅批评那种企图恢复古之绝对的原貌的历史观，他认为那是把历史上过去的东西看成独立于今天的、异己的他物或对象来研究的办法，是一种追求“物自身”的抽象观点。② 其实，按我在前面所讲的看来，这种绝对地追求原本的观点，也是一种追求绝对的不变的同一性的观点，不懂得历史自古至今不断流变，但又一脉相承，一气相通。

10. 伽达默尔主张研究历史的今人应该“参与”到历史的过去中去。我以为其所以能够“参与”，根据就在于古与今虽不同而又相通，二者原本“一体”，“一气流通”。伽达默尔还谈到读者“参与”作品，解释者“参与”文本，观众“参与”游戏，等等。其实，所有这些“参与”都以两方面不同而又相通为存在论的依据。王船山主张采用内在体验的方法以实现他的“通古今而计之”、“合往古今来而成纯”的历史观，其根据亦在此。王船山的内在体验与伽达默尔的参与可以相互阐释、相互辉映。

内在体验或参与的方法与主客二分式的外在认识的方法是两种不同的方法，前者以把握万物一体或古今相通为目标，后者以认识相同性、同一性为目标。如前所述，现实中并没有完全相同的东西，只有通过外在的认识，从不同中抽象出相同，这才构成同一性的抽象概念。不过我们也应该承认，同一性的抽象概念虽然不是现实的，却是

① 参阅拙文《略谈古今之变》，载《北京大学学报》1995 第 2 期。

② 同上。

科学所需要的，是人类的生活所需要的。只有通过认识、思维，按照同一律，掌握科学规律，才能支配客体，使之为我所用。尼采说："求相同的意志就是一种求强力的意志。"[①]问题在于人生不能停滞在这个阶段，我们应该更进而在不同中把握其相通、相融，这就需要比认识、思维更高的把握方式，即超理性的方式[②]王船山的内在体验与伽达默尔的参与都属于这种方式。伽达默尔的《真理与方法》一书，贬低自然科学方法，强调"参与"，实际上就是贬低主客二分式的外在认识的方法，提倡古今融合。尼采贬低对世界的逻辑的把握方式（即建立在同一性基础上的方式），强调把握差别性和个别性的审美方式，亦有其深刻之处。中国传统哲学所讲的内在体验，由于缺乏或较少主客二分式的认识论，则有待于提高。我国学术界近来比较重视认识论，强调分析，颇有利于当前中国哲学的发展。

维特根斯坦说："神秘的不是世界是怎样的，而是它是这样的。"[③]"世界是怎样的"，是科学家所要探询的问题。一个人作为科学家，他可以通过外在的认识方法，把宇宙整体作分割式的研究（无论其研究的对象如何广阔，科学家作为科学家，其研究对象总是有限的范围，而不是无限的整体），但这种研究只能是愈来愈扩大，愈来愈深入，而没有止境，因为宇宙整体不是封闭的，而是一个无底深渊。用外在认识的方法去把握这无底深渊，只能是无穷追逐，这是这种认识方法的性质所决定的。我们平常说的对绝对真理只能无穷接近，也就是这个意思。庄子说的"知也无涯"，这其中的"知"也是指的外在认

① 尼采：《强力意志》，第511节。

② 参阅拙文《黑格尔与王船山——兼论人是超理性的存在》，见《国学研究》第2卷，北京，北京大学出版社，1994。

③ 维特根斯坦：《逻辑哲学论》，6.44.。

识。庄子对外在认识持怀疑甚至近乎否定的态度，说什么“以有涯随无涯，殆已”(庄子：《养生主》)，尼采作为一个西方现代哲学家，从批评西方近代传统哲学的主客二分式和批评、分析逻辑上同一律的角度，也对外在认识持一种近乎否定的态度。我不同意完全否定外在认识，而主张超越外在认识。哲学家的最高任务应该是把握万有相通的整体，或者用王阳明的话来说，做到“大人能以天地万物为一体”(《大学问》)。“能以天地万物为一体”，是一种境界，非无穷追逐的认识和知识所能为力，而需通过内在的体验，但这种内在的体验不是抛弃认识、抛弃知识，而是比认识和知识更高。王阳明的内在体验缺乏认识和知识的地位，是他的哲学的一大局限性。回到上引维特根斯坦的话来说，通过这种内在体验所把握到的，就是指“神秘的是：世界是这样的”，亦即把世界当作整体来把握的一种“神秘的感觉”[1]。只是维特根斯坦所讲的整体是“有限的整体”[2]，我所讲的整体则是无限的。所谓“神秘的”，我把它理解为超理性的[3]，而不是贬义的神秘主义。

11. 维特根斯坦根据他关于“把世界理解为有限的整体”的理论，把事实的领域(即他所谓的“世界”)与事实之外的领域(即他所谓的“神秘的领域”或“价值的领域”)分裂为二，强调站世界之外以“直观”这有限的世界整体，从而赋予事实世界以价值和意义。所以在维特根斯坦看来，世界的价值和意义“只存在于世界之外”[4]，或者说，是“超验的”(“超越的”)[5]。科学只管事实世界，不能满足人的内心追求，于

---

① 维特根斯坦：《逻辑哲学论》，6.45.。

② 同上。

③ 参见拙文《王船山与黑格尔——兼论人是超理性的存在》。

④ 维特根斯坦：《逻辑哲学论》，6.41.。

⑤ 同上书，6.42.。

是转向科学和事世界之外，到“神秘的领域”中去寻找意义和价值。显然，这种把意义和价值推到超验的彼岸的观点是抽象的、不现实的。

其实，世界只有一个，世界的意义和价值不是像维特根斯坦所说的那样在世界之外，而就在世界之内。

万有相通，万物一体，这是一个千差万别而又彼此融通的世界。

把万有相通、相融的整体分裂为主体与客体，主体将客体作为外在的对象，按照一定的条件，研究对象的规律，发现真理，这就是科学。西方自柏拉图以后的传统哲学，主要的是近代哲学，一般以主体性为原则，按照主客二分的思维模式，把认识事物的普遍本质作为哲学的最高任务，这种外在性、对象性的哲学观点实际上是以科学的态度和方法看待哲学，研究哲学。海德格尔已反对过这种哲学观点。我以为哲学乃是教人超越（不是抛弃）主客二分，在更高的基础上回复到主客融合的整体，亦即从宇宙整体的内部体验到一种物我（包括人和己）两忘的境界，这就是最高的审美意义和价值之所在①，其中很自然地也包含了一种“民胞物与”的伦理道德的感情和意志②。这样，科学与哲学、事实与价值意义之分就不是彼此外在的两个领域之分，而是对唯一的现实世界采取主客二分的把握方式和超越主客二分，达到万物一体的境界（或把握方式）之分。真、善、美的统一问题，是否可以从这里找到一条解决的途径和端倪呢？

注：也许有人会提出问题：既然每一人、每一事物都已孕育于过去，既然形成该

---

① 参阅拙文《审美—超越—自由》，见《国故新知》，北京，北京大学出版社，1993。

② 关于道德的地位问题，请参阅拙文《论精神发展的阶段》，载《学术月刊》1993年第4期。

人、该事物的因子或因素都已蕴涵在过去，这是否是一种宿命论？这是否意味着，就一个人来说，他没有自我努力、自我提高的余地？

这个问题，我在《超越自我》一文中已回答过，那里主要是就提高境界来说的，兹再申述之。

的确，既然每一个个人都是全宇宙的相互联系、相互作用的交叉点，其形成的因子或因素早已在宇宙整体中孕育着、蕴涵着，这就等于承认人有先天的、被决定的、非个人人力所能为的方面，或者说，不以个人意志为转移的方面，而且，这个方面对于个人的成长和发展起着基础性的作用。但承认这一点，并不等于宿命论。一个由于被过去的因子、因素所决定而无音乐天赋的人，尽管可以经过个人努力而在音乐方面有所提高，但这种提高毕竟是很有限的。每个人的天赋和一切其他非人力所能为的、不以个人意志为转移的因子、因素，是他的发展和前途的基底，他个人的努力都必须在他由之出发的基底上进行，基底的性质(如有音乐天赋或无音乐天赋)和大小(如音乐的天赋也有大小之别)奠定了他的前途和发展的方向与最大限度。当然，即使在某方面基底较差的人，也可以经过个人努力而在该方面达到很大的成就，甚至超过比他的基底较好而缺乏自我努力的人，但如果他的基底不是较差而是较好，那么，他经过同样大的个人努力(假如个人努力是可以精确衡量的话)，不是可以达到更大的成就吗？这里诚然还应该考虑到机遇之类的因素，但机遇往往是可遇而不可求的，一般地说，可算作是非人力所能为的、不以(至少是难以)个人意志为转移的方面。

另一方面，基底的观点并不否定个人努力、个人提高的余地。任何一个人都可以在自己的基底上，由之出发，经过最大的努力，达到自己的基底所能容许的最大限度的成就。所以认清自己的基底，不但不是无所作为，而是更能发挥自己的主观能动性，尽可能选择好自己的方向，使自己的努力可以获致最大的、最佳的效果。所谓“人贵有自知之明”，我想其中也应该包含这样一个积极的含义。

自知不是一件易事。自知就是能分辨哪些是自己在原则上无能为力的或难以为力的，哪些是自己经过努力可以达到的。这是一种智慧和聪明，同时也是一种不断学习、不断提高的过程，不可能一次性地一蹴即就，事实上人往往是在人生旅途的一次又一次的碰撞中才逐渐提高自己的自知之明的。

哲学的转向及其影响*

一

1. 人们面对当前的事物，总想刨根问底，追寻它的究竟。我以为大体上有两种追问的方式。

一种是由表及里、由浅及深、由感性中的东西到理解中的东西(广义的)的追问。柏拉图在《斐多》篇中谈到，苏格拉底不满足于感性中直接的东西而要"求助于'逻各斯'以考察诸事物的真理"。(柏拉图:《斐多》篇 99e。)这显然就是要从感性中直接的东西按纵深方向上升到理解中的东西("逻各斯")，以理解中的东西为当前事物的根底。从柏拉图以后，西方哲学史占统治地位的传统形而上学大体上都是沿着这个方向发展的。亚里士多德的"第一因"的学说就是柏拉图这一思路的直接继承和发展。费希特把"绝对自我"当作万事万物的根底，乃是变相地继承苏格拉底、柏拉图式的追问方式，他也是不满足于感性中直接的东西，而

---

* 本篇原载《方法》杂志 1996 年第 7 期。

要追寻“原始的事物本身”①即“绝对自我”，这“绝对自我”。只能靠费希特所谓“理智直观”来把握，“理智直观”中的东西也可以看作是广义的理解中的东西，它是与感性中直接的东西相对待的。至于黑格尔的“绝对理念”说，当然更明显地是柏拉图式的思维模式的一种发展。

这种追根问底的方式，以主体——客体二分的公式为前提，其方向可以概括为由现象到本质、由个别到普遍、由差异到同一、由变化到永恒、由具体到抽象(包括黑格尔的“具体抽象”或“具体的普遍”在内)。由形而下到形而上，最终是以形而上的、永恒的、抽象的本质或普遍性、同一性为根底，或者说得简单一点，是以“常在”(constant presence，“永恒的在场”)为根底。

西方现当代哲学的人文主义思潮如尼采、海德格尔、伽达默尔等人的哲学，已不满足于这种追根问底的方式，不满足于追求旧形而上学的本体世界，追求抽象的、永恒的本质，而要求回到具体的、变动不居的现实世界。但这种哲学思潮并不是主张停留于当前的在场的东西之中，它也要求超越当前，追问其根源，只不过它不像旧的传统哲学那样主张超越到抽象的永恒的世界之中去，而是从当前在场的东西超越到其背后的未出场的东西，这未出场的东西也和当前在场的东西一样是现实的事物，而不是什么抽象的永恒的本质或概念，所以这种超越也可以说是从在场的现实事物超越到不在场的(或者说未出场的)现实事物。如果把旧传统哲学所讲的那种从现实具体事物到抽象永恒的本质、概念的超越叫作“纵向的超越”，那么，这后一种超越就可以叫作“横向的超越”。所谓横向，就是指从现实事物到现实事物的意

---

① 萨利士(John Sallis)：《划界》(*Delimitations*)，205页，印第安那大学出版社(Indiana University Press)，1995。

思。海德格尔所讲的从显现的东西到隐蔽的东西的追问，就是这种横向超越的一个典型例子。当然，海德格尔最后讲到从“有”到“无”的超越(即对现实存在物的整体的超越)，但他所讲的“无”决不是旧形而上学的抽象的本质概念或本体世界，它实质上是一种最高的境界。

在海德格尔之前，胡塞尔的现象学可以说是旧的“纵向超越”到新的“横向超越”的一个过渡。现象学与旧形而上学有其相同之处，即都赋予“在场”(presence)以优先地位，但胡塞尔又反对旧形而上学的抽象的、独立的本体世界和自在世界。胡塞尔一方面强调“事物本身”，不允许别的事物“闯进来”作为中介以说明事物本身，另一方面，又往往偏离他的这个“原则之原则”。在不少地方谈到事物的“明暗层次”(Abschattungen)的统一，谈到事物总要涉及它所暗含的大视野。这实际上意味着，感性直观中出场(“明”)的事物都是出现于由其他许多未出场(“暗”)的事物所构成的视域之中。美国哲学教授萨利士(John Sallis)把它称之为“Horizontal Structure”①。这个词可以译作“视域的架构”，不过我倒是更倾于译作“横向的架构”，以表示出场的、显现的东西出现于由未出场的、隐蔽的东西所建构起来的视域之中，前者以后者为其背景、根源或根底。如前所述，这里的根源、根底不是旧形而上学所讲的抽象的本质或独立的自在世界，而是现实的东西，是作为当前出场者的背景、作为隐蔽的东西的现实事物。但以上的阐释和申述实已超出了胡塞尔现象学的范围，胡塞尔的现象学只是暗含着这样的思想成分，也可以说，现象学自身在这里突破了它自身。海德格尔关于隐蔽与显现的理论、关于“在手”与“上手”的理论、关于“此在”与“世界”相融合的理论。既标志着他与胡塞尔的破裂，又是胡塞

① 萨利士(J. Sallis)：*Delimitations*，77页。

尔现象学的发展。

2. 事物所隐蔽于其中或者说植根于其中的未出场的东西，不是有穷尽的，而是无穷无尽的。具体地说，任何一个事物都与宇宙万物处于或远或近、或直接或间接、或有形或无形、或重要或不重要的相互联系、相互作用、相互影响之中，平常说的普遍联系的观点实际上从某个角度看也就是说的这个意思，只不过平常讲相互联系时讲得太一般化、太简单了，而未从隐蔽与显现、在场与不在场以及超越当前的角度对普遍联系作更深入的分析和发挥。所以按照这种观点来看，我们实可以说，每一事物都埋藏于或淹没于无穷尽性之中。这也就是说，事物是无根无底的。如果我们把旧形而上学以“理念”、“自在世界”、“绝对理念”之类的东西作为根底的“纵向超越”理论叫作“有底论”，那么，我们就可以把这种“横向超越”的理论叫做“无底论”，也可以说，无底论所讲的底是无底之底。由有底论到无底论，也是西方旧形而上学到现当代哲学的转向的特征之一。

3. 旧形而上学按照纵深方向，追求抽象的永恒的本体世界或自在世界作为当前事物之底，所以它所崇尚的把握事物的途径是思维。单纯的感性认识或感性直观只能把握多样性、个别性，不可能达到同一性、普遍性，因而不可能达到永恒的本质概念或理念，只有通过思维的功能，从多样性中抽取出同一性，以至最高、最大的同一性，这才是抓到了事物之底。可以看到，旧形而上学之所以奉理性、思维至上，是和它以认识同一性(相同性)作为它的最高任务分不开的。

哲学在“横向”转向以后，它所追求的是隐蔽于在场的当前事物背后的不在场的、然而又是现实的事物，它要求把在场的东西与不在场的东西、显现的东西与隐蔽的东西结合在一起。哲学的最高任务不只是达到同一性或相同性，而是要达到各种不相同的东西相互融合的整体，亦即达到天地万物之相通、相融①。

通过什么途径才能达到这个目标呢？这就不能光靠思维，而更要靠想象。

对想象也可以有两种理解：一种是把外在对象看成是原本，而意识中想象的东西不过是原本的摹仿或影像，按这种“原本——影像”的公式来理解想象，乃是旧形而上学的观点。另一种理解是康德初步提出来的：“想象是在直观中表现一个本身并未出场的对象的能力”②。这种意义下的想象，不是对一物之原本的摹仿或影像，而是把不同的东西综合为一个整体的能力，具体地说是把出场的东西和未出场的东西综合为一个整体的综合能力。例如昨天的事物已经过去了，如何把它同今天的事物结合为一个整体呢？那就要把昨天的、已经不在场的事物“再现”出来，这种“再现”与今天当前的在场的东西之出现不同，它是一种潜在的出现，一种想象中的出现，但唯有通过这种出现，它才能与今天当前的在场的东西结合为一个“共时性”的整体，正是这个整体构成我们想象的空间，它使不同的东西——在场的与不在场的、显现的与隐蔽的、过去的与今天的……互相沟通、互相融合。所以，要把握万物相通的整体，就要靠想象；否则，在场的与不在场的之间、显现的与隐蔽的之间、过去的与今天的之间就永远只能相互隔绝，我们又如何能由此及彼，达到当前事物之背后隐秘（隐蔽）的根底或根源呢？当然，如前所述，这是一种无底之底。

我们生活在万物相通的现实整体之中，通过想象以达到这个相通的整体，乃是我们的生活之必需。反之，把人的生活限制在主体对客

---

① 参阅拙文《相同与相通》，载《北京大学学报》1995 年第 4 期。

② 康德：《纯粹理性批判》，B. 151。

体的思维、认识领域，以为在主体与客体之间架起思维之桥以达到抽象概念之认识就是人生和哲学之全部，这种观念已经过时了，它只能使生活枯燥乏味，哲学苍白无力。依靠思维进行抽象再抽象、概括再概括，最终得到的只不过是撇开生动的差异性的干巴巴的同一性。我们应当超越(不是抛弃)思维，不停留于抽象概念的“阴影王国”，不受永恒在场的理念的统治与束缚，而把想象放在首位，不断地从在场的当前事物奔向未出场的事物，奔向无限开放、不断更新的世界。一句话，我们需要凭借想象，冲破现有的界限，在在场与不在场之间、显现与隐蔽之间翱翔①。

二

哲学的“横向”转向无论在艺术哲学方面和历史哲学方面，在人际关系方面和各学科之间的关系方面，都有重大影响。

1. 传统的艺术观以摹仿说占统治地位。摹仿说的哲学根源是以在场者为底的旧形而上学。所谓艺术摹仿自然的主张，显然是以自然为原本、以艺术品为影像的主客二分模式的表现，是以自然物的在场为首要原则。即使是声称反对摹仿说的黑格尔的艺术观，实际上也是以在场者为根本的旧形而上学。黑格尔认为美是理念的感性表现，符合艺术品的理念的，就是真的艺术品。他的这种艺术观虽然不是以自然物的在场为本，却是以永恒的在场者即“绝对理念”为本。哲学的“横向”转向使我们看到，艺术的目的既不在于摹仿自然的在场物，也不在于表现(实际上也是一种摹仿)精神的在场物(“绝对理念”)，而是在于指向一切在场的东西之外，在于不在场的、隐蔽的东西与在场

① 参阅萨利士(J. Sallis)：*Delimitation*，27 页。

的、显现的东西相结合的想象空间。海德格尔的艺术观在这方面为我们提供了一个典型的例子。一座古庙的基石显现着那隐蔽在其背后的未出场的千年万载的风暴的威力，这风暴的威力是通过我们的想象来把握的；梵高的农鞋显现了隐蔽在其背后的未出场的劳动者步履的艰辛以及与之相联系的无穷画面，如对面包的渴求、面临死神的战栗等等，所有这些画面都是我们的想象驰骋的空间。艺术品使隐蔽的无穷尽性显现出来，从而也使最真实的东西显现出来①。按照这种艺术观，艺术品所留给我们的想象空间越大，其艺术价值也就越高，而不是像旧形而上学的艺术观所认为的那样，摹仿自然物越近似的或者越是符合艺术品之理念的就越是真的艺术品。

2. 传统形而上学的主客二分式把古和今、过去和现在看成是相互对立、彼此外在的东西，似乎存在着孤立的古或过去，孤立的今或现在，从而认为研究历史就是把古的、过去的东西当作外在的客体、对象来对待，研究历史的最高目的就是寻找"原本"以恢复过去的原貌。诚然，如果把历史研究仅仅归结为一些简单事实性的考证或某种难读的铭文之辨认，仅仅归结为一些类似自然科学研究中实证方法加以鉴别的事实真伪的研究等，那应该可以说，原则上是可以恢复历史的原本和原貌的。但历史研究的最高兴趣就止于此吗？我以为即使是对某历史人物本人言行的原来意图、目的和心理事实的甄别，也不能看成是历史研究的最高兴趣。当代诠释学哲学创始人伽达默尔教授说："历史理解的真正对象不是事件，而是事件的'意义'"②。事件的

---

① 参阅拙文《顽石论——艺术中的隐蔽与显现》，载《文艺研究》1996 年第 3 期；及《超越在场的东西——兼论想象》，载《江海学刊》1996 年第 3 期。

② 伽达默尔：《真理与方法》，422 页，上海，上海译文出版社，1992。

意义总是同当时经济的、政治的、社会的、文化的背景即隐蔽在其背后的东西紧密相联的，由于时间和历史的迁移，这些背景改变了，事件的氛围、意义和面貌也必将随之而改变。而且，人是历史的存在，他本身就是历史的浓缩物和沉积物，今日的历史研究者不可能跳过他生活于其中的世界而站在一个后无来者的孤立静止的所谓。“过去本身”的处境中去看待过去。所以，脱离历史原本与后来人之间的内在联系而追求“原本自身”或“过去自身”，那种原本或过去只能是抽象的，就像康德的“物自身”那样。此外，历史事件作为一个历史事件(不是任何发生的事情都可以称为历史事件)，其内涵和意义总是要在其后来的岁月和今天中才得以展开，而在其发生的当时则还只能是潜在的、暗含的、内在的。总之，宇宙整体也好，人类历史的整体也好，其每一瞬间都既隐藏着——负载着和沉积着过去，又隐藏着——孕育着和蕴涵着未来。只有这样看历史，古和今、过去和未来才是互通互融的。现在大家都在谈论今人和古人的对话，对话之所以可能的理论基础就在于这种古今相通论。平常大家都爱把由古到今、由过去到现在的时间发展看成是纵向的关系，但就我们在前面所说的由在场到不在场的关系而言，则可以说是“横向”的：今天在场的事物背后隐蔽着昨天的不在场的事物；昨天在场的事物背后隐蔽着尚未出场的后来的事物。这种古今融合的“大视域”(伽达默尔语)显然也只有靠想象才能达到。历史研究者应该运用想象，从古今相通的“大视域”来把握不断流变、一气相通的历史整体，而不宜再像传统哲学那样仅仅运用思维，概括出一些抽象的普遍的历史概念。

3. 哲学的转向也带来了由过去的“主体性哲学”，由以人为主体，人通过认识而征服客体、征服自然的“人类中心主义”转向侧重于人与人之间相互理解的哲学，从而也转向了同相互理解紧密相联的语言哲学。

亚里士多德说：人是有逻各斯的动物。西方传统哲学用理性、思维来解释“逻各斯”，于是亚里士多德关于人的定义也就成了：人是有理性的动物。实际上，“逻各斯”的主要意思是语言，当然也包含思维、概念和规律在内。人有了“逻各斯”，就能超越当前在场的东西，而人以外的动物则不能作这种超越。动物靠指示当前在场的东西而相互理解，人则是因为有语言、能说话而相互理解、相互沟通，形成共同的生活。语言的根本特点就是能表达出不在场的、隐蔽的东西。这并不是说不需要思维，但重要的是，思维只能在语言中进行，我们通过学习语言、学习讲话而成长，而形成概念，而认识世界①。语言、谈话总是在现实的、具体的情景（包括谈话者谈话的动机）中进行的，这种情景是隐蔽在直接言谈背后的东西，但语言、言谈总是能回到这隐蔽的背景中去，语言、言谈也只有在隐蔽处才发挥其意义。反之，如果我们撇开现实的、具体的言谈情景，单靠一些只具同一性、普遍性的“永恒在场”的抽象概念，那我们怎能实现人与人之间的相互理解呢？而且，事实上，没有语言，也不能进行思维，形成不了概念，概念的构成受语言的制约②。哲学的转向要求我们打破僵死的抽象概念，而进入活生生的交谈、对话。这里需要的也是想象，只有想象才能使我们体会到直接言谈的背后的意义，才能使谈话的一方进入到和参与到另一方的世界中去，从而实现人与人之间的“相通”。

4. 相互理解的问题当然不限于个人与个人之间的理解，它也涉

---

① 参阅伽达默尔：《真理与方法》第2卷，163—164页，台北，时代1995年。

② 同上书，89—90页。

及各地区之间、各阶层之间、各民族之间、各不同语言的人群之间、各联盟之间的相互理解。这里包含有社会领域的问题、政治领域的问题、经济领域的问题、伦理道德领域的问题、思想文化领域的问题，甚至还有翻译领域的问题，……如此等等。我们不可能从某个单一的领域(例如单从伦理道德领域或者单从思想文化领域)来解决任何一个"之间"的相互理解。要解决任何一个"之间"的相互理解，都需要上述诸领域、诸问题之间的相互理解，这就有必要在诸领域、诸问题之间进行相互对话。政治、经济、社会、伦理道德、思想文化……领域的现象都是互为显现与隐蔽的关系的，例如政治问题植根于隐蔽在其背后的经济、社会、伦理道德、思想文化等等的现象领域；思想文化问题植根于隐蔽在其背后的政治、经济……现象领域。这就指引我们，研究任何一个领域的问题或者说研究任何一个学科，都必须兼及其他领域和学科的研究，这也就是为什么当今交叉学科或边缘学科受到重视的重要原因。

*　　*　　*　　*

总之，拓展想象，超越当前，超越自我，超越自己所属的领域，一句话，超越一切当场的东西的藩篱和限制，放眼一切未出场的东西，就会展现出一个无限广阔的天地，这就是新哲学所指引我们的方向。

根据上述这些，我初步设想了一些新的哲学方向所需要着重研讨的范畴。

西方传统哲学特别是近代哲学的范畴主要是思维与存在、主体与客体、本质与现象、感性认识与理性认识、个别与普遍、差异与同一、变与不变、具体与抽象……。哲学的"横向"转向以后，我们应该着重研究的似乎应该是下列诸范畴：显现与隐蔽、在场与不在场、相同与相通、古与今、思维与想象、思与诗、理解与误解、超越与限制、中心与边缘、有与无、言与无言，……。

新的哲学方向究竟应该包括哪些内容？哪些范畴？这是一个需要深入细致地长期讨论的问题。我的设想是极其粗糙的，抛砖引玉而已。

超越在场*

一

人们为什么老是盯住一点在场的东西，而不放眼注意一下周围的不在场的东西？为什么总要认为只有存在者存在，而不存在者不存在？或者用海德格尔的一句更有哲学高度的话来说，“为什么有现实存在物而没有无？”①。

这三个问号所表示的，不完全是同一个问题(例如“不在场的东西”并不等于“无”)，却又是相通的，但这里不拟作这方面的论述。

海德格尔说：“提这个问题(按：指‘为什么有现实存在物而没有无’——引者)，就是作哲学思考。”②提这个问题以及上述诸问题，不仅可以看作是哲学思考的开端，而且严格讲来，也可以看作是人脱离动物的开端。对于动物来

---

* 本篇原载《江海学刊》1996年第4期；《新华文摘》1996年第9期转载。

① 海德格尔：*An Introduction to Metaphysics*，Ralph Manhein 英译本，p. 7，耶鲁大学出版社，1959。

② 同上书，p. 12。

说，的确只有眼前的在场的东西存在，根本不存在着什么不在场的东西和无。海德格尔说："动物无世界。"海德格尔的"世界"不是单纯在场的东西、单纯的诸存在者，而是对在场的东西的超越，对现实的诸存在者的超越，从更高的高度说是超越"有"以达于"无"，只有人能作这种超越，因而只有人才有"世界"。所以一般人都能自觉或不自觉地提出上述的哲学问题，都能"作哲学思考"。

每一单个的在场的东西或者说存在者，表面上看来是最真实、最现实的，但细思之，它乃是无穷不在场的东西的集结点，用我在其他许多地方所用的术语来说，它乃是无穷联系之网上的一个"交叉点"。德国海德格尔哲学专家帕格勒(Otto Pöggeler)教授在解释海德格尔的"物"(Ding，thing)这一概念时说："如果我们要体验物的原初性，例如作为壶的壶，那么，我们就不应该只像自然科学那样把壶的容纳能力简化为一种为某种流体或者更抽象地简化为一种为特殊的物质堆集而留下某种空洞。"我们必须按另一种不同的方式追问关于壶是怎样容纳的问题。壶的容纳在于它吸收了并保存了被倾注进去的东西。吸收和储存由泻出的利用、赠予所规定。壶给予水，赐予酒。而在水中则滞留着泉，在泉中保留着石以及地的沉睡和天空的雨露。在酒中，居留着地的滋养元素和太阳。酒可以解人之渴，可以激励友情。酒还可以倾于地上以祭神，可以在崇高者的节日庆典上助兴。壶集合了地与天、神与人。这就是'物'：它保存着地和天、神圣的和人的四重性的实在性，并从而使四者进入自身，就此而言，它使'世界'成为了四者的合一体。"①总之，"物"具有集合的本性或本质，而按照

① Otto Pöggeler，*Heidegger's Path of Thinking*，Daniel Magurshak 英译本，p. 194，Humanities Press International。

古高地德语，“物”这个词就表示集合。①

用海德格尔的思想和术语来说，任何一个现实存在物，都是天地神人的“集合”。如果借用中国哲学的术语来说，都是“天人合一”的整体。② 任何一物都与世界万物(包括人在内)有千丝万缕的相互联系、相互作用、相互影响，它的“集合”作用乃是集无穷的东西于一身。它表现为在场的东西，而它的内涵和意蕴则寓于无穷无尽的不在场的东西之中。由于它所寓于其中的东西是不在场的，因此，它的内涵和意蕴也可以说是隐蔽的(遮蔽的)。每一存在物都隐蔽、躲藏在不可穷尽性之中。

我们平常说“打破沙锅璺(问)到底”。其实，世界上的事物是没有底的，——是不可穷尽的。西方哲学史上占主导地位的自柏拉图到黑格尔的传统哲学一般都以为找到了底，如柏拉图以最高的“理念”(“至善”的理念)为底，黑格尔以“绝对理念”为底。他们都是以“单纯在场的僵硬的永恒性”③或“常住的在场”④为底，从而把所谓永恒的“真正世界”与变动不居的“表面世界”分裂为二，认为哲学的最高任务或超越就是从现实的、在场的存在者(being)走出到自己以外的“永恒在场”、“常在”或“存在”(Being)中去。他们所谓永恒的“真正世界”是抽象的。现实的事实是：任何一个存在物之出场或显示，都是以不可穷尽的不在场的东西为根底，用海德格尔的术语来说，就是以“隐蔽”(“遮蔽”)为根底；由于这个根底是不可穷尽的，所以实际上它是无根

---

① Otto Pöggeler：*Heidegger's Path of Thinking*，p. 195。

② Otto Pöggeler 说：“世界作为天地神人的集合的思想”，“从中国文学中很容易找到”。(*Heidegger's Path of Thinking*，p. 201.)

③ 同上书，p. 226。

④ 同上书，p. 162。

之根，无底之底，它是一个无根无底的深渊。我们如果要说明一个存在物，要显示一个存在物的内涵和意蕴，或者说，要让一个存在物得到“敞亮”(“去蔽”)、“澄明”，就必须把它放回到它所“隐蔽”于其中的不可穷尽性之中，正是这不可穷尽的东西之“集合”才使得一个存在物得到说明，得以“敞亮”。“敞亮”(“去蔽”)与“隐蔽”同时发生。西方传统的旧形而上学之弊就在于把“去蔽”与“隐蔽”割裂开来，把在场者绝对化和抽象化。海德格尔的一大贡献就是强调“隐蔽”和不在场的东西对于“敞亮”和在场的东西的极端重要性：正是“隐蔽”和不在场的东西才使得一个存在物之“去蔽”和出场成为可能。海德格尔把这种不可穷尽的“隐蔽”又叫做“神秘”，所以也可以说，每一存在物以“神秘”为基础(当然此基础乃是一个无基础的基础)。海德格尔所说的“神秘”决不可以理解为平常所说的贬义的神秘主义之神秘。我们中国人爱说的一句话“言有尽而意无穷”，这其中的有尽之言类似在场的东西，无穷之意类似不在场的东西，前者的深刻含意隐蔽于后者的无穷性之中，这不是什么神秘主义，而正是诗意之所以值得我们无穷玩味之处。一座古庙基石上的裂痕所显示的，是隐蔽在它背后的千年万载的风暴的威力以及与之相联系的无穷画面；梵高所画的农鞋中那黑洞洞的敞口和鞋皮上的印迹所显示的，是隐蔽在其背后的劳动者步履的艰辛以及与之相联系的一系列的无穷画面。古庙和农鞋以隐蔽着的不可穷尽的东西为基础，为艺术家和鉴赏家们敞开了一个“世界”。也正是这“世界”使古庙和农鞋“成为它们之所是”和“如其所是”。反之，抹杀和忽视“隐蔽”，视“神秘”为虚构，就“敞亮”论“敞亮”，则根本不可能见到事物的真实面目。艺术品——最真实的东西，既是“敞亮”，又同时是“隐蔽”。

“隐蔽”对于“敞亮”的重要性告诉我们，鉴赏一件艺术品，领会一首诗，或者更扩大一点说，把握一个存在物的真实性，最重要的是从看到的东西中体会和抓住未看到的东西，从说到的东西中体会和抓住未说到的东西。马致远的小令："枯藤老树昏鸦。小桥流水人家。古道西风瘦马。夕阳西下，断肠人在天涯。"这首小令表面上看似乎是一个个可以看到、可以说到的东西之堆砌，但如这样看事物，这首小令就毫无诗意，也丝毫不能敞亮事物的真实面貌和真实含义。如能把这些可见、可说的东西放回到它们的"隐蔽"处，则可以领会到这首小令所敞开的是一幅满目凄凉的景象和诗人的惆怅之情，而顿觉诗意无穷，这无穷的诗意是不可见、不可说的。我们不要希求从这无穷的诗意中找到一个什么人生的最终的根底、答案或结论以规避我们对无穷性的追逐(这里所说的追逐完全不是指对知识的无穷追逐，而是一种无穷的玩味)，当然，我们更不要希求从这种无穷的诗意中得到某种训诫式的教条。这无穷的玩味本身就给我们以美的享受和精神上的满足，因为隐蔽着的诗意乃是无穷尽的未看到的、未说到的东西对看到、说到的东西的一种"许诺"或"预示"，[①] 这"许诺"或"预示"是无声之声，或者强名之曰"天听"，唯有能领会诗意的人能与这种"许诺"或"预示"相契合，——能聆听到这种声音而感到愉悦，通常人或没有诗意的人对于这种声音不过是聋子的耳朵。德里达说："诗人坚定地聆听原始地、本能地发生的东西以及一般如其所'是'的东西。"[②]"诗人的耳朵所听到的这'是'"，"乃是按照古希腊'是'这个词所表示的'集

① Otto Pöggeler：*Heidegger's Path of Thinking*，p. 233。

② J. Sallis 编：*Reading Heidegger*，p. 185，Indiana University Press，1993。

合'之意"。[1]"是就是集合"。[2] 诗人所聆听的就是在场与不在场之"集合"，是一即一切，一切即一，是敞亮着又同时隐蔽着的东西。

二

诗意或艺术品的审美意义所隐蔽于其中的不可穷尽性和不在场性，乃是我们的想象得以驰骋的空间和余地。一首诗或一件艺术品所留给我们的这种想象空间越大，它的意味也就越深长，其审美价值也越高。梵高的农鞋所显示的是隐蔽在它背后的劳动者步履的艰辛以及与之相联系的无穷画面，这无穷画面就是我们想象的空间，我们不仅想象到艰辛的步履，而且会进而想象到料峭的寒风，想象到一望无际的永远单调的田垄，想象到对面包的渴求与焦虑，想象到临近死亡时的战栗……如此等等，以至无穷。梵高的农鞋是如此，一座古庙以及任何一件艺术品、一首诗，亦皆如此。而且这想象的空间之大小和内容会随着鉴赏者的具体情况和水平而异。至于一个无审美意境或无诗意的人，再好的诗和艺术品也激发不起他的想象，他只能盯住一点点在场的东西，想象不到不在场的东西，他是一个缺乏想象空间的人，或者是一个想象力较差的人。

什么叫做想象？西方旧传统形而上学按照"影像—原本的图式"(schema of image-original)，认为对原本的想象的产物是影像，从而轻视想象。柏拉图因此而放逐诗人，笛卡尔也因此而不信任想象。康德打破了旧的想象公式，提出了想象是一种综合能力的理论。他说：

① John Sallis 编：*Reading Heidegger*，p. 185。

② 同上书，p. 184。

“想象是在直观中再现一个其本身并不在场的对象的能力。”①根据康德的“三重综合”特别是第二重综合即“想象中再生的综合”说，要想把在场的东西与不在场的东西综合成一个整体，就必须把不在场的东西同时再现出来，或者说“再生”、“再造”。在场的东西之出现，是明显的、现实的出现，而不在场的东西之出现则是一种潜在的、非现实的出现，这种潜在的、非现实的出现就是想象。② 只有凭这种意义下的想象，才能把在场的和不在场的综合为一个整体。但康德哲学最终仍然没有克服西方传统形而上学以“常在”或“永恒在场”为本、为先的窠臼。海德格尔从康德的“三重综合”和“图式”说中找到启发，批评了关于时间的旧概念的局限性，发展出他自己的“时间性”(Temporalität)即过去、现在、未来融为“共时性”的整体的理论，客观上为想象空间提供了深刻的理论根据。按照海德格尔的思想，时间不能仅仅像旧的理解那样不过是诸时间点的系列或诸多“现在”的单纯系列(a pure sequence of nows)，根据这种旧的理解，则过去的都过去了，未来的尚未到达，那么，在场者与不在场者彼此分离，过去、现在、未来三者分离，“敞亮”与“隐蔽”分离，如何能形成一个让我们驰骋于其中的想象空间？想象空间是由过去的东西在现在中的潜在出现或保存和未来的筹划在现在中的尚未实现的到达而构成的“共时性”的统一体。只有凭这样的想象，才能让“敞亮”与“隐蔽”同时发生，从而让我们玩味无穷。

想象空间之所以可能，在于超越在场的东西，在于时间的三个环

① Kant, *Kritik der reinen Vernunft*, *Im manuel Kants Werke*, Band Ⅲ, S. 126, Berlin, Verlegt Bei Bruno Cassirer, 1923.

② 参阅拙著《天人之际》，255 页。

节——过去、现在、未来——各自都有超出自身而潜在地进入另一环节的特性。这种超越在场和超出（绽出）自身的特性，不同于旧形而上学的超越。旧形而上学区分和分裂感性的东西与非感性的东西，前者是不真实的，是摹本，后者是真实的，是原型。超越，在旧形而上学看来，就是超越到非感性的东西即时间之外的“常在”中去，“常在”乃是抽象的思维的产物，这种超越“听命于思维”①，这是一种思维至上主义。我们这里所说的想象不同于思维，凭这种想象所作的超越乃是超越到不在场的、却仍然在时间中的东西中去，而不是超时间的干巴巴的抽象。作这样的超越，既是脱俗的（不像世俗之辈那样只盯住一点在场的东西），又不是脱离实际的，这正是生动的、现实的而又有精神境界的生活之所需。西方长期以来，我国哲学界近半个世纪以来，总以为生活不过是在我和物之间、主体与客体之间建筑思维之桥以达到对事物之本质——“常在”的认识，而不懂得或不甚懂得生活乃是现实，是深入世界，寓于世界，纠缠于世界。主客关系的传统公式，认思维至上，感觉、知觉次之，至于想象则不过是感觉、知觉的影像，更为低下。其实，按照我们上面关于想象的看法，只有通过想象才能达到最真实而又最现实、最具体、最生动的生活境界，这种生活境界完全不同于抽象的思维概念的阴影王国，就像集主客关系思想之集大成者黑格尔的逻辑概念那样。西方旧传统只重“常在”，而不问在场者背后的“时间境域”（temporal horizon），不能不说与其轻视想象，或者说，不理解想象的深刻含意有密切关系。在当今结束旧传统形而上学的国际思潮面前，我以为哲学应该把想象放在思想工作的核心地位。想象为我们拓展一切可能的东西的疆界，它让我们伸展到自

---

① Otto Pöggeler：*Heidegger's Path of Thinking*，p. 118.

身以外，甚至伸展到一切存在的东西以外。

旧形而上学由于把世界分裂为“真正的世界”与“表面的世界”，因此，它把每一事物的意义，从而也把人生的意义寄托于抽象的“真正世界”。一旦废除了旧形而上学，就像尼采宣布旧形而上学的“真正世界”不过是虚构那样，人生的意义和价值就不必再到事物以外、人生以外去寻找，而就在于事物自身之内，就在人生的此岸。但这并不是教我们死盯住在场的东西，——并不是教我们不要超越在场的东西；也不是要我们从此一具体物转向彼一具体物，从此一存在者转向彼一存在者，而是要我们通过想象，超越到事物所“隐蔽”于其中的不可穷尽性之中，也就是超越到前面已经申述过的“敞亮”与“隐蔽”的统一性的整体之中，——一种类似中国的天人合一的境界之中，人生的意义就在于达到这种境界，在其中作无穷的玩味。这也就是为什么真正富有审美意义的一张画、一首诗、一曲音乐能给我们以无尽的愉悦和享受，能给我们以人生最大、最高的满足的原因。我们完全可以说，没有想象，就没有人生。

美学中的摹仿说认为艺术的目的在于摹仿现成的事物。摹仿说早已遭到多方面的驳斥，其弊病不仅在于摹仿的原意是要复制原物，而实际上总是如黑格尔所指出的那样“落后于”原物，[①] 而且更重要、更根本的是，摹仿说的哲学基础是以在场者为先、为本的旧形而上学观点。黑格尔虽然批评了摹仿说，但他的“美是理念的感性显现”的美学理想，仍然是以“常在”的思维概念为第一性的旧形而上学。旧形而上学不懂得艺术的目的正在于它所奉为至上的在场和“常在”之外，正在于不在场的“隐蔽”所形成的想象空间之中。旧形而上学以想象为原本

---

① 黑格尔：《美学》第1卷，53页。

的影像，于是产生了以逼真原本为目的的摹仿说。所以要彻底否定摹仿说，必须否定旧形而上学。

三

通过想象以超越在场的东西，进入无穷尽的东西的整体境域，这种与“隐蔽”紧密相联的“去蔽”活动使一切具体事物如其所是地发生，或者说，“使它们在敞亮中发生”，它打破“浑沌”，“开拓了言说、行为、思维的各种通道”。[①] 这种“去蔽”活动，按帕格勒的说法，就是“老子所说的‘道’。”[②]

但我们在日常生活中所说的某物是什么，例如说铁是有重量的，则是割裂了某物与许许多多不在场的东西的联系，孤立地或相对孤立地看待某物，这种“是什么”的内容是有条件的、狭隘的。“在敞亮中发生”的事物是万事万物之“集合”，所以“敞亮”总比日常生活中所说的“是什么”要多：一个是与隐蔽着的不在场者相联系的；一个是撇开了隐蔽着的不在场者的。科学家作为一个生活在现实世界中的人，往往是很富有想象力的，他实际上深知“敞亮”与“隐蔽”、在场与不在场的不可分离的联系，但他作为一个科学家，为了寻求某种条件下的某种科学规律，总是要割去许许多多不在场的东西的联系。这并不是说，科学家作为科学家就不需要想象力。相反，许多大的科学发现和发明是在丰富的、惊人的想象力中首先获得的，但科学总还是要割去想象中许许多多不在场者的联系，才能形成科学规律。无论如何，人的现实生活是具体的、生动的，科学抽象是第二位的。单纯的科学技

① 海德格尔：*Unterwegs Zur Sprache*，p. 197，Pfullingen，1959。

② Otto Pöggeler：*Heidggeler's Path of Thinking*，p. 202.

术只能使世界黯然失色，使事物成为枯燥的、仅仅为人所开发、利用的对象。

我们决不是不需要利用自然，不是不需要功利追求，但功利追求一般总是抓住在场的东西(这里所谓在场当然也是相对而言，不是绝对的)。超越在场也就是超越了功利。梵高的农鞋在不能超越在场的常人眼里，黑洞洞，破旧不堪，完全是一双无用之物，毫无价值可言，因为常人看事物，或者说以常人的眼光看事物，目的在于攫取存在者，而不在场者或隐蔽着的不可穷尽性只是虚幻的、不可攫取的东西。常人的眼光是缺乏或较少想象力的。反之，一个能超越在场的东西、富于想象力的鉴赏家则如康德所说广"对于一个对象的存在是淡漠的",[①] 实际上也就是对于在场者是淡漠的。有的美学家认为审美对象具有"虚幻性"，或者说，审美对象是"虚幻的时间"，其实，更确切地说，审美对象是不在场者的潜在的出现，是隐蔽着的敞亮，是时间诸环节的自身越出。"虚幻"一词未免容易引起虚构的误解，实际上，审美对象正是在事物隐蔽处——在事物所隐蔽于其中的不可穷尽性中显示、敞亮其最真实的面貌。审美对象并不是一般事物以外的另一种特殊事物，它乃是任何事物的最真实的面貌，或者说，是在真实性中的事物。

功利追求是对在场者的直接攫取或索取的追求，所以功利追求似乎对人最切近，所谓切身利益，就是此意；超功利以审美态度对待事物，似乎是"把对象推向远方",[②] 是与对象拉开距离。但人为什么在功利追求之余又总觉得有失去家园之感？这就是因为事物不是单纯在

① 康德：《判断力批判》(上册)，46 页，北京，商务印书馆，1985。

② 席勒：《审美教育书简》，131 页，北京，北京大学出版社，1985。

场的东西，而是与隐蔽的不可穷尽性“集合”在一起、纠缠在一起的，只有这种“集合”才使事物具有真实的意义——具有海德格尔所说的“天地神人四合一”的意义，也类似中国人所说的“天人合一”的境界，人正是生活在这样“集合”的家园中。超越在场，一方面是与对象拉开距离，另一方面却正是回到自己最亲近的家园。

我们也不要过分地、片面地相信只有悠闲才能作哲学思考的古老说法。任何人不能不有功利追求，不能不过日常生活，不能不作常人，哲人亦复如此。哲人不同于常人之处在于：常人安于功利追求和日常生活，哲人则既作功利追求，过日常生活，而又总想从中挣脱出来。哲人的生活是“常”与“非常”的交织与同时发生，而这又是一种更充实、更真实的生活。在我们今天的时代，哲人更应该是热爱生活的人，而不应该是专事静观和旁观的人。情况也许是：我们越深入火热的生活，我们就越需要哲学，越离不开哲学。让我们回想一下康德所说的鸽子吧。柏拉图的“理念”的鸽子幻想在真空中更自由地向天空飞去，但没有空气的支持，没有大地的支持，飞翔终成泡影，鸽子也许会坠入柏拉图的“洞穴”，在影子中爬行。我以为，真正哲人的鸽子应该既不安于作洞穴中的爬虫，也不要为真空的自由所诱惑。哲人们还是作一个现实的鸽子吧，在天和地之间乘着气流飞翔！①

---

① 参阅 John Sallis：*Delimitations*，pp. 15—16。

谈惊异(Wonder)——哲学的开端与目的*

知与无知相对。人是怎样由无知到知的？如果处无知而不自知其无知，则不可能兴起求知欲，不可能有对知识的追求。一旦意识到无知，立刻就开始了求知欲。惊异就是对无知的意识，或者说是求知欲的兴起。“对于一个正方形的对角线的不可计量性不知其原故的人，是可惊异的。”①“一个有惊异感和困惑感的人，会意识到自己无知。”②所以惊异像牛虻一样，有刺激人想摆脱无知而求知的作用。亚里士多德正是在讨论知识——讨论探究终极原因的知识即哲学时谈到惊异的。惊异是求知的开端，是哲学的开端——这个断语成了此后哲学工作者所最熟知的成语之一。这句话的原文是这样说的：“人们现在开始并首先在过去开始作哲学探索，乃是通过惊异。”③我们平常笼统

---

* 本篇原载《北京大学学报》1996 年第 4 期。

① 亚里士多德：《形而上学》第 1 卷，983a12—13，译自 J. Sallis，*Double Truth*，p. 195，State University of New York Press，1995。

② 同上书，982b12—13，p. 194。

③ 同上。

地把亚里士多德这句话理解为“哲学开始于惊异”就完事，而不再追问亚氏这句话为什么只说“现在”与“过去”，而不提“将来”。美国教授、欧洲大陆哲学专家 John Sallis 深刻地看到了这个问题。[①] 他在征引了亚里士多德的那句话之后问道：为什么惊异只在知识追求的开始，而“不属于知识追求之所向的将来？”[②]原来亚里士多德认为知识追求必然引导到惊异开始时的“反面”[③]，即不再惊异、不再无知。这样，惊异在本质上就与无知联系在一起，“最终，知识与惊异相对立。尽管人是通过惊异才起而追求知识，但这个追求的最终结果却是消解惊异。归根结底，在知识中将没有惊异的地位，……哲学将会是靠结束惊异而完成其目的”[④]。J. Sallis 所看到的问题及其对问题的这一分析，颇富启发意义。

惊异只属于哲学的开端吗？惊异与哲学的展开和目的是对立的吗？这是一个关系到哲学为何物的大问题。

柏拉图把世界分为可理解的世界和可感觉的世界，在他看来，哲学就是对外物的本质的知识性追求，哲学的目的就是“认识理念”。在柏拉图那里，惊异只是由于感性事物中对立面的混合、混杂所引起，或者说，是由于对立面的混合、混杂这样一种感性表象所引起，而在可理解的世界中，对立面则不再是混合、混杂在一起，而是疏理清楚了的，哲学也就在这里展开。[⑤] 这也就是说，哲学的展开和目的不是惊异于感性世界的感性表象，而是在于可理解的世界中关于对立面的

---

① 见 J. Sallis，*Double Truth*，p. 194。

② 同上书，p. 195。

③ 亚里士多德：《形而上学》，983a12。

④ 同上。

⑤ 参看柏拉图：《泰阿泰德》，154b—155d；《理想国》，第 7 章。

疏理。柏拉图在西方哲学史上为把哲学的目的与惊异对立起来的观点开了先河。

自柏拉图以后，西方旧形而上学传统都把超感性的形而上的本体世界当作哲学所追求的最高目的，哲学于是越来越远离了惊异。黑格尔在这方面是一个集大成者。黑格尔说："希腊精神之被激起了惊异，乃是惊异于自然中自然的东西。希腊精神对这自然的东西并不是漠然把它当作某种存在着的东西就完了，而是把它视为首先与精神相外在的东西，但又深信和预感到这自然的东西中蕴涵着与人类精神相亲近和处于积极关系中的东西。这种惊异和预感在这里是基本的范畴。但希腊人并不停滞在这里，而是把预感所追询的那种内在的东西投射为确定的表象而使之成为意识的对象。……人把自然的东西只看作是引起刺激的东西，只有人由之而出的精神的东西才对人有价值。"[①]这里，黑格尔显然是把惊异理解为只是激起精神的东西的开端，而不是对人真正有价值的、值得追求的目的即精神的东西本身。惊异只是处于意识刚刚从不分主客到能看到自然的东西与精神的东西"相外在"的初醒状态；换言之，惊异意味着刚刚从无自我意识中惊醒，至于真正清醒的状态，即"精神的东西"本身，则不属于惊异。

如果说上面的引文还只是代表黑格尔对古希腊人所说的惊异的理解，那么，下面的一段话就可以直接说明黑格尔自己对惊异的理解和观点。黑格尔在讲到认识过程的初级阶段"直观"(Anschauung)时说："直观只是知识的开端。亚里士多德就直观的地位说，一切知识开始于惊异(Verwunderung)。在这里，主观理性作为直观具有确定性，当然只是未规定的确定性，在此确定性中，对象首先仍然满载着非理

① 《黑格尔著作集》第 12 卷，288—289 页。

性的形式，因此，主要的事情乃是以惊异和敬畏来刺激此对象。但哲学的思想必须超出惊异的观点之上。”[①]黑格尔在这里再明显不过地表达了他自己关于哲学的目的不是惊异而是要超出惊异的观点。在他看来，惊异只属于直观这个初级认识阶段(他干脆把亚里士多德的惊异界定为直观的地位)，一旦认识越出了直观的阶段，惊异也就结束。而且黑格尔非常强调认识进展过程中的否定性的作用，认为“推动知识前进的，不是惊异，而是否定性的力量。”[②]这就比亚里士多德更进一步把知识、哲学的目的与惊异对立起来了。

黑格尔还扩大了惊异是哲学之开端的含义，认为不仅哲学，而且艺术、宗教，总之，“绝对知识”的三个形式都以惊异为开端，但三者的展开和目的都远离惊异。黑格尔说：“如果就主体的方式来谈论象征型艺术的最初出现，那我们就可以回想起那句旧话，即艺术意识一般和宗教意识——或者毋宁说是二者的统一——以至科学研究都起于惊异，尚未对任何事物发生惊异的人，生活在蒙昧状态中，对任何事物都不发生兴趣，任何事物都不是为他而存在，因为他尚未把他自己从对象及其直接单个存在中区分和解开。但在另一方面，不再有惊异的人，则已把全部的外在性……都看得清楚明白并从而使对象及其具体存在转化为在自身内的精神的自我意识的洞见。与此相反，人只有摆脱了直接的、最初的自然联系和欲望的迫切单纯的实际关系，从而在精神上从自然和他自己的单个存在中撤回并在事物中寻求和看到了普遍的东西、内在的东西和常住的东西，才会发生惊异。”[③]黑格尔这

① 《黑格尔著作集》第10卷，255页。

② J. Sallis, *Double Truth*, p.196。

③ 《黑格尔著作集》第13卷，408页。

段话是在专门分析艺术的最初形式即象征型艺术的起源问题时说的。他认为，象征型艺术或者说整个艺术，起源于惊异，起源于人从不分主客的“蒙昧状态”到能区分主客、能看到外物的对象性和外在性的状态之间。黑格尔强调，惊异只是开端或起源，过此以往，艺术就进到“不再惊异”的阶段，因此，黑格尔认为“象征型的整个领域一般只属于前艺术(Vorkunst)”①，至于哲学，则不仅超越了艺术，而且超越了宗教。哲学把艺术特别是把作为艺术之开端的惊异远远抛到了他的最高范畴之后。

关于审美意识或诗意的产生，我们平常有一句广泛意义的说法：“人天生都是诗人。”这当然不是说，人从母胎里呱呱落地之时起就是诗人。婴儿在尚无自我意识，尚不能区分主客，尚不能意识到外物时，不可能是诗人。只有在从混沌未分状态到能区分主客的过渡时刻才有惊异、惊醒之感而开始了诗兴。这也就是说，在此时刻之前不可能有诗兴，在此过渡时刻之后，就其处于明白地区分主客的状态这一方面来说，也没有诗兴。黑格尔把这种主客明白二分的态度称为“对于对象性世界的散文式的看法”，“但此种二分总是出现在较晚的阶段，而对真实的东西的始初认识则处于沉浸在自然中的完全无精神性和彻底摆脱自然束缚的精神性之间的中间状态。……总之，正是这种中间状态成为与散文式的理解力相对立的诗和艺术的立场”。② 任何一个人的意识发展过程都必须经历这样一个作为“诗和艺术的立场”的“中间状态”的阶段，也正是在这个意义上，我们才说“人天生都是诗

---

① 《黑格尔著作集》第13卷，408页。

② 同上书，410页，参阅黑格尔：《美学》第2卷，24—25页，北京，商务印书馆，1982。

人”，或者说，每个人都有诗兴。

但人是否在意识发展到完全明白的主客二分或者说“散文式的看法”之后，就不可能再兴发诗兴呢？不是的。事实上，真正的诗人(不是广泛意义下“人天生都是诗人”的诗人)都是有清楚的自我意识、有自觉、有知识、能明白区分主客的人。但一般人在对世界能够采取明白的主客二分的“散文式的看法”阶段里，往往不再前进而停滞在这个阶段，而真正的诗人则通过教养、修养和陶冶，能超越主客二分的阶段，超越知识，达到高一级的主客浑一，对事物采取“诗意的看法”，就像老子所说的超欲望、超知识的高一级的愚人状态，或“复归于婴儿”的状态，亦即真正的诗人境界。所谓诗人不失其赤子之心，就是这个意思。当然，真正的诗人只能是少数“优选者”，不可能要求人人做到。

海德格尔说：“人诗意地栖居着。”我想这句话不只是指“人天生都是诗人”，而且也指人皆可以经过教养、修养和陶冶而成为真正的诗人或成为真正有诗意的人。

人不仅在从无自我意识到能区分主客这一“中间状态”中能激起惊异，兴发诗兴，而且在从主客二分到超主客二分、从有知识到超知识的时刻，同样也会激起惊异，兴发诗兴。两个阶段的诗兴皆因惊异而引起。如果说前一阶段的惊异能使人自然地见到一个新的视域或新的世界，则后一种惊异可以说是能使人创造出一个新的世界(当然，从广义上说，前一种惊异也可说是创造)。中国美学史上所说的“感兴”，其实就是指诗人的惊异之感(我之所以把惊异与中国的“感兴”联系起来，是受了叶朗主编的《现代美学体系》一书关于“感兴”的分析的启发，请参看该书，北京大学出版社 1988 年版第 169，170，219，221 页)。“感者，动人心也。”(许慎：《说文解字》)“兴者，有感之辞也。”(挚虞：《文章流别论》)心有所感而抒发于外，就成为艺术，其中也包括诗。儿童即使不经父母教导，也可以在听到音乐时手舞足蹈，这就是一种“感兴”，属于上述前一种惊异；真正的诗人“感时迈以兴思，情怆怆以含伤”(夏侯湛：《秋可哀》)，这种“感兴”属于上述后一种惊异。这后一种惊异是一种创造性的发现，诗人在这里超越了平常以“散文式的态度”所看待的事物，而在其中发现了一个新世界，好像是第一次见到一样，这就是创造。叶燮说：“凡物之美者，盈天地皆是也，然必待人之神明才慧而见。”(《集唐诗序》)事物还是原来的事物，但诗人因“感兴”——“惊异”而“见”到其中的“美”，这是诗人之“神明才慧”所创造发现的新奇之处。新奇乃是惊异的结果和产物。

> 啊！惊异！
> 有多少美妙的造物在这里！
> 人类多么美丽！啊！鲜艳的新世界
> 有这样的人们住在这里！

The Tempest V，i

译自 J. Sallis，*Double Truth*，第 193 页

惊异终结之日，也就是新奇结束之时。

西方哲学史自柏拉图以后，特别是从笛卡尔到黑格尔的近代哲学史，其占主导地位的思想是把主客二分——主体性当作哲学的最高原则，并从而发展出一套旧形而上学(尽管其中有各式各样的形式，甚至相互反对)。在这种形而上学家看来，个人的意识发展也好，整个人类思想的发展也好，都只不过是从原始的主客不分到主客二分的过程而已，他们似乎不知道有超主客二分的高一级的主客融合。旧形而上学哲学家中有不少人，特别是黑格尔大谈主客的统一，但正如我在

很多文章中所论述过的，他们所谈的主客统一都是在以主客二分为最高原则的前提下来谈论的，所谓主客统一只是认识论上的统一，只是通过认识把两个彼此外在的东西(主体与客体)统一在一起，完全不同于超主客二分的主客浑一的“诗意的”境界。这也就是为什么黑格尔把“惊异”和“诗和艺术的立场”只限于从原始的主客不分到主客二分的“中间状态”的原因。惊异终止了，新奇也结束了，世界只是“散文式”的，人们最终能达到的只是一些表达客体之本质的抽象概念，就像黑格尔的由一系列逻辑概念构成的“阴影王国”。哲学成了(除了在开端之外)远离惊异、新奇和诗意的枯燥乏味、苍白无力、脱离现实的代名词。黑格尔虽然承认他的哲学体系的三部分中，以“精神哲学”——关于人的哲学——为最高、最具体的学问，而讲逻辑概念的“逻辑学”是片面的，这是他的哲学的有生气的方面，值得今人大书特书，但他的“精神哲学”中关于“绝对知识”的三种形式(艺术、宗教、哲学)的论述，恰恰是以远离惊异、远离艺术、审美的抽象概念为依归。

黑格尔死后，以主客二分——主体性为最高原则的西方近代哲学基本上终结了，作为概念王国之王的“绝对理念”垮台了，惊异不再只是哲学的开端，而应该成为贯穿哲学之始终的目标和任务。这里的关键在于打破西方哲学史上长期占统治地位的以主客二分为最高原则的旧传统，建立以超主客二分的主客融合为最高原则的哲学。尼采，特别是海德格尔，在这方面作了不朽的工作，对破坏旧形而上学，建立融主客为一体的哲学起了划时代的作用。

尼采大力批判了主体、主体性、主客二分和超感性的所谓“真正的世界”。他明白宣布应该“摒弃主体的概念”，“摒弃”“主体—客体”的公式。他斥责柏拉图抬高理念世界、贬低感性世界，是因为“柏拉图在现实面前是懦夫”。他明确主张艺术家比那些旧的传统形而上学哲学家"更正确"，艺术家"热爱尘世"、"热爱感官"，而旧形而上学者"把感官斥为异端"，他们像基督徒一样"使人变得枯竭、贫乏、苍白"。[1] 尼采提倡人应该"学习善于忘却，善于无知，就像艺术家那样"[2]，这也就是提倡超主客二分、超知识，以达到他的最高境界——酒神状态——一种超越个体、与万物为一的、在更高基础上融主客为一的境界，但这种境界又不是超感觉、超时空的，而是现实的。尼采所贬斥的哲学和哲学家，实指旧传统形而上学和旧形而上学家，他有他自己的哲学，他的哲学可追求的是艺术的境界，诗的境界。这样，在尼采这里，审美意识不再先行于哲学，而是哲学的目的。从此，哲学从"理念世界"、"自在世界"、"绝对理念"之类的"天国"回到了尘世，哲学变得有生气了。不过尼采由于矫枉过正，过分地贬低了主客二分和知识的地位，这是我们不能同意的。尼采是西方哲学史上后主体性——后主客二分哲学中的过激派。

旧形而上学的终结既然把世界还原为唯一的现实世界，惊异也就必然在哲学中占有更重要的地位。海德格尔在这方面作了非常精辟的、正面的论述，这也是他超出尼采的重要论点之一。海德格尔说："说哲学开始于惊异，意思是：哲学本质上就是某种令人惊异的东西，而且哲学越成为它之所是，它就越是令人惊异。"[3]这就明确告诉我们，惊异不只是哲学的开端(且不谈海德格尔把希腊文的开端一词理解为开端的持续)，而且哲学本身令人惊异；尤有进者，越是真正的哲学，越令人惊异。海德格尔在《哲学何物?》的讲演中断言："惊异是

---

① 尼采：《悲剧的诞生》，331，364—365，361 页，北京，三联书店，1986。

② 同上书，231 页。

③ 《海德格尔全集》第 45 卷，163 页，Frankfurt a. M.：Vittorio Klostermann，1975；转译自 J. Sallis，*Double Truth*，p. 207。

存在者的存在在其中敞开和为之而敞开的心境(Stimmung)"[①]海德格尔认为惊异就是惊异于"人与存在的契合"(Entsprechen,"适应","一致","协和"),或者说,人在与存在契合的状态下感到惊异。原来在日常生活中,一般总是采取主客二分的态度看待事物,把自己看作是主,他人他物是客,彼此相对;一旦有了人与存在相契合的感悟,人就聆听到了存在的声音或召唤,因而感到一切都是新奇的,不同于平常所看待的事物,而这所谓新奇的事物实乃事物之本然。所以海德格尔说:"哲学就是与存在者的存在相契合。"[②]又说:"诗人就是听到事物之本然的人。"[③]海德格尔显然把哲学与诗结合成了一个整体,诗的惊异就是哲学的惊异,都是指人与存在相契合的"心境"或境界。惊异在海德格尔这里完全成了哲学之为哲学的本质。海德格尔哲学的一个重要的有名的观点,大家都知道,就是自柏拉图以来,存在被遗忘了。其实,我们还可以替他补充一句,自柏拉图以来惊异也被遗忘了。海德格尔恢复了存在,恢复了惊异,从而也恢复了哲学的生气和美妙(Wonderful)(即海德格尔所说的"哲学本质上就是某种令人惊异的东西")。

这里值得特别提出的是,海德格尔认为,惊异不是指在平常的事物之外看到另外一个与之不同的令人惊异的新奇事物,他批评了这种对惊异的看法,他自己的看法是:"在惊异中,最平常的事物本身变

---

① 海德格尔:*Was ist Dasdie Philosophie*? p. 26, Pfullingen, Günther Neske, 1956。

② 同上书,23 页。

③ 《海德格尔全集》第 39 卷,201 页,译自 J. Sallis, *Reading Heidegger*, 185 页。

成最不平常的"[1]。所谓"最平常的"，就是指平常以主客二分态度把事物都看成是与主体对立的单个存在者(beings)。海德格尔认为以此种态度看待事物，存在不可能"敞开"。他的原话："由于对意识的高扬(在近代形而上学看来，意识的本质便是表象)，表象的地位与对象的对立也被高扬了。对于对象的意识被拔得愈高。有此意识的存在者便愈多地被排斥在世界之外。……人不被接纳到敞开之中，人站在世界的对面。"[2]反之，在"人与存在契合"的"惊异"中，同样的平常事物就被带进了"存在者的整体"(das Seiende im Ganzen)，事物不再像平常所看到的那样，成为被意识人为地分割开来的东西，而显示了"不平常性"，这种"不平常性"就是惊异所发现的。海德格尔进一步指出，正是这种"不平常性"，"敞开"了事物之本然——"敞开"了事物本来之所是。所以只有在超主客二分的"人与存在契合"的"惊异"或"心境"中，存在才能"敞开"。[3] 当代德国海德格尔哲学专家 Klaus Held 教授说："惊异使世界变得好像是第一次出现的。""惊异使人的经验回复到了新生婴儿一样，世界的光亮才刚破烧。"[4]Held 的比喻和体会很像是老子所说的"欲不学"、"学不学"，亦即超知识、超欲望而"复归于婴儿"的思想。要达到这种"惊异"或"心境"的关键在于把平常的主客二分的态度转化和提升为"人与存在相契合"，或者说得简单一点，关键在于超越主客二分，这里的超越不是抛弃，不是超越到感觉世界之外

---

① 《海德格尔全集》第 45 卷，166 页；译自 J. Sallis，*Double Truth*，p. 208。

② 《海德格尔诗学文集》，98 页。

③ 《海德格尔全集》第 45 卷，168—169 页。

④ Klaus Held：《基本情绪和海德格尔对当代文化的批判》，见 J. Sallis，*Reading Heidegger*，p. 294。

的形而上学的本体世界中去，而是在唯一的可感觉的现实世界之内的超越，是对同一事物的态度的变换。

海德格尔对惊异的看法，和文学家是一致的，只不过是文学家没有作那么多的哲理分析。柯勒律治说："渥兹渥斯先生给自己提出的目标是，给日常事物以新奇的魅力，通过唤起人对习惯的麻木性的注意，引导他去观察眼前世界的美丽和惊人的事物，以激起一种类似超自然的感觉；世界本是一个取之不尽、用之不竭的财富，可是由于太熟悉和自私的牵挂的翳蔽，我们视若无睹，听若罔闻，虽有心灵，却对它既不感觉，也不理解。"[①]文学家柯勒律治的这段话如果用哲学家海德格尔的哲学和语言来概括，那就可以这样说：世界本是一个"人与存在相契合"的整体，在这个整体中，事物的意蕴是无穷的，只因人习惯性地以主客对立的态度看待事物，总爱把事物看成是主体私欲的对象，人对这样观察下的事物熟悉到了麻木的程度，以致受其遮蔽，看不到这平常事物中的不平常的魅力，看不到其中的美丽和惊人之处。海德格尔一反西方旧形而上学，把哲学和诗结合在一起，所以他关于惊异是在平常事物本身中发现其不平常性的观点和论述，与诗人、文学家不谋而合。

任何一个哲学家，即使是主张以主客二分——主体性为最高原则的哲学家，其本人实际上也都有自己的"与存在相契合"的"心境"。如果每个哲学家都能像诗人创作诗的作品一样，创作出表现个人独特"心境"(境界)的新颖的、"令人有惊异之感"的哲学作品，那该是一幅多么美妙而令人惊异的景象啊！人类的生命和生活本来是美妙而令人惊异的(Wonderful)。

---

① 《十九世纪英国诗人论诗》，63页，北京，人民文学出版社，1984。

思维与想象——兼谈中国古典诗*

一

近半个世纪以来，我国哲学界在讲到把握世界的方式时，似乎只谈从感性认识到理性认识，而最终推崇的只是理性认识，只是思维；至于想象，则根本不谈，即使谈到了，也是把它当作一种低级的认识能力而加以贬斥。

这种哲学观点主要源于西方自柏拉图以来的旧形而上学。柏拉图关于“想象”、“信念”、“理智”和“理性”（“知识”）的四分法实可归结为感性认识与理性认识的二分法。柏拉图把前两者概括称之为“意见”，后两者概括称之为“心智”；实际上，“意见”就是指感性认识，“心智”就是指理性认识。柏拉图认为前者所讨论的是生成变化，后者所讨论的是存在，① 后者高于前者，思维高于想象。

---

* 本篇原载《北京大学学报》1997 年第 5 期；《人大复印报刊资料》1998 年第 1 期转载。

① 柏拉图：《理想国》，509—511，533—534。

我们知道，柏拉图所谓的“想象”，以感性事物的影像为对象，想象是对此种影像的认识能力；他可谓“理性”以概念、理念为对象，是对概念、理念的认识能力。他认为感性事物是想象中的影像的原本，而感性事物又是理性中的概念、理念的影像，感性事物以理念、概念为原本。在柏拉图看来，哲学的最高任务就是认识理念，亦即从感性中直接出场(在场)的东西(作为理念之影像的感性事物以及感性事物的影像)追溯到它们的原本即永恒在场的东西(“理念”)①；诗人、画家与影像打交道，因而应被逐出哲学领域之外。

自柏拉图以后，西方传统形而上学对思维与想象及其关系的理解，基本上都建筑在这样一种“影像——原本”(“image-original”)的公式之上。我在其他许多文章中都已阐述过，西方传统哲学的形而上学崇尚在场和永恒在场的领域，而这样的领域乃是与“影像——原本”的公式分不开的。也正因为如此，西方传统形而上学一般都贬低想象：直接感性中或者说知觉、直观中的事物也好，概念、理念也好，都是在场的东西；想象却总是要飞离在场，这在一心以追求永恒在场者为根本任务的传统形而上学看来，显然是难以容忍的。传统形而上学不屑于与不在场的、空幻的“无”打交道，因而压制想象、怀疑想象(形而上学并不简单排斥想象)就成了传统形而上学的本性。

康德在西方哲学史上几乎是第一个打破柏拉图关于想象的旧观点的哲学家。他说：“想象是在直观中表象出一个本身并不出场的对象的能力。”②他的这一定义虽然仍有柏拉图从影像追溯到其原本的思想

---

① 柏拉图所谓的“理智”是数字、几何学之事，它们所讲的概念仍夹杂有感性形象，故“理智”居于“意见”与“理性”之间。这个问题与本文关系不大，故略而不论。

② 康德：《纯粹理性批判》，B151，714，179。

痕迹，但在康德这里，旧形而上学得到了一次再定位，康德不是把想象放在一个趋向"纯粹在场"的领域，像柏拉图所主张的那样，而是放在一个既有在场又有不在场的领域。康德认为想象乃是主体的综合能力，即为主体构成对象所需要的综合能力，想象是概念与直观之间的中介，是使知性纯概念同直观对象相结合，从而使经验、知识的可能性变成现实性的桥梁。只是通过想象，概念才不再如柏拉图的理念那样成为"纯粹在场"的"离开了空气的鸽子"，康德的想象为概念提供了一个"图式"。所以在康德这里，想象的作用不再是为了经由它而回到原本——回到"纯粹在场"，而是要把在场与不在场综合为具有统一性的整体而成为现实的知识对象。

但第一，康德的想象虽然是为了把"纯粹在场"("永恒在场"、"常在")与感性直观综合在一起，他最终还是把思维、概念看得高于想象；第二，康德认为在实践理性的领域里，是不掺杂想象中的感性杂质的，康德显然没有脱离西方传统形而上学那种崇尚思维、概念而轻视想象的窠臼。

二

西方传统形而上学的终结，意味着几千年来受压制的想象得到解放，当然这种解放不是一蹴而就的。

胡塞尔严格要求回到事物本身，因此，在胡塞尔的现象学那里，初看起来，似乎没有想象的余地。但胡塞尔的现象学从来不是简单地回到事物本身，他认为只有通过想象才能敞开一个使事物如其本然的那样显示出来的领域。胡塞尔甚至明确断言："'幻想'构成现象学的最关键的因素……幻想是'永恒真理'的知识得以维持的源泉。”①胡塞尔认为一般的想象乃是指“影像—意识”，它以知觉为基础，而“幻想”则是一种特殊的想象形式，“幻想”是没有物理的东西作基础的，“幻想”甚至可以说没有被表象、被代表的东西，因而具有非真实性的性格，例如幻想石头经过窗户而不打破窗户，就是如此。声称严格要求回到事物本身的胡塞尔却更重视“幻想”，而不仅仅是重视一般的想象。何故？

胡塞尔所强调的所谓回到事物本身的“严格性”，实际就是要求真理必须得到确证。他所讲的“本质直观”就是要求直观到本质，或者说，让本质在直观中出现。“本质直观”（又称“本质洞见”）与“经验直观”（又称“个别直观”）有相同之处，即二者都有直观的性格，在“本质直观”中，本质就像“经验直观”中的个别事物一样是被给予的、现成的；但“本质直观”又有不同于“经验直观”之处，“本质直观”起于“经验直观”，是“经验直观”的变形，具体地说，“本质直观”是在有了“经验直观”的基础上，以“经验直观”中可见的个别事物为范例而形成的。但“本质直观”中所需要的这种范例只要原则上是能出现的和可见的就可以了，而不必只由知觉提供，——不必实际存在，也就是说，此种范例也可以由“幻想”来提供②，即此种范例可以是实际经验中从未出现过的。因此，在胡塞尔看来，“幻想”可以让无穷多的个别事物作为本质的范例而被直观到，让本质、真理在无穷多的范例中得到确证。这也就是说，“幻想”可以达到现实中被给予的、现成的东西所达不到

---

① 胡塞尔：*Ideen zu einer reinen Phänomenologie und phänomenologicshen Philosophie*，§70，erstes Buch，Husserliana 3，ed. Walter Biemel，The Hague：Martinus Nijhoff，1950。

② 同上书，§3，§4；并参阅 J. Sallis，*Double Truth*，pp. 128—130。

的可能性①。据此，胡塞尔认为，诗歌、艺术，甚至几何学，都是通过“幻想”而洞察到本质，或者说，都是通过“幻想”而达到一种“本质直观”。

三

我们平常说，从感性认识到理性认识乃是从认识个别到认识普遍，从认识千差万别、变动不居的现象到认识同一、永恒、常住不变的本质，这普遍、本质、概念是看不见、摸不着的，是剥离了具体的感性杂质的，因而是抽象的(黑格尔所谓的“具体抽象”，归根结底仍然是不同于感性具体的抽象)。究竟是怎样从具体走到抽象、从感性直观走到思维概念的？尽管我们平常都说，这个过程是靠我们的认识一步一步地撇开具体性、特殊性而达到愈来愈大的普遍性，但最终总有一个高于具体性、特殊性的抽象普遍性。我们把这个过程叫作“飞跃”——从感性认识到理性认识的“飞跃”，从感性直观到思维概念的“飞跃”。但“飞跃”一词远未能说明和解决感性直观与思维概念这两个根本不同的东西之间的关系和结合问题。康德早已通过他的“图式”说(schematism)提出了这个问题，也是一种试图解决这个问题的一种方式——一种使本质概念成为可见的东西的一种方式。康德认为，“图式”是本质概念与感性直观中的个体相联结的桥梁。例如三角形的概念是抽象的，但我们对某一个个别的具体三角形却可以抽去其特殊性如边的长短、角的大小等不相干的规定性而构成一个三角形概念的

① 胡塞尔：*Ideen zu einer reinen Phanomenologie und phänomenologicshen Philosophie*，§70。

"图式"①，此"图式"既非个别三角形的感性具体形象，又非抽象的概念，但又具有这两方面的特质，它乃是通过一个感性具体的三角形为抽象的三角形概念提供了一个具有一定感性成分的"略图"(我们甚至可以在不严格的意义上把这个范例称为概念的"影像")，而此"略图"即"图式"，"其本身总是想象的产物"。② 康德的"图式"说要求我们，从感性直观到思维概念的"飞跃"，必须通过想象，必须以想象的产物"图式"作为两者的结合点。康德至少启发了我们，我们平常讲认识论不讲想象，未免太粗糙了、太简单了。

但康德的"图式"说是否就解决了从感性直观到思维概念的飞跃问题呢？他的"图式"终究不能使本质概念本身成为可以被直观到的东西。

前面谈到的胡塞尔的"本质直观"说，是对康德"图式"说的继承和发展：他企图通过范例意识，即通过感性具体直观中的个别事物作为范例以直观到本质；他强调通过想象，特别是通过"幻想"，以达到平常实际知觉中所达不到的可能性，为人类的视域展开无限广阔的天地，从而为诗歌、艺术、甚至几何学的可能性提供理论根据。这些，都是胡塞尔的哲学贡献。但是胡塞尔越是力图通过个别的感性范例使本质概念成为可以被直观的东西，本质概念本身是否可以被直观的问题就越是明显地摆在人们的面前。

康德的"图式"说也好，胡塞尔的"本质直观"说也好，本意都是不满意于纯思维概念的抽象性，不满意于其脱离感性具体的特性，都是出于对柏拉图的"理念"的"鸽子"企图脱离空气而飞翔的旧观念的批判

① 康德：《纯粹理性批判》，B151、714、179。

② 同上。

和拯救。但只要我们不超越那种以本质概念为万物之本根的哲学方向，我们无论采取康德的方案还是采取胡塞尔的方案，都摆脱不了本质概念本身不能被直观的问题，这种哲学方向注定了它的抽象性。

四

对于当前事物寻根问底的方式大体上有两种：一种是由感性中的东西进到理解中的东西追问，这种方式以理解中的东西如柏拉图的“理念”、黑格尔的“绝对理念”为根为底，这是西方传统形而上学的追问方式。西方现当代的人文主义思潮如尼采、胡塞尔、海德格尔、伽达默尔、德里达等人的哲学已不同程度地不满足于此种方式所固有的抽象性。他们也主张超越当前事物，追问其根底，但不是到抽象的本质概念中去找根底，而是从当前在场的现实物出发超越到其背后、作为其背景的未出场的东西，这未出场的东西不是抽象的本质概念，而仍然是现实物。这背后的现实物乃是当前出场的现实物的根底。如果前者叫作“纵向超越”，则后一种追根问底的方式就可以叫作“横向超越”。由于任何当前出场者所植根于其中的未出场的事物是无穷无尽的，因此，此种方式，我又把它称之为“无底论”，它的底是无底之底，相对而言，则前一种方式可以叫作“有底论”①。有底论所崇尚的把握事物的方式是思维，思维的产物是本质概念，是同一性、普遍性。无底论则超越此种方式，它要求把在场的现实事物与不在场的、然而也是现实的事物综合、结合、融合为一个相通相融的整体，因此，它所崇尚的把握事物的方式是想象，而不是停滞于思维。这里所说的想象是指把当前在场的现实事物与不在场的现实事物综合为一个

① 参阅拙文《哲学的转向及其影响》，载《方法》1996年第7期。

“共时性”的整体的能力。只有哲学的这种横向转向，才能打破、超越传统形而上学所固有的抽象性，从而超越本质概念本身不能被直观的问题。总之，人们的注意力不再集中于普遍性的本质概念的追求，而是聚焦于现实事物间的结合与融通。

五

这种转向在胡塞尔那里已有了比较明确的发端，海德格尔等人又作了进一步的发展。西方哲学在作了这种转向以后，思维、概念(还有感性直观)因其固执于在场的东西，不再像在旧形而上学那里那样，被奉为至上的东西，而是被视为在把握事物的途程中需要被超越的次要环节；想象则因其飞离在场，不但不像在旧形而上学那里那样难于被容忍，反而成为受尊崇的最高环节。过去人们注重一步一步地摆脱在场者与不在场者的具体联系，以达到“纯粹的在场”(pure presence)或“恒常的在场”(constant presence)，如数量的概念、各种事实的概括概念，它们都是思维的目标和对象；现在则注重于超越在场者，超越直接感觉的距离，而高扬不在场者，显现不在场者，力图把事物背后的、隐蔽的方面综合到自己的视域之内。过去人们注重把同类的东西概括在一起，撇开同类事物所包含的各种可能的具象，找出其中的同一性，划定同类事物的界限；现在则注重不同一性，即不但注重同类事物所包含的无穷多不同的可能的具象，而且注重超出已概括的普遍性的界限之外，达到尚未概括到的可能性，甚至达到实际世界中认为不可能的可能性。

六

“天下乌鸦一般黑”，这是人们多次对各种具象进行感觉观察后运用思维所概括出的普遍性或同一性，它成了“恒常的在场者”，人们据此而推定下次观察中乌鸦黑的现象必将出场，这是思维的逻辑所告诉我们的。但是思维的逻辑果真能保证下次观察中出现的乌鸦必然是黑的吗？不能。由此可见，推断下次观察到的乌鸦必黑，实无逻辑必然的理由，思维的概括功能的可靠性并非绝对的，而且这种可靠性与事物无限性相比甚至可以说趋近于零。所以严格说来，科学家们凭直观和思维得到的规律，也不过是关于已经观察到的事物的规律。思维总是企图界定某种事物，划定某种事物的界限，但这种界限是不能绝对划定的。我们应该承认思维的局限性，但也正是在思维逻辑走到尽头之际，想象却为我们展开一个全新的视域。想象教人超出概括性和同一性的界限，而让我们飞翔到尚未概括到的可能性。前面说的下一次观察的乌鸦可能不是黑的，乃是我们运用想象的结果，它是一种想象的可能性——一种尚未实际存在过的可能性。但尚未实际存在过的可能性并非不可能，想象的优点也正在于承认过去以为实际上不可能的东西也是可能的。想象扩大和拓展了思维所把握的可能性的范围，达到思维所达不到的可能。思维的极限正是想象的起点。

想象并不违反逻辑，例如说下次观察到的乌鸦可能不是黑的，这并不违反逻辑，但它并非逻辑思维之事，可以说，想象是超逻辑的——超理性、超思维的。逻辑思维以及科学规律可以为想象提供一个起点和基础，让人们由此而想象未来①，超越在场的东西，包括超越“恒常在场的东西”。科学发现和发明主要靠思维（包括感性直观），

① 想象当然总是具有或然性。我这里所讲的实际上是休谟的归纳问题。我从在场与不在场、显现与隐蔽、思维与想象的角度来论述他的问题，用“想象”代替了他的“习惯”，但这并不是名词上的不同。动物和人一样有习惯，但动物没有想象。

但也需要想象。科学家如果死抓住一些实际世界已经存在过的可能性不放，则眼光狭隘，囿于实际存在过的范围，而不可能在科学研究中有大的创造性的突破。科学的进展过程中时常有过去以为是颠扑不破的普遍性原理被超越，不能不说与科学家的想象力，包括幻想，有很大的关系。

七

思维以把握事物间的相同性(同一性、普遍性)为己任；想象以把握不同事物间即在场的显现的事物与不在场的隐蔽的事物间的相通性为目标[①]。对后者的追求并不排斥对前者的追求[②]，只是后者超越了前者。我们说想象是超理性、超思维、超逻辑的，就是这个意思。

所谓在场的东西与不在场的东西的结合与融通，其中的在场者与不再场者都不只是指此一简单的物与彼一简单的物，而更多地是指蕴涵理在内的事物。凡事物都包含有理，凡个别都包含有普遍，我们并不否认这一点。所谓想象的综合力，应是指把在场的、事与理相结合的事物同不在场的、事与理相结合的事物综合在一起的能力，这也就是想象综合力之所以既不排斥思维而又超越思维的一个重要含义。

---

① 关于相同性与相通性，请参阅拙文《相同与相通》，载《北京大学学报》1995 年第 4 期。

② 我既不同意实在论把普遍性、同一性之类的概念(共相)看成是独立存在的实体的旧形而上学观点，也不同意把共相看成仅仅是名称而无指称对象的唯名论观点。我以为这种概念是一种理想性的设定，它既非实体，也非任意的虚构，科学家可以让他们在某种科学理论体系中起作用，从而使此种理论体系具有说服力和预测未来，所以，对普遍性、同一性的追求，是科学的需要。

八

前面说的哲学转向是就西方哲学发展的大概趋势而言的。中国传统哲学一般说来不太重视“纵向超越”所追求的本质概念的同一性、普遍性，而重“横向超越”所追求的现实事物间的融通。中国哲学所讲的天人合一或天人相通，就天之自然意义而言，乃是指人与自然间的相通性。当然，这并不是说，中国传统哲学已达到了西方现当代哲学的“横向超越”的水平，我更无意说西方现当代哲学的“横向超越”不过是步中国传统哲学之后尘。相反，西方现当代哲学的“横向超越”，是经过“纵向超越”之后的哲学转向；而中国传统哲学，从占主导地位的整体角度来看，则缺乏“纵向超越”的阶段。

中国古典诗在讲究从在场的现实事物想象到不在场的现实事物的关系方面，是最具特色的。

刘勰《文心雕龙·隐秀篇》云：“情在词外曰‘隐’，状溢目前曰‘秀’。”他所讲的隐和秀，其实就是讲的隐蔽与显现的关系。文学艺术必具诗意，诗意的妙处就在于从“目前”的（在场的）东西中想象到“词外”的（不在场的）东西，令人感到“语少意足，有无穷之味”。这也就是中国古典诗重含蓄的意思。但这词外之情、言外之意又不是上述“纵向超越”所要求超越到的那种抽象的本质概念，而仍然是现实的东西，只不过这现实的东西隐蔽在词外、言外而未出场而已。抽象的本质概念是思维的产物，词外之情、言外之意则是想象的产物，这也就是以诗的国度著称的中国传统之所以重想象的原因。且引柳宗元的两首诗作一对比：

千山鸟飞绝，万径人踪灭；
孤舟蓑笠翁，独钓寒江雪。(《江雪》)

这首诗所描写的画面真是状溢目前，历历可见，可谓“秀”矣。但如果仅仅看到这首诗的画面，显然还不能说领会到了它的诗意。实际上这首诗的妙处就在于它显现了可见的画面背后的那种遗世而独立的孤高的人格和境界：你不仅仅可以想象到作者柳宗元本人谪居异地、不畏雨横风狂而泰然自若的情景，你还可以想象到其他一些不以身之察察、受物之汶汶的高风亮节，如此等等，所有这些都是诗人的言外之意，词外之情，虽未出场，却很现实，虽未能见，却经由画面而显现。这里的“显现”不是感觉直观意义下的显现，而是想象意义下的显现。当然，这首诗的“孤舟”、“独钓”之类的言词已显露了孤高之意，但这只是表面的，其深层的内涵仍然可以说隐蔽在词外、言外，而有待人们的想象。

柳宗元的另一首诗云：

渔翁夜傍西岩宿，晓汲清湘燃楚竹。
烟销日出不见人，欸乃一声山水绿。
回看天际下中流，岩上无心云相逐。(《渔翁》)

此诗的前四句本已通过一幅历历如在目前的画面令人想象到了渔翁那种悠闲自在的境界，但作者偏要在最后用“无心”这样的概念来作一概括，就反而了无余味，因为前四句让人想象到的那种人与自然合一的高超境界，可以引起许许多多的生动的画面，决非渔翁的“无心”所可以简单概括的。这首诗之所以遭到后人批评，实因其缺乏“隐秀”

之意，当然，从这方面来说，白居易的许多诗作之概念化的毛病就更多了。

九

中国古代绘画讲究神似与形似，其实也可以用“隐秀”的道理来说明。一幅真正有诗意的画总是主客的融合体，它表达了画家与其所画之物的一种天人合一的境界，所谓形似与神似的统一，就是指这种主客的融合。那种刻板地一味摹拟事物的单纯形似之作，是不能成为真正的艺术品的。真正的艺术品既似物，又能于所画之物中令观赏者想象到隐蔽在此物背后的神，这就是“神似”。五代时期的画家荆浩说：“似者，得其形遗其气；真者，气质俱盛。”仅有形似，不算是艺术的真实，艺术的真必“气质俱盛”，即形似与神似的统一。所谓“不似之似”就是艺术的真实。有一种看法认为“神似”是指画家本人的精神与所画之物的精神相似。这种讲法表面上意在说明两者的统一，实际上是把它们分裂了。主客融合、天人合一的境界并不是两种不同精神的融合或合一，而是一种精神（实即境界）。离开了人，物（形）本身说不上有“神”；离开了物（形），神本身亦无着落。所谓“神似”，乃是要求我们通过艺术品进入一种（唯一的）精神境界中，于其形中见到神，于其显现的、在场的东西中想象到隐蔽的、不在场的东西。

十

诗人之富于想象，让鉴赏者从显现的东西中想象到隐蔽的东西，还表现在诗人能超出实际存在过的存在，扩大可能性的范围，从而更深广地洞察到事物的真实性。我们通常把这叫作夸张。李白《秋浦歌》之十五：“白发三千丈，缘愁似个长。”这里的极度夸张，其实就是想象的一种极端形式“幻想”，一种对实际存在中从未出现过的东西的想象。白发竟有三千丈之长，此乃实际世界中从未有过的，诗人却凭幻想，超出了实际存在的可能性之外，但这一超出不但不是虚妄，反而让隐蔽在白发三千丈背后的愁绪之长显现得更真实。一个毫无想象力的人也许会凭感觉直观和思维作出白发一尺长或两尺二寸长这类的符合实际的科学的概括，但这又有什么诗意呢？① 如果说科学家通过幻想，可能做出突破性的发现和创造性的发明，那么诗人则是通过幻想以达到艺术的真实性；如果说科学需要幻想是为了预测未来（未来的未出场的东西），因而期待证实，——期待未出场的东西的回答，那么诗意的幻想则不期待证实，——不期待未出场的东西的回答，它对此漠不关心，而只是把未出场者与出场者综合为一个整体，从中显示出审美意义和审美价值。

十一

西方传统美学的典型说基本上是以前面说的“纵向超越”即以追求普遍概念为目标的理论为基础的。亚里士多德认为，历史学家描述已发生的事情，诗人则描述可能发生的事情，因此，诗比历史更哲学、更严肃，因为诗所说的大多带有普遍性，而历史所说的则是个别的东西（《诗学》第9章）。亚氏所说的普遍性就是典型，诗意就是从个别的东西中见出普遍性。亚氏还把典型与理想联系起来，认为艺术品应当按事物“应当有”的样子去摹仿，例如画美人就该画出集中美人之优点

① 在我国文学史上，居然也可以找到这样缺乏想象力的文学评论家的实例：杜牧《江南春》中“千里莺啼绿映红”本是一首极富想象的佳句，而杨慎《升庵诗话》却责备说：“千里莺啼，谁人听得？千里绿映红，谁人见得？若作十里，则莺啼绿红之景……皆在其中矣。”

的最理想的美人。这种典型观，实以本质概念(例如理想的美人的概念)为依归，来源于柏拉图的“理念”。“理念”本来就有普遍性、理想性的意思，艺术品应以“理念”为原型或模型。西方近代流行的“典型”一词与“理念”有密切的关系。康德虽然承认审美意象所包含的意蕴远非明确的普遍性概念所能充分表达，有越过“纵向”结构的传统的思想因素，但他没有充分发挥这一思想，而且他的美学思想中的“规范意象”显然未脱旧的追求普遍性概念的窠臼。近代美学的典型观已经把重点转到特殊性，重视普遍与特殊的统一，但即使是强调从特殊出发的歌德，也主张在特殊中显出普遍，所谓“完满的显现”就是显现出本质概念，仍然是走的“纵向超越”的传统道路。黑格尔所谓“美是理念的感性显现”，明显的是要求艺术品以追求理念为最高目标，尽管他也要求典型人物须是有血有肉的活生生的人。

前面谈到的中国古典文艺理论所要求的词外之情、言外之意，一般不是西方传统美学所要求达到的普遍性概念，而是和文内、言内所言及的物象一样是现实的。例如柳宗元《江雪》的言外之意是孤高的人格和境界，它引起读者想象到的各种具体的情景都不是抽象的普遍性概念，而是非常现实的，只不过这些现实的事物没有在诗中出场而已。元稹的《行宫》：“寥落古行宫，宫花寂寞红。白头宫女在，闲坐说玄宗。”诗中的一个“在”字用得很妙，它点出了白头宫女的在(场)，却显现了(在想象中的显现)昔日宫中繁华景象的不在(场)，从而更烘托出当前的凄凉，然而后者只是言外之意、词外之情，既是隐蔽的，却又是现实的，而非抽象的普遍性概念。我国文艺理论界近半个世纪以来往往用西方旧的传统典型说来解释中国传统诗歌理论所讲究的言外之意，认为此“意”即是普遍性，能在个别中寓以普遍，就算是言有尽而意味无穷，就算是给读者留下了最广阔的想象余地。其实，思维中普遍性概念重在界定在场的某类事物，而想象则重在冲破界限、超越在场，不仅冲破某一个别事物的界限以想象到同类事物中其他的个别事物，而且冲破同类的界限以想象到不同类的事物。所以前者与后者相比，其给人留下的可供玩味的余地显然是很有限度的。用西方传统认识论来解释中国诗的言外之意，把中国古典诗的艺术鉴赏当成一种理性思维的认识过程，则有如隔靴搔痒，很难把握中国古典诗的妙谛。莫里哀的《伪君子》倒是写出了典型人物或者说同类人物的最具普遍性的特点，而不是某一个别人的精确画像，它与中国古典诗歌理论所要求的重含蓄、重言外之意相比，乃是两种不同的哲学理论基础的产物，不可混同。即使是强调个性、强调让鉴赏者从个性中看到同类事物中其他很多很多具体的个体事物的理论观点，与中国古典诗歌理论之强调言外之意相比，也是大不相同的，前者是在此一个体事物中看到同类的其他个体事物，仍然是在同类型即普遍性的概念范围之内打圈子，就其为同类型而言，此一个体事物与其他个体事物同属在场的东西，这是西方传统哲学以追求“永恒在场”的概念、理念为目标的思想表现。像中国古典诗由白头宫女之在（场）想象到昔日繁华景象之不在（场），显然不是西方旧的典型说所可以容纳的。

阴阳学说与西方哲学中的“在场”与“不在场”*

一

考阴阳原义，阳为日出，阴为云遮日。中国古代的阴阳学说(包括老学与易学)将阴阳引申为宇宙万物生成的两个基本原理，阴阳有时系指两种物质性的元气，即阴气与阳气，但往往又是指一切相反的方面，如暗与明、北与南、静与动、伏与起、柔与刚，甚至引申为人事的辱与荣，人性的拙与巧，等等，总之，只要是一反一正，就可用阴阳来指称。八卦不仅指八种自然现象，也引申为八种情性事，即为健、悦、丽、动、入、陷、止、顺，八卦虽其数为八，但根本原理还是可以归结为阴阳两面。《易·系辞下》曰：“乾坤其易之门邪！乾，阳物也，坤，阴物也。阴阳合德，而刚柔有体，以体天地之撰，以通神明之德，其称名也，

---

* 本篇原载《社会科学战线》1998 年第 3 期；《人大复印报刊资料》1998 年第 7 期转载。

杂而不越。”本文感兴趣的，不是万物皆由阴阳两种物质性的元气构成的学说，那也许更多地是一个科学问题，是一个物质构造的问题，例如把阴电与阳电理解为中国阴阳学说之应用。本文的兴趣主要是哲学上的，是本体论和认识论上的，本文主要是讲万物皆有阴阳正反两面的理论。

所谓阴阳正反，用西方现当代哲学的语言来说，就是在场与不在场、出场与不出场(presence and absence)。任何一个当前出场的事物，总有显现在我们眼面前的方面，通常称之为正面，用阴阳学说的名词来说，就是阳面，其隐蔽在背后的未出场的方面，就叫做反面，即阴面。阴阳正反可以互换、转化，但总有一面是出场的，另外的方面是未出场的，一面是阳，另外的方面是阴，不可能正反两面同时出场。故董仲舒云：“天道大数，相反之物也，不得俱出，阴阳是也。”(《春秋繁露·阴阳出入》)“天之常道，相反之物也，不得两起，故谓之一。……阴与阳相反之物也，故或出或入，或右或左。……天之道有一出一入，一休一伏，其度一也。”(《春秋繁露·天道无二》)董仲舒在这里所说的虽然包括阴阳二气，但“不得俱出”、“不得两起”之说，实指明了一切正反两面都不能同时出场的道理。如果阴阳能够“俱出”、“两起”，则无正反之可言。笛卡尔的精神与物质，是两个彼此独立、相互外在的实体，此种二元论实际上是讲的两个同时出场的东西之间的并峙，用中国阴阳学说的术语来说，就是阴阳“俱出”、“两起”，因此，在笛卡尔那里，精神与物质的关系不是正与反、显现与隐蔽、出场与不出场的关系，也就是说，不是阴阳关系。笛卡尔的哲学是一种单讲在场的哲学——一种只讲阳而不讲阴阳和合的哲学，它与中国的阴阳学说是两种不同的思维方式。关于笛卡尔片面强调在场的哲学，下面还将申述。

二

西方传统哲学的一些主要哲学家，从苏格拉底——柏拉图到黑格尔，虽然一般地都讲对立面的统一，有的人甚至大讲特讲，但他们都把哲学的最高任务归结为追求“永恒在场”的东西，而不注意或不强调从在场的东西中把握不在场的东西，让隐藏在背后的东西显现于当前的东西之中，简言之，不讲在场与不在场的结合。不讲阴阳的结合。许多西方当代哲学家都把这种旧的传统哲学叫做“在场的形而上学”(metaphysics of presence)，我们也许可以用中国哲学的语言强名之曰“阳性形而上学”。

在柏拉图的《斐多》篇中，苏格拉底说，他曾向前人学习那种为了求得某具体事物的原因而到别的具体事物中去寻找的考察方法，但都失败了，他最后认为“最好是求助于心灵世界，从中寻求存在者的真理”①。这就是“理念”，“理念”是一切具体事物的根基。在苏格拉底——柏拉图看来，具体事物是变动不居的，在场与不在场不断转化，而“理念”则是永恒的，是恒常的在场(constant presence)或原始的在场(original presence)。苏格拉底——柏拉图的这一哲学转向，奠定了西方旧形而上学的基础。以追求永恒在场的东西为目标，乃是整个西方旧形而上学的主要特征。与此相联系，旧形而上学把对于不在场的东西的想象力放在低于思维的次要地位而加以压制，柏拉图驱逐诗人、画家于城市之外，就因为他们从事想象，重视不在场的东西。

亚里士多德虽然批评柏拉图的“理念”脱离具体事物，虽然承认具

---

① 柏拉图：《斐多》篇，译自 Benjamin Jowett 英译本：*The Four Socratic Dialogues of Plato*，p. 244，London，Oxford University Press，1949。

体事物的变化不过是由可能到现实，由隐到显，但最终他还是认为非物质的“纯形式”是终极根基或第一原理即神，它和柏拉图的“理念”一样是“永恒的在场”，而一显一隐的具体事物都以它为“最初因”，第一哲学就是要求达到这个“最初因”。①

笛卡尔年轻时像苏格拉底一样，也曾片面相信老师，后来，他摆脱了老师的束缚，决心在“世界这本大书”即在事物本身中去找学问，经过好几年的研究之后，他觉得研究事物本身就得研究“我自己”，于是发现了“我思故我在”这条真理。在笛卡尔看来，“我思”不是想象的，而是最原始的、最直接的出场的东西，因而也是最确定的，它既不依赖自己的身体，也不依赖任何其他物质性的东西，而其他一切均可由它推论出来②。这样，笛卡尔的“主体”便变相地代替了苏格拉底——柏拉图的“理念”而成为一切事物的根源。显然，笛卡尔的哲学也是一种“在场的形而上学”。

康德是西方传统哲学家中引进和强调不在场的概念的哲学家。他把想象看成是“在直观中表象一种本身并未出场的对象的能力”，③ 它是直观与概念两个极端之间的中介，起着构成知识对象的综合作用。这样，康德就取代了柏拉图的纯粹在场的理念领域，而把不在场的概念放到了自己哲学中的重要地位。但康德又反对在比理论理性更高的实践理性领域里混入任何想象的杂质。④ 康德最终还是陷入了“在场的形而上学”。

---

① 亚里士多德：《形而上学》，982b9。

② 笛卡尔：《方法谈》，第1、4部。

③ 康德：*Kritik der reinen Vernunft*，B151，ed. Raymund Schmidt，Hamburg，Felex Meiner，1956。

④ 康德：《实践理性批判》，68—72页，北京，商务印书馆，1960。

黑格尔大讲对立面的统一和转化，确实富有中国老学与易学中阴阳正反相互转化的思想，但我们却不能因此而把黑格尔哲学与老学易学归为一种类型的学说。黑格尔的一系列对立面的转化过程，都不过是为了达到“绝对”的一种过渡，阴阳正反的转化还不是最真实的，最真实的是“绝对”，“绝对”和柏拉图的“最高理念”一样是“永恒的在场”，其不同之处主要在于黑格尔强调他的“绝对”不脱离他所描述的漫长的对立面转化的过程，然而黑格尔最终还是强调“永恒在场”的真实性与终极性。黑格尔在《精神现象学》的序言中反复申述要达到“事情本身”，其实质就是要通过一系列对立面转化的认识过程从“实体”达到“主体”，而最高的主体就是“绝对”。“实体”是尚未展开、尚未认识的“在场”，“主体”是展开了的、认识了的“在场”。黑格尔的从“实体”到“主体”的哲学，是西方传统的“在场形而上学”的最庞大的、集大成的体系。

三

我在其他许多文章中说过，世界上的万事万物本是相互联系、相互影响、相互作用的整体，这里不仅包括物与物的关系，而且包括人与物、人与人的关系。中国传统哲学所谓万物一体，一气相通，我理解为就是这个意思。我以为万物一体之外，别无其他任何所谓超时空的本体，那是不现实的、抽象的。西方传统哲学所追求的“原始的在场”或“永恒的在场”，乃是通过思维，把一切特殊性、一切正与反、此与彼亦即阴与阳的相互联系、相互作用、相互影响加以抽象和割裂而得到的产物，此产物便是超感性具体物的概念、理念或普遍性、同一性，它被看成是万事万物之“原始”。西方传统形而上学就这样在具体的世界万物之上和之外，另立了一个抽象的本体世界。此种形而上学是片面的、抽象的。

与西方传统的“在场形而上学”相反，中国的阴阳学说一般否认有超感觉的理念、超现象的本质、超特殊性的普遍性，认为世界就是具体事物及其阴阳两面的相互转化。事物之呈现于当前，叫做正面（阳），它必然有与之相联系、相作用、相影响的背面．叫做反面（阴）。正反阴阳的相互依存、相互转化就构成全部世界。所谓“一阴一阳之谓道”（《易·系辞上》），就是这个意思。

有一种意见，认为《易·系辞上》所谓“易有太极，是生两仪”，系指在阴阳两仪之前、之上和之外另有一个“太极”，例如汉儒旧说就是如此，今人亦有持此论者。此种观点，姑不论其对“太极”作何种不同的解释，但都主张整个宇宙不只是具体事物及其阴阳两面之相互转化，而是要在它们之上另立一个与之对立的抽象世界。清人李恕谷对此已有驳斥，认为“易有太极”，“非谓太极为一物而生天地万物也”（《存学编书后》）。我以为“易有太极，是生两仪”，无非是说阴阳为同一事物（“太极”）之两面，故太极与阴阳不可分裂为二。至于《吕氏春秋》所说“太一生两仪，两仪生阴阳”，则又当别论。关于老子的“道”是否超感觉、超阴阳，可以有不同看法，这里就不讨论了。周濂溪说：“无极而太极，太极动而生阳，动极而静，静而生阴。……分阴分阳，两仪立焉。……阴阳——太极也，太极本无极也”（《太极图说》）。“二气五行，化生万物。五殊二实，二本则一。是万为一，一实万兮。”（《通书》）可见周濂溪明确主张太极即在阴阳万物之中，阴阳是太极之动静转化的两面。周濂溪还进一步指出：太极是“动而无动，静而无静”（同上）。太极乃万物之整体，故动中有静，静中有动，阴中有阳，阳中有阴。周易称阴阳动静的这种相互渗透为“神妙万物”。反之，把一物与整体割裂开来，孤立地看一物，则“动而无静，静而无动”，故曰“物则不通”(《通书》)，实际上就是指阴阳不通，正反不能相互渗透。周濂溪的话启发了我们，只有把事物放在相互联系、相互作用、相互影响的整体中，事物的阴阳正反才能相互转化。《易·系辞上》说：“形而上者谓之道，形而下者谓之器。”把“形而上者谓之道”解释为柏拉图式的理念世界，是望文生义，实为不妥，我过去也有近似的误解。“形而上者谓之道”与“一阴一阳之谓道”都出自《易·系辞上》，应该是讲的一个道，此道即具体事物一阴一阳的转化，它变动不居，不拘于固定的形体和方位，“故神无方而易无体”(《易·系辞上》)，此即“形而上”之意。形而上者即在形而下者之中，道与器不可须臾分离。道和太极一样，都不是具体事物之上和之外的抽象概念。

一切事物都由阴阳正反两面构成，阴阳正反各有其特性、作用和地位。阳面是事物之呈现于当前的方面，阴面是阳面之能如此呈现的背景和根源。《老子》第四十二章：“万物负阴而抱阳，冲气以为和。”《庄子·田子方》：“至阴肃肃，至阳赫赫，肃肃出乎天，赫赫发乎地[①]。两者交通成和而物生焉。”“阳”表现为“赫赫”，即具有呈现于外的特性；“阴”的特性是“肃肃”，具有负载事物的作用，它在事物的背后支撑着事物。《易传》以阴阳配于乾坤，说：“乾，阳物也；坤，阴物也。阴阳合德，而刚柔有体，以体天地之撰。”(《易·系辞下》)“大哉乾元，万物资始，乃统天。”(《彖上传·乾卦》)“至哉坤元，万物资生，乃顺承天。坤厚载物，德合无疆。”(同上，《坤卦》)乾元与坤元即阳与阴，前者为万物所资以始，后者为万物所资以生，一个是由以出

① 冯友兰《中国哲学史》商务印书馆 1944 年版注：“天地二字，疑当互易”。

发者(“始”)，一个是由以产生者(“生”)，说明“阴”负载着“阳”，由“阳”出发，必然追寻到产生它的“阴”。平常所谓“反本求源”，似可作此解。《序卦传》关于《剥卦》与《复卦》的关系在这方面讲得更清楚：“剥者，剥也，物不可以终尽，剥穷上反下，故受之以复。”可见走向反面即是返回到它的本源。周濂溪说得也很直截了当：“太极动而生阳，动极而静，静而生阴，静极复动。一动一静，互为其根。”(《太极图说》)阴与阳本是相对的，从这面看是阳，从那面看就是阴，反之亦然。明白了此一方面以其背后的彼方面为根的道理，则彼方面以此方面为根的道理就不待言了。我们当然不能由此而得出结论说，男人以女人为根，女人以男人为根。《易传》所讲的阴阳乾坤本是以男女生殖器官和性行为类推、引申到一切正反两面之关系的学说，其内容已远远超出了男女之事，也大多超出了阴阳两种物质的气的范围，其最重要之处在于讲述了同一事物之正反两面亦即出场的方面(“阳”)与未出场的方面(“阴”)之间的关系。西方传统哲学从“在场形而上学”的观点出发，总是想超越感性具体的现实对象而达到抽象的概念世界，认为这个抽象世界就是万物之根。中国的阴阳学说一般无意另立一个抽象世界；它也要求超越当前，寻找当前事物之根，但它认为当前的东西之根就在与当前相联系的未出场的东西之中，这些未出场的、作为根源的东西，同样是现实的、具体的，而非抽象的永恒的概念。阴和阳二者并非像西方传统哲学所讲的那样，一在可感觉的具体世界之中，一在超感觉的抽象世界之中，二者实乃同样都在具体的现实世界之中。阴阳学说的最高任务就是要寻求那隐藏在显现出来的东西背后的、然而同样现实的、具体的东西，从而把二者结合为一个整体。西方哲学史在苏格拉底——柏拉图以前，晦涩的哲学家赫拉克利特大讲对立面的统一和转化，他和苏格拉底——柏拉图及其后来的形而上学家不一样，认为只有一个现实的世界，永远川流不息。他有一句名言：“自然喜欢躲藏起来。”这个爱躲藏的自然，不是后来苏格拉底——柏拉图式的“理念”。赫拉克利特的时代还没有发生前述以苏格拉底——柏拉图为开端的哲学转向，苏格拉底在对话中所表示的不满，正是针对他的前人而发的。我以为赫拉克利特的思想倒是有些中国阴阳学说的旨趣。

对比西方传统哲学追求永恒不变的东西而言，中国阴阳学说之强调生生不息，认为宇宙乃一变化无疆的大洪流，乃是它的又一特点。《易·系辞上》说：“日新之谓盛德，生生之谓易。”《易·系辞下》说：“易之为道也屡迁，变动不居，周流六虚，上下无常，刚柔相易，不可为典要，唯变所适。”这里有两点值得特别注意：

第一，变化无止境。《易·系辞下》说：“易穷则变，变则通，通则久。”“通则久”就是变化久而不息之意。更有意思的是，六十四卦的最后一卦不是完成和总结，有如柏拉图之以“至善”为最高最后的理念，黑格尔之以“绝对”为最高最后的范畴那样，而是以《未济》卦为结束：“物不可穷也，故受之以未济终焉”。周濂溪说得更明确：“万物生生而变化无穷焉。”(《太极图说》)如果说西方传统形而上学是“有底论”，即以永恒在场的抽象概念为底，那么，中国的阴阳学说就是“无底论”，按照这种“无底论”，人生既要返本求源，又要认识到此源永远只能是“未济”的，因此，人生就只能是自强不息。

第二，变化有自己的常则，这就是由正而反，由反而正，所谓“物极必反”。《易传》与《老子》皆持此说。所以阴阳学说总是教人“见几而作”、“居安思危”、“知雄守雌”、“知荣守辱”，如此等等。这样的为人处世之道，不仅西方传统形而上学没有，即使是大讲在场与不在场相结合的现当代西方哲学也未见有所阐发。

通过什么途径才能不停滞于一物之当前的阳面，以把握隐藏于背后的阴面，从而达到阴阳合一、万物一体？这当然不能靠西方传统哲学所奉为至上的理性思维，那是一种撇开在场与不在场的联系，以追求“纯粹在场”(pure presence)的抽象概念为目的的道路。阴阳学说所讲的阴阳正反两面都是具体的，所以把握阴阳和合、万物一体的方法便始终不能脱离具体的东西。《易·系辞上》：“仰以观于天文，俯以察于地理，是故知幽明之故。”可见《易传》要求上天下地，一切具体事物都须加以观察，方能“知幽明之故”，所谓“幽明”，也就是阴阳正反两个方面。但简单的观察还只是“知幽明之故”的一个条件，必须进一步把阴阳正反两面结合为一。《象上传》：“君子尚消息盈虚，天行也。”《易·系辞上》：“圣人有以见天下之动而观其会通。”“会通”就是把阴阳正反两面加以结合。结合的关键在于，能在当前在场的东西中见到不在场的东西，能于阳处见到阴处。《易·系辞上》云：“夫易，圣人之所以极深而研几也。”“极深”就是穷尽幽深难见的东西，“研几”就是审察将现而尚未现的东西，简言之，就是由阳以见阴，用西方当代一些哲学家的语言来说，就是“让隐蔽的不在场的东西从在场的东西中显现出来”。能做到这一点，就算是“精义入神”、“穷神知化。”(《易·系辞下》)学者们认为这就是一种直觉的境界，与老子所说的“玄览”类似。这里的直觉当然不是指直接的感觉经验的直觉，那是对当前在场的东西的知觉，而这里的直觉应是在场与不在场的结合，与西方一些当代学者和哲学家所说的想象类似，想象不同于知觉的特点就是让不在场的东西出现于直觉之中，所以这种直觉不是片面地执着于在场的东西，而是让在场者与不在场者、阳与阴“会通”。《易·系辞上》说：“易无思无为也，寂然不动，感而遂通天下之故。非天下之至神，其孰能与于此？”“感通”、“会通”和老子的“玄览”都有直接冥会

(不是直接知觉)幽深的本根之意。

阴阳学说的这种穷极幽深、会通显隐的思想，对中国古诗画和思维方式都有影响。中国古典诗之重隐秀和言外之意，中国古画之重写意，都不能不说与老学、易学的上述思想有关。而这些特点又与其强调想象，要求文艺作品于言及或画及的东西之外多给读者以想象的空间有关。所谓想象的空间，实即当代西方哲学所谓让不在场的东西通过在场的东西而显现于直观之中。中国传统哲学不直接用想象的语词，而喜爱用“神明”、“知化”、“玄览”之类的术语，实皆有非感觉经验的直觉和想象的意思。让不在场的东西出场，也许在中国古代学者看来就是很神奇、很玄妙的。

四

西方现当代人文主义思潮哲学家，特别是胡塞尔和海德格尔，不满足于西方传统的“在场形而上学”，提出了一种在场与不在场相结合的哲学，这是对西方传统哲学的一个大突破，它与中国的阴阳学说有类似和相通之处，可以互相辉映，但两者又有很大区别。这种哲学是经历了西方近代主客二分和主体性哲学以及西方近代科学洗礼之后的产物，是对主客二分和主体性的一种超越，它与中国阴阳学说之属于前主客二分——前主体性哲学的范畴相比，有时代发展阶段上的不同。它不但不讲物质构造上的阴阳二气，而且在讲事物之在场与不在场、显与隐的结合时，着重从本体论和认识论的角度作详细的分析与论证：例如中国阴阳学说对于太极究竟是在阴阳转化着的具体事物之上、之外还是就在其中的问题，只作了一些简短的断语，而西方现当代哲学对于那种以追求超感性世界与“永恒在场”为最终目的的传统哲学的批判，以及对世界万物的现实性和无穷尽性的思想的坚持，都讲得非常明确而具体；另外，关于一切事物之显现方面(正)均以其隐蔽方面(反)为根源的道理，特别是关于在场与不在场、阳与阴的结合需要依靠想象的道理，中国的阴阳学说大都语焉不详，含而不露，而西方现当代哲学则都有系统的逻辑的论证。

胡塞尔首先要求他的现象学必须是“严格的科学”。他说：“这样的考察乃是企图对直接观察到和把握到的事物(Sachen)作真正实现了的基础考察，甚至在这些考察批判地进行的地方，它们也并不会在对立场的讨论中迷惑，而是把最后发言权留给事物本身和对事物的研究(den Sachell selbst und der Arbeit an ihnen das letzte Wort belassen)”①这就是说，作为严格科学的现象学，应该按照事物直接被观察的那样、按照其在直观中出场的那样研究事物本身。

但胡塞尔又认为严格性并非现象学的唯一基本规定，现象不仅是“严格的科学”，而且是“根源的科学”。他说：“哲学本质上是一种真正开端和根源的科学。讲根源的科学必须从每个观点看都在其过程中本身是根本的。”②所以现象学必须追寻事物的开端和根源，而不能把事物本身理解为经验主义的经验事实。③

然而此开端和根源不同于旧形而上学的抽象概念或“原始的出场”。现象学与旧形而上学虽然都想在出场与存在之间建立同一性，但现象学又非旧传统之简单重复。④ 这就涉及胡塞尔的现象学还原。胡塞尔排除了超出直观中出场以外的所谓独立存在，排除了所谓外在

① 胡塞尔：*Logische Untersuchungen*，ⅠⅩ.，Fünfte Auflage，Tübingen：Max Niemeyer Verlag，1968。

② 同上书，71页。

③ 同上书。

④ 参阅 J. Sailis，*Delimitations*，p. 206。

对象。他所主张的“心灵的存在”，只是如其出场和表现的那样，而不再有旧形而上学所讲的“本质上是”与“表面上是”的区别。所以在胡塞尔的现象学这里，存在与出场的同一是必然的。旧形而上学则不然，它虽然也想建立存在与出场之间的同一，但其间并无必然性，因为“表面上是”(出场)并不必然与“本质上是”相同一。[①] 这样，现象学就不像旧形而上学那样主张以“原始出场”的抽象的本质概念为事物之根源。总之，在旧形而上学那里，有两个世界：一个是感觉中的现象，一个是超感觉的本质；在现象学这里，则实质上只有一个世界，即直观中出场的世界。他的“本质直观”中的本质，乃是通过无数具体范例在直接直观中被给予的[②]，所以本质概念在胡塞尔现象学中已不是旧传统形而上学的超感觉的抽象概念。

但我们对于现象学所谓按照事物在其直接直观中(出场)那样考察事物本身，又不能作简单的理解，因为任何一个感觉中直接出场的东西，都是在由别物或别方面构成的大领域中而出场或出现的，都是从未被感觉到、未被注意到的一个整体组织系统中绽露出来、显现出来的。此领域或整体系统好像一个舞台或背景，它隐匿着自己，以便让演员从中出场。可以说，这隐匿着的东西乃是显露出来的东西得以显露的根据和条件。用中国的阴阳学说的术语来说，就是阴为阳之根，或者扩大而言之，就是阴阳“互为其根”。这也就是说，现象学所要求的按照事物在其直接直观中出场那样来考察的事物本身，还必须要求以未出场的东西为其根源(根据和条件)。出场的事物本身不是孤立的，不是不容许根据它所处的整体系统和背景来作诠释的。现象学

---

① 参阅 J. Sailis，*Delimitations*，pp. 207—208。

② 同上书，p. 206。

就这样以其在场与不在场结合为一体的哲学反对了整个旧形而上学。

现象学明确主张，把在场与不在场结合为一的途径是想象。人不能同时知觉到一个对象的所有侧面，或者说，不能同时从所有方面显示一个对象。例如一个圆盘，既可以从正面看，也可以从斜面看或从反面看，如此等等，看的角度可以无穷。但从这个角度看这一面时，却看不到另一面，此即阴阳学说所谓的“阴阳不能俱起”。但一个人在从某一角度观察圆盘的某一侧面时，却可以凭想象让另外的方面出场（在想象中出场），从而把它们综合为一个整体的对象。想象的含义本来就是让未出场的东西出场。[①] 在知觉中的出场，是Gegenwärtigung（“当前”），在想象中的出场是 Vergegenwärtigung（“想起”、“当前化”）[②]。胡塞尔说：对一个对象的背面的想象直观，是同对其正面的知觉直观相统一的，“这种表象发生在知觉中；它使得整个对象被推定地存在在那里。”[③]这就是说，由于知觉与想象结合为一，所以尽管人们总是只能知觉到对象的一个方面，但知觉到的这一个方面却敞开了对象之整体。或者倒过来说也一样，在场与不在场之所以能结合为一整体，有赖于知觉与想象的结合为一。由此可见，一个整体的物并不是简单地在知觉中被给予的，离开了想象，不能构成物。梅洛邦蒂（Merleau Ponty）说：“一物并非实际上在知觉中被给予的，它是内在

① 参阅拙文：《超越在场的东西——兼论想象》，载《江海学刊》1996年第4期；《思维与想象》，载《北京大学学报》1997年第5期。

② 胡塞尔：*Phantasie, Bildbewusstsein, Erinnerung: Zur Phänomenologie der Anschaulichen Vergegenwärtigung*，p. 30，Husserliana，ed. Edward Marbach，Hague：Martinus Nijhoff，1980。

③ 同上书，p. 212。

地由我们造成的，就其与一个世界相联系而言(此世界的基本结构与我们联系在一起)是由我们重新建构和经验到的。”①中国阴阳学说所讲的“感通”、“至神”等等实际上也都包含有人的想象因素，但从西方现象学这里似可得到更明确的认识论上、逻辑上的说明。

海德格尔发展了胡塞尔的在场与不在场相结合的思想，他更主要的是联系人与其“烦忙”活动(实际是广义的实践活动)所造成的“世界”之间的关系来讲二者的结合。他认为单纯直观中“在手的东西”(亦即单纯直观中出场的东西)以“上手的东西”为基础，而“上手的东西”实乃人的“烦忙”活动所构成的“世界”，“烦忙”活动总是不停留于当前出场的“在手的东西”，而指涉到一系列未出场的东西，指向“世界”之整体。例如当前的一块田地，它不是孤立的，它总是指涉到未出场的农夫“烦忙”活动的收成如小麦、蔬菜等等。所以任何一个当前出场的东西都不是自足的单纯在场者，而是与人的“世界”联系在一起，由不在场的东西来规定的。“烦忙”活动中任何某一个事项或项目，都只有从“世界”整体中才能显示自己。② 这样，传统形而上学之以“在手的东西”居优先地位的思想便被代之以“上手的东西”居优先地位，也就是说，传统形而上学之对单纯在场的强调被代之以在场与不在场相结合的强调。在海德格尔看来，只有这样，“此在”才能指向自身以外，有可能进入他所崇奉的“澄明之境”，反之，旧的“在场的形而上学”，例如柏拉图的“理念”，是与“澄明之境”相对立的。③ 联系到中国的阴阳学说，是否可以说老学易学所谓“玄览”、“神明”是另一种形态的“澄

---

① 参阅 J. Sailis，*Delimitations*，p. 81。

② 海德格尔：《存在与时间》，第 15 节。

③ 参阅拙文《进入澄明之境》，载《学术月刊》1997 年第 1 期。

明之境”呢？

从上面关于胡塞尔、海德格尔哲学的简要介绍和论述中，我们已经可以比较具体地看到了，以他们两人为代表的西方现当代关于在场与不在场相结合的思想是如何与中国古代阴阳学说既相似相通，而又有很大区别的。如果说中国古代的阴阳学说闪现了西方现当代关于在场与不在场相结合的思想火花，那也许就可以说，后者在客观上是前者的现代发挥、发展和创新。

20 世纪中国哲学之回顾与展望*

一

20 世纪中国哲学的发展，与西方哲学特别是西方近现代哲学有着密不可分的联系。为了说明 20 世纪中国哲学之梗概及其与西方哲学的关联，有必要先讲述一下中西哲学史占主导地位的思维方式。

在中西哲学史上，关于人与世界万物的关系问题的看法，或者说思维方式，约有两类：一是把世界万物看成是与人处于彼此外在的关系之中，并且以我为主(体)，他人他物为客(体)，主体凭着认识事物(客体)的本质、规律性以征服客体，使客体为我所用，从而达到主体与客体的统一。西方哲学把这种关系叫做"主客关系"，又叫"主客二分"，其特征是：(1)外在性。人与世界万物的关系是外在的。(2)人类中心论。人为主，世界万物为客，世界万物只

---

* 本篇原载《北京大学学报》1998 年第 6 期；《新华文摘》1999 年 4 月号转载；又收入北京出版社 1999 年 12 月出版的《学界专家论百年》。

不过处于被认识和被征服的对象的地位，这个特征也可以称之为对象性。(3)认识桥梁型。意即通过认识而在彼此外在的主体与客体之间搭起一座桥梁，以建立主客的对立统一，所以有的西方哲学家把主客关系叫做“主客桥梁型”。人与世界万物的另一种关系是把二者看成血肉相连的关系，没有世界万物则没有人，没有人则世界万物是没有意义的。人是世界万物的灵魂，万物是肉体，人与世界万物是灵与肉的关系，无世界万物，人这个灵魂就成了魂不附体的幽灵；无人，则世界万物成了无灵魂的躯壳，也就是上面所说的，世界是无意义的。德国现代哲学家海德格尔的“此在与世界”的关系就类似这种关系。海德格尔说的“此在”是“澄明”，是世界万物之“展示口”，颇有些类似王阳明所说的“天地万物与人原是一体，其发窍之最精处是人心一点灵明”。(《传习录》下)这种关系的特征也可归结为三点：(1)内在性。人与世界万物的关系是内在的。我常常依据尼采的思想说，世界上的每一事物都是宇宙间无穷无尽的普遍联系、相互作用、相互的影响的网上的一个交叉点或聚焦点。人也是这样一个寓于世界万物之中、融合于万物之中的聚焦点，借用中国哲学的语言来说，这就叫做“人与天地万物一体”或“天人合一”(天人合一在中国哲学中有多种含义，“天”的歧义亦多，我这里只是借用它以避免海德格尔所说的“此在与世界”的术语之晦涩，此处不打算纠缠这个问题)。(2)非对象性。人是万物的灵魂，这是人高于物的卓越之处，但承认人有卓越的地位，不等于认定人是主体，物是被认识、被征服的客体或对象，不等于是西方的人类中心论。在“人与天地万物为一体”的关系中，人与物的关系不是对象性的关系，而是共处的关系。(3)人与天地万物相通相融。人不仅仅作为有认识(知)的存在物，而且作为有情、有意、有本能、有下意识等等在内的存在物而与世界万物构成一个有机的整体，这个整体是具体的人生活于其中的世界（生活不仅包括认识和生产斗争、阶级斗争的实践，而且包括人的各种有情感、有本能等等的日常生活中的活动，这是一种广义的实践），可以叫做“生活世界”。倒过来说，此世界是人与万物相通相融的现实生活的整体，不同于主客关系中通过认识的桥梁以建立起来的统一体或整体，那是把客体作为对象来把握的整体，用哈柏马斯的话来说，后者叫做“认识或理论的对象化把握的整体”，前者叫做“具体生活的非对象性的整体”。我们不能因为两者都讲无限和整体，就把它们混为一谈，不能因为讲主客的统一就认为那是中国的天人合一论或西方现当代一些哲学家所说的超主客关系。

二

自笛卡尔到黑格尔的西方近代哲学的原则是主客关系式或者说是主体性原则。主体性是指主客关系中主体的特性，离开主客关系，谈不上主体性，或者说，缺乏主客关系的思维方式，也就缺乏主体性。海德格尔对于这一点已有明确的论断：“要成为一个主体，就是要在‘主体——客体’关系中，这就是构成主体的主体性的东西。”①主客式在西方哲学史上，柏拉图已开其先河，但严格意义的主客式或主体性原则是由笛卡尔开创的。黑格尔以后，西方现当代哲学家如尼采、狄尔泰、海德格尔、伽达默尔等人，都深知主客式、主体性哲学的局限性，对主客式和主体性哲学采取贬低甚至否定的态度。西方现当代哲学家，特别是人文主义思潮的哲学家们多倾向于超越主客关系，主张

① 海德格尔：《黑格尔的经验概念》，英译本，34页，Harper & Row, Publishers，New York，1970。

主客融合。

中国哲学史长期以天人合一的思想为主导，天人相分的思想有类似主客关系之处，但在中国哲学史上没有占主导地位。我用“主导”一词，就表示不是唯一的意思。就一个哲学家来说，也可以是天人合一与天人相分兼而有之，但亦有主导与非主导之分。西方哲学家也是如此。这一点，我在《天人之际》一书中已多处申述过。中国自明清之际以后(早一点说)，特别是自鸦片战争以后，万物一体、天人合一的思想愈来愈受到批判。19 世纪末 20 世纪初的一批先进思想家们主张向西方学习，谭嗣同主张区分我与非我，强调心之力；梁启超大力介绍和赞赏笛卡尔和康德的主客关系说和主体性哲学；孙中山的精神物质二元论更明确地是宣扬西方主客二分的思想。一部中国近代哲学史从一个角度看可以说是先进的思想家们向西方寻找真理的历史。他们向西方学习的，究竟是什么呢？我们当然可以说，五四运动的民主与科学两个口号已经回答了这个问题。但如果追溯一下两个口号的哲学根源，则可以归结为学习西方近代哲学的主客思维方式及其与之相联系的主体性哲学。科学就是要发挥人的主体性，以认识自然、征服自然；民主就是反对封建统治者的压迫以及各种变相的封建压迫，以发挥人的主体性。中国传统的天人合一思想，其重要特征之一，就是不重视主体与客体、我与非我的区分(不能一见到中国哲学家谈到人心与万物，就说这是区分主体与客体的思想)，不重视主体对客体的认识和支配作用，因而也不重视主客式的认识论与方法论。亚里士多德的形式逻辑体系和近代的因果关系的方法都是传统的天人合一思维所缺乏的，这就对中国科学(科学不同于技术)的发展起了阻碍的作用(这里且不谈经济、政治方面的原因)。相反，西方科学发达，与主客关系的思维方式有密切关系。这是中国人在鸦片战争以后向西方学习近代的主客式和主体性哲学的一个重要原因。为了学习西方近代科学而学习与之相联系的近代哲学原则，这是很自然的。

五四运动以后至今，我们为科学和民主，为伸张人的主体性所走的道路实在太曲折、太缓慢了。“五四”以后的军阀混战和国民党反动统治，窒息了民主与科学的发展，也摧残了哲学。反帝、反封建、反官僚资本主义的革命本来是中国人民沿着“五四”所开辟的道路前进历史中的一次解放人的主体性的运动，但很快就受到各种“左”的教条主义的干扰，我们在包括哲学在内的各个方面的前进步伐都大大地被推迟了。半个世纪以来，我们所广为宣传的哲学甚至连主体性这个术语都只字不提，直到“文化大革命”后的 80 年代初，哲学界才明确提出主体性问题。尽管在讨论中出现了许多关于主体性概念的混乱与误解，但毕竟能公开明确地以西方近代哲学中的“主体性”概念为主题来加以讨论，这可以说是 19 世纪末 20 世纪初以来哲学家们召唤西方主体性的又一次发动和继续。我们在 20 世纪行将结束的今天，一方面感到西方在几百年前已经建立起来的主体性原则或主客关系式，我们却直到今天才明确提出，未免显得太晚；一方面又感到，今天能公开、明确、直接地提出和讨论主体性问题，毕竟是 20 世纪哲学发展的最后胜利和成果。这个胜利成果显然还是极其初步的。我想，21 世纪的中国哲学将继续发展主客体的思维方式，伸张主体性哲学，这条道路是发展科学、发扬民主的必然。那种想以提倡中国传统的天人合一(我称这种缺乏主客关系的天人合一为“前主体性的天人合一”)来“拯救危机”的想法，是站不住脚的。它缺乏科学，使人受制于自然；缺乏民主，使人受制于封建统治者。

三

西方近代的主客关系式和主体性，因其被抬高到唯一至尊的地位而在现当代日益显露其弊端，例如物欲横流、环境污染，反而造成了物统治人的现象，使人丧失了精神上的自由。本来，这并非主客关系式和主体性哲学之过，然而中国学术界有一种意见却认为这是由于主客体的思维方式强调人与自然斗争的结果，应该反对西方近代的主客关系式，用中国传统的天人合一来代替它，以达到与自然和谐相处。其实，要想与自然和谐相处，就更应该依靠主客关系的思维方式，以认识自然规律，支配自然。否则，不重自然科学，忽视自然的必然性、规律性，自然就会报复人，人与自然反而不能和谐相处。中国长期处于受自然宰制、屈服于环境的状况，是同传统的“前主体性的天人合一”思想和科学上的落后有联系的。受自然宰制，难道是与自然和谐相处吗？

西方的问题不在主客关系的思维方式本身，不在科学本身，我们离不开此种思维方式，离不开科学，问题在给予它以什么样的地位。人与世界万物本来处于万物一体的关系之中，主客关系是第二位的，或者用海德格尔的话来说，“此在与世界”的关系（或我们所谓“万物一体”或称“天人合一”）是基础，只有在此基础上，才发生主客关系，这一点我在《天人之际》一书中已论述过，兹不赘述。西方的问题出在没有把主客关系放在适当的即第二性的地位，反而把它夸大成唯一的、至高无上的东西。主客关系被扭曲成物欲横流的理论根据，主体性被吹胀到无所不能、无限自负的地步，以至违反自然的规律性，造成环境污染之类的物统治人的现象。所以，这里的医治之方，决不在于抛弃主客式和反对科学，而在于体悟到人本与他人他物处于相融相通的一体之中，从而以此种万物一体的观点和态度来指导主客关系，这也就是超越主客的观点和态度。我称这种超越主客关系的观点和态度为“后主体性的天人合一”。以此观点待人，则对人有同类感，不至于以己为主，以他人为客；不至于以己为目的，以他人为被利用的对象和工具，而在人与人之间建立起一种相互尊重的“互主体性”。以此观点待物，则能按照主客关系中所认识的必然性、规律性，与自然和谐相处。借用中国哲学的术语来说，以上两者就可以叫做“民胞”、“物与”。这里的“民胞”就是人己一体，互为主体；“物与”就是人与万物及其必然性、规律性为一体。那种隔离人与己的思想，蔑视科学必然性、规律性的思想，都是与万物一体的思想相对立的。当然，张载的“民胞物与”的思想尚未达到严格意义的主客关系式和超越主客关系和超越主体性的地步。

这里已经涉及对主客思维方式中的必然性、规律性所采取的观点和态度问题。思想界流行一种看法，认为自由是对必然性的认识。这是否就是最高层次的自由呢？根本不认识必然性，盲目地被必然性牵着鼻子走，当然谈不上自由；能对必然性有所认识，相对讲来，确实要自由得多。但认识了必然性，还有一个对必然性的态度问题，如果采取被动的态度，屈从必然性，那还不能算是真正的自由。真正的自由应该是对必然性的超越。在中西哲学史上，哲学家们都曾不断地思考和探索过如何超越必然性的问题。康德曾一反斯宾诺莎关于自由是对必然性的认识的旧形而上学论断，主张在必然性的知识领域之上还有自由的领域，把自由提升到超越必然性的地位，这在西方哲学史上是一个重大的突破。尼采更进而表示，超越必然性不是否定必然性，而是对待必然性的一种积极态度和心境。他所主张的“酒神状态”或“命运之爱”，乃是一种天人合一的“爱”的体验，他教人以“爱”的热情对待必然性，教人敢于面对现实，积极地肯定必然性(包括痛苦)，从而获得超出必然性的自由，他认为这是一种强者的精神；反之，那种不从万物一体的观点出发，而从有限的个体的观点出发，对必然性采取敌视和仇视态度、采取怨天尤人的态度，在必然性面前哀鸣叹息的人，是不自由的人，是弱者的表现。庄子妻死，鼓盆而歌，就是一种超越必然性的自由，他称之为“逍遥”。当然，庄子的哲学是“前主体性的天人合一”的哲学，尽管不能说他完全否定知识。尼采把超越必然性的态度和心境看成是“哲学家所能达到的最高境界”。[①] 这里只是举尼采为例，其他许多现当代西方哲学家对于如何超越主客式和必然性知识以达到真正的自由，各有不同的说法和看法，但超越主客关系，达到一种天人合一的境界，这一点乃是西方现当代人文主义思潮的哲学家们，还有一些神学家们的共同倾向。西方现当代的天人合一(如果可借用中国哲学的术语来说)属于“后主体的天人合一”，它不同于中国传统的“前主体性的天人合一”。当然，这并不排斥有的西方现当代思想家采取过激的态度而抹杀、否定主客关系。

前面说过，21 世纪的中国哲学将继续发扬 19 世纪末以来向西方召唤近代主体性哲学和主客思维方式的精神，但我们不能亦步亦趋地按西方的步伐，先花几百年的时间补完主客思维方式和主体性哲学之课，等它的流弊完全暴露之后，再走西方现当代“后主体性的”哲学之路。我们应当批判地吸取中国传统的天人合一思想之合理处，即万物一体的高远的境界，避免其不重主客思维方式的认识论、方法论的缺点，把西方近代的主客思维方式补充进来(也包括发掘和阐发中国的天人相分的思想)，使两者相结合。用中国传统的天人合一代替和排

① 尼采：《强力意志》，第 1041 节。

斥主客的思维方式，当然不行，但取中国传统的天人合一之优点与西方的主客思维方式相结合，则是必由之路。中国的21世纪将是现代科学越来越发达的世纪，也是知识和必然性越来越占重要地位的世纪。正因为如此，21世纪也将是一个更需要像尼采所说的那样一种天人合一的“爱”来拥抱知识、敢于面对现实和肯定必然性的世纪。21世纪的中国哲学将既是积极进取、不断追求的精神占统治地位的哲学，也是自由、超越、豪迈的精神占统治地位的哲学。

有一种意见，认为中国传统的天人合一既然是小农经济的产物，不合当今之时宜，就该完全抛弃掉，它毫无合理之处。持这种看法的人甚至对传统的天人合一采取一种蔑视的态度。对于这种极端的意见，我亦不以为然。

中国传统的天人合一虽然各家的理解不一，但大多是哲学思想与文学、诗意相结合，富有一种超功利的高远境界，对比今天这种“异化了的”时代而言，未尝不可以对我们产生一种马克思所说的古希腊艺术、史诗所留给今人的魅力。古希腊艺术、史诗所赖以产生的社会基础已经消失了，它不可能与后来的铁道、电报等先进技术“并存”；古希腊人的意识与现代意识相比，他们不过是儿童，而我们已经是成年人了，但是，儿童的天真不使成年人感到愉快吗？“他自己不该努力在一个更高的阶梯上把自己的真实再现出来吗？在每一个时代，它固有的性格不是在儿童的天性中纯真地复活着吗？为什么历史上的人类童年时代，在它发展得最完美的地方，不该作为永不复返的阶段而显示出永久的魅力呢？”①根据马克思对古希腊艺术包括史诗所讲的同样的道理，当今的中国人为什么不可以对中国传统的富有诗意的天人

① 《马克思恩格斯选集》第2卷，113—114页，北京，人民出版社，1972。

合一的思想感到一种魅力呢？为什么不可以对这种思想的天真感到愉悦呢？尽管这种思想所赖以产生的社会条件“永不复返”，尽管这种思想不能同我们今天的生产技术“并存”。马克思特别爱好古希腊文化，只认为“希腊人是正常的儿童”，而许多其他古代民族则被他归属于“粗野的儿童”或“早熟的儿童”。马克思显然不熟悉中国的思想文化瑰宝，但我们中国人应该深深懂得中国传统文化思想的魅力。中国传统的天人合一已经过时了，我们决不能把它搬到今天“拯救危机”，但它“仍然能给我们以艺术享受”①，我们可以从中受到启发，而不应该蔑视它。毕加索的大胆创新与他从古希腊艺术中吸取营养显然并不矛盾。中国古代的天人合一，既是哲学，又具有诗意的特点，它应该是可以与古希腊艺术包括史诗相类比的。趁今日市场经济繁荣之际，我们若能于主客式的功利追求之余，读一读老子的《道德经》，庄子的《齐物论》、《秋水篇》，体会一下“天地与我并生，而万物与我为一”，“物物而不物于物”之类的诗意哲理，难道不可以像念古希腊的史诗一样从中得到某种愉悦、陶冶和启发吗？

① 《马克思恩格斯选集》第2卷，113—114页。

艺术哲学的新方向*

我在1993年发表的一篇题为《审美—超越—自由》的文章①中说过这样一段话："学者们一般都把审美意识放在主客二分关系中来讨论：有的主张审美意识主要源于主体，有的主张审美意识主要源于客体，有的主张审美意识是主客的统一。不管这三种观点中的哪一种，都逃不出主客二分的思想模式。……实际上，审美意识是人与世界的交融，用中国哲学的术语来说，就是'天人合一'，这里的'天'指的是世界。人与世界的交融或天人合一不同于主体与客体的统一之处在于，它不是两个独立实体之间的认识论上的关系，而是从存在论上来说，双方一向就是合而为一的关系，就像王阳明说的，无人心则无天地万物，无天地万物则无人心，人心与天地万物'一气流通'，融为一体，不可'间隔'，这个不可间隔的'一体'是唯一真实的。"我在这里

* 本篇原载《文艺研究》，1999年第4期；《新华文摘》1999年第12期转载。

① 见《国故新知——中国传统文化的再诠释》，423—429页，北京大学出版社，1993。此文曾于1992年在北京大学哲学系的一次讲演会上作过报告。

重抄这一段话，乃是为了粗略地勾画一下当前这篇文章的主要内容和目的，即说明这段话的前半段指的是艺术哲学的一种旧观点，后半段指的是一种新方向：这“旧”字不仅旧在它是我国三十多年前即50年代中到60年代初几种不同观点所共有的思维模式，而且旧在它所依据的是西方自柏拉图或至少是自笛卡尔到黑格尔的旧形而上学；这“新”字一方面是指西方现当代哲学家海德格尔所代表的哲学转向，其中包括艺术哲学的转向，一方面也指对中国传统文艺理论观点的新的阐发和诠释。

一

主客二分即主—客关系式，由柏拉图开其先河，其明确的建立和发展则相伴于笛卡尔开创的西方近代哲学，到黑格尔达到其完善的顶峰。这种思维模式要求作为主体的人把本来外在于主体的客体作为对象来加以认识，从感性认识到理性认识，最终认识到特殊事物所共有的普遍性即本质、概念，从而能说出某事物是“什么”。这“什么”就是各种特殊事物的本质、概念。例如，当认识到或者能说出某物是“桌子”时，这里的“桌子”就是各种特殊的桌子的普遍性，是它们的本质、概念。可以说，“什么”乃是主—客式所要达到的目标，主—客式由此而崇尚理性、概念，故这种哲学又可叫做概念哲学。

西方传统艺术哲学基本上以所谓典型说为其核心，典型说就是以概念哲学为其理论基础的：典型就是作为普遍性的本质概念，艺术品或诗就在于从特殊的感性事物中见出普遍性、见出本质概念。柏拉图认为感性事物是概念（“理念”）的影子，而艺术品或诗不过是对感性事物的摹仿，因而是影子的影子，故他要拒斥诗人、画家于他的国门之外。亚里士多德认为历史学家描述已发生的事情，诗人则描述可能发生的事情，因为诗所言说的大多带有普遍性，而历史所说的则是个别的东西①。亚里士多德所说的普遍性就是典型，诗就是要写出典型。亚里士多德还把典型与理想联系起来，认为艺术品应当按事物“应然”的理想去摹仿，例如画美人就要画出集中美人之优点的理想的美人。这种典型显然是以本质概念为依归，实源于柏拉图的“理念”。“理念”本来就有普遍性、理想性的意思，艺术品应以“理念”为原型来加以摹仿。西方近代流行的“典型”一词与柏拉图的“理念”有密切关系。康德虽然承认审美意象所包含的意蕴远非明确的普遍性概念所能充分表达，这比亚里士多德把诗人所描述的可能性限制在同类的普遍性范围之内的思想要前进了一步，但康德没有充分发挥这一思想观点，而且他的哲学中的“规范意象”，显然未脱旧的追求普遍性概念的窠臼。近代艺术哲学的典型观已经把重点转到特殊性，重视普遍与特殊的统一，但即使是强调从特殊出发的歌德，也主张在特殊中显出普遍，所谓“完满的显现”就是要显现出本质概念，这种艺术观仍然是走的概念哲学的旧路。西方艺术哲学中有所谓艺术摹仿自然的主张，不用说，是以自然为原型，以艺术品为影像的主—客式的表现。黑格尔虽然批评摹仿说，认为摹仿说意在复制原物，而实际上摹仿总是“落后于原物”，但黑格尔所谓“美是理念的感性显现”，仍然是要求艺术品以追求理念即普遍性的本质概念为最高目标，凡符合艺术品之理念的就是真的艺术品，尽管他也要求典型人物应是有血有肉的活生生的人。我国文艺理论界近半个世纪以来所广为宣讲的典型说，认为只有能显现一件事物之本质或普遍性的作品才是真正的艺术品，此种艺术观完全是西方传统典型说之旧调重弹，其理论基础是西方旧的概念哲学，它

① 亚里士多德：《诗学》，第9章。

的要害就是把审美意识看成是认识(即认识事物的本质概念，认识事物是“什么”)，把美学看作是主—客关系式的认识论。在三十多年前的那场美学争论中，有的参与者曾明确宣称，美学的哲学基本问题是认识论问题，这就充分点出了他们所崇奉的旧的艺术哲学的核心。

二

黑格尔逝世以后的一些西方现当代哲学家如狄尔泰、尼采、海德格尔等人，都不满意传统的主—客式的概念哲学，而努力寻求一种超越主—客式、超越概念哲学的道路。这是西方哲学的一次新的重大转向。狄尔泰认为人与世界的关系不止是主体与客体的外在关系，人生的意义不止是在主体与客体之间搭上一座认识的桥梁(所谓“主客统一”)而已，人生乃是作为知(认识)情意(包括本能、下意识等等)的人与世界万物融合为一的整体。尼采主张摒弃主体、客体的概念。他斥责柏拉图抬高世界、贬低感性世界，是因为“柏拉图在现实面前是懦夫”。尼采明确断言，艺术家“热爱尘世”，而旧形而上学把人引向概念世界，使人生变得“枯竭、贫乏、苍白”。他提倡“学习善于忘却，善于无知，就像艺术家那样”①。这也就是提倡超越主客、超越知识以达到他的“酒神状态”——一种与万物为一体的天人合一的境界。尼采还认为世界万物不过是相互联系、相互作用、相互影响的，根本没有什么独立的实体或本质概念。海德格尔则明确地要求返回到比主—客关系更本源的境域，或者说是一种先于主客区分的本源。此境域由普遍的“相互联系、相互作用、相互影响”(用尼采的话来说)“构成”，每个人都是这种联系、作用、影响的聚焦点，有的联系、作用、影响

① 尼采:《悲剧的诞生》，331页，北京，三联书店，1986。

是直接的、距离较近的、有形的、重要的，有的是间接的、距离较远的、无形的、不重要的。借用佛家所讲的“因缘”来说，一事一物皆因缘和合而生，有直接与以强力者为因，有间接助以弱力者为缘，事物皆与其境域相互构成。人与世界的关系就像灵魂与肉体的关系一样：无世界，则人成了无躯体的幽灵；无人则此世界成了无灵魂的僵尸，是无意义的。我为了通俗起见，经常借用中国哲学的术语把这种关系称为“天人合一”(当然这里要撇开二者的不同之处)。“天人合一”就是万物一体：万物各不相同而又互相融合，一气相通，这里没有任何二元之分，包括主客之分、物我之分。这万物一体的境域是一切事物之所以可能的本源或根源，它先于此境域中的个别存在者，任何个别存在者因此境域而成为它之所是。人首先是生活于此万物一体的“一体”之中，或者说天人合一的境域之中，它是人生的最终家园，无此境域则无真实的人生。但人自从有了区分主客的自我意识之后，就忙于主体对客体的追逐(无穷尽的认识与无穷尽的征服和占有)而忘记了对这种境域的领会，忘记了自己实际上总是生存在此境域之中，也就是说，忘记了自己的家园。

诗意或者说审美意识，在海德格尔看来，就是打开这个境域，就是一种返回家园之感，也可以说，就是回复或领会到天人合一、万物一体。人自脱离母胎以后，先总是有一个短期的不分主客的无自我意识的阶段，然后才区分主客，产生自我意识，至于领会到万物一体、天人合一，从而超越主客二分，则是有了审美意识的人或少数诗人之事。黑格尔青年时期曾经把艺术、审美意识置于哲学、理性概念之上，到了他的哲学成熟期则反过来把哲学、理性概念置于艺术、审美意识之上。他在阐述其成熟期的这套理论时曾明确地把主客“二分”的态度看成是“对于对象性世界的散文式的看法”而与“诗和艺术的立场”

“相对立”[1]。从黑格尔这里也可以看到我国三十多年前关于美是主客二分关系的观点之陈旧。只是黑格尔仅仅认为从无自我意识到有自我意识的“中间状态”(或者说是一种“初醒状态”)才有诗兴和艺术的起源，他不知道有通过修养和陶冶而达到的超越主客的诗意和艺术，就像老子所说的超知识的高级“愚人”状态或“复归于婴儿”的状态即真正的诗人境界。黑格尔贬低艺术，他是主客式的散文哲学家，而非诗人哲学家。实际上在他以前的主—客式的旧形而上学也都认为个人的意识发展以及整个人类思想的发展都只不过是从原始的主客不分到主客关系而已，他们只知道在主客关系框架内通过认识而达到的主客统一，而基本上不承认有超越主客关系的诗意的“天人合一”、“万物一体”。所以在他们看来，真实的世界只能是“散文式的”，人们最终能达到的只是一些表达客体之本质的抽象概念。哲学成了远离诗意的枯燥乏味、苍白无力、脱离现实的代名词。海德格尔一反黑格尔集大成的主—客式的主体性哲学，强调对“人与存在的契合(Entsprechen)”[2]的领悟或感悟，认为人一旦有了这种感悟，就是聆听到了“存在”的声音或呼唤，因而感到一切都是新奇的、“令人惊异的”，都不同于按平常态度所看待的事物，而这所谓新奇的事物，实乃事物之本然。所以海德格尔说：“哲学就是与存在者的存在相契合”[3]；又说：“诗人就是听到事物之本然的人。”[4]海德格尔显然把哲学和诗结合成了一个整体。

---

① 《黑格尔著作集》第 13 卷，410 页。

② 海德格尔：*Was ist das—die Philosophie*? p. 26。

③ 同上书，p. 23。

④ 《海德格尔全集》第 39 卷，201 页；译自 J. Sallis，*Reading Heidegger*，p. 185。

这里值得注意的是，海德格尔认为，因感悟到“人与存在的契合”而引起的新奇或惊异，并不是在平常的事物之外看到另外一个与之不同的事物。他认为“在惊异中，最平常的事物本身变成最不平常的。”①所谓最平常的，就是指平常以主客式态度把事物都看成是与主体对立的单个存在者(being)。海德格尔认为以此种态度看待事物，存在不可能敞开，而在“人与存在契合”的“惊异”中，同样的平常事物被带进了“存在者的整体”(das Seiende im Ganzen)，事物不再像平常所看待的那样成为被意识人为地分割开来的东西，而显示了“不平常性”，从而“敞开”了事物之本然——敞开了事物本来之所是。所以要达到诗意的“惊异”之感，只有超越主客关系，进入一种类似中国的天人合一的“人与存在相契合”的境界之中。

海德格尔对于“人与存在相契合”的感悟所引起的诗意的新奇、“惊异”之感的看法，和文学家柯勒律治的看法是一致的，只不过柯勒律治没有那么多的哲理分析。柯勒律治说：“渥兹渥斯先生给自己提出的目标是，给日常事物以新奇的魅力，通过唤起人对习惯的麻木性的注意，引导他去观察眼前世界的美丽和惊人的事物，以激起一种类似超自然的感觉；世界本是一个取之不尽、用之不竭的财富，可是由于太熟悉和自私的牵挂的翳蔽，我们视若无睹，听若罔闻，虽有心灵，却对它既不感觉，也不理解。”②文学家柯勒律治的这段话如果用哲学家海德格尔的哲学语言来概括，那就可以这样说：世界本是一个“人与存在相契合”的整体，在这个整体中，事物的意蕴是无穷的，只

---

① 《海德格尔全集》第 45 卷，166 页；译自 J. Sallis, *Double Truth*, p. 208。

② 《十九世纪英国诗人论诗》，63 页。

因人习惯性地以主客关系的态度看待事物，总爱把事物看成是主体私欲的对象，人对这样观察下的事物熟悉到了麻木的程度，以致受其遮蔽，看不到这平常事物中的不平常的魅力，看不到其中的美丽和惊人之处。海德格尔一反西方旧形而上学，把哲学和诗结合在一起，所以他关于在“人与存在相契合”的感悟中所发现的平常事物本身中的不平常性的观点和论述，与诗人、文学家不谋而合。

任何一个哲学家，即使是主张以主客关系为最高原则的哲学家，其本人实际上也都有自己的“与存在相契合”的境界。如果我们的哲学家们能沿着当今的哲学和艺术哲学的新方向像诗人创作诗的作品一样，创作出表现个人独特境界的新颖的、“令人有惊异之感”的哲学作品，那该是一幅多么美妙而令人惊异的景象啊！人类的生命和生活本来是美妙而令人惊异的。

三

在人所融身于其中的相互联系、相互作用、相互影响的境域中，每个事物都是一个聚焦点。就一事物之当前显现的方面来说，它是“在场的东西”，就与一事物相关联的背后隐蔽的方面来说，乃是“不在场的东西”。在场与不在场、显现与隐蔽相互构成一个境域。说此境域是万物之本源，意思也就是说，不在场的、隐蔽的东西是显现于在场的东西的本源。按照这种新的哲学方向和观点来追究一事、一物之本源，则需要从在场者追溯到不在场者，而不是像旧的概念哲学那样到抽象的概念中去找本源，这里的不在场者不是概念，而是与在场者一样具体而现实的东西。哲学由旧方向到新方向的转变就这样把人从抽象的概念王国转向具体的现实王国，由天上转向人间，由枯燥、贫乏、苍白的世界转向活生生的有诗意的生活世界。人本来就是诗意地栖居在这大地上。这样，哲学本身就是艺术哲学。通常把艺术哲学(或者用我们通常所用的术语来说：美学)看成是哲学的一个分支的看法应该说是过时了。

按照这种新的方向和观点，文艺作品不再是以写出具有普遍性的典型人物、典型性格为主要任务，而是要求通过在场的东西显现出不在场的东西，从显中看出隐。只有在显隐相互构成、人与世界相互构成的整个联系、作用、影响之网络中，在此本源中，才能看到一事物的真实性。诗不简单是个人情感的表达，而是引发或者用老子的话说就是“反”到作为本源意义的境域，是看到真理。所以海德格尔说，有诗意的艺术品乃是“真理的场所”。真与美在海德格尔看来是一而二、二而一的东西。这里要着重说的是这种寻本求源的新方向与旧形而上学的一个重大区别。前面说到旧形而上学家的概念哲学要求说出事物是“什么”，与此相对的是，新的哲学方向则要求显示事物是“怎样”(“如何”)的。意思就是要显示事物是怎样从隐蔽中构成显现于当前的这个样子的。“什么”乃是把同类事物中的不同性——差异性、特殊性抽象掉而获得的一种普遍性，“怎样”则是把在场的东西和与之不同的、包括不同类的不在场的东西综合为一，它不是在在场与不在场之间找共同性。这里的“怎样”不是指自然科学如生物学、化学等所研究的动植物怎样生长、化合物怎样化合的过程，而是从哲学存在论的意义上显示出当前在场事物之背后的各种关联，这些背后的“怎样”关联，并不像自然科学所要求的那样需要出场和证实。例如：从梵·高画的农鞋显示出隐蔽在它背后的各种场景和画面即各种关联：如农夫艰辛的步履，对面包的渴望，在死亡面前的颤栗，等等。正是这些在画面上并未出场的东西构成在场的画中的农鞋。总之，“怎样”说的是联系，是关系(显隐间的联系或关系)，或者用佛家的话说，是“因缘”，而不是现成的东西——“什么”。这些关联的具体内容就是“何所去”、“何所为”、“何所及”之类的表述关系，表述相互纠缠、相互构成的语词。我们平常只是笼统地讲事物的普遍联系，而不讲联系中的显现方面与隐蔽方面，不讲联系所包含的各种具体内容，因而不能具体显示当前在场的事物是“怎样”联系而成——“怎样”因缘和合而成，也不能具体显示人生的诗意。例如一个酒壶，如果按照传统形而上学，酒壶由泥土做成，是壶形，可以盛酒，如此，就说明了酒壶是“什么”。但是按照海德格尔的观点，酒壶的内涵更重要的是在于它可以用来敬神或增进人与人之间的友谊或者还可以借酒浇愁，等等。这样，就从显隐之间的各种关联的角度显示了酒壶是“怎样”构成的，酒壶的意义也就深厚得多。从这里也可以看到，把美学看成是认识论，把审美意识归结为把握“什么”的认识活动，这种旧的艺术哲学观点该多么贫乏无味，多么不切实际。

“怎样”的观点，说明显现与隐蔽的同时发生和不可分离性。对一件艺术品的欣赏，乃是把艺术品中显现于当场的东西放进“怎样”与之相关联的隐蔽中去，从而得到“去蔽”或“敞亮”的境界。倒过来说，“去蔽”或“敞亮”就是把隐蔽的东西带到当场或眼前。离开了“怎样”与之相关联的隐蔽，根本谈不上在场的“敞亮”。也可以说，是“怎样”打开了“敞亮”。所以海德格尔一再申言，宁要保持着黑暗的光明，不要单纯的一片光明，一千个太阳是缺乏诗意的，只有深深地潜入黑暗中的诗人才能真正理解光明。西方传统的形而上学和艺术哲学之弊就在割裂“敞亮”与“隐蔽”，把“敞亮”绝对化、抽象化而奉单纯在场的永恒性(本质概念就是永恒的、单纯在场的东西)为至高无上的东西。海德格尔所代表的新的艺术哲学方向就是要强调隐蔽对敞亮、不在场对在场的极端重要性。美的定义于是由**普遍概念在感性事物中的显现**转向为不出场的事物在出场的事物中的显现。

四

把显现与隐蔽综合为一的途径是想象。旧形而上学和艺术哲学所借以达到本质概念的途径是思维，即把特殊的东西一步一步地加以抽象从而把握普遍性。想象在旧形而上学看来，不过是单纯在场的原本的影像，应该加以贬低或排斥。康德在西方哲学史上几乎是第一个打破这种关于想象的旧观点的哲学家。他说："想象是在直观中表象出一个本身并不出场的对象的能力"①。康德的这一定义虽然仍有从影像追溯到原本的旧观点的痕迹，但他已经把想象放在一个既有在场又有不在场的领域。经过胡塞尔的发展，想象则更明确地成了把不在场的东西与在场的东西综合为一的一种能力。其实，任何一个简单的"东西"(thing)，也要靠想象才能成为一个"东西"。一颗骰子，如果单凭知觉，则知觉到的只能是一个无任何厚度的平面，因而也就不成为一个"东西"，我们之所以能在知觉到一个平面的同时就认为它是一颗立体的骰子，是一个有厚度的"东西"，乃是因为我们把未出场的其他面或者说厚度通过想象与在知觉中出场的方面综合为一个整体的结果。所以想象乃是超越在场者，把事物背后隐蔽的方面综合到自己的视域之内，但又仍然保留其隐蔽性，而非直接让它在知觉中出场。想象不像旧哲学那样只注重划定同类事物的界限，而是注重不同一性，不仅注重同类事物所包含的不同的可能性，而且注重超越思维已概括出来的普遍性界限之外，达到尚未概括到的可能性，甚至达到实际世界中认为不可能的可能性。思维总是企图界定某类事物，划定某类事

① 康德：《纯粹理性批判》，B151。

物的界限，但这种界限在无穷尽的现实中是不能划定的。我们应该承认思维的局限性，但也正是在思维逻辑走到尽头之际，想象却为我们展开一个全新的视域。例如“天下乌鸦一般黑”，但下一次观察到的乌鸦可能不是黑的，这就是我们运用想象的结果，它是一种想象的可能性——一种尚未实际存在过的可能性。但尚未实际存在过的可能性并非不可能，想象的优点也正在于承认过去以为实际上不可能的东西也是可能的。想象扩大和拓展了思维所把握的可能性的范围，达到思维所达不到的可能。思维的极限正是想象的起点。

想象并不违反逻辑。例如说下次观察到的乌鸦可能不是黑的，这并不违反逻辑，但它并非逻辑思维之事。可以说，想象是超逻辑的——超理性、超思维的。逻辑思维以及科学规律可以为想象提供一个起点和基础，让人们由此而想象未来，超越在场的东西，包括超越“恒常在场的东西”。科学发现和发明主要靠思维(包括感性直观)，但也需要想象。科学家如果死抓住一些实际世界已经存在过的可能性不放，则眼光狭隘，囿于实际存在过的范围，而不可能在科学研究中有大的创造性的突破。在科学的进展过程中时常有过去以为是颠扑不破的普遍性原理被超越，不能不说与科学家的想象力，包括幻想，有很大的关系。西方现当代许多哲学家认为只有通过想象才能敞开一个使事物如其本然的那样显示出来的整体境域，没有想象，就没有在场与不在场相结合的现实整体，诗意和艺术的魅力也不可能产生。

五

隐蔽的东西的无穷尽性给我们带来了对艺术品的无穷想象——无穷玩味的空间。过去我国有的文艺理论家认为，只要从个别事物中写出和看出普遍性，这就为我们提供了言有尽而意无穷的艺术哲学上的根据。其实，如前所述，一种普遍性概念所界定的事物范围无论如何宽广，总是有限度的，我们从这种艺术作品中所能想象—玩味的，充其量只能是与此个别事物同属一类的其他事物，因此这种艺术品所给人留下的可供想象—玩味的可能性的余地显然也是有限度的，而不是无穷的。新的艺术哲学方向要求从显现的东西中所想象—玩味的，不仅冲破某一个别事物的界限而想象—玩味到同类事物中其他的个别事物，而且冲破同类的界限，以想象—玩味到根本不同类的事物。两相比较，真正能使我们想象—玩味无穷的艺术品显然是后者而非前者。莫里哀的《伪君子》倒是写出了典型人物或者说同类人物的普遍性特点，而不是某一个别人的精确画面，但它给人留下的想象—玩味的空间并不是无穷的。

更进一步说，旧的典型说在崇奉普遍性概念的哲学指引下，总是强调把现实中不同人物的不同性格作集中的描写，写英雄就把现实中各种英雄的性格集中于英雄一身，写美人就把现实各种美人的美集中于美人一身，于是艺术作品中的人物、性格都被普遍化、抽象化了，虽然也能在一定限度内给人以想象和启发，但总令人有某种脱离现实之感。新的艺术哲学方向所要求显示的在场者背后的不在场者，与在场者一样，仍然是现实的、具体的东西，这样的艺术作品所描写的人和事和物也都是活生生的、有血有肉的具体现实，而非经过抽象化、普遍化的东西。当然，它也不能是具体现实物的照搬，否则，就不能给人以想象和玩味了。

中国古典诗在从显现中写出隐蔽方面，在运用无穷的想象力方面，以及在有关这类古典诗的理论方面，实可与海德格尔所代表的艺术哲学互相辉映，或者用人们当前所习用的话来说，两者间可以实行中西对话、古今对话。

刘勰《隐秀篇》云："情在词外曰'隐'，状溢目前曰'秀'。"他所讲的隐和秀，其实就是讲的隐蔽与显现的关系。海德格尔的艺术哲学——显隐说未尝不可以译为隐秀说而不失原意。文学艺术必具诗意，诗意的妙处就在于从"目前"的（在场的）东西中想象到"词外"的（不在场的）东西，令人感到"语少意足，有无穷之味"。这也就是中国古典诗重含蓄的意思。但这词外之情、言外之意不是抽象的本质概念，而仍然是现实的，只不过这现实的东西隐蔽在词外、言外而未出场而已。抽象的本质概念是思维的产物，词外之情、言外之意则是想象的产物，这也就是以诗的国度著称的中国传统之所以重想象的原因。柳宗元的《江雪》："千山鸟飞绝，万径人踪灭；孤舟蓑笠翁，独钓寒江雪。"这首诗所描写的画面真是状溢目前，历历可见，可谓"秀"矣。但如果仅仅看到这首诗的画面，显然还不能说领会到了它的诗意。实际上这首诗的妙处就在于它显现了可见的画面背后的一系列不畏雨横风狂而泰然自若的孤高情景，这些情景都在诗人的言外和词外，虽未出场，却很现实，而非同类事物的抽象普遍性，虽未能见，却经由画面而显现。当然这首诗的"孤舟"、"独钓"之类的言词已显露了孤高之意，有不够含蓄之嫌，但这只是次要的，其深层的内涵仍然可以说隐蔽在言外词外而有待人们想象。

诗人之富于想象，让鉴赏者从显现的东西中想象到隐蔽的东西，还表现在诗人能超出实际存在过的存在，扩大可能性的范围，从而更深广地洞察到事物的真实性。我们通常把这叫作夸张。李白《秋浦歌》之十五："白发三千丈，缘愁似个长。"这里的极度夸张，其实就是想象的一种极端形式"幻想"，按胡塞尔的说法是一种对实际存在中从未出场的东西的想象。白发竟有三千丈之长，此乃实际世界中从未有过的，诗人却凭幻想，超出了实际存在的可能性之外，但这一超出不但不是虚妄，反而让隐蔽在白发三千丈背后的愁绪之长显现得更真实。当然，诗人在言词中已经点出了愁字，未免欠含蓄，但这当另作评论。一个毫无想象力的人也许会凭感觉直观和思维作出白发一尺长或两尺二寸长这类的符合实际的科学概括，但这又有什么诗意呢？如果说科学家通过幻想，可能做出突破性的发现和创造性的发明，那么诗人则是通过幻想以达到艺术的真实性；如果说科学需要幻想是为了预测未来(未来的未出场的东西)，因而期待证实，期待未出场的东西的回答，那么诗意的幻想则不期待证实，不期待未出场的东西的回答，它对此漠不关心，而只是把未出场者与出场者综合为一个整体，从中显示出审美意义和审美价值。

杜甫《春望》："国破山河在，城春草木深。"司马光《续诗话》对这两句诗作了深刻的剖析："古人为诗贵于意在言外，使人思而得之，……近世诗人惟杜子美最得诗人之体，如'国破山河在，城春草木深。感时花溅泪，恨别鸟惊心'。'山河在'，明无余物矣；'草木深'，明无人矣。……"从司马光的剖析中可以看到："山河在"和"草木深"都是"状溢目前"的在场者("秀")，但它们却显现了不在场("隐")的"词外之情"——"无余物"和"无人"的荒凉景象。值得注意的是，这里的显现是想象的显现，想象中的东西仍保留其隐蔽性，只有这样，这两句诗才有可供玩味的空间。若让想象中的东西在言词内出场，把杜甫的这两句诗改成为"国破无余物，城春无人迹"，那就成了索然无余味的打油诗了。杜甫的这两句诗是中国古典诗中重言外意的典型之一，司马光的赏析则深得隐秀说之三昧，可与海德格尔显隐说的艺术哲学相呼应。像杜甫这样的由在场想象到不在场的中国古典诗，显然不是西方旧的典型说所能容纳的，其所给人留下的想象空间也不是按典型说所写的艺术作品所能比拟的。

总括以上所说，我以为从主客关系到超主客关系，从典型说到显隐说，从重思维到重想象，从重普遍本质到重具体现实，乃是当今艺术哲学的新方向。把中国的隐秀说和中国古典诗词同西方现当代艺术哲学联系起来看，则虽古旧亦有新意，值得我们特别加以重视并作出新的诠释。

美与真善*

哲学家们几乎都肯定真、善、美三者是统一的，但如何统一？三者之中孰为先孰为后？其间的主从关系如何？对于这些问题，各个哲学家、各个时代有各不相同的观点，而且这些观点之不同是与时代性、与人们对人生的意义和历程的看法紧密相联的。

一

古希腊的思想文化尚处于人类的童年时期，人们更多地重视日常实际生活的兴趣，对美的衡量标准往往深受现实的事物以及与意志、欲望联系在一起的道德观念即真与善的制约。哲学家们虽然以摹仿说的形式(审美意识的低级形式)把美同真与善作了区别，但事物的现实性和道德观念(真与善)却对美起着主导作用，真和善居于优先地位。

---

* 本篇原载《学海》2000 年第 1 期；《中国社会科学文摘》2000 年第 3 期转载；《新华文摘》2000 年第 7 期有论点摘要；《光明日报》2000 年 8 月 1 日摘要报导。

古希腊艺术常被称为摹仿性艺术，摹仿性艺术的特点就是摹仿现实事物，现实事物是衡量艺术的标准，正是根据这个标准，柏拉图才贬低艺术，因为它是对现实事物的摹仿，而现实事物又是对理念——真理的摹仿，艺术成了对摹仿的摹仿。所谓“同真理隔三层”说就是此意。[①] 亚里士多德扩大了先前的摹仿的一般含义，认为艺术应摹仿事物的普遍性和理想性，而不是简单摹仿现实事物的形象。因此，就美与真的关系而言，亚里士多德比起柏拉图来倒是更深入了一步，但在亚里士多德这里，仍然是真对美起主导作用。按照摹仿说的观点来看艺术美，美显然是低于现实事物的东西。

摹仿性艺术也必然使艺术美受善的制约：摹仿就是再现，艺术既然是现实事物的再现，那么，道德的现实事物再现于艺术品中就是道德的，不道德的现实事物再现于艺术品中就是不道德的，艺术上的再现以实际生活中的善与不善来衡量。苏格拉底认为美的标准就是效用，对人有效用价值的就是美，没有效用价值的就不是美。这样，苏格拉底就把美放在从属于道德上的善的地位。善总是与人的意欲效用联系在一起的，当然不能把善理解为功利主义，就非功利主义这一点而言，美和善一样不是服务于外在目的的手段。柏拉图把艺术美看做是服务于和从属于善，这一点也是很明显的。柏拉图断言：为了要把握善本身，需要通过美的东西，“尺度和比例处处都是和美与德行同

---

① 我们不能像有一种意见所认为的那样，说古希腊哲学家把美同善、同真混淆起来，而应该说，古希腊已有不同于真和善的意义下的美——艺术美的观念。我们亦不能把柏拉图的观点完全归结为简单的摹仿说。当柏拉图说理念是美时，那里的美乃是与真同层次的（不能说是同义的），但柏拉图却大谈艺术美，尽管他贬低艺术美。在柏拉图看来，只有哲学家才能爱理念之美，诗人和艺术家所爱的美（艺术美）低于理念之美。柏拉图又认为具体的艺术品之美具有能使人上升到理念之美的功能，美在真（理念）和现象之间起着中介的作用。

一的。”[①]美的东西是善的显现，美因其本身有闪光、为人所爱，从而诱人从善，美追求善。[②] 柏拉图虽然承认有不以道德为目的的艺术，但他又认为这种艺术很难与道德分开，而且道德艺术高于不以道德为目的的艺术。亚里士多德更明确地把美界说为善：“美是一种善，美之所以能引起快感，正因为它善。”[③]

不过，古希腊艺术也有其区别于真和善的独具的特点，正是这种特点使艺术品具有比被摹仿的现实事物更多的意义。与此相应的是，古希腊哲学家从理论上肯定了审美兴趣有不同于实际兴趣之处。例如，柏拉图强调艺术品所表现的是事物的形象，而非实际事物本身，后者是“对象”，“对象”不同于“形象”。而且，古希腊人一般都认识到美在于多样性统一的感性表现，这是不涉及促进道德上的善和增加真理的程度的。也就因为这个缘故，古希腊哲学家们大多重视几何图形和比例，认为这些乃是美本身的体现。柏拉图在《大希庇亚篇》[④]中还区分了审美感官与非审美感官，这也说明他看到了审美兴趣之不同于实际兴趣的独特之处。亚里士多德也承认“善和美是有区别的”[⑤]，他认识到审美兴趣所带来的快感不同于实际兴趣的快感，但他在这方面的论述是模糊不清、动摇不定的。[⑥]

从总体上看，在古希腊，摹仿性艺术占统治地位，审美兴趣深受

---

① 柏拉图：Philebus，64e5。

② 参阅 Kenneth Maly 编：*The Path of Archaic Thinking*，p. 174，State University of New York Press，1995；并参阅伽达默尔：《真理与方法》，609页；这里且不评论伽达默尔本人对柏拉图关于美的地位的看法。

③ 亚里士多德：《修辞学》，1366。

④ 柏拉图：《大希庇亚篇》，297—298。

⑤ 亚里士多德：《形而上学》，1078a。

⑥ 鲍桑葵：《美学史》，83—84，100页，北京，商务印书馆，1985。

实在和实际的兴趣所制约，美从属于真和善，独立意义的专门的美学尚未建立起来。亚里士多德把人的活动分为三种：认识(面对最高真理)、实践(伦理道德和政治)、创造(艺术：包括人工制作和我们所说的艺术)。三者之中以认识为最高，真和善主导着美。这似乎代表古希腊思想的主流。

二

公元3世纪的思想家普罗提诺认为，神是真、善、美的统一，神既是真又是善也是美。艺术不是简单摹仿有形的现实事物，艺术之美乃是来源于从神那里流出的理性，因而艺术创造了比现实事物更多的东西，这就突破了摹仿说，把艺术看得比现实事物更具有真理性，“真就是美”。艺术分享了神性，因而“美也就是善”。他主张美的东西在于形式而不在于物质，这个论断包含了把现实的意志、欲望、效用从审美兴趣中分开来的观点。在普罗提诺的思想中，美不像先前的哲学所主张的那样深受道德上善的制约。当然，普罗提诺的这种观点是与禁欲主义联系在一起的。普罗提诺是古希腊最后一个伟大思想家，他的哲学源于柏拉图，但与基督教教义有密切关联。

中世纪一般把美与善紧密联系在一起，不过圣托玛斯·阿奎那有他自己独特的观点，他继承了普罗提诺关于美来源于上帝的基本思想，他认为对称之美不在于它本身，而在于对称是神性的象征。他虽然也承认美与善不能分离，但他更强调二者的区别，因为善涉及感性欲念，而美涉及认识和真，属于“形式因”的范畴。美在他看来是能领悟事物之秩序和结构整体的感官即视觉和听觉的对象，而非涉及欲念的感官即味觉与嗅觉的对象。他甚至主张“美在善之外和善之上”①。当然，这不意味着他崇尚艺术品，艺术品是人造的，不及上帝所造的自然事物之美那样更能显示真。

文艺复兴时期的思想家们在真、善、美的关系问题上，意见比较庞杂，大体上说来，较多地认为艺术品之真在于摹仿现实事物的普遍性与理想性，主张以道德上的善衡量艺术上的美。这一时期的思想观点与古希腊有些类似。

整个中世纪到文艺复兴甚至到康德以前，审美意识虽然继续发展着，但仍然缺乏专门系统的美学研究。

三

近代哲学在康德以前，不管是唯理论还是经验论，其所关心的中心问题是认识论和人的自由问题，或者说是真和善的问题。法国思想家布瓦罗(Boileau Despréaux，1636—1711)主张艺术品要以理性为衡量标准，美与真同义。布瓦罗说：“只有真才美，只有真才可爱。”②所以他认为艺术必须抓住永恒的普遍性，要创造典型。这样，想象在他的美学思想中就没有地位。被称为“美学之父”的鲍姆嘉通(Baumgarten，1714—1762)也把美与认识直接联系起来，但他较多地强调感性认识，他认为“美是感性认识到的完善”，他实际上还是把理性认识中的真在感性认识中的表现看成为美。当然，鲍姆嘉通也还把美同与欲求相关的善联系起来。

从古代经中世纪到近代，真正把美提到首要地位并作出专门系统的美学研究的哲学家是康德。康德认为自然界的秩序和道德领域的秩

① 圣·托玛斯：《神学大全》，第2篇第1部分第27节。

② 布瓦罗：《诗简》，第9章。

序有其同一性，这就是审美意识，审美意识能体悟到自然界的必然性和道德自由之间的超感性的统一。① 从这个角度看，美高于真和善，美不再受自然和道德的束缚。有一种意见认为康德把美看成只是自然界必然性与道德自由之间的桥梁，于是断言康德主张善居于美之上。这种一般流行的看法是值得商榷的。桥梁可以理解为居间的意思，但在康德这里似应理解为统一二者的更高的范畴。当然，正如大家都很熟悉的，康德认为美是道德秩序的象征，这应该说是他没有摆脱古希腊的善主导着的美的思想痕迹。康德的美学从总的意图上看似乎是极力强调美之不同于真和不同于善的独特之处，从而凸显出专门的美学领域。

席勒认为，视艺术形象高于实际兴趣，乃是文明人的标志。一个完全的人、有文化教养的人，是“审美的人”，或者说是“游戏着的人”。“游戏”不是指轻佻的嬉戏，而是“自由的活动”之意。席勒的这一论断最能代表西方近代意识之重审美兴趣的特点，这和古代柏拉图所代表的观点是大不相同的。席勒把人的发展分为“物质状态”、“审美状态”、“道德状态”三个阶段，如果要把物质状态下感性的人变成道德状态下理性的人，“唯一的途径是先使他成为审美的人”②。人们似乎可以根据这里的说法推断席勒是把道德放在第一位，审美放在第二位。但联系席勒总的美学思想来看，则这种看法是表面的：席勒明确地把“审美意识”即他所谓“游戏冲动”看做是“感性冲动”与“理性冲动”的统一。他认为单纯的“感性冲动”使人受自然的感性物欲的强迫，是一种“限制”，单纯的“理性冲动”使人受理性法则(例如作为道

① 鲍桑葵：《美学史》，367—369页。

② 席勒：《美育书简》，第23封信，第15封信。

德法则的义务)的强迫，也是一种“限制”，人性的完满实现要求把两者结合起来，即超越(不是抛弃)有限以达到无限、达到最高的自由。席勒认为这就是人身上的第三种冲动即“游戏冲动”。“游戏冲动”的深层内涵是指不受强迫、不受限制的自由活动，这也就是“审美意识”(当然，这里所谓不受强迫、不受限制，与无法无天、任性胡为毫不相干)。席勒对此曾作了较详细的解释。他说：在“审美直观”中，由于感性现实与理性法则的结合，一方面，感性事物和人的欲望不至于因缺乏理性尊严而变成至高无上的东西，另一方面，理性法则例如道德义务也不至于因缺乏感性欲望而令人有强迫接受之感。这样，在“审美直观”中，单纯的“感性冲动”或单纯的“理性冲动”所给人的限制、强迫感“都被排除了”。席勒由此得出结论说：只有“审美的人”、“游戏着的人”才是获得最高自由的人，才是完全的人。① 从这里也就可以看到，在席勒的思想中，美实居于统一真和善的地位。席勒所谓美是由感性到道德理性的“路径”的看法，与康德把美视为自然必然性与道德自由间的“桥梁”的看法有相似的意义。

谢林认为“理智直观”是哲学家们特殊的精神所需要的，却缺乏客观性，常人不会有这样的直观；“审美直观”乃是“理智直观”的客观化，因而具有客观性，易为常人所接受。艺术与哲学的区别就在这里。谢林断言，他的先验哲学的整个体系的最高层次是“审美直观”，美比真要高。

黑格尔把道德放在“客观精神”即有限的精神领域，把艺术与宗教、哲学一并放在无限的精神领域，显然，他是把艺术美置于道德上的善之首，这是他视审美兴趣高于实际兴趣的表现，和康德有相似之

① 席勒：《美育书简》，第23封信，第15封信。

处。但在无限的精神领域范围内，他却把哲学放在高于艺术的位置，这说明他置真于美之首，美受真的主导。正是因为这个原故，黑格尔对艺术美及其发展的过程，完全是用认识和概念由低级到高级的发展过程来解释的，他把美转化成了理性上的真的变形：美是感性面前的真(就像真是理性面前的理念一样)。这样，他对美的理解实际上是缺乏诗意的。事实上，他在具体分析人的意识发展过程时曾明确断言，诗意的惊异之感只是在人从不分主客到能区分主客的"中间状态"时才发生，在此以后，人则完全处于"散文式的"意识状态①。黑格尔的散文意识决定了他的整个哲学只能是散文式的，他以真的意识抑制了美的意识，哲学变成了枯燥的概念体系。

总起来说，视审美兴趣高于实际兴趣，美高于善，乃是近代思想的主要趋势，也是近代之不同于古代的一个特点。前面已经提到席勒的看法：人在多大程度上，视审美兴趣高于实际兴趣，人就在多大程度上是一个有文化教养的人。席勒的这一观点与古代到近代对美的地位逐渐提高的实际过程是相符合的。人类精神文化的发展史似乎是一个越来越超越(不是抛弃)实际兴趣、越来越提高审美兴趣的地位的过程。

西方近代哲学以主客关系的思维方式和主体性原则为主导，主体在客体之外而又凭着自己的主体性，通过感性认识和理性认识，能认识客体，把握客体的本质，进入一种超感性的世界。根据这一哲学基本观点，西方近代美学上的诸种派别大多是在各不相同的方式下以感性显现理性为美，或者说是以感性与超感性的理性的统一为美的基本原则，因此，西方近代美学所了解的美一般是与超感性的抽象概念世

① 参阅拙著《进入澄明之境——哲学的新方向》，"论惊异"章。

界不可分离的，这种观点当然可以溯源到古希腊。西方传统形而上学所了解的真，一般都是抽象的本质概念。由于这种形而上学重视求真的影响，这种抽象性的哲学观点被带到美学中来，使美受真的制约，于是造成了美的抽象性。这同中国传统哲学以情景合一为美的观点正好形成鲜明的对比。情景合一中的景也好，情也好，都是现实的具有感性的东西，中国传统哲学和美学思想中一般缺乏超感性的抽象概念这个因素，中国古代讲这种意义的真的哲学也是较少的，即使中国人所讲的"神似"的"神"，也不是西方超感性的概念。

四

西方现当代哲学家大多反对传统形而上学崇尚超感性的抽象概念，与此相应，在美学方面也反对所谓美是以感性的东西显现超感性的东西的传统观点。以海德格尔为代表的现当代"显隐说"就是这种传统美学观点的一个主要对立面。①"显隐说"主张美不在于超越感性从而以感性的东西显现超感性的抽象概念世界，而在于超越在场的、具体的东西从而以在场的具体的东西显现不在场的、然而同样具体的东西。我把这里所说的不在场的、然而同样具体的东西理解为隐蔽于在

① 我在这里没有提到意大利美学家克罗齐(Benedetto Croce，1866—1952)，他把审美意识放在精神活动的最初阶段，即感性认识的最低阶段——"直觉"，审美意识不依存于概念(真)和道德(善)，直觉即艺术，其所表现的是个人的瞬间的情感。克罗齐由此而强调"艺术的独立自主性"。这是和西方传统美学中关于美与实际兴趣相联系的观点，美与善与真相联系的观点大异其趣的。克罗齐完全抹杀了概念或理性因素在审美意识中的地位，完全摒弃了美与实际兴趣的联系(我们主张美超越实际兴趣，但反对抛弃实际兴趣)，把美完全降低到感性认识的地位，这并不符合人类精神文化发展的实际，也不能代表现当代审美意识发展的总的趋势。

场东西背后、作为在场东西的背景与根源的无穷的现实联系。这里的在场，不仅指感性的东西，而且也包括理性的东西如法则、普遍性、必然性之类，西方现当代哲学称之为“恒常的在场”，以区别于变动不居的感性在场者。所以，现当代哲学所主张的审美的超越，不仅像传统美学观点所主张的那样只是超越感性，而且也包括超越感性与理性的具体统一物。这种超越不是超越到抽象的概念世界中去，而是从具体的东西(包括感性与理性的具体统一物)①超越到具体的东西中去，只不过前者出场(在场)，后者未出场(不在场)而已，所以，这种超越也可以说是对于非当前的东西的一种追寻。

审美超越所依靠的途径是想象，想象在这里不是指古典的“原本——影像”公式下的想象，而是指把不在场的东西纳入、综合到在场的东西中来，使在场与不在场综合为一的能力②。由于隐蔽的、不在场的东西是无穷无尽的，所以，在审美意识中，在场的艺术品所提供给我们的想象空间便是无穷无尽的，这也就是真正的艺术品之所以能令人玩味无穷的原因。西方现当代的“显隐说”，与中国刘勰“隐秀说”所讲的意在词外、言有尽而意无穷的中国古典诗的特点颇有类似之处。

中国传统哲学讲“万物一体”，“万物一体”不是黑格尔的“绝对理念”，不是用最普遍的概念概括一切事物的意思，而是指无穷无尽的

---

① 康德曾通过想象的综合能力把理性认识中的纯概念与感性直观中的东西综合为具体的而非抽象的统一物。美国的欧洲大陆哲学专家 John Sallis 由此而断言，康德把古代的感性与理性之分纳入和限制到具体的感性世界之内。(J. Sallis，*Delimitations*，p. 10；并参阅 Kenneth Maly 编：*The Path of Archaic Thinking*，p. 172。)

② 参阅拙著《进入澄明之境》“超越在场”章和“思维与想象”章。

具体事物之间的相通相融。天地万物本来是一气相通的无尽的整体，也即是说，“万物一体”乃存在之本然。我们平常所直接接触到的只能是在场的东西，但我们可以凭着想象力，把无穷尽的未出场的万事万物与当前在场的东西综合为一体，这也就是我们对“万物一体”的一种体悟，或者说是达到了“万物一体”的境界。西方现当代的“显隐说”主张的以在场者显现无穷尽的不在场者的美学观点，如果借用中国的术语来说，也可看成是通过在场者以达到“万物一体”的境界。刘勰的“隐秀说”的存在论上的根据就是“万物一体”。

任何一个事物，都处于“万物一体”之中，用我们现在流行的术语来说，也可解释为都处于无穷尽的普遍联系(相互作用、相互影响、相互牵连)之中，因此，一事物的真(理)不应像西方自柏拉图到黑格尔的传统形而上学所主张的那样，到抽象的普遍性概念中去寻找，而应将它放在“万物一体”之中，放在普遍联系之中去寻找，这样获得的真(理)才不是抽象的，而是具体的。现当代“显隐说”的美学观点告诉我们，正是从在场的东西中显现出与之相联系的不在场的东西，才能看出一个在场者的真(真实面貌)，反之，把在场者与不在场者割裂开来，则只能得到抽象的东西，而达不到在场者的具体真理。从这个意义上来看，我们就完全有理由说，正是审美意识才能使我们达到一事物之真。海德格尔断言，真正的艺术品乃是真理发生的场所，信然。[①] 美在这里显然比真更优越，美高于真而又包含着真，并且，这里的美和真都是具体的。西方现当代哲学在提高美的地位方面，比起近代哲学来无疑跨越了时代性的一步。

大体上说来，在古希腊，实际兴趣重于审美兴趣，美较多地受善

① 参阅拙著《进入澄明之境》“超越在场”章和“艺术中的隐蔽与显现”章。

的制约。中世纪轻视艺术美，但中世纪的审美意识是很强烈的，圣托玛斯认为美高于善，但他的这种思想是与禁欲主义相联系的（善总是与意欲有关），中世纪关于美与善的地位的看法可以看做是由古代到近代的一个过渡阶段。在近代，哲学家们大多认为审美兴趣高于实际兴趣，美高于善，康德、席勒、谢林、黑格尔基本上都作如是观，近代美学一般主张，美较多地受真的制约。在现当代人文主义思潮的哲学家那里，特别是在海德格尔那里，美明显地居于比真更高的地位，这是大不同于近代以至于古代的地方。从古至今，美的地位愈益提高的过程反映了人的精神境界和文化教养提高的过程。

我以为，“万物一体”既是美，又是真，也是善：就一事物之真实面貌只有在“万物一体”之中，在无穷的普遍联系之中才能认识到（知）而言，它是真；就当前在场的事物通过想象而显现未出场的东西从而使人玩味无穷（情）而言，它是美；就“万物一体”使人有“民胞物与”的责任感与同类感（意）而言，它是善。“万物一体”集真、善、美三位于一体，人能体悟到“万物一体”，就能产生一种令人敬爱、仰慕的宏伟气魄与胸怀。人们经常谈论真、善、美的统一，究竟统一于什么？如何统一？我想“万物一体”应该是最好的答案。

但这里所讲的“万物一体”的境界，决非一蹴即就的。它的内容包括从重实际兴趣到重审美兴趣的跨越，包括对主客关系思维方式和主体性原则的超越，包括从感性认识到理性认识的飞跃以及对感性与理性的超越，包括对在场与不在场的理解，包括对想象力的新的解释和对超越在场的意识的重视，如此等等。总之，这里所谓的“万物一体”的内容与意蕴是在西方经过了从古到今几千年来的思想发展过程以及哲学与美学的理论研究过程才逐步丰富起来的。我这里只是借用中国的“万物一体”来概括西方现当代所达到的在场与不在场相结合的整体观点。中国的“万物一体”的思想虽然比西方在场与不在场综合为一的观点早了几千年(这一点是非常可贵的)，却是非常简单、非常素朴的，尽管也包含了上述思想理论的某些火花和闪光，但它们都没有得到明确的、充分的说明以及逻辑上的细致分析和论证。中国虽然是一个诗的国度，但在传统思想中儒家占统治地位，儒家基本上是重善更甚于重美，儒家对“万物一体”的理解不同于老庄，儒家往往把美置于善的制约之下；同时，中国传统的“万物一体”——“天人合一”思想的素朴性与直观性的特点妨碍了我们对这个诗的国度里的实际的诗意(审美意识)、艺术品作充分的理论上的反思，因而比起西方来缺乏专门系统的美学研究；此外，中国传统哲学较少主客关系的思维方式，其对真的理解较少追求普遍性、规律性的内涵，“万物一体”的思想中缺乏主体对客体的征逐精神。据此，我以为，中国的“万物一体”一方面可以说为人类思想史上真、善、美的真正统一提供了可贵的基石，但另一方面仍有待于开发和阐发，有待于我们在此基础上吸取西方哲学思想的优秀成果，建立起自己的宏伟大厦。

人类中心论与民胞物与说*

人类中心论(人类中心主义，anthropocentrism)是西方哲学的一个专门术语，说的是以人为中心，人处于支配和统治的地位，自然物处于被支配和被统治的地位，人与物的关系是不平等的关系。西方自笛卡尔到黑格尔的近代哲学的"主体性"(subjectivity)原则和主—客关系的思维方式采取的便是人类中心论的立场。"民胞物与"说的是，不仅天下之人皆如我的兄弟，而且天下之物亦皆如我的同类，我对他人他物均应像兄弟一样对待。"民胞物与"虽语出张载的《西铭》，但这种思想观点及其哲学基础"万物一体"、"天人合一"说在整个中国传统哲学中具有普遍性，例如王阳明所讲的"一体之仁"就是一种典型的以"万物一体"、"天人合一"为基础的民胞物与的思想。"民胞物与"说与西方近代思想史上的人类中心论及其哲学基础主—客关系式是大不相同的，本文标题中的"民胞物与"包括人与人的关系("民胞")和人与物的关系("物与")两个方面，但本文的

* 本篇原载《江海学刊》2001年第4期；《新华文摘》2002年第1期转载。

内容主要谈人与物（“物与”）的关系，以便和人类中心论相对应。

一

“万物一体”和“物与”的精神是否同人类中心论绝对对立？仁者以天地万物为一体，引物为同类，这是否就意味着仁者不应当为了自己的生存而征服自然、牺牲其他生命呢？[①] 换言之，主张“万物一体”和提倡“物与”的精神，是否必然要完全否定人类中心论呢？

张载关于“民胞”的思想虽未消除人与人之间爱有差等之意，即是说，“民胞”包括有程朱所申言的“理一分殊”之意，但“理一分殊”并非张载《西铭》之所强调，张载“民胞”说的重点在博爱而不在爱有差等（“分殊”）。关于“物与”方面，张载更无明确的论述，窥其大意，似乎也是强调物与人一体同类，而不重视二者之轻重差异。因此，从张载的民胞物与说中，尚难看出他已经意识到上述的问题。

王阳明比张载进了一步，他明确提出了上述问题，并作出了自己的回答，尽管他不可能使用“人类中心论”这样的西方术语。王阳明《传习录》：“问：‘大人与物同体，如何《大学》又说个厚薄？’先生曰：‘惟是道理自有厚薄。比如身是一样，把手足捍头目，岂是偏要薄手足？其道理合如此。禽兽与草木同是爱的，把草木去养禽兽又忍得。人与禽兽同是爱的，宰禽兽以养亲与供祭祀、燕宾客，心又忍得。……（这里删节了一段关于人与人之间爱有差等的论述，因其不是本文重点——引者）。盖以仁民爱物皆从此出，此处可忍，更无不忍矣。《大学》所谓厚薄，是良知上自然的条理，不可逾越，此便谓之义。’”（王阳明：《传习录》下）显然，在王阳明看来，“万物一体”与“物与”之

① 参阅冯友兰：《中国哲学史》下卷，960页，北京，商务印书馆，1944。

“爱”，同人为了维持自己的生存而“宰禽兽”的人类中心的思想和主—客关系式并不是绝对对立的，因为这里的“厚薄”乃“良知上自然的条理”，也就是所谓“轻重厚薄……自有天然之中”(王阳明：《大学问》)。王阳明的观点实际上是把人类中心的思想纳入万物一体的思想之内或之下：人与物之间“轻重厚薄”这种不平等的关系乃万物一体之内的区分。所谓“天然之中”或“自然的条理”就是讲的事物之本然(“天然”、“自然”)，把人与物作主客厚薄之分亦是按事物之本然行事。

但王阳明只是笼统地谈到人与物之间的“轻重厚薄”是“良知上自然的条理”，而没有对此作进一步的分析。荀子倒是早已对人与物的价值之高低作了细致的区分：“水火有气而无生，草木有生而无知，禽兽有知而无义，人有气有生有知亦有义，故最为天下贵也。”(荀子：《王制》)水火有质料而无生命，草木有生命而无知觉，禽兽有知觉而无道德意识，人则不但兼有质料、生命和知觉，而且有道德意识，故人在万物之中居有最高的、最卓越的地位(“最为天下贵”)。戴震似乎更进而根据人与物的地位之高低说明了人有宰制自然物的理由：“人之才得天地之全能，通天地之全德。……智足以知飞走蠕动之性，以驯以豢；知卉木之性，良农以莳刈，良医以处方。圣人神明其德，是故治天下之民。”(戴震：《原善》)人因其有其他自然物所缺乏的“智”与“德”，故能使自然物为人所用。荀子和戴震虽然对人与物的价值高低作了比王阳明更为细致的分析，但从他们的论述中还不能看出人类中心论的思想如何与万物一体和物与的精神统一起来。

程朱的“理一分殊”说则不仅细致地分析了人与物的高低之分，而且明确了这种高低的分殊与万物一体的统一性。这是他们比王阳明和荀子、戴震高出一筹之处。“理一”是以万物一体立论，“分殊”是就人之异于和高于禽兽草木等自然物(以及人与人之间爱有差等)而言。在程朱看来，人与物虽是一体，但又有价值高低之分，两者是统一的。朱子说："天之生物，有有血气知觉者，人兽是也；有无血气知觉而但有生气者，草木是也；有生气已绝但有形质臭味者，枯槁是也。是虽其分之殊，而其理则未尝不同；但以其分之殊，则其理之在是者不能不异。故人为最灵……"(朱子：《答余方叔》)显然，程朱在说明万物一体、民胞物与和人类中心论思想的统一性方面比王阳明讲得更明确，更具理论性。

程朱和王阳明的学说启发了我们：万物一体和物与的精神似可包容人类中心的思想于其自身，使后者降低为前者的一个构成环节。当然，这也就意味着人类中心论不能按其原样保持于万物一体和物与的学说之中。万物一体和物与说大不同于人类中心论，但它仍然坚持人之异于和高于其他自然物的卓越地位。换言之，坚持人的卓越地位不等于说人可以任意支配和统治自然物，不等于是人类中心论，至少不符合西方哲学术语"人类中心论"的原意。中国学界有一种看法，认为中国传统哲学强调人的重要地位，因而便是一种人类中心论，这种看法是不确切的。人类中心论以人为主体，以物为客体，这种主—客关系的思维方式在中国传统哲学中远不占主导地位。关于这一点，我在其他许多论著中多有论述，这里不再重复。

二

西方现当代一些哲学家、神学家出于对人类中心论及其理论基础"主体性哲学"和主—客关系式的不满，对上述问题也有很多议论，尽管他们并不知道"民胞物与"这一中国传统哲学的术语。

有一些极端的神秘主义者，为了彻底否定人类中心论，竟然主张一切自然物都具有神圣性，都和人一样具有同等价值。例如德国的新教神学家莫尔特曼(Juergen Moltmann，1926—)强烈谴责“不受限制的控制欲”“驱赶着现代人攫取地球自然界的权力”并“依据权力(经济权力、财政权力和军事权力)的增长来衡量成长和进步”。他认为这种现象来自“现代人的上帝形象”，现代人按照自己所理解的上帝的形象把自己理解为“知识和意志的主体”，而“把他的世界理解为需要面对、需要征服的消极的客体”。“人变得酷似上帝，不是通过善与真，不是通过忍耐与爱，而是通过权力和统治”。“很长时间以来”，人类“只看到了自然的一个方面，亦即有用的一面”，而未看到自然的神圣方面，不知道“在大自然中处处都能看到‘上帝的痕迹’”，于是“自然得不到保护，任凭人类权力意志的摆布”。[①] 莫尔特曼对人类中心论的谴责和对主—客关系式的批判，切中现代文明的弊端，确有其积极的意义，但他以自然中具有“上帝的痕迹”为根据来批判人类中心论和论证自然应得到保护，则是我们不能接受的，尽管他的宗教思想中未尝不可以说包含某种中国人所说的“物与”或爱物的精神在内。

另一位德国的哲学家、神学家施魏策尔(Albert Schweitzer，1875—1965)更明确地主张尊重一切生命而不去追问不同生命的不同价值，包括人与其他生物间的高低之不同。“生命本身就是神圣的东西”。因此，合理的伦理学应该“主张照顾一切生物以至最低级的生命现象”。按照这种原则行事的人，“当他夏天的夜晚在灯下工作的时候，他宁愿关起窗子，呼吸闷热的空气，也不愿见一个一个的飞虫烧

① 《20世纪西方宗教哲学文选》下卷，1759—1761，1765—1769，1771页，上海，三联书店，1991。

焦了翅膀死在他的桌子上。”①

施魏策尔从“人与存在合为一体”的哲学原则出发，认为每个人都是一个有求生意志的生命，他每时每刻都能“从自己内心的求生意志出发”体验到别的生命的求生意志，因而使自己的“内心充满了对存在于万物之中的神秘的求生意志的尊重心情”。这样，每个人内心里的求生意志便“与别的求生意志合为一体”了，而道德在施魏策尔看来，也就是“对一切生物的无限广大的责任”。施魏策尔的这套哲学和伦理学虽然是以宗教神学的观点立论，但与中国的天人合一、万物一体和“物与”精神确有相通之处，特别是与王阳明的“一体之仁”、草木亦有“良知”之说相近。②

按照这种观点，将如何解释人为了满足自己的求生意志而不得不牺牲其他生命的现象呢？正如王阳明意识到这个问题一样，施魏策尔也提出了这个问题，而且提得更具体、更明确。他对问题的回答与王阳明有同亦有异。

“当献身于别的生命这一内心要求与忠于自己的生存这一必要性之间发生冲突的时候，尊重生命的伦理学将采取什么态度呢?”施魏策尔就像王阳明一样，承认这一矛盾的事实：“我也是逃脱不了求生意志的矛盾冲突的。我的生存同别的生物的生存以千万种方式发生冲突。毁灭生命和伤害生命这一必然性，我是逃脱不了的。当我走过一条僻静小道的时候，我的脚就得毁灭和伤害在这条小道上生活着的小生物。”施魏策尔在承认这个事实之后，紧接着就对这种“可怕的必然

---

① *A. Schweitzer*，*Civilization and Ethics*，第二章，译文引自《尊重生命的伦理学》，载《哲学译丛》1996年第5期。

② 同上。

性”和“必然矛盾” 作了自己的解释与回答。他认为“保持和促进生命是善，而一切毁灭和损害生命的，不论是在什么样情况下发生，都是恶”。因此，在施魏策尔看来，人为了满足自己的求生意志而毁灭和损害别的生命，虽然是不得已而为之的、必然的行为，但还是应当承认这种行为是不道德的，人应当为此而“承担罪过”。人即使是为了治病救人而不得不在动物身上做试验时，也“必须就他们力之所及尽可能减轻动物的痛苦”，因为这毕竟是“残忍行为”。① 施魏策尔的这些解释与王阳明所谓“宰禽兽以养亲”、“燕宾客”虽于心不忍(“心不忍得”)而又是“不可踰越”的“良知上自然的条理”既有相近之处又有差异。王阳明承认人与生物之间有轻重厚薄之分，这种分殊合乎“良知”，而施魏策尔则明确申言残害其他生命的行为是不道德的行为，人在作这种行为时“不可感到良心无愧”，施魏策尔从伦理原则上否认人与其他生物的高低之分。

针对王阳明，我们可以提问：为什么“宰禽兽以养亲”合乎“良知上自然的条理”，这里的轻重厚薄的标准何在？针对施魏策尔，我们可以提问：既然人与其他有生命之物同样是神圣而无价值高低之分，那么，人又有什么独特的权利为了自己的生存而牺牲别的生命呢？这种不分价值高低的主张是否意味着否认了人类的卓越地位和尊严呢？难道人以外的其他生物也是“道德主体”吗？难道人为了自己的生存而不得不牺牲其他生命是不道德的吗？我以为，万物一体和“物与”的精神并非指人与物一律等价，而是有等级差异的，这种差异就在于人有自我意识和道德意识，而其他生物则无，人与其他生物的价值高低以及对其他生物的轻重厚薄的标准在此。正因如此，人才有独特的

① *A. Schweitzer*，*Civilization and Ethics*，第二章。

权利为了自己的生存而在不得已的情况下牺牲其他生命，这是有自我意识的、作为“道德主体”的人对于无自我意识的、“非道德主体”的其他生命所作的合乎道德的行为。王阳明的哲学思想指明了万物一体与人物高低分殊的统一性，指明了人物高低分殊是合乎道德(合乎“良知”)的，惜其未指明这种分殊的标准在于有无自我意识和是否道德主体。施魏策尔只强调人与物同等神圣，或者用中国哲学的术语来说，只强调“万物一体”和“物与”，而忽视人与物的高低之分殊；尽管他承认人为了自己的生存而不得不作出牺牲其他生命的行为事实，但他由于忽视人的卓越地位而不能指明这种行为的理论根据。我们既主张万物一体和物与精神，又承认人与物的高低之分殊并论证了这种分殊的标准，两者是统一的。正因为论证了人物间价值高低之分及其区分之标准，所以我们认为人有权利、有理由为了自己的生存而牺牲其他生命；正因为主张万物一体和物与精神，所以我们又认为人应该尽量培育保护其他生命的意识，应该在不得已而牺牲其他生命时抱有同类感和恻隐之心，从而采取尽量减少其他生命的痛苦的措施。我认为我们的这些看法不能被等同于人类中心论，它乃是扬弃和超越了人类中心论，使其隶属于万物一体说之中。说它不等于是人类中心论，是因为我们虽然也主张人为了维持自己的生命而有必要牺牲其他生命，但是第一，从理论上讲，这样的行为是以万物一体的原则为根本的，人与物的高低之分是万物一体之内的区分；第二，从实践上讲，人不能随意采取牺牲其他生命的行为，而在采取这样的行为时，应当抱有同类感和不忍之心，尽量减少其他生命的痛苦，而不是像人类中心论那样一味强调人对自然、对其他生命的征服与宰制。

三

有一种观点，把人类中心论视为哲学和人生的最高原则，似乎天地万物只是为我所用的对象，人生不过是利用这些对象以维持自己的生存。正是这种观点促使人们一味宣扬主—客关系式和主体性哲学：人是主体，物是客体，哲学的目标就是主体认识和征服客体。于是主体与客体、认识与实践、思维与存在等成了哲学所唯一探究的范畴，重理轻文之风日盛，人文精神不过是人们召唤的对象，提高人生境界（包括审美境界和道德境界）成了人们嗤笑的迂腐之辞。

人的生活世界，或者说，人所生活于其中的世界，不是绝对独立于人之外的抽象的“自在之物”，它是人与物相互交融的产物。人固然可以把天地万物单纯地当作供人使用、任人宰制的对象，但从深层来看，人与天地万物不是对立的，而是一气相通、融为一体的，人对万物应有同类感，应当以仁民爱物（“民胞物与”）的态度相待。这样，世界便可以说具有双重性：它既是被我们使用的世界，又是和我们同样自由自主、与我们共呼吸同命运的世界。用奥地利哲学家、神学家布伯（Martin Buber，1878—1965）的语言来说，前者叫做“被使用的世界”（the world to be used），后者叫做“与之相遇的世界”（the world to be met）。所谓“相遇”就是人与他人、他物赤诚相见，没有任何利用对方的意图掺杂其间的“直接关系”。布伯认为：人生的意义并非只是生存于前一种意义下的世界之中，更重要的是生活在后一种意义下的世界之中。布伯说：“人生并非只是在及物动词的范围内度过的。它并不只是依靠以某物为对象的活动才存在着的。”这种以物为使用对象的活动“只构成‘它’的领域”，而人生更重要的方面是“‘你’的领域”。[1] 布伯所谓“它”是指被动的、受限制的物或对象；所谓“你”，粗略地说，[2] 是指能作出自我决定的“精神”。布伯作为一个神学家断言：“你”是上帝的体现，或者说，归根结底是上帝，犹太人就是以“你”来称呼上帝的。布伯认为只有“你”才是“真实生命的摇篮”。[3] 人们常慨叹世事如过眼云烟，人生没有意义。针对这种慨叹，布伯说：只有把一切都看作是“它”（物或对象）的人才会感到“生活在过去”而没有现实的生活内容，因为“它”（物或对象）总是转瞬即逝的，反之，在“‘你’的领域”中生活的人则能体悟到永恒现存（“现在”）的东西，体悟到人生的真实意义。

人以外的自然物，不管是有生命之物还是无生命之物，如飞禽走兽、草木瓦石等，如何能把它们不看作是“它”（物或对象）而看作是“你”呢？人如何与它们“相遇”呢？王阳明通过“一体之仁”（即“仁之与鸟兽为一体”、“仁之与草木为一体”、“仁之与瓦石为一体”）以说明人与它们的“相遇”。王阳明所谓“见鸟兽之哀鸣觳觫而必有不忍之心”、“见草木之摧折而必有悯恤之心”、“见瓦石之毁坏而必有顾惜之心”（王阳明：《大学问》），就是人与鸟兽、草木、瓦石“相遇”的一种表现。布伯则是通过上帝的“仁慈”（grace）以说明两者的“相遇”。世界万物，包括人在内，究竟是“它”还是“你”，是被动的物或对象还是自由自主的东西，这要取决于人对世界万物的态度：如果把人当作

① Martin Buber，*I and Thou*，English Edition by Charles Scribner's，p. 4，1958.

② 关于布伯的“我—它”和“我—你”的详细解释，请参看拙文《人和世界的两重性——布伯〈我与你〉一书的启发》，这里不再赘述。

③ Martin Buber，*I and Thou*，p. 9.

被利用的工具，那就是把人当成了“它”，当成了物或对象[1]，而不能“相遇”；反之，即使是一棵树，如果不仅仅把它当作被观察、被使用的对象，而是以“仁慈”的态度对待它，那么这棵树就不是“它”，而是“你”，不是简单的物而是有意义的东西，人和树就处于“相互回应”的“关系”之中，人和树就能“相遇”。[2] 试想，对于一个有“物与”精神的人来说，小猫小狗不是也善解人意吗？同样，对于一个有诗意境界的人来说，顽石不是也可以“点头”吗？动物善解人意，顽石向我们“点头”，就是自然与人“相遇”。我们并不主张王阳明的“良知”说和布伯的神学观点，但他们的思想都能启发我们：只要采取万物一体的哲学观点和民胞物与的人生态度，万物就会被“唤醒而容光焕发，接近我们”[3]，哲学就会具有诗意而不是像主—客关系式和主体性哲学那样抽象而令人畏惧，人生就有高尚的意义而不至流于庸俗。

人不可能不征服自然和利用自然而生存，人类中心论不能绝对地加以否定，但正如布伯所说，人不能“死于”此种人生态度而不悟，人只有以“仁慈”之心关心他人他物，从而超越这种态度，进入“我—你”一体关系（物我一体也是一种“你－我”一体关系）之中，人与他人他物才不是异己的。[4] 布伯承认，采取“我－你”一体的态度诚然“无助于维持生存”，人不可能单纯地生活在这种态度之中，但他强调这种态度“可以帮助你瞥见永恒”[5]。另一方面，人倒是有可能完全缺乏“仁慈”的生活态度和高尚的人生境界，而单纯地生活在“被使用的世

---

① Martin Buber, *I and Thou*, p. 17.

② 同上，p. 7。

③ 同上，p. 126。

④ 同上，p. 32。

⑤ 同上，p. 33。

界”之中，“用使用填满生活中的每一时刻”，但布伯说，“这样的时刻会停止发热发光”。“没有‘它’，人不能生活，但仅仅靠‘它’来生活的人不是人。”①对于奉人类中心论为至高无上的原则而一味沉溺于追求实用的人来说，这是一副多么有力的清醒剂啊。

总之，任何一人一物都存在于一体之中，万物一体乃是最原始的。泰初本是一体，只是由于万物一体，一人一物的存在才有了支撑，或者换句话说，是万物一体创造了一个一个的人和一个一个的物。所以，作为有自我意识的人应该首先以民胞物与的态度对待他人和他物。这不是施舍，而是一种责任感，是一种被要求的自我意识。人之所以有权利以人为主体和中心而利用自然物，包括人以外的有生命之物，以维持自己的生存，乃是因为处于一体的万物合乎自然地有自我意识和无自我意识、道德主体和非道德主体的价值高低之分，这种区分是万物一体之内的区分，是“自有天然之中”。人类中心论应当从属于万物一体论。② 人有权利维持自己的生存，以便向着最高的人生目标前进。

---

① Martin Buber, *I and Thou*, p. 34.

② 关于人类中心论应当从属于万物一体说，我在《本是同根生》一文中还从另一角度作了说明：人为了维持自己的生存，不可能不同自然作斗争。所谓与自然和谐相处，并非不与自然作斗争。问题在于人是否主动地顺应自然规律。万物一体既然包括人与自然合为一体，那就意味着人应当像尼采所说的那样，用“爱”的热情对待自然规律。人类中心论无限制地夸大人的中心地位和主体作用，一味强调人对自然、对其他生命的征服与宰制，以致违反自然规律，其结果是招致自然的报复，破坏了人与自然的和谐。所以我们应当使人类中心的思想隶属于万物一体说之下，使人的主体性受到万物一体思想的制约。读者如果对这方面的问题有兴趣，请参阅拙文《本是同根生》。

中西传统哲学的形成和影响*

一

中国传统哲学主要是指秦汉到19世纪中叶鸦片战争以前，或者说得早一点是指到明清之际以前的这段长时期占统治地位的哲学。西方传统哲学是指公元前5世纪古希腊苏格拉底——柏拉图到19世纪中叶以前的哲学，不包括19世纪中叶以后的西方现当代哲学，也不包括苏格拉底——柏拉图以前的古希腊早期哲学。这只是一个极其粗略的划分，不能划得太死，而且中西哲学传统都有其形成传统以前的孕育萌发阶段，也都有其对以后的现当代哲学的影响。

如何给中西传统哲学定位？对于这个问题可以有各式各样的说法。例如可以认为中国传统哲学重人伦，西方传统哲学重研究自然；也可以说中国重直觉，西方重理性认

* 本篇原系作者2003年3月在西安交通大学的学术讲演稿，载《西安交通大学学报》2003年第2期；《新华文摘》2003年第10期转载。收入本《自选集》时，略有增补。

识，如此等等，不一而足。我的看法是，也许这些说法都对，但我今天想从一个更高的层次把这些说法都囊括进来。我想从中国人和西方人之间在如何实现自己的人生价值的方式上的不同来谈中西传统哲学的不同。

我们中国人有一句口头禅，叫作“人生在世”。人怎样生活在这个世界上？人抱着什么态度来面对这个世界？这是人生最大最根本的问题，也是哲学的根本问题。

每个人都想实现自我，这是人不同于一般动物的一个重要特点。动物只要能生存，能满足它的躯体、肉体的欲望就一切都满足了。人却不然，人总不满足于只让这个有限的七尺之躯活下来就完了，人总想超越有限，扩大自己的空间，作出一番伟大的事业，创造一个辉煌的世界。这种对自我的有限性的超越就叫作实现自我。人人都想实现自我，都想超越自我的有限性，达到无限。这就涉及对无限性的理解问题。

在中西哲学史上，对无限性的理解各不相同，这就构成了在中国传统中生活的人和在西方传统中生活的人在如何实现自我的方式上的不同，构成了中国传统哲学与西方传统哲学的不同。简单地说，中国传统是要在时间之内的无限绵延中实现自我，西方则是要**在超时间的**无限中实现自我。

在西方传统中，有限的个人崇尚一种无所不包的、超时间的、超验的、超感性的、最圆满的无限性整体的概念，认为人生在世的最高意义和价值就在于渴望和追求这个最高的、最完满的无限性。基督教的上帝就是这样一种超验的无限性整体的人格化和变式。上帝是超出于时间之上的，上帝不在时间之内，时间是上帝创造的。所以西方基督教的思想文化传统认为人生的最高意义、最高价值就是要把有限的人统一到无限的上帝中去。人必须意识到自己的有限性，意识到自己的欠缺，才会去祈求无限的上帝，向上帝感恩。这样，人要实现自我，就要去崇拜无限的上帝。但是否就可以由此而用基督教的价值观来概括整个西方传统哲学呢？基督教的人生观、价值观之所以在西方占有重要地位，还有其更根本的思想根源或者说哲学上的根源。那就是上面所说的对一种无所不包的、超时间的、超验的最完满的无限性概念的崇尚。而对这种无限性概念的崇尚，早在基督教创立以前公元前5世纪柏拉图的哲学“理念”说中就已经明确地形成起来了。

在柏拉图和他的老师苏格拉底以前，古希腊早期的思想家们那里，还没有这种超时间的、超验的“理念”的思想，他们为了寻找某个有限事物的根源，都是在别的有限事物中去找，例如有的思想家认为水是万物的根源，有的认为是气，是火。水也好，气也好，火也好，都是有限的东西、个别的东西。苏格拉底说他年轻时跟着前辈们亦步亦趋，把某种有限的东西当作一切事物的根源，结果是越搞越糊涂，终于认识到要在“心灵世界”中去找真理、找万物的根源。[①] 例如美的东西为什么叫作美，根源就在“美本身”，就在我们平常说的美的定义。他的学生柏拉图把苏格拉底的这个观点发展为西方哲学史上有名的“理念”说，把苏格拉底追求的“心灵世界”和事物的一般定义加以客观化，把它变成独立于人的实在的东西——“理念”。例如这个方的东西，那个方的东西，为什么都叫方的？因为它们都符合方形的概念：有四个边，四个角，每个角都是九十度。凡符合这个概念的东西就都叫作方的东西。概念的范围有大有小，大范围的概念，包含小范围的概念：水果的概念包括桃子的概念、李子的概念、苹果的概念。

① 柏拉图：《斐多》篇，99e。

植物的概念又大于水果的概念，它包括水果以外的其他植物，生物的概念又大于植物的概念，它包含动物。所以柏拉图认为"理念"、概念有许多层次，不同层次的"理念"构成一个有体系的"理念世界"。世界上最真实的是"理念世界"，我们感觉中的东西是个别的、有限的，是对"理念"的模仿，模仿的东西就赶不上理念那么真实。例如某个有限的方形的东西或圆形的东西就总不及方的理念或圆的理念那么方，那么圆。人生如果陷在感性的有限世界中而不能自拔，那就好比戴上脚镣手铐的囚徒，幽禁在洞穴里，见不到太阳。这就是有名的柏拉图的"洞穴"的比喻，这个比喻就是教育人要超越有限，去追求超验的无限的理念。柏拉图讲的"理念"、概念也就是平常说的普遍性，又可翻译为"共相"。本来，普遍性寓于个别性之中，没有离开个别事物的普遍性概念，可是柏拉图的"理念"说却是把理念看成离开个别有限物、独立于具体事物之外的东西，看成是超出于时间之外的东西，不在时间之内发生的东西。试想，什么时候、什么地方有过绝对圆的圆、绝对方的方呀？这就是所谓"超验的"。柏拉图认为，超越有限的个别东西，达到超验的无限性理念世界，这才是人生的最高意义之所在，才是人生最高的自我实现。

柏拉图的这种超验的"理念"说，后来就成为基督教的两个思想来源之一，这两个来源一个是犹太教，一个是柏拉图的超时间的、超验的"理念"说。罗素说："所谓柏拉图主义的东西……在本质上不过是毕达哥拉斯主义罢了。有一个只能显示于理智而不能显示于感官的永恒世界，全部的这一观念都是从毕达哥拉斯那里来的。""数学的对象，例如数，如果是真实的话，必然是永恒的而不在时间之内。这种永恒的对象就可以被想象成为上帝的思想。因此，柏拉图的学说是：上帝是一位几何学家；……与启示的宗教相对立的理性主义的宗教，自从毕达哥拉斯之后，尤其是从柏拉图之后，一直是完全被数学和数学方法所支配着的。数学与神学的结合开始于毕达哥拉斯，它代表了希腊的、中世纪的以及直迄康德为止的近代的宗教哲学的特征。”①基督教的上帝可以说就是柏拉图的最高理念的人格化和变式，就是把最高理念变成了信仰，二者有一脉相承的关系。西方哲学史上所谓柏拉图主义，其主要内涵就是指超时间的、超验的无限性理念的学说。

柏拉图主义统治了西方传统哲学两千多年，它不仅是基督教的思想来源之一，而且在文艺复兴推翻了中世纪神权统治之后，一直到19世纪中叶的这几百年的近代哲学中也占有主导的地位。文艺复兴以后，或者说得更近一点，自近代哲学的创始人笛卡尔以后，西方近代哲学的主要问题是作为主体的人如何认识客体、征服客体，以达到主客的对立统一的认识论问题。近代哲学的主要兴趣集中在认识人以外的客观事物的本质，而客观事物的最高本质就是普遍性概念。在追求普遍性概念的各种近代哲学学派中，占优势地位的是把普遍性概念看成是独立于具体事物之外的、超感性的、超时间的东西的思想观点。这种东西构成旧形而上学的本体世界。集西方近代哲学之大成的黑格尔哲学所奉为至尊的“绝对理念”就是这样一种本体世界。尽管黑格尔大讲“具体普遍”或“具体概念”，大讲“绝对理念”不能脱离历史，“绝对理念”与时间进程不可分离，从而在一定意义上起了颠覆旧形而上学的作用，成为他死后的西方现当代人文主义思潮的哲学先驱，但黑格尔的“绝对理念”最终还是超越于时间之外的、超验的抽象概念，这显然是柏拉图主义的一种变式。所以，有的西方现代哲学家如德国的海德格尔、英国的 Whitehead 就说，西方几千年的传统哲学不过是柏

① 罗素：《西方哲学史》，65，64 页。

拉图主义的变种或柏拉图哲学的注脚。

把古希腊哲学、中世纪基督教哲学和近代哲学这三大阶段联系起来看，我们显然可以把西方传统哲学的主要特点概括为对超时间的、超验的无限性概念的崇尚。在这种传统下生活的西方人，其实现自我的方式就是要把自己个人的有限性统一于这样的无限性之中。

西方传统哲学崇尚超验的无限性概念的思想之所以在古希腊植根，是和古希腊所处的地理环境密切相关的。古希腊位于欧洲东南部，地处欧亚非三洲的交汇处，很自然地吸收了埃及、巴比伦等先进的东方文化的血液。古希腊三面临海，小岛星罗棋布，交通贸易极其发达，希腊人生活在这种环境下，视野开阔，思想活跃，勤于思考一些自然现象何以如此如彼的道理，而且由于生活富裕所带来的闲暇，他们也有时间来进行这样的思维活动。古希腊思想文化中重视纯理性、纯知识，好推理，重视对普遍性概念的思考和追求，都与上述地理条件有密不可分的关系。柏拉图的“理念”说是古希腊人好作纯理性的沉思精神在哲学上、理论上的一种提升。柏拉图在《国家》篇的第四章中就谈到，希腊人爱知识而不计较其利害，而腓尼基人和埃及人则爱把知识与利害结合起来，这是希腊人的特点。[①] 在第九章中，还对于从事知识、理性活动本身所给人的快乐如何高于求名和求利所给人的快乐作了详细的论证。古希腊哲学也讲神，柏拉图就把他的最高理念“善”叫作神，但那是一种理性化了的神，不同于后来的基督教的上帝。

和西方传统哲学不同，中国传统哲学很少讲超验的无限性概念。公孙龙的“白马非马”论可以算得上是这种思想的一个例子。白马是

---

① 柏拉图：《国家》篇，Ⅳ，435；并参阅《法律》篇，Ⅴ，747b。

一个具体的马，是时间、空间之内的东西；马是一般的普遍性概念，是“共相”，某一匹白马不同于马的普遍性概念，所以说“白马非马”。公孙龙的“白马非马”论颇有点类似柏拉图的超验的“理念”说之意。他似乎认为马的一般性概念或共相是超时间的。但公孙龙的这种思想，在中国哲学史上根本不占重要地位，没有什么影响。朱熹的“理在事先”的思想观点，比公孙龙更明确地主张作为普遍性概念的“理”独立于时间之内的具体事物之上和之外。但朱熹思想的这一方面在中国传统哲学中也未占主导地位。总之，中国传统哲学的主要特点之一是不在感性的具体事物之上和之外，或者说，不在时间之上和之外另立超验的理念世界。

中国传统哲学中占主导地位的思想学说是万物一体、天人合一。中国也有讲天人相分的思想的，如荀子等，但不占主导地位。儒家从孟子到宋明理学都以不同形式大讲天人合一：有的以天人相类的形式讲天人合一，例如汉代的董仲舒；有的以天人相通的形式讲天人合一，例如孟子、宋明道学家，一直到清初的王船山。儒家还大讲万物一体的思想，强调破除我与非我的界限，强调我与宇宙合一，宇宙万物息息相通，例如孟子、陆象山、王阳明等。儒家的万物一体与天人合一实际上是一个意思，天人合一指人与宇宙万物合一，万物一体包括天人合一。除儒家外，道家也讲天人合一、万物一体，庄子就大讲“万物与我为一”、“人与天一也”。当然，道家讲的天人合一、万物一体与儒家学说有所不同，但都强调不分你我，人与万物都处于一个整体之中，这是基本一致的观点。

中国传统哲学以儒家为主导。在先秦诸子百家的时代，儒家虽说占上风，但还够不上是占主导地位的哲学。孟子说：“天下之言不归于杨则归于墨。”可见当时儒家思想并不特别盛行。汉武帝用董仲舒罢黜百家，独尊儒术，儒家此后正式占了主导地位，但儒家也不是封闭的。它从汉初起就吸收了先秦的阴阳学说，老子的学说，以后又融入了外来的释家的思想。所以中国儒家思想的传统也是不断吸收儒家以外的思想而形成、发展起来的。但总起来说是以万物一体、天人合一的思想为核心，尽管万物一体、天人合一的思想随着时间的推移和外来思想的融入而不断发展着。

对照西方传统哲学来看，中国占主导地位的儒家传统哲学所讲的万物一体或天人合一的这个“一体”，是在时间之内的。无论这个“一体”多么无限、无穷，但都不是西方传统哲学所崇尚的那种超时间的、超验的无限性概念。中国传统哲学所讲的“一体”是一个在时间之内无穷无尽地或者说无限地绵延下去的一种动态的整体，它是一切在时间之内存在着的具体东西的绵延。西方传统哲学所讲的那个超验的无限性概念则是一种不变的、恒定的整体，例如方的概念、圆的概念在柏拉图那里就是一个不变的、恒定的整体，某个具体的方的东西、圆的东西总是随着时间的推移而不断变化的，但方的概念，圆的概念，由于不在时间之内，则是永恒不变的，它谈不上在时间上的绵延。这是中国传统哲学的无限观与西方传统哲学的无限观的根本区别。

在时间之内的某个具体事物如何能与其他的具体事物相通相融而成为“一体”呢？汉代已经开始融入儒家并成为儒家学说重要内容之一的阴阳学说、易老之学颇能说明这个问题。易老学说中关于物质可分为阴气与阳气的思想，这里且撇开不谈，其中关于事物有正反、阴阳两面的思想对于回答我们的问题很有意义。易老学说讲“反本求源”，这就是要在事物的背后去找它的根源。“大哉乾元，万物资始”；“至哉坤元，万物资生”。乾元是阳，坤元是阴，阳是正面，阴是反面，正面是个始发点，万物都由反面而产生。“万物负阴而抱阳”，阴负载着阳，“负”就是负载事物，说明反面的东西支撑着正面的东西，阴支撑着阳。万物都是阴阳两面的合一，都是当前的东西与它背后无限多的东西合为一体的产物。易学讲究仰观天文，俯察地理，“知幽明之故”。幽是阴面，明是阳面。所以中国传统哲学的万物一体也可以说包含着阴阳和合的学说。中国传统哲学中占主导地位的儒家所讲的万物一体、天人合一有不少阴阳学说的成分。董仲舒的天人感应说是天人合一、万物一体说中的一个类型，其中就包含很多阴阳学说。宋代的儒学也引进了很多易老之学。周敦颐说的“阴阳一太极也”，“是万为一，一实万分”，就意味着万物一体的思想中包含太极即在万物之中、阴阳合一的意思。

总之，万物一体、天人合一在中国传统哲学中占有主导地位。在这种思想传统下生活的中国人，其实现自我价值的最高方式不是像西方人那样去渴望和追求一个超验的本体世界，包括追求基督教的“天国”，而是对万物一体、天人合一的一种自满自足的境界的享受。我这里用的“自满自足”，是针对西方传统而言的。西方传统思想认为人是有限的，人相对于无限完满的超验本体来说，相对于超验的神性来说，是有欠缺的，所以，人总是想在渴望、追求一种“彼岸”世界的过程中实现自我的价值；而中国传统思想中没有或者说缺乏一种“彼岸”的观念，在这种思想传统下生活的中国人，没有那种面对“彼岸”的自我欠缺之感，而只是想在时间之内的现实世界中无限地绵延自己的生活空间，就算是实现了自我的价值。天一般地说并不在人之外，天与人都在“此岸”，人对于天并不觉得有什么欠缺，人只要通过修养，达到与天为一，那就是一种自满自足的享受。如果说西方传统哲学是由于人的自我欠缺感而向往超验世界的一曲赞歌，那么，中国传统哲学就可以说是由于人性的自满自足而享受现实世界的一首朦胧诗。

中国的万物一体、天人合一这种思想传统的形成，与长期的封建大帝国的统治是有联系的。儒家所讲的“天”的含义有多种，其中之一是义理之天，这种意义的“天”实际上是把一些人为的东西，三纲五常、君君臣臣之类的封建道德观念，附会在“天”的头上，叫作“天理”，人能灭人欲，顺乎“天理”，就是达到了“天人合一”的最高人生境界，所以这种意义的“天人合一”很合乎封建制度的需要。

中国传统哲学中“天人合一”之“天”也有自然之意，指天地万物而言，儒家有时也讲这种意义的“天”，但更主要的是道家，道家所讲的“天”是自然意义的“天”。这种意义下的“天人合一”大多是一种审美境界。

中国传统哲学往往把这种境界奉为人生的最高意义之所在，而忽视人与自然之分，忽视人对自然、主体对客体的认识和征服。所以中国传统的“天人合一”也是与长期的小农经济、生产力落后的状况相适应的。

天人合一、万物一体的思想传统之形成，也与中国的地理环境有关。中国的西北边陲是一片荒漠大山，少与外人交往，历史上通西域就是一件极其困难的大事。东南虽然海岸线很长，但中国之外就是一片大洋，几千年来也少有与外人的往来，与南洋的交往也是较晚的事，1492 年哥伦布发现美洲大陆以前，美洲对于中国根本就不存在。历史上的中国在地理环境方面基本上是一个封闭的大帝国，与古希腊的地理环境形成鲜明的对比。秦朝统一中国是中国历史上的一大功绩，但统一之后的中国却长期缺乏或比较缺乏外来的交往，这就容易让一种不分你我、不分人与自然的大一统的思想，即天人合一、万物一体的思想长期传承不息。印度佛教的输入给中国传统哲学增添了新的血液，但佛教的哲学思想属于东方的思想文化类型，很多是对中国天人合一、万物一体思想的一种补充、充实并使之得到新的发展。一直到鸦片战争，由于帝国主义的侵略，中国人才省悟到传统的万物一体、天人合一思想之弊。从此以后，19世纪末的一批先进思想家们才大力介绍宣传西方近代的“主—客”关系的思维方式和“主体性哲学”。鸦片战争以后中国哲学的大转向，也从一个相反的角度说明中国的天人合一、万物一体的传统思想是与长期的封闭性相联系的。没有西方的冲击，传统的天人合一、万物一体的思想可能还会延续更长的时间。明末清初虽然已有比较明显的反传统思想的萌芽，但一直进展得很缓慢。

二

中西传统哲学在各自的传统伦理道德观包括人生观以及对待科学的态度和审美观方面都有直接的表现和影响。

1. 对伦理观包括人生观的影响。

古希腊人虽然重视人在现实世界中的幸福，例如他们提倡的美德：勇敢、富有、荣誉、自信、正义等都与现实的幸福有关，但他们往往还是把不计较实际利害的纯思辨的、纯理性的活动作为最高的幸福，而现实生活中善恶的标准要以理性来评判。苏格拉底把德性规定为知识，柏拉图认为人的灵魂来自于另一个世界，其归宿也在另一个世界。这些都与他们崇尚超乎时间之外的超验概念世界的哲学有很大的关系。中世纪的基督教崇尚信仰，似乎与古希腊崇尚理性正好相反，但两者间也有相通之处。基督教的上帝是柏拉图超验的最高理念的变式，两者都是超时间的、超验的，只是上帝的无限性更增添了有限的人对它的敬畏之感。人在上帝面前总是意识到自己的有限性，意识到自己的欠缺，总是要求回到上帝的怀抱里，把自己的有限性统一到超验的上帝的无限性中，以得到拯救。所以人生的最高意义、终极意义就被归结为对超验的神性整体的追求，这是一种对“彼岸”世界、对现实世界以外的另一个世界的渴望。这种对人生最高价值和最高意义的体悟，和柏拉图关于人的灵魂的最后归宿在另一个超越的世界中的观点，和古希腊人把不计较利害的纯理性活动视为最高幸福的观点，显然有继承的关系。纯理性活动与基督教的信仰既是相反的两极，但在超越现实利害、在崇尚超验的世界这一点上却又接通了。基督教与古希腊哲学都有把精神追求置于物质利益的追求之上的倾向，原因就在于都崇尚超验的世界。两者的精神追求都在于追求这个超验的世界：一个是超验的理念世界，一个是超验的神性世界。西方文艺复兴以后的近代哲学，其主导原则是柏拉图主义的继续和变式，也是主张对超验的理念世界的崇尚。西方近代的理性主义哲学、主体性哲学虽然赶走了上帝，但仍然保留了与上帝同类型的超时间的超验世界。超验的神性被代之以超验的概念，两者都有古希腊思想文化中柏拉图主义的根源，我们不要把这两者完全对立起来。大概就因为这个缘故，尼采作为一个现代哲学家，在宣判基督教上帝已经死亡的同时，也把柏拉图主义、把西方近代哲学所崇奉的超验的形而上的所谓“真正世界”都一并列入摒弃之列。和基督教崇尚超验的神性相联系的是人人在上帝面前平等的意识，是因对上帝感恩而产生的对他人的责任感和忍耐、谦恭等道德意识。基督教的这种伦理道德观是值得我们重视的。在摆脱中世纪基督教教会的统治以后，西方近代哲学更加发扬了古希腊的重理性活动的精神，特别强调人的主体性，强调对事物的普遍性的追求。这种近代精神在对待人与自然的关系方面发展成为所谓“人类中心主义”，强调人要通过理性去认识事物的普遍性规律，把握普遍性概念，以征服自然，这种人类中心主义后来甚至发展到人对自然为所欲为、无限索取的地步。

中国传统的伦理观、人生观与西方传统相比，正好相反。天人合一、万物一体的哲学不讲超越时间之外的超验世界，传统的人生追求都在时间之内的万物一体的现实之中。中国人当然也讲理想、讲自我实现。如何实现自我呢？如何把有限的我扩而充之呢？最典型的一个现成的说法就是“三不朽”：“太上立德，其次立功，其次立言。”“不朽”就是追求无限，我这个七尺之躯总是有限的、要朽要灭的，人要想实现自我，就要超越自我要朽要灭的有限性，以达到无限，达到不朽。达到不朽、无限有三种方式：第一是立德、做圣人；第二是立功、成大事业；第三是立言、做大学问。这三种方式都能名垂后世，历久不废，但三者都是讲的时间上的无限绵延，所谓“永垂不朽”也是指时间上的无限绵延，都不是讲的西方传统思想所爱讲的超时间的超验的世界，既不是柏拉图的“理念世界”，也不是基督教的“天国”，也不是西方近代哲学的形而上的“本体世界”。那些玩意儿对生活在中国传统下的人来讲，太玄远了，太不现实了。我想，我们在座的绝大部分人也是这样看吧。“三不朽”中最次的是“立言”，著书立说，做学问，以传后世。为什么“立言”被放在“三不朽”中最次等的地位？我想还是与中国传统哲学有关，因为相对而言，知识、理论活动在三者中最不切实际，按照中国人重现实、重人伦的传统思想观点来排列，它很自然地就落在立德、立功之后。“学而优则仕”，学好的目的在于将来做大官，成大业，立大功。这句话最能说明把“立言”放在“三不朽”中最末一等的道理。儒家传统所讲的“立德”，其主要内涵是三纲五常、君君臣臣这一套封建道德观念，它与“立功”、当官、成大业是紧密结合在一起的，所谓“内圣外王”，那是传统思想中实现自我的最高、最佳的方式。所以，在中国传统思想中，人实现自我的空间是比较狭小的：超验的“理念世界”，基督教的“天国”，形而上的“本体世界”都不是中国传统思想中实现自我的空间，只有“三不朽”，而“三不朽”中，“立言”，从事理性活动、知识学术活动是最次等的；“立德”、“立功”这两个头一二等的“不朽”又束缚在封建伦理道德的桎梏之下，束缚在封建等级制度的桎梏之下，最终是封建帝王一个人说了算，除帝王之外的臣民要想实现自我，也在各种不同程度上受着极大的限制。在传统的伦理观、人生观的束缚之下，有几个人敢于表现自己的个性，表现自己的“真性情”？说违心的话，做违心的事，成了传统伦理道德观之必然。甚至做了坏事，例如《论语》上说的，偷了人家的羊，还要如孔子所教导的那样“父为子隐，子为父隐”，父子相隐竟被认为是顺乎“天理”，这当然也是“天人合一”哲学的一种体现吧。难怪中国当前有些腐败现象那么顽固，原来在儒家传统中已有了思想根源。

一部分人由于在传统束缚下找不到实现自我的空间而又有强烈的实现自我的意志与愿望，于是逃避现实，当隐君子，这也许是当时人实现自我的一个不得已而找到的人生空间。

针对中国的旧传统，提倡行行出状元、宗教信仰自由、平等对话、尊重学术研究等，确实是一些扩大实现自我空间的可行之道。

中国传统的伦理观、人生观也有其重大的优点：第一，传统的天人合一、万物一体的思想让人进入一种高远的境界，得到一种精神的享受，甚至是一种美的享受，有如马克思对古希腊艺术、史诗的称赞那样，这种天人合一、万物一体的境界虽过时，不能照搬到今天，但仍具有“魅力”。

还有很重要的一大优点，就是自强不息的追求精神。融入儒家而成为中国传统哲学的重要内容的易老之学特别强调生生不息的道理，认为宇宙是一个变化无疆的大洪流。所谓“易之为道也屡迁，变动不居，周流六虚，上下无常，刚柔相易，不可为典要，唯变所适”(《易·系辞下》)，还有“日新之谓盛德，生生之谓易”(《易·系辞上》)，都是强调变化无止境。“生生不息”的“不息”就是无穷无尽之意。六十四卦的最后一卦很有意思，叫作“未济”卦，所谓“未济”就是指未了结、无止境。“物不可穷也，故受之以未济而终写。”以“未济”为终，是无终之终，无底之底。现实世界中的事物是无穷之多的，时间是无穷地绵延下去的，无穷地变化下去的。我们为人处世，就要“唯变所适”，顺着时间的无穷变化而不断地适应下去。人生不是要“返本求源”吗？这个“源”在哪里？西方的传统哲学认为“源”在最圆满的超验的世界，那是一种有底论，而中国的传统哲学则认为这个“源”是“未济”的、无止境的，是无底之底。所以人生的意义就是要自强不息，无止境地追求下去。

不过，变化也有自己的“常则”，有自己的规律、法则，这就是由正而反，所谓“物极必反”。所以为人处世，都要“居安思危”、“知荣守辱”、“知雄守雌”。处在阳面，要见到背后的阴面，处在荣誉的顶峰，要想到受辱的可能，处在安逸的境况下要想到潜伏着的危险，因为世界本来是万物一体的，是阴与阳、正与反、显现与隐蔽的合一体。达到阴阳合一之“一体”的方法叫作“会通”、“感通”，“会通”、“感通”就是把阴与阳、正与反、显现的与隐蔽的融合起来。所以“圣人”“极深而研几”。“极深”就是穷究深藏在背后的东西，“研几”就是审察将现而尚未现的东西。这就是中国传统伦理观、人生观所强调的为人处世的方法。人生要实现自我，就得按照这样的“常则”自强不息地追求下去。

2. 中西传统哲学对科学研究方面的影响。

西方传统哲学中那种不计较利害、重视纯理论、纯思辨活动本身的兴趣，促进了西方对科学、对科学理论的重视，对逻辑推理的重视。科学不同于技术。技术是与实际的需要紧密联系在一起的。科学当然也与实际有联系，但更强调要有理论、有体系、有逻辑论证，这需要有为学术而学术、为知识而知识的那种所谓“纯理论的兴趣”。恩格斯在《费尔巴哈与德国古典哲学的终结》一书的最后两个自然段中特别强调这种“纯理论兴趣”，中译本译作“纯粹科学研究的兴趣”。恩格斯慨叹德国古典哲学中的这种“伟大的理论兴趣”的丧失，希望恢复这种兴趣。这种兴趣就是不管实际上有用无用，也不计较个人名利，纯理论活动本身就是一种乐趣。古希腊人在重视现实生活的同时，更崇尚这种特殊的兴趣。有这种特殊兴趣的人，不问实效，不计较个人利害，一心陶醉在这种理性活动之中。西方许多伟大的科学理论就是在这样的兴趣的驱使下产生的。科学家当初往往并没有考虑到效用，但这种伟大的科学理论产生后却有大用。当然这并不是说科学研究可以脱离实际，这是两个不同的问题。尊重“纯理论的兴趣”也决不排斥我们出于实际需要而从事的科研项目。尊重“纯理论的兴趣”也并不意味着在应用某种理论时不考虑人的需要和利害，例如把克隆的理论应用到克隆人时就必须考虑人伦道德问题。但无论如何，伟大理论的产生需要有“纯理论的兴趣”。狭隘的实用主义，急功近利，很难产生伟大的科学理论。西方科学发达与这种为知识而知识的纯思辨兴趣有密切关系。亚里士多德在古希腊那个时期就有那么多的科学理论，成为百科全书式的大哲学家，那时的哲学也包含许多自然科学的门类在内，与“纯理论的兴趣”有密切关系。亚里士多德以后，古希腊晚期科学已开始有分类的研究。文艺复兴以后，西方现代自然科学的分门别类的研究，使自然科学的发展更加快了步伐。西方传统重分门别类的科学研究是科学发达的一个重要原因。

中国的思想传统重人伦实际、重实用，所以中国很早就在技术方面很先进，这是世界上所公认的。但中国科学的发展即使在古代，我个人认为也比较差。这是一个大家争论不休的问题，我不想在这方面细谈，我这里也不可能讨论这个问题。我只能表个态，说说我所赞成的观点，我认为中国在科学方面即使在古代也比较差。原因之一就在于中国传统思想缺乏纯思辨的、纯理论的兴趣，一顶“不切实际”的大帽子就把那种兴趣和积极性打消了。可是伟大的理论体系，伟大的科学定理往往不是短期见效的，而是长期坐在冷板凳上才搞出来的，甚至是一些被认为是不切实际的书呆子搞出来的。中国传统思想不重视形式逻辑，墨经上的那点逻辑在哲学史上并不占重要地位。中国也比较缺乏西方近代重因果推理、重实验观察的精神，这些都是中国科学不发达的原因。

这里，我又想回到我前面所讲的人的自我实现的空间的角度来谈几句：恩格斯所谓“纯粹科学研究的兴趣”，其实也是人实现自我的一个很重要的空间。西方传统思想促使许多大科学家、大理论家一心投身在这个空间里，他们在其中实现自我；而中国传统思想却不重视甚至蔑视这一类的实现自我的空间，使得人生实现自我价值的空间变得狭窄了，这是很可惜的。我们今天要消除这种传统思想的影响，不仅要像我上面所说的那样，出于促进科学理论的长远效益的动机而要求重视纯理论的研究，我们还要更进一步认识到“纯粹科学研究的兴趣”本身就是一个重要的人生价值和意义之所在，就像宗教信仰一样，毫无实效，但信仰宗教的人仍然愿意生死以之。中国传统思想文化中缺乏“纯理论的兴趣”这一环，就像缺乏宗教信仰这一环一样，都是使传统思想中实现人生价值的空间狭窄的因素。

还是回到传统思想对科学的影响这方面吧！

中国传统的万物一体、天人合一的思想使中国人重“为道”而轻“为学”。老子说：“为学日益，为道日损。”“日益”就是增加和积累，“为学”就要重求知，重视知识的增加和积累；“日损”就是节制欲望，少一些知识的追求，“为道”就要重人生意义和价值的实现，重天人合一的境界，而节制欲望，减少知识的扩展。西方传统哲学特别是西方近代哲学史上占主导地位的旧传统是重“为学”，重科学知识的追求，重认识论、方法论，这种传统从柏拉图特别是从亚里士多德起就明确地开始了。在苏格拉底、柏拉图以前，“爱智慧”一词本是指人对万物合而为一(“智慧”)的一种和谐一致的意识(“爱”)；苏格拉底、柏拉图实现了从“爱智慧”的原意到后来所谓“哲学”的转向，即对一种外在知识的“渴望”和“追求”的转向。① 就是在这个意义下，我才说重“为学”的传统是从柏拉图开始明确起来的。有的人认为前苏格拉底的古希腊早期自然哲学家以素朴的、原始的方式探究万物之始基，是类似中国的“为道”，我以为这种看法并不妥当，特别是与中国传统的“为道日损”相对比而言，更应作如是观。相反，我倒是觉得古希腊早期自然哲学对万物之本源的探究包含了“为学”、求知的思想萌芽。罗素说：“泰勒斯、阿那克西曼德和阿拉克西美尼的思考可以认为是科学的假说，而且很少表现出来夹杂有任何不恰当的神人同体的愿望和道德的观念。”②罗素的话清楚表明了古希腊早期自然哲学家“为学”、求知的思想成分。前苏格拉底的自然哲学家正如苏格拉底所说，

---

① 参阅拙著《哲学导论》，3—5 页，北京，北京大学出版社，2002。

② 罗素：《西方哲学史》上卷，54 页。

大都是在具体事物中，在水或气或火中寻找事物的本原，而苏格拉底、柏拉图则是在“心灵世界”中、在“理念”中找事物的本原。古希腊哲学从柏拉图起明确地实现了“为学”的转向(当然，柏拉图的哲学思想中也还保留了“为道”的成分例如他的最高理念是善的思想)。如果说前苏格拉底古希腊早期思想中有类似中国传统的“为道”的成分，那也并不在于对万物之始基的探究，如有的人所认为的那样，而在于上述对“爱智慧”的本意的领悟。也许我们可以说，前苏格拉底的古希腊思想中混有“为学”与“为道”的两种成分。关于亚里士多德在“为学”方面对柏拉图的发展，我这里就不谈了。

在中国传统哲学中，孔子之学有“为学”与“为道”两个方面。就“为学”的方面说，他以“六艺”教弟子，教人“多识于鸟兽草木之名”，他还有关于求知方面的训语。但孔子之学的更重要的方面是“为道”，他认为自己的神圣使命是教人为仁，为仁是孔子的一贯之道，是六艺之本，诸德之帅。“朝闻道，夕死可矣。”为道、闻道是人生之根本。孟子继承和发扬了孔子“为道”的方面。荀子继承和发扬了孔子“为学”的方面，强调求知，强调天人相分，制天命而用之。但荀子的影响在中国传统哲学中不及孟子。朱熹有些“为学”的思想，但主要的是“为道”。中国传统中重“为道”的思想对中国人提升高远的精神境界有其可取之处，但轻“为学”的思想，轻认识论、方法论，轻理性认识，这却给中国科学的发展带来了不利的影响。

另外，中国传统的万物一体、天人合一的思想因偏重对世界的整体把握，使得我们缺乏对自然现象作分门别类的探讨，往往把各门学科糅合在一起，这也是中国长期不能让科学研究有深入的大的发展的一个重要原因。

3. 对审美观方面的影响。

重超验的无限性概念的西方传统哲学和重现实中无穷尽性的万物一体的中国传统哲学，构成了中西两种不同的审美观。简单地说就是，西方传统的审美观主要是典型说，中国传统的审美观主要是隐秀说。

西方的典型说来源于柏拉图的“理念”说，理念、概念被认为是最高的、最真实的。亚里士多德首创典型说，他基于柏拉图的“理念”说，认为历史学家只是描述已发生的事物，诗人则描写可能发生的事物，诗人所言说的是普遍性的东西。普遍性就是典型。诗就是写出典型。典型与理想是联系在一起的，诗人、艺术家的诗作、艺术品是按照事物所应当的样子，也就是按照理想去摹仿事物，而不是摹仿现实中个别的事物，例如画美人，不是画某个个别的美人，而是把所有美人的优点集中起来画一个理想的美人之美。理想就是柏拉图的理念。从亚里士多德起，西方美学的基本观点，占主导地位的观点，大体上都是认为美就是把超验的理念、概念形象地体现在感性直观中个别的东西之中。或者倒过来说也一样，美就是通过感性中的东西，通过具有时间性的现实世界中的东西去体现、显现超验的、超时间的概念。这个概念就是典型，就是理想。例如英雄的概念就是英雄所应该具有的性格的集中，任何某一个具体的个别的英雄人物都不是最理想的英雄，而艺术品所写的英雄的典型却是最理想的英雄，它在有时间性的现实世界中是不存在的，但是艺术家可以塑造、创造一个典型的英雄人物，让英雄的概念，英雄所应有的性格集中体现在这个典型人物身上。典型说是西方古典的传统的审美学说，统治了西方美学思想几千年。欧洲中世纪的审美观认为有限的个别事物之美来源于神性，从具体事物的有限美中可以窥见上帝的无限美。这种审美观虽然不叫作典型说，但它同典型说有相通相似之处，两者都认为美是要显现超验的东西，一个是显现超验的概念，一个是显现超验的神性。两者都是以显现超验世界为美。我们中国在解放之后，文艺理论界流行的也是这种典型说。典型说是西方崇尚超验的普遍性概念的传统哲学在美学方面的表现，典型说是由于这种传统哲学的影响而形成的。它的缺点是抽象，就像传统哲学所讲的超验的概念一样。所以典型说总给人一种缺乏现实性的感觉。世界上哪有那么一个集一切美女之美的美女呀？哪有那么一个完满无缺的英雄呀？典型说的缺点就是把人物抽象化了，缺乏现实感。现在的艺术品，包括大家看到的一些电视剧，已经不像文化大革命结束前那样抽象了。

在中国传统的万物一体、天人合一的哲学影响下，中国传统的审美观不是像西方传统那样通过现实中感性的东西去显现抽象的概念，而是重言外之意，重隐秀，也就是通过当前的东西去显现背后隐蔽的东西，这背后隐蔽的东西不是什么超验的概念，不是超验的神性，而是同样具体的、时间之内的东西。南朝梁刘勰的《文心雕龙·隐秀》篇上说："情在词外曰隐，状溢目前曰秀。"这里的"秀"字不是秀丽的意思，而是显现于外、历历在目的意思。中国的古诗、古画都重写意，要在诗的言词之中、画的笔触之中显现出词外之情、画外之意。所以中国人的审美观重在含蓄。中国人讲书法，也强调要藏锋，这与传统的审美观当然是密切相关的。中国传统的审美观和为人处世也有密切关系。中国人讲做人要不露锋芒，说一个人锋芒毕露，那大概是带有贬义的。做人属于伦理观，伦理观和审美都是在传统哲学的影响下形成的。

与西方传统的典型说相比，中国的隐秀说的审美观给人更广阔的想象空间，使人玩味无穷。中国人讲的从言内之词玩味言外之意，就是要达到一种万物一体、天人合一的高远境界。所谓玩味无穷，其实就是在这种天人合一、万物一体的高远境界和无穷的想象空间中纵横驰骋，这就是一种审美的享受。西方典型说的审美观虽然也给人以想象的空间，让你通过一个典型人物、典型性格想象到同一个典型、同一个类型下的其他许多具体事例，但典型说的审美观总还是束缚在一个固定的典型、固定的概念框架之内，所以就一个艺术品给人以想象的空间的大小而言，我觉得我们中国传统的审美观给人的想象空间更为广阔，因而也更有诗意，更能让鉴赏者玩味无穷。中国以诗的国度著称于世，我想和这种传统的审美观有关。

三

19 世纪中叶，中西方传统哲学都有一个大的转向。传统思想受到了批判，但其中有的方面仍继续保留，发生较大的影响。

西方重超验的无限性概念的哲学到 19 世纪中叶，大体上以黑格尔逝世或者以马克思主义的产生这个时期为标志，这种传统哲学的弊端日益暴露。这些弊端中最根本的是超验概念的抽象性，还有和超验相联系的主客关系式。这种超验的概念哲学本来是和“主体—客体”关系的思维模式或“主体性”哲学原则紧密联系在一起的，也可以说是一回事的两个方面。“主—客”关系就是人作为主体站在事物或客体之外，通过认识，把握事物的普遍性概念。这种普遍性概念在柏拉图那里就是一种外在的、超验的东西，是一种彼岸世界里的东西，外在性的东西。西方近代哲学把“主体—客体”关系更明确地建立起来了。19 世纪中叶以后的西方现当代哲学不满意传统哲学的抽象性和外在性，主张超越主客关系式，强调主体和客体融合为一，有点类似中国的天人合一、万物一体，不过这是一种“后主客关系式”的，它是经过欧洲几千年的“主—客”关系式的超验概念哲学的洗礼之后的东西，和中国传统的那种“前主客关系”的天人合一、万物一体是不同的。这样，西方现当代哲学就把哲学从超验的天国拉回到了现实的人世来了。本来在近代哲学中，在黑格尔的时代，已有把人与自然、主体与客体融合为一和反对超验的思想倾向，但远不及在现当代人文主义思潮这里那样在时代思潮中占优势。

与此相应的是，这种哲学上的转向在伦理观上，在对待科学的态度上，在审美观上也都有影响。例如西方传统的伦理观强调以人为中心的人类中心主义，人类中心主义发展到极端，过分夸大了人的主体性，以致造成环境污染等自然对人的报复现象，所以西方现当代哲学大多批评传统的人类中心主义，而主张一种极端的非人类中心主义或主张一种温和的人类中心主义。西方传统的伦理观在对待人与人的态度方面，由于在“主体—客体”关系的哲学影响下而发展成了自我中心主义：以我为主，把别人当作被利用的客体和对象。针对这种传统伦理的弊端，西方现当代的伦理观强调讲“互主体性”：我是主体，你也是主体，我和你之间应平等对话。平等对话，“互主体性”，这种伦理观也可以说是西方传统的上帝面前人人平等思想的现代发展和现代延伸，是对传统伦理观中“主—客”关系的批判。

在对待科学的态度上，西方现当代的思想是强调交叉科学的研究，以弥补传统的科学研究上分化太细的弊端。但西方现当代仍然保存了那种“纯粹科研的兴趣”，保存了为学术而学术的传统。

在审美观上，西方现当代美学思想大多基于主客融为一体的现当代哲学而主张显隐说，主张解释学的美学，强调审美价值与不同时代、不同人的“接受”融合为一。以超验的概念哲学为基础的典型说已不像过去那么占上风了。

中国自19世纪中叶鸦片战争受到帝国主义洋枪大炮的欺凌以后，思想家们深感中国传统哲学所谓的万物一体、天人合一，不讲我与非我的区分，不讲人能征服自然的“主体性”，不讲科学，以致处处挨打。魏源公开挑战这种传统哲学，说：“万物一体”“上不足以制国用，外不足靖疆圉，下不足以苏民困。”此后，谭嗣同、梁启超等19世纪末一批先进的思想家便与那种不分我与非我、缺乏主体性的传统思想针锋相对地大力主张要区分我与非我，提倡“心之力”，所谓“心之力”就类似西方传统哲学的“主体性”，他们强调发挥“心之力”，要“物随我”，而非“我随物”，大力介绍西方近代的古典哲学，介绍康德、笛卡尔的主体性哲学，想通过这种哲学的影响，发展科学，走富国强兵之路，孙中山的精神战胜物质的二元论，是与中国传统的万物一体的哲学相对立的，也是西方主体性哲学在中国的体现。五四运动的民主与科学两个口号可以说是19世纪末以来先进思想家们反中国传统哲学，向西方近代哲学寻找真理的一次总结。

前面说过，西方传统哲学有两个互相紧密联系的方面，一是主客关系，一是崇尚超验的世界，其中包括崇奉超验的上帝。中国人在19世纪中叶鸦片战争以后，也有想学习西方传统中崇奉超验神性的企图，洪秀全便是突出的一个例子。太平天国农民革命战争尽管失败了，但对于推动中国历史的发展起了重大的作用，对传统哲学是一次大的冲击。但我认为基督教的超验精神不能拯救中国，我不赞成用基督教的崇奉超验神性来拯救中国的文化危机。鸦片战争以后，中国人向西方传统哲学特别是向西方近代哲学所学习的是它的主体性精神的方面，是它的“主—客”关系式的方面，而不是对超验的世界的崇奉，包括对超验的神性的崇奉。而且，西方现当代哲学已深感传统形而上学所讲的超验的世界是抽象的。对传统哲学的这个方面的批判是西方现当代哲学的主要思想内容之一。我们应当保持中国人不在超验的世界中寻求“彼岸”的安慰的传统。

问题倒是在于19世纪中叶当我们开始向西方传统哲学学习之际，西方传统哲学发生了向现当代哲学的时代性转向，具体地说，就是当我们为了发展科学而学习西方近代的主体性哲学之际，西方近代哲学的这个方面也已成为西方现当代哲学所批判的重点，传统主体性哲学的种种弊端如我前面提到的人类中心主义，自我中心主义等都遭到批判。西方现当代哲学在经过了长期的主客关系式哲学、超验的概念哲学之后，现在大多都主张主客融合的哲学，特别是欧洲大陆人文主义的思想家们似乎不自觉地有倾向于中国传统的万物一体、天人合一之势。但我前面说过，西方现当代是“后主客关系”式的，而我们的传统哲学是“前主客关系”式的，对这一点，我们必须有清醒的认识。

在这种形势下，我们中国哲学的发展的任务是双重的，它面临两方面的问题。首先是面临落后于西方的问题，例如科学不甚发达，需要大力发展科学，需要提倡西方传统的纯粹理论研究的兴趣(尽管我们又不要那种对超验世界的追求)；人的独立自主精神比较缺乏，需要提倡西方的平等精神，因而我们应当继续批判传统的天人合一、万物一体思想的不分我与非我的素朴性，应当继续批判封建的“天理”观。在这方面，我们要继续19世纪末以来学习西方近代哲学的“主—客”式和“主体性”精神以至西方基督教的上帝面前人人平等的思想。但我们中国哲学的发展在当前的国际形势下，又面临西方人当前所面对的许多问题，如极端的人类中心主义、自我中心主义、环境污染等，即所谓“科学太发达”、“主体性被过分夸大”等所造成的问题。在这方面，我们传统的天人合一、万物一体的高远境界仍有“魅力”，值得我们批判继承和发扬。

中国的万物一体的哲学是“民胞”与“物与”精神的理论基础，我以为它能容纳西方所讲的平等精神，科学、理性的精神，主体性的精神，它可以把西方近代哲学的“主—客”关系思维方式吸收进来。所以我认为中国哲学未来的发展应该是中西的结合与会通。未来的中国哲学将是中西结合、会通的哲学。“何用别寻方外去，人间亦自有丹丘。”我们不需要到超验的“方外”世界去寻求人生的价值和自我实现的空间，我们只需在现实的“万物一体”之中，以“民胞物与”的精神为指导，发挥人的主体性，发展科学，发扬民主，就会创造一个辉煌的新世界，实现我们的人生价值。

崇尚有限与超越有限*

一、从崇尚无限到崇尚有限的转向

凡现实中的东西都是个别的，凡个别的东西都是有限的，也就是受限制的：甲事物之外有乙限制它，1之外有2限制它，如此等等。数学上的无限是指有限的东西之外总还有有限的东西限制它，这个“总还有”可以无限制地（无穷尽地）推进下去。无限在这里是“总还有”的意思，而不是说某有限的、个别的东西本身变成了不受限制的东西（无限的东西）。数学上无穷系列（无限大或无限小）中的每一个点（每一个别事物）仍然是有限的。黑格尔把数学上的无限贬称为“坏无限”，他的贬义不是我所赞成的。但他在阐述这种无限时，却明白指出，在这种无限中，有限事物的有限性并没有被否定，例如甲（或1）被乙（或2）否定了，但乙（或2）仍然是有限的东西，这种无穷进展的过程（无限过程）

* 本篇原载《社会科学战线》2003年第5期；《新华文摘》2004年第4期转载；《高等学校文科学术文摘》2003年第6期转载。

无论推到多么遥远，其为有限事物则依旧。黑格尔关于他所谓"坏无限"中的每一个点或每一个事物总是有限的东西的论断，是很深刻的。问题在于黑格尔哲学的最终目标是要否定这种意义的无限，或者说是要克服有限性以达到他所谓的"真无限"——一个至大无外的整体概念。①

西方哲学史长期由旧形而上学占主导地位，柏拉图是始作俑者。柏拉图认为平常人只知道有限的东西，有如上了镣铐的囚徒。只是由于克服有限性的反思，人们才得以打破锁链，上升到理念的无限领域，从而达到至善。在无限性这个领域里，一切有限的、个别的、转瞬即逝的东西都成为虚幻的。旧形而上学正是以这种上升路线的超越为其特征。超越在旧形而上学那里就是指克服有限，超越到绝对的、无条件的领域即不受任何限制的领域(无限)中去。尽管旧形而上学中也有可以称之为异端的思想，例如康德、经验主义者就有否定上述形而上学超越的思想，但他们并没有放走绝对的无条件的无限性概念。② 西方传统哲学更最终成了"柏拉图的注脚"。③

和传统哲学不同，黑格尔以后的西方现当代哲学(包括马克思的哲学)对旧形而上学大都采取批评的态度，那种和克服有限、超越到无条件的无限领域中去的旧形而上学观点相联系的哲学被宣布终结了。哲学家们一般都致力于从旧形而上学的无限性概念的桎梏中把有

① 参阅拙著《哲学导论》，58—59页，62页。

② 参阅 Dennis J. Schmidt, *The Ubiquity of the Finite——Hegel, Heidegger, and the Entitlements of Philosophy*, The MIT Press, Cambridge, Massachusetts, and London, England, 以下简称 Ubiquity。

③ Whitehead, *Process and Reality*, p. 39, New York, The Free Press. 1978.

限性恢复过来、拯救出来。

原来，黑格尔虽然总起来说是一个旧形而上学者，但他是一个具有两面性的人物，他崇奉旧形而上学的无限性概念，却又不放弃有限。他批评他以前的传统形而上学把无限与有限割裂开来，绝对对立起来，从而有限化了无限。他的“具体普遍”（“具体共相”）的思想和“绝对精神”包含具有时间性的历史和认识过程的思想，都是想把无限与有限结合起来以克服他以前的传统形而上学无限观的当代尝试，在这方面，他可以算得上是以结束传统形而上学为特征的现当代哲学的先驱。但黑格尔最终以普遍性压制了具体性，他的“绝对精神”与具有时间性的历史和认识过程的结合是外在的，而非真正内在的。[①] 黑格尔仍陷入旧形而上学的窠臼。真正把有限性从旧形而上学的无限性概念中解脱出来的哲学是黑格尔死后之事。

黑格尔死后，西方现当代哲学家特别是欧洲大陆人文主义思潮的思想家们，他们所关注的不再是脱离人生、脱离时间性的、永恒的无限性概念，而是世俗间个别的具体的有限的东西，是现实的东西，在这方面，海德格尔是一个突出的代表人物。时间、存在与非存在、历史、语言、差异、多元等等以有限性为其特征的论题，是海德格尔等人的现当代哲学所关心和议论的中心。

二、时间的有限性决定人世间事物的有限性

有限的东西的根本特征是什么？区分有限与旧形而上学的无限性概念的关键何在？黑格尔死后，许多西方现当代哲学家尽管关注有

① 参阅 Ubiquity，49 页，并参阅拙著《自我实现的历程——解读黑格尔精神现象学》，190—192 页，济南，山东人民出版社，2001。

限，却没有明确意识到这个问题，当然也未能对这个问题作明确的回答。只有海德格尔着重探讨了这个问题。在海德格尔看来，破坏旧形而上学的关键在于强调时间的优先性以及存在与时间的联系。旧形而上学的偏见在于崇奉无时间性的永恒观念，这种观念使人们看不到存在出场的时间上的有限性，① 看不到存在与时间、与人、与历史的联系。海德格尔首先注意到和强调了黑格尔关于时间的论述的正确而深刻的方面：一切现实的事物都是有时间性的、有历史性的，时间、历史对于事物具有本质意义，离开了时间、历史的事物是不可理解的，甚至于时间上的未来环节对于世界也有着重要作用。海德格尔接受了黑格尔的这些思想，但他在强调时间与人的联系方面的见解远远超越了黑格尔。他把他所理解和主张的时间概念称为“原发的时间”以区别于通常所理解的“世俗的时间”。“世俗的时间”是指一系列的现在(nows)之流逝。“原发的时间”是指人的时间(a human time)、生活的时间，是与人生相结合的时间，因而是有限的时间(a finite time)，它显现着展示于“此在”（人)面前的存在本身的有限性格。② 这也就是说，显示于人所生活于其中的世界中的事物都是有限的。人不可避免地总要面临莎士比亚剧中 Hamlet 的问题：“存在或者不存在”(“to be or not to be”)。人在面临死亡时特别能体悟到时间的有限、人生的短促，从而也体悟到人世间的事物是有限的，而不是旧形而上学所崇奉的永恒的存在或 omni-presence。presence(出场)与 absence(不出场)不可分离，而在 presence 前加上字头 omni，则成了永在、遍在，即

---

① 参阅 Ubiquity，49 页，并参阅拙著《自我实现的历程——解读黑格尔精神现象学》，27 页。

② 参阅 Ubiquity，49 页，并参阅拙著《自我实现的历程——解读黑格尔精神现象学》，39 页。

旧形而上学的无限——一种脱离时间的，或者说非时间性的绝对和无条件的东西。omni-presence 是永恒地 present，即无限，它只有 to be，没有 not to be。人能理解到(在面临死亡时)自身的有限性，理解到自身的非存在，这是一种“时间性的敞开”，是“此在的有限性超越”，它是人世间任何事物出现的先决条件。① 是时间(“原发的时间”，亦即集过去、未来与现在为一体(futural－past－presentness)的“此在”本身)使存在之出现成为可能，没有时间(指“原发的时间”)，人世间的事物就根本不可能出现，这种意义下的时间之所以叫作“原发的”，就因为这个道理。“原发的”是前提的意思，“原发的”时间是人世间事物出现的前提，是它为人世间事物之出现敞开了一种场所或境域。这样，“原发的时间”就不是像世俗的时间观那样把在与不在对立起来，把现在与过去、未来对立起来，从而把过去、现在、未来视为时间的三个独立的时刻(moments)，而是把三者融为一体，三者在“原发的时间”中都是“此在”(人)显示存在的不同方式。②

总之，时间首先是在面临非存在时展示出来，有限是时间的根本性质。在海德格尔看来，时间之有限性与事物之有限性便由此而得到说明，旧形而上学的无限性概念也因此而遭到破坏。

黑格尔所理解的时间概念虽然不能说完全是世俗的时间观，但他的哲学的最终目的却是为崇奉永恒的、非时间性的无限性概念找根据。他的著作，特别是《精神现象学》虽然用了大量的篇幅来描述“绝对精神”所经历的自我认识过程和历史过程(即时间过程)，但最终他

① 参阅 Ubiquity，49 页，并参阅拙著《自我实现的历程——解读黑格尔精神现象学》，34—36 页。

② 参阅 Ubiquity，49 页，并参阅拙著《自我实现的历程——解读黑格尔精神现象学》，36—37 页。

还是要从时间性领域一跃而进到非时间性的永恒的“纯粹概念”领域——旧形而上学的无限。

诚然，黑格尔在《精神现象学》一书的最后仍然强调无限不能脱离有限，无时间性的“纯粹概念”或“绝对概念”不能脱离时间性的人类历史，存在不能脱离人，真理不能脱离认识，或者用《精神现象学》最后一段的术语来说，绝对概念的“深处”不能脱离它的“延扩”（“绝对概念的时间上的体现”）。（西方现当代人文主义思想家们一般都继承了黑格尔的这一基本观点而强调人与世界、认识与存在的交融，强调超越主体——客体的二元式。）但黑格尔哲学始终存在着一个矛盾。它一方面强调存在不能脱离人，真理不能脱离认识，无时间性概念需要经过在时间中发生的漫长的人类认识过程和历史发展过程才能达到和完成，但另一方面黑格尔又认为，概念作为精神现象学最后阶段“科学”的特定内容来说，还不会出现于时间和现实中，因为在时间和现实中的现象学范围内，概念尚未完成自身，而一旦当概念完成自身即达到自我与存在、主体与实体的完全同一时，它就会超出了时间。说精神必然表现在时间中，这只是就它还没有进展到或把握到纯概念而言的，就它还没有消灭（扬弃）时间而言的。① 时间不过是作为“表象”意识对象的概念，黑格尔称之为“在那里存在着的概念”（der Begriff, der daist），是“作为空洞的直观而表象于意识面前的概念”。② “在概念把握住自身时，它就扬弃它的时间形式。”“因此，时间是作为自身尚未完成的精神的命运和必然性而出现的。”③可以说，时间是尚未达

① 黑格尔：《精神现象学》下卷，268 页。

② 《黑格尔著作》理论版，第 3 卷，584 页。

③ 黑格尔：《精神现象学》下卷，261 页。

到自我阶段的意识的一种对自身的不满足，这促使意识超出时间，达到概念，促使现象学结束自身，进入逻辑学的概念王国。海德格尔明确指出："黑格尔哲学通过把哲学理解为'科学'(the science)或绝对知识而表达时间的消失。"①我以为只要承认和允许有一个无时间性的概念王国，那就会面临一个不可回避的问题：时间性环节(认识、历史)与无时间性环节(真理、纯概念)是如何统一起来的？黑格尔在《自然哲学》的"导论"中曾明确区分了无时间性的"永恒性"和有时间性的"持久性"。"有限的东西是有时间性的，有在先和在后；当我们以有限的东西为对象时，我们就是在时间之内。"所谓"无限时间的观点"，并不是指"永恒"，它只是指此一时间之外有另一时间，另一时间之外又有另一时间，如此等等。反之，"永恒性是绝对的现在(按：这里的现在，Gegenwart，不是时间上的过去、现在、未来的现在之义。——引者)，是既无'在前'也无'在后'的'现实'(das Jetzt)"②，尽管"永恒性"必然包含有无限长的时间的意义。与有限的东西在时间中的情况相反，概念则"不存在于时间中，不是某种时间性的东西"，概念"是永恒的"。持久性"只是时间的相对扬弃"，即上面所说的扬弃了此一时间，却又有另一时间；而"永恒性"则"不是将要存在，也不是曾经存在，而是永远现实存在着"，是"无限的持久性"，是"绝对的存在"。按照黑格尔关于有时间性的"持久性"与无时间性的"永恒性"的区分，前面所提的存在于黑格尔哲学中那个不可回避的问题就可以另外表述为：持久性的东西如何一跃而为永恒性的东西？时间性的东西如何一跃而为概念？无论黑格尔哲学怎样强调这种持久性多

① M. Heidegger: *Hegle's Phenomenology of Spirit*, p. 12.

② 黑格尔：《自然哲学》，48—50页，北京，商务印书馆，1980。

么漫长、曲折(黑格尔哲学的特点之一就是强调人类历史和认识的漫长、曲折)，但最后的“一跃”总是不可避免的。这最后的“一跃”是如何可能的？或者说，有时间性与无时间性、持久性与永恒性之间的鸿沟是如何填平的？尽管他声明过绝对概念不能脱离时间性的认识过程，永恒性并不是与时间性相分离的①，因而我们不能像有些学者的看法那样，简单认为黑格尔的绝对概念在时间上是有终点的。但黑格尔的绝对概念是唯一真实的全体，是最高的普遍性概念，他从普遍性优于和高于特殊性的基本观点出发，用这一最高的普遍概念来结束和涵盖他的全部体系(《精神现象学》是他的全部未来哲学体系的诞生地)，从而归根结底压制了特殊性，用无时间性的永恒的无限的东西淹没了时间中持久的有限的东西，一句话，用抽象的概念王国吞并了具体的现实事物。

海德格尔明确点出了黑格尔的“绝对”、“无限”、“纯概念”、“永恒精神”之超出时间以外的性质，“对于黑格尔来说，存在(无限)也是时间的本质”，“无限”“先于时间并从而超出时间以外”，时间不过是“作为无限的存在之单纯本质的一种现象”，是“没有精神的”，“时间是疏离绝对并从而疏离存在本身之本质的，时间在‘通向永恒精神的道路上’，但时间本身尚未达到绝对精神”。而与此相反，海德格尔则认为“存在的本质是时间”。②

尽管黑格尔关于时间与人的联系的思想不及海德格尔的论证之详细、深刻，但关于这种联系的基本观点，黑格尔却是承认的。黑格尔承认时间与人的联系，承认时间的有限性和时间中事物的有限性。他

① 黑格尔：《自然哲学》，48—50页。

② M. Heidegger：*Hegle's Phenomenology of Spirit*，p.145.

所谓的“坏无限”正是要说明在由此一事物到彼一事物、由此一时间到彼一时间的无穷进展(“坏无限”)中，每一事物、每一时间都是有限的。问题在于黑格尔哲学的最高任务是要克服有限性，贬低无穷进展式的无限为“坏无限”，从而为达到和崇奉非时间性的真无限“概念”——一种抽象的整体概念作论证。而以海德格尔为代表的现当代哲学则是要恢复时间的优先地位，恢复有限性的优先地位。旧形而上学用抽象的无限压制了具体的有限的东西。我以为黑格尔的形而上学的“真无限”是抽象的，它把哲学引向脱离人生。黑格尔所贬称的“坏无限”倒是我们所应当崇奉的。海德格尔没有指出这一点，倒是伽达默尔明确地作了这样的表态。①

三、从拯救有限到超越有限，从崇有到尚无

崇奉有限是否就意味着死死地盯住眼前这点有限的东西而不思超越呢？反对旧形而上学是否就意味着否定一切形而上学呢？旧的哲学(旧形而上学意义下的传统哲学)终结了，是否就意味着根本不要哲学了呢？恰恰相反，我以为我们仍然要讲超越、讲形而上学、讲哲学，只是我们要给超越、形而上学、哲学以新的定位。对它们重新予以界说。黑格尔以后，哲学界、思想界有各式各样的想把哲学从旧形而上学的桎梏中拯救出来的尝试与方式，有英美分析哲学，有欧洲大陆现当代人文主义思潮。人文主义思潮中有像 Kierkegard，Nietzsche 那样的诗人哲学家，他们在破坏旧形而上学的事业中采用文学和诗意的感化多于理论的分析和逻辑的论证；胡塞尔、海德格尔在这方面则更具概念的精确性和历史的见识。如果说胡塞尔尚是一个从传统哲学到

① 参阅拙著《哲学导论》，58—59页。

现当代哲学的转折人物，海德格尔在破坏传统哲学、建立新哲学方面则有更多代表性，他对于我们的哲学思考也有更多启发。

当今我们应当提倡的新哲学，其不同于旧形而上学哲学的最根本之点，我以为既在于崇奉有限性，同时也在于超越，这里的超越不是意在通向脱离有限的无限、脱离时间的永恒、脱离具体事物的抽象王国。这里的超越绝不脱离有限的领域。旧形而上学认为有限束缚了人，故要摆脱有限、克服有限；新哲学则认为有限不是对人的束缚，而是对人生领域的扩展。这里的关键在于如何看待和理解有限，如何看待和理解有(存在)与无(非存在、非有)的关系。

西方传统哲学自巴门尼德始，以有(存在)为主导原则，无(非存在、非有)被认为是不可思议的、无意义的。就时间观念来说，按照这种原则，只有永恒的现在是真正的有，是真理之所在，过去的已经过去了，不再有了，将来的尚未到达，尚未有，因而都不是真实的。① 无的地位被否定了，旧形而上学的永恒的无限的崇高地位就得以确定。

无难道只具有否定的意义吗？无难道只是对有的否定和取消吗？

否定无的地位和作用，把无和有绝对对立起来、割裂开来，实际上就是否定了有(存在)本身的有限性。

其实，有限的东西之为有限，就在于在它之外尚有非有。没有这个非有，它就不成其为有，不成其为有限的东西。所以，说有(存在)是有限的，就等于说有与无是不可分的。这样来理解的无就不简单地只具有否定的意义，不简单地只是对有的否定和取消。换言之，此无

---

① 参阅 Ubiquity，49 页，并参阅拙著《自我实现的历程——解读黑格尔精神现象学》，63 页。

不等于平常所理解的否定，此无，(我用大写的 Nothingness 来表示此无)乃是有与无(小写的 nothing)的统一，或者说，此无乃是在场(出场)与不在场(不出场)的统一。由于任何一个当前出场的有限的东西背后都隐藏着无穷无尽的不在场的东西，二者结合(统一)为一个动态的、流变的整体，所以我们也可以说，这个整体亦即大写的无(Nothingness)是一个无穷无尽的“无底深渊”，它为一切有限的东西(beings)敞开其出场的场所。这样来看有限之物，则有限之物就是一个包括无穷尽的非有之整体。一就是一切，一切就是一。但此一不是封闭的，而是动态的、流变的。

对于无(Nothingness)的这种原初性、根本性的洞见，在西方哲学史上，只是到海德格尔才有的。大家都知道，黑格尔也大讲有无的统一，但黑格尔所讲的纯有与纯无的同一只是指二者皆为直接性和无规定性的意思。这不过是一种形式的同一。而且，黑格尔讲有无的辩证统一，是以达到永恒无限的绝对为目的。与黑格尔不同，海德格尔所讲的有无同一则意味着存在(有)的有限性。① 以黑格尔为代表的旧形而上学，崇奉永恒无限，是西方以有为原则的传统哲学；只有以海德格尔为代表的现当代哲学恢复了有限的优先地位，才能一反西方传统，建立以无为原则的哲学。

既崇奉有限，又还要强调超越，此超越究系何意？其实，这里的超越就是对有限性的意识和体悟，亦即意识到和体悟到有限物的原初性是无(Nothingness)，是有无的统一。对有限性的理解与无(Nothingness)是不可分的。看不到有限物是有无的统一的人，总是把有与

① 参阅 Ubiquity，49 页，并参阅拙著《自我实现的历程——解读黑格尔精神现象学》，77，91 页。

无对立起来，把无看成是对有的简单否定，于是死死盯住有，斤斤计较眼前这点有限的东西，这种人对有限性的理解是旧形而上学的，是不懂得超越的人。能超越的人正因为看到了时间和事物的有限性而能泰然处之，用海德格尔的术语来说，就是 Gelassenheit(letting go)。生固我所欲也，死亦不足惧，因为人生原本就是短暂的(有限的)，这就叫做泰然处之，叫作超越，或者叫做超脱。不能超越的人，则每以人生太短为苦，所谓“人生苦短”，就是因为没有体悟到有限性的本质，不能超脱。贪生怕死之人都是执著于有而看不到无的人，因而是不超脱、不自由的人。① 海德格尔强调人在面临死亡时最能体悟到时间的有限性和事物的有限性，从而也最能体悟到无(Nothingness)。海德格尔以此来说明超越的涵义，并把这种超越与旧形而上学的超越区别开来：后者与前者正好相反，不是把超越与有限联系起来，而是崇奉无限。我在其他一些论著中把旧形而上学那种崇奉无限性的超越叫作“纵向的超越”，把崇奉有限性的超越叫作“横向的超越”。“纵向超越”是超越到脱离有限现实的抽象无限领域中去，“横向超越”则丝毫不脱离有限的现实。基督教的上帝是时间的创造主，是超时间的无限者，它与旧形而上学哲学所崇奉的无限者是一气相通的，基督教和旧形而上学哲学一样认为有限是对人生的束缚，它所讲的仁慈、祈祷、信仰等都是为把人从有限性中拯救出来以达到抽象无限的各种途径。与此相反，有限的超越则不但不认为有限会束缚人生，而且，对有限性的真正体悟(即体悟到有限是有无的统一)会为人生敞开一个更广阔的视域或者说境界。用海德格尔的话来说，旧形而上学的超越因

---

① 参阅 Ubiquity，49 页，并参阅拙著《自我实现的历程——解读黑格尔精神现象学》，101—102 页。

其崇奉抽象的无限，而看不到人在体悟有限性中的敞开的领域，这就造成了“对存在的遗忘”，哲学脱离了人生的现实；有限的超越则看到了存在出现(出场)方式的多元化或多样性(存在者的多样性)而丰富了人生。

有限的超越是否像海德格尔所说，只有到面临死亡的时刻才能做到呢？庄子妻死，鼓盆而歌。庄子曰：“是其始死也，我独何能无概然！察其始而本无生。非徒无生也，而本无形。非徒无形也，而本无气。杂乎芒芴之间，变而有气，气变而有形，形变而有生，今又变而之死，是相与为春秋冬夏四时行也。人且偃然寝于巨室，而我独噭噭然随而哭之，自以为不通乎命，故止也。”(《庄子·至乐》)庄子开始时亦不能不因妻死而“慨然”，但他继而从妻之死体悟到人之始“本无生”，生本有限，生与死，有与无不是相互取消，互不相容的，于是不再哭泣了。庄子似乎懂得有限的超越，故能齐死生，一有无，达于“哀乐不能人”的逍遥之境。(《庄子·大宗师》)但人对有限的体悟，并不限于面临死亡之时。真正的诗人或者常人在兴发真正的诗意时，也完全可以做到超越。海德格尔在他的后期著作中已经把超越的途径着重放在“诗的思”上，而不再放在对死的领悟上。① 诗意的超越从消极方面说就是不死死盯住眼前这点当场有限的东西；从积极方面说就是超出当前出场的有限的东西之外，而看到“非有”即“无”(Nothingness)，看到在场与不在场的整体这一“无底深渊”，从而对有限的东西“泰然处之”。这里的“无底”就是指有限之物的无穷尽性的意思，就是我在前面已经提到过的黑格尔的“坏无限”。任何一个有限的东西都以这个无穷尽的有限之物的网络整体为其存在(出场、出现)之可能的前提，诗人就是能“聆听无底深渊的声音”的人。(德里达语)

① 参阅拙著《天人之际——中西哲学的困惑与选择》，398—399页。

四、从一元论到多元论，从尊崇同一性到尊崇差异性

“无底深渊”这一动态的整体之不同于旧形而上学所崇奉的恒定的整体的特点在于：旧形而上学归根结底是要克服有限，消除有限，从而把自己归结为一元论。“无底深渊”之整体观则强调有限性的真实性，从而把自己归结为多元论，但又绝不固于个别的有限之物：它认为有限之物总是不断超越自己的边缘，而进入另一有限之物的边缘（不是进入脱离有限之抽象的无限领域），赫拉克利特说：“自然喜欢躲藏起来。”凡自然之物皆有限之物，说自然喜欢躲藏，意思就是说，有限之物喜欢打破自己的边缘进入别的有限之物的边缘之内，而且这种进入的过程是无穷无尽的。旧形而上学最终是要把有限的东西扼杀、埋葬在抽象的无限——即一元之中，所以有限的东西在旧形而上学那里最终是没有生命的；“无底深渊”的动态整体观让有限的东西葆有各自的多元性和差异性，葆有各自的多姿多彩和生命力。用我们大家所熟悉的语言来说，前者是“万马齐喑”的哲学，后者是“百花齐放”的哲学。

贬抑有限和崇奉有限的区分实际上也就是贬抑差异性和崇奉差异性的区分。有限制就是有差异。从巴门尼德开始，西方传统的形而上学一直奉同一性为至尊，差异性受到压制。我在许多文章中都讲到“不相同而相通”，其用意就是要一反传统的旧观点，尊崇差异性（“不相同”），但我又强调不相同的东西是息息相通的。所谓“相通”就是指彼此不相同的（有差异）有限之物都各自超越自己的边缘而进入与自己有差异的另一有限之物之内。打破自身的界限（“超越自身”）而与差异者融通，这是有限之物之所以为有限的本性。“相通”是由有限性和差异性（“不相同”）来决定的。正因有限和差异或者说正因为

不相同才能相通。有人不理解有限性和差异性的这种“超越自身”的本性，认为只有首先肯定了同一性的优先地位，才能谈到彼此有差异的有限者之间的相通，没有同一就没有相通。这种观点显然是受了旧形而上学的同一性观点的束缚。旧形而上学的同一性乃是撇开和舍弃差异性而进行抽象思维的产物，这种同一只是讲彼此相异的有限者之间的相同，而不是讲它们之间的相通。黑格尔批评抽象同一，大讲“具体同一”或“具体普遍”，大讲同一包含差异，普遍包含特殊，但他最终还是把差异消融于同一之中，他并未真正克服传统的抽象同一。总之相同与相通不可同日而语。此猫与彼猫（或者用此马与彼马的例子也一样）只是因撇开和舍弃了此与彼的不同而同为猫，但仅仅看到两者之相同（同一性），并不能说明此（猫）与彼（猫）之间的相通。相同（同一性）虽非捏造、虚构，却是一种抽象概念；相通不是讲的抽象思维，而是讲的具体现实。例如说此猫与彼猫息息相通，这就是指两猫之间的某种“交流”，此种“交流”是具体现实而非抽象思维和抽象概念（如同为猫）。人与人之间、人与万物之间不相同而相通的情况亦类乎此。王阳明讲的“一体之仁”，不仅贯穿于同类的人与人之间，而且贯穿于不同类的人与物之间，很生动地说明了不相同而相通的道理。我把王阳明的“一体之仁”解读为有限者“超越自身”的一种亲和力或简称为“爱”。是“一体之仁”把天地万物（包括人）融通为一个“无底深渊”的整体。可见崇奉有限的哲学既主张尊重差异性和多元性，又远非固步自封，闭关自守，它是一种不断撤除自身的藩篱、奋发前进、欲与万物融合为一体的哲学。

提高境界之学

——我的《哲学导论》*

近20年来，我结合中西哲学特别是中国传统哲学与德国现当代哲学，思考了一些哲学问题，逐渐形成了一系列个人的思想观点，其所涉及的领域除哲学本身外，还包括美学、伦理学和历史哲学。这些思想观点在我的《哲学导论》一书出版之前，主要见于1995年出版的《天人之际——中西哲学的困惑与选择》(人民出版社)和1999年出版的《进入澄明之境——哲学的新方向》(商务印书馆)两书中。2001年上半年，北京大学哲学系的两位负责同志要我为本科新生讲授《哲学导论》课程，内容就以我近一二十年来出版的东西为主，并要求我在次年(2002)初结束本课程的讲授时，以教材形式出版《哲学导论》一书。我此前本已有点想把近20年来形成的一些思想观点更进一步加以清理和系统化的打算，在他们两位的鼓励下，我欣然接受了这个任务。从2001年夏到9月份新生入学上课约4个月的时间里，我根

* 本篇原载《中国大学教学》2003年第8期。

据当时我所理解和设想的教学要求，增写一些新的讲课内容和章节，还在上述两本已出版的著作基础上编写了部分讲稿。从9月初开学到年底，我边讲边写，终于在次年(2002年)1月由北京大学出版社出版了这本摆在读者面前的《哲学导论》。同年12月出版社重印本书。

一

我们中国人有句口头禅，叫做“人生在世”。人怎样生活在这个世界上？人抱着什么态度来面对这个世界？这是人生最大、最根本的问题，也是哲学的最根本的问题。所以我在《哲学导论》一书中把哲学的根本问题概括为人生在世的“在世结构”的问题。“结构”就是指人与世界相结合的关系和方式。在中西哲学史上，对这个哲学根本问题的看法，粗略地说，可分为两个层次、三个发展阶段。一个层次是把人与世界万物看成是息息相通、融为一体的关系，人所生活于其中的世界(“生活世界”)是人与世界万物交融的结果，在这样的世界里，人因世界万物而获得自身的内容，世界万物因人而获得自身的意义。没有世界万物，人是空的；没有人，世界万物是无意义的。两者的结合、交融构成人所生活于其中的世界。西方有些现当代哲学家把这样的关系叫做“自我—世界”结构(美国梯利希的用语)或“此在—世界”结构(德国海德格尔的用语)。对于我们中国人来说，这些用语显得有些晦涩难懂，我想借用中国传统哲学的术语把这种关系叫做“万物一体”或“天人合一”。“天”在中国传统哲学中有意志之天、义理之天、自然万物之天等含义，我这里只是取其自然万物的含义。“天人合一”从古代的巫术到孟子，到汉代的董仲舒，到宋明道学家，其含义有一个很长的变化发展过程，各家的讲法不尽相同，我借用这个词只是为了更简易地表达上述的人与世界的一个层次的关系。我在《哲学导论》一书中把这个层次的关系又叫做“人与世界融合为一”的“在世结构”，用一个公式来表达就叫做“人—世界”的在世结构。第二个层次的在世结构是把人与世界万物的关系看作是主体与客体的关系，人是主，世界万物是客，世界万物在人之外，二者分离、对立，相互外在，只是通过人的主动性、主体性对客体加以认识、征服，才达到主体与客体的统一。西方哲学对这种关系有一个现成的概括和术语，也是我国学界所通用和熟悉的一个术语，叫做“主体—客体”关系。以上所说的两种关系不是平等并列的，前者是基础，是第一性的，后者是派生的，是第二性的。这也就是说，“主体—客体”关系的在世结构是在“人—世界”的在世结构的基础上产生的。也就因为这个缘故，我用第一层次和第二层次来表达两者的关系。

人生在世，无论是就个人的发展阶段而言，或者是就一个民族或整个人类思想发展的阶段而言，大体上是：在初始的第一阶段里，从个人来说，还不能区分我与外物，这时的人，如同婴儿，尚处于不分主体与客体的人与世界浑然一体的关系里；从一个民族或整个人类思想发展的阶段性来说，哲学思想还处于以主客不分为主导原则的阶段。我把这个阶段叫做“前主客关系的合一”或“前主客关系的‘人—世界’结构”。第二个阶段是“主体—客体”关系的阶段。从个人来说，在有了自我意识之后的人之一生大多处于此种阶段。从一个民族或整个人类思想发展史来说，哲学要达到以“主体—客体”关系为主导原则，往往需要以百年或千年计的时间。第三个阶段是包括“主体—客体”关系在内而又超越了“主体—客体”关系的阶段，我称之为“后主客关系的合一”或“后主客关系的‘人—世界’结构”。少数个人例如真正的诗人能达到这个阶段，平常人有时也能达到；一个民族或整个人类思想则是在“主—客”关系以后才能进入到以此为哲学主导原则的阶段。

西方哲学史在苏格拉底—柏拉图以前的古希腊早期自然哲学的阶段，其哲学思想的主导原则是不分主体与客体的“前主客关系的合一”。柏拉图始开“主体—客体”关系之先河，近代哲学的创始人笛卡尔才明确地建立了“主体—客体”的关系式，自笛卡尔到黑格尔的西方近代哲学的主导原则是“主体—客体”的关系，一般称之为“主体性哲学”。唯物论和唯心论之争是这个阶段中哲学所讨论的主要问题。1831年黑格尔死后，也可以说从19世纪中叶起，西方现当代哲学，主要是欧洲大陆人文主义思潮的哲学，其占主导地位的哲学原则是“后主客关系的合一”。这种哲学是对“主体—客体”关系式发展到极端所造成的弊端的一种批判。西方现当代哲学所讨论的主要问题已经不是唯物唯心之争了。

中国传统哲学，其占主导地位的（不是唯一的）哲学原则尚处于“前主客关系的合一”阶段，所谓“天人合一”或“万物一体”，无论是儒家的或道家的，作为传统哲学的原则来说（不是就哲学家个人来说）都缺乏或者说较少区分主体与客体的思想。一直到鸦片战争中国受了帝国主义的欺凌以后，思想家们才意识到传统的那种不分你我（不分主体与客体）的“万物一体”、“天人合一”思想“上不足以治国用，外不足以靖疆圉，下不足以甦民困”（魏源语），于是大力介绍、宣传西方近代哲学家如笛卡尔、康德等人的“主体性哲学”，强调要区分我与非我，提倡发挥“心之力”，也就是强调要区分主体与客体，发挥人的主体性。中国哲学发展史从此开始进入了“主体—客体”关系的阶段。

从以上所说的这些可以看到，“主体—客体”关系的在世结构既非个人的人生之全部，也非一个民族或整个人类思想发展史之全部。同理，主要发生在“主体—客体”关系阶段的唯物唯心之争也非哲学史之全部。

二

我国在上世纪下半叶所广为宣传的哲学主要属于“主体—客体”关系的框架：哲学的最高任务就是把客体（客观存在）当作独立于作为主体的人以外的东西，通过人的认识能力（感性认识到理性认识），认识客体的普遍规律性，从而征服客体、利用客体，以达到“主客的对立统一”。哲学于是变成了追求普遍规律的学问，其不同于物理学、化学、生物学等具体科学之处，只在于后者是关于某种具体现象领域如物理现象领域、化学现象领域内的普遍规律的学问，前者则是关于一切自然、社会、精神现象的“最”普遍规律的学问。不管是某种现象领域内的普遍规律也好，或者是“最”普遍的规律也好，其为普遍规律则一。于是有的人把哲学干脆定义为科学：“哲学是自然科学与社会科学的概括与总结”，“哲学是关于自然、社会和精神的本质性、规律性的学问”，“哲学是科学”，都是这种定义的不同表达。我以为哲学需要讲普遍规律性，也需要讲“最”普遍的规律性，但这种在“主体—客体”关系式的框架内把哲学界定为只是对外在于人的客体之最普遍规律性的追求的哲学概念，已经过时了。哲学的含义和任务应该超越这种旧有的界定。西方现当代哲学大讲“哲学的终结”和所谓“后哲学”，就是指的这类旧意义的哲学的终结。

在这样的哲学终结以后，是否还有哲学的领地呢？我的《哲学导论》就是要对这个问题作出肯定的回答：哲学是以提高人生境界为目标的学问，是提高人生境界之学。

哲学不以追求知识体系或外部事物的普遍规律为最终目标，而是讲人对世界的态度，讲人怎样生活在这个世界上。一个人或一个群体抱什么样的态度来面对世界，这是一个人或一个群体的境界问题，不是知识体系或外部事物的普遍规律性问题。一个人或一个群体有什么样的境界，他或他们就有什么样的哲学。那种只有个人功利境界、把一切(包括人在内)都看成是为我所用的工具的人，他或他们的哲学是极端个人主义的哲学。那种以仁爱之心待人待物的人，他或他们的哲学就是“民胞物与”的哲学。如此类推，于是在人类思想史上产生了各式各样的哲学。

人对世界的态度或人生境界不是独立自在、随意产生的，任何一种人生态度或境界都有它之所以产生的经济基础、科学依据、地理环境、时代背景、民族性格、历史文化传统等为缘由；就一个个人来说，甚至与他的血型、禀性、出身、遭遇等都有或多或少的联系。以讲人生态度或人生境界为基本内容的哲学当然也与上述种种复杂因素有密切联系。例如至今主导着英国哲学界的分析哲学就以英国的经验主义哲学传统为基础，有英国独特的思想文化方面的历史背景。

在传统意义的哲学终结以后，在以追求外部事物最普遍规律为终极目标的哲学终结以后，以提高人生境界为目标的哲学决非抛弃普遍规律和最普遍的规律，决非抛弃知识和知识体系，而是在它们的基础上提高人生境界。当今的世界正处于普遍性、规律性和必然性知识日新月异、迅猛扩展的时代，我们以什么样的人生态度来面对这样的世界？我们将如何不断更新自身以适应不断更新的世界？我们应当以什么样的境界来指导我们的行动？这正是当今的哲学所面临的问题。哲学比科学有更多、更高的任务，它既需要科学知识，需要掌握普遍的规律性、必然性，又要超越科学知识、超越普遍的规律性、必然性。超越不是抛弃，而是指抱什么样的人生态度、以什么样的精神境界来面对日新月异的科学知识和普遍性、必然性。学哲学的人应当广泛涉猎各种科学知识：自然科学方面的，人文科学方面的，越广越好。哲学问题是渗透到各种现象领域和各门学科之内的，所以今后的哲学，应该讲各种现象领域的哲学：美的哲学、伦理道德的哲学、科学的哲学、历史的哲学、经济的哲学、政治的哲学……不同门类的哲学中都有针对该门类特殊知识和规律性、必然性的人生态度和精神境界问题，所以，各门类的哲学既要包括该门类的知识体系，又要超越该门类的知识体系。例如经济的哲学、政治的哲学就应当既包括经济学又超越经济学，既包括政治学又超越政治学。只有这样的哲学才既非脱离科学知识的空洞、玄虚之学，又非等同于科学之学。

人生境界各异，不能强求一致，但出现一种能为同一个时代、同一个民族的人群所共鸣的哲学则是必然的。我们平常说某个民族的哲学，某个时代的哲学，某种阶层、阶级的哲学，就是这样一种为大家所共鸣的哲学。

三

当今的中国需要一种什么样的哲学呢？什么样的哲学能引起当今中国人群的共鸣呢？

针对中国长期的“前主客关系”式的“万物一体”的老传统至今仍留给我们的负面影响，针对当今的中国亟待发展科学、发扬人的主体性的需要，我们将会沿着 19 世纪鸦片战争以后一批先进思想家们所开辟的道路，继续学习和吸取西方近代“主体—客体”关系式和“主体哲学”的精神。但另一方面，我们也应当看到，西方近代的“主体—客体”关系式对西方人的负面影响（如超感性概念的抽象性、极端的人类中心主义、环境污染、物统治人以及极端的个人自我中心主义等所造成的对人与自然、人与人的和谐的破坏）在当今的中国已有明显的表现。针对这种情况，我主张把中国传统的“万物一体”与西方近代的

“主体—客体”关系式结合起来，提倡一种中西会通的哲学。具体地说，就是把“主体—客体”关系式吸取和充实到“万物一体”的精神境界中来，一方面避免中国传统的“万物一体”中那种不分你我、不分主体与客体之弊，一方面避免西方近代把“主体—客体”关系式奉为哲学最高原则所造成的流弊。这种哲学，可以借用中国哲学的术语简称为“万物一体的哲学”，但它不是传统意义的“万物一体”，而是一种超越了主客关系的万物一体的境界之学。这样的哲学乃是一种能以高远的精神境界指导人们发挥主体性、奋发前进、执著追求的哲学。我相信这样的哲学符合中国当今的需要，能引起当今中国人的共鸣。

我所提倡的这种“万物一体”的境界，由于它是超越了“主体—客体”关系的在世结构，因此，我们也可以说它是一种“后主客关系的合一”。但它不同于西方现当代人文主义思潮的“后主客关系的合一”。我们不能亦步亦趋地走西方的道路。中国传统的“万物一体”、“天人合一”，正如马克思对古希腊艺术、史诗的赞赏那样，虽不能照搬到今天，但仍有永恒的魅力。我们应当从本民族的哲学基础出发，批判地继承和发扬中国传统的“万物一体”、“天人合一”思想中的那种精神魅力，而西方现当代哲学家们对这样的魅力仍然是很难领会的。只有这样，我们才能走一条具有本民族特色的“后主客关系的合一”的哲学之路。

我在《哲学导论》一书中对“万物一体”的含义作了新的诠释，并结合西方现当代哲学关于“在场”与“不在场”综合为一的观点，赋予它以新的内容。天地万物千差万别，彼此都不相同，但彼此不同的东西之间又“相互联系、相互影响、相互作用”(尼采语)，我把这三个“相互”统称之为“相通”。万物不同而相通，这就是万物之所以能构成“一体”的根据。任何一个当前的事物或现象都有它背后的无穷事物或现象作为它的背景，它之所以成为它当前的这个样子，都是以这些隐蔽的东西为其根源和构成因素的。用西方现当代哲学的语言来说就是，“在场的东西”以“不在场的东西”为根源，“在场的东西”与“不在场的东西”一体相通。例如当前的任何一个人(“在场的东西”)与全社会的人和全部自然(“不在场的东西”)就是这样一种不同而又相通的整体，这就叫做“万物一体”。

我以为这样的“万物一体”既是真，又是善，也是美。就一事物之真实面貌只有在“万物一体”之中(在无穷的“相互联系、相互影响、相互作用”之中)才能认识(知)到而言，它是真；就“万物一体”使人有“民吾同胞，物吾与也”的同类感和责任感(意)而言，它是善；就“万物一体”使人能通过当前“在场的东西”(例如通过建筑、雕刻、绘画、音乐、诗的语言等)而显现出隐蔽在背后的东西(例如“情在词外”之“情”、“意在言外”之“意”)，从而使鉴赏者在想象的空间中纵横驰骋、玩味无穷而言，它就是美。所以“万物一体”可谓集真善美于一体。人能有“万物一体”的体悟，就是达到了既真又善又美的高远境界。我的《哲学导论》所提倡的哲学，就是以达到这种境界为目标。全书的第一篇“本体论与认识论”主要是讲真，第二篇“审美观”讲的是美，第三篇“伦理观”讲善。这前三篇是本书的主要篇章。哲学是真善美的统一，《哲学导论》一书就以“万物一体”为纲，把它贯穿于全书的各个篇章。我在本书中还着重阐述了美在真善美的统一中居于主导地位的道理。

“万物一体”的境界绝非是一蹴而就的。它需要通过各种科学知识的学习，加深对任何当前事物都与其背后事物融为一体的认识；它需要通过人生的艰苦磨炼，不断接受人生的经验教训，体悟到个人的自我实现与全社会的背后支持不可分离地结合为一体，从而加深自己的道德意识；它需要通过对各种具体的艺术品和文学作品的鉴赏，以提高自己对“词外之情”、“言外之意”的想象力，实现从重实际功利的兴趣到更重审美兴趣的跨越。凡此种种，概括为一句话，就是需要超越“在场”，把“不在场”与“在场”融为一体。而这条超越之路是漫长曲折的，甚至是艰苦的，我的《哲学导论》只是指引一个大的方向，具体的路还得有兴趣的读者自己去走。

第 二 阶 段

（本世纪开始至今）

相同·相似·相通*

——关于"共相"的本体论地位问题新论

一

莱布尼茨说："世界上找不到两片相同的树叶。"尼采更概括地说："世界上本来没有相同的东西。"维特根斯坦批评传统的同一性概念而提出"家族相似"的概念，凡此种种，都涉及"相同"或者说"同一性"在现实世界中、实即本体论上的地位问题，这也是哲学史上一个古老的关于"共相"的问题。本文试图对这个老问题作点新回答。

关于"共相"(理念、普遍性、同一性概念)的本体论地位问题，自从柏拉图最早提出"理念"说以来，一直存在着不同的观点和争论。在传统哲学中大体上有实在论与唯名论以及居于两者之间的概念论三种观点。

古希腊最后一个伟大哲学家 Plotinus 的学生新柏拉图主义者 Porphyry(234—305?)在给亚里士多德的《范畴篇》所

* 本篇原载《北京大学学报》2004 年第 3 期。

写小引(*Isagoge*)中，对古希腊哲学关于普遍与个别的关系的讨论总结概括成为三个问题：1. 种和属是真实存在的还是单纯观念性的东西？2. 如果它们真实存在，那么，它们是有形的东西还是无形的和分离的？3. 它们是存在于感性的东西之中还是存在于感性的东西之外？Porphyry的这三个问题既使中世纪得以了解古希腊哲学所讨论的中心问题，也引起了中世纪关于共相问题的讨论，使实在论与唯名论之争成了中世纪哲学争论的焦点。中世纪后期，关于共相的实在论观点已不占上风，唯名论愈来愈占重要地位。到了17世纪，由于自然科学的发达，重实验观察成了人们思考问题的主导思想，于是在哲学上人们也愈来愈重特殊性(殊相)、个别性，共相、同一性被认为是抽象的、无再生力的；但另一方面，讲自然科学又不能简单抛弃普遍性、同一性、规律性，因此，一种居于唯名论与实在论之间的概念论便成了这一时期的时髦观点。① 洛克是概念论的最主要的代表，笛卡尔也有不少概念论的思想。黑格尔为了反对传统形而上学，极力强调共相、同一性概念的具体性，大讲“具体共相”(“具体的普遍”)，认为共相不能脱离殊相，同一性概念不能脱离有时间的现实历史和人的实际认识过程，他实际上是批判关于共相的实在论观点，企图把超时间的共相、超验的同一性或本质概念拉回到时间之内的现实的人间即具体的历史和人的认识过程中来，他的这种思想为他死后的现当代人文主义思想家们所主张的人与世界融合为一的思想观点铺垫了道路，对传统形而上学起了颠覆的积极作用。但黑格尔最终仍然允许有一个无时间性的、超验的、超具体历史与超具体认识过程的“纯粹概念”

① 参阅 R. I. Aaron：*The Theory of Universals*. pp. 18—19，Oxford University Press，1952.

的王国，这就使他颠覆传统形而上学的伟大历史工程功亏一篑，他最终仍然没有摆脱柏拉图主义，仍然承认了共相与殊相的分离，承认了超验的共相、同一性概念的独立存在。①

黑格尔死后的现当代哲学，有的持类似实在论的观点，有的持类似唯名论的观点，但有一个总的倾向和趋势，就是反对把共相、同一性概念或者说本质概念看成是独立于人的、超验的真实存在的东西。这和现当代哲学反对传统形而上学的超验性的总倾向和总趋势是紧密相关的。尼采(1844—1900)极力批判共相，我在多处都已引述过。分析哲学、语言哲学的开创者弗雷格(Gottlob Frege，1848—1925)尚主实在论的观点，认为“数既不是占空间的、物质性的，……也不是主观的，数是非感性的、客观的。这种客观性只能以理性为基础”。②这就承认了抽象实体的客观实在性。但弗雷格以后的语言哲学家、分析哲学家则多持反实在论的立场。维也纳的学派虽然不能简单地被说成是唯名论者，但他们的反传统形而上学的立场使他们远离实在论，这一点却是很明显的。维特根斯坦明确提出了“家族相似”的概念，大大地冲击了传统的共相、同一性概念。我并不认为维特根斯坦的“家族相似”这个概念足以推翻传统的共相的观点，但它对绝对同一性或完全共同性的消解确实起了积极的作用。蒯因(W. V. O. Quine)明确持反实在论的立场，否认属性这样的抽象概念的本体论地位。他认为可以说有这样的红的东西和那样的红的东西，可以说此物具有红的属性，彼物具有红的属性，这样说，是有意义的，但没有与共同的

① 参阅拙著：《自我实现的历程——解读黑格尔〈精神现象学〉》，190—192页，济南，山东人民出版社，2001。

② Frege：*The Foundation of Arithmetic*. p.38，Oxford University Press，1959.

红(一般的红)这种抽象名词相应的某种实体性的东西的客观存在，这也就是说，蒯因否认“红色”的共相的客观实在性。他否认“有一个被叫做意义的实体的领域”①。说“有意义的”并不等于承认共相的实体性存在。蒯因虽然后来偏离了原先这种近似唯名论的立场，把类概念引入他的本体论，认为类概念对于一种理论体系有说明的功效，但他的“本体论的承诺”是以约定为基础的，他讲的类概念并非原先的实在论所主张的超验的、独立的共相，他所讲的类是一种理论上的假定。②

欧洲大陆现当代人文主义思潮的哲学家们反对传统的概念哲学、反对柏拉图主义，这是他们的一个重要特点。他们都批判黑格尔的“绝对理念”、“纯粹概念”，继承和发展了黑格尔关于“具体概念”、“具体共相”的思想观点，强调普遍即在特殊之中，共相即在殊相之中，他们都反对超验的共相的独立实在性。就拿从近代哲学到现代哲学的转折性人物、现象学的创始人胡塞尔来说，他早期仍然持实在论的观点，主张意义的同一性，认为一个表达式的意义是独立于人的意识的某种超时间的、超验的同一之物，亦即柏拉图式的“理念”，说出一个表达式的说话人和听话人由于“共有”表达式的意义的绝对同一性而得以相互交流；但他晚期却强调意义的“边缘域”理论，意义不再是超时间的、绝对同一之物，而是处于时间之内的、与人的意识、说话人和听话人的语境相联系的、可以变化之物，“边缘域”的理论消解了传统的抽象共相的实体性存在，抽象的绝对同一性被它否定

① Quine: *From Logical Point of View*, p. 12, Harvard University Press, 1953.

② 参见蒯因:《经验主义的两个教条》，见《逻辑经验主义》下卷，696 页，北京，商务印书馆，1984。

了。其实，胡塞尔的著名的“本质直观”说，尽管烦琐晦涩，但有一点是很明显的，也是有积极意义的，这就是，本质、共相或类的同一性就在“直观”之中，共相就在殊相之中，普遍就在特殊之中，同一就在差异之中。胡塞尔所讲的“直观”是包括知觉、想象、思维在内的、融合这些因素于一体的意识活动，“本质直观”说可以受到各种质疑，但本质、同一、类概念与人的具体意识不可分离，这一观点却是黑格尔“具体概念”说的现代性发展。举例来说，“红一般”不再是超时间的、独立于人的绝对同一性和实体，而是寓于人所意识到的各式各样的特殊的红之中。时间之内的现实世界之中只有各种特殊的红，没有一个既非此种红又非彼种红的超验的绝对同一之“红一般”，后者是柏拉图式的“理念”。消解了这种超验的“红”的共相之后，那种寓于各特殊的红之中的“红一般”却是可以“直观”到的，是现实的，用胡塞尔的话来说，是“绝对被给予的”。但胡塞尔的思想有很多模糊矛盾之处。

二

消除了柏拉图式的共相的独立存在和客观实体性之后，或者说，消除了超验的、超时间的共相的客观性之后，是否就要完全否定同一性概念的意义呢？我们对平常说的与同一性相联系的相似性应该如何理解呢？

我以为，在具有时间性的现实世界之内确实没有什么绝对同一性，例如没有绝对的圆、绝对的方、纯粹的红、纯粹的白等等，这些绝对同一的概念是人所虚拟、创造的产物，就像几何学上的点，没有面积，不占空间，是人的虚拟、创造的结果，但它们又都不是凭空捏造出来的，它们是千万年来生活在唯一的一个共同体中的人们，在实际生活体验或生活实践(包括尚无自我意识的、不分主客的原始体验)的基础上，所作的一种理想的设定。它们没有像柏拉图的理念那样一种离开人而独立存在的实体性和客观性，但它们是有意义的。有意义不等于说有实体性的独立存在。它们以时空中具体的特殊的东西为基础，但多于(不是量的意义)和高于时空中具体的特殊的东西，这“多于”、“高于”之处就在于人的虚拟、创造。由于人的现实生活世界本来是人和物或者说人和世界交融合一的“整体”，所以我们也可以说，绝对同一这种理想的设定，既是理想，又具有现实性的意义。我们指着某个方的东西或圆的东西说它是方的、是圆的，这里的“是方的”、“是圆的”之所以具有现实性意义，是因为有一个被设定的绝对同一的方或绝对同一的圆作为衡量的理想标准，有此理想标准，然后我们才说这是方的，那是圆的。所谓一般寓于个别之中，共相寓于殊相之中的“寓于”，实际上是指理想设定的同一性(共相、一般)与现实中个别性、殊相在直观中的融合。一个尚未达到设定方或圆的理想标准的意识水平的婴儿，一个根本没有方或圆的概念的人，不会指着某物说它是方的或圆的。方的概念、圆的概念或者说绝对同一的方或圆离不开人的虚拟、创造，它们是由人来虚拟、创造的，不是本来独立存在而由人来发现的。动物没有虚拟、创造，对于动物来说，就没有绝对同一的方或绝对同一的圆，也谈不上一般寓于个别之中。

现实世界中没有绝对同一的方的抽象实体或绝对同一的圆的抽象实体，但我们却承认理想设定的绝对同一的方或圆的现实意义，这样，就使我们对如何理解相似性有了一个基准。如果以我们设定的理想的绝对同一的方或圆为标准，那么，具有时间性的现实世界中的各种特殊的方的东西或圆的东西就都不是绝对的方或绝对的圆，它们只是不同程度地接近方的理想设定或圆的理想设定：接近程度越大的，我们越说它是方的，接近程度越小的，我们就越说它不够方，以致对距离理想设定远到某种程度的东西，我们甚至说它不是方的东西。以鸟类为例，鸟类中麻雀、喜鹊就是很合乎鸟的类概念的鸟，而鸡鸭距离鸟的类概念就比较远，鸡鸭就是不够理想标准的鸟。现实世界中各种特殊的东西彼此之间，凡接近理想设定标准的程度互相邻近的两个东西，我们便说它们彼此相似，说这个方与那个方相似，这个圆与那个圆相似；凡接近程度不相邻近的两个东西，我们便说它们彼此不太相似或很不相似。假如以会飞为鸟类的标准(当然，鸟类的定义并非如此简单)，那么麻雀与喜鹊在会飞的程度上两相邻近，而与鸭子在会飞的程度上则很不相邻近，因此麻雀与喜鹊相似，而与鸭子(虽也属鸟类)却很不相似。现实世界中没有绝对的同一，或者说没有绝对的相同，现实世界中的东西都是彼此不相同的，不相同的东西可以依人的理想设定的标准而彼此相似，所以我们也可以说，现实世界中只有相异(不相同)和相似而没有相同(绝对的同一)。我们在日常生活中常常爱说某物与另一物相同，其实，这是指在理想设定的同一或类概念之下的相似。例如说两不同程度的红色同是红色，其实是指理想设定的“红一般”之下两种红的相似。我们在现实中所直观(用胡塞尔的“本质直观”的术语来说)到的“一般”、“本质”、“同一”，都是我这里所说的相似，是相异中的相似。这样来理解的“本质”当然不是超验的柏拉图式的理念，而就寓于现实的各特殊的、相异的事物之中。胡塞尔在讲“本质直观”时也提到“相似性”，只不过语焉不详罢了。[①] 实际上，他所讲的“本质直观”中的“本质”(一般)就是相似性。

---

① 参见〔德〕胡塞尔：《现象学的观念》，50页，上海，上海译文出版社，1986。

人的各种理想设定(如方的概念、圆的概念等等),如前所述,是千万年来生活在唯一的一个共同体中的人们在实际生活体验的基础上形成的,它们是人的虚拟、创造,但又不是脱离人的生活实践的。现实世界中的东西并没有绝对明确的类的界限与划分,所以同一个类概念中所包含的千万个彼此不同而相似的东西,其中有的东西处于类的边缘,以致相似的程度达到零而突破此类的界线而属于彼类。例如现实世界中有的形状就可以似方不是方,似圆不是圆。如果以白色与黑色或红色为例,情况也一样:现实世界中有的颜色就似红又似黑,似白不是白,纯粹的白、纯粹的红或纯粹的黑也只是人的理想设定。总之,所谓同类是人的理想设定,现实比概念的框架要丰富无比,概念是死的、固定的,在现实面前,概念总是要被冲破的。当然概念也不是绝对不可改变的,但它又有相对的稳定性。而且,类可以有高低大小之分,小范围内不同类可以在大范围内同类,这要依人的理想设定为转移。

人在设定理想的概念时,并非每个人都能明确说出概念的定义,就像能说出方有四个边、四个角,每个角都是直角,圆有一个中心、半径等长那样。例如什么叫做白,什么叫做红,一般就没有明确的定义。尽管如此,人们在千万年来共同的生活体验中仍然会形成一个理想设定的类概念作为标准,并不自觉地以此来衡量现实中的事物是否属于此类,是否彼此相似,而且,用胡塞尔的说法,这种衡量是在直观中一次完成的。

那种把相似理解为现实的两个东西中有许多点不同而有一点相同的说法,是站不住脚的。问题在于所谓两个现实的东西有相同的一点,这个相同之点的相同究竟是什么意思。现实的两个东西中能有一点是绝对相同、绝对同一的吗?例如说兄弟两人很相似,就因为两人都同是圆圆的脸，或者说是因为两人都同是长长的脸。试问：两人的圆脸或长脸是绝对相同的吗？是同样的长或同样的圆吗？当然不是。如前所说，现实的东西中没有两个是绝对相同的。如果退一步把兄弟两人同是圆脸的同（相同）不理解为绝对相同，而理解为相似，那就又回到了前面的问题：什么叫做相似？如果仍然坚持相似就是相异中有一点相同的观点，那显然又回到了原来所遇到的困难：现实的东西中根本没有绝对的相同。总之，企图在现实中找到相同，然后用这种相同来说明和解释相似，这种思路是走不通的。说穿了，相同只能是自身与自身相同，只能是自身同一，A＝A，这才是绝对同一。方的概念、圆的概念便是这样一种自身同一的相同，但它们只是人的理想的设定，是人的虚拟，一种有现实意义的虚拟，有某种真实性的虚拟，而在现实世界中是找不到的。两个方的东西之间或两个圆的东西之间就根本不存在绝对同一性或相同。庄子与惠子关于鱼乐的辩论中的一段话颇能形象地说明相同只能是自身同一：庄子说鱼乐，惠子问："子非鱼，安知鱼之乐?"庄子反驳说："子非我，安知我不知鱼之乐?"庄子与惠子两个人的话显然都是根据一个道理，即我与非我（庄子与鱼，庄子与惠子）既不相同，也就不能有同乐之感，只有我与我才有同一，才有同乐，也就是说，只有自身同一，没有我与非我之间的同一，没有不同之间的相同。

三

现实中没有绝对的同一，是否就意味着现实中各不相同的东西之间是彼此隔绝的呢？有人认为否定了现实中的同一性，就否定了现实事物间彼此的相通，没有两物中的相同就没有两物之间的相通。事实并非如此。我们平常讲的多样性的统一，正是说的各种不同的、多样性的东西之间是彼此相通的。所谓多样性的统一，这里的“统一”正是说的相通。黑格尔往往把多样性的统一又称为多样性的同一，把对立面的统一叫做对立面的同一，这里用的“同一”一词都不是指上述的绝对同一、自身同一或相同，绝对同一、自身同一或相同都是黑格尔所批评和反对的。黑格尔讲多样性或对立面的统一或同一，决不是要在多样性的东西或对立的东西中找相同。绝对同一只是讲的单一的一个东西自己对自己的同一或等同。两个不同的东西之间只能有相通的关系，而不能绝对同一。

相通的具体内涵究竟有哪些?

我把相互联系、相互影响、相互作用理解为相通的内涵，我们平常说的相互依存、相互转化也包含在其中，但这里都不含有相同(绝对同一或等同)的意思，而都是指的不同的东西之间关系，包括两相对立的东西之间的关系。

有的人之所以想到相通离不开相同，是由于持这种意见的人把两个不同的东西(相异)中找到相同之点看成是两个东西之间的相通，例如把你的痛感引起我的痛感、引起我的不忍之心叫做你和我之间的相通，相通就在于两个人都同有(相同)痛感。由于这种同有、相同，才有相通，相同、同有是相通的关键，没有这种相同、同有，就不会有我和你之间的相通。这种看法的要害就在于抹杀了我的痛感和你的痛感不是相同的，而是不同的。世界上没有两个人的痛感是绝对同一的。我们在现实世界中找不到一个绝对同一的痛感贯穿于我和你之间。其实，我的痛感和你的痛感之所以相通，你的痛感之所以引起我的不忍之心，不是由于有一个相同的痛感，而是由于我在前面所详细申述过的相似性，是由于你的痛感引起了我的一种与你相似(不是相同)的痛感。我们平常说的相通，大多是指这种相似性。前面说的庄子与惠子关于鱼乐的辩论，最终似乎还是肯定了庄子能知鱼乐，惠子亦能知庄子之知鱼乐。为什么？原因就在于相似性：庄子与鱼就其均属动物这个类而言，有相似的乐感，庄子与惠子均属人类，故亦有相似的乐感，庄子之知鱼乐是指庄子所知的鱼乐与鱼之鱼乐相似，惠子之知庄子之知鱼乐是指惠子所知的庄子的鱼乐之感与惠子的鱼乐之感相似。这里的相似都不是指相异中之一点相同，鱼乐与庄子所知之鱼乐、与惠子所知的庄子之知鱼乐都是彼此不同的。

同类相似的相通性，其含义可以随类的扩大、变化而扩大、变化。例如人与人同类，人与人有相似的责任意识，我的责任意识与你的责任意识是相通的。反之，人与其他动物不同类，动物无责任意识，因此，人与其他动物之间谈不上有责任意识上的相通性。但是就人与其他动物同属大范围的动物这个类而言，人和其他动物有相似的痛感，因此，动物的痛感与人的痛感是相通的。正是基于人与动物间的这种痛感上的相通性或者说同类相似性，西方以边沁、叔本华、卢梭、辛格(Peter Singer)、施培曼(Robert Spaemann)等人为代表的所谓“痛苦中心主义”的伦理学，才主张凡有痛感的生物与人有同等价值，人应平等对待一切有痛感的生物。“痛苦中心主义”的伦理学显然还没有把无痛感的生物例如植物包括在其考虑的范围之内。西方现当代伦理学有所谓“生命中心主义”，以施魏泽尔(A. Schweitzer)为代表，更进而考虑到包括无痛感的一切有生命的生物这个更大范围的类的相似性和相通性，在他们看来，无痛感的和有痛感的生物与人同属生物类，它们有相似的求生意志，因此，无痛感生物的求生意志与其他动物和人的求生意志是相通的。“生命中心主义”由此而主张尊重一切有生命的东西，主张人应“对一切生物负有责任”。比“生命中心主义”更极端的“自然中心主义”，其代表人物有内斯(Ame

Naess)、德威尔(Bill Devall)等，他们引一切自然物为同类相通，主张把道德价值扩大到包括非生物在内的一切自然物。凡此种种，都说明理想设定的同类之下的不同事物的相似性和相通性。尽管人所设定的类的范围大小和层次高低有所不同，其为同类相似相通则一也。

但是，相通绝不只是上述同类相似性意义下的相通。不相似的东西之间，甚至彼此对立的东西之间也普遍存在着相互影响、相互作用、相互联系意义下的相通。世界万物是一个相互影响、相互作用、相互联系之网，是一个彼此息息相通的整体。前面说的同一个理想设定的类之下所属各种相似事物间的相互影响、相互作用、相互联系(例如你的痛感引起我的相似的痛感，引起我的不忍之心；鱼乐引起庄子之知鱼乐；甚至同一类型的思想学说之间的相似性等等)只是“相通”的内涵之一种。由于我们日常语言把相通只限于同类相似，所以误以为相通只有这一种含义。其实，任何不相似的事物之间，不同类的事物之间，例如人与非人之间、动物与植物之间，有生命之物与无生命之物之间，前面提到的两相对立的东西之间，作为不同类的东西，它们也都是相互影响、相互作用、相互联系的，一句话，都是相通的(语言哲学家奥斯汀关于不同类不相似的东西可以冠以同一名称的问题，我这里暂撇开不论)。柏拉图在讲他的“通种”论时就明确讲“是者”与“非是者”之间的相通。柏拉图甚至认为言语就产生于概念的彼此相通，如果事物(包括概念)彼此不相通，就是取消了言语。例如把鹿、马、狮这类表示行动者的词和行、跑、睡这类表示行动的词相配合，而说“鹿跑”、“马睡”那就成为言语，成为一句话，而如果把鹿、马、狮堆在一起不相联系，就不成为话语。另外，一句话可以表示存在，也可以表示非存在，既可以表示真话，也可以表示假话，例如说“泰阿泰德坐着”便是表示存在的真话，但要说“泰阿泰德飞着”

就是表示非存在的假话，非存在的假话也是有意义的。由此可见，不同的两个概念之间，相反的两个概念之间，是相通的。① 这就最能概括地说明不同之间的相通。柏拉图的“通种论”能帮助我们理解不同而相通的道理。

即使两个敌人之间，也是相通的。这里有两层意义下的相通。一是对立面的统一和相互依存，没有互相敌对的甲方，就没有与之敌对的乙方，这个相通的道理是很明显的，也是比较容易理解的。另一层含义是指同类相似意义下的相通：敌人是人这个类之下的两个不同者，他们在挨揍之下都有相似的痛感，所以一个人为了使敌人受到痛感，他就拳击对方。这正说明互相为敌的两个人之间具有相通性，只不过是从一个相反的角度、从一个非仁爱的角度来说明相通性罢了。否则，如果我拳击你，你竟然不是产生痛感而是产生快感，那我作为你的敌人又何必使用拳击你的手段呢？人与人之间的对立、矛盾、敌对，以相通为基础，如果人与人之间没有相通性而是互相隔绝的，如

---

① 柏拉图：《智者》篇，237a，241d，242a，259d，260b，262d，264d。没有相通，没有联系，就没有语言，事物也没有意义，例如把鹿、马、狮堆成一串，彼此不相联系，就不成语言，也没有意义。但如果说鹿的角比马的角长，这样把鹿和马联系起来，就成了有意义的语言。联系、相通有各种各样的方式，两事物之间可以有这样的联系而没有那样的联系，即是说，可以这样相通而不能那样相通。把没有某种方式的联系随意加在两事物之间，就会造成无意义的语句，例如用德里达举的例子来说，“绿色是或者”就是无意义的，因为“绿色”与“或者”之间没有是与不是的关系或联系，即使说“绿色不是或者”，也是无意义的。如果说，“某物或者是绿色，或者不是绿色”，这就是有意义的语句，“或者”在这里已经改变了原来在“绿色是或者”中的地位，它和“绿色”的关系也改变了。另外，两相矛盾的事物，例如方的圆（胡塞尔、德里达的例子），方与圆也是有某种联系的（某种方式上的相通），从而也是有意义的，尽管在现实中并不存在着方的圆。矛盾就是一种意义。

果人与人之间没有同类相似性，那又如何产生对立、矛盾和敌对呢？

无论同类相似性意义下的相通，还是不同类、不相似的东西甚至对立的东西之间的相通，都有层次高低、范围大小之分：如前所述，人所设定的类可大可小，例如自然物这个类比生物这个类要大，生物这个类比有痛感的动物这个类要大，随着类的扩大、变化，相通的含义亦随之而扩大、变化。同理，不同类的、不相似的甚至对立的统一这种意义下的相通也有层次高低、范围大小之分。黑格尔所讲的多样性的统一或对立面的统一就有小范围的、低层次的统一和大范围的、高层次的统一，这些大小范围、高低层次的统一也就是各种不同范围、不同层次的相通，而不是相同，不是等同。那么，最大范围、最高层次的相通(无论从同类相似的意义来说，还是从多样性或对立面的统一的意义来说)是什么呢？黑格尔认为是"绝对理念"，我认为是"万物一体"、"天人合一"，这里的"天"喻指世界万物，"天人合一"在这里就是指人与世界融合为一的"在世结构"①，也就是万物一体。可以说，没有大范围、高层次的相通，就没有小范围、低层次的相通，前者是后者的基础和前提，而万物一体即万有相通(不是万有相同)，则是各种小范围、低层次的相通性的基础和前提，没有万物一体相通，就谈不上各种小范围、低层次的相通。例如王阳明说的"见鸟兽之哀鸣觳觫而必有不忍之心"，这种人与动物之间在痛感上的相通性，归根结底，基于人和动物以至天地万物之演化，也就是以万物一体为其本体论的根据。王阳明用(人)"心之仁""与天地而为一"即"一

① 参阅拙著《哲学导论》，第1章，北京，北京大学出版社，2002年。黑格尔的"绝对理念"是最高的主客统一，他的这一学说为后来的西方现当代哲学人文主义思潮中人与世界融合为一的观点开辟了道路，起了颠覆传统形而上学的积极作用，但它毕竟还不等于就是现当代的人与世界融合为一体的思想观点。

体之仁”来解释人与人之相通、人与鸟兽之相通、人与草木之相通以至人与非生物之瓦石相通，固有泛心灵主义之嫌，但他用万物一体来解释各种小范围、低层次的相通，这一基本观点却是值得我们吸取的。其实，黑格尔的“绝对理念”，即是大范围、最高层次的对立统一，也就是最大范围、最高层次的相通，黑格尔明确断言：较大、较高的对立统一是较小、较低的对立统一的“真理”，这里所谓“真理”就是前提、基础的意思，最大、最高的对立统一是一切较小较低的对立统一的“真理”——前提、基础。这就说明，黑格尔也主张最大范围、最高层次的相通是各种小范围、低层次的相通之前提、基础。黑格尔的“绝对理念”虽然未脱传统形而上学的窠臼，但它却是现当代关于人与世界融合为一体的思想来源，与中国传统哲学特别是王阳明所讲的万物一体有相通之处。批判了黑格尔哲学的形而上学性，批判了王阳明的某种泛心灵主义，而认真吸取黑格尔的对立统一和王阳明的万物一体的思想实质，这会大有助于我们理解不同而相通的道理。

其实，对立统一意义下的相通与同类相似意义下的相通，二者并非互相隔绝的，而是结合为一的。对立统一的统一是一个整体，这个整体所包含的两个环节对立与统一相伴而行，不可须臾分离，但二者在事物的发展过程中，有时是对立(矛盾、斗争)居于主导地位，有时是统一(调和、和谐)居于主导地位，而事物发展的总的趋势是统一越来越占主导地位。当统一居于主导地位时，对立统一意义下的相通就转化为同类相似意义下的相通，也就是说，不同事物间的对立退居次要的、隐蔽的地位，而在它们之间凸显了同类相似性，这种同类相似性乃是统一居于主导地位的表现。我们过去讲对立统一，过分强调对立面之间的矛盾、斗争，而忽视了对立统一思想之以调和、和谐、相通为依归的主旨，这种观点应该加以改变。我们当前谈论得很多的关于对立面取得“双赢”的话题，就是一个由对立面的矛盾、斗争转化为同类相似的调和、和谐的初步例证。“双赢”是双方互让、妥协所达到的一种调和、和谐。如果我们能高瞻远瞩，不断扩大类的概念，提高类的层次，让“双赢”的意义和内涵随着世界潮流而日益扩展和深化，这将为整个世界越来越走向不同而相通的所谓“和而不同”的局面铺垫道路。“万物一体”、万有相通、“民胞物与”。事物趋向调和、和谐即不同而相通，这是世界未来发展的必然。

论想象*

一

想象一词的含义很多，我们在日常用语中有时把不正常的、不可理喻的言行也说成是“不可想象”，这不属于我要讨论的范围。我主要还是从认识论的角度，更多的是从审美意识的角度，谈谈想象的哲学意义。

人们一般说来，都是首先盯住当前的、在场的东西(the present)，认为当前的、在场的东西才是最真实的、最根本的、最切实的，凡不在场的、非当前的东西(the absent)就不真实或不够真实，从而也是不重要的、不切实的。这也就是说，人们一般都缺乏飞离在场的意识。适应这种情况，人们首先总是重视感性直观而贬低想象。想象，不管在哲学史上、心理学史上、美学史上有各式各样的界定，

* 本篇原载《江苏社会科学》，2004年第2期。我在拙著《哲学导论》的好几章中都谈到了想象，意犹未竟，特再论述之。此文凡《哲学导论》中已经详细阐述过的，只简单提及，注明出处，有兴趣的读者可以参阅该书。

但都有飞离在场的意思。

代表人类思想发展童年时期的柏拉图哲学把想象看作是他所谓认识过程四阶段中的最低阶段，就是贬低想象、贬低飞离在场的意识的一个最古典的例子。想象在柏拉图哲学中不过是感性直观中在场的东西的影像，感性直观中在场的东西，看得见、摸得着，是原本，它比影像(想象中的东西)要真实。“原本——影像”，这就是柏拉图关于想象的公式[①]。就是在这种关于想象的观点指引下，从事想象的诗人、画家被逐出柏拉图的哲学家城市之外。柏拉图讲的认识过程的四个阶段(想象→信念→理智→理性)是一个由想象的不在场的影像到感性在场的实际事物，再到数学概念，以至于最后到永恒在场的理性的纯粹概念(理念)的发展过程。愈是低级的阶段，愈多影像性，愈多不在场性，愈是高级的阶段，愈具有在场性，愈少影像性，而最高的“理念”则是永恒的、原本的在场，它是纯粹的在场，完全没有影像性。柏拉图这种以在场为先、为重的形而上学观点在西方传统哲学中长期占统治地位，一直到 18 世纪末 19 世纪初的康德才有了突破。

康德把想象力分为两种：一是“再生的想象力”(reproduktive Einbildungskraft)，一是“创造的想象力”(produktive Einbildungskraft)。第一种想象力是指回忆或联想的能力，它“只是受制于经验规律即联想律的”[②]。这种想象力不是康德所强调的，它和康德以前的一些经验主义哲学家把想象理解为联想的心理过程是一回事，并没有脱离柏拉图的“原本—影像”公式的窠臼。康德关于想象的独特见解在于第

① 详见拙著《哲学导论》，51 页。

② 康德：《纯粹理性批判》，B152，并参阅：《判断力批判》，第 22，49 节。

二种想象力即“创造的想象力”。“创造的想象力”在认识方面有两种作用：一是把先后在时间中呈现的各种感觉因素结合为单一整体的感觉对象的能力，例如把一条线的第一段、第二段等与最后一段综合成作为整体的一条线的能力，或者把一个数所包含的第一个单位、第二个单位等与最后一个单位综合成作为一个整体的数的能力，就是一种创造的想象力。康德在《纯粹理性批判》第一版“主观演绎”中把想象力的这种综合称为“想象中再生的综合”①。由于在这种想象的综合中，凡在感性直观中先前(指时间上的先前)呈现的因素(例如一条线的前面各段，或一个数的前面的各个单位)在整体中只是潜在的出现(出场、在场)，或者说是不出场的出场，所以这种出现、出场也可以说是一种想象的出现、出场。康德由此便在《纯粹理性批判》第二版“客观演绎”中对想象下了这样一个著名的界定，并强调指出这样界定的想象是“创造的想象力”，而非“再生的想象力”。他说：“想象力是把一个本身并不出场的对象放在直观面前的能力”(Einbildungskraft ist das Vermoegen, einen Gegenstand auch ohne dessen Gegenwart in der Anschaung vorzustellen)②。“创造的想象力”的第二种作用是连结感性直观和知性概念。康德反对柏拉图把纯粹概念(“理念”)与感性直观中的东西分裂为二，而主张把二者结合起来，这就要求把知性中的纯粹概念加以直观化、感性化、图式化，其间的桥梁就是康德所谓的“图式”(Schema)，“图式”是一种介于概念与感性形象之间的结构，它是想象力(“创造的想象力”)的产物。在康德看来，正是想象力才使知性概念与感性直观结合为经验知识。举个例子来说，当我看到我面

① 参阅拙著《哲学导论》，48—50页。
② 康德：《纯粹理性批判》，B151。

前的一本书时，我的经验就体现了想象的一种综合作用(康德称之为“想象力的先验综合”，又称“形象综合”)，正是想象的这种作用使我把感觉中直观到的东西和“书”这个概念综合为一个单一的经验——看到一本书的经验①。

想象力除了在认识方面有上述两种作用外，它还在审美意识方面起着重要的作用。康德认为审美意识(“审美判断”中的心境)是审美形象适合人的两种认识功能(即与想象力和知性)，从而引起这两种认识功能的自由活动所达到的一种愉悦心情、情感。审美意识中的想象力是有创造性的，它既与知性规律相符合，又由于它的自由创造而不受某种固定的、刻板的知性概念所约束，它是自由地与知性概念的规律性协调一致的，是自由地、自发地按照知性概念的规律活动着的。它如果有意识地、明确地按照某种外在的“应该如何如何”的概念来活动，那就只不过是善而不是美。因此，那使想象力自由活动的美的东西总是新颖的。再美的东西，如果按某种概念把它固定下来，机械地重复，那也会使人厌倦②。所以审美想象力的创造是一次性的。可以看到，想象力在审美意识中的作用不同于其在认识中的作用之处在于：在认识中，想象力受知性概念的约束，就像上面关于看见一本书的认识经验的例子那样，我如何看事物乃是依赖于我确定地相信有一本书在我面前；但是“在审美经验中，想象则不受概念的约束，它从事一种自由的活动，正是想象的这种自由活动使我们让概念立足于一种本身免受概念约束的经验之上”③。这也就是说，想象可以让概念

① *The New Encyclopaedia Britannica*，V. 13，p. 13，Chicago，1993.

② 康德：《判断力批判》，第22，49节。

③ *The New Encyclopaedia Britannica*，V. 13，p. 13.

也自由活动起来而不固定于一个死板的框架。

另外，康德在谈到天才与艺术时还从另一角度讲到想象力在审美意识中的作用。他认为想象力是通过审美形象显现一种理想、理念(典型)的功能，人们在鉴赏某一美的形象时可以想象到许多其他的非某个固定概念所可以统摄和表达的东西，也就是说可以想象到其他许多非言语可以表达的东西①。

显然，无论是在认识方面还是在审美方面，想象力所起的作用都是在于把知性与感性直观、思想与感觉、理念与形象结合在一起。

康德关于想象力的种种作用的理论，其在哲学史和美学史上的贡献在于，它打破了柏拉图那种轻视飞离在场意识、一味追求纯粹在场的纯粹概念的传统形而上学观点，苏格拉底转向所开展的可感世界与理智世界之间的划分不再是绝对对立的，想象在感觉世界与理智世界两者之间起了填平鸿沟的作用，想象和飞离在场的意识得到提升和重视，纯粹在场和永恒在场的超感觉世界被下降而掺杂了不纯粹、不在场的成分②。

不过，康德的历史突破仍然是有限度的。首先，他虽然认为审美意识中的想象力不受知性概念的约束，但他最终还是认为理想的美要依存于“理性概念”(如宁静、刚强等道德观念和永恒、自由、神、灵魂不朽等超验的理念)，这就和康德原先关于审美意识不受制于目的概念的说法相矛盾。在康德那里，美最终是“道德精神的表现”。其次，康德关于道德的“实践理性”不能混杂想象中的感性成分，这就使他的哲学最终未能摆脱柏拉图的纯粹理念、纯粹在场的思想观点的窠

① 康德：《判断力批判》，第22，49节。

② 参阅J. Sallis，*Delimitations*，second edition，pp. 10—11。

曰，由想象力形成的审美意象只是最高的理性概念在感性中的形象显现。尽管康德的“理念”是一个无穷追逐的目标，包含有在场与不在场相结合的想象结构，但总起来说，飞离在场和让想象从纯粹在场的形而上学束缚中解放出来，这一点在康德的哲学和美学中显然还没有达到。想象从纯粹在场的纯粹概念束缚下解放出来的过程，在康德那里，只是走了第一步(尽管是非常重要的一步)，他毕竟把理性概念看成是他的哲学的最高原则。我以为，要完成旧形而上学的终结，必须把想象看成是对思维概念的超越，但超越绝不是抛弃思维概念，而是经过它、包括它、又超出它。

在康德之后，现代德国哲学家胡塞尔发展了康德的思想。

胡塞尔首先批判了传统的影像理论，这种理论主张有一个外在于意识的独立的对象，影像只是这外在对象的代表或代替物。胡塞尔主张，我们的意向经验所指向的对象不是外在的、独立的，而是人所“意指着”的(the object“meant”or “aimed at”)。胡塞尔问道，人的意向如何可能意指影像自身以外的外在对象呢？胡塞尔认为，一个对象出现于(出场于)意识之前，不是因为有一个类似于对象的东西出现于意识之中，而是因为在人的意向性经验中和通过这种意向经验，才使对象得以构成[①]。

那么，对象在胡塞尔看来是如何构成的呢？他认为，正是想象使对象得以显示。人不能同时从各个侧面看到一个对象的整体，一个侧面本身不等于整个对象。人在面对一个侧面时，他的意向所指并不是指向直接在场的这个侧面，而是指向对象整体。某一个侧面只是非此侧面的其他许多侧面借以显示自身的出发点和桥梁。我们可以由此出

① 参阅 J. Sallis，*Delimitations*，p. 67。

场的一个侧面想象到未出场的其他侧面。这样，对于一个对象之整体的把握也就成了想象的产物。想象使未直接出场的东西显示出来，被照亮起来①。胡塞尔讲的意向性活动显然导向想象的活动，即保持着不出场的东西出场的活动。胡塞尔的这些思想观点使想象更多地超越了感性直观的束缚，更多地增添了想象飞离感性在场的思想成分。他教人不单纯注意直观在场的东西，想象中未出场的东西才是本质的，才是出场的东西的前提②。

但上述意义下的想象仍以知觉(感觉)为基础，胡塞尔称这种想象为“影像意识”(Bildbewusstsein，image－consciousness)。此外还有一种想象，他称之为幻想(Phantasie，phantasy)。在前一种想象中，想象活动的对象作为代表另一与之相似的对象而出现；在后一种想象中，想象活动的对象没有被代表者而直截了当地、径直地出现。如果说明胡塞尔早期还有较多地把想象放在知觉基础上的思想，那么，到了后期，他就越来越强调想象飞离知觉，也就是说，越来强调幻想。他虽然重复了康德关于想象的规定，认为幻想是使不出场的东西出场的经验，但他对这个界定已经作了很大的延伸和发展，他在这个界定中强调，不出场的东西可以是没有物理基础的和没有可能在知觉中出现的东西，是不可能有被代表的东西的，他认为幻想中的东西是现实中不能出现的东西，因而也是可以变幻莫测的，而这些正是幻想的特

① 参阅 J. Sallis, *Delimitations*, pp. 73—74；并参阅《哲学导论》，48—49页。

② 同上书，pp. 77—79。

点[①]。胡塞尔由此而断言幻想是"相应的知觉的变形"(einc Modifikation der entsprechcnden Wahrnehmung)[②]。例如石头通过窗户而不打破窗户的幻想就是事物由于从知觉到幻想的变形而被引申的结果[③]。又如一座金山也是由于幻想而使知觉变形的产物。胡塞尔认为金山虽然不存在，但它是有意义的，甚至于人首马身的怪物也可以出现在幻想中。

不管幻想这种想象与现实世界如何抵触，但无论如何，幻想为我们开拓了视野，让我们看到了世界上更大、更多的可能性。胡塞尔在讲他的"本质直观"的理论时就赋予了想象以开拓可能性领域的力量。

胡塞尔认为"本质直观"可以通过个别的直观中可见的范例而直观到事物的本质(普遍性)，但此范例不一定是知觉到的，而可以是记忆中可见的，也可以是幻想中可见的。这就是说，事物的本质可以借助幻想达到。他认为几何学家更多的是在幻想中而较少在对形象的知觉中操作，几何学家在幻想中有"无比的自由"来考虑无数可能的图形，把无数可能的图形都计入一种本质之中。所以胡塞尔认为在具体科学中，幻想比知觉更重要[④]。幻想可以使无数个体的东西作为范例而让本质被直观到。

胡塞尔不仅谈到科学需要幻想，而且也谈到历史、艺术、诗更需要幻想，但他在这方面却语焉不详，远不及康德对于审美意识中想象

---

① Husserl，*Phantasie*，*Bildbewusstsein*，*Erinnerung*，Husserliana 23，ed. Edward Marbach，The Hague：Martinus Nijhoff，1980，p. 150；参阅 J. Sallis，*Double Truth*，p. 119.

② 转引自 J. Sallis，*Double Truth*，p. 121。

③ 同上。

④ Husserl，Husserlianna 3，3，§70；参阅 J. Sallis，*Double Truth*，p. 131。

力的重要作用谈得详尽。胡塞尔基本上是从认识的角度谈论他关于想象的思想观点。

关于胡塞尔的“本质直观”，学者们有各式各样的质疑，这不属本文讨论的主题。我这里想提问的是，胡塞尔所讲的例如几何学家的操作，如果按胡塞尔的说法，是在幻想中操作，那么，这种所谓“幻想”能够与他所说的人头马身之类的幻想同日而语吗？或者更概括一点说，科学的幻想与艺术的幻想有何区别？胡塞尔所谓“本质直观”中的“直观”实际上是把知觉、思维与想象结合为一体的，知觉、思维与想象在这里是一次完成的。他在这里企图把普遍本质与个别的东西结合在一起，这个思路值得赞赏，但也存在着很多模糊矛盾的地方。我倒是觉得胡塞尔关于想象的思想观点中最值得我们吸取的是他对于康德的想象定义的发挥与发展：他强调“不出场的出场”中不出场的东西可以是知觉中根本不可能出场的东西，是幻想的东西；他强调不出场的东西对于构成一个对象的必要性；他强调幻想拓展了可能性的视野。

二

可以看到，“想象”的最经典的定义是“使本身不出场的东西出场”的“能力”或“经验”(康德用的是“能力”，胡塞尔爱用“经验”)。我以为对于这个定义可以作如下几个层次的解读：

1. 指记忆或联想。已经过去了的事物，当我们回忆起来时，这个事物虽未在知觉中出现于当前，也就是说没有现实地出场，但它却在我们的想象中潜在地出场了。联想是由此一当前的在场的事物想到另一已经过去了的事物，这也是一种本身不出场的出场，一种想象中潜在的出场。亚里士多德把联想分为三种形式：相似(similarity)、对比(contrast)和接近(contiguity)。洛克最早提出“观念的联想”(associ-

ation of ideas)。休谟认为联想的主要形式是相似、时空中的接近和因果。联想中有认识上的联想，如清晨从看到马路上全都湿了想到昨夜下雨。还有审美的联想，如白居易《琵琶行》中说的“大弦嘈嘈如急雨，小弦切切如私语”，就是由大弦嘈嘈联想到相似的急雨，由小弦切切联想到相似的私语。联想，正如康德关于“再生的想象力”所说，是没有或者说是缺乏创造性的。即使审美意识中的联想，其创造性和诗意也是不够的。白居易的《琵琶行》太露骨、太直白、不够含蓄，没有达到我下面将要讲到的显隐合一或刘勰说的“隐秀”说的更高层次的诗意境界。

2. 创造的想象。这种想象力不只是起联想的作用，而且具有建构的能力(constitutive)。首先就认识方面说，例如前面所说通过一事物对象当前出现的(在场的)某个侧面而想象到它背后隐蔽的、未出场的各个侧面而建构成作为“共时性”整体的一个事物对象，这种“本身不出场的出场”就是具有建构性的、创造性想象。我在《哲学导论》中举了很多例子说明了这一点①。另外，康德的“图式”说和胡塞尔的“本质直观”说，也是从认识方面说明创造性想象在结合普遍性概念与个别直观于一体从而构成经验知识的不同尝试，尽管我们可以对他们的尝试提出各种质疑，但他们的基本思路是值得我们重视的。

我这里想着重说明的是创造的想象力在审美意识中所起的作用。康德关于想象在审美意识中的作用的学说最终属于典型说，想象力的功能是使理念(典型)显现于个别的感性形象之中。我主张审美意识的更高层次应当是超越典型说所讲的典型创造，而以在场的东西通过想象显现出本身不在场的东西，从而使鉴赏者驰骋于无限的想象空间

① 参阅拙著《哲学导论》，48—51页。

(无限的不在场的空间)，玩味无穷，所谓“词外之情”、“言外之意”、“弦外之音”，这才是最高的审美境界。我在《哲学导论》中所举的杜甫的“国破山河在，城春草木深”，元稹的“白头宫女在，闲坐说玄宗”等等例子，都是说的这种想象力的审美功能。从“山河在”、“草木深”之出场让鉴赏者去想象——玩味“无余物”和“无人”的这些本身未出场的荒凉景象，从“白头宫女在”之出场让鉴赏者去想象——玩味昔日之繁华已成过眼云烟的寂寞寥落景象，这就是一种“语少意足，有无穷之味”的诗意和审美境界①。西方现当代以海德格尔为代表的显隐说和中国古代刘勰的“隐秀”说，其基本的共通之点都是强调最高的美在于从在场的显现的东西想象到无穷的不在场的隐蔽的东西，从而得到一种余味无穷的审美享受，这种审美享受超越了典型创造所给人的审美享受，它给人的想象空间远比典型所给人的想象空间要无比广阔②。

这里所说的在场的东西和本身不出场的东西不仅仅是指知觉中个别的东西，而且包括感性中个别的东西与理性思维中普遍性概念相结合的复杂事物，即事与理相结合的事物。例如《红楼梦》里所讲的复杂故事就不只是简单的个别感性事物，而是事与理、感性中个别事物与普遍性概念相结合的复杂情节，这是指在场的东西。而由《红楼梦》里明白说出的这些在场的东西所玩味和想象的关于人生的品味则是未出场的、含蓄在《红楼梦》所讲的故事情节背后的东西，它们也不是简单直观的个别事物，而是事与理、感性直观与普遍性概念相结合的东西③。从这个意义上说，我们所强调的显隐说或隐秀说也是对典型说

① 参阅拙著《哲学导论》，157—159 页。

② 同上书，156，159 页。

③ 参阅拙著《哲学导论》，48—50 页，48—51 页，157—159 页，156 页，159 页，167—170 页，49 页，49—50 页，165—166 页。

的超越，这种想象包括了概念而又超越了概念。增强想象力正是要我们不限于某个固定的概念框框的限制，飞离出概念之外，到无限的不在场的广阔空间中翱翔。概念者，界定之谓也，界定在无限的不在场的空间中只能是相对的，它的藩篱总是要不断地被打破的。

审美意识中以在场显现本身不在场的想象，与认识中通过本身不在场的东西与在场东西的综合而把握一个整体对象的想象，两者有一个重要的共通之处，这就是在场者与不在场者的共时性。人把当场所看到的一个东西的某个侧面(例如通过知觉看到一颗骰子的6点这一面)与想象中的其他几个面(骰子的1、2、3、4、5这些面，它们本身并未出场于知觉中)综合为一，这才成了作为整体的一个"东西"。这个整体中出场的方面与未出场的方面是同时发生的，这就叫做"共时性"。对任何一个事物的认识都是如此。人不可能同时看到一事物的方方面面，只能在时间的绵延中"历时性地"此刻看到这一面，下一刻或上一刻看到另一面，但想象却可以把此刻看到的一个方面与想象中另外许许多多的方面(实际上这些方面是无穷之多的)，亦即把在场的东西与无穷多不在场的东西综合为"共时性"的一个整体。所以对一个作为整体的对象的认识要靠想象①。同理，显隐说或隐秀说的审美意识，其中在场的显现的东西与不在场的隐蔽的东西，或者说，"词外之情"的词与情，"言外之意"的言与意也是"共时性地"发生的。我们在体会"国破山河在，城春草木深"这句诗的诗意时，"山河在"与想象中的"无余物"，"草木深"与想象中的"无人"是同时发生的。隐蔽与显现，隐与秀在想象中构成一个"共时性"的整体的审美经验，人在这种

① 参阅拙著《哲学导论》，48—50页，48—51页，157—159页，156页，159页，167—170页，49页，49—50页，165—166页。

审美经验中使时间上的过去、现在、未来三个环节达到合而为一的境界①。陆机所谓“观古今于须臾，抚四海于一瞬”(陆机：《文赋》)，正是说的审美经验中的这种“共时性”：过去的东西(古)已经不在场了，但它们在想象中与此刻在场的东西(今)综合为一(“须臾”)；海外的东西无穷无尽，需要花很多时间去观看，它们对于处在此时此地的我来说都是不在场的，但它们在我的想象中却与此时此地的我所看到的出场的东西综合为一(“一瞬”)。“观古今于须臾，抚四海于一瞬”，这两句话可以说是对创造想象力之打破古今的时间界限和此处与彼处的空间性界限的这种特点的一个最精辟的概括与描述。

陆机的名句不仅适用于文思和审美意识，也完全适用于认识中的想象。它的核心在于告诉我们，无论审美还是认识，都要有驰骋于八极之外的想象力。审美的想象如此，科学的想象亦然。近来大家正在大讲而特讲的关于科学精神与人文精神相结合的话题，其中涉及的范围非常之广，但我想，除了把人生的意义和境界不限于科学方面(或人文方面)这一点之外，还有很重要的一点，就是，科学精神本身就有与人文精神相通之处：两者都需要有驰骋于八极之外的想象力。科学家要探索宇宙的奥秘，要认识自然现象的深刻本质，就不能停滞于当前在场的东西，而必须通过想象，投身到无穷无尽的不在场的时间和空间中去，把广阔无垠的不在场的天地作为自己纵横驰骋的场所。所谓“精骛八极，心游万仞”(陆机：《文赋》)，不仅是文学艺术家也是科学家所应有的想象力和胸怀。想象既为文学艺术家也为科学家敞开了一个不囿于当前在场的广阔无垠的视域：文学艺术家因为有了这个视域而由显到隐，玩味无穷，得到美的享受；科学家因为有了这个视

① 参阅《哲学导论》，49—50页。

域而置一个现象于普遍联系之中而求得真理。科学家和文学艺术家可以相互从对方学习和提高这种想象力和胸怀，我以为这是科学精神与人文精神相结合的一点要义。许多伟大科学家都富有人文精神和审美想象力，另一方面，兼为科学家的文学家在思想史上和文学史上也不乏其人，都是由于这个道理。

科学的想象与审美的想象也有其不同之处。审美想象中在场与不在场的综合总是渗透着情感的因素。王夫之说："夫景以情合，情以景生，初不相离，唯意所适。"（王夫之：《姜斋诗话》卷二）脱离了情的景就不成其为审美想象中的景，不能使人得到美的享受。科学家可以通过文学艺术修养和审美想象的培养来提升自己的科学想象力，拓展自己的胸怀，但科学研究本身还是更多地依靠冷静的思维，其成果有赖于逻辑推理和实验观察的检验。例如梵·高画的农鞋，人们在鉴赏它时正是通过这幅在场的农鞋画，想象到它背后所隐蔽的无穷个不在场的画面：农妇在寒风凛冽中艰辛的步履，穷人对面包的渴望，在死神面前的战栗等等，鉴赏者在把这些不在场的画面与在场的农鞋综合为一的审美意识中是充满了感叹之情的，鉴赏者作为一个美的享受者并不需要像自然科学家那样去追踪和研究造成当前这幅农鞋画面如破烂的黑洞等等背后的不在场的物理原因，也不需要像社会学家历史学家那样去研究其隐蔽的社会历史原因。当鉴赏者一旦追问和研究这些物理原因和社会历史原因时，他就停止了审美意识活动而转向认识活动和科学研究的活动了①，这时需要的更多的是冷静的思维、推理和证实。当然，这两种活动在实际上往往是交织在一起的。科学想象与审美想象还有一点不同之处，就是，科学家虽然需要有丰富的想象

① 参阅拙著《哲学导论》，165—166页。

力，要想象一个事物、一个现象背后的各式各样的联系，但他为了寻求某种条件下的某种科学规律，又总是要割去其与许多不在场的东西的联系，这就使科学规律必然具有一定的相对性，使科学必然具有一定的抽象性。当然，科学家的那种驰骋于八极之外的想象力，有时是穿插在科学家的科学活动之间的。所谓“大胆假设，小心求证”，其实也可以解读为大胆的想象、广阔的胸怀与冷静的思维、细致的观察。伟大的科学家应同时具有这两种非凡的能力。

3. 幻想(phantasy)。这也是一种使本身不出场的东西出场的想象力，只不过这里所谓本身不出场的东西是知觉中、感性直观中从未出现过或根本不可能出现的东西，例如一座金山，或者李白诗中说的“白发三千丈”，或者孙悟空一个筋斗十万八千里，都是感性直观中从未出现过或根本不可能出现的东西，这就叫做幻想，这是一种特殊形式的创造性想象。

幻想和一般的想象一样，也有感性直观中的知觉作为基础。当前出场的东西固然是知觉中的东西或以知觉为基础的东西，本身未出场而只是在幻想中出场的东西也是如此。但幻想，正如胡塞尔所说，是“知觉的变形”。“变形”就是一种重新组合、一种变异，经过幻想对知觉的重新组合、变异，可以知觉到的东西就变成了不可知觉的东西。金和山分别来看，人都知觉过，所以一座金山有其知觉的基础，但有此知觉基础的幻想物、幻象(phantasm)不等于就是可能知觉到的东西，一座金山就是经过重新组合、变异之后不可知觉到的幻象。三千丈的东西或白发，人都可以知觉到，但三千丈的白发却是经过重新组合、变异之后不可能觉到的幻象。一般想象都如前所述有飞离在场的特点，而幻想则比一般想象具有更大程度的飞离在场的特点。人在一般的审美想象中可以因意识到飞离在场的自由而感到愉悦，感到一种美的享受，而在幻想中则由于这种更大程度的自由意识而感到更大的愉悦、更多美的享受。文学艺术作品多富有幻想，这是文学艺术作品给人以美的享受的一个重要原因。

幻想中的自由和一般想象的自由一样，其实都是可能性范围的扩大。幻想把可能性的范围扩大到了平常认为不可能的范围。我们可以想象有一尺长两尺长甚至三、五尺长的白发，但一般的想象中不可能出现三千丈的白发，两三千丈的白发却可以在幻想中出场。我们可以想象一大堆一大堆的金块，但一般的想象中不可能出现一座金山，而金山却可以在幻想中出场。所以幻想由于其突出的飞离在场的特点而突出地扩大了可能性的范围。完全囿于在场的人，就没有自由意识，对于这种人来说，谈不上有什么可能性的空间；越是能飞离在场的人越具有自由意识，这种人所能活动的可能性空间就越大。但如何对待幻想的，自由以及活动空间可能性的扩大，却有审美幻想与科学幻想之别：审美幻想远远飞离了在场，其幻象在现实世界中不可能出场，但它不需要现实来证实，不需要感性直观和思维推理的检验，孙悟空一个筋斗翻十万八千里，谁也不要求用什么直观和理性来核查这种幻象是否符合实际，原因在于这类审美幻想本身具有艺术的真实性，表达了人性和人生意义的深层，人因此类审美幻想而进入了一种高远的人生境界①。科学幻想不同于审美幻想：科学幻想也可以幻想出现实中没有出场过的东西或当时认为根本不可能出场的东西，但科学家在有了这种科学幻想之后，还需要进一步通过艰苦的思维推理和实验观察来实现它、证实它，否则，他的幻想就要落空，他将无所成就。科学家不能像审美鉴赏家那样沉溺于幻想的审美享受之中。从这个意义

① 参阅拙文《现实·真实·虚拟》，载《江海学刊》2003年第1期。

上讲，我们也许可以说科学家比审美鉴赏家更辛苦。

科学家可否不需要幻想呢？我以为科学家越富于幻想，其在发明创造方面的成就有可能会越大。幻想提供广阔的可能性范围，缺乏幻想意味着可能性范围的限制，其发明创造的广度和深度也会受到限制。可以说，想象、幻想是科学研究的一个起点。起点不高，虽然经过艰辛的思维推理和实验观察也可以获得一定的科研成果，但这种科研成果也不会太大。伟大的创造发明在当初被认为是不可能的幻想，这种例子我想科学家一定可以列举不少。科学幻想与审美幻想不是可以绝对划分开来的，富于审美幻想的科学家有时也可以通过艰辛的思维推理和实验观察让此种幻想得到实现与证实，这样来看，原来似乎只是审美的幻想就与科学的幻想有了彼此相通之处了。科学家如果能多一些审美想象和审美幻想的修养和趣味，这会大大有助于科学上创造发明的成就。我想，这也许是科学精神与人文精神结合的一个关节点吧。

关于科学幻想与审美幻想的区别问题还涉及一个逻辑上可能与不可能的问题。前面谈到幻想中出场的东西是从来没有出场过或根本不可能出场的东西，这里的“不可能”有事实上的不可能和逻辑上的不可能之分。白发三千丈、一座金山是事实上的不可能，但在逻辑上是可能的；方的圆形、铁制的木头不但事实上不可能，而且在逻辑上也不可能。审美幻想不但可以有事实上不可能的幻象，而且可以有逻辑上不可能的幻象。清初叶燮在分析杜甫“晨钟云外湿”和“碧瓦初寒外”的诗句时说，诗中可以有“不可施见之事”（“不可述之事”）和“不可名言之理”（“名言所绝之理”）。前者指的是事实上不可能的事，后者指的是逻辑上不可能之理①。科学研究是否允许有不合逻辑之理呢？科学家是否可以让自己的不合逻辑的幻想一直保持在科研活动中而不被扬弃和超越呢？科学成果是否可以包括像审美幻想中所存在的那种不合逻辑之理呢？我以为科学研究活动本身应是按逻辑规律来进行的，科研成果应是经得起逻辑推理的考验的。科学家需要有幻想，但这决不等于说科研活动就是科学幻想。人的审美意识可以有不合逻辑的幻想，但人工智能的巨大成就却至少截至目前，还无法达到人的审美意识中不合逻辑的幻想程度。人工智能是否毕竟存在着某种不可逾越的逻辑极限呢？科学能发展到制造出一台堪与人的不合逻辑的审美幻想相匹敌的计算机吗？科学所能发现和它所描述的世界是否不过是一个逻辑上不矛盾的世界，而人所生活于其中的“生活世界”却突破了逻辑极限而比科学所能达到的世界要丰富无比呢？人和机各有所长。科学精神如能与人文精神相结合，不是能更完满地实现人生的意义和价值吗？人是自然的一部分，但自从人超越自然而出现以后，人与自然就又同时有了区别。究竟是人比自然更奥秘还是自然比人更奥秘？这的确是个问题。人的许多奥秘现象也许是自然科学所永远无法穷尽的，自然的许多奥秘现象也许是人所永远无法实现和完成的，但人却可以正因为如此而展开想象的翅膀，在人与自然之间永无止境地自由翱翔。

---

① 参阅拙著《哲学导论》，200—202页。说审美幻想可以有逻辑上不可能的东西，这并不意味着审美幻想可以是毫无意义的胡思乱想、胡说八道。胡塞尔和当代法国哲学家德里达都认为逻辑上违反矛盾律的方形的圆，尽管从逻辑上讲是不可能的，但它是有意义的，而像“绿色是或者”这样的表述则如德里达所说是无意义的胡扯。

从科学到审美*

科学的飞速发展引起了人们对科学与审美关系问题的各种反思：一方面有人认为科学追求和谐、追求多样性的统一，如平衡、对称、比例、节奏等等，这就足以表明科学活动本身就是审美，两者是完全一致的。另一方面又有人认为科学一味追求普遍性，忽视个体性；一味依赖抽象，忽视具体；一味讲究物质效用，忽视人的精神趣味等等，于是得出结论：科学与审美是两股道上的车，绝对对立，无路可通。我以为这两种观点都各有片面性。

欣赏自然美是由科学通向审美的起点

科学的发展的确拓展了人们的审美视野，例如宇航事业的发展使人们看到了宏观世界的太空之美，电子显微镜展示了微观世界的美，于是有的人由此而概括地提出了“科

* 本篇原载《江海学刊》2004年第4期；《光明日报》同年11月25日《书评周刊》载有专门评论文章；《中国大学教学》2006年第2期“特稿”栏内重载；《人大复印报刊资料》2004年第9期转载。

学美”的概念，其内涵虽不明确，但大体上是指匀称、比例、平衡，包括色彩和音调的适当调配等等。强调科学发展使人更广阔地看到这类自然之美的人往往以此作为科学活动本身即是审美活动的明证。

什么叫做自然美？自然离开了人，无所谓美，我们不能认为自然本身有美。自然美主要是指线条的匀称，颜色、声调的调配，各种比例的平衡、恰当等等，简单一句话，是指多样性与统一性的结合、统一，或简称和谐。可是多样性的统一或和谐这种美的特点离不开人的知觉、感觉，离开了人就无所谓匀称不匀称、平衡不平衡，就谈不上美不美。王阳明说，山间花在没有人看它时，寂然无意义，只是当人看山间花时，花的颜色才一时明白起来。这个例子最能说明自然离开了人是无意义的，也就是说，是谈不上美的。① 康德认为，自然美表面上看似乎与人无关，不像艺术美那样是人的创造物，但实际上自然美和艺术美一样也有“合目的性的形式”，只不过自然美中“合目的性的形式”是对一种多样性的统一的欣赏或者说对和谐的欣赏，而艺术美所具有的“合目的性的形式”则具有更高的、更丰富的“合目的性”。但无论如何，对多样性统一或和谐的欣赏也是不能与人相分离的。所以康德说：“自然只有当它好像是艺术时才是美的。”②歌德是既精通文学艺术又精通自然科学的思想家，他在谈到自然与艺术的关系时也认为，“我们不认识任何世界，除非它对人有关系”③。如果说康德对自然美究竟在自然物本身还是在其与人的融合中这个问题有时不免模糊和自相矛盾，那么，黑格尔就说得更加明确。黑格尔说：

---

① 参阅拙著《哲学导论》，73—74，122页。

② 康德：《判断力批判》，第45节，351，363页。

③ 转引自朱光潜：《西方美学史》下册，428页，北京，人民文学出版社，1982。

“自然美只是为其他对象而美，这就是说，为我们，为审美的意识而美。”[1]康德、歌德与黑格尔的这些说法虽各自有各自的理论背景和论证，本文不能细说，但他们都认为自然离开了人就无所谓美，这个基本观点却是一致的。中国清代的诗论家叶燮说：“凡物之美者，盈天地间皆是也，然必待人之神明才慧而见。”(叶燮：《已畦文集》卷六《滋园记》)“人之神明才慧”就是指人的审美意识，凡物皆必待人之审美意识而“见”美。叶燮没有像康德、黑格尔那样作出很详细的论证，但其基本观点与康德、黑格尔一样都是主张自然之美不能离开人的参与，用我在《哲学导论》所强调的语言来说就是，美的“在世结构”是“人与世界的融合为一”。从自然美的这个特点(多样性的统一、和谐)不能离开人的鉴赏能力这一点来说，科学家看到了电子显微镜下和太空中的自然之美，并对这种美产生了特别的审美兴趣，这的确从一个角度显示了科学家的审美能力，显示了科学与审美的相通之处。科学家能对自然美有浓厚的审美趣味，这是很可贵、很值得重视的一个现象，它是审美的一个起点。英国现代哲学家、美学家鲍桑葵(Beinard Bosanquet)在讲到康德关于自然美离不开人的参与和“具有合目的性的形式”时强调，能“欣赏有机的统一”是“审美洞察力”，而自然科学家最懂得自然的有机统一，因此最能欣赏自然美。他说：“我倒肯定认为，除植物学家外，没有人能真的感受到花朵的美。”[2]他的意思就是说，植物学家最懂花朵的有机统一性，因此，花朵对于植物学家来说，是美的。鲍桑葵的话是否说得有些过分，我们可以质疑，但他的话的确表明了科学活动与审美之间有某种相通处或者说有

① 黑格尔：《美学》第1卷，160页。

② 鲍桑葵：《美学史》，351页。

某种接触点。至少，自然科学家(例如植物学家)的科学活动使他更深入地了解自然的多样性统一，这就为自然科学家欣赏自然美提供了更多、更好的条件，我们一般人就缺乏条件来欣赏显微镜下的自然美。当然，科学家在从事科研活动时所兴发的审美意识同他的科研活动本身是有区别的，当他正在兴发审美意识时，他实际上停止了科研活动；当他正在进行科研活动时，他也无暇顾及审美。

不过这里特别值得注意的是：自然美一方面与艺术美有联系，一方面又毕竟不同于艺术美，艺术美高于自然美；多样性的统一或和谐一方面是美的基本原则，一方面又毕竟不过是美的初步的、起码的条件。康德认为艺术可以把自然中本是丑的或不愉快的事物描写得很美，这就显示出艺术的优越性。① 黑格尔明确地说："我们可以肯定地说，艺术美高于自然美。因为艺术美是由心灵产生和再生的，心灵和它的产品比自然和它的现象高多少，艺术美也就比自然美高多少。"②我以为，艺术美之所以高于自然美，当然首要的是在于艺术美是人的精神的创造物(黑格尔)或者说是天才的创造物(康德)，但是，我们还应该把这一根本观点作一点更具体的说明，那就是，自然美由于缺乏创造性而主要地只限于多样性的统一或和谐这种抽象形式的美。这种美的主要缺点是缺乏深层的、内在的意蕴。

在人类审美意识的发展历程中，古希腊人所注意的美主要是多样性的统一或和谐，所以古希腊艺术的特点也主要在于多样性的统一或和谐，古希腊关于美的理论也主要是和谐说。这种美学理论是和古希腊哲学所讨论的中心问题——一和多、普遍性与特殊性的关系问题相

---

① 康德：《判断力批判》，第48节。

② 黑格尔：《美学》，第1卷，4页。

应的。古希腊人(以柏拉图、亚里士多德为代表的摹仿说)认为艺术是对自然物和现实物的摹仿，自然物的美既然主要是多样性的统一或和谐，因此，艺术作为对自然的摹仿也主要地只能在于多样性的统一或和谐，这只是一种形式美和抽象美。

多样性的统一或和谐只是美的初步的、起码的条件。多样性统一的形式原则与美的意蕴相比，显得贫乏肤浅。所以在现实历史发展过程中，古希腊美学思想中的摹仿说、和谐说很快就被一种注重美的内在的、深层的意蕴的思想学说所代替。说得更具体、更确切一点，柏拉图、特别是亚里士多德的摹仿说、和谐说就已经包含了对这种学说本身的突破，已经包含了美学思想的前进性步骤。亚里士多德并不像古希腊的普通人那样只注重形式美、抽象美，而注意和强调理念在感性事物中、普遍性在特殊性中的体现(典型)所给人带来的审美享受，这也就是说，他注意和强调美的内在的、深层的意蕴，而这一点正是西方近代美学所继承并发展了的、但又不同于古希腊美学思想的特点。以亚里士多德为开端到近代而达到顶峰的典型说，是突破形式美转而重视美的意蕴的阶段性转折点。一个只看到多样性的统一或和谐之美的人，只满足于欣赏自然美的人，显然远未达到审美之要义，他还需要在此基础上进而领悟到美的意蕴，懂得艺术美，才能有较高层次的审美趣味，而这里的关键(从历史发展的实际过程来看)在于从摹仿说、和谐说进展到典型说。

美使科学的普遍性变得具有生命力

典型说主要说的是把无限性的理念、普遍性体现于有限性的感性个别事物之中，典型既是有限的、个别的，又同时是无限的、普遍的，鉴赏者在典型中可以通过有限的东西去体玩无限的东西，从而得到一种玩味无穷的美的享受。可见审美并不是根本不讲普遍性，美学上的典型说，从哲学根源上讲乃是讲的普遍性与个别性的统一。现实世界中的事物原本都是普遍性与个别性的统一，但科学活动为了寻找事物的规律性，总是要撇开事物的个别性，找到普遍性。所以科学活动是一种从事抽象的思维活动，科学活动的产物——本质概念也总是具有抽象性，这就使得科学活动及其产物显得特别冷静、严峻而较少生动性。也正是由于科学的这种特点或者说局限性，伴随着西方科学发展的历程而同行的是美学领域中典型说的发展。美学上的典型说正是要使科学活动所达到的抽象本质回到具体的感性个别物之中，使抽象本质(普遍性)获得感性的具体形象而变得具有生气，进而使人生变得具有诗意。随着科学的昌明和发展，人们越来越重视对普遍性、规律性的追求，哲学史上崇尚本质概念的“概念哲学”越来越占主导地位。和这种状况相对应的是美学上的典型说在美学史上也越来越占主导地位。和西方思想发展的道路不同，中国科学不发达或不甚发达，哲学史上类似西方“概念哲学”的哲学思想也很少见，所以在中国美学思想史上也很难见到类似西方典型说的思想学说，尽管中国文学史上有很多很好的写典型人物的文学作品。西方自文艺复兴以后，古希腊思想家对自然的兴趣和初步建立起来的科学概念在经过中世纪长期被遗忘之后又重新兴起和建立起来，于是18世纪的美学思想又较多地关注自然美，关注多样性统一这种形式美；但也就是从这个时期以来，艺术美也越来越变得突出，艺术哲学也开始取代自然哲学。① 这段历史事实说明，重视审美意蕴的典型说的艺术美与科学的发达往往相伴而行。人性和人生的意义是丰富多彩的，是多层次的，科学越发

---

① 参阅 *The New Encyclopedia Britannica*，Ⅵ，p. 123，1993。

达，人性就越不满足于科学的抽象性而更增加了对审美趣味的追求，更增加了把科学的抽象普遍性拉回到感性具体事物中来的激情。歌德既是科学家，又是文学家，他在把人性的这两个似乎相反的方面结合为一体的工作上所达到的成就，为我们提供了一个伟大的范例。歌德说：希腊艺术那种宏伟风格的“理想把我们提高到超越于我们自己的水平之上，但是，我们不满足于此。我们要求重新去对富于个性的东西进行完满的欣赏，同时又不抛弃意蕴和崇高。这个谜只有美才能解答。美使科学的东西具有生命和热力，使意蕴和崇高得到缓和。因此，一件美的艺术作品走完了一个圈子，又成为一种富于个性的东西，这才能成为我们自己的东西”①。柏拉图的“理念”、“理想”超越了现实世界，但它同时也脱离了现实世界，脱离了具体的、个别的东西(脱离了“富于个性的东西”)，我们不能满足于此抽象的本质概念，我们要求回到具体的、个别的东西中来作审美的欣赏，而同时又不抛弃“理念”、“理想”的“意蕴和崇高”。这两个方面的矛盾(“谜”)如何解决呢？如何把“理念”、“理想”的“意蕴和崇高”同“富于个性的东西”结合在一起而使人性得到较完满的实现呢？这就要超越科学(不是抛弃科学)，用美来使“科学的东西”(“理念”、普遍性概念)感性化、具体化而“具有生命和热力”，使“理念”、“理想”的“意蕴和崇高”不致因脱离感性中具体的、个别的东西而过于冷静和严峻。美的艺术作品可以说是从“富于个性的”个别到抽象的普遍，又从抽象的普遍回到“富于个性的”个别的产品，恰恰是“走完了一个圈子”，艺术作品就这样不再像科研产物那样抽象、远离人生而成为切近于我们的生

① 歌德：《收藏家和他的伙伴们》，第5封信，转引自鲍桑葵《美学史》，405页。

活的东西、“成为我们自己的东西”。可以看到，科学活动所一心追求的普遍性在这里又一次为审美活动提供了有利的条件(就像在前一阶段中科学活动对多样性统一与和谐的兴趣构成审美兴趣的最初步的起码的条件那样)，没有对普遍性追求的兴趣，也就不可能有对典型的审美兴趣，因为典型给我们带来的美的享受正在于在个别事物的有限性中玩味普遍的无限性。如果一味囿于个别的有限性，就谈不上审美的趣味或者说美的享受。科学活动与审美活动在这里可以说又一次有了某种相通之处和接触点。然而科学毕竟不等于审美，由科学(包括社会科学在内)到审美毕竟还有一步之遥，这就要求科学家不仅是科学家，而且要求他作为一个比较能完满地实现人生意义和价值的人，进而使他终身以之的普遍性或本质概念感性化、具体化，使之“具有生命和热力”。科学的目标是追求单一性、相同性，这只能意味着抽象，而审美经验正如赫拉克利特所说的太阳，每天都是新鲜的，审美的经验中没有相同性。所以科学家还需具有审美修养、审美洞察力，才能走完上述这“一步之遥”。

科学家在这方面有其特殊的优越条件：这不只是指上面所说的科学家热衷于追求普遍性或本质概念，而且更重要的是指科学家还有一切从个别的、现实的东西出发的优点，歌德就是一个很典型的例子。歌德认为在普遍(一般)与特殊(个别)的统一中，还有一个从何者出发的问题：是从普遍性出发还是从个别性出发？歌德反对诗人“为普遍而找特殊”，反对诗人从普遍性出发，先有一个普遍性概念的框框，然后去找个别的例子来说明它；他主张诗人“在特殊中显出普遍”，应从个别性出发，首先抓住现实中个别的东西，从个别的东西中显现出普遍。歌德认为只有“在特殊中显出普遍”，才是“诗的本质”，也就是审美的本质，这就要求诗人不是一般性地、随意抓住一个个别的东西，而需要“生动地抓住特殊”，亦即抓住个性和特征。只有抓住个性和特征才抓住了典型性。歌德认为普遍性在现实中总是表现为无数不同的个别的东西，其中有的东西能充分显现普遍性本质，有的则不能，只有最充分显现普遍性本质特征的某个个别的东西才适合于艺术表现。所以歌德说：这种显出特征的艺术才是唯一真实的艺术。例如要显现出橡树所特有的那种刚劲之美，就不能抓住生长在茂林中笔直冲天的橡树来描写，而要选择、抓住许多橡树中那最能完满显现其特征的橡树①，这才叫做“生动地抓住特殊”。这也就是说，诗人应从能显现出特征的个别东西出发，只有这样，才能见到典型美，才能创造出典型。这同从普遍性出发、从概念出发写出来的那种削足适履的公式化作品相比确有天壤之别。歌德的这种从特殊出发、“从特殊中显出普遍”的观点，既是审美的要求，也是歌德作为一个科学家的科学精神在美学思想上的表现。从科学走向审美，可以在作为兼为文学家和科学家的歌德这里看到一条通道，这一点应该是很明显的。我们现在有些文艺作品往往是从一个既定的概念、教条、框框出发，然后编造一些具体情节充塞其中，这样的作品不仅不能为一些有审美趣味的人所欣赏，也必然会为一些有科学精神的人所不满。

由科学到审美的主要通道是想象

由科学走向审美，最主要的通道是想象。想象的最经典的定义是“使本身不出场的东西出场的能力”②，或者用莎士比亚的话来说，

① 《歌德谈话录》，132—133页，北京，人民文学出版社，1982。
② 参阅拙著《哲学导论》，第4、12章。

“想象是一种感受不存在的事物的功能”①。无论认识还是审美，都需要想象。

审美之需要想象，这个道理几乎是不待言的了。② 这里只想简单提出的一点就是，越是高层次的审美意识越需要想象。艺术美高于自然美，对于自然美的欣赏是不需要太多的想象力的，一个只能欣赏自然美的人不能算是很富有想象力的人，因而也不能算是达到了高层次的审美境界的人。艺术美富有内在的、深层的意蕴，想象力不高就意味着不能达到对这种意蕴的审美洞察。例如前面提到的典型说所讲的典型，按康德的说法，想象力就是通过审美形象显现一种理想、理念(典型)的功能，人在鉴赏某个美的形象时可以通过它的典型性想象到许多其他非言语可以表达的东西，这些东西并未在现实中出场，而只是在想象中出场，它们却是美的东西的内在的、深层的意蕴。典型说属于西方古典的美学学说。以海德格尔等人为代表的西方现当代的美学学说主要是显隐说，它主张以当前在场的东西显现背后隐蔽的东西而让鉴赏者在想象的空间中玩味无穷，这就更需要想象力，正是想象力使鉴赏者通过在场的东西想象到不在场的东西。这里所谓在场与不在场的东西中都包含个别与普遍的结合，包含感性与理性的结合，所以显隐说是对典型说的超越，显隐说所讲的审美意蕴，其内涵比典型说所讲的审美意蕴更深且广。由欣赏自然美到欣赏艺术美，由欣赏艺术美中典型之美到欣赏显隐之美(含蓄之美)，这是一个不断提高审美境界的过程。

一般的认识以至于科学研究也离不开想象。我们过去的哲学原理

---

① 鲍桑葵：《美学史》，584 页。

② 参阅拙著《哲学导论》，第 4、12 章。

在讲认识过程时只讲从感性认识到理性认识，不讲或不重视想象在认识中的作用，这是一种误导。一般认识和科学研究都需要从感性中个别的东西上升到或者说飞跃到理性中普遍的东西，但究竟是如何“上升”、“飞跃”的呢？这两者究竟是如何结合在一起的呢？我们讲哲学原理不能逃避这个问题。康德的“图式”说和胡塞尔的“本质直观”说，在这方面作了很好的探索。尽管我们对他们的回答可以提出各种质疑，但有一点是值得肯定的，那就是想象的作用：正是想象使感性中个别的东西同理性中普遍的东西结合为一，使前者到后者的“上升”、“飞跃”得以可能。① 我在这里还要特别强调的是，对于当前某一具体事物(包括某一复杂的现象)的认识和把握，单靠感性的个别性与理性的普遍性的结合，还是远远不够的。因为任何一个当前在场的事物或复杂现象不仅是当前在场的个别性与普遍性的结合而已，而且它还以背后不在场的个别性与普遍性相结合的许多事物或现象为其背景和根源，前者植根于后者之中。赫拉克利特说，自然爱躲藏起来。我把这句话解读为，任何一个在场的自然现象都躲藏在无穷不在场的自然现象之中。当前在场的现象固然是个别与普遍的结合，不在场的现象也是个别与普遍的结合，只不过前者是有限的，后者是无限的(无穷无尽的)，有限的东西躲藏在无限的东西之中。任何一个事物都是集背后无穷多不在场的东西于当前在场的东西的一个聚焦点。人只有通过想象才能把不在场的无限的东西与在场的有限的东西综合为一个“共时性”②的整体，这样才算是对当前的某一具体事物有了整体的认识和把握。当然，我们也许可以说，我这里所讲的不过是平常哲学原理

---

① 参阅《哲学导论》，第 4 章“思维与想象”。

② 参阅拙著《哲学导论》，第 4、12 章。

教科书上所讲的普遍联系的观点，不过是平常讲的直接原因和间接原因或近因和远因。但是值得注意的是，我们平常讲普遍联系或者讲直接原因与间接原因时未免讲得太简单、太一般化了，我们并没有从在场与不在场、显现与隐蔽的角度来分析。所谓普遍联系或直接原因与间接原因，如果作进一步的深层的思考，正是讲的从在场的东西联系到不在场的东西，从显现的东西联系到隐蔽的东西，这里起联系作用的恰恰是想象，想象让我们使不在场的、隐蔽的东西出场(在想象中出场)，让我们把不在场的、隐蔽的东西聚集于在场的当前的东西这个焦点上来，从而使我们对在场的、当前的东西有一个整体的把握。语言哲学家 William G. Hardy 在批评 C. K. Ogden 和 I. A. Richards 的语言意义理论时指出：在物理科学的理论活动中，特别需要想象来把握那远离所谓“物”或“对象”的抽象的东西，科学假说离不开想象①。从上面所讲的这些可以看到，想象对认识、对科学研究具有何等重要的作用。可以说，科学家越富有想象力，他从当前出发所联系到(想象到)的不在场的空间就越广阔，他的科研成果也就越有可能具有广度和深度，反之，缺乏想象力，就必然会使科研成果的广度和深度受到限制。

科学的想象与审美的想象虽然都是“使本身不出场的东西出场的能力”，但又有很大的不同。审美的想象是与情感融合在一起的，它只是在把不在场与在场综合为一的一体中求得一种玩味无穷的美的享受，而不问不管那不在场的东西是否真实存在、是否会出场，也就是说，它不求实证。科学的想象则不然，它最终要求实证，要追问不在

① William G. Hardy, *Language*, *Thought and Experience*, *A Tapestry of the Dimensions of Meaning*, pp. 85—87, Baltimore, University Park Press.

场的东西是否会出场。胡适说的“大胆假设，小心求证”，也可以解读为大胆想象，而最终还是要小心谨慎地看想象中出场的东西是否在现实中出场，这里需要的主要是冷静细致的思维，而不是情感。审美的想象可以“触兴致情，因变取会”(刘勰:《文心雕龙·诠赋》)，随审美感情的兴之所至，在未出场的普遍联系中纵横驰骋(当然，我们又不能把审美归结为只是对情感的简单复写)，而科学的想象则始终伴随着“求证”的考问和约束，而最终为了求得普遍规律还要割裂一些现实的联系，进行抽象的活动。总之，科学想象与冷静、严峻相联系，而审美想象却是与感情、激情相统一。由科学到审美，确有想象作通道，但在通过这个通道时需要经过一种对待事物的态度上的转换，这就是由冷静、严峻转向感情、激情。当然，这绝不是说科学活动不包含感情、激情，事实上，科学的创新是需要感情、激情来推动和促进的。审美想象因富有感情而可以随兴之所至把想象的空间扩大到甚至连逻辑上都不可能的范围。一个过分拘泥于科学的严峻而缺乏激情的想象力的科学家，其科学成就的广度和深度是会受到限制的，伟大的科学家常常具有激情的想象力，甚至幻想。

科学和审美的共通的特点是自由的精神

科学和审美是两种不同的人生态度，或者用我在拙著《哲学导论》中的话来说，是两种不同的“在世结构”。科学的“在世结构”是“主体—客体”关系，审美的“在世结构”是“人—世界”的融合。① 但两者都起源于惊异(好奇心)，惊异既是求知的开端，是科学(与哲学)的开

① 参阅拙著《哲学导论》，第1、4、10章。

端，也是审美意识的开端。[①] 惊异的特点之一是自由的精神，即不受实际兴趣或者说利害关系的束缚。人在处于惊异状态时是不计较利害的，是完全自由的。从这个意义上说，科学和审美具有共通的特点，即自由。人无论在进行人与世界融合为一的富于感情的审美活动过程中，还是在进行主—客关系的抽象思维的科学活动过程中，都是自由的，是不计较利害的：审美活动之不计较利害，这一点是大家所公认的，康德在这方面作了详尽的阐述；即使是科研活动，其本身也是不计较利害的，科学工作者所进行的科研活动实际上是一个不断地由无知到有知的过程，在获得最终的科研成果以前，科学工作者一直处于亚里士多德所说的由无知到有知的惊异状态之中。不同的是，审美活动，就鉴赏者来说，鉴赏活动本身就是一种审美的享受，无外在目的之可言，无利害关系之可言；就文艺作品的创作者来说，一个真正有艺术价值的作品，作者在创作之初并无外在的实用目的，更无个人利害的计较，而只出于个人审美的感兴，至于他所创作出来的作品，它也只是给人以审美的享受，本身并不具有关系到实际利害的效用(作品被作为商品出售，那是另一回事)。至于科学活动，它是主体对客体的活动，它的成果是对客体的认识，因而可以成为对主体有效用的对象；也就因为如此，科学与审美不同，常被人们与现实的利害和效用联系起来。其实，科学的成果可以为人们所利用，这一点并不妨碍科学活动本身是不计较利害和效用的活动。古希腊人的科学精神正是一种不计较利害和效用的自由精神，科学活动就是自由的活动，就是一种不夹杂利害和效用考虑的所谓“为知识而知识”、“为学术而学术”的活动。正如亚里士多德在《形而上学》中所说，古希腊人对于大

① 参阅拙著《哲学导论》，2，137 页。

自然各种现象如日、月、星辰等等天地万物如何产生、变化以及宇宙有限还是无限的问题所产生的惊异，是求知的开端，是哲学的开端，古希腊人对这些问题的思考并非出于实用的目的，而只是由于好奇心驱使他们意识到自己对这些问题的无知而要求摆脱无知，求得有知，他们是“为知识而知识”，他们的这种知识是“自由的知识”[①]，亦即不受任何外在的目的和效用所束缚的认识活动。柏拉图说：那些只知追求利润的人的灵魂是“不自由的精神”，只要排除了这种不自由的精神，一切知识就都是美好的，否则，就“不能有哲学家，而只能产生标准的无赖”[②]。柏拉图当时就指责过埃及人和腓尼基人与希腊的科学精神相反，他们所关心的是利益、效用而不是为求知而求知。[③] 柏拉图的话应能引起当前反对“为学术而学术”、“为求知而求知”的自由精神的人的警惕。

我们赞赏古希腊人“为知识而知识”的自由精神，这决不排除我们可以出于实用的目的，为了获得可供人满足实际需要的成果而进行科学研究的活动。古希腊人就是既有为知识而知识的自由精神又同时很讲实效的人。但是第一，科研活动本身，如前所述，是不受实际利害和效用所束缚的自由活动。第二，许多伟大的科学理论和创造性成就往往是在根本不计较利害、不考虑实用目的的情况下获得的，把科学研究只限于实用目的(更不用说出于个人的私利)的狭隘实用主义观点和急功近利的思想，必然使科研成果的广度和深度受到极大的限制。从我国的传统思想和当前的科研状况来看，特别是从当前人们的

① 亚里士多德：《形而上学》，第1卷，第2章。

② 柏拉图：《法律》篇，Ⅴ，747b，c。

③ 柏拉图：《法律》篇，Ⅴ，747b，c；并参阅《国家》篇，Ⅳ，435e。

精神状态来看，我以为我们需要更多强调的是发扬科学所固有的为学术而学术的自由精神。恩格斯在《费尔巴哈与德国古典哲学的终结》的结尾处曾慨叹过“德国的光荣伟大的理论兴趣”即“纯粹科学研究的兴趣”在当时的德国已经“完全丧失了”，“代之而起的却是对职位和收入的担忧，以及极其卑劣的向上爬的思想”。这里特别值得注意的是，恩格斯所说的“纯粹科学研究的兴趣”(der Sinn fuer rein wissenschaftliche Forschung)，其中所谓“纯粹的”(rein)一词不仅是指不顾及一些个人利害的计较，像我上面所说到的那样，而且是指不考虑学术研究成果在实践上是否有用。“der Sinn fuer rein wissenschaftliche Forschung，gleichviel，ob das erreichte Resultat praktisch verwertbar war oder nicht，Polizeiwidrig oder nicht。”这句话的后半是说，“这种纯粹科学研究的兴趣”是一种“不管所得成果是否违反警察规章的兴趣”；它的前半则是说，这种“纯粹科学研究的兴趣”是一种“不管所得成果是否在实践上可以被利用”的兴趣。“不管是否违反警章”是指不顾及个人利害的计较；“不管科研成果在实践上是否有用”，那就是更高一层次的“纯粹科学研究的兴趣”了，这更是一种“伟大的理论兴趣”。我国哲学和自然科学的基础理论要想来一个巨大的飞跃和发展，我以为应该好好体会一下恩格斯的话。有的人反对“纯粹科学研究的兴趣”，反对“为学术而学术”，希望他们能仔细读读恩格斯的教导，还有上引柏拉图《对话》中关于“为知识而知识”的那些段落。

和科学活动与审美活动都具有不计较利害的自由精神这一共通特点相适应的是两者都给人以愉悦之感。审美给人以美的享受，固不待言，也许需要说明的是科学活动所给人带来的快乐。我这里显然不是指科研成果因其能满足人的欲望和实际需要所带来的快感，那种快感正是与利害计较紧密联系在一起的，是柏拉图所说的“不自由的精神”，它与审美的愉悦之感不可同日而语，康德在分析美的特征时特别着重阐述了其间的区别。我所要讲的科学活动所带来的快乐，是和不计较利害的自由精神相联系的。柏拉图在《国家》篇中详细论证了这种快乐的特点及其优越于满足人的低级欲望所得到的快感之处。柏拉图把人的灵魂分为三个部分：最高的一部分是“用来学习的”，低级的两个部分一是“爱钱的部分”，一是“爱荣誉的部分”。最高的一部分“是为了认识事物的真理”，“是最不关心金钱和荣誉的”，具有此种灵魂的人可称为“爱智者”，柏拉图又称之为“哲学家”，最低的灵魂爱钱，可称为“爱利者”，第二等的灵魂爱荣誉，可称为“爱胜者”。与此三种人相应，有“三种形式的快乐”。柏拉图认为，“认识真理和实在，始终沉浸在学习中的快乐”同金钱和荣誉所给人带来的快乐相比，不仅有优劣、高低之分，而且还有谁能得到“最多的快乐的体验”之分：金钱和荣誉所给人带来的快乐，人人都会体验，“爱智者”也会体验，但爱金钱者和爱荣誉者却不必也不容易体验到“爱智者”认识事物真理所得到的快乐。三种快乐中，学习和认识真理所得到的快乐是“最甜蜜的”，“受这个部分支配的人的生活是最快乐的”。另外，对于爱智者来说，满足人的快乐所需要的是真理，是最真的东西，而满足金钱和荣誉的快乐所需要的是不真实或不够真实的东西，因此只有“爱智者”的快乐才是“真实的快乐”、“纯粹的快乐”，而后两种人始终得不到这种快乐。柏拉图倒也并不完全否认后两种快乐，他所主张的是，“爱利和爱胜的欲望”需要“遵循知识和理性的引导，在它们的陪伴下追求快乐，只追求那些理性认可的快乐”，但柏拉图强调不能让灵魂的两个低下的部分“取得控制权”。①

可以看到，柏拉图所谓“爱智者”、“沉浸在学习中”、“认识真理和实在”所取得的快乐，是一种不计较金钱和荣誉亦即不计较利害的快乐，是一种一味追求真理的快乐，是他所谓“自由的精神”所带来的快乐，也可以说是我们所谓科学活动本身所带来的快乐。科学的快乐是非常值得我们赞赏的，只有科学家才能有这种快乐。但科学的快乐与审美的愉悦两者间却又有不同之处：科学的快乐是求真的快乐，主要是理性的，而美的享受是更多地与情感、激情相结合的，是超理性的(这里且不说科学活动的成果可以带来实效，可以给人以满足柏拉图所谓“灵魂的低级部分”的欲望的快乐)。当然，既然是快乐，那就都含有情感在内，但两种情感还是有区别的，也许心理学家可以对这两者作出更精确的区分。所以我以为，为了使人性得到更完满的实现，人不能只满足于求真，不能只满足于科学的快乐，而且应该由此出发更进而上升到求美，上升到审美的愉悦。人生的最高境界或者说人性的最完满的实现应该是真善美的统一(本文由于主题的限制，没有谈善)，而且在这个统一体上，美是主导的。② 这也就是为什么在今天，科学越发达，人们越需要美，而且科学家本人也越追求美。在这个问题上，柏拉图的观点是我们所不能同意的。柏拉图根据他的“理念”说，认为最真实的是理念，具体事物是对理念的摹仿，而艺术作品是对具体事物的摹仿，是对摹仿的摹仿，它“位于和真理隔着两个层次的第三级”，从而是最不真实的。在柏拉图看来，只有依赖测

---

① 柏拉图：《国家》篇，580d～587a，译文引自《柏拉图全集》第 2 卷，594—604 页，北京，人民出版社，2003。

② 参阅拙著《哲学导论》，第 17 章“美与真善”。

量、计数等科学的理性才是灵魂中最优秀的部分，与之相反的那部分灵魂是最低劣的。诗人把自己的作品诉诸情感、诉诸灵魂的低劣部分而使人感到快乐，这种审美的快乐是“非理性的”，我们“提不出理由来证明诗歌的善与真”。理想国里的人应该让理性统治情感，而不是一味让情感统治人。所以柏拉图主张把诗人逐出他的理想国之外。① 柏拉图这种一味崇尚真而贬低美或者把美归结为真的理性至上主义的思想显然已经过时了。

但是，我们今天反对理性至上主义或反对科学至上主义，决不意味着反对科学。科学的进步给人类带来的最深层的意义是使人更加远离动物、“更加是人了”。② 当前有人因科学的飞速发展带给审美的负面影响而谴责科学本身，这种观点是站不住脚的。科学有其不同于审美的独特的性质，科学与审美是人性中两种不同的活动，但不同的东西可以相通，从科学到审美是有通道可循的：科学给科学家提供了欣赏自然美的广阔空间，这就为科学家从欣赏自然美到欣赏艺术美准备了基本的条件和通道；科学家所追求的普遍性、本质性也是审美的内在意蕴之所在，我们只需把普遍性与个别性统一起来，让普遍性、本质性具有感性的生动性和生命力，就达到了审美的洞察力；不仅审美需要想象，科学也需要想象，由科学到审美的通道乃是从科学想象的冷静和严峻转化为审美想象的情感与激情；科学活动本身与审美都具有不计较利害的特点，两者都因此而给人带来愉快，由科学的快乐到审美的愉悦是一种由单纯理性的快乐到与感情相结合的美的享受的转化，是由单纯的求真到追求真与美（与善）相统一的转化。总之，科学

① 柏拉图：《国家》篇，602c—608b。

② 鲍桑葵：《美学史》，598页。

与审美既有明确的区分，又有由科学到审美的通道。人在享受科学所带来的福音的同时，必能找到满足美感需要的途径。未来的诗人将不再是“箪瓢屡空、宴如也”的“无怀氏之民”，而是烦忧于高精尖的科技园里富有高远境界的积极进取之士。

“后现代主义”对“现代性”的批判与超越*

一、“后现代主义”孕育于“现代性”之中

“后现代”与“现代”之间的时间划分，说法不一：一说19世纪70年代以前为“现代”，一说20世纪初至第一次世界大战结束以前为“现代”，还有一说以20世纪第二次世界大战结束或20世纪五六十年代为划分“现代”与“后现代”的分界线，如此等等。“后现代”与“现代”之间本来在时间上很难有确定的界限，过分追求历史划界的精确性也不见得有非常重要的意义。人们现在一般关心的重点，实际上主要在于文艺复兴以后特别是自笛卡尔所开创的近代哲学以后西方资本主义社会的思想与文化，这种思想与文化的特性，被许多后现代主义者称之为“现代性”(modernity)，与之相对待的思想与文化的特性，就是“后现代性”(post-modernity)或“后现代主义”(post-modernism)。我们平常一

---

* 本篇原载《北京大学学报》2007年第1期；《新华文摘》2007年第8期转载；《人大复印报刊资料》2007年第4期转载。

般把这里所说的"现代性"归属于西方传统文化之列，所以这一章的标题"后现代主义"对"现代性"的批判与超越，实际上也就是讲的"后现代主义"对传统文化的批判与超越。

我在《天人之际》和《哲学导论》等论著中已多处讲到西方传统思想文化特别是近代哲学的特征。我把这些特征大体上概括为三点：(1)按照"主体—客体"关系的思维模式，强调人的独立自主性，或简称曰"主体性"，这是文艺复兴以后人权从中世纪神权统治下解放出来的必然产物。(2)理性至上主义。文艺复兴以后，对一切外在权威包括对神的信仰被代之以对理性的崇尚，任何事物都要受到理性的质疑，都要由理性来加以衡量，人这个主体是理性的主体。(3)与理性至上主义相联系的是对知识和科学的崇尚，包括对认识论、对普遍性和同一性的崇尚。人生的主要活动和意义在于，这个作为理性主体的人认识客观世界的普遍性规律，从而征服客体，使客体为人所用。知识、科学，乃人之所以能实现自己的独立自主性的最大需要。这三个特点不是平等并列的，而是内在地相互联结在一起的，三者实可以归结为一句话，就是一种理性批判的精神、自由创造的精神。笛卡尔、培根、洛克以及后来的德国古典唯心主义哲学家康德、黑格尔都强调要发扬这种精神，它是"现代性"的核心。

可是这种精神在资本主义社会中发展的结果，却使现代文化走向了这种精神的反面：理性追求完整的整体性和自满自足的理论体系，然而，这种体系和整体性的完成却意味着精神的僵化，意味着批判和自由创造的结束；理性要求社会行为的法制化，法制是使社会理性化的表现，然而这种法制化的高度发展却愈来愈造成了"法制化"与人的"生活世界"之间的对立①，愈来愈限制了人的自由创造的空间；"主

① J. Habermas. *Theorie des Kommunikativen Handelns*. Frankfurt am Main：Suhrkamp Verlag，1981.

体性”本来是讲的自由和独立自主性，然而“主体—客体”关系的发展，使“主体性”走向极端的人类中心主义，征服自然、使自然为人所用的“主体性”反而被抹杀而为自然所奴役；理性至上主义抹杀了人的情感、意欲、本能等等人性的重要方面，从而限制了人的批判活动和自由创造活动的范围；“现代性”对知识、科学的崇尚导致现当代知识的信息化、网络化、媒体化，而信息化、网络化、媒体化的结果是真理、知识与外在的权力相结合，真理、知识丧失了客观性标准，知识变成了非知识，真理变成了非真理。凡此种种，都说明理性批判、自由创造的“现代性”走向了自己的反面。“现代性”为要彻底实现自身，就必须进行自我批判、自我否定，而这也正是“后现代主义”的任务。“后现代主义”的精神可以说就是一种彻底批判的精神，或者说是一种把批判贯彻到底的精神。所以“后现代主义”实际上早已孕育在“现代性”之中，它是从“现代性”的母胎中产生出来的。“后现代性”是隐含在“现代性”中的理性批判精神、自由创造精神的彻底实现和发扬。由此观之，“后现代主义”对“现代性”的批判，不是简单的一个时代对另一个时代性的外在的批判，不是对“现代性”的简单摒弃，而是对“现代性”的一种发展和超越。后现代主义思想家利奥塔(J.-F. Lyotard，1924—1998)说：“一部作品只有当其首先成为后现代的，它才能成为现代的。按照这种理解，则后现代主义不是现代主义的消亡，而是现代主义的萌生，而且是不断持续发展的现代主义。”①“后现代隐含于现代中，……现代性原本持续不断地孕育着其

① Lyotard, What is Postmodernism? in *Postmodernism*: *An International Anthology*, p. 278, 1991.

后现代性。"①所以，"后现代主义"之"后"，远不是一般所谓"落在某事物之后"的"后"，而实际上是"超前"之"前"，"后现代主义"意味着比现代主义更超前、更先进。"后现代主义"在时间上后于现代，从思想发展的水平来看却走到了现代之前、之先。一部作品，只有当其具有批判的彻底性，那才算得上是具有"现代性"的最原初的精神，这就是为什么利奥塔说，一部作品，只有当其是后现代的，它才能成为现代的。

"后现代主义"的批判精神比起"现代性"的批判精神来，其彻底性究在何处？这就是"后现代主义"的特征或"后现代性"究竟是什么所要求回答的问题。

二、"后现代主义"的特征

"后现代主义"的特征或"后现代性"，一言以蔽之，就是对传统思想文化的批判和超越。具体地表现在以下几个方面：(1)批判传统的"主体性"；(2)批判理性至上意义；(3)批判崇尚超感性的、超验的东西的传统形而上学；(4)批判以普遍性、同一性压制个体性、差异性的传统思想模式；(5)最终把对传统思想文化的批判归结为人的审美生活——自由生活的彻底实现，因此，美学问题和文艺评论成了"后现代主义"的主要话题。

由古希腊奠定的西方人文主义传统，到文艺复兴时期，发展为现代资本主义的新人文主义，新人文主义是一种提倡个人自由解放的人文主义，其哲学基础就是"主体性哲学"，"主体性"指"主体—客体"关系中主体方面的独立自主性：人是世界的中心。"主体性哲学"的

---

① Lyotard, *The Inhuman*, p. 25, Standford University Press, 1991.

“主体性”概念和“主体—客体”关系的思维模式，早在尼采那里就遭到了“摒弃”，他认为建立在“主体性哲学”基础上的人文主义，造成了人与自然的疏离、对立，抹杀了人的情感、意欲等人生的重要方面，使人变成了知识、科学的附属品，生活变得毫无审美意义。海德格尔关于人生“在世”(Sein-in-der-Welt)的哲学，是对“主体—客体”模式的直接冲击，为后现代主义批判人文主义及其“主体性哲学”奠定了哲学理论上的基础。后现代主义思想家福柯(Michel Foucault，1926—1984)继承和发展了尼采对新人文主义的“主体性”的批判精神，把摆脱人文主义的人类中心主义思想束缚作为自己著述的主要任务。他明确提出“人之死”，意思是，作为只具有理性的、独立于客体之外而宰制客体的人是不存在的，人主要地是非理性的；人并没有什么先天的、固定的本质，人的本质是由后天的社会因素构成的。他明确宣称，他“不相信”“独立自主的”、“具有普遍形式的”“主体”①。福柯强调差异性，反对一切超感性的，超验的永恒性、普遍性，认为永恒性、普遍性是理性至上主义的产物。福柯断言，理性、知识与权力结合在一起而独断专行，理性破坏了理性自己原想实现的自由的愿望，站到了自由的对立面。非理性、幻想才是当今艺术作品的关键因素，只有摆脱了理性的独断和统治，幻想和非理性才能跳出自己的动人的舞姿，使人生绚丽多彩。②

可以看到，“后现代主义”以彻底批判为特征的精神，其实际目标(尽管后现代主义思想家并不明确地设定一个什么新的目标，以代

① 福柯：《权力的眼睛——福柯访谈录》. 19页，上海，上海人民出版社，1997。

② 詹姆斯·米勒：《福柯的生死爱欲》，379，581页，台北，时报文化出版公司，1995。

替传统思想文化的目标），仍然是实现个人的自由，这个目标原本是文艺复兴以来的"现代性"所要实现的。当初，笛卡尔所倡导的"怀疑一切"的精神，也是一种批判的精神，其目标就是要实现人的"主体性"，亦即人的自由自主。但是笛卡尔的怀疑——批判，只是以理性主义为原则，其结果正如后现代主义者所揭示的那样，反而导致了人的不自由，导致了生活的单调、人生意义的枯竭。"后现代主义"正是强调了人性的多面性，强调了人性除理性以外的非理性方面，而使笛卡尔的理性至上主义的"怀疑"走向批判的彻底性，使人的自由解放，达到"现代性"所未能达到的彻底实现的地步。① 显然，"后现代主义"的特征或"后现代性"实际上是"现代性"的一种继续延伸，是"现代性"所想实现的目标——人的自由的彻底实现。

"现代性"的理性至上主义崇尚超感性的、超验的东西，使哲学脱离人的日常生活；同时，它片面强调个人在社会中遵守经济秩序和法律秩序，贬抑人的感性功能，使人的日常生活"刻板化"，失去了审美的意义和"诗意"。② 于是人的自由反而受到压抑。韦伯（M. Weber，1864—1920）生动地把现代人的日常生活形容为"铁笼"。③ 他认为艺术、审美具有一种把人从日常生活的刻板化和理性至上主义的束缚下解放出来的"救赎"功能。④ "后现代主义"反对现代主义把艺术、审美同日常生活分离开来，而主张艺术、审美与日常生活的融合。艺术、审美现已日益进入日常生活，应用艺术、应用美学成为学者们讨

---

① 高宣扬：《后现代论》，175页，北京，中国人民大学出版社，2005。

② *Hegel Werke* 13，p. 337，Suhrkamp Taschenbuch Verlag，1986.

③ 韦伯：《新教伦理与资本主义精神》，143页，北京，三联书店，1987。

④ H. H. Gerth and C. W. Mills. *From Max Weber*：*Essays in Sociology*，p. 342，New York，1946.

论的热门话题。对日常生活的重视，特别是日常生活的审美化、艺术化，已成为“后现代主义”的特征。对于这一特征，人们有不同议论：一说艺术堕落为商品，艺术的价值降低了，审美的神圣性丧失了，日常生活的廉价审美化造成了威尔什（Wolfgang Welsch）所说的“麻痹化”①；一说日常生活的美化让平民大众也有审美的享受，从而实现了文化的民主。这里涉及艺术、审美的自律性与应用性之间的矛盾问题，也是一个被很多学者关注和讨论的复杂问题。我以为，就中国当前的思想状况而言，还是应该注重提高审美的价值标准，不要把娱人耳目之美当作唯一的美，让视觉和听觉的暴力压制我们，所以我更倾向于多给审美增添一点神圣性，我们不要从理性至上主义的一个极端走到感性至上主义的另一个极端。

三、德里达对语音中心主义的批判

后现代主义者对人文主义的“主体性”和理性至上主义的批判，大都从分析、揭示作为言说者的“人”和语言说都已“不在场”情况下的“主体”概念的分解出发。福柯和德里达等人都是如此。这里且以德里达对传统的语音中心主义（phonocentrism）的批判为例。德里达的解构理论实以此为核心。

传统的语音中心主义是主体性哲学的一种表现形式，它认为说话人所说出的言语声音最直接、最稳定、最确实可靠地表达言说主体的思想，而书写的文字则没有这个优点，所以语音中心主义总是把说出的言语声音放在优先于书写文字的地位。德里达和其他一些后现代主义者着重把语言同社会实践活动联系起来，认为语言本身就是一种社

① Wolfgang Welsch, *Undoing Aesthetics*, p. 25, London, 1997.

会实践，语言同语言以外的社会因素如权力、道德、知识等不可丝毫分离，知识分子、文化人有知识分子、文化人的语言，统治者有统治者的语言，社会各阶层人有各阶层人的语言。在当今社会里，权力、金钱、人际关系往往对语言的运用起决定作用。因此，对语言的研究远不能仅限于对言说的主体个人言说时的原意及其准确性的探讨，而应该着重揭示语言在说出以后，或者说在说话的主体已"不在场"的情况下，其在社会上扩散和增殖的意义。这样，语言就具有了不依赖于言说主体的独立的生命力，语言在言说主体之外的复杂社会关系中、在他发言之后的历史发展中自由翱翔。

德里达由此出发，更进而强调书写文字比口语更优越。自柏拉图以后，传统思想总是认为书写的文字是死的，它不可能为自己进行解释和辩解。德里达把这种传统观点与统治者的权力联系起来，认为那种贬低文字、强调言说主体作用的旧观点，无非是为了维护言说主体的原意，使其凝滞不变，从而把旧的传统固定下来。

早在德里达之前，胡塞尔已经看到书写文字比口语更有利于传达到后代，有利于使观念客观化，书写能"代替"口语，具有远离口语原意的特点。德里达指出了胡塞尔观点的优缺点：优点是看到了书字文字不囿于原意，缺点是胡塞尔仍固守"语言"指涉"意义"这一传统的语音中心主义的公式，从而把书写文字的特点看成是偶然的、无关本质的属性。德里达突破"语言——意义"这一二元论的老公式，反对传统的主体在语言中的主宰作用和统一作用，强调书写文字具有不断"延异"意义的本质属性。传统语言观总是只看到语言符号和意义之间的一致性、统一性，从而死抓住思想文化的稳定性。同这种保守观点相反，德里达则注重两者间的差异性，从而把人们的注意力引向思想文化的变化、发展，使思想文化更具生命力和创造性。

德里达认为，像传统观点所认为的那样，一心想“忠实地”、“真实地”、“原原本本地”“再现”原说话主体或文本原作者当初的说话意图，是根本不可能的。我们后人只能在阅读原本时结合新的历史条件，对原本作出新的诠释，从而使原本被“差异化”而获得新生，德里达把这叫做“延异”。这并不是要否定原作者的创造性和原作的历史价值，而是使之延续其生命力，使传统不断创新，而原有的以原作者主体为中心的旧的桎梏则由此而得到挣脱。

可以看到，德里达对语音中心主义的批判，远非一个简单的语言学问题，而是他所代表的“后现代主义”对传统文化的彻底批判精神的表现，是对维护旧秩序的统治者的反抗，是对一心求稳定不变的保守势力的宣战。

四、“后现代主义”的文艺理论

传统的语音中心主义死抱住说话主体即创作者本人的语言意义不放，而不注重甚至否定原主体不在场情况下后来的读者亦即新主体对原作所赋予的新的意义、新的诠释。这样，社会历史的创新能力凝固了，新的创作也不可能产生了。后现代主义者特别是德里达反对死死地尾随于原作者和原作品之后，而强调创作的本质在于超越原作者和原作品，具体地说，就是在于新的诠释。原作者和原作品不过是新的创造活动的始点，文化创造活动的生命力寓于诠释之中，诠释比原作者、原作品更具有优先地位。试想，如果我们总是死抱住“子曰诗云”不放，而不思超越“子曰诗云”，我们的中华文化还能谈得上有什么创新？我们现在也有人提倡读四书五经，如果仅仅让我们的读者停留在弄懂原作原意的阶段，如果我们的国学研究工作仅仅停留在考证原作原意的范围，其结果恐怕就只能是复古。当然，弄懂原作原意，考证原作原意，都是必要的，但正如西方后现代主义者所说，那只是创造活动的始点。

人所生活于其中的世界本来是人与世界交融合一的整体，无论从人类历史文化发展的角度来看，还是从个人出生到死亡的人生历程来看，都是在后来(西方文化史主要是在文艺复兴以后，个人的人生历程主要是在脱离婴儿的状态以后)才被纳入“主体—客体”的模式而被主体化。西方文化的发展史表明，自从进入“主体—客体”的模式以后，人就由于成了认识的主体、权力的主体、道德的主体，而忽视了、抹杀了人的感性、欲望、本能诸方面。后现代主义认为这样的主体是“被异化了的”，而非真实的。真实的主体(如果也可以叫做“主体”的话)是人的感性、欲望、本能等非理性的方面(后现代主义者称之为“荒谬性”)，这才是人的生命力、创造力的源泉。人和人类的历史文化是理性与非理性的结合，这也就是人与世界交融合一的整体中所包含的上述两方面的结合。传统的理性至上主义与主体性哲学片面强调理性，强调主体的独立性，致使人生反而日益失去自由。后现代主义则认为，正是文艺创作使人有了寻求自由的途径。在后现代主义者看来，文艺活动与其说是为了寻求美，是为艺术而艺术(像“现代主义”所主张的那样)，不如说是为了生活的自由，文艺创作是超越各种现实束缚的、无意识的自由生活的游戏。这样，以美为最高创作标准的传统美学观点便被后现代主义所谓“反艺术”、“无所谓美”的观点所代替。后现代主义的这种“荒谬原则”，使许多摆脱理性原则以至摆脱与理性相联系的语言形式的创作成为时尚，无言的裸体舞被认为是解除伦理道德束缚的自由生活的表现和自由境界的实现。文艺在后现代主义者看来，乃是同日常生活紧密结合在一起的，它是人的自然本性、原始欲望和感情的表演。

但是我们也决不能把“后现代主义”的文艺创作理解为现实的简单照搬和复制，更不能理解为文化的倒退。后现代的创作实际上具有强烈的审美特点，它特别着重通过“象征”的艺术手法，让鉴赏者想象隐蔽在作品背后的东西。所以后现代主义的创作可以说仍然保留了源于生活而又高于生活、结合现实而又超越现实的审美意识的特点。即使是后现代主义的男女双双的裸体舞蹈，也并未照录赤裸裸的性行为，而是把男女双方的爱恋之情留在无尽的想象之中。后现代主义的绘画和建筑也往往是“无限多未显露出来的东西”的“象征”。“象征”的艺术手法实乃一种超越现实的活动，它让鉴赏者展开想象的翅膀，实现对现实中一切界定性的突破，而自由飞翔。后现代主义艺术家声称，艺术不应该有“意义”，其实，他们所反对的“意义”是一种对固定的概念和目标的追求，此种意义下的“意义”是对自由生活、自由创作游戏的限定，所以在他们看来，是应该加以否定的东西。但从他们把人的自由看作是人性的最高表现而言，又可以说把握了人生最高意义之所在。

在西方文化史上，文艺从来与人的感情、欲望、本能等非理性方面有着千丝万缕的联系，但文艺也因人性的这一方面在文化发展史上屡遭压抑而同步地被降居低等的地位。柏拉图把诗人画家逐出理想国之外，中世纪的基督教轻视艺术，都与压抑人的感性、欲望、本能有关。现代主义的“为艺术而艺术”的口号和审美的自律性观点，使艺术脱离日常生活，实际上是艺术自卑、自傲、自慰的表现。唯有“后现代主义”敢于直面日常生活，把男女的欲望、本能展现在文化创作之中，让人性的最“卑微”的方面闪耀着美的神圣的光辉。后现代主义艺术并不是欲望、本能的简单再现，而是具有审美的神圣性。也许这正是后现代艺术在西方美学史上最大的突破。

后现代主义所崇尚的审美意识，实际上就是海德格尔显隐说所讲的审美意识的一种延伸和变式，后现代主义的特点是着重以现实生活中的原始情节为素材，从中显现出人生对自由的倾向性。就拿后现代主义男女双双赤裸裸的肉体表演来说，与其说是意在这种表演本身，毋宁说是通过在场的表演显现出一种对传统压制人欲的逆反之情。后现代主义的创作常常令人迷惑不解，其原因都在于意在不言中，它们都“言说”着其所未言说出来的东西，给鉴赏者留下无尽的想象空间。我以为对后现代主义的创作，特别需要展开想象力，通过显现出来的东西去领会背后隐蔽的东西，通过明白的东西去领会不明白的东西，从而使隐变为显，使不明白变为明白，只有这样，才能真正品味到后现代艺术之美。后现代创作常常令人在它面前流连忘返，就因为它所引发的无限想象的空间能让鉴赏者在其中尽情地自由驰骋，能让你细细地、一点一滴地琢磨。

后现代审美意识的这种特点归根结底还是它的彻底批判精神的表现。前面说的男女双双裸体表演，既是隐含着对传统压制人的感性欲望的一种逆反之情，也是对传统的理性至上主义的一种彻底批判。对于后现代主义，我们可以有各式各样的议论，它的确有许多过激之谈，有很大程度的片面性，如对普遍性、整体性的否定，对理性的否定等，但其彻底批判的精神——不断自我超越的精神，则是值得我们吸取的，中华传统文化的凝滞性方面亟须这种精神来激活。

希腊精神与科学*

一、希腊精神是理性沉思与热情相结合

“希腊精神”①的含义非常丰富，不易作出简单的概括。单从科学发展的角度而言，一般认为崇理性、尚静观是希腊精神的一个重要特点。这样的概括应该说是没有问题的，但它往往引起人们对希腊精神的另一种解释，似乎希腊精神就是冷若冰霜，与宗教感情绝缘，似乎希腊科学之发达，希腊科学精神之为西方近代科学之源泉，关键都在于希腊精神的这一特点：理性、冷静，其对立面是热情，讲科学就是要排斥热情。然而，希腊文明发展的历史事实告诉我们，这种观点显然有片面性。

* 本篇原载《南京大学学报》2007 年第 2 期；《语境化中的人文学科对话》(北京，北京大学出版社，2008)转载。

① 我这里用的“希腊精神”一词，非专指希腊化时期(Hellenistic Age，323—30 B. C.)希腊的文化精神，而是包括希腊古典时期及其以后的希腊化时期的整个古希腊文化精神的一个总称。Hellenism 一词，有时亦译作“希腊精神”(或“希腊主义”)，专指希腊化时期。我这里不采取这种狭义的用法。

首先，标志着希腊理性科学特点的数学，在其产生之初，就是与一种热烈的宗教感情融合在一起的，这就是奥尔弗斯教(Orphism)。奥尔弗斯教认为，人的现实生活是被束缚在地上的，人生的出路在另一个世界，在天上，只有达到一种与神合一的“沉醉”或“激情”状态的人，才是过着真正生活的人。奥尔弗斯教由此而具有痴迷于来世的热情的神秘主义特点。可就是这样一种神秘的宗教，却在毕达哥拉斯那里和我们一般所认为最难与之相容的数学结合在一起。

毕达哥拉斯定居于奥尔弗斯教义比较盛行的意大利南部，他受奥尔弗斯教的影响，向往来世，把最高价值置于不可感知的上帝的统一性之中，而认为可感知的世界是不真实的。但毕达哥拉斯既是一个宗教神秘主义者，又是一个极具理性气质的数学家。他认为万物都是数，万物都处于数的秩序与和谐之中，都可以用数来衡量。按照亚里士多德的说法，对数的沉思(number speculation)是毕达哥拉斯学说的最主要的特征①。在毕达哥拉斯看来，数是靠不计较利害的、纯理性的沉思而达到的，对数的沉思给人带来热烈的愉悦和激情，“纯粹的数学家，正像音乐家一样，才是那秩序井然的美丽的世界的自由创造者。”②也许正是因为纯粹的数被毕达哥拉斯设想为不可感知而又比可感知的事物更真实的缘故，所以数在毕达哥拉斯那里，与奥尔弗斯教的神是合一的：数学知识是神秘的知识，宗教上对于超验的世界的信仰与数学上纯粹的数的超验性两者得到了相互印证、相互发明。从事数学研究的推动力乃是一种宗教的热情——沉思超验东西的热情。

---

① 参阅 *The New Encyclopedia Britannic*，V. 25，pp. 578—579. Chicago，Encyclopedia Britannica，Inc，1993。

② 罗素：《西方哲学史》上卷，59—64页，北京，商务印书馆，1963。

几何学在埃及和巴比伦那里已有了开端，古希腊第一位哲学家泰利士从埃及那里带来了几何学，但主要是经验性质的。毕达哥拉斯对于希腊几何学的贡献是人所尽知的。几何学上所讨论的圆不是可感知的世界中的圆，而是一种理想中的圆，是超验的、不可感知的。在可感知的世界中，无论用怎样精确的圆规也画不出理想中超验的圆，那是沉思的产物，有如超验的上帝一样。罗素也通过几何学的这种性质来说明毕达哥拉斯学说中对数学的崇尚与对超验世界的信仰的结合问题，并进而指出，毕达哥拉斯的这一基本思想是后来的柏拉图主义关于超验的、永恒的理念世界高于和真于感性世界的根源，甚至是基督教的"道"和"上帝"的根源。①

毕达哥拉斯所开创的数学传统是希腊以及整个西方科学传统的主要标志。仅从毕达哥拉斯的数学学说就可以看到，希腊精神不是仅仅用理性、静观几个字可以概括的。准确地、全面地说，希腊精神乃是对理性沉思的一种热情。② 希腊科学与这种宗教感情密不可分，正是这种宗教感情推动科学家作理性的沉思。

柏拉图理念论对理念的尊崇，源于毕达哥拉斯学说对数的超验性的尊崇。毕达哥拉斯的伦理观中早已有关于探索本身即是善的思想。这个论断的含义也许是指宇宙秩序的最高统一性：数学研究总是朝着越来越统一的方向进展的，对于这种统一性的无拘无束的自由追求就是善。无论如何，把自由探索——沉思当作一种伦理上的"善"来看待，这本身就赋予了沉思与科学研究一种精神上的推动力，而这个推动力对科学的发展是头等重要的。柏拉图在这一点上似乎继承和发展

---

① 罗素：《西方哲学史》上卷，64—65 页。

② 同上书，43—47 页。

了毕达哥拉斯的基本思想。他在讲述那个著名的“洞穴”比喻时说：“那赋予被认识的东西以真理和赋予认识者以认识的力量的东西，就是我要你称呼的善的理念，而你也将认为他是科学的原因。……科学和真理可以被看成好像是善，但还不就是善；善比科学和真理具有更高超的地位。”[①]“善”有如太阳，使视觉能看见的事物和被看见的事物能被看见、能存在一样，乃是“科学和真理的创造者，而超越于科学和真理之上”。[②] 柏拉图明确地把“善”置于科学研究和追求真理之上，认为它像太阳照亮万物一样赋予科学研究和真理追求以力量。我以为，这种把伦理范畴与科学相结合的观点，正是古希腊科学精神的核心。这个观点在柏拉图那里和在毕达哥拉斯那里一样，存在着把理性与奥尔弗斯教的宗教热情糅合在一起的迹象，但在柏拉图那里，则更明显地、更深刻地道出了希腊科学之所以发达的关键：希腊科学之发达，显然和希腊精神不斤斤计较实际利益、把沉醉于科学研究和真理追求本身的热情视为“至善”之美德和“最高幸福”[③]，有着密不可分的联系。一个科学家，如果仅仅局限于从实际利益出发，而缺乏对沉思的热情——一种不为名缰利索所束缚的希腊“自由精神”，不可能是伟大的。

柏拉图的“美的理念”显然还是抽象的，科学的沉思与伦理热情的结合在柏拉图那里尚不十分明确。亚里士多德批判了柏拉图的“善的理念”的抽象性，特别指出了“善的理念”是人所达不到的。[④] 亚里士

① *Plato's Republic*，p. 249，New York：The Modern Library.

② 同上。

③ 同上书，pp. 343—353。

④ *The Nicomachean Ethics of Aristotle*，p. 9，London：The Temple Press Letchworth，1949.

多德关于人的行为的理论比起柏拉图来要现实得多，他几乎清除了柏拉图向往来世的思想痕迹。[①] 亚里士多德认为，最高的善不是抽象的理念，善乃是“所有事物都以之为目的的东西”，“善以自身为目的”，[②] 善是“心灵按照最好的和最完全的德行方式而行为的活动”。这“最好的和最完全的德行方式的活动”乃是指理性中主动地“具有和施行理性活动”的“部分”，[③] 更具体一点说，就是指一种“沉思的生活”(the life of contemplation)。[④] 亚里士多德认为只有“沉思的生活或活动”才给人以“幸福”(Happiness)，所以他把“幸福”规定为“至善”。[⑤] 所谓“沉思的生活或活动”就是一种不为利害所束缚的活动，一种“自由的精神”，甚至可以说是一种“旁观者”的生活。亚里士多德认为这就是“哲学家的生活”或“科学的人”(man of Science)的生活，因此，只有哲学家或“科学的人”才是“最幸福的人”，“最亲近神的人”。[⑥] 当然，作为一个注重现实的哲学家，亚里士多德也很重视人生除“沉思”以外的现实生活中的活动，但他认为那些都是次要的，都不过是使“至善”和“幸福”得以实现的条件。

这里值得特别提出的是，亚里士多德并非简单地断言科学活动只是一种静观式的“沉思”，他明确地强调，这种活动同时是一种“伴随着热诚(earnestness)”的活动，而非“娱乐”(amusement)，而且“靠热诚所做的事比仅仅逗笑和娱乐之事要好”，“更好的人是更热诚的

---

① *The Nicomachean Ethics of Aristotle*, p. 9, XII.

② 同上书，pp. 1—2。

③ 同上书，p. 12。

④ 同上书，pp. 5—6。

⑤ 同上书，p. 5, 11, 22.

⑥ 同上书，p. 254, pp. 255—256.

人”。[①] 亚里士多德在这里所强调的显然是，科学精神在于对沉思的“热诚”，而非一般的、淡淡的沉思。我以为，正是亚里士多德所说的对沉思的这种“热诚”，才道出了科学探索的动力。他告诉我们，只有具备这种“热诚”的科学家，才会“不食人间烟火”，似乎一切现实生活中的烦忧都消失殆尽，一心痴迷于科学的沉思，从而获得伟大的科学成就。亚里士多德的“这一理想，部分地是来自于他的老师柏拉图的更富激情的唯心主义的遗产”。[②] 联系到柏拉图所受奥尔弗斯教的影响来看，我们未尝不可以说，科学探索似乎需要有点“宗教的热情”(religious fervour)[③]来推动(尽管我不相信人格神意义上的有神论宗教)。事实上，亚里士多德也明确谈到，美德不单纯是理性，而且包含热情、意志的环节，后者是“推动力”。黑格尔在《哲学史讲演录》中详细地申述了亚里士多德的这一观点。[④]

The new Encyclopedia Britannica 的“科学”条，把希腊古典科学归纳为两条：“第一是认为宇宙是一个有秩序的结构的观点，第二是认为这种秩序不是机械设计的秩序，而是一种有机体的秩序；宇宙的所有部分在事物的整个设计中都有其目的，事物都自然地向着它们注定要到达的目的运动，这种有目的的运动就叫作目的论。目的论几乎无例外地渗透到希腊科学以至往后的科学之中。”[⑤]对希腊科学的这一概括，我以为基本上是正确的。“秩序”实际上说的是理性的东西；

---

① *The Nicomachean Ethics of Aristotle*, p. 9, p. 249。

② 同上书，XXⅢ。

③ 同上书，XXⅢ。

④ 黑格尔：《哲学史讲演录》第2卷，359—360页，北京，三联书店，1957.

⑤ *The New Encyclopedia Britannic*, p. 34.

"目的"在这段文字中都是用的多数"ends"或"purposes"，但根据以上所引柏拉图、亚里士多德的话来看，诸多事物的诸多目的之最后目的是"至善"。从总体上来看，"至善"是万物之终极目的，这是古希腊目的论的核心。把这两者结合起来，希腊科学的特点就可以说是：对"至善"的热诚追求，推动着对有秩序的万物之沉思与理解。

二、希腊精神在基督教世界中以至近现代科学中的继承和发展

有秩序的万物向着"至善"的目的运动、发展，这一科学与伦理相结合的基本思想，在基督教的原始教义中也占有重要地位。《圣经·新约》的《约翰福音》开宗明义就说："世界被创造之前，道(Word)已存在；道与上帝同在，同样是上帝。从太初起，道就与上帝同在。通过道，上帝制造万物；在一切创造中，没有一物离开道而被创造。道是生命的源泉，生命给人类带来光。光明照耀着黑暗，黑暗从不使光熄灭。"①道(Word)是"渗透于可理解的世界中的神性的或普遍的理性"②。"道"的光甚至在化为耶稣基督的肉身之前就显示于人类历史中。《约翰福音》中的这段话说明，世界从来就是理性的，是可以理解的，"道"之光与希腊人之所谓"至善"似有传承关系，基督教的原始教义在这一点上是与希腊科学精神一脉相通的。

中世纪的经院哲学，其特点之一是企图把基督教的信仰提升到科学的理性知识的地位。公元5—6世纪的罗马哲学家、亚里士多德著作的译注者波埃修斯(Boethius，约480—524)算得上是经院哲学的一

① *Good News Bible*，p. 116，New York：United Bible Societies，1976.

② *The New Encyclopedia Britannic*，V. 16，p. 345.

个先驱，他认为人是“自然界里有理性的个体”，主张“将知识均匀地分配到自然科学、数学与神学中去”。这个观点可以说是希腊科学精神与基督教教义相结合的体现。中世纪在学校的教育中教学生以“四学科”(算术、几何、天文、音乐)和“三学科”(文法、修辞、逻辑)，与波埃修斯在这方面的著述有关①；奠基于13世纪的大学也盛行这种教育。科学虽然沦为神学的婢女，但在那个时代里，神学也起着保存科学和希腊科学精神的作用。即使在修道院里也可以这样说。例如耶稣的本性如何用物理的语言来说明？人如何有两重本性？这类问题虽然意在为基督教的神示寻找证明，但毕竟因此而激发人们思考希腊哲学与科学的兴趣。古希腊文化精神的灯光虽然很微弱，但并未熄灭，修道院的僧侣们仍然在某种程度上为后代保存了希腊精神与文化。②

即使是近代科学的伟大奠基人伽利略(Galileo Galilei，1564—1642)，其科学研究的最终原则和推动力也仍然是基督教的观念。他认为科学研究工作首先设定了上帝创造的世界之善与实在，上帝赋予自然以数学的必然性，并赋予人以理解力，使人有可能通过艰苦的科学探索而找到一点自然的奥秘③。德国天文学家刻卜勒(Johannes Kepler，1571—1630)则“深信上帝是依照完美的数的原则创造世界的，所以根本性的数学和谐，即所谓天体的音乐，乃是行星运动的真实的可以发现的原因”。“这是鼓舞刻卜勒辛勤工作的真正动力。……他所追求的是最后因，即造物主心中的数学的和谐。”④

---

① W·C·丹皮尔：《科学史》，117页，北京：商务印书馆，1975。

② 参见 *The New Encyclopedia Britannic*，V. 27，p. 35。

③ 同上，V. 16，p. 346；W·C·丹皮尔：《科学史》，199页。

④ W·C·丹皮尔：《科学史》，193页。

特别值得提出的是现代伟大的科学家爱因斯坦(Albert Einstein，1879—1955)关于科学与宗教感情关系的观点。他明确反对有人格神的宗教，但他又坚持主张宗教热情是科学探索的推动力。他认为原始的“恐惧的宗教”(religion of fear)和后来较进步的“道德的宗教”(moral religion)都是神人同性论(anthropomorphism)的性质，不足为信。他提倡一种“宇宙的宗教感情”(cosmic religious feeling)，认为“宇宙是一个单一的整体”、“崇高和奇妙的秩序显示在自然和思想世界之中”。对宇宙被赋予了奇妙秩序的理性之信仰以及理解它的渴望与热情，就是爱因斯坦所谓的“宇宙的宗教感情”。他说他找不到一个词能比“宗教的”这个词更好地表达对自然之和谐有序的理性本质的信仰。而“宇宙的宗教感情乃是科学探索的最强有力的和最伟大的动力”。他引证同时代人的一句话：“在我们这个唯物主义的时代里，严肃的科学工作者乃是唯一的具有深刻宗教信仰的人。”①他认为没有这种感情，科学就没有生气。显然，爱因斯坦所信仰的宗教不是人格神意义的宗教，而是对宇宙秩序之奇妙和崇高的一种敬畏、惊羡之情，一种“宗教的感情”(religious feeling)。他明确说：“我信仰的上帝，是斯宾诺莎的上帝，他在存在着的事物之有序和谐中显示出自身，而不是一个关注着人类的命运和行动的上帝。”②我们都知道，斯宾诺莎的“上帝”就是“实体”，也就是自然，“神即自然”(Deus sive natura)。自然是具有必然性秩序之整体，人能认识到万物皆由神的必然性而产生，那就是对神的“理智的爱”(Amor Dei intellectualis)，这种“爱”是不计

---

① A. Einstein：*Religion and Science*，p. 9，*New York Times*，1930.

② 麦奎利：《二十世纪宗教思想》，301页，上海，上海人民出版社，1989。

较利害而一心投入自然秩序、自然法则的一种热情。我们平常说斯宾诺莎反对激情，其实那只是指他反对由于无知而引起的一种被动的违反自然必然性的纷扰之情。斯宾诺莎所主张的对神的“理智的爱”是对必然性的爱，是一种有理性的情感。爱因斯坦欣赏斯宾诺莎的“上帝”，也许正是他醉心于把冷静的科学探索与热烈的宗教感情结合起来的表现。爱因斯坦实不愧为古希腊精神的正宗传人。爱因斯坦特别强调他信仰的“上帝”“不是一个关注着人类的命运和行动的上帝”，这句话尤其表现了爱因斯坦不为实际利益所羁绊而一心从事纯粹科学探索的希腊“自由精神”。“古希腊和其他文明之间的区别很多，但最重要的也许是宗教。对比美索不达米亚和埃及的宗教而言，希腊宗教最突出的特点是它的稚气(Puerility)。两个大河文化所推出的复杂神学都服务于回答太多(即使不是全部的)关注着人类地位和命运的大问题，而希腊宗教则不然，它实际上不过是一堆更适合于萤火会，而不适合于庙堂的民间故事。”这种纪元前两千年的古希腊文明(即美锡尼文明)残存在荷马诗中，其中的英雄和神混合为一，“神在这些故事中表现得不过是不死的青少年，其技艺和表演，同耶和华与古巴比伦主神 Marduk 关心的事相比，是很幼稚的(infantile)”①。所谓“稚气”、“幼稚”，乃是与那种关心人的实际利益的上帝的兴趣相对而言的。正因为摆脱人世实际利益的纠缠而在这方面显得很“稚气”、“幼稚”，才会忘我地专心致志于纯科学探索。“稚气”、“幼稚”也许最能表达古希腊人对科学研究的“自由精神”。古希腊科学研究的成就应归功于这种“稚气”、“幼稚”。联系到我们民族过于重现实利益的特点来说，我以为我们今天提倡发展科学，关键还不在于单纯地学习西方科学的

---

① *The New Encyclopedia Britannic*，V. 27，p. 34.

具体知识，而更在于提倡和培养一种科学探索的“稚气”。如果我们的科学家能多有一些不囿于实际利益的“稚气”，不妄求上帝降福，把和谐有序的、有理性的世界本身作为自己的上帝而热切地渴望理解它、认识它，那么我们的科学研究特别是在基础理论方面的研究，必将有空前的、突破性的进展。在中国当代，大家都热情赞扬的那个“不食人间烟火”、一心忘我于哥德巴赫猜想问题的“陈景润精神”，实可与希腊精神的“稚气”媲美，也算得上是爱因斯坦所称道的那种特殊的无人格神意义上的“宗教感情”，值得我们民族永志不忘，发扬光大。

三、重实验的精神在希腊文化中亦有其思想根源

一般认为，希腊精神之崇尚理性的特点主要表现为逻辑推理或者说形式逻辑以及作为形式逻辑产生之前提的演绎几何学，希腊科学于是被规定为形式逻辑的、演绎的、先验的、非功利型的；与此相对照的是现代科学被规定为归纳的、经验的、实验的、实用型的，通过实验找因果关系是在文艺复兴时期才出现的。关于前者，我无话可说，希腊文化精神的确首先表现为形式逻辑体系的成就，它经中世纪而发展成为西方文艺复兴以后的近代科学的基础之一。但是关于后者却存在着一个问题：重经验、重实验方法，是否在希腊文化精神中就找不到它的根源？特别是由此而引发另一个问题：是否只有在重形式逻辑、演绎推理的古代科学的探索中才能产生不计较功利的“自由精神”，而在重实验方法、重效用的近代科学的探索中则不可能产生这种精神？

我以为比较全面的概括应该是：西方科学发展的两大基础，形式逻辑推理和系统实验方法两者，在希腊文化中都已有了深厚的根源，

只不过在发生的时间上，形式逻辑的成就较早，实验方法的成就较晚①；在发展的程度上，形式逻辑在希腊时期已很充分，实验方法的充分发展则在文艺复兴以后。在希腊时期，无论是形式逻辑的推理活动还是实验的活动，都贯穿着不计功利的“自由精神”，只是到了文艺复兴以后的近代科学，希腊的“自由精神”才越来越退居次要地位，甚至被遗忘，科学不再主要是追求纯粹知识的活动，而成了服务于各种外在功利效用的工具。所以当前的重要问题是，重实验方法的近现代科学需要恢复希腊的自由精神。下面着重从实验方法的角度阐述一下我这里所提出的论点。

古希腊科学的探索方法主要是逻辑推理，这一直延续到亚里士多德，其中虽然也有观察(obsetvation)，但观察还不同于实验(experiment)，实验的特点在于需要改变自然的条件，以说明对象的隐蔽性质与活动。实验的方法是由亚里士多德以后希腊化时期的数学物理学家阿基米德(Archimedes，287—212B. C.)开创的，近代科学把数学和实验方法结合起来的精神在阿基米德那里已奠定了基础。他提出假说，按演绎法进行逻辑推理，然后又用实验的方法加以检验和证实。他所发现的所谓阿基米德原理和杠杆定律，都是既凭着希腊人“沉思”抽象推理的热情，又加上他的实验精神而求得的。他还利用光学原理烧毁了罗马的军舰，利用杠杆原理抬起了一艘军舰，利用力学原理制造了很有威力的投石机，他在科学的效用和使用方面，成了近现代科学的先驱。但他至死还在“沉思”他的数学问题。科学的沉思与效用

① 这里所说的“较晚”是指希腊化时期。尽管这个时期的希腊文化精神已吸收了东方的成分，但希腊文化精神仍然得到了延续，而且仍然占主导地位，以阿基米德为代表的科学成就，虽然发生在较晚的希腊化时期，但仍应归属希腊文化之列。

两者在阿基米德这里完全融为一体。希腊的“自由精神”并没有因阿基米德注重科学的效用性而有丝毫减退。阿基米德虽然在埃及的亚历山大城居住过，但显然不能以希腊化时期的“人才”外流为由而把阿基米德的科学成就排斥在整个希腊精神之外。

实际上，在希腊，重科学的效用性还有更深的思想渊源。所谓“赫密士科学”(Hermetic science)就是一种具有强烈的功利主义性质的科学，其思想来源可以追溯到古希腊。希腊化时期以后，被认为是赫密士·特里士麦吉斯托(Hermes Trismegistos)所写的著作，原来讲的是占星术，以后又加上了医药学、炼金术和巫术，占星术的基本观念是，宇宙是一个整体，其中的所有部分是相互依存的，这一基本观念也是其他玄秘之学的基础。把这个基本原理应用于实践，就叫“赫密士科学”。由于不能用通常的科学方法发现宇宙各部分之间的这种亲和，于是求助于神的启示。中世纪后期特别是文艺复兴时期的文学中经常提到赫密士·特里士麦吉斯托。赫密士·特里士麦吉斯托据说是一个先知，摩西的同时代人，也被认为是希腊神或埃及神 Thoth，是书写的发明者和书写艺术的保护人。其著作中关于创世纪的故事，比起传统的记载来，赋予人以更为突出的地位和作用：上帝完全按照自己的形象造人，人成了一个创造主，而不只是一个有理性的动物。人通过创造活动而效法上帝。为了创造，人必须知道自然的奥秘，而这只能通过火、蒸馏和其他炼丹术的操作来迫使自然做到，由此就可以得到长生和免除疾病。这种诱人的美景于是引起了一种观念：通过科学和技术，人可以使自然屈从于自己的意志。而这本质上就是西方近代科学的观点①。这说明近代的实验性、效用性科学以至主体认识

① *The New Encyclopedia Britannic*, p. 37.

客体、征服客体，使客体为我所用的近代思想，早在古代的赫密士著作中已有了根源。尽管赫密士著作混杂了东方宗教的因素，但它的思想根子毕竟是属于古希腊的，特别是柏拉图主义的、斯多噶的、新毕达哥拉斯派的哲学。赫密士著作所代表的这种传统，到文艺复兴时期颇受重视。一些赫密士作家受赫密士传统的影响而热情歌颂启蒙，歌颂光明和太阳。15世纪的人文主义思想家费奇诺(Marsilio Ficino，1433—1499)翻译和注释了大量的柏拉图著作和其他希腊古典作品，包括赫密士著作，对欧洲思想产生了重要影响。后来哥白尼访问意大利，也深受赫密士传统的影响，在其宇宙理论中引用赫密士的思想。

文艺复兴时期的巨人列奥拉多·达·芬奇(Leonardo da Vinci，1452—1519)一反中世纪重亚里士多德和托玛斯·阿奎那之演绎和逻辑推理的传统，而强调实验方法，强调科学的效用性。他不仅是画家、雕塑家、物理学家，而且是工程师、建筑师，甚至是军事工程师，还精通解剖，他对于科学从古希腊的沉思型到近代的效用型的转化起了关键性的作用，而达·芬奇的这一历史功绩是与古希腊的数学家和实验物理学家阿基米德的思想传统联系在一起的。达·芬奇花了很大气力找到当时很难找到的阿基米德著作的抄本，他认为尽管数学的推理可以带来一定的确实性，但“科学如果不是从实践中产生并以一种清晰实验结束，便是毫无用处的，充满谬误的，因为实验乃是确实性之母”①他强调，再多的书本知识最终也代替不了实际的经验，亚里士多德及其注释者们断言为哲学必然性的东西，常常比不上一个人亲眼看到的东西。

伽利略用望远镜实际检验了哥白尼的天文学说。他从根本上打击

① W·C·丹皮尔：《科学史》，165—166页。

了亚里士多德的纯粹理论体系，但他又把实验方法、归纳法与数学的演绎法结合起来，建立了现代意义的完备的科学方法。显然，作为近代科学奠基人的伽利略是阿基米德的实验方法和效用性科学的传人，当然也可以说是赫密士传统的继承者。

笛卡尔(1596—1650)虽然是唯理论者，重演绎法，他在这方面继承了古希腊重逻辑推理的思想传统，但他的主客二分和主体性原则是近代科学的思想基础，实际上体现了赫密士重效用的思想传统。

牛顿(1642—1727)的卓越成就既来自数学，也来自实验。亚里士多德认为天体是神圣不可侵犯的，然而，伽利略用望远镜打击了这种见解，牛顿则更进一步，利用地球上的力学原理把天体也纳入了与地球同类的研究范围之内。牛顿尽管有非凡的数学才能，但他处处要求有实验的检验和证实，反对无法证明和证实的假说。他做过光学实验和其他物理实验以及化学实验，还建立了自己的实验室，但他又紧密地把实验的事实与数学的推论和理论结合起来。“他从已知的事实出发，想出一个符合于事实而又能用数学表达的理论，从这个理论得出数学的和逻辑的推论，又把这些推论与观测和实验得出来的事实比较，并发现其完全符合。”①和这种态度相联系的是，那些在当时只能靠猜想得到的东西，在牛顿的研究中是没有地位的②。

以上举例说明了，近代科学重实验方法和重使用的特点是希腊阿基米德和赫密士传统的继承。下面谈谈前面已经提到的由此而引发的另一个重要问题：近代科学之重效用的特点是否一定不可能有希腊的“自由精神”？要恢复希腊的“自由精神”，是否必然要摒弃科学的效用性？

---

① W·C·丹皮尔：《科学史》，246 页。

② 同上书，246，247 页。

四、科学的效用性亦可与科学的自由精神相结合

希腊人所特有的纯理性科学、沉思型科学，诚然可以让科学家抱着不计较功利、为科学而科学的“自由精神”从事研究，这是由当时的历史条件下科学的性质所决定的。但是科学的发展史表明，科学越来越走上了重实验、重效用的道路。且不说近代科学，希腊化时期的阿基米德早就具有重实验、重效用的近代精神，他是古代世界中第一个近代型的科学家。值得注意的是，希腊人的“自由精神”在阿基米德身上并没有因其重实验、重效用而沉没，相反，他是一个不计个人安危而一心埋头于科学探索的、极富“自由精神”的人。他在罗马士兵的刺刀下，丝毫不为所动，仍沉思着他的数学问题，这是一种何等崇高的为科学而科学的“自由精神”！也许人们会说，阿基米德为了打击罗马入侵者而利用科学原理制造反光镜、大吊车、投石机，说明他不是出于为科学而科学的“自由精神”，而是出于效用的目的。要回答这个问题，则要涉及一个科学与伦理道德的关系问题。

为科学而科学与为效用而科学，一般认为两者是对立的：前者是自由的，后者是不自由的。但如果我们对效用的内涵做点分析，情况就不那么简单了。效用可以是个人利益的计较（包括金钱、名誉、地位），也可以是一种符合道德要求的效益。为个人名利而从事科学研究，当然是不自由。问题是：为符合道德要求的效益而从事科学研究算不算自由？我们平常讲要提倡为真理而真理、为科学而科学的精神，针对的是那种追逐个人名利的私欲，对于这种提倡已无异议；但如果说，为真理而真理、为科学而科学就意味着不管社会效益、不管符合道德要求的效益，那就意见分歧、莫衷一是了。撇开为个人私利而科学不谈，即使是为社会效益、为符合道德要求的效益而科学，它

同完全为科学而科学相比，两者仍然是有区别的。近代的实验科学、效用性科学所讲的效益并非完全指个人私利，并非完全指不符合道德要求的效益，然而它与古希腊的纯理性科学、沉思型科学还是有区别的。我这里要强调的是，尽管两者间存在着区别，两者却又都是有目的的。实验科学、效用性科学固然可以达到符合道德要求的效益之目的，即使是希腊的纯理性科学、沉思性科学，按照前面已经提到的希腊人的讲法，也是有目的的，以亚里士多德为代表的希腊古典科学的一个重要特点，就是以“至善”为目的的目的论。希腊的“自由精神”与他们的目的论是紧密结合在一起的：自由并不是为所欲为，自由在希腊人那里就是以“善”为目的，也只有以“善”为目的才是自由。问题在于“善”的内涵究竟是什么。亚里士多德已明确地把富有“自由精神”的“沉思的生活”看成是“最大的幸福”，并把这种幸福规定为“至善”。苏格拉底和柏拉图关于“善本身”或“善的观念”比亚里士多德所说的更抽象，但以富有“自由精神”的“沉思”或爱智、爱真理本身为“善”，这个基本观点也是很明确的。尽管如此，从苏格拉底、柏拉图到亚里士多德，他们在一些实际问题的讨论中，特别是在关于反对一些出于个人私利的不道德的行为的言谈中，也都是把以公共利益为目的的言行当作一种“善”的美德来看待的，也都认为囿于个人私利，会给人以束缚，而以公共利益为目的则会给人带来自由、幸福。由此观之，为符合道德要求的效益而从事科学探索，也是希腊“自由精神”的表现，只有为个人利益或其他不道德的效益而从事的科学探索才是不自由的。从科学史的发展来看，情况也正是如此。阿基米德为保卫祖国、反击罗马人的入侵而从事的各种科学实验活动，都是他崇高的道德品质亦即希腊人固有的以“善”为目的的“自由精神”的表现。达·芬奇的许多科学实验都是出于民用工程的需要而做的，他甚至不顾当时尚有权势的教会的反对，大胆解剖人的尸体，他如果没有科学的“自由精神”，是不可能做到这一点的。

爱因斯坦的例子尤其能说明问题。爱因斯坦从个性上说是一个重沉思、不问世事的科学家，纯粹的理性科学是他的生命。但在遇到关系人类命运的重大问题时，他则表现为一个有强烈道德责任感的科学家。第二次世界大战期间，他在得知希特勒拥有原子弹的可能性之后，曾于1939年署名写信给美国的罗斯福总统，提请注意此事；后来，爱因斯坦又于1940年给他写了第二封信，提请对希特勒的警惕。纳粹德国崩溃以后，爱因斯坦则担心美国使用原子弹，第三次给罗斯福写信，但罗斯福突然逝世。广岛、长崎的悲剧引起爱因斯坦极大的悲痛。“是我揿了按钮！”爱因斯坦这句沉重的自言自语，当然与产生悲剧的真实原因毫不相干，但深切表达了爱因斯坦作为一个伟大的科学家对人类命运的道德责任感①。原来，爱因斯坦笃信宇宙是一个和谐有序的理性整体：不仅自然界，而且包括人与人之间，也都是一个和谐有序的理性整体。在爱因斯坦看来，原子战争是理性被非理性所“毒化”的结果，爱因斯坦对广岛、长崎悲剧的沉痛，毋宁是对人类理性、宇宙理性遭到破坏的沉痛②。可以看到，对爱因斯坦来说，科学的自由精神与伦理道德的自由精神是融为一体的，其根源在于唯一的宇宙理性。没有一个具有真正科学的“自由精神”的伟大科学家不是具有崇高责任感的道德家。科学是为某种超个人的和理性的东西服务的自由思想的同义语。科学为实际利益服务，不仅不违背自己的理性

① 参阅库兹涅佐夫：《爱因斯坦传》，257—265页，北京，商务印书馆，1993。

② 同上书，265页。

内容，而且是以最充分的方式表达了这个内容，如果实际利益是根据理性和科学，因而是根据真理和正义合理地改造社会和自然的话。合理的、和谐的社会实践乃是自由的、和谐的发展的基础，是合理的思维的基础。① 显然，为科学而科学与为符合道德要求的社会效益而科学两者在爱因斯坦这里得到了统一，两者都是希腊"自由精神"的体现。为尽道德责任和社会效益而科学，归根结底就是为最高理性而科学，其与为科学而科学的精神是完全一致的，两者最终都是以服务于最高理性为目的。我们现在大声疾呼要恢复希腊科学的"自由精神"，这决不是意味着要不加分析地反对一切为效用而科学，而是要着力反对为谋个人私利而科学，特别是反对那种违反人类道德甚至灭绝理性的科学活动，我们呼吁希腊的"自由精神"，就是呼吁最高的理性，呼吁爱因斯坦的"宇宙理性"。

其实，从沉思型科学到效用型科学，从亚里士多德传统到阿基米德、赫密士传统，从希腊科学到近代科学，是科学发展史上的一大进步。后者继承和发展了前者，是对前者的超越，而非对前者的抛弃②。人们所谴责现代科学的，应该说只是就其对科学的非理性的滥用而已，例如把科学的发现应用于侵略和破坏。为人类文明的进步、为造福人类而利用科学发现，使自然服务于人，乃是人类理性的要求，也是西方近代科学的本质和特点，这一特点和古代沉思的特点两者结合在一起构成西方近代科学成就的基础，是西方文明之所以在近代能超过东方的一个重要原因。

---

① 参阅库兹涅佐夫：《爱因斯坦传》，268 页。

② 西方近代科学从本质上看，并不是与希腊科学对立的。近代科学实际上是既把自然当作拷问的对象（实验），也把自然当作沉思的对象。爱因斯坦就是把沉思型科学与效用型科学结合得很好的一个例子。

五、对中西方科学前景的一点展望

与西方科学相对照，中国既缺乏希腊古典的沉思型科学，也缺乏近代实验性的科学。大体上说来，中国古代人的主要思维方式是把人与宇宙看成是一个融合为一的有机整体，秩序内在于这个整体之中，而非由什么彼岸的独断意志所决定，因此，中国古代人可以在这个整体中心安理得地自满自足，而不必把什么外在的世界作为自己的对象来对待：既没有什么外在的东西可以作为对象来沉思，也没有什么外在的东西可以作为对象来拷问、实验、改造。中国人可以凭自己内在地体验到的宇宙秩序来处理一些实际生活中遇到的问题，由此而在技术方面达到西方人直到文艺复兴才达到的水平。但中国人之重实际，与西方近代科学的实验性和重视对自然的改造，不可混为一谈。西方近代科学所蕴涵的那种主体征服客体、创造客体的“赫密士精神”是中国传统思想文化中比较缺乏的。

西方科学用数学的方式来解释现象，其源盖出于毕达哥拉斯对数的崇尚。这既是西方科学的优点，也带来了缺点，这就是把一切事物都片面地加以量化，西方近代科学在量化方面尤其走到了极端。然而事实的真实性不是仅仅靠量化就可以达到的。西方近代科学方法的另一个侧面即实验方法，同样既有它的优点，也有其缺点。实验方法的要义是割断事物的现实联系，制造某种特定的条件，把普遍的复杂的相互联系着的整体归结/分析为一些简单的因子或基本的单元，以为这样就找到了事物的根底。但现实的世界或者说事物的本质不是一些简单的基本单元之机械的堆积或总和。同样的和同等数量的基本单元，在一种相互联系的方式下和另一种相互联系的方式下，其性质是不同的。最简单的例子是，一块石头放在山脚下和放在山顶上，其所起的作用就大不一样。西方近代科学那种把复杂关系的事物归结/分析为简单的基本单元的方法，显然是有片面性的。我这里用“归结/分析为”这个词，是有意地避免一般所用的“还原为”这个词，因为复杂联系的事物恰恰是不能还原为割断了联系的简单的基本单元的。单纯的实验方法不能还事物之原貌，这正是人们现在所谈论的科学之局限性的一个方面。

和西方近代科学相对照，中国传统的占主导地位的思维方式，其特点和优点正在于对事物作整体的把握，在普遍的相互联系中把握事物。中国人主要是通过经验和直观，内在地去体验出事物的相互联系和事物的秩序，并从中受益，例如中医学就比较明显地体现了这一点。中国传统的这种思维方式的局限性，在于它的朴素性，它未能像西方近代科学那样，通过逻辑推理和实验，对复杂联系的整体作进一步的推理和剖析。如果说西方近代科学的缺点在于割裂、分离，那么中国传统思维方式的缺点就在于笼统。中国科学的发展似乎应该走一个“之”字形的道路：从原始的整体思维，经过推理和实验的剖析，达到更高一级的整体把握。当前西方科学的发展，虽已注意到自己先前的缺点，强调各个不同基本单元之间的组装、组合、集成等等，但仅仅如此还不能摆脱机械观的局限，西方科学特别是医学，仍大有向中国整体性思维方式学习的空间。

中国古代的"天人合一"思想*

一、先秦的"天人合一"思想

"天人合一"是中国文化史上长期占主导地位的思想，"天人相分"有些类似西方的"主体—客体"关系式，但远不及"天人合一"的影响之深远。就一个哲学家来说，也往往是"天人合一"与"天人相分"两者兼而有之，但也有主导与非主导之分。

"天人合一"的思想可以溯源于商代的占卜。《礼记·表记》："殷人尊神，率民以事神。"殷人把有意志的神("帝"或"天帝")看成是天地万物之主宰，万事求卜，凡遇征战、田猎、疾病、年成、行止等，都要求卜于神，以测吉凶祸福。这种天人关系实际上是神人关系，由于殷人心目中的神不明显地具有道德理性，所以殷人与神之间的联系交通基本上采取了一种无所作为、盲目屈从于神的形式。

西周继承了商代的思想文化，天人关系还是一种神人

* 本篇原载《求是》2007 年第 7 期。

关系，周人保留了殷人有意志的人格神的观念，但有了新的发展。西周时期的天命观明显地赋予神（即周人的“天”）以“敬德保民”的道德理性：“天”之好善恶恶与人之好恶一致，“天命”与“人事”息息相通。“皇天无亲，惟德是辅”（《左传·僖公五年》），“惟天阴骘下民。……天乃赐禹洪范九畴，彝伦攸叙”（《尚书·洪范》），这就是说，道德规范乃有人格意志的“天”为“保民”而赐予人间的。人服从天命，是一种道德行为，天会赏赐人，否则，天就会降罚于人。这就说明，“天人合一”的思想在西周的天命观中已有了比较明显的萌芽。周公提出的“以德配天”，更是“天人合一”思想的明确表达。从这里，我们同时还可以看到，中国传统的“天人合一”思想，从开始起，就是作为道德的思想根源而萌生的。

春秋时期，出现了一种人为“神之主”（《左传·桓公六年》）的观点，周内史叔兴也说过，“吉凶由人”（《左传·僖公十六年》）。这都意味着，先前的具有人格神意义之“天”遭到了质疑。到后来，郑国子产更进一步说：“天道远，人道迩，非所及也，何以知之?”（《左传·昭公十八年》）这显然是一种贬天命、重人生的思想，但他讲得极其朴素简单。无论如何，大体上从春秋时期起，天人关系的重心已不是讲人与有意志的人格神之间的关系，“天”已经开始从“非所及”的、超验的神的地位下降到了现实世界。这种由“远”而“迩”的转化，在中国传统的本土文化大厦中表现为儒家和道家两种不同的“天人合一”观。儒家所讲的“天”一直保存西周时期“天”的道德含义，“天”具有道德理性；道家所讲的“天”指的则是自然，不具有道德含义。这样，儒家的“天人合一”大体上就是讲的人与义理之天、道德意义之天合一；道家讲的“天人合一”就是讲的人与自然意义之天合一。子产认为人之“礼”乃“天经地义”，这说明他所讲的“天道远，人道迩”之“天”

是和人之“礼”结合在一起的。与子产不同的是范蠡，他说“天道皇皇，日月以为常”(《国语·越语》)。他把天道解释为日月运行的自然规律，主张人事应顺乎天道才能成功，这是一种尊重自然意义之天的思想。

儒家的“天人合一”说一般都以孟子为倡导者，但从根源上看还是应该从孔子谈起。孔子少言天道，但还是认为唯天为大。“天生德于予，桓魋其如予何?”“天之未丧斯文也，匡人其如予何?”道德文章皆天之所予我者，我受命于天，任何大难都无可奈何于我。孔子临大难而如此泰然自若，盖以其道德之根源在于“天”，“天”乃道德权威性之最终根据。这里的“天”似仍保留了有意志的人格神的意义。孔子这些言论中所包含的“天人合一”思想显然还有西周人神关系的遗迹。但孔子所讲的道德之核心是“仁”，他在讲“仁”德的根源时，却很难见出有“仁”源于人格神意义之“天”的意思。相反，他所强调的是，孝悌之类的自然感情乃“为仁之本”(《论语·学而》)。他认为“仁”出自人天生之“直”(“人之生也直”)，亦即一种自然的本性。孔子的“天人合一”已由“远”而“迩”，为孟子的“天人合一”观开辟了道路。

孟子的“天”，极少孔子思想中人格神的含义，它有时指人力所无可奈何的命运，但主要是指有道德含义之天。他的天人合一思想是讲的人与义理之天合一。“尽其心者，知其性也；知其性则知天矣”(《孟子·尽心上》)，人性在于人心，故尽心则能知性，而人性乃“天之所与我者”(《孟子·告子上》)，故天人合一。天人合一在孟子这里就是指人性、人心以天为本。人心有“恻隐之心”、“善恶之心”、“恭敬之心”、“是非之心”。“恻隐之心，仁也；善恶之心，义也；恭敬之心，礼也；是非之心，智也。”仁义礼智四者，“人皆有之”，谓之“四端”，人心有是四端，故人性本善。“仁义礼智，非由外铄我也，我固有之也”(《孟子·告子上》)。人之善性既是“天之所予我者”，又是“我固有之”者，盖天与人一也。有善性之人与有义理之天在孟子这里得到了有机的统一。孟子明确地奠定了儒家天人合一思想之核心。

孟子还对人之善性的这种根据做了本体论的说明。人为什么会有恻隐之心等“四端”？这“天”字在孟子这里究竟还包含有什么更具体的内涵？孟子说：“夫君子所过者化，所存者神，上下与天地同流，岂曰小补之哉？”“万物皆备于我矣。反身而诚，乐莫大焉”(《孟子·尽心上》)。“上下与天地同流”和“万物皆备于我”，实即人与万物一体之意。天人合一，亦即人与天地万物为一体。在人与天地万物一气“同流”的“一体”之中，人与万物无内外之隔阂，人对万物因此而有同情感，故人不仅对“亲”，而且对“民”，以至对“物”，皆有“恻隐之心”。可见“恻隐之心”或“仁”德的本体论的最后根据在于“万物皆备于我”、“上下与天地同流”之“一体”。当然，孟子的这种“万物一体”观(如果可以叫做“万物一体”的话)还是隐含的、模糊的，只是到了宋儒的“万物一体”之“仁”，这种思想观点才有了明确的界定。

如果说孔子由于主张“仁”德自“孝悌”亲情始，并由此而推及他人，于是强调了“爱有差等”，那么，孟子则由于主张源于“上下与天地同流”、比“孝悌”亲情更根本的“恻隐之心”乃“仁之端”，于是强调了人性中皆有仁义、人皆可以为圣人的观点。“舜何人也，予何人也，有为者亦若是”(《孟子·滕文公上》)。这也就是说，作为一种道德主体，人人都是平等的。孟子从道德层面上肯定人格上的平等，这是儒家伦理道德思想发展史上前进性的一步。

老庄的天人合一思想不同于孟子。孟子是把人的道德意识赋予天，然后又以这种有道德意识的天作为人伦道德的本体论根据；老庄思想中之“天”，则无论是指自然而然之“道”或指自然本身，皆无人伦道德的含义，故老庄的天人合一思想所强调的是贬抑人为，提倡不要以人灭天。

《老子》第25章："人法地，地法天，天法道，道法自然。"这里的"自然"就是自然而然、究竟至极的意思。"道"是最高的原则，是自己如此，以自己为法，别无遵循，不受制于任何他物。天人合一思想在老子这里表现为与"道"为一，与道为一则"无为"，"无为"即听任万物之自然。人能顺乎"道"，顺乎自然之常则而"无为"（即"为道日损"），就能做到"无不为"。老子为达到此最高目标(与道为一)而亦注重"为学"——求知，其所求之知非孔孟所重视的人伦道德之知，而是需要积累的科学知识，所谓"为学日益"是也，故《老子》五千言充满了理论说明和逻辑论证，富有中国古代科学的基因，正如李约瑟所说，中国古代科学与道家思想有密切关系。①

庄子在老子道论的基础上，更多地讲人的精神境界。他的"天地与我并生，而万物与我为一"(《庄子·齐物论》)的精神境界，就是他所明确界定的一种"人与天一也"(《庄子·山木》)的境界；"天"指自然，人与天地万物之自然合为一体，人与我、与物之分，俱已不存。他的"蝴蝶梦"就是其天人合一境界的最典型的、最生动的表现。庄子的天人合一境界比起老子的"复归于婴儿"的境界来，更多地具有审美意义。中国传统文化中深厚的审美意蕴主要源于庄子的天人合一思想。

二、董仲舒的"天人合一"思想——"天人相副"

孟子的天人合一，虽有人伦道德的内涵，但其中的天尚无主宰人

① 参见拙文《发展老子哲学中的科学基因》，载《人民日报》2005年5月27日。

间吉凶赏罚之意。到了汉代的董仲舒，则在当时阴阳五行学说的浓厚气氛下，把孟子的“义理之天”的“义理”向宗教神学的方向推进，认为天有意志、有主宰人间吉凶赏罚的属性。“人之(为)人本于天”(《春秋繁露·为人者天》)，故人之一切言行皆当遵循“天”意，凡有不合天意而异常者，则“天出灾害以谴告之”(《春秋繁露·必仁且智》)。

不过董仲舒的“天”，又绝非基督教的“上帝”意义下之人格神。“天、地、阴、阳、木、水、土、金、火，九；与人而十者，天之数毕也”(《春秋繁露·天地阳阴》)，这句话的最后一个“天”字，即“人本于天”之“天”，是包含“天、地、阴、阳、木、水、土、金、火和人”等“十者”在内的自然万物之全体，人就是本于这个全体。董仲舒认为“天亦有喜怒之气，哀乐之心，与人相副。以类合之，天人一也”(《春秋繁露·阳阴义》)。所以这种以人为副本之“天”，不过是具有人的意志之自然全体。

基于天人相副，董仲舒认为，天与人交相感应，故人之道德与不道德会受到天之赏罚。

董仲舒从天人相副说出发，提出了“性三品”说。他把人性分为“圣人之性”、“中民之性”与“斗筲之性”三等，“圣人之性”与“斗筲之性，无可改变”，唯“中民之性”可以教化而为善(《春秋繁露·实性》)。董仲舒的这种人性论与孔子所谓“上智与下愚不移”相近，而去孟子之所谓“人皆可以为尧舜”则甚远。

董仲舒还以天人相副为根据，特别提出“三纲”之说。“君臣父子夫妇之义，皆取诸阴阳之道。”“王道之三纲，可求于天”(《春秋繁露·基义》)。这样，“君为臣纲，父为子纲，夫为妻纲”，君与臣、父与子、夫与妻就完全成了一种极不平等的主从关系。

可以看到，董仲舒的天人合一思想，明显地给儒家伦理道德学说打上了人天生不平等的烙印，把孔孟的伦理道德思想变成了贵贱主从的人伦关系学说。

三、宋明道学的“天人合一”思想

——“万物一体”之“仁”

儒家的“天人合一”思想至宋明而发展到了顶峰。宋代道学之“天人合一”说，皆接着孟子之学说讲起，但由于受道家的影响，对孟子的天人合一作了重大发展：一是把孔孟的“上下与天地同流”、“万物皆备于我”的简单朴素的论断，发展为人与天地万物为一体的思想学说；二是把孔孟的差等之爱的观点，向着博爱思想的方向推进。

张载《西铭》：“乾称父，坤称母，予兹藐焉，乃浑然中处。故天地之塞，吾其体；天地之帅，吾其性。民吾同胞，物吾与也。”这实际就是说的人与天地万物为一体。张载还说：“大其心则能体天下之物。物有未体，则心为有外。……圣人尽性，不能闻见梏其心，其视天下无一物非我。孟子谓尽心则知性知天以此。”（张载：《正蒙·大心》）所谓“能体天下之物”之“大心”，也就是一种能破除人与人、人与物之间的限隔而能体悟人与天地万物为一体之境界。张载在《正蒙·诚明》篇中明确提出了“天人合一”的命题：“儒者则因明致诚，因诚致明，故天人合一”。由此出发，凡能体悟到不仅人与人之间，而且人与物之间，都有息息相通、血肉相连的内在关系之人，便必然能达到“民吾同胞”、“物吾与也”的境界。张载的“民胞物与”之爱，显然不是从血缘亲情推及出来的，而是以万物一体为其本体论根源。张载的这种伦理道德思想，既与孟子的“万物皆备于我”有渊源关系，而且还受了道家思想的影响：庄子的“万物与我并生，而万物与我为一”，同张载所谓“天地之塞，吾其体”，极其相似相通，可以相互辉映。

庄子说："夫至德之世，同与禽兽居，族与万物并"(《庄子·马蹄》)。庄子的这一理想，也正是张载所说的"物与"精神。当然，张载思想中还有差等之爱和等级之分的成分，不过，张载的"民胞物与"之爱，其重点不在于强调爱之差等，而在于强调爱及他人以至爱及于物。我把张载的"民胞物与"之爱称为"博爱"，博爱较之孔子血缘亲情之爱，堪称儒家伦理道德思想发展史上的一个重大突破。

程颢在宋代道学家中第一个最明确地提出了"仁者以天地万物为一体"的论断。这就是说，人之至善的本性"仁"德源于"以天地万物为一体"之"一体"。"医学言手足痿痹为不仁，此言最善名状。仁者以天地万物为一体，莫非己也。……如手足不仁，气已不贯，皆不属己。故博施济众，乃圣人之功用。"(《二程遗书》卷二上)这段话非常生动形象地说明了"仁"德与"万物一体"之间的密切关系。凡保有"仁"之天性者，皆能与天地万物密切相干而为一体，故能爱人爱物，如同爱己。"仁者浑然与物同体"(《二程遗书》卷二上)。"若夫至仁，则天地为一身，而天地之间品物万形为四肢百体。夫人岂有视四肢百体而不爱者哉?"(《二程遗书》卷四)程颢关于"仁"源于"万物一体"之说，显然是对孟子之"万物皆备于我"和张载所谓"天地之塞，吾其体"的更具体而生动的申述和发挥。他的"仁者以天地万物为一体"的命题最足以代表宋明道学关于"仁"德的本体论根源的观点。儒家天人合一的思想，在宋明道学这里，似乎用"万物一体"来表述，显得更为确切。

程颐和朱熹以万物之本根为"理"，"理"在程朱这里也有道德意义，不过"理在事先"，人秉受形而上的理以为性，所以理与人相通。这样，程朱的"天人合一"思想就具体地表现为"与理为一"。

陆王心学的天人合一说不同于程朱理学。陆王强调理不在心外，心即是理。王阳明继承和发展了程颢的"仁者以天地万物为一体"的思想，成了中国哲学史上"天人合一"说之集大成者。他认为人与天地万物一气流通，"原是一体"，天地万物的"发窍之最精处"即是"人心一点灵明"(王阳明:《传习录》)，人心即是天地万物之心，是人心使天地万物"发窍"而具有意义，离开了人心，天地万物虽然存在，却没有开窍，没有意义。王阳明的天人合一思想使人与天地万物之间达到更加融合无间的地步。

王阳明还对人心与万物一体相通的内涵作了进一步的说明。在他看来，这"天地万物与人原是一体"之"一体"，是靠"心之仁"联系起来的有机整体，此即王阳明所谓"一体之仁"是也。如无此"一体之仁"，则人与天地万物之间彼此麻木不仁，痛痒无关。正是有了这"一体之仁"，才能使"大人者"能"视天下犹一家，中国犹一人焉"。而且，此"一体之仁也，虽小人之心，亦必有之"，故一般的人也能"见孺子之入井，而必有怵惕恻隐之心"，甚至见自然之物，亦"必有不忍之心"、"悯恤之心"、"顾惜之心"(王阳明:《大学问》)。王阳明正是根据这种"一体之仁"的基本观点，才强调了"天下之人无外内远近"，"皆其昆弟赤子之亲"(王阳明:《答顾东桥书》)的博爱思想和"满街都是圣人"(王阳明:《传习录》下)的道德思想。

王阳明在大力主张"一体之仁"的博爱思想的同时，也承认"差等之爱"的空间：人与自然物同为一体，故"同是爱的"，但对人之爱与对物之爱有厚薄之分；至亲与路人同为一体，故"同是爱的"，但对至亲之爱与对路人之爱有厚薄之分。这都是"良知上自然的条理，不可逾越"(王阳明:《传习录》下)。王阳明这种把"一体之仁"与"差等之爱"有机结合起来的思想，比起张载和程颢来，更明确地、更细致地表达了儒家"天人合一"思想从原始的重血缘亲亲之爱走向博爱精神的转化。

王阳明之后，尚主天人合一说者乃王夫之。王夫之主张“天人之蕴，一气而已”(王夫之:《读四书大全书》卷十)。“不离人而别有天”(王夫之:《读四书大全书》卷八)。他强调天与人不同而相通：“天有与人异形离质，而所继者惟道也。”(王夫之:《尚书引义》)天与人不同，但其所遵循之道同一，从而使两者相继、相通。明清之际，天人合一的思想式微，王夫之虽多有天人合一之说，但他的“能所”的观点已包含了浓厚的类似西方主客二分的思想。

四、古代“天人合一”思想的现代意义与未来之展望

天人合一思想是中华传统文化的核心，对传统文化的方方面面诸如科学、伦理道德、审美意识等，都有深远的影响。这里仅就当前人们最关心的问题略抒己见。

儒家的天人合一思想，其重点在讲人伦道德关系，其对中华传统文化的贡献和影响也主要在这个方面。孔子对“仁”者“爱人”的界定，奠定了儒家传统道德观的核心。几千年来，儒家天人合一思想的传统，实际上是以“爱人”之“仁”德为轴心而不断绵延和发展着的，它为中国历史上各个时代人与人之间的和谐相处提供了坚实的理论根据。

孔子的“仁”德之“爱人”讲的是差等之爱，几千年来，儒家的道德观始终打上了“差等之爱”的烙印。但孔子的“差等之爱”经孟子而发展到宋明道学特别是王阳明的“万物一体”之“仁”的思想，使差等之爱与博爱相结合，从而大大发展了孔子的思想，把儒家的道德观提升到了一个新的高度。这是儒家“天人合一”思想传统发展的顶峰，也最能代表儒家道德思想的精华。我们今天讲弘扬儒家的道德传统，就应

该弘扬这种“万物一体”之“仁”的思想。人之所以爱人，在于人与人之间的“同类感”。人与人同类、“一体”，才能产生人与人之间的“一体之仁”。同为“一体”，乃道德之根源。当前人们都在谈论道德意识薄弱的话题，针对这种现状，应该多提倡一点儒家天人合一思想中“一体之仁”的观念：人与人之间能多一分一体同类之感，就会多一分爱的温情。

博爱思想发展之极致，是平等之爱，是人的基本权利平等的思想。当今需要提倡的道德观念乃至法权观念，应是在人的基本权利平等前提下，容许爱有差等，容许贫富间的一定差距。我们当前实行的“低保”，也许已有这种哲理上的依据。

“万物一体”之“仁”的思想，不但为人伦道德找到了深远的根源，提高了中华文化的道德意蕴，而且为人与自然的和谐相处提供了理论根据。“万物一体”远不止于人与人“为一体”，从而“见孺子之人井而必有怵惕恻隐之心”，而且人与禽兽、草木、瓦石皆“为一体”，从而见其“哀鸣”、“摧残”、“毁坏”，亦必有“不忍”、“悯恤”、“顾惜”之心。显然，“万物一体”乃人对自然万物产生“仁爱”之根源。今天，我们所热衷讨论的人与自然和谐相处的问题，应该可以从“万物一体”中找到哲学本体论方面的答案。

“万物一体”之“仁”，并不等于抹杀人对人的“一体之仁”和人对自然物的“一体之仁”两者间的区别。王阳明特别强调“宰禽兽以养亲”是“良知上自然的条理，不可逾越”，就能说明这一点。王阳明的这个观点对于我们今天争论的人类中心主义与非人类中心主义的问题，极有启发意义。西方的极端人类中心主义只顾人对自然的无情掠夺，对此，王阳明的“万物一体”之“仁”应是一服清凉剂，它可以提高人类保护生态、保护自然的意识。一些神学家所提倡的非人类中心主义，完全抹杀人与自然物的区别，主张两者同样具有神圣性，具有同等价值，以致主张在夜间宁可让蚊子叮咬也不要打死它。对于这种非人类中心主义来说，王阳明的宰禽兽以养人乃自然条理的思想，显得更合情合理，更切合实际，而中国儒家传统所强调的"人有义"而"最为天下贵"的思想，更是对非人类中心主义的理论性批判。

但是，中国传统的"万物一体"、"天人合一"的思想对于人与自然的关系问题，只是一般性地为两者间的和谐相处提供了本体论上的根据，为人与自然和谐相处追寻到了一种人所必须具有的精神境界，却还没有为如何做到人与自然和谐相处找到一种具体途径及其理论依据。这主要是由于传统的"万物一体"、"天人合一"思想，其重点不在于讲人与自然的关系，从而重"合一"、"一体"，而不重主客之分，不重认识论。要知道，自然物不同于人，它没有"心之官"，不能理解人，不可能约束自己，主动使自己适应人，与人和谐相处。所以，人要想与自然和谐相处，除了必须具有高远的天人合一境界外，还必须依靠人自己的认识、实践，掌握自然物本身的规律，以改造自然物，征服自然物，使自然物为人所用。自然物不同于自然规律，自然物可以由人来改造，自然规律则是人所不能与之抗衡的。人只能认识自然规律，顺从自然规律，才能改造自然物。这些道理，用西方哲学的语言来说，就是讲的"主体—客体"关系的思维方式，类似中国的"天人相分"，它是科学的理论依据。可是中国传统的"天人合一"思想，无论是儒家的，还是道家的，都不重人与我、人与物、内与外之分，一句话，不重"主—客"思维方式，从而也不注重考虑人如何作为主体来认识外在之物的规律以及人如何改造自然，其结果必然是人受制于自然。中国古代科学不发达，难于摆脱自然对人的奴役，何谈人与自然间的和谐和相处？荀子所主张的"明于天人之分"，"制天命而用之"

（荀子：《天论》），算得上是发展科学的理论依据，惜乎不行于后世，在中国文化思想史上始终未占主导地位。只是到鸦片战争前后，在西方帝国主义的侵凌压迫下，魏源、谭嗣同、严复、梁启超等一批先进思想家才明确认识到中国国力衰弱，与长期受天人合一思想的主导，科学落后有关，于是起而批判“天人合一”、“万物一体”思想的弊端，并为学习西方科学而寻求其哲学根据，掀起了一股学习西方“主—客”关系思维方式的热潮，强调重物我之分，重认识自然、征服自然，走发展科学、富国强兵之路。今天，我们为解决生态危机、环境污染之类的问题，应当吸取中国近代思想史的经验，重现“主—客”关系的思维方式。

诚然，西方近代的“主—客”关系式，在其发展过程中产生了诸如生态危机、环境污染之类的流弊，但这些流弊只是把“主—客”式过分地抬到至高无上的地位的结果，我们不能因噎废食，因见其流弊就从根本上否定“主—客”式。我们今天亟须发展科学，因而也需要科学的理论依据和思维方式“主—客”式，我们只是不要把“主—客”式抬到至高无上的地位，我们不能用传统的“天人合一”去代替和排斥“主—客”式。正是根据这种思路，我主张走中西会通之路，把“天人合一”与“主—客”式两者结合起来，一方面让中国传统的天人合一思想具有较多的区分主客的内涵，而不致流于玄远，另一方面把“主—客”式包摄在天人合一思想指导下而不致听其走向片面和极端。如果可以把中国传统的那种缺乏主客二分的天人合一叫做“前主客关系的天人合一”，那么，我所主张的这种结合两者为一体的“天人合一”就可以叫做“后主客关系的天人合一”，“后”在这里不是指抛弃、排斥，而是超越。由“前主客关系的天人合一”走向“后主客关系的天人合一”，似乎是中国古代的“天人合一”思想未来发展之路。我们讲弘扬传统文化，讲与自然和谐相处，就必须讲科学，必须把“天人合一”思想与科学结合起来，与科学的哲学基础“主—客”式以至中国传统文化中“天人相分”的思想结合起来。

境界与文化*

一、四种人生境界

人的精神境界，按其实现人生意义、价值的高低标准和人生在世的“在世结构”的发展过程（从“原始的不分主客”，到“主—客关系”，再到“高级的主客融合”）可以分为四个等级：第一个等级，即最低的境界，是“欲求的境界”。人在这种境界中，只知道满足个人生存所必需的最低欲望，《孟子》中所谓“食色性也”（《孟子·告子上》），大概就是指的这种境界。这种境界，其“异于禽兽者几希”（《孟子·离娄下》）。第一种境界中的人，其与世界的关系属于“原始的不分主客”的“在世结构”。第二个等级，是“求实的境界”。这种境界则进入了“主—客关系”的“在世结构”，人有了自我意识，能分清我与物、我与他人，能把自己当作主体，把他人、他物当作客体。人在这种境界中，不再只是满足

* 本篇原载《学术月刊》2007年3月号；《人大复印报刊资料》2007年第6期转载。

于最低的生存欲望，而是更进而要求理解外在的客观事物（客体）的秩序——规律。这种要求就是一种科学追求的精神，也可以说是一种求实的精神。随着科学追求的进展，也随着个人的日益社会化（socialization），人同时逐渐领悟到天地万物的相互联系、相互作用、相互影响，简言之，领悟到“万物相通”，其中不仅包括领悟到人与自然物之间的相通，而且包括领悟到人与人之间的相通。而对于人与人之间的相通的领悟，很自然地使人产生了“同类感”，从而也产生了道德意识。这样，人就由第二境界进入了第三境界——“道德的境界”。人在这种境界中，以对万物一体相通的领悟作为自己精神追求的最高目标，作为自己所“应该”做之事而为之奋斗不已。但是，“道德境界”以现实与理想之间存在着距离为前提，以主客尚未达到最终的融合为一为前提，“道德境界”尚属于“主—客关系”的“在世结构”。道德的实现与完成，既是道德境界的极致，也是“道德境界”的结束，这就开始进入了第四境界，即“审美的境界”。“审美的境界”属于“高级的主客融合”的“在世结构”，它包摄道德而又超越道德、高于道德。在“审美境界”中，人不再只是出于道德义务的强制（尽管这是一种自愿的强制）而做某事，不再只是为了“应该”而做某事，而是完全处于一种人与世界融合为一的自然而然的境界之中。“自然而然”不同于“应然而然”，后者尚有不自由的因素，前者则是完全的自由。“审美境界”中的人必然合乎道德，必然做道德上应该之事，但他是自然地做应该之事，而无任何强制之意，自然在这里就是自由。美有优美与崇高美之分，我以为崇高美高于优美，它是审美境界的极致。具体地说，崇高美就是对万物相通之“一体”的一种崇敬感。我把这种感情称为“无神论的宗教感情”，译成英文，就是“atheistic religious feelings”。在这个意义下，也仅仅在这个意义下，我们也可以说，宗教感情是人生的最高境界。但为了避免很多不必要的误解和歧义，我不打算在“审美境界”之上另列一个“宗教的境界”。

这四种境界在个人实际的人生中，彼此的关系是极其错综复杂的。一般地说，人往往是四种境界同时具有。大概不会有人低级到完全和禽兽一样，只有“欲求的境界”，而没有丝毫更高的境界；也不可能有人只有最高的“审美境界”，而无饮食男女之事的“欲求境界”。事实是，各种境界的比例关系在各种不同人身上有不同表现：有的人以这种境界占主导地位，有的人以另一种境界占主导地位。这种复杂情况，我在《现实·真实·虚拟》一文中已作了一些说明①，这里不再重复。这里我想着重指出的是，不同民族、不同时代的文化，其中占主导地位的境界也各不相同。一个民族、一个时代，可以是这种境界占主导地位，另一个民族、另一个时代，可以是另一种境界占主导地位。例如，有的民族和时代的文化以科学的“求实境界”占主导地位，有的民族和时代的文化则以“道德境界”或“审美境界”占主导地位；而且，对个人境界的高低层次之分，并不等于就是判定一个民族的文化高低之分，其间既有一定的联系，又有很大的区别。如何提高个人的精神境界，如何弘扬一个民族的文化传统，以及如何把两者结合起来，是一系列非常复杂的问题，也是非常值得探讨的问题。这里不可能对这些问题作全面的论述，现仅从中西文化比较的角度，略抒已见。

二、个人的人生境界主要在民族文化的大背景下形成

“文化”一词的定义很多，不必一一细述。我这里主要是指与物质文明（物质文化）相对而言的精神文化，其内容包括科学、道德、文

① 参阅拙文《现实·真实·虚拟》，载《江海学刊》2003年第1期。

学、艺术、哲学、宗教等等，它们都是非先天遗传的人类精神财富。被誉为"人类学之父"的英国人类学家泰勒(Edward Burnett Tylor，1832—1917)在其名著《原始文化》(1871)一书中开宗明义地指出："文化或文明，就其广泛的人种志的意义来看，乃是一个复杂的整体，它包括知识、信仰、艺术、道德、法律、习俗以及人作为一个社会成员所获得的任何其他能力和习性。"①泰勒在这里未把文化与文明作出区分，但一般都认为文化包括宗教、道德、艺术、科学等等，则是可以肯定的，大家都很熟知的德国哲学家卡西尔的《人论》就明确地持这种看法。美国的人类学家克拉克(Clark Wissler，1870—1947)的"普遍的文化类型"(universal culture pattern)也认为，一切特殊的、现实的文化都具有同样一般的门类——语言、艺术、社会组织、宗教、技术等等。我这里联系个人精神境界，着重讨论文化因素中的审美、道德与科学。泰勒认为，文化只是人所特有的，而且是与社会生活不可分离的，因此，综合起来说，文化乃是过着社会生活的人所特有的，社会是文化的主体。这就意味着，文化不同于我前面谈到的个人境界。一说到文化，总是意味着一种社会的文化、一个民族的文化。但是，个人的精神境界又是与文化不可分离的。

我这里讲的文化——科学、道德、审美，都是具有精神境界的东西。如果说境界一词只是指个人的精神境界，那么，文化则是指一种社会、一个民族的精神境界。一种社会、一个民族的文化是由它所属的成员的个人境界构成的，离开了个人的精神境界，所谓社会文化、民族文化，是空无内容的。

---

① E. B. Tylor，*Primitive Culture*，V. 1，p. 1，New York，Henry Holt And Company，1889.

但是，个人的精神境界又是在他所属的社会文化、民族文化的影响下形成的。人生之初，既处于既定的自然环境（自然条件）包括血型、禀赋等遗传因素以及地理环境等等之中，同时也处于既定的文化环境之中。一个人的精神境界（个人的性格、人格、对世界的态度等等）既受自然环境、自然条件的制约，更受文化环境的熏染，文化环境的影响力可以大到使人置生死于度外。“文化可以使一个人因某些食物被文化打上了不洁净的烙印而饿死，尽管滋养物是有效的。文化可以使一个人为了扫除污点而剖腹或枪杀自己。文化的力量大于生死。在低于人类的动物中，死不过是新陈代谢、呼吸等生命过程的终止，而在人类中，死还是一种概念；只有人知道死。文化胜过死亡，给人提供永生。”①这就很具体地说明，个人的精神境界包括道德境界、宗教境界等等，总之，人所生死以之的崇高境界，都是在某种文化背景下形成的。伯夷、叔齐耻食周粟，宁饿死于首阳山，乃当时文化背景下形成的夷齐道德境界所使然。当前人们所称颂的“雷锋精神”以及其他种种英雄精神，则是在今天的文化背景下形成的一种崇高的道德境界的表现。西方人所崇尚的博爱精神、背负十字架的精神等等，显然是在西方基督教文化影响下所形成的一种精神境界，这是西方人的道德境界和宗教境界。总的说来，有某一种文化，就有某一种境界。西方的基督教文化产生了西方人的境界，包括他们的道德境界、审美境界、宗教境界；中国的儒释道三大文化支柱，也各有其相应的精神境界，其中也包括他们各自的道德境界、审美境界等等。凡此种种，都说明，要提高个人的精神境界，最重要的是弘扬民族文化。

---

① *The New Encyclopedia Britannica*, V. 16. p. 876.

三、文化的评判问题

文化，有本民族的，有外来的。我们平常说，既要弘扬本民族的传统文化，又要吸收外来文化特别是西方文化的优点。这里首先包含一个如何评判文化的问题，特别是如何评判中国传统文化和西方文化的问题。

文化相对论(cultural relativism)主张文化的各个因素，需要在其与文化整体的关系中来理解和评判，因此文化本身是不能评价的，是不能区分高低优劣的。文化相对论者认为，作这样的判断，只能是主观的和不科学的，因为文化价值无法衡量，评判的标准只能是主观的。与文化相对论相反的论点则认为，文化可以用科学的方式作客观的等级划分。一般的看法是，文化既不可衡量，又可以衡量。文化价值的某些方面诚然无法衡量，不能以高低优劣来评判，许多文化问题不属于科学的问题，但即使不可衡量的文化价值，也可以从另一角度，通过客观的、有意义的尺码或标准来估量。"一种文化，就是达到一种目的的一种手段，即保障生命的安全与延续。"①科学的发达与否是人的生活、生命得以保障和改进的一个最具关键性的手段。因此，科学的发达与否应是衡量一个民族的文化的一种尺度。依此标准，我把中国的传统文化称为"前科学的文化"，而把西方近现代文化称为"后科学的文化"。但这并不等于是对中西文化作出一种高低等级的总体评价。我这样评判和划分并不是对本民族的传统文化的轻视，而是对我们民族文化的一种激励，是为了激励我们在科学方面要加快步伐，赶上西方、超过西方。

---

① *The New Encyclopedia Britannica*, V. 16, p. 876.

由于中国传统文化中科学的因素比较缺乏，所以中国人就个人而言也缺乏科学的精神或者说缺乏“求实的境界”：见机行事，不作分析，不追求严格的秩序，遇事但求“差不多”、“过得去”就满足了。我们必须改变这种“前科学的文化”状态，提高我们中国人的精神境界。

科学并非衡量一个民族文化的唯一尺度，亦非最高的尺度。科学不同于道德、审美等文化因素：科学可以用进步这个尺度来衡量，我们在评判一个民族的文化时，可以比较明确地断言某民族文化在科学方面落后，某民族文化在科学方面进步。但是对于道德、审美而言，则不能轻易地作这样简单的评判和划分。泰勒把人类文化(文明)的发展阶段分为蒙昧(savagery)、野蛮(barbarism)和文明(civilization)三个时期，其进展的过程在他看来，就是与“技术和知识的进步”相应的。“对世界的自然规律的通晓以及伴随而来的、使自然适应人自身目的的能力，从总体上来看，在蒙昧人中是最低的，在野蛮人中是中等的，在现代有教养的民族中是最高的。这样，从蒙昧状态到我们现在状态的变迁，实际上就是技术与知识的进步过程，这个进步过程乃是文化发展中的主要因素。”[①]显然，在泰勒这里，“技术与知识”是划分文化发展高低程度的主要标尺。但是，泰勒也深刻地注意到：“如果不只是考虑知识与技术，而是同时考虑到道德和政治的优越性，那就更难依靠一个理想的尺度来衡量文化阶段的先进与衰退。”[②]可以看出，在泰勒对文化发展的阶段划分中，也包含有不能对文化作这样简单评判的思想。这也就是说，在对文化作整体的评判时，不能简单地只以科学或知识与技术作为唯一的尺度。古希腊艺术史诗之美，正如

① E. B. Tylor，*Primitive Culture*，p. 27.

② 同上书，p. 28。

马克思所说，具有“永久的魅力”，我们不能评判它是落后的，尽管它已过时，不能照搬到今天。陶渊明的田园诗至今仍为我们玩味无穷，尽管我们今人不可能再回到“箪瓢屡空，晏如也”①的生活中去。我们不能以落后来评判陶诗。道德的情况也是如此。“子曰：贤哉，回也！一箪食，一瓢饮，在陋巷，人不堪其忧，回也不改其乐。”(《论语·雍也》)儒家的这种安贫乐道的道德境界，被后世誉为“孔颜之乐”，当然也不能照搬到今天，但是我们能以落后来评说这种崇高的道德境界吗？这种道德境界的深沉内蕴难道不具有“永久的魅力”吗？另外，就各不同民族文化之间的区别而言，同一个现象在一种民族文化看来是道德的、是美的，而从另一种民族文化的观点看来，则是不道德的、不美的。这种例子在世界文化史上也不胜枚举。显然，道德和审美这类文化因素，都不能像科学那样可以明确地以进步的尺度来评判和分等。

尽管如此，道德与审美这类难以衡量的文化因素，又不是绝对不可以衡量的。爱斯基摩人可以把借妻作为一种巩固友谊的礼遇，而视为高尚的道德行为，但我们难道就以文化相对主义为由而对这种道德不作任何评判吗？如果以维护人的尊严和人的基本权利以及同情感为衡量道德的尺度标准，我们显然不会对这种道德作出正面的肯定的评价。在中国封建社会里，妇女缠足，烈妇殉夫，被认为是美和德，难道我们不可以对这类的道德与审美作出否定的评价吗？事实上，我们对道德和审美之类的文化因素，并非如文化相对论者那样不作任何评判，只是评判和衡量的尺度、标准不是像衡量科学那样，用的是一种带有时代积累意义的“进步”的尺度、标准。这里且先撇开审美不说，

① 陶渊明：《五柳先生传》，见《陶渊明集》卷5，北京，中华书局，1979。

专就道德而言，我们就用了一种评判标准，那就是人的尊严、人的基本权利和人的天然同类感。我们对爱斯基摩人的借妻和中国封建社会的妇女缠足、烈妇殉夫等作出否定的评价，是因为这些都否定了人的尊严、违反了人的基本权利和人的天然的同类感，而不是因其不科学或不够科学，因为这些都主要地不是科学的问题。我们在日常用语中也往往用“落后”这类术语来评说借妻、妇女缠足、烈妇殉夫等行为，但这里的“落后”一词主要不具有科学上时代积累的意义，而首先是指这类行为本质上否定了人的尊严，违反人的基本权利，为人类的同类感所不容。当然，人对自身的尊严、基本权利和同情感的认识也有一个自我觉醒的时间性过程或者说时代发展的过程。在原始社会里，在旧时代里，人尚缺乏对人自身的尊严、基本权利和同类感的觉悟，竟以借妻之类的行为为道德。随着时代的迁移，人有了这种自我觉醒，就会对这类行为持否定的评判，就这个意义来讲，道德行为似乎可以有时代性的进步与落后之分，但时间的先后并非对一种道德行为持肯定与否定评价之最真实的、本质的标准。

总之，科学是时代积累的东西，可以用进步的尺度来衡量，道德不是时代积累的东西，不能用进步的尺度来衡量。道德是人自身的意义、人的内在价值的体现：越能体现人生意义和内在价值的行为，越具有高尚的道德性，评判道德高低的标准在此。上面所提到的人的尊严、人的基本权利、人的同类感就属于这样的标准。20世纪下半叶，我们的学术界、思想界往往夸大道德的相对性和时代性，认为道德不道德完全因时代性而异，甚至因阶级性而异，把个人尊严、基本权利、同类感等视为唯心主义观点而横加批判。这种做法，今天不能再重复了。至于如何对衡量道德的标准作确切的界定，乃是一个值得进一步探讨的问题，我上述的一些提法是极其初步、极其粗糙的，这里的论述主要只是为了指出评判道德的标准与评判科学的标准的区别，还谈不上给道德标准下精确的定义。

关于审美价值的区分，我在《哲学导论》第十四章中作了专门的论述。我根据艺术以有限表现无限的本质特点，按照超越有限的空间之广度，把艺术价值和美的境界区分为模仿美、典型美和隐秀美三个高低层次。这里的最终标准和道德标准一样，也是人的自我价值的实现，这一实现的过程是由有限向无限扩展的过程。从审美的角度来看，越是能超越有限的空间之美，越具有较高的审美价值：模仿之美是最初步的超越有限的意识，属于审美的最低层次；依此类推，典型美属于审美的较高层次，隐秀之美属于更高层次，其极致是崇高美。

在有了这种区分的意识之后，我想紧接着说明以下两点：一是再申述一下前面已经提到的观点。我所谓“前科学的文化”，并不意味着从总体上来说它就是次等的文化；所谓“后科学的文化”，也不意味着从总体上来说它就是优等的文化。二是依照上述道德的和审美的评判标准，具体地对中西文化作一点评论。我们平常都已习惯于说，对本民族传统文化应吸其精华，去其糟粕，似乎都没有讲一讲区分精华与糟粕的标准。对西方文化亦有此弊。以下把这两点综合起来，略抒己见。

四、在发展科学的基础上提高人文文化和人文素质

文化的各种因素，审美、道德、宗教、科学等等，是一个有机联系的整体，其中每一种因素必然打上其他因素的烙印。就科学与道德、审美而论，一种审美现象或道德现象，必然与其所发生的时代中科学发达程度的状况紧密相联。前面提到的“贤哉，回也”就打上了科学落后的烙印，属于我所谓“前科学的文化”现象：箪食、瓢饮是科学

落后时代的景象。但是，儒家孔颜之乐的道德情操在中国历史上仍能传颂千古，原因在于，衡量道德现象，虽不能用科学的进步尺度，却另有道德标准。那就是颜回的德行体现了人生的终极意义和最高价值。儒家这种为了崇高的价值理想而不为贫贱所移的道德观念，仍是我们民族传统文化的一大特点，也是我们民族文化的精华。我们今天许多优秀的科学工作者，为了繁荣我们国家的科学事业，为了提高我们人民的生活水平，往往不顾个人的苦乐安危，宁愿到最艰苦的环境中去奋战，这与颜回的“箪食”、“瓢饮”相比，属于两个完全不同的时代，似乎不可同日而语，但细察之，两者在道德精神上确有一脉相通之处。我们应当也正在改变着我们民族的“前科学的文化”状态，不再安于“箪食瓢饮”，我们必须大力发展科学，使我们的国力日益富强，人民的生活水平日益提高，走上“后科学的文化”之道，但我们传统文化中那种为了实现崇高价值理想而不计个人利害(“贫贱不移”)的道德精神，却具有永恒的魅力，永远值得我们继承和发扬。

宋儒的“一体之仁”，虽然也属于“前科学文化现象”，但它是一种建立在万有一体相通的本体论基础之上的伦理道德观，按照我前述的道德评判标准，它是我们民族文化的精华。

当然，中国传统文化中缺乏平等之爱和基本人权平等之类的思想观点，这是我们应当着重向西方文化学习的地方，也是我在有关中西文化之比较的许多论述中所特别强调的一个方面。

西方近代科学技术的发展，尽管给西方人带来了许多自由平等之类的观念，但这种“后科学文化”也产生了把人等同于机器、损害人的尊严以及极端个人主义等等恶果。我们不能因为西方近代文化与科学紧密相联，就单纯用科学的尺度评判其整个文化体系。

审美文化比起道德文化来，似乎更难有客观的评判标准，特别是从民族文化之间的差别的角度来看，几乎不太可能把一个民族的审美观念与另一个民族的审美观念作高低等级之分。但依我前面谈到的审美价值的区分来观察一下中西文化，我们仍然可以比较清楚地判明中西审美文化各自的特色。西方传统美学以典型说占主导地位，审美意识主要是重典型美，只是到了现当代，特别是到海德格尔，才超越典型说，提出“显隐说”，强调显隐之美；而在中国美学史上，古典的诗和画，都早已主张“隐秀说”（相当于西方现当代的“显隐说”），强调美在于写出言外之情、画外之意。中国传统的审美文化，注重从显现中写出隐蔽的东西，或者用中国人的通俗语言来说，即重在含蓄，这一点与西方重典型美的传统文化相比，应该说更有优胜之处。中国传统的隐秀之美比之于模仿美与典型美当处于更高的层次。

当然，中国传统文化的隐秀之美、含蓄之美，也打上了“前科学文化”的烙印。“孤舟蓑笠翁，独钓寒江雪。”①蓑笠诚然属于“前科学文化”，现代人写诗一般不会以蓑笠为题材了，但这首诗的妙处在于它显现了可见的画面背后诗人不畏雨横风狂的孤高风格。这种隐秀之美，虽在今天流行高科技的风雨衣的时代，仍为人们所赏玩。稍有点审美意识的人，大概不会因为诗中的“蓑笠”而讥其“落后”吧。“晨兴理荒秽，带月荷锄归。……衣沾不足惜，但使愿无违。”②“带月荷锄”诚然是小农经济、科技落后的文化现象，但如果我们在赏析这首诗时竟把它同小农经济、科技落后扯在一起，那就未免太“倒胃口”了吧。这首诗的诗意之美，实际上也体现了中国古典诗重隐秀的特点，它言

① 柳宗元：《江雪》，见《全唐诗》卷352，3948页，北京，中华书局，1996。

② 陶渊明：《归园田居》（其三），见《陶渊明集》卷3。

词上写的是辛勤耕作，而词外之情却是诗人遗世而独立的傲岸风骨。我们今人仍然欣赏这首陶诗，应在于它的这种隐秀之美，而不在于称颂陶之勤劳。20世纪下半叶，我们的文学评论界有人竟强调此诗的优点在于说明了陶渊明如何具有“参加劳动”的品格，实在是不伦不类。

我认为在科技繁荣发达的今天，我们固然不可能再以什么“蓑笠”、“荷锄”之类的东西作为审美的题材和内容，但我们仍然可以在高精尖的科技园里写出“后科学文化”时代中富有中国传统的审美特色的文艺作品。这也正是我对于中国当今文化工作者的一点期望。

从中西文化的总体水平来看，似乎可以得到这样一个结论：由于中国传统文化中科学的落后，今后在提高我们民族文化方面，首要的仍应是发展科学，但在发展科学的同时，又要避免科学主义，注意弘扬我们传统文化中道德的、审美的等等人文方面的优秀之处，同时剔除其中的缺点（例如前面提到的缺乏平等之爱和基本人权平等的思想），使我们民族文化的人文特色适应现代科学的时代潮流，更放异彩。西方的科学主义自近代以来已经给西方人带来很多人文方面的损害，西方文化的这种危机已是许多西方近现代思想家所研究的课题。如果可以把文化比喻为一个整体的人，那么，科学似乎可以比作人的身体，道德、审美可以比作人的心灵或灵魂。中国传统文化显得中国人的身体比西方人虚弱，而在灵魂方面各有特色，中华民族文化发展的未来，似乎应该是在壮大我们的躯体的同时，相应地提高和改进我们的灵魂，使我们的民族灵魂在传统的基础上走上现代化。

前面已经谈到，个人的精神境界是与一个社会、一个民族的文化紧密相联的。在当今的社会文化环境里，我们民族的理想人格，或者说理想的精神境界，显然不应该是也不可能是科学上愚昧无知、只讲抽象的道德和审美境界的腐儒。我在前面按高低层次把个人的境界分为四个等级，这里的较高层次决不是排斥较低层次的：居于最高层次的崇高之美的境界包含道德境界，一个有崇高之美的境界和道德境界的人在今天高度发展的科学文化的社会里，也不可能脱离科学的求实境界，不可能不享受科学技术所给人带来的福利。总之，民族文化也好，个人的精神境界也好，都是科学与道德、审美等等的有机统一体，其中科学是基础。我们当前所着力追求的应是在发展科学的基础上，大力提高和改进我们民族的人文文化和个人的人文素质。

五、科学、认识活动的抽象性与审美、道德活动的具体性

人的世界是一个人与万物融合为一的整体，人离开了天地万物，是空无内容的；天地万物离开了人，是无意义的。科学和道德、审美等等构成充满意义的人的世界，一般地说，具体的人(至少成年人)总是生活在所有这些方面的有机统一体之中。因此，任何一物、一事都可以对人同时呈现道德的意义、审美的意义、科学的意义等等。也就是说，对同一事或物，人可以追问它："它是什么?""它美吗?""它善吗?""它有用吗?""是"、"美"、"善"、"有用"等等在实际的人生中本来是不可分割地联系在一起的。但从把握科学、认识的意义到把握审美的意义，有一个由低到高的层次之分：大体上说来，把握居于高层次的审美意义和道德意义，不能完全撇开和舍弃对居于低层次的科学、认识意义的把握，而对科学、认识意义的把握，则可以撇开和舍弃对审美和道德意义的把握。至少，对科学、认识(当然是指自然科学和对自然的认识)意义的把握可以不需要很多的社会实践和人生经验，而对道德和审美意义的把握则更多地需要长年的人生经验和社会

实践。因此，对事物的科学、认识意义的把握，相对于道德、审美意义的把握而言，是一种抽象的活动。一个正处于审美意识中的人，可以超越、但不能撇开和舍弃对事物“是什么”的问题而专注于事物的审美意义，但一个正处于科学、认识意识中的人则可以撇开和舍弃事物是否善、是否美等问题而专注于事物“是什么”这样的科学、认识上的意义。当人在撇开和舍弃了事物的审美意义、道德意义、功用意义等等而专问其“是什么”之时，这就达到了最抽象的活动状态，而这也就是认识到了事物的科学意义。例如一杯水，我可以凭借我的抽象活动，撇开它是否有用、是否美，甚至撇开它是什么颜色、是冷是热，而抽象到洛克所说的“第一性质”，用广袤、形相、运动等“观念”，最终只用“数”的观念来规定水的性质“是什么”。例如，规定水是“H_2O”。这样，就达到了科学的境地。许多哲学家、科学家例如伽利略、笛卡尔，也都认为“第一性质”是科学所追问的目标。伽利略就说过：形状、大小、多少等是物体所“一定具有的”，而声、色、味“仅存于有感觉的人体之中”①。伽利略的观点和古代原子论者的观点相似，其所以是科学的，原因在于“第一性质”是抽象的同一性，而道德、审美之类的东西则缺乏这种同一性。

人们往往认为只有科学才是客观的，又往往把客观性理解为离开人而独立存在之意。其实，正如我所一再强调的，在人的生活世界中，任何一事一物都离不开人的参与。洛克所说的“第一性质”也并非离开人而独立存在的。巴克莱早已驳斥了洛克所谓“第一性质”独立于

---

① E. A. Burtt, *Metaphysical Foundations of Modern Science*, p. 75, London and New York, 1925.

人心之外而存在的观点[1]。巴克莱完全否定外物存在的主观唯心主义观点是我们所不能接受的，但他关于“第一性质”也和声、色、味等“第二性质”一样离不开人心的论断却是有根据的。其实，即使最抽象的“数”，也是人对事物进行抽象思维的产物，是人与物交融合一的产物。巴克莱说：“数完全是心的产物。”[2]罗素说得更全面些，数是亦心亦物的。也就是说，数是人与物融合的产物，离开任何一方，都谈不上数。数是人的抽象活动中把一切其他特殊性都抽象掉，都撇开了(不仅审美意义、道德意义、功用意义下的特殊性被抽象掉、被撇开了，而且连洛克所说的色、声、味之类的“第二性质”的特殊性也被抽象掉、被撇开了)的结果，数成了一切特殊事物中最具有共同性的性质，数是最高的同一性(当然柏拉图把他的“理念”设置为比科学领域更高的同一性概念，那不属我这里的论题范围)，因此成了衡量科学的最高标准，也因此成为最具客观性的标准：最大的同一性就是最大的客观性。伽利略和笛卡尔都认为，“物体的第一性的质是数学的实在”[3]。这也是为什么现代科学都追求把一切都数学化、量化，把一切都还原为数学方程式的道理。色、声、味等“第二性质”因人而异(它们也是人与物交融合一的产物)，有较多的特殊性，因此，仅仅认识到一物的色、声、味等“第二性质”，就被认为还没有达到科学的目标。至于对事物的功用性、道德性、审美性的把握，那就更缺乏同一性和客观性，因而更非科学之事了。总之，科学所追求的所谓客观性，决非离人而独立存在之意，它只是指人的认识活动所追求的抽象

---

① G. Berkeley, *A New Theory of Vision and Other Writings*, pp. 117—118, London, Everyman's Library, 1954.

② 同上书，p. 119.

③ W·C·丹皮尔：《科学史》，205页。

同一性：认识所达到的同一性程度越大，就被说成越具有客观性，从而也就越具有科学性①。这也是科学只能呈现事物的抽象性质的原因。如果一任人的文化活动只停留在科学、认识的抽象领域里，其结果只能是使我们本来丰富多彩的生活变得越来越抽象，越来越苍白、

① 我们常说，科学是建立在"主客二分"或"主体—客体"关系的思维方式基础之上的，这里所说的"客体"或"客观"，也不是指独立于人之外的存在之意，而实际上是指的人通过抽象活动所达到的一种最高同一性。按科学的观点，这就是客体、客观。其实，洛克在论述"第一性的质"时，就承认了人心对构成"第一性的质"的作用(John Locke，*An Essay concerning Human Understanding*，V. 2，chapt. 8，London，1947.)。科学家作为科学家，当其正在从事科研活动时，他乃是通过认识的抽象活动，撇开、舍弃事物的道德、审美等等意义而专注于求得事物的抽象共同性(普遍性)，并自以为这种共同性是离开人而独立存在的事物的客观性。但科学家不是仅仅作为科学家而生活的抽象的人，科学家同时又是具体的人，是生活在"人与世界融合为一"的"在世结构"中的人，他必然深悉他的科研活动及其成果的伦理道德意义(和审美意义)，深悉其对人究竟是"应该"还是"不应该"。也就是基于这个道理，我在《科学与道德》一文中断言，科学与伦理道德的内在联系建立在"人与世界融合为一"的基础之上。按照科学的"主客二分"的观点，只有抽象的共同性才是唯一客观的，这就意味着事物的道德意义不属于"主客二分"而属于"人与世界融合为一"的"在世结构"。这样，科学与道德、真理与价值也就分离了。但对于一个生活在"人与世界融合为一"的具体的人来说，科学与道德、真理与价值则是内在地结合在一起的。实际上，从"主客二分"到"人与世界融合为一"，是一个由抽象活动到具体活动的过程，其间并无不可逾越的鸿沟。道德活动居于这一过程的中间，它既有"主客二分"的性质，又有"人与世界融合为一"的性质。从科学追求最抽象的共同性而言，道德活动的意义比较具体，属于"人与世界融合为一"的范围；从审美追求最具体的整体而言，道德活动总具有"应该"的外在性和抽象性，还没有完全进入"人与世界融合为一"的现实的整体境域，故尚属"主客二分"的范围。过于着重从审美的高度看道德，把它断然划入"主客二分"之中，这种划分未免显得生硬。从现在大家谈论得较多的所谓科学文化与人文文化(包括审美与道德)的区分来看，倒是可以更倾向于把道德与审美一起放在"人与世界融合为一"的范围之内，当然，这只能是相对的。

贫乏而缺乏诗意。

从把握事物的审美意义到道德意义，到认识“第一性质”的意义，大体上是一个由具体走向抽象的过程：居于高层次的意义包含较低诸层次的意义(当然，我并不要求审美意识同时具有科学家的科学水平)而又超越之，故内涵较丰富、较全面、较具体；较低层次的意义撇开了、舍弃了较高层次的意义，故内涵较贫乏、较片面、较抽象。在当今科技发达的时代，一个诗人大概不会不知道水的结构是H_2O，也不会对面临因缺水而濒于死亡的人没有道德同情心。但当诗人正在欣赏一川流水时，他实际上超越了(不是舍弃了、撇开了)对水的结构的认识以及对水的功用和道德意义之类的考虑，而一心沉醉于人与水融合为一的一种审美境界之中，诗人此时的此种精神状态是独一无二的、一次性的、不可重复的，也可以说是创造性的。而事物的科学性、同一性则是可以重复的。一川流水，在科学家作为科学家的心目中，是舍弃了、撇开了(不是超越了)其功用意义、道德意义和审美意义之后的纯粹共同性。H_2O这个规定对于任何人都是共同的，也是可以重复的，它是水的最抽象的性质。科学对物质世界的认识，只是一个抽象①。

六、从科学认识到人生领悟

人生在世，如果只是停留在科学的境界，那只能说是在人生的旅途上中道而废。为了领会人生的真谛，人必须从科学的抽象王国回过头来，走向具体的、具有无限丰富意义的世界，达到道德境界，以至审美境界，特别是达到崇高之美的境界。如果把从具体到抽象的过程

---

① W·C·丹皮尔：《科学史》，611页。

叫做“认识”，那么，从抽象回到具体，就可以叫做“领悟”。我们平常讲哲学原理，惯于说“从感性认识到理性认识”，实际上，这里讲的，就是把蕴藏着无限丰富意义(包含“第一性质”的意义、功用意义、道德意义、审美意义等等)的感性具体物加以分解、剖析、抽象，最后达到物质规律的同一性的认识，我们把这叫做“理性认识”。平常以为达到了“理性认识”，就到了哲学的尽头。现在看来，这只是走了人生旅途的一半，亦即上述“从具体到抽象”的“认识”，而另一半还需要我们继续前行，那就是“从抽象回到具体”的“领悟”。我们过去把哲学讲得太贫乏了、太抽象了，原因在于哲学脱离了人生，脱离了具体的现实，现在应该着重讲一讲对人生的“领悟”了。只有这样，才能把哲学与人生结合起来，实现马克思所要求的“让哲学现实化”。如果我们都能成为一个既有健壮的科学体魄，又有崇高的道德境界和审美境界之人，那将会展现一幅多么美妙的文化前景啊！

《境界与文化》一书的“序”和“后记”*

序

我在1995年出版的《天人之际》一书中已经提出，哲学应以提高人生境界为主要任务①，后来，在2001年1月出版的《哲学导论》中对这个观点做了系统的发挥，但对如何提高人生境界的问题，主要只是从个人修养的角度来论述，有几位学者在评论我的学术思想时，甚至不约而同地把我近些年来形成的哲学思想概括为“个人哲学”，暗含有批评我的哲学缺乏社会维度的考虑的缺点。《哲学导论》一书出版后的近五年来，我比较集中地思考了个人的人生境界与一个民族的文化的关系问题。从一方面来看，一个民族的文化是由它所属成员的个人境界构成的，离开了个人的精神境界，所谓民族文化不过是空洞的名词。但更值得我们深思的是另一个方面：个人的精神境界是在他所属的民族

* 此书于2007年由人民出版社出版。

① 见拙著《天人之际——中西哲学的困惑与选择》，286页。

文化环境中形成的，人不能离开文化的大背景而有个人的境界，而文化总是有社会性的。"人类学之父"、英国人类学家泰勒(Edward Burnett Tylor，1832—1917)在其名著《原始文化》(1871)一书中就开宗明义地指出：文化，包括知识、信仰、艺术、道德、法律等，都是"人作为一个社会成员而获得的能力与习性"①。人的文化活动是过着社会生活的人所特有的，社会是文化的主体。个人的精神境界是作为一个社会成员、过着文化生活的人的一种生活导向和最高追求。每个人的精神境界之形成，既受自然条件的制约(如个人的遗传因素、出生的地理环境等)，更受文化环境的熏染和影响。"文化可以使一个人因某些食物被文化打上了不洁净的烙印而饿死，尽管该食物的营养是有效的。文化可以使一个人为了扫除污点而剖腹或枪杀自己。文化的力量大于生死。"②这说明社会文化对一个人的生活导向和最高追求所起的巨大的、决定性的作用，说明人所生死以之的理想，是在某种社会文化背景下形成的。伯夷、叔齐宁饿死于首阳山而耻食周粟，此种精神是在当时文化背景下形成的一种道德境界的体现。当前人们所称颂的雷锋精神，则是在当代的社会文化背景下所形成的一种崇高的道德境界的体现。有某种社会历史文化，就有某种相应的人生境界。西方的基督教文化产生了西方人的人生境界，包括他们的道德境界、审美境界、宗教境界。中国的儒、道、释三大文化支柱产生了儒家、道家、释家各自的道德境界、审美境界、宗教境界。

显然，如何提高个人境界的问题，丝毫不能脱离一个民族的文化

① E. B. Tylor，*Primitive Culture*，V. I，p. 1，New York，Henry Holt and Company，1889.

② *The New Encyclopedia Britannica*，V. 16，p. 876.

传统而孤立地来考虑。摆在读者面前的这本《境界与文化》一书，就是想补《哲学导论》之不足，着力探讨一下人生各种文化活动、各种人生境界之间的关系，特别是中西方民族文化各自的特征，以期为提高人的精神境界摸索一条可供参考的途径。书的副标题“成人之道”即取此意。“成人”者，成为一个有高远境界之人之谓也。

人的文化活动多种多样，本书主要讨论的是科学、道德、审美、宗教、哲学。它们之间的关系错综复杂，不易作出断然确定的评判。我想按科学、道德、审美活动中精神境界的价值标准，把它们分为由低到高的三个层次：科学—道德—审美。人生除为了满足最低生存欲望所必需的活动之外，还必然有科学的活动、道德的活动、审美的活动。我以为，做一个“完全的人”、“自由的人”(用席勒的语言来说)，这几种活动都需具备，缺一不可，但从境界的价值标准来看，则又有一个高低层次之分：我把科学的“求实的境界”划作仅高于“欲求的境界”而低于“道德的境界”和“审美的境界”(“诗意的境界”)的层次。生活在当今时代中的人，不可不懂科学(尽管在程度上可以大不相同)，但科学至上主义、唯科学论，显然不能穷尽人生之真谛。“审美的境界”还可作进一步的区分：娱人耳目之美是低层次的美；我所强调和提倡的是崇高之美，是一种高远的境界之美，也可以说是心灵之美(当然是指一种与感性形象相结合之美，而非抽象概念之美，非柏拉图的“理念之美”)。这种高远境界之美的境界，超越了道德境界而又自然而然地合乎道德。我没有把人格神意义下的宗教境界列为人生的最高境界，但我在本书中主张，对我所说的高远境界的崇敬之情也可以叫做一种宗教的感情，我称之为“无神论的宗教感情”(atheistic religious feelings)。如果可以把对这种境界的崇奉叫做“宗教”，我倒也愿意把“宗教的境界”列入人生境界的最高层次。“成人”，就是要成就这种境界的人，这是一个“完全的人”、“自由的人”。至于哲学，它当然是文化活动中不可缺少的一个构成因素，但它在诸文化活动中居于一个特殊的位置：我在本书中认为哲学是对科学、道德、审美等其他文化活动中所作的一种理性的反思和追问，是对诸种境界所作的一种概念式的言说，所以在诸种人生境界中，没有所谓“哲学的境界”一说。但哲学所追问的根底却决定着人生的境界和意义。以上这些，大体上就是本书第二篇（“各种文化活动、人生境界之间的关系”）各章中所贯穿的基本思路，也是我所设想的一条“成人之道”的大致的线索。

第三篇“中西传统文化”主要讲中西传统文化的内涵和特征。关于中国传统文化，我只讲了道家和儒家，没有讲佛家，唯一的原因是因为我缺乏这方面的研究，这是本书的一大缺陷。我以为，中国古代科学虽不及西方，但不能说没有科学，而中国古代科学主要出于道家；至于审美，在道家那里，则占有首要的地位；道教的宗教观念，非西方基督教意义的宗教。道家所提倡的逍遥之道或成真之道，可以说是道家的成人之道，它似乎是以“万物与我为一”的审美境界为人生最高追求，是对道德的一种超越。儒家的成人之道是成圣之道，其特点是以道德境界为人生最高境界。儒家把达到此种境界的理想人格称为“圣人”，“圣人”与“天”合一。西方文化的内涵，一般认为包含希腊精神、基督教和科学三者，本书着重论述了希腊精神与科学、基督教与道德、基督教与审美的关系。和中国儒家道家文化之重在时间之内的此岸世界实现自我的特点相对比而言，西方传统文化的特点可以说是重在超时间的彼岸世界实现自我：人相对于超验的、永恒的无限而言，总有欠缺之感，所以西方传统文化所教导的成人之道基本上可以用基督教所宣讲的拯救之道为代表，人需要上帝的恩典、拯救而成人。西方后现代主义的文化对传统文化的弊端特别是对传统文化中崇奉超时间、超感性王国的观点、主客二分的观点、理性至上主义的观点，提出了很多批评。本书在对中国传统文化与西方传统文化以及西方后现代主义文化进行综合论述的基础上，进一步阐发了我在《哲学导论》中所提出的“万物一体”的哲学。我以为“万物一体”是中国传统文化的核心因素，也可以说是中国传统文化的哲学基础。儒家和道家所讲的“万物一体”，含义不尽相同，其为万有相通则一。中国传统的“万物一体”观，其局限性在于不重主客二分，我想把这种“万物一体”观与西方传统的主客二分结合起来，并参考西方后现代主义文化中某些与中国传统文化相通之处（如反对超感性和理性至上的观点，主张哲学与诗意人生相结合的观点），提倡一种超越主客二分的“万物一体”观。此种意义的“万物一体”乃真善美统一的总根源。此种“万物一体”观是在当今国际思潮的大背景下对中国传统的“万物一体”观的一种新的诠释和发展。本书的主旨，正是希望人皆能以此种新的“万物一体”的境界为最高追求，走上成人之道。为了区别于中国传统的旧的“万物一体”观，我更倾向于把我所主张的新的万物一体观叫做“万有相通的哲学”。

我用“成人之道”作为本书的副标题，也意在表示：处当今之世，我们既不要求成圣、成真、成仙、成佛，也不需要上帝的拯救，我们只希望成为一个普通的然而又是真正的人，一个大写的人，而这样的人乃是一个以新的“万物一体”的境界为最高追求的人。

正是根据上述意图，本书首篇就是讲的“万物一体”的哲学。篇中两章的内容，其实都是《哲学导论》一书相关章节的“再论”。第一章不同于《哲学导论》之处在于，对“万有相通”、“万物一体”着重做一些理论上的论证和说明，其中包括一些对《哲学导论》一书的读者意见的回答。第二章主要是讲达到万物一体的认识论途径，内容上比《哲学导论》有更多的延伸。

本书的某些论断和观点，已在《哲学导论》、甚至更早的《天人之际》一书中，做了较详细的阐述，有兴趣的读者如有不甚了然之处，建议翻阅一下那两本书的有关章节。

本书承人民出版社洪琼先生的关注、支持，并做了大量细致的编辑工作；序言由胡自信教授译成英文。谨在此一并向他们致谢。

张世英

2006 年 6 月 4 日于北京静林湾

后 记

书已经交稿了，心情却不平静。全书讲的都不过是些理论性的东西，然而理论总是灰色的。当今之世，浮躁之风正炽，什么"精神境界"、"成人之道"的大道理，即使讲得能说服人，也感染不了人，于事何补？何况要想做到理论能说服人，亦非易事！

理论又是胆怯的。"情在词外"，"言不尽意"。说不完的言词终究不能直抒胸臆，达不到心灵深处。表面上讲得头头是道，实际上却用全面性掩盖了思想感情的真实性。理论往往把最真挚的东西隐藏在背后，成了自我保护的烟幕。

我自惭形秽，一辈子只会写点干巴巴的说理文，徒唤奈何。还是把它公诸于世，让尊敬的读者去剖析和评说吧。

2006 年 8 月 18 日于北京北郊静林湾

“本质”的双重含义：自然科学与人文科学*

——黑格尔、狄尔泰、胡塞尔之间的一点链接

一

中文一般译作“本质”(英文 essence，德文 Wesen)的这个词，最早是亚里士多德所用的希腊语 to ti en einai，有一事物本源上之所是的意思，吴寿彭译作“怎是”①，亚里士多德常常把它与 ousia 通用。亚里士多德在《形而上学》Z 卷第 4—6 章中，集中讨论了“本质”的问题。亚里士多德认为事物的本质就是它的“种的属”(genous eidon，a species of a genus)，例如说“人是两脚的动物”，其中，“动物”是“种”，“两脚的”是它的“属”，“人是两脚的动物”就说出了人的本质②。从一方面看，亚里士多德所谓“本质”就是指普遍的东西(共相)，因为“种”也好，“属”也好，都是普遍的东西。

---

* 本篇原载《北京大学学报》2007 年第 6 期；《人大复印报刊资料》2008 年第 2 期转载。

① 亚里士多德：《形而上学》，北京，商务印书馆，1959。

② 亚里士多德：《形而上学》Z 卷，1030a，11—13 页；1037b，4—21 页。

"种的属"也就是亚里士多德所说的"形式"。但是"形式"究竟是普遍的还是个别的？这仍然是个问题。因为"种的属"可以一级一级地向下划分，越是划到下一级的属，也就越接近了个体，"形式"于是成了个体的东西①。这样，"本质"也就成了"这个"，即个别的东西，而不是普遍的东西。所以，亚里士多德对"本质"("形式")究竟是普遍的还是个别的问题，并没有给出最终的明确答案。自亚里士多德以后，"本质"一词在西方哲学史上就出现了多种含义：或指个体的东西；或指一物的特征；或指真实的东西，其对立面为假象、外表；或指普遍的东西(共相)，种的所属，事物的理念、意义……如此等等。② 这些含义归结起来，还是不出亚里士多德留下的问题：或认为本质是个别的；或认为本质是普遍的(共相)。亚里士多德的老师柏拉图的理念论是"强调共相的这一问题的最早的理论"③。在柏拉图看来，事物之本性、特征、真实性就在于共相，而殊相(个别的东西)不是真实的。用罗素的话来说，事物的意义、我们的思想，只能用指向共相的语言来表达，那些专门指向个别事物的专名不能表达事物的意义④。柏拉图主义在西方哲学史上统治了几千年，西方哲学史的主导思想认为，"本质"就是普遍的东西(共相)。柏拉图说："哲学的兴趣和工作"(das Interesse und das Geschäft der Philosophie)就是"认识""种属"(die Gattungen)⑤。"种属"是普遍的东西(共相)，柏拉图称这为"理念"。黑格

---

① 亚里士多德：《形而上学》Z卷，1038a，9—35页。

② Heinrich Schimidt, *Philosoplosches Woerterbuch*, p. 727, Stuttgart, 1978.

③ 罗素：《西方哲学史》上册，169页。

④ 同上。

⑤ *Hegel Werke* 19, p. 59, Suhrkamp Taschenbuch Verlag Frankfurt am Main, 1970.

尔说，这就是有时翻译为种、属(Gattung，Art)的东西，“理念当然也就是种、属”，“通常名之曰共相”。①

的确，在我们的认识过程中，当认识到诸多个别事物中普遍的东西时，我们在一定程度上就把握了事物的本质，对事物的认识的确深入了一步，例如最通常的例子：当认识到此花、彼花或此树、彼树都是植物时，“植物”这个普遍性概念就表明了各种花木的本质。这种以普遍的东西为事物之本质的观点对于西方自然科学的发展，无疑起了很重要的促进作用。自然科学的目标就在于寻找自然规律，自然规律就是普遍的东西。自然科学研究的工作就是在个别的自然现象中通过各种方法(实验、归纳、演绎等)找出普遍性的东西。柏拉图关于“哲学的兴趣和工作”在于“认识普遍的东西”的论断，为西方科学的长足发展，奠定了哲学的理论基础，尽管在柏拉图那里，哲学所追求的理念之普遍性比数学、科学所追求的理念之普遍性更高、更深广。

但是，事物的本质是否只停留于普遍的东西的阶段？按照亚里士多德的表述，“本质”是使一事物“是”该事物的东西，是“界定”(“下定义”)一事物的东西②，是使一事物“恰恰地是这个事物”的东西③。这样，我们就可以问，难道只能用普遍的东西来界定一事物吗？难道普遍的东西能“恰恰地”界定“这个事物”吗？例如曲阜的孔庙，如果仅仅用普遍的东西“庙”来指明它的本质，从而断言“孔庙是庙”，那么，我们就可以追问：“庙”这个普遍的东西，是使孔庙成为“恰恰地”是孔庙这个东西的本质吗？显然，仅仅说“孔庙是庙”，并未说清楚孔庙恰恰

① *Hegel Werke* 19，p. 63，Suhrkamp Taschenbuch Verlag Frankfurt am Main，1970.

② 亚里士多德：《形而上学》Z卷，1030a，6—7页；1031a，12页。

③ 同上书，1030a，3—5页。

是孔庙而非一般的庙的本质。如此看来，普遍的东西只能道出一事物之浅层次的本质，而不能道出"恰恰地是这个事物"的最确切、最深层的本质。世界上任何一个事物，就其特殊性而言，都是唯一的，普遍性不能等同于唯一性，因此，普遍的东西不能指明一事物之"恰恰地是这个事物"的本质。事情甚至是这样：普遍性的程度越扩大，其范围越宽泛，就越远离一事物之"恰恰地是这个事物"；普遍性的程度越缩小，其范围越狭窄，就越接近一事物之"恰恰地是这个事物"。例如把孔庙之为庙的普遍性扩大、放宽到"孔庙是一堆建筑群"，那就远离孔庙之本质了。反之，把孔庙的普遍性缩小到"孔庙是中华传统文化之结晶"或"孔庙是儒家传统文化之结晶"，那就很接近孔庙之本质了。

一事物的本质，似乎有一个显现的过程：1. 首先显现的是事物之感性的简单个体性，例如某一朵呈现在眼前的红红绿绿的花，孔庙院落的整体外观；2. 然后显现为事物之共相，例如花之为植物，孔庙之为庙；3. 最后则显现为事物之共相与殊相(普遍的东西与特殊的东西)的统一——高一级的个体性，例如梅花的高洁品格，孔庙之儒家文化的意蕴。我这里所描述的本质之显现过程，是极其粗略的。黑格尔的《精神现象学》是一部描述本质显现过程的长篇巨著，它在这方面为我们提供了一个伟大的经典范例。黑格尔说："实体本质上即是主体"(Dic Substanz ist wesentlich Subjekt)①。所谓"实体"，也就是作为认识者的"自我的对象"②。这对象或事物在意识中被认识、被显现的过程，同时即是该对象或事物之本质自我认识、自我显现的过

① *Hegel Werke* 3，p. 28，Suhrkamp Taschenbuch Verlag Frankfurt am Main，1970.

② 同上书，39 页。

程，这一过程由浅入深：在最初的阶段，事物（“实体”）最少主体性，纯粹地只是“这一个”而已，至于“这一个是什么”，认识者毫无所知，也就是说，事物的本质尚未显现，如果一定要问它这时本质上是什么，那也就只能说它是“什么也不是”。这就是黑格尔所谓“感性确定性”的阶段。随着事物在意识中活动的前进性发展，它由“感性确定性”而“知觉”，由“知觉”而“知性”，事物的本质便由什么也不是显现为某些具体的性质，如它是盐，是白的、咸的、立方形的等等，更进而显现为普遍的东西，显现为普遍规律，如这花是植物，这盐是矿物，花或盐服从某种普遍的自然规律，等等。这就是一般称之为“本质”或“超感性的本质”的东西。① 我国哲学界在20世纪80年代初以前所讲的哲学原理，一般都认为，事物的本质到此就至矣尽矣，认识的任务也到此终结，下一步就是按照自然的本质、规律改造世界了。但是黑格尔认为，仅仅认识到这样的普遍性（共相），还远未能达到事物的深层本质。他的精神现象学由“意识”所属的“感性确定性”、“知觉”、“知性”诸阶段，更进而发展到“自我意识”、以至“理性”、“精神”、“宗教”、“绝对知识”诸阶段，只是到了“绝对知识”这个最后阶段，“实体”才完全表明自己是“主体”②，事物才达到和显现自己的最深层的本质，黑格尔称之为“绝对本质”（das absolute Wesen）③。黑格尔在“知性”阶段所达到的“普遍性”、“普遍规律”意义上的“本质”之后，花了《精神现象学》的十分之九的篇幅，大体上讲的都是整个人类社会历史文化活动（包括政治、法律、道德、艺术、宗教、哲学等

① 张世英：《现象学口号“面向事情本身”的源头——黑格尔的〈精神现象学〉》，载《江海学刊》，2007年第2期。

② 同上。

③ *Hegel Werke* 3，p. 495，583，584.

等）。在黑格尔看来，单纯的“意识”活动（“知性”是其最高阶段）以为对象外在于自我①，按这种态度所认识到的“本质”，远非事物、对象之深层本质。他认为“本质”的深层显现，必须通过一种以对象属于自我的态度（这也就是现象学的态度）所进行的活动才能达到，而这就是他在“自我意识”以至“理性”、“精神”、“宗教”、“绝对知识”诸阶段所讲的整个人类社会历史文化活动。显然，黑格尔把整个人类社会历史文化活动纳入了事物之“本质”的显现过程之中。这也就是他为什么把通过“自我意识”以至“理性”、“精神”、“宗教”之后所达到的“绝对知识”阶段的“本质”称之为“绝对本质”的缘故：“绝对本质”者，最高、最深的本质之谓也。

显然，“绝对知识”阶段的“绝对本质”与“知性”阶段的超感官的“本质”相比，后者太抽象、太表面，而前者才具体而又深切。这里的关键在于后者以对象、事物外在于自我——主体，前者则进而以对象、事物属于自我——主体。就因为如此，后者所达到的本质——抽象普遍的东西，便显得太一般而不切中独特的个体，或者用上引亚里士多德的语言来说，不能指明事物之“恰恰地是这个事物”。也正因为如此，黑格尔认为“意识”阶段所属诸阶段（“感性确定性”或“意谓”、“知觉”、“知性”）的“本质”都算不上真正的本质：“意谓中的存在，知觉中的个别性和与之对立的普遍性，以及知性中空洞的内在的东西（das leere Innere，按指抽象本质、规律——引者）都不再是本质，而只是作为自我意识的一些环节。……它们相对于意识本身而言，同时乃是……纯粹消失着的本质（rein verschwindende Wesen）。”②。这就

① *Hegel Werke* 3，p. 135.

② *Hegel Werke* 3，p. 38.

是说，“意谓”、“知觉”、“知性”诸阶段中的“本质”不是真正的本质(“不再是本质”)，而不过是“本质”自身显示过程中“消失着的环节”。如果用我前面举过的例子来说明黑格尔这段话的思想，那就是：说“孔庙是一座建筑群”，或者说“孔庙是庙”，这都算不得是指明了孔庙的“本质”，“建筑群”、“庙”都不过是孔庙之“绝对本质”自我显现过程中“消失着的环节”，亦即过渡性的本质。只有当我们说“孔庙是中华儒家传统文化的结晶”(姑且这么说)时，也许就算达到或接近孔庙的“绝对本质”了，这句断语表达着孔庙在体现和沉积了中华几千年传统历史文化之后所达到的本质，它具体而深切地指明了孔庙的“恰恰地是这个事物”，而远非“建筑群”或“庙”所表述的那种抽象的、表面的、浮泛的本质。说“孔庙是中华儒家传统文化的结晶”，这种对孔庙“绝对本质”的揭示，也许需要写一部中国式的《精神现象学》才能达到。

黑格尔的“绝对本质”，诚然有超时间的抽象一面，我们(包括我个人在内)过去都爱着重批判黑格尔哲学的这一方面。但细察之，黑格尔《精神现象学》又特别强调“绝对本质”、“纯粹概念”必须在时间中、在具体的历史(包括人类的认识史)中体现自身，并且，他的《精神现象学》一书的绝大部分篇幅都花在这方面的描述。如果我们割掉《精神现象学》的这个“尾巴”(这是他的这一巨著的一个“败笔”)，我们仍然可以说，他的“绝对本质”是普遍与特殊的统一，是具体的、最高的个体性，而不是抽象的普遍。

黑格尔的“绝对本质”之所以能切中个体性，能指明事物之“恰恰地是这个事物”，关键在于他的现象学思想：“实体本质上即是主体”。事物、对象不能离开主体——自我而有所谓独立的、外在的、客观的意义，故事物、现象的本质、意义有赖于主体、自我，而主体、自我的特点就在于其唯一性、个体性。也就因为这个缘故，事物的“绝对本质”必然只能是“恰恰地是这个事物”，而不能是“知性”阶段的抽象普遍性。

二

这里也许有人会质疑：这样的“绝对本质”或“恰恰地是这个事物”，不过是人的产物，与人不能分离，因此，缺乏客观性；只有黑格尔所谓“知性”阶段的本质、规律才是客观的，而《精神现象学》在经过人类社会历史文化活动诸阶段之后所达到的“绝对本质”，则不过是主观的，对自然物的本质不能适用。这样的质疑，显然对于现象学的基本思想观点过于隔膜，没有领会黑格尔的“实体本质上即是主体”的真谛。黑格尔与胡塞尔都不曾否认人以外的事物的独立存在，但是，黑格尔的“实体本质上即是主体”的命题和胡塞尔对外在事物“加括号”的方法，都意在指明，离开了主体、意识的外在事物，是没有意义的，也谈不上什么本质，谈不上说它“本质上”是什么。我们用“花”或“植物”、“生物”这样的共相去指明某一朵个别花的本质，难道是因为“植物”这个共相离开了主体、意识而独存，才说这样的本质是客观的吗？事实上，离开了主体、意识，所谓“花”或“植物”、“生物”或其他共相，都是没有意义的。一切共相，都是主体、意识实行抽象活动的结果。洛克的“第一性质”，甚至最抽象的“数”也是“亦心亦物”的，离不开主体、意识的参与。①

意识的活动似乎可以分为两个方向：一是由具体到抽象，一是由抽象到具体。按照前一方向，共相的普遍性程度越来越扩大，直至达到抽象的同一性概念，例如“数”，这同一性概念便成了客观性的标

① 张世英：《境界与文化》，载《学术月刊》2007年第3期。

准，最大的普遍性、最抽象的同一性就是最大的客观性。这也就是自然科学所讲的客观性的含义。现代科学追求数字化、量化，把一切都还原为数学方程式，原因就在于把抽象的同一性作为客观性的标准，认为只有这样，才是最客观的，也是最科学的。由此看来，自然科学的客观性并非源于所谓外在于主体、意识的自在之物，而是意识的抽象活动的结果。狄尔泰就是采取这样的观点。“把客观性的意义归属在独立于人的经验、思想、意识，或者说独立于进行感知、判断的主体或其他什么‘有精神的’东西之中”，亦即归属于“存在自身”(Sein an sich)，这种对客观性的看法在狄尔泰看来，是一种胡说，这倒不是因为这样的客观性可笑，而是因为它不能有生活的或认识的意义(vital or cognitive meaning)[①]。“狄尔泰的客观性既不始于也不最终成于存在自身。……没有完全‘外在于’被认识的东西的绝对观点”[②]。“按照狄尔泰的观点，自然科学是历史的人类理性的一种活动和创造(按指意识的抽象活动——引者)，一种表述”[③]。狄尔泰认为，自然科学的对象，“外部经验”，也“是经验的一种样式，它本身是内存地与意向意识相关联的”[④]。狄尔泰说：“外部世界是一种包含在生命中的压力关系，冲动和阻抗的关系。外部世界的实在性只存在于生命——关系(Lebens-verhaeltnis)之中，其实在性只不过意味着相对于精神科学范围内的心理构造的这些关系。因此，没有与包含在其中的意识相对的

① Michael Ermarth, *Objectivity and Relativity in Dilthey's Theory of Understanding*, *Dilthey and Phanomenology*, p. 82, Washington, D. C., 1987.

② 同上书，83 页。

③ 同上书，50 页。

④ 同上书，50 页。

超验的东西"①。总之，自然科学所成就的普遍规律性和客观性，不在于什么独立的外在实在，而是靠人的意识的抽象活动取得的②。狄尔泰的这一观点，是值得肯定的。

意识活动的另一方向，从抽象到具体，则是普遍性的程度越来越缩小，以至越来越接近具体的个体。例如由"孔庙是一座建筑群"，进而认识到"孔庙是庙"，再进而认识到"孔庙是位于曲阜的一座庙"……如此等等，以至认识到"孔庙是中华儒家传统文化的结晶"，这样随着意识一步一步缩小普遍性范围的活动的进展，就会达到愈益接近孔庙的"恰恰地是这一个事物"的本质。这里的本质是个体性，与上述由具体到抽象方向所达到的普遍性本质形成鲜明的对比。但我们是否可以由此得出结论，说这种本质是主观的，说人文科学没有客观性呢？

我以为，自然科学与人文科学两者的客观性，都不在于离主体、意识而独立的外在之物，这一点是两者的共同之点，但两者的客观性的意义却不完全相同。如前所述，自然科学的客观性是达到抽象的同一性，越是具有抽象性、普遍性的东西便越是客观的。人文科学的研究不能停留在抽象的同一性的阶段上，它要求意识活动在达到抽象的同一性之后把行程再倒转过来，从抽象走向具体，把普遍的东西一步一步地还原为个体，前面所说的孔庙一例，便是这样一种还原为个体的过程。对自然的研究强调普遍性，对人的研究则强调个体性，这是自狄尔泰以来的现当代西方哲学的主要思想倾向。那种认为人文科学

---

① *Diltheys Gesammelte Schrifien* Ⅶ, p. 332, Band, Verlag von B. G. Teubner, 1927.

② Michael Ermarth, *Objectivity and Relativity in Dilthey's Theory of Understanding*, *Dilthey and Phanomenology*, p. 32；并参阅鲁道夫·马克瑞尔：《狄尔泰传》，415页，北京，商务印书馆，2003。

与自然科学一样重在讲普遍规律性的观点，是不尊重人的个体性和尊严的一种过时的陈旧观点。

在人文科学这里，所谓客观性，不是指抽象的同一性，而是另有含义。狄尔泰对两种客观性的含义作了区分①，但语焉不详。根据Michael Ermarth的解读，在狄尔泰看来，“生活世界和人文科学中的客观性，在于探索一系列视阈和融贯性内的诸种关系，这些关系可以说，伴随着解释与反思”②。这种客观性是表示关系的(relational)，“它开始于一种‘功用的观点’(point of interest)，并解说一种关于意义、价值、地位、角色和世界观的网络和星座”③。例如对一个重大的历史事件的客观说明，就包含对功用、价值、世界观等等关系网络的解释。人文科学的客观性也因包含解释在内而相对地具有相对性。④ 这里所谓“功用”、“价值”、“世界观”等等，实际上就是讲人生的功利活动、伦理道德活动、审美活动、哲学活动等等文化因素，其所指向的对象是事物的功用意义、道德意义、审美意义、哲学意义等等。人生是这些活动与前述自然科学认识活动的统一体，在人所生活的世界之中，事物的这些意义与前述以达到抽象的同一性为目标的科学认识上的意义也是统一在一起的，每一个个体的人以至人世中每一个个体的物都是这样一种具体统一体。科学的客观性在于对这个具有丰富意义的具体个体进行抽象，一步一步地撇开其哲学意义、审美意义、道德意义、功用意义，以至达到抽象的同一性(洛克的“第一性

---

① *Diltheys Gesammelte Schrifien* Ⅶ, p. 71.

② Michael Ermarth, *Objectivity and Relativity in Dilthey's Theory of Understanding*, *Dilthey and Phanomenology*, p. 82.

③ 同上书，82—83 页。

④ 同上书，88 页。

质”或数）。反之，人文科学的客观性则在于从抽象走向具体，超越（不是抛弃）抽象的同一性意义，进而把功用、道德、审美、哲学等意义还原为所有这些意义的有机统一体。这里需要的是狄尔泰所谓各种意义、各种关系的“融贯性”：这些意义、关系越融贯为一体，它便越是客观的、真实的、具体的，这里的客观性有真实性、具体性之意。例如对于某一朵具体的花，我们可以从自然科学的角度把它一步一步地抽象为“植物”、“生物”……以至用数学公式来表述的抽象同一性，但我们也可以从人文科学的角度，把行程倒转过来，从数学公式的抽象同一性一步一步还原为各种特殊意义[“生物”—“植物”—“花”—“梅花”（举例说）—“具有中华传统文化意蕴的梅花”—……]的有机统一体，从而展示中华儿女的生活世界中梅花的具体个性，例如把梅花描述为“零落成泥碾作尘，只有香如故”（陆游词《咏梅》），这就是中华儿女生活世界中梅花的真实的、具体的个性，也是它的客观性。这样来把握的梅花的本质，不仅具有“生物”、“植物”、“花”之类的科学认识意义，而且具有中华传统文化的道德意义、审美意义、哲学意义。又如对某一个个别的人，也可以从自然科学和人文科学两个方面来把握：从自然科学的角度，我们可以把他抽象为“此人是有理性的动物”、“是两足动物”、“是动物”……如此等等，也可以从人文科学的角度把它还原为“是具有中华传统文化品格的人”，“是具有中华文化品格的一位哲人”、“是具有中华品德文化品格的一位专门研究老庄哲学的哲人”……按照这样的行程推下去，就越来越接近此人的最真实的、最具体的个性，越来越接近他的客观性。

同理，对于一个民族文化的客观性，也可以这样从整体性、个体性的观点来把握。一个民族是由诸多个体的人构成的。人文科学既要强调各个人的个体性，尊重个人尊严，又要注意一个民族中诸多个人

“融贯为一”的整体性，离开一个民族的整体性和个体性，也就失去了它的真实性、具体性，失去了客观性。

三

从自然之物到人文之物，其中没有不可逾越的鸿沟。首先，所谓离开人而独立自存的“物自身”是没有意义的。其次，在现实的历史中，完全没有打上人的烙印的自然之物已越来越少，人的生活世界中的任何一物都有人的因素。对于物也好，人也好，我们都既可以从自然科学的角度来对待和把握，也可以从人文科学的角度来对待和把握。人是自然之物，也是人文之物，人生是自然与人文两方面的统一整体。但人之为人，其主导方面在于其超越自然物的方面。狄尔泰断言，就人是自然物的一部分而言，他可以而且应该通过自然科学来说明，所以“精神科学”对于“自然科学”具有依赖性；但人生并非完全由自然决定，自然科学所说明的只是人的自然方面的因果关系，而人的精神方面，人的目的性、价值意义，则不能用自然的因果关系来说明。这就是说，人文科学对于自然科学的依赖性只是相对的，换言之，人文科学对于自然科学具有一定的独立性，狄尔泰称这种独立性为“相对的独立性”①。“人的行为是以自然科学无法加以解释的某种目的性为特征的”。②

对于人文科学态度与自然科学态度的这种区分，最终可以归纳为重个体性与重普遍性的区别。自然科学态度所着重追求的是普遍性的

① *Dilfheys Gesammelte Schriften*, pp. 15—17, Verlag Non B. G. Teubner, 1927.

② 鲁道夫·马克瑞尔：《狄尔泰传》，54 页。

规律，人文科学态度所着重追求的是个体性的人生价值意义。狄尔泰也因此而特别强调个体的人对于推动历史的作用①。但是狄尔泰并不是与黑格尔历史哲学绝对对立的一个个人自由主义者。他认为，个体的人虽然是历史的承担者(Träger)，然而个人又是各种社会关系相互作用的一个“交叉点”(Kreuzungspunkt)②，人必然从属于“社会——历史现实的活生生的关联”③。从狄尔泰关于人文科学态度与自然科学态度的这种区分中可以看到，那种把所谓“人学”一味归纳为寻找普遍性的规律之学的观点，显得多么简单化。

狄尔泰从人是各种历史社会关系的“交叉点”的观点出发，特别强调人的个体性是由“文化系统”(Kultursysteme)和“外部的社会组织”(die aüssere Organization der Gesellschaft)构造起来的④，前者指语言、科学、艺术、宗教等文化活动，后者指家庭、国家等，而在我们看来，这两者都可以包括在广义的文化活动范畴之内。狄尔泰认为每个个人都是文化价值的“承担者和开发者”⑤。这里使我们联想到黑格尔的《精神现象学》，其中的“绝对精神”——“绝对主体”，就是一个承载着漫长的文化历史发展过程的主体。只要我们批判了黑格尔的“绝对”及其人为的体系(这也是狄尔泰所不满于黑格尔的东西)，就可窥见《精神现象学》中所潜藏的内蕴：每个个人也都是漫长的文化历史发展过程的主体承载者，不同的人从其不同的“交叉点”的角度和方式反

---

① *Dilfheys Gesammelte Schriften*, p. 53.

② 同上书，37，87 页。

③ 鲁道夫·马克瑞尔：《狄尔泰传》，55，56 页。

④ *Dilfheys Gesammelte Schriften*, p. 43.

⑤ 同上书，p. 87；并参阅鲁道夫·马克瑞尔：《狄尔泰传》，56—57 页，60 页。

映这同一漫长的文化历史发展过程，这不同的角度和方式就是各个个人的个体性。

从自然物到文化物，是一个由以普遍性为本质到以个体性为本质的转化过程；从自然科学态度到人文科学态度，是一个由普遍化（一般化）到个体化的过程，一个由重共同性到重特异性的转化过程。如果在人文社会领域片面地一味强调求同，其结果不过是把人文科学归结为自然科学，把人归结为物。我主张在人文社会领域应该强调的是尊重和发扬个人的独特性和差异性，在“不同而相通”的哲学本体论的基础上，建立“和而不同”的理想社会，而不是以“同”压“异”，以普遍性、统一性压制个体性、独特性。

这样强调人文科学之重特异性，强调人文科学的地位，是否会导致抹杀自然科学的重要意义？不然。如前所述，狄尔泰在强调人文科学对然科学的独立特性时，也认为这种独立性只是相对的，他不但不否认，而且很重视人文科学与自然科学之间的密切的联系，很重视自然是精神的基础。狄尔泰说：“心灵的事实是自然事实的上限，而自然事实必然地是精神生活的基本条件”①。狄尔泰允许人文科学要在自然科学那里找到支撑②。和狄尔泰不同，倒是胡塞尔更多地有把自然科学归结为人文科学之嫌。胡塞尔认为人文科学当然对自然科学会感兴趣，但这样感兴趣的自然，不是自然科学所理解的自然，不是异己的、外来的东西。那种以为人文科学需要异己的、外来之物的支撑，以为自然和自然科学具有绝对独立性的观点，是错误的。这样，

---

① *Dilfheys Gesammelte Schriften*，p. 17.

② Michael Ermarth，*Objectivity and Relativity in Dilthey's Theory of Understanding*，*Dilthey and Phanomenology*，p. 35.

在胡塞尔看来，不是人文科学具有相对独立性，如狄尔泰所主张的那样，而是自然科学只具相对独立性①。"按照胡塞尔的意向性理论，人文科学对'自然'的研究，乃是把'自然'纯粹作为意向的对象。——而这实乃人文科学之事，并非自然科学之事"②。总之，在狄尔泰看来，人不可能抽离自然，而在胡塞尔看来，人则可以抽离自然；狄尔泰只是为人文科学建立了自己的一个地位，而胡塞尔的"先验还原"论则似乎拆除了人文科学与自然科学的藩篱，使人文科学具有绝对优先的地位③。而且，"胡塞尔的目的不仅是要证明人文科学对自然科学的独立性，而且要终止不断增加的自然科学对于生活的疏离"④。胡塞尔想克服这种"疏离"的意图，值得赞赏。我们今天也有号召将自然科学回归到人文的呼声，其意图也在于克服当前文化生活中的这种"疏离"现象。但是胡塞尔的"先验还原论"是否走得过远了呢？我以为，使人生抽离自然的意图是不切实际的。狄尔泰与胡塞尔之间的思想纠葛，本不易理清，但无论如何，狄尔泰的"精神科学"对"自然科学"具有"相对独立性"的论断和提法，还是更为切实、更为准确些。

特别需要指出的是，胡塞尔除了晚年提出的"主体间性"和"生活世界"的思想外，他轻视历史，把本质规定为共相而不重视个体性的观点，都是与他强调人文科学的优先地位，想克服自然科学与人生疏离的意图相矛盾的。他的哲学的"纯粹性"，实际上疏离了历史与文化，从而疏离了人生。还是狄尔泰的哲学更加贴近人生。

---

① Michael Ermarth, *Objectivity and Relativity in Dilthey's Theory of Understanding*, *Dilthey and Phanomenology*, p. 36.

② 同上书，41 页。

③ 同上书，40，42 页。

④ 同上书，43 页。

第二编　黑格尔哲学

这里收录的8篇有关黑格尔哲学的论文和专著节选，都是20世纪80年代改革开放以后的作品。和文化大革命前着重批判黑格尔哲学的唯心主义不同，我在这一时期中，对黑格尔哲学的整体把握和评价都有了新的转变。我更多地强调黑格尔哲学对他死后的西方现当代哲学的积极作用和影响，强调学习黑格尔哲学中关于人的主体性、个体性的自由本质和意义。

青年时期的黑格尔与荷尔德林*

——从黑格尔的诗篇《埃琉西斯——致荷尔德林》谈起

一七九六年八月，青年黑格尔自伯尔尼写了一首诗《埃琉西斯》[①]赠给文学家荷尔德林（J. C. F. Hölderlin，1770—1843），这首诗在形式上并不完善，但思想丰富，意味深长，值得一读。黑格尔这个散文式的人物，居然提笔作诗，乍看之下，有点异常；仔细想想，并非偶然。他的文字以艰涩难读著称，但他的思想却很深刻很灵活，他的辩证法就往往使人感到意趣盎然，颇富诗意。恩格斯说他是“一首辩证法的诗”，[②] 实在不算过誉。何况他与诗人荷尔德林是良友，因受荷尔德林的影响而吟诗，也是很自然的。

《埃琉西斯》篇幅不长，但表达了青年黑格尔的一些主要思想，比较全面地说明了他和荷尔德林的亲密关系以及

---

* 本篇原载《学术月刊》1980 年第 11 期。

① 黑格尔：《埃琉西斯——致荷尔德林》，见《黑格尔书信集》第 1 卷，38—40 页，汉堡，迈纳出版社，1952 年版。

② 恩格斯：《自然辩证法》，见《马克思恩格斯全集》第 20 卷，547 页，人民出版社版。

荷尔德林给他的思想影响。

一

这种友谊，没有誓词可以保证，

只有为自由的真理而生存。①

黑格尔要他的友人永远忠于旧日的革命友谊。

原来黑格尔与荷尔德林同一年(1788)进图宾根神学院。一七九〇年秋，两个朋友，还有一位早熟的哲学家谢林，同住一个宿舍。在法国革命的激荡下，图宾根成立了一个政治俱乐部。据有的文献说：这三个人都是俱乐部的成员，他们经常在一起谈革命，唱自由之歌，激情奔放；一七九三年的一个星期天早晨，三个朋友和另外一些热衷民主自由的青年，曾到纳甲河畔的草坪上载歌载舞，种植自由之树，以致遭到卡尔公爵的诅咒。同年夏末，荷尔德林给他的弟弟写信说："自由总是必定会来到的，道德在自由的神圣温暖的光中比在专制主义冰冷的地带将要更好地发展。我们生活在一个一切都为了更好的时日而工作的时代。"②

黑格尔自一七九三年九月毕业于图宾根神学院以后，就和荷尔德林分手，到了伯尔尼贵族施太格尔家当家庭教师。一七九三年到一七九六年黑格尔在伯尔尼期间，两人互通音讯，情谊日深。一七九四

---

① 黑格尔：《埃琉西斯》。

② 转引自冯至等编：《德国文学简史》上卷，170页，北京，人民文学出版社，1958。

年，荷尔德林在致黑格尔的信中称黑格尔是他的“守护之神”。①

黑格尔和荷尔德林都很称赞哲学家费希特为自由而斗争的激进思想。一七九五年一月底，黑格尔在致谢林的信中写道：“荷尔德林有时从耶拿给我写信。……他听过费希特的讲演，兴高采烈地谈到他，认为他是为人类而斗争的太阳神，他的影响确乎不限于大学讲坛的院墙之内。”②同年四月，黑格尔又在致谢林的信中提到：“荷尔德林经常从耶拿给我写信；他很受费希特的鼓舞，对费希特寄予很大的期望。”③

一七九六年，黑格尔因久滞异域，思乡之情弥切，遂托荷尔德林替他在国内谋一栖身之所。十月，荷尔德林函请黑格尔归国，到商人戈格尔家当家庭教师；当黑格尔表示接受聘请但还不能立即启程时，荷尔德林连做梦都想到了他：“我前天梦见你还在瑞士漫游，真恨死我了！”④这位诗人和黑格尔的关系之亲切，由此可见一斑。

黑格尔于一七九七年初从伯尔尼回到法兰克福，两个朋友久别重逢，心情特别欢畅。二月，荷尔德林在致洛伊菲尔的信中说：“与黑格尔的交游，使我很受教益。我喜爱安静的、重理智的人，……他们能够很好地指导人们拿定主意。”⑤可惜不久以后，这位青年诗人就由于爱情方面的挫折而不得不离开法兰克福。一八〇二年，他心爱的迪阿提玛逝世，噩耗传来，诗人悲痛欲绝，再加上他对当时现实社会的悲观失望，便逐渐陷于神经错乱。一八〇三年，谢林见到荷尔德林身

---

① 《黑格尔致荷尔德林》，见《黑格尔书信集》第1卷，9页。

② 《黑格尔致谢林》，见《黑格尔书信集》第1卷，18页。

③ 同上书，25页。

④ 《荷尔德林致黑格尔》，见《黑格尔书信集》第1卷，45页。

⑤ 转引自库诺·费舍：《近代哲学史》第8卷，42页，海得堡，1901。

心俱碎，不能自制，曾在致黑格尔的信中描写了他的不幸的情景。黑格尔在复信中说："真没有料想到荷尔德林成了那种样子出现在斯瓦比亚！……现在就他的情况看来，安静是否就足以恢复他的健康，已经是个问题"。[①] 黑格尔对荷尔德林的悲惨命运，不胜惋惜。一八〇六年，三十六岁的荷尔德林完全成了精神病患者，但一直活到一八四三年才逝世。

从图宾根神学院到法兰克福时期，十多年来，青年哲学家和青年诗人的友谊的确是建立在"为自由的真理而生存"的基础之上的，这种珍贵的友谊也的确是"没有誓词可以保证"的。

二

我感到这也是我故园的苍天，
森严、光辉缭绕在你身边。
呀！你寺院的大门正砰然大开，
啊！西利兹，
你君临埃琉西斯。[②]

古希腊埃琉西斯地方经常举行一种祭祀农业女神西利兹的宗教典礼，黑格尔的《埃琉西斯》就是根据自己的想象，为这个佳节创作的一首赞歌。对古希腊兴故园之感，以古希腊的宗教祭典为题，吟诗赠友，充分说明了这位青年哲学家和青年诗人眷恋古希腊的共同感情。

黑格尔早在中学时期，就对古希腊文学发生兴趣。他最喜爱的老

① 《黑格尔致谢林》，见《黑格尔书信集》第1卷，73页。

② 黑格尔：《埃琉西斯》。

师私下给他讲过伊索寓言。他作过四次讲演，其中就有两次都是关于古希腊的。他阅读了不少古希腊的悲剧，有的作了翻译，有的作了摘录。

一七九〇年，未满十六岁的谢林进图宾根神学院，黑格尔、荷尔德林和谢林三个青年经常在一起，仰望蔚蓝的天空，想象着古希腊的美境，柏拉图、苏格拉底都成了他们谈论的主题。

一七九四年，荷尔德林在致黑格尔的信中说："我的工作相当集中，康德和希腊学者差不多是我唯一的课程。"①可见其钻研古希腊之勤奋。这一年，荷尔德林还写了一首题为《希腊》的美丽诗篇，抒发了他对希腊的思古之幽情：

如果我有了你，在那法国梧桐的树荫里，
在那里，塞菲苏斯河缓缓流经花丛，
在那里，青年人襟怀峥嵘，
在那里，苏格拉底的心自在优容，
在那里，亚斯帕里亚穿过月桂翩翩起舞，
在那里，从喧哗的民会上，
发出欢声融融，
在那里，柏拉图创造了极乐的天宫。

荷尔德林完全沉湎于对古希腊的幻想和景慕之中，他把古希腊看作是人类失去了的乐园。

黑格尔与荷尔德林之所以如此醉心古希腊，主要是因为他们不满意现代的封建专制国家，认为古希腊的城邦制是民主自由的产物，他

① 《荷尔德林致黑格尔》，见《黑格尔书信集》第1卷，10页。

们把自己所理想化了的古希腊共和国当做追求的目标。事实上，他们不过是在哲学和文学的领域里，“请出亡灵来给他们以帮助，借用他们的名字、战斗口号和衣服，以便穿着这种久受崇敬的服装，用这种借来的语言，演出世界历史的新场面。”①对于黑格尔与荷尔德林来说，这新场面就是反对封建专制，创造资产阶级世界的理想图像。

关于黑格尔与荷尔德林憧憬古希腊，反对封建专制国家的问题，特别值得一谈的是《德意志唯心主义的第一个体系纲领》一文。

这篇文章是柏林皇家图书馆从一个商人那里买到的，由弗兰兹·罗申茨威格(Franz Rosenzweig)发表。原稿是黑格尔的手笔。罗申茨威格力图证明此稿写于一七九六年，是黑格尔从某个原作者那里笔录下来的副本。于是发生了原作者究竟是谁的讨论：有的说是谢林，有的说是荷尔德林，有的认为还是笔录者本人黑格尔。否认原作者是黑格尔的理由不尽相同，但主要是一条，即认为黑格尔当时没有像《第一个体系纲领》中那样大胆的思想：

“关于人类的观念，预先我想指出，没有关于国家的观念，因为国家是有些机械性的东西，就像没有关于一架机器的观念一样。只有自由的对象叫做观念。所以我们必须超越国家！因为任何国家都必然把自由的人当作机械的齿轮装置来对待；而它是不应该采取这种态度的；因此，它应该终止。”②

① 马克思：《路易·波拿巴的雾月十八日》，见《马克思恩格斯选集》，603页，北京，人民出版社，1972。

② 转引自卢卡奇：《青年黑格尔与资本主义社会问题》，56页，柏林建设出版社，1954。(卢卡奇认为《第一体系纲领》的作者是谢林。)参看奥托·帕格勒(Otto Pöggeler)：《黑格尔，德国唯心主义第一个体系纲领的作者》(见《黑格尔研究》附录4，波恩，1969年版)。

在当时条件下，这的确是一个很大胆的思想！但因此而否定黑格尔的著作权，理由是不充分的。本人因条件所限，在考证问题上没有什么发言权，只是比较同意奥托·帕格勒的考证结论，把著作权归于黑格尔①。黑格尔在伯尔尼时期(1793—1796)，已经把古希腊共和国的国家与现代国家对立起来，并把现代国家叫做机器，把个人比作机器的齿轮。所以，黑格尔在《第一个体系纲领》中把国家叫做机器，并不是孤立的、偶然的。

问题倒是黑格尔这个思想从何而来。

荷尔德林在他的著名小说《徐培里昂》第一卷中有这样一段话："国家不是别的，只是生命核心周围的粗莽的外壳。它是人类花果园的墙院。""啊，雨露！啊，灵感！你将给我们带回民众的春天。国家不能提供你。"《徐培里昂》自一七九四年起，就在席勒主编的杂志上陆续发表。根据帕格勒的考证，一七九七年头几个月黑格尔初到法兰克福时，与荷尔德林过从甚密，两个人在一起热烈地讨论过哲学问题，黑格尔此文很可能是当时在荷尔德林的思想影响下写成的。

本文提到这个问题，目的只是为了说明黑格尔与荷尔德林在思想上的密切关系。即使《第一体系纲领》的作者不是黑格尔，但从《徐培里昂》对于国家的批判来看，从黑格尔在伯尔尼时期已经把现代国家当做机器来看，从黑格尔笔录《第一个体系纲领》来看，也可以说明两个青年朋友在思想上的共鸣。

三

我仰望着永恒的苍穹，

① 奥托·帕格勒：《黑格尔，德国唯心主义第一个体系纲领的作者》。

仰望着你，啊，黑夜中闪闪的星辰！
忘怀一切意愿，一切希望，
这是出自你的永恒。
我静观入神，
任何所谓我的东西，都无影无踪。
我献身于无限，
我即在其中，我就是一切，我只不过是无穷。①

这是一种万物皆具神性和神人合一的泛神论思想，也是古希腊埃琉西斯祀典的基本意蕴。这种神秘主义的思想认为个体应以自我牺牲的精神委身于无限，与无限融为一体。

早在图宾根神学院时期，荷尔德林就曾给黑格尔题赠纪念册，写下了歌德的词句："兴趣和热爱是伟大行为的两翼。象征。'万物如一'。"②库诺·费舍解释说："黑格尔要完成的伟大行为需要两翼：一是对希腊世界的热爱，一是对哲学的兴趣。他的朋友中，最能促进前者的是荷尔德林，最能促进后者的是谢林。"③的确，荷尔德林在图宾根神学院读书时，就很善于把古希腊"万物如一"的思想寓于诗意之中。以后(一七九六年六月)，他在写给异父兄弟的信中又重复过他所心爱的这句成语。一七九四年开始发表的《徐培里昂》中有一段话，可以说是对"万物如一"的最精辟的解释："与万物同一，乃是神性的生命，是人界的天国。与一切生存的东西同一，在极乐的无我之境返回

① 黑格尔：《埃琉西斯》。
② 转引自库诺·费舍：《近代哲学史》第8卷，14页。
③ 同上。

到自然的一切之中，乃是思想和愉悦的顶峰。”

一七九五年一月，荷尔德林自耶拿致函黑格尔，从“万物如一”的观点批评了费希特的“自我”：“这个绝对的自我是没有对象的，因为否则就不是一切实在都在自我之内；不过，一个没有对象的意识是不可思议的，……这样，在绝对的自我之中，就不能设想有意识；我作为绝对的自我，是没有意识的，而只要我没有意识，只要我(对我而言)是无物，则绝对的自我(对我而言)是无物。”①自我总得有意识，有对象；把自我当做无所不包的绝对之物，则自我没有对象，没有意识，因而也就不成其为自我，而只能是无物(即什么也不是)。因此，像费希特那样把“自我”当做绝对，是不能成立的。

黑格尔自图宾根时期荷尔德林题赠纪念册以来，就很熟悉他的“万物如一”的思想。《埃琉西斯》可以说是对荷尔德林题词的酬答。“我静观入神，任何所谓我的东西，都无影无踪。我献身于无限，我即在其中，我就是一切，我只不过是无穷。”这段话可以说是上引《徐培里昂》中那段话的黑格尔版，是对“万物如一”的更详细的注解。

“万物如一”的泛神论思想与基督教是格格不入的。前者认为一切活动和状态，包括个人的行动和状态，都在神之内，每个个人都可以直接接近神性、深入神性，与神性合而为一，教会、牧师、权威都是和这种神性不相干的；反之，基督教则把神看成高踞于个人之上；不通过外来的权威，不通过教会、牧师，个人不能得到真理，不能接近神。黑格尔在图宾根时期就已经看到了这种区别，他认为“主观宗教”不同于“客观宗教”，前者表现在个人的感觉和行为之中，是活生生的，后者是僵死的记忆和规定的教条。到了伯尔尼时期，黑格尔维持

① 《荷尔德林致黑格尔》，见《黑格尔书信集》第1卷，19—20页。

并发展了这种思想，他把“客观宗教”称做“实证的宗教”。“实证的宗教”的特点就是把外来的东西特别是教会制定的法典强加给个人，因此，这种宗教是与个人自由不相容的，例如基督教就是这样。反之，“非实证的宗教”，例如古希腊“万物如一”的思想，则是尊重个人自由的宗教。青年黑格尔反对前者，向往后者。《埃琉西斯》在上引“只有为自由的真理而生存”的诗句之后接着说：

教义可以调整意见与感情，
却万万不能达成安宁。

这几行诗是对“实证宗教”的简要而深刻的批判。

黑格尔在一七九五年致谢林的信中，更紧密地把他对基督教的批判同反封建专制的思想联系起来：他从“万物如一”的观点出发，反对像基督教那样把人类的尊严压倒在神灵的脚下，极力赞赏“人类与一切神灵列于同等地位的自由能力”；他尖锐地指出：“宗教和政治狼狈为奸，宗教所教的都是专制政治所要的：即鄙视人类，认为人类没有能力做任何好事，人类依靠自身什么也不成。”①当然，综合黑格尔当时的整个思想来看，不能把这里说的宗教了解为一般的宗教。黑格尔即使在青年时期也不反对宗教本身。

* * *

青年时期的黑格尔与荷尔德林志同道合，基本思想非常接近，但也隐藏着深刻的分歧。荷尔德林在一七九三年给弟弟的信中诚然表现了乐观主义精神，但一般地说，特别是在爱情受到打击之后，他的作

① 《黑格尔致谢林》，见《黑格尔书信集》第1卷，24页。

品便越来越流露出悲观失望的情绪，正如一七九四年《希腊》的最后一节所表示的：

> 我企求进入仙境，
> 见到阿尔考斯和阿那克里安。
> 我宁愿睡在一间密室里，
> 与马拉教的神灵在一起。
> 啊！这也许是我最后的泪珠，
> 滴在亲爱的希腊国土；
> 啊！帕尔翠，让剪刀发出声响罢，
> 我的心已如死灰。

在荷尔德林看来，他所理想化了的古希腊共和国已经一去不复返了，他宁愿死在这"亲爱的希腊国土"。

可是黑格尔在伯尔尼时期却采取了相反的态度："朋友们，朝着太阳奋进吧，为了人类的幸福早日成熟！阻挡太阳的树叶要怎么样？树枝要怎么样？穿过它们，冲向太阳吧……"①笔锋之犀利，意气之豪迈，与荷尔德林正好形成鲜明的对比。

荷尔德林自十九世纪开始，已逐渐失去理性，两个同庚朋友间的关系大体上到三十岁就结束了，本文的范围也只限于这段时期，关于黑格尔以后的思想转变，只能另文讨论。

---

① 《黑格尔致谢林》，见《黑格尔书信集》第1卷，24页。

黑格尔论"反思"(Reflexion)*

一

"反思"与"后思"的几种含义

黑格尔在《小逻辑》第二十四节附释三中说，认识真理的形式有三种：第一是"经验"(Erfahrung)，第二是"反思"(Reflexion)，第三是"哲学的认识"(das philosophische Erkennen)。

"经验"是"直接知识"①。

"反思"是"用思想的关系来规定真理"②，即用有限的、抽象的、片面的思想形式(范畴)去说明真理，在这种意义

* 本篇原载《论康德黑格尔哲学》，上海，上海人民出版社，1981。本文所用的"反思"一词，只是指原文 Reflexion；原文 Nachdenken，本文一律译作"后思"；中译本凡将 Nachdenken 译成"反思"之处，本文在引用时也都改译为"后思"，不另一一注明。

① 黑格尔：《小逻辑》，88 页。

② 同上书，87 页。

下，“反思”也就是“知性思维”的意思：《小逻辑》第五十一节在谈到“直接知识”说的哲学代表耶可比对旧形而上学关于上帝存在的证明的批评时说：“他的批评如仅用以攻击反思式的理智(dem nur reflektirenden Verstande，即反思式的知性——引者)证明，倒还恰当”[①]，这里，黑格尔把“反思式的”一词用以形容“知性”，说明“反思”与“知性思维”有相同意义。《小逻辑》第七十四节更明确地把“知性”——“抽象的思想”和“反思的形而上学的形式”(die Form der reflektirenden Metaphysik)当作同义词使用[②]。《哲学全书》第二版序言在谈到“反思”“不能把捉活生生的事实”之后，接着就谈到：“知性的特点仅在于认识到范畴或概念的抽象性，亦即片面性和有限性”[③]。黑格尔在这里实际上也是把“反思”看作与“知性”同义。又如《哲学史讲演录》说：“在这里(指‘有限科学’，亦即‘经验科学’——引者)，被当作对象的、被认识的并不是具有无限性的理念本身，而是特定的内容；这内容被提高到了共相、规律——那种得自观察的具有知性规定(in seiner verständigen Bestimmtheit，原译作‘具有理智规定’——引者)的共相(如开普勒定规)。自然科学是仅仅达到反思阶段的”[④]。这里的“反思”也是“知性思维”之意。《小逻辑》还有一段关于经验科学的话：“一般经验科学”“所包含的普遍性或类等等本身是空泛的、不确定的，而且是与特殊的东西没有内在联系的”[⑤]。而这种“抽象的普遍性”，在

① 黑格尔：《小逻辑》，137—138 页。

② 同上书，167 页。

③ 同上书，8 页。

④ 黑格尔：《哲学史讲演录》第 4 卷，8 页。

⑤ 黑格尔：《小逻辑》，48 页。

黑格尔看来，正是“由知性所建立的”①。自然科学属于“一般经验科学”，这就说明“仅仅达到反思阶段”的科学也就是“由知性所建立的”科学。

第一和第二两种形式都“还不是表述自在自为的真理的真正形式”，只有第三种形式才是“认识真理最完善的方式”②，这种形式扬弃了“反思”阶段的分离性和对立性，而达到了多样性的统一和对立面的统一，达到了具体真理。黑格尔说：“但这种分裂境地，同样也须加以扬弃，而精神总是要通过自力以返回它原来的统一。这样赢得的统一乃是精神的统一。而导致返回到这种统一的根本动力，即在于思维本身”③。这里所说的“分裂境地”就是指“反思”阶段的分离和对立状态；所谓“精神的统一”就是指多样性的统一和对立面的统一。

黑格尔关于三种认识形式的学说，是很有意义的。

任何事物都是具体的，即多样性的统一或对立面的统一。人在认识具体事物时，首先通过生动的直观，获得关于该事物的整体的浑沌的表象，这时，人对具体事物的认识还只是处于感性阶段，根本不认识事物所包含的多样性，更谈不上认识多样性的统一。

为了使我们的认识向着把握多样性的统一这个目标前进，就必须由感性认识阶段提高到理性认识阶段。理性认识阶段的第一步是对生动直观中所得到的关于整体的浑沌表象加以分析、割裂，对它的各部分单独地、逐一地加以考察。用黑格尔的哲学术语来说，感性认识阶段所得到的知识就叫做“直接知识”，理性认识阶段的第一步所得到的

---

① 黑格尔：《小逻辑》，172—173页。

② 同上书，87页。

③ 同上书，89页。

知识就叫做“间接知识”，“间接知识”就是“用思想的关系来规定真理”，它是“反思”的产物。

理性认识阶段的第二步是把分析中所得到的各种简单的、抽象的规定或“思想关系”逐步加以综合、统一，这样综合起来、统一起来的规定愈多，我们对事物的认识也就愈具体、愈真实。这种知识也可以叫做“直接知识”，但这里的“直接知识”不同于感性认识阶段的“直接知识”，它是经过“间接知识”之后的“直接知识”，它不是原先那种空洞的、浑沌的东西，而是像马克思所说的“一个丰富的、由许多规定和关系形成的总体。”它是更高一级的“直接知识”。这个阶段相当于黑格尔所说的“第三种认识形式”——“哲学的认识”。

黑格尔有时把第三种认识形式又叫做“后思”，以示有别于“反思”。例如《哲学全书》第二版序言说：“反思”不能把握“许多物质方面，精神方面，特别宗教方面活生生的事实”，“反思”的“困难”在于“从事情到知识的过渡”，在于不能真正认识“事情”或“实质”，而这种“过渡”是“透过后思造成的”，“哲学的认识方式只是一种后思——意指跟随在事实后面的反复思考。”[①]又如《哲学全书》第九节说：“凡是志在弥补这种缺陷(指一般经验科学‘不能满足必然性的形式’的缺陷——引者)以达到真正必然性的知识的后思，就是思辨的思维，亦即真正的哲学思维。……这种思辨思维所特有的普遍形式，就是概念。”[②]《小逻辑》第八十七节在谈到“有”和“无”的逻辑推演时说：“那能在‘有’和‘无’中发现更深一层含义的后思，即是对此种含义加以发

① 黑格尔：《小逻辑》，7 页。

② 同上书，48—49 页。

挥(但不是偶然的而是必然的发挥)的逻辑思维”①。这里的“后思”也是指有别于“反思”的第三种认识形式。

按照上述的用语，黑格尔所讲的三种认识方式就可以简称为“经验”、“反思”和“后思”。

不过，黑格尔所谓“反思”与“后思”的含义或用法并不这么简单。

黑格尔在《哲学史讲演录》中说：“有一种古老的成见，认为人只有通过后思才能达到真理；后思当然是基本条件。但这还不是从思维推演出万象，推演出世界观，还不是指出神的规定、现象世界的规定必然从思维中派生出来。”②这段话里的“后思”显然还不等于就是“认识真理最完善的方式”或“思辨的思维”，它只是达到具体真理的“基本条件”。

原来“后思”一词，就字面看，乃是对感觉、表象中的内容加以反复思考之意。所以“后思”的结果，可以达到把握具体真理的“思辨思维”的地步，也可以停滞在分离、对立的“知性思维”的地步。换言之，要达到具体真理，把握多样性的统一，就得进行“后思”；但一般地进行“后思”，还不等于就是在多样性的统一中把握事物。“后思”(nach-denken 反复思索)——一般讲来，首先包含了哲学的原则(原则在此处兼有原始或开端的意义在内)③。“开端”也就是“基本条件”的意思。“中世纪的哲理神学并没有把从自身出发的思维当作原则”④，只是在

① 黑格尔：《小逻辑》，193 页。

② 黑格尔：《哲学史讲演录》第 4 卷，60 页。

③ 黑格尔：《小逻辑》，45 页。

④ 黑格尔：《哲学史讲演录》第 4 卷，60 页。

近代，“后思”“取得独立，重新开花”[1]，哲学才“重新开始”[2]；然而“后思”作为“基本条件”还不等于“思辨思维”，还不等于在对立统一和矛盾发展中把握事物；近代哲学特别是康德以前的形而上学(“思想对于客观性的第一态度”)不懂得思想自身包含有矛盾，而相信“只靠后思即可认识真理，即可使客体的真实性质呈现在意识前面”，[3] 其结果就停滞在“知性思维”的地步。“这种态度的思维，由于它没有意识到自己的对立，就内容言，既可成为真正玄思的哲学学说，同样也可老停滞在有限的思维规定里，亦即老停滞在尚未解除的对立里。”[4]旧形而上学的态度就是对事物仅只一般地进行“后思”而未能成为真正“玄思的哲学”(亦可译作“思辨的哲学”)学说。

可以看到，“后思”一词在黑格尔哲学中大体上有三种含义或三种用法：第一是明确地指“思辨的思维”即把握多样性统一的思维；第二是笼统地泛指对感觉，表象中的内容加以反复思考。例如《哲学全书》第二节，其主要内容是讲哲学上的思想不同于一般的思想的特点：一般的思想“活动于人类一切行为里”[5]，是沉没在情感、表象等形态中的思想；哲学上的思想虽然本质上与一般思想是一个思想，但它以思想本身为认识的对象和内容，它是以概念的形式出现的思想，是对情感、表象等“意识的方式”“加以‘后思’所产生的思想”[6]，所以哲学上的思想就是“后思”。这里的“后思”显然是泛指对感觉、表象中的内容

① 黑格尔：《小逻辑》，45 页。

② 黑格尔：《哲学史讲演录》第 4 卷，60 页。

③ 黑格尔：《小逻辑》，94 页。

④ 同上书，95 页。

⑤ 同上书，38 页。

⑥ 同上书，39 页。

加以反复思考之意。又如《小逻辑》第二十一节说："要获得对象的真实性质，我们对它必须进行后思，唯有通过后思才能达到这种知识。"①这里的"后思"也是泛指上述哲学上的思想而言。第一种含义以第二种含义为"基本条件"，第二种含义有时就是指第一种含义，或包含第一种含义，有时则不是指第一种含义，这要视"后思"的结果是前进到"思辨思维"的地步，还是停滞在"知性思维"的地步而定，在后一种情况下，"后思"一词就和"知性的思维"或"反思"同义，这就是"后思"的第三种含义和用法。例如当他谈到"思想对客观性的第一态度""相信只靠后思即可认识真理"时，这里的"后思"实际上就是"反思"。第三种用法比起第一、二种用法来，较为少见。

"后思"一词在黑格尔哲学中大体上也有三种含义和用法：一是前述"知性思维"的意义。二是和泛指意义下的"后思"同义，(这种用法比较少见)。例如《哲学全书》第二节，大概是由于重在说明哲学上的思想和一般意义下的思想的区别，就没有把"后思"和"反思"再作区分，而是将两个词混用，认为"后思(Nachdenken)，亦即反思(das reflektirende Denken)"②。这里的"反思"就用成了泛指意义下的"后思"。不过黑格尔在这句话的后面又多多少少把这两个词作了一点区分。他说："对于这些意识的方式(指情绪和表象等——引者)加以'后思'所产生的思想，就是反思、推理等被包含在其中的东西，也就是哲学被包含在其中的东西"③。这里的"后思"就是泛指对感觉、表象中的内容加以反复思考，而"反思"、"推理"则是"后思"的一种结果，

① 黑格尔：《小逻辑》，74 页。

② 同上书，39 页。

③ 《黑格尔全集》第 8 卷，格洛克纳本(下同)，43 页。

是隶属于"后思"的。又如《小逻辑》第二十四节附释一说："只有在哲学的反思(die philosophische Reflexion——引者)里，才将'我'当作一个考察的对象。"①这里的"反思"，实际上也就是泛指哲学上的思想——"后思"，不是特指"知性思维"。

"反思"的第三种含义和用法，我们将在下一部分专门论述。就"反思"和"后思"的上述几种含义中比较常见的用法来看，黑格尔所谓"反思"和"哲学的认识"("后思")颇相当于他和他的前人所说的"知性"和"理性"两个认识阶段；如果联系第一种认识方式("经验")来说，则黑格尔所说的三种认识方式就约略相当于"感性"、"知性"和"理性"三阶段。黑格尔的这个思想，究其渊源，在古希腊哲学家柏拉图那里就有了。柏拉图关于知识的四个等级的看法，已经包含了划分认识为"感性"、"知性"和"理性"的萌芽。以后的一些新柏拉图主义者和神秘主义者在这方面又有进一步的论述。文艺复兴时期，库萨的尼古拉把人的灵魂看成和人的身体一样，分为三个等级："感性"相当于脚，只提供浑池的、模糊的映象；"知性"相当于手，按照形式逻辑的同一律对事物进行分析，在分离和对立中思维；"理性"相当于头，则能把握对立面的统一或一致，使对立面得到融解。在近代哲学中，沃尔夫和沃尔夫派学者、"美学之文"鲍姆嘉通，明确给"知性"和"理性"下了定义。他们都强调"理性"(Vernunft)比"知性"(Verstand)更高，认为"理性"是"洞见到真理的联系的能力"。康德则进一步认为，不仅"理性"有统一、联系的能力，而且"知性"也有统一、联系的能力："知性"是给"可能的经验"以统一和联系，"理性"则进而给各种"知性"的知识以统一和联系。按照黑格尔的说法，康德是"最早明确提出知性

① 黑格尔：《小逻辑》，82页。

与理性区别的人”。康德明确地指出：知性以有限的和有条件的事物为对象，而理性则以无限的和无条件的为对象，他指出了知性知识的有限性，这不能不说是“康德哲学之一重大成果”。但康德认为无限的统一整体在有限的、多样性的东西之外，是不可认识的，而认识则只是“反思”或“知性”之事，所以黑格尔贬称康德哲学为“反思哲学”①。黑格尔比康德前进了一大步，他认为认识不仅是“反思”或“知性”之事，而且，人可以凭“理性思维”认识无限的统一性整体。

二

“本质”论中“反思”的意义

黑格尔哲学的一个更大的优点是，他不仅像过去的某些哲学家那样把人的理性认识阶段简单地分为“知性”与“理性”，而且第一次把“理性”又细分为“消极理性”与“积极理性”：所谓“消极理性”，就是“将知性的规定消解为无”②，亦即“有限的规定扬弃它们自身，并且过渡到它们的反面”③。而这种过渡是一种“内在的超越”，——是知性概念由于内在矛盾而转化到自身的反面。所谓“积极理性”就是不满足于矛盾转化和扬弃矛盾转化，进而“在对立的规定中认识到它们的统一”④，把对立双方看成是同一个统一体的两个不可分离的环节。

① 黑格尔：《知识与信仰或以康德，耶柯比和费希特哲学为其完满形式的主观性的反思哲学》，见《黑格尔全集》第1卷，格洛克纳本，277，432页。

② 黑格尔：《大逻辑》，《黑格尔全集》第4卷，17页。

③ 黑格尔：《小逻辑》，176页。

④ 同上书，181页。

这是认识真理的最高的最完善的形式。

这里，特别值得提出的是，在“知性”与“消极理性”之间，黑格尔认为还有一个居间性的环节，这就是第三种意义的“反思”。黑格尔早在《费希特体系与谢林体系之差异》一文中就说过：“反思当其扬弃了有限之物时，就把自己提升成为理性；当其把理性的活动固执在对立中时，就使自己重新降低为知性”[①]。《小逻辑》谈到这种意义下的“反思”时，说它既超出知性的规定性，“使其与别的规定性处于关系之中”又“仍然保持那个规定性的孤立有效性”[②]。它是两个彼此独立的规定性相互发生关系：就两个规定性“处于关系之中”而言，它不同于“知性”；就两个规定性彼此独立而言，它又不同于“消极理性”。“反思”是“外在的超出有限”(diè äuβerliche Erhebung überdas Endliche)，而“消极的理性”(即“辩证法”)则是“内在的超越”(immanente Hinausgehen)[③]。黑格尔在逻辑学的“本质”论中集中地论述了这种意义下的“反思”。

黑格尔逻辑学的第一部分(“存在”论)是讲的直接认识，第二部分(“本质”论)讲的是透过直接深入到间接的认识。由于“本质”是深入到了直接东西内部的间接的东西，因此，“本质”论中的诸规定(范畴)不像“存在”论的诸规定那样是一个顶替另一个，是从一个过渡(ubergehen)到另一个，而是“双层的”、“相对的”，——即成双成对、彼此对立而又互相联系、互相反映(反思)的。甲范畴的本质要在和它对立的乙范畴中才能反映(反思)出来。“每个反思规定在其概念本身中就包

① 《黑格尔全集》第1卷，格洛克纳本，45页。

② 黑格尔：《小逻辑》，176页。

③ 同上书，176—177页。

含另一规定”①。“反思”“构成本质与直接存在的区别，是本质本身特有的规定。”②黑格尔曾用光线的反射作比喻：“反映或反思(Reflexion)这个词本来是用来讲光的，当光直线式地射出，碰在一个镜面上时，又从这镜面上反射回来，便叫做反映(Reflexion)。在这个现象里有两方面，第一方面是一个直接的存在，第二方面同一存在是作为一间接性的或设定起来的东西。当我们反映(reflektiren)或(像大家通常说的)**后思**一个对象时，情形亦复如此。因此这里我所要认识的对象，不是它的直接性，而是它的间接的反映过来的现象。我们常认为哲学的任务或目的在于认识事物的本质，这意思只是说，不应当让事物停留在它的直接性里，而需指出它是以别的事物为中介或根据的。事物的直接存在，依此说来，就好像一个表皮或一个帷幕，在这里面或后面，还蕴藏着本质”。因此，“本质的观点一般地讲来即是反思的观点”③，“本质”论中的规定即是“反思的规定”(Die Reflexionsbestimmungen)，也就是说，“本质”论中的各个规定是彼此对立，而又互相联系、互相反映(反思)的。

黑格尔按照“存在”与“本质”(“表层”与“底层”)两者间“反思关系”的深浅程度，把“本质”的发展过程分为三个阶段：

按照《大逻辑》的分法，第一个阶段叫做“作为自身反思的本质”(Das Wesen als Reflexion in ihm selbst)(《小逻辑》把第一阶段叫做“本质作为实存的根据”)，在这个阶段里，“本质”只是“在自身中的映现”

---

① 黑格尔：《大逻辑》，《黑格尔全集》第4卷，544页。

② 黑格尔：《小逻辑》，242页。

③ 同上。

(das Scheinen in sich selbst)①，尚未反映(反思)于外，——尚未表现于"有限的存在"之中，因此"存在"是"非本质的"和"不真实的"，也可以说是"无本质的"，黑格尔把这样的存在叫做"假象"。"假象是作为直接物的反思"②。怀疑论的观点就是"假象"的观点，它认为一切都是虚幻的，不真实的。黑格尔针对怀疑论指出："假象"也是"本质"的一个环节，是"本质"的表现。黑格尔断言，如果"本质"只是在自己内部映现而不表现于外，不反映(反思)于"有限的存在"之中，那么"本质"就成了空洞、抽象之物。这样的"反思"，《大逻辑》称之为"纯粹的、绝对的反思"，但《大逻辑》所讲的"反思"，在一般情况下也是指这种"纯粹的、绝对的反思"。例如《大逻辑》曾明确地就"本质"论的第一大阶段说："本质首先在自身中映现，或者说，就是反思"③。《小逻辑》则把这样的反思只称之为"纯粹的反思"，以示区别于"本质"论中一般的反思。例如第 115 节开宗明义就说："本质映现于自身内，或者说本质是纯粹的反思"。一个叫做"反思"(《大逻辑》)，一个叫做"纯粹的反思"(《小逻辑》)，但都是指"本质"论的第一大阶段——"本质在自身中的映现"。与此相适应，《大逻辑》在"反思规定"的标题下所讲的各种规定，实际上都是指这种"纯粹的反思规定"；《小逻辑》则把"纯粹的反思"中的各种规定明白地称之为"纯粹的反思规定"，以示区别于"本质"论中一般的反思规定。《小逻辑》的用语和思想显然比《大逻辑》更为精确，更为成熟。

---

① 黑格尔：《大逻辑》，《黑格尔全集》第 4 卷，492 页。同书 481 页也说："本质"的第一大阶段是："本质首先在自身中映现(Das Wesen scheint zuerst in sich selbst)。"

② 黑格尔：《大逻辑》，《黑格尔全集》第 4 集，492 页。

③ 同上书，484 页。

在“纯粹的反思”中，反映(反思)之前的“本质”固然是虚幻的，是“无”，即使在反映(反思)之后的“本质”，也还是虚幻的，是“无”，因为反映(反思)过去，反映(反思)过来，都在它自己内部，都没有超出它自己而达到“有限的存在”。就因为这个原故，黑格尔在《大逻辑》中称这种“反思”是一种“从无到无的运动”。《小逻辑》没有这样称呼，它用另外一个说法表达了同样的意思：“本质映现于自身内，或者说，本质是纯粹的反思；因此本质只是自身联系，不过不是直接的，而是反思的自身联系，亦即自身同一。这种同一，就其坚持同一，脱离差别来说，只是形式的或知性的同一”①。这段话明确地告诉我们，“纯粹反思”的“自身联系”(Beziehung auf sich)，是一种抽象的、形式的同一，用一个公式来表达，就是甲＝甲。本来，甲在未得到反映(反思)和说明前，是空虚的、抽象的“无”，只有在乙中才能得到反映(反思)，得到说明；如果用甲说明甲，或者换言之，用甲反映(反思)甲，这种说明或反映(反思)就是虚假的：反映(反思)前与反映(反思)后的甲都是“无”，因此，从甲通过甲又回到甲的反思运动，是从“无”通过“无”又回到“无”。

黑格尔在《大逻辑》中，还按“表层”与“底层”两者间相互反思的各种关系，把“纯粹的、绝对的反思”又分为“设定的反思”、“外在的反思”和“规定的反思”三个阶段。所谓“设定的反思”(Die setzende Reflexion)，是指“表层”与“底层”不分，“底层”就是一切，“表层”算不了什么，这也就是“自我反思”(Reflexion in sich)或“假象”，这里的反思是虚假的，是“从无到无的运动”②。所谓“外在的反思”(Dieäuβere

---

① 黑格尔：《小逻辑》，247 页。

② 黑格尔：《大逻辑》，《黑格尔全集》第 4 卷，494 页。

Reflexion)，是指“表层”与“底层”彼此独立，互不发生内在联系，两者之间的反思关系是外在的关系。所谓“规定的反思”(Bestimmende Reflexion)，是前二者的统一，在这里，“表层”与“底层”既有区别，又有统一，双方都融合为同一实在的构成部分，因此，它们之间的反思关系是内在的关系。由“设定的反思”到“规定的反思”，是一个由低级到高级的认识过程。“规定的反思”实际上已达到“理性思维”的阶段。《大逻辑》关于“设定的反思”、“外在的反思”和“规定的反思”的分法，对于我们理解黑格尔的辩证法具有重要意义。

“纯粹的、绝对的反思”中的诸规定分为“同一”、“差异”、“矛盾”三个环节(《小逻辑》则把“根据”也包括在“纯反思规定”之内)。就这三个环节都只是“本质在自身中的映现”而言，它们都是“纯粹的、绝对的反思”(“从无到无的运动”)。但就这三个环节彼此间的关系而言，又可采取三种不同的态度来对待：一是采取“设定的反思”(“从无到无的运动”)态度，把“表层”看成即是“底层”，把“差异”看成即是“同一”；二是采取“外在的反思”态度，把二者看成是彼此独立，互不发生内在联系的；三是采取“规定的反思”态度，把二者看成既有区别又有内在联系的。《大逻辑》之所以在“纯粹的、绝对的反思”之内又细分为“设定的反思”、“外在的反思”和“规定的反思”，就是这个意思。*

“纯粹的、绝对的反思”是“从无到无的运动”；只有超出了“纯粹

---

* 实际上，在黑格尔看来，不仅“纯粹的、绝对的反思”范围之内的范畴有此三种态度的区分和发展过程，而且整个“本质”论范围内的范畴也可以粗略地看成是由“设定的反思”经过“外在的反思”到“规定的反思”的发展过程：“本质”的第一大阶段“纯粹的、绝对的反思”可以说就是“设定的反思”，而整个“本质”阶段的范畴系列大体上就是一个越来越克服对立双方的“僵硬外在性”和越来越达到明显的“同一性”的过程。这一点，《小逻辑》第158节作了比较明白的论述。

的、绝对的反思规定”(《大逻辑》指“同一”、“差异”、“矛盾”)，经过“根据”的规定，达到“本质”论的第二大阶段“现象”，这时，才完全摆脱“从无到无的”“纯粹的反思”阶段，而进入反思的高级阶段。“根据”这个范畴，标志着“从无到无的运动”的结束，也是进入“现象”的大门。黑格尔的原话：“反思(实际上是指‘纯粹的、绝对的反思’——引者)是一般的纯粹中介，根据是本质与自身的真实中介。前者——从无通过无又回到无的运动——是自身在一个他物中的映现；不过在这种反思中的对立尚无独立性，因而既不是第一项，即映现着的东西、一种肯定的东西，也不是被映现着的他项，即一种否定的东西。双方都是底层，而且本来只是想象出来的底层；双方都还不是自我相关的东西。纯粹中介只是没有相关的端项的纯粹关系。的确，规定的反思需要这样的端项：这种端项是自我同一的，同时又只是有规定的关系。反之，根据却是真实中介，因为它把反思作为被扬弃了的反思包含在内；它是通过它的非存在回到自身和建立自身的本质。按照这种被扬弃了的反思的环节，被设定的东西就获得了直接性的规定性，即一种外于关系或它的假象的自我同一的东西”①。这段话清楚地告诉我们：“本质”论的范畴系列在没有进到“根据”以前，还只是“从无到无的运动”，相互反思的两端都是“底层”，因而实际上是虚幻的，这种反思是“纯粹中介”，亦即“纯粹的反思”。只有到了“根据”的阶段，相互反思的两端才是“真实的”和“自我同一的”，才“获得了直接性的规定性”，这种反思乃是“真实中介”。所谓“根据把反思作为被扬弃了的反思包含在内”，就是指“根据”扬弃了“纯粹的、绝对的反思”，而准备进入“本质”论中的第二大阶段“现象”。正是基于这一点，黑格尔

① 黑格尔：《大逻辑》，《黑格尔全集》第4卷，553页。

又说：“根据”具有独立性，可是“纯粹的反思”(“设定的反思”)不能提供独立性，而只有依赖性；“规定的反思”虽有独立性，但这种独立性“在根据中毁灭了”①，所以，“根据的中介”“同先行于它和作为它的来源的反思相比来说，首先就不是纯粹的反思②”，同时，“它也不是规定的反思”，“因此，根据的中介是纯粹的反思和规定的反思的统一”③。

“本质”论的第二大阶段是“现象”。黑格尔认为，一切存在都不单纯是“假象”。“本质必然要表现出来。④”“本质”之表现于外，或者说，“本质”之表现为“有限的存在”，就是“现象”。所以“现象”不仅仅像“本质”论的第一阶段那样是“自身反思”(Reflexion in sich)，而且是反映(反思)在他物之中，即“反思他物”(Reflexion in anderes)：“现象包括自身反思和反思他物(原译作自身反映和反映他物——引者)两方面在内”⑤。为什么这样说呢？这是因为，“本质”论第二大阶段(“现象”)又分为“规律”和“现象”两个方面：“规律”就是“现象之向自身同一性中的反思”(die Reflexion der Erscheinung in die Identität mitsich)⑥，或者说得简单点，就是“自身反思”(Die Reflexion-in-sich)⑦，而与“规律”相对的方面——“现象”，则是“反思他物”(die Reflexion in anderes)⑧。不过，“现象”还只是“反思他物和自身反思

① 黑格尔：《大逻辑》，《黑格尔全集》第4卷，556.页。
② 同上。
③ 同上。
④ 同上书，597页。
⑤ 黑格尔：《小逻辑》，276页。
⑥ 黑格尔：《大逻辑》，《黑格尔全集》第4卷，627页。
⑦ 同上书，631页。
⑧ 同上书，629页。

的尚不完全的结合”，“二者间完全的相互渗透乃是实在。”①“实在”是“本质”的第三大阶段。关于“本质”论的区分，《大逻辑》有一段总括性的话：“首先，本质在自身之内映现，(Scheint in sich selbst)或者说，本质是反思(Reflexion)；第二，本质本表现出来(erscheint)；第三，本质显示(offbart)自己。本质在自己的运动中依下列的规定安排自己：1. 作为单纯、在自身内部的规定性中自在的本质；2. 作为跨进有限的存在或走向实存与现象的本质；3. 作为与现象合而为一的，即作为实在的本质”②。

尽管一般地说，《大逻辑》只把“本质”论的第一大阶段称为“反思”，但《大逻辑》整个“本质”论中的规定和《小逻辑》中的规定一样，也是彼此对立、互相联系的：它们既处于关系和联系之中，又保持各自的独立性；既不同于“知性”的规定，又不同于“理性”的规定。就此而论，《大逻辑》“本质”论中的全部规定也可以按照《小逻辑》的用语一样叫做“反思规定”。《大逻辑》把“现象”叫做“反思他物和自身反思的尚不完全的结合”，把“实在”叫做“二者间完全的相互渗透”，就包含有把“本质”论第二、三两阶段的范畴也看成是“反思规定”的意思。

在黑格尔看来，“本质”阶段是必然性的王国，“概念”阶段是自由的王国。因为“本质”阶段中的“反思规定”是一方与另一方处于对立之中，彼此互相决定，“互相束缚”，而这就是必然。“概念”阶段中的规定则是一方在对方中保持其自身同一性，对立双方扬弃了彼此间的对立和矛盾而达到了同一，在这里，束缚自己、决定自己的对方不再像“本质”阶段那样还具有“独立自存性”，这对方就是自己，这种自我决

① 黑格尔：《大逻辑》，《黑格尔全集》第 4 卷，598 页。

② 同上书，484 页。

定的特性就是自由。不过，黑格尔并不把“本质”阶段中的“反思规定”看成是没有发展的，他认为，从“本质”阶段中最初的“反思规定”到最末的“反思规定”，乃是一个由必然性逐步走向自由的前进过程，是一个逐渐“克服它最初出现的僵硬外在性”的过程：[①] 愈是低级的“反思规定”，其“独立自存性”和“僵硬外在性”愈多，愈是高级的“反思规定”，其“独立自存性”和“僵硬外在性”则愈少；或者从反面来说，愈是低级的“反思规定”，其“同一性”愈是“内在的、潜在的”，愈是高级的“反思规定”，其“同一性”则愈是明显地表现出来，[②] 而“本质”论中最高的“反思规定”——“相互作用”，则是“本质”范围内最大限度地显现了“同一性”和最大限度地克服了“独立自存性”与“僵硬外在性”的范畴。“相互作用”中的一方既是作用又是反作用，既是自身又是对方。它是全部“反思规定”的结束，也可以说，“它正站在概念的门口”[③]。

总括逻辑学的三部分来看，“存在”论中诸规定(范畴)间推移转化的形式是“过渡”，即从一个直接性的东西“过渡”到另一个直接性的东西亦即一个顶替另一个；“本质”论中诸规定间推移转化的形式是“反思”，是两个规定成对出现，是两个各自具有独立性的东西相互联系，相互反映(反思)；在“概念”论中，对立双方则消融为一个单一的概念，成为同一个概念的构成环节，其中每一方即是对方，双方的关系

① 黑格尔：《小逻辑》，323 页。

② 就“本质”论中的“反思规定”是一个越来越克服对立性和越来越显示同一性的过程来说，整个“本质”中的规定也可以说都是“自身反思”的规定，只不过“尚未完全地反思其自身”(noch nicht als schlechthin in sish reflektirt，见《黑格尔全集》，第 8 卷，261 页)罢了，只有概念才完全克服了对立，达到了同一，它完全地“反思其自身”。这里的“自身反思”不同于“本质”论第一阶段“自身反思”的意义。

③ 黑格尔：《小逻辑》，321 页。

不是彼此从外面互相限制，而是有机地统一在一起，因此，“概念”论中诸规定间推移转化的形式表现为单一的概念之“发展”。黑格尔说：“存在”论是“关于思想的直接性——自在或潜在的概念的学说”；“本质”论是“关于思想的反思性或间接性——自为存在和假象的概念的学说”；“概念”论是“关于思想返回到自己本身和思想的发展了的自身持存——自在自为的概念的学说”[1]。显然，“存在”是直接性，“本质”是间接性，“概念”是间接性的消融，是包括间接性的直接性——“真正的直接性”[2]，即对立面的统一。这里，“反思”显然具有“间接性思维”之意。关于这一点，《精神现象学》讲得更为明确：“中介（Vermittlung，即间接性——引者）不是别的，只是运动着的自身同一，换句话说，它是自身反思（die Reflexion in sich selbst，原译作自身反映——引者），自为存在着自我的环节，纯粹的否定性，或就其纯粹的抽象而言，它是单纯的形成过程”[3]。

按照黑格尔区分逻辑思想形式为“知性”、“消极理性”和“积极理性”三方面的观点，“存在”论可以说是讲的“知性”思维阶段，它只讲这个就是这个而不涉及其他，它的原则是甲＝甲；“概念”论可以说是讲的“积极理性”的思维阶段，它达到了对立统一的认识。“本质”论可以说是讲的“反思”的思维阶段。“反思”正如前面已经说过的，是“知性”与“消极理性”之间的环节，就它的各个规定“固执在对立中”，“仍然保持那个规定性的孤立有效性”而言，它具有“知性”的特点，就其“扬弃了有限之物”，与对方“处于关系之中而言”，它有“消极理性”的

① 黑格尔：《小逻辑》，185页。

② 同上。

③ 黑格尔：《精神现象学》上卷，12页，北京，商务印书馆，1979。

特点。

在黑格尔看来，逻辑思想形式的三方面并不是平等并列的，其中最高的形式“积极理性”包括前两个方面“知性”和“消极理性”于其自身；同样，逻辑学的最高阶段“概念”也包括前两个阶段“存在”和“本质”在内。“概念”是存在和本质的真理[①]。正因为如此，黑格尔认为，“概念”包含“反思”于其自身。他在谈到“概念”的普遍性时指出：“谈到普遍的东西就不能不谈到规定性，规定性进一步说就是特殊性和个体性；因为在其绝对否定(指否定之否定——引者)中，它自在自为地包含这些规定性；……普遍的东西，作为一般的否定，或者按照第一次的、直接的否定，一般具有特殊性的形式；作为第二次的否定，作为否定之否定，普遍的东西则是绝对的规定性，或个体性与具体性——这样，普遍的东西就是概念之整体……。更进一步说，普遍的东西是这样成为整体的；就普遍的东西具有规定性于其自身而言，规定性不只是第一次否定，而且是这个否定的自身反思(die Reflexion derselben in sich)。……这个规定性作为概念中整体的反思，乃是双重的映现；一则是向外映现，即反思他物(die Reflexion in anderes)；一则是向内映现，即自身反思(die Reflexion in sich)，外在的映现构成反对他方的区别”[②]。“如前所述，普遍的东西中的否定(普遍的东西由于否定而成为一种特殊的东西)是双重的映现：就其为向内映现而言，特殊的东西仍然保持为普遍的东西；通过向外映现，它就是有规定的东西(特定的东西)”[③]。“个体性首先表现为概念从其规定性中

① 黑格尔：《小逻辑》，185 页。

② 黑格尔：《大逻辑》，《黑格尔全集》第 5 卷，40 页。

③ 同上书，60 页。

反思到自身(die Reflexion in sichselbst)"①。这几段话的意思很清楚："特殊性"是讲特定的东西，是一方与他方相区别，是互相否定，故称"向外映现"亦即"反思他物"；"个体性"是讲单一的、唯一的东西，是对特殊性这一否定性的否定，是使特殊的东西回复为普遍的东西，故称"向内映现"亦即"自身反思"。"概念"，作为"具体的普遍"或者说作为具体的整体，既然包含特殊性与个体性两环节，那也就可以说，"概念"包含"自身反思"与"反思他物"两环节于其自身。尽管这里的"自身反思"超出了"本质"论第一阶段"自身反思"的含义，而有克服对立性，显示同一性，从他方中返回到自身之意，但"概念"包含整个"本质"阶段的"反思"于自身之内，这个思想还是比较明确的。

总之，"概念"("具体概念")的运动，就是从"知性思维"的规定经过"反思规定"到"理性思维"的规定的发展过程；"知性思维"的规定是僵硬的、孤立的、直接性的规定；"反思规定"是尚有独立自存性的、彼此对立的两个规定互相关联、互相依存，因而是间接性的、多样性的规定；"理性思维"的规定是两个对立的规定融为一体，是同一个统一体的有机成分，只有"理性思维"才能达到包含间接性在内的直接性，达到包含多样性在内的同一性。由此可见，"反思"是从"知性思维"通往"理性思维"的桥梁，是达到最高认识即把握多样性统一或对立统一的必经之路。"如果中介(Vermittlung，即间接性——引者)或反思不被理解为绝对的积极环节而被排除于绝对真理之外，那就是对理性的一种误解。正是这种反思，使真理成为发展出来的结果，而同时又将结果与其形成过程之间的对立予以扬弃"②。

① 黑格尔：《大逻辑》，《黑格尔全集》第5卷，60页。

② 黑格尔：《精神现象学》上卷，13页。

黑格尔关于“反思”的学说，在认识论的发展史上有其重要意义。在黑格尔以前，西方哲学史上关于如何认识或把握对立统一的问题，大体上有两种不同的解决方式：一是把对于统一性的认识推到不可知的彼岸世界，认为人的认识根本不可能达到对立面的统一，这种理论以康德的不可知论为主要代表；另一种方式是认为对立统一只能通过神秘的直觉或内心体验去把握，而非理性思维所能认识，这种理论就是以新柏拉图主义为主要代表的神秘主义。这两派都不满足于“知性思维”，不满足于有限的、多样性的、推论式的知识，而追求无限的统一性整体，他们的这个要求有其合理之处，但他们都把有限和无限、多样性和统一性割裂开来，把对有限性、多样性的认识和对无限性、统一性的认识割裂开来，认为其间有一条鸿沟，于是一派得到不可知论的结论，一派得到神秘主义的结论。两派的结论固不相同，究其思想方法，则有相通之处。黑格尔在批评康德的不可知论时指出：康德哲学的这种观点，“其主要不足之处就在于它固守着抽象的物自体把它作为一种终极的规定，并把反思(反思在康德那里有知性之意——引者)或者说特性的规定性和多样性与物自体对立起来”①。康德的“物自体”同时也就是“理念”，是无限的统一体，所以黑格尔在这里正是指责康德把“知性”和“理性”对立起来，把有限和无限、多样性和统一性对立起来。在批评耶可比的神秘主义的“直接知识”说时，黑格尔也指出：这种“直接知识”说，“其特点在于坚持孤立的直接知识，排斥任何中介性，即具有真理为其内容。这种孤立的排他性表明，这种观点仍然陷于坚持着非此即彼的形而上学的理智观念里”②。黑格

① 黑格尔：《大逻辑》，《黑格尔全集》第4卷，610页。

② 黑格尔：《小逻辑》，159页。

尔指责耶可比排斥“中介性”，排斥对多样性的认识，主张一下子直接把握无限的统一的整体，这和他批评康德一样，也是指责耶可比形而上学地把对有限性、多样性的认识和对无限性、统一性的认识对立起来。黑格尔吸取了这两派的经验教训，主张在两种认识之间，在“知性”和“理性”之间，搭起一座由此达彼的桥梁，这座桥梁就是“本质”论中的“反思。”这样一来，黑格尔就把从“知性”到“理性”，从对有限性、多样性的认识到对无限性、统一性的认识变成了一个由抽象到具体、由片面到全面、由贫乏到丰富的漫长曲折的矛盾发展过程；他既不需要把无限性、统一性推到不可认识的彼岸，使其成为不可企及之物，也不需要把它当作一蹴而就的神秘莫测之物；它是可以经过艰苦的长期的思维过程而认识得到在东西。显然，黑格尔的“反思”学说，对于反对神秘主义和不可知论，把认识论建立在理性主义和辩证法的基础之上，起了极其重大的作用。可以说，理解黑格尔的“反思”学说，是理解黑格尔的理性主义和辩证法的一把钥匙。

精神哲学在黑格尔哲学体系中的地位*

黑格尔把他的哲学体系分为逻辑学、自然哲学和精神哲学三部分，这种分法实源于古希腊哲学。黑格尔说："这个内容(按指哲学的内容——引者)在柏拉图这里开始分为三部分，我们可以区分为思辨哲学、自然哲学和精神哲学。思辨的或逻辑的哲学古代哲学家叫做辩证法。第欧根尼·拉尔修以及其他古代的哲学史家曾明白说过，在伊奥尼亚派创立了自然哲学、苏格拉底创立了道德哲学之后，柏拉图又加上了辩证法。这种辩证法……是在纯概念中运动的辩证法，——是逻辑理念的运动。"①的确，柏拉图虽然没有明白地把哲学分成逻辑学、自然哲学和精神哲学，但他的思想和著作实际上可按这种三分法来划分。斯多葛派明确地把哲学区分为(一)逻辑学；(二)物理学或自然哲学；(三)伦理学(即精神哲学)三部分。它把整个哲学比喻为田

---

* 本篇原载《北京大学学报》1982年第3期，后收入《学术的风采》(人文科学卷)，北京，北京大学出版社，2005。

① 黑格尔：《哲学史讲演录》，199页。

地，逻辑学是这块田地的围墙，物理学或自然哲学是田地中的土壤，伦理学则是田地的果实。斯多葛派的这个比喻说明它对伦理学、对人的学问之重视。黑格尔的三分法吸取了斯多葛派的这个基本精神。

黑格尔认为，逻辑学是研究万事万物(一切自然现象和精神现象都包括在内)之根本、本质和核心的学问，而万事万物之根本在唯心主义者黑格尔看来就是概念——理念(最具体的概念，或者说，概念、范畴的体系就是理念)，因此，逻辑学也就是研究概念——理念的学问。概念不仅是人的精神现象之根本，而且是自然现象之根本，它存在于一切客观事物之中，故又称“客观概念”；这种概念不是指特殊事物的概念，或者像黑格尔所说的，不是指带有“感性杂质”的概念，如桌子的概念、马的概念，而是指一切事物都具有的“最简单、最初步的，而且也是人人最熟知的”概念，即所谓“非感性”的概念，如有、无、一、多、质、量、因果、必然等等，逻辑学就以这种所谓“纯粹概念”为研究对象。“逻辑学，研究理念自在自为的科学。”①“逻辑学是研究纯粹理念的科学。”②所谓“纯粹”，就是说，这样的概念是撇开了感性事物的，是最普遍、最抽象的，是“逻辑上在先”③的。

但是，黑格尔是一个很重视现实的哲学家，他正确地看到，在现实世界中，“一”、“多”、“质”、“量”等概念总是同感性事物结合在一起的，现实世界中绝没有离开感性事物的概念，例如，没有离开一块石头、一棵树、一匹马的所谓纯粹的“一”，没有离开多块石头、多棵树、多匹马的所谓纯粹的“多”，没有离开石头、树木、马匹的所谓纯

---

① 黑格尔：《小逻辑》，60页。

② 同上书，63页。

③ 参阅拙著《论黑格尔的逻辑学》，第3版，39，90—96页，上海，上海人民出版社，1981。

粹的“质”，没有离开石头、树木、马匹的所谓纯粹的“量”，如此等等。逻辑学既以脱离感性事物的“纯粹概念”为对象，则逻辑学只能是一个不现实的、最抽象的“阴影的王国”。这样，哲学便不能仅仅停留于逻辑学，它必须前进到自然哲学以至于精神哲学，这也就是说，逻辑学的“纯粹概念”必然表现于万事万物之中，黑格尔把这种向外的表现叫做“外化”。“外化”并不是指时间上先有“纯粹概念”，只是到后来，“纯粹概念”才一变而为自然事物。相反，黑格尔明白承认，尽管理念是“逻辑上在先”的，或者用他自己的话说，是“绝对在先的”，但另一方面，“自然在时间上是最先的东西”①。“外化”的意思不过是说，“纯粹概念”是万事万物的根本和核心，是万事万物之所以可能的前提，但是单有可能性，还不是现实性，单有核心，没有外表，还不是真实的事物，只有通过“外化”，事物才是结合核心与外表、本质与现象于一体的现实的真实的事物。黑格尔说：“包含在单纯逻辑理念中的认识，只是我们思想中的认识的概念，而不是认识的现成的本来的面貌，不是现实的精神，只是现实精神的单纯可能性。”②我们说“纯粹概念”是“逻辑上在先”，这就表明“纯粹概念”只是从逻辑上讲、从道理上讲是“在先的”、根本的、第一位的，但它们本身并不是现实的事物。关于这一点，英国黑格尔学者瓦莱士(W. Wallace)讲得很好，“纯思想的领域只是理念的幽灵——知识的统一性和实在性的幽灵，它必须再赋予血肉。逻辑的世界仅仅是(用康德的话来说)自然和精神的可能性，它是第一位的，——因为它是第一原理的体系，但这

① 黑格尔：《自然哲学》，28页，北京，商务印书馆，1980(下同)。

② 黑格尔：《精神哲学》，见《黑格尔全集》第10卷，格诺克纳德文本，20页，斯图加特1929年版(以下简称《黑格尔全集》第10卷)。

些第一原理只能由一种认识到了靠解释自然事实而获得的心理经验之意义的哲学而明白表现出来”[①]。黑格尔把逻辑学看成是讲事物的“灵魂”的哲学，把自然哲学和精神哲学看成是“应用逻辑学”，这只是就“纯粹概念”比起自然现象与精神现象来是“逻辑上在先”而言，但离开了自然现象与精神现象的“纯粹概念”，则失去其为灵魂的意义，而成为无血无肉、无所依附的幽灵。“上帝有两种启示，一为自然，一为精神，上帝的这两个形态是他的庙堂，他充满两者，他呈现在两者之中。上帝作为一种抽象物，并不是真正的上帝，相反的，只有作为设定自己的他方、设定世界的活生生的过程，他才是真正的上帝，而他的他方，就其神圣的形式来看，是上帝之子。”[②]这里，“作为一种抽象物”的上帝，是指离开自然和精神的理念或“纯粹概念”，“真正的上帝”则是指体现着理念的现实世界。我们平常把黑格尔的逻辑学看得最高，这只是就它的对象——“纯粹概念”是自然现象和精神现象之所以可能的前提来说的，其实，逻辑学的内容是最抽象的，最不现实的，只有自然哲学和精神哲学才是研究现实世界的学问：自然包括时间和空间、无机物、植物和动物；精神是指人的精神，它也是现实世界的一部分。

“自然哲学，研究理念的异在或外在化的科学。”[③]这话的意思无非是说，自然现象中潜存着理念、潜存着“有”、“无”、“一”、“多”、“质”、“量”、“本质”、“现象”、“原因”、“结果”等等概念，自然现象不过是理念之表现。例如“一”这个“纯粹概念”，在自然现象中就表现

---

① ［英］瓦莱士(William Wallace)译：《黑格尔的精神哲学》，12页，Clarendon Press，Oxford，1894。

② 黑格尔：《自然哲学》，18页。

③ 黑格尔：《小逻辑》，60页。

为一块石头、一棵树、一匹马，“多”这个“纯粹概念”在自然现象中就表现为多块石头、多棵树、多匹马，如此等等。概念是一种精神性的东西，只不过在自然现象中，概念是以一种无意识的、“冥顽化”的形式而存在的，只有人的意识活动才把概念从自然事物中解脱出来，也就是说，只有人的思想意识才能从现实的自然事物中抽象出概念。黑格尔的这个意思并不难理解。我们平常说，普遍的东西(共相)存在于特殊的东西(殊相)之中，两者在现实世界中结合为一个整体，只有我们人的思想意识才能从特殊的东西中抽象出普遍的东西，我们所说的这些话，同黑格尔所谓自然现象中潜存着概念，只有人的思想意识才把概念从自然现象中解脱出来，实际上是一个意思：黑格尔所谓的概念或“纯粹概念”也是指普遍的东西；区别只在于黑格尔是客观唯心主义者，他把普遍的东西理解成为一种精神性的所谓“客观概念”，而我们唯物主义者则认为，普遍的东西本来存在于不依人的精神意识为转移的客观事物之中，概念只能是这种普遍的东西在人的头脑中的反映。

“自然界自在地是一个活生生的整体。”①在自然界的发展过程中，逻辑理念这种精神性的东西能逐步克服自然现象的外在性，逐步克服自己在自然阶段中所处的无意识的、“冥顽化”的状态，从而达到统一性，达到有意识的状态，这就产生了人，产生了精神。“精神是自然的真理性和终极目的，是理念的真正现实。”②“精神是从自然界发展出来的。”③“自然并不是一个固定的自身完成之物，可以离开精神而

① 黑格尔：《自然哲学》，34页。

② 同上。

③ 同上书，617页。

独立存在，反之，唯有在精神里自然才达到它的目的和真理。同样，精神这一方面也并不仅是一超出自然的抽象之物，反之，精神唯有扬弃并包括自然于其内，方可成为真正的精神，方可证实其为精神。”①——从这里，一方面可以看到，黑格尔是承认“自然在时间上是最先的东西”的事实的。不过，另一方面，这里也包含有更深一层的意义，即黑格尔并不停留于这一简单事实的承认，他作为一个客观唯心主义者，认为，精神不仅仅表现为它的抽象形态——逻辑理念，“不仅仅是自然界的形而上学理念”②，因而不仅仅“逻辑上”“存在于自然界之先”③，而且，精神作为有能动性的东西，有能力克服和扬弃它的否定面——自然事物，它是“自然界的目标”④或者说“目的和真理”，而作为预悬的目标，精神也可说是在自然界之先的。当然，这里的“在先”，不是指经验上的，而只是指精神暗藏或包含在自然界之中，自然界预先以精神为自己发展的终极目的。所以黑格尔说：“自由的精神作为自然界的目标是先于自然的，自然界是由精神产生的，然而不是以经验的方式产生的，而是这样产生的，即精神以自然界为自己的前提，总是已经包含于自然之中。”⑤

黑格尔认为，精神不仅先于自然（就其作为自然界预悬的目标而言），而且就下述意义而言还先于逻辑理念：按照黑格尔哲学的基本理论和方法，他的每一个三一体都是一个对立面的统一体，都是具体真理，其中的正与反分开来看各自都是抽象的、片面的，而合则是正

① 黑格尔：《小逻辑》，212—213页。
② 黑格尔：《自然哲学》，617页。
③ 同上。
④ 同上。
⑤ 同上。

与反的“真理”——是具体的和现实的东西，在这个意义下，合比起正与反来，是“在先的”。同理，精神是逻辑理念与自然界的合与统一，因而精神先于逻辑理念和自然。逻辑理念是精神的抽象形态，是未表现于外的精神，不是现实中存在着的精神，因而是片面的；自然本身的特点是外在性，没有统一性，它是抽象精神的反面，因而也是片面的。在人的精神中，精神从自然的外在性中又回复到了自己，不过不是简单回复到原来的逻辑理念的抽象状态，而是进一步达到了具体的、现实的状态。“精神哲学，研究理念由它的异在而返回到它自身的科学。”①人一方面是自然的一部分，一方面又是有理性的，所以人是自然和理念的统一。黑格尔说：“对于我们来说，精神以自然为其前提，而精神乃是自然的真理，从而是自然的绝对第一者(absolut Erstes，‘绝对在先者’)。”②“关于精神的知识是最具体的，因而是最高的和最困难的。”③这里所说的“关于精神的知识”，就是指精神哲学。黑格尔在这里明确地告诉我们，精神是万事万物的“真理”，是最具体、最现实的东西，而精神哲学——关于人的学问则是“最高的”学问。这里所谓“最高”，就是指它的对象——精神，比起逻辑学和自然哲学的对象——逻辑理念和自然来，是最具体、最现实的东西。

黑格尔认为，精神的特点是自由，所谓自由，不是任性。“自由正是在他物中即是在自己本身中、自己依赖自己、自己是自己的决定者。”④所以精神乃是克服分离性、对立性和外在性，达到对立面的统一；在精神中，主体即是客体，客体即是主体，主体没有外在的客体

---

① 黑格尔：《小逻辑》，60页。

② 黑格尔：《精神哲学》，《黑格尔全集》第10卷，19页。

③ 同上书，9页。

④ 黑格尔：《小逻辑》，83页。

的束缚和限制。整个自然界的发展就是趋向于这种统一和自由的境界，这就是精神出于自然而又高于自然之所在，也是精神哲学之所以是最高的学问之所在。

根据以上所说，逻辑学、自然哲学与精神哲学三者间的关系可以概括为以下三点：

一、从逻辑上说，理念是在先的东西（即所谓“逻辑在先”），在这个意义下，逻辑学是讲事物的“灵魂”的哲学，自然哲学和精神哲学不过是“应用逻辑学”。

二、从时间上说，自然是最先的东西，它先于人的精神，先于逻辑理念。

三、从自然预先以精神为自己发展的目标来说，精神先于自然；从精神是理念和自然的统一与“真理”，是最现实、最具体的东西来说，精神更是“绝对在先者”。精神哲学是最高的科学。

黑格尔在《精神哲学》的最后三节（第575—577节）和《小逻辑》第187节中，谈到了哲学体系三部分中的每一部分都可成为联结其他两部分的“中项”，他在那几处特别是《小逻辑》第187节所谈的意思，实际上颇相当于我们这里所总括的三点：

关于自然可以成为“中项”的问题，《小逻辑》说：“在这里首先，自然是中项，联结着别的两个环节。自然，直接[呈现在我们面前]的全体，展开其自身于逻辑理念与精神这两极端之间。但是，精神之所以是精神，只是由于它以自然为中介。”①说自然是“直接[呈现在我们

① 黑格尔：《小逻辑》，364—365页；并参阅《精神哲学》，《黑格尔全集》第10卷，474页。

面前]的全体”，意思就是说，自然具有直接性，在时间上是最先的东西①。

关于精神可以成为“中项”的问题，《小逻辑》说：“第二，精神，亦即我们所知道的那个有个体性、主动性的精神，也同样成为中项，而自然与逻辑理念则成为两极端。正是精神能在自然中认识到逻辑的理念，从而就提高自然使回到它的本质。”②这段话正是告诉我们，精神凭着自己的能动性，能克服它的否定面(自然)而回复到自身，也就是说，精神是自然预定的目标，精神先于自然。《精神哲学》说，在精神中，“科学(指哲学——引者)表现为一种主观的认识，这种认识的目的是自由，并且，这种认识本身就是产生出自由的道路”③。这里正是强调精神的特点是自由，实际上也说明了精神哲学是最高的科学。

关于逻辑理念可以成为“中项”的问题，《小逻辑》说：“第三，同样，逻辑理念本身也可成为中项。它是精神和自然的绝对实体，是普遍的、贯穿一切的东西。”④《精神哲学》说：“理念把自己判断为或区分为两方面的现象(§575，576)(按这两节是谈的自然与精神——引者)，这种判断把二者规定为它的(自我认识的理性的)显现。”⑤这两段话明确地告诉我们，自然与精神是逻辑理念的显现，实际上说明了逻辑理念是“逻辑上在先”的东西，是“绝对实体”，说明了自然哲学和精神哲学是“应用逻辑学”。

---

① 参阅黑格尔：《自然哲学》，25，28页。

② 黑格尔：《小逻辑》，365页。

③ 黑格尔：《精神哲学》，《黑格尔全集》第10卷，475页。

④ 黑格尔：《小逻辑》，365页。

⑤ 黑格尔：《精神哲学》，《黑格尔全集》第10卷，475页。

以上这些，既是黑格尔哲学体系三部分的关系，也是精神哲学在黑格尔哲学体系中所处的地位。

黑格尔关于哲学体系的三分法，早在法兰克福时期就已有了雏形，那时的三部分是：（一）逻辑学和形而上学；（二）自然哲学；（三）伦理学。在耶拿时期，逻辑学和形而上学叫作“思辨哲学”或“先验唯心论”，而自然哲学和精神哲学则总称为“现实哲学”。

黑格尔把精神哲学推崇为“最高的”学问，是他强调人的尊严的表现。他在伯尔尼时期曾致函谢林说：“人类被提升到了一切哲学的顶峰，这个顶峰高到令人头昏眼花。但是人类为什么这么晚才想到重视人类的尊严、赞赏人类可与一切神灵同等并列的自由能力呢？我相信，人类本身受到如此尊重，这一点乃是时代的最好标志。围绕在人世间的压迫者和神灵头上的灵光正在消失，就是一个证明。哲学家们正在论证人的这种尊严，民众将学着去体会这种尊严，他们不是乞讨他们的受到践踏的权利，而是自己恢复——重新占有这种权利。”①《哲学全书》对人的精神的推崇和青年黑格尔在这封信中对人的尊严和自由的尊重，不是没有联系的。

现在的问题是，精神哲学所讲的精神既然是指人的精神，那么，说精神是自然的真理，是“绝对在先者”，岂不意味着黑格尔的哲学是主观唯心主义吗？

黑格尔经常用“我”这个代名词表示精神的特征——主体与客体的同一，因为“我”是有自我意识的，只有在自我意识中才有“我”，而自我意识就是主体与客体的同一。黑格尔说：“思维的本质事实上本身就是无限的，……当我以一个思想作为思考的对象时，我便是在我自

① 《黑格尔通讯集》，24 页，Verlag von Felix Meiner，Hamburg，1952。

己的本身内，因此，我，思维，是无限的。因为，当我思维时，我便与一个对象发生关系，而对象就是我自己本身。”①又说：“感性的事物是互相排斥，互相外在的。这是感性事物所特有的基本性质。……但思想或自我的情形恰与此相反，无有绝对排斥它或外在于它的对立者。自我是一个原始的同一，自己与自己为一，自己在自己之内。”②“对必然性加以思维，也就是对上述最坚硬的必然性的消解。因为思维就是在他物中自己与自己结合在一起。思维就是一种解放，……。这种解放，就其是自为存在着的主体而言，便叫做我；就其发展成一全体而言，便叫做自由精神。”③

不过，黑格尔并没有因此而得出主观唯心主义的结论，并没有因此而认为“我”这个个别人的精神（例如张三的精神、李四的精神）或人类一般就是“绝对”。

黑格尔所讲的“我”，不单纯是指张三、李四这样特定的“我”，“我”的基本含义乃是指“概念的绝对否定性”或“自我同一性”，亦即指“自我能忍受其个体直接性的否定，能忍受无限的痛苦，即是说，能在这种否定性中肯定地保持其自身、能与自身同一”④。——这也就是上引几段话中关于精神、思维是自我的中心的意思。“我”的这一基本特征不仅是个别人的精神所具有的，不仅是所有个人的精神都共同具有的，而且也是一切事物的真理之所在，或者换句话说，一切事物只有在“自我同一性”中，——在最高的统一性即“绝对”中，才是最真实的。所以黑格尔认为，“绝对”也就是“我”，就是“精神”。“绝对是

① 黑格尔：《小逻辑》，96—97页。

② 同上书，121—122页。

③ 同上书，325—326页。

④ 黑格尔：《精神哲学》，《黑格尔全集》第10卷，30—31页。

精神；这是关于绝对的最高定义。"[1]"那使感觉的杂多性得到绝对统一的力量，并不是自我意识的主观活动。我们可以说，这个同一性即是绝对，即是真理自身。这绝对一方面好像是很宽大，让杂多的个体事物各从所好，一方面，它又驱使它们返回到绝对的统一。"[2]（重点是引者加的）可以看到，黑格尔不是主观唯心主义者，而是客观唯心主义者。

"绝对精神"与人的精神的区别在于，"绝对精神"是指无所不包的统一的整体，人的精神只是这个整体发展过程中的一个部分、一个阶段（当然是其最高的部分、最高的阶段）；"绝对精神"是最完全的精神，它体现于人的精神之内，但人的精神一般地说是不完全的，因为人总有其私人的、主观的方面，人的精神只有当其发展到哲学精神的地步，就像精神哲学的最高阶段——哲学的认识那样，才达到最完全的精神——"绝对精神"的境界[3]在这个意义下，"绝对精神"可以说是人的精神的最高形态，也正因为如此，黑格尔的精神哲学——关于人或人的精神的哲学，其最后阶段必然是"绝对精神"。

黑格尔往往把"绝对精神"叫作上帝，但他所说的上帝并不具有个别人所具有的那种人格，因为上帝不是有限的个人；说上帝有人格，那也只是说上帝是精神，并且只是说上帝是最完全的精神，而不是说上帝是有限的精神。

---

① 黑格尔：《精神哲学》，《黑格尔全集》第10卷，35页。

② 黑格尔：《小逻辑》，122页。

③ 参阅黑格尔《小逻辑》，83页："当我思维时，我放弃我的主观的特殊性。我深入于事情之中，让思维自为地作主。"这里所说的"思维"就是指哲学的思维。黑格尔认为，人只有从事哲学的思维、哲学的认识，才能克服个人"主观的特殊性"，即克服私人的、主观的方面，而"深入于事情之中"，达到最完全的精神——"绝对精神"。

不过，黑格尔在区别“绝对精神”与人的精神的同时，却更多地强调二者的同一性。“绝对精神”是包括自然现象和人的精神现象的统一体，“绝对精神”体现于二者之中：自然现象是“冥顽化”的精神，人的精神是达到自我意识的精神，或者换句话说，精神的特征（自我同一性）在自然阶段尚是潜在的、不自觉的，而在人的精神阶段则是明白发挥出来了的，是自觉的；但无论自然还是人的精神都贯穿着同一个精神。整个“绝对精神”的发展过程（由自然现象到人的精神现象的发展过程）就是由“冥顽化”的精神到自觉的精神的发展过程，也就是由外在性和必然性到达统一性和自由的发展过程，而人或人的精神，特别是人的哲学精神或哲学认识居于“绝对精神”发展的顶峰。

我们平常强调精神与自然的对立，强调没有人，自然也独立存在。这种强调当然是正确的，但是这一点，黑格尔也是承认的，要不然，他怎么会明白宣称“自然在时间上是最先的东西”呢？不过更重要的是，在黑格尔看来，没有人的世界，或者说，如果“绝对精神”没有发展到人的精神的地步，那么，它（单纯的自然）就是一个冥顽不灵的世界，是一个发育不全的世界。说这样的世界“冥顽不灵”、“发育不全”，就是说它未能发展到把事物的“自我同一性”明白地自觉地表现出来；只有人，只有人的精神、人的自我意识才能做到这一步，就此而言，也可以说，“人为万物之灵”。这里应该重复声明的是，黑格尔这种看法也不表示他是一个主观唯心主义者；黑格尔的中心思想乃是强调“自我同一性”是万事万物的真理，而只有人的精神才能有意识地把这个真理表而出之。黑格尔说：“我们可以举出我作为自为存在最切近的例子。……当我们说我时，这个‘我’便表示无限的同时又是否定的自我联系。我们可以说，人之所以异于禽兽，且因而异于一般自然，即由于人知道他自己是‘我’，这就无异于说，自然事物没有达到自由的‘自为存在’，而只局限于‘定在’[的阶段]，永远只是为别物而存在。”①“自为存在”是包含他物于自身之内的存在，是“一”。黑格尔举“我”作为“自为存在最切近的例子”，以说明人之所以不同于一般自然，就在于“人知道他自己是‘我’”，在于人意识到他是“自为存在”，即是说，人能意识到“自我同一性”，而“自然事物没有达到自由的‘自为存在’”，即是说，自然事物没有意识到“自我同一性”。英国黑格尔学者芬德莱(J. N. Findlay)说：“在黑格尔看来……意识就是把普遍性和统一性从特殊性和多样性中解脱出来的活动，是用前者解释后者的活动。”②可见人的“灵明”决不意味着人的精神能强加给自然以外来的秩序(像康德所主张的那样)，相反，人的“灵明”只在于人能把本来潜藏于自然中的普遍性和统一性“解脱”出来，表白出来。

以上这些，说明黑格尔既注意了人的精神和自然的同一，又强调了人的精神区别于自然和高出于自然之处，强调了精神哲学在其哲学体系中的崇高地位。黑格尔的这些思想是很深刻的。黑格尔在这里所表现的唯心主义不在于他推崇了人，而在于他把整个世界看成是“绝对精神”，把自然看成是精神的“异在”，因为“异在”的、“冥顽化”的精神毕竟也还是精神！

黑格尔把整个世界看成为“绝对精神”，是针对法国唯物论而发的。法国唯物论者的机械观使他们看不到真实的东西是对立面的统一，黑格尔却洞察到了这一点。但他对他所洞察到的东西作了唯心主义的曲解：他认为只有精神才是对立面的统一；而为了说明整个世界

① 黑格尔：《小逻辑》，212页。

② [英]芬德莱(J. N. Findlay)：《黑格尔再考察》，41页，London，George Allen & Unwin LTD，1958。

是对立面的统一，他便进而主张世界的本质是精神，自然也是精神的表现（“异在”）。

黑格尔关于最真实的东西是对立统一的思想，在古希腊哲学中已有其根源，14 世纪的神秘主义者艾克哈特（Meister Eckhart）和 17 世纪的通神学者波墨（J. Böhme）的思想对黑格尔的精神学说也有重大的影响①；但黑格尔这一学说的最直接的来源却是康德的“统觉的先验统一”说和费希特关于“自我”的哲学。

康德主张，“我思”或自我意识“伴随”着“我”的其他一切表象、情感、欲望等等；只有就“我”能意识到“我”自己是观察一切对象的唯一中心点而言，这些对象才有可能对于“我”来说是对象。把这些对象聚集在一个有意识的焦点之上的统一活动，康德称之为“统觉的先验统一”或“自我意识的先验统一”。康德认为自我意识并不是收纳外来各种漠不相干的经验材料的容器，反之，自我意识能使自身分化为范畴，分化为客观性的各种普遍形式；自我意识除了上述的统一作用之外，没有别的内容，它不是一个具有其他特性的什么“实体”。——康德关于自我意识的这一基本思想为黑格尔所继承，黑格尔所讲的精神或“我”也不是一个外在于经验材料的容器，而只是一种统一的活动。当然，黑格尔在继承康德这一思想的同时，也批判了康德的主观唯心主义，同时还指出了他所谓“伴随”的提法的错误。

费希特明确地把“自我”规定为断定自己存在的活动，认为除自我意识外不能有“自我”。费希特企图在“自我”的范围内说明“自我”为什么要设置异于自身的“非我”，特别是说明“自我”为什么要设置“非我”

---

① 参阅拙文《西方哲学史上关于多样性统一的认识理论》，载《社会科学战线》1981 年第 4 期。

来限制自己、打扰自己。费希特揭示了主体与客体的矛盾，这是费希特哲学的一个进步和优点，对黑格尔的精神学说很有启发。但是费希特没有像黑格尔那样进而认识到“非我”完全不是异己的，认识到“非我”与“自我”、客体与主体的完全的、真实的统一性；这种统一性在费希特哲学中，永远只是一种“应该”、一种信仰，而不能成为现实性。不过，无论如何，黑格尔的精神学说毕竟在很大程度上继承了费希特的“自我”哲学，甚至黑格尔的很多术语如“向心力”、“离心力”以及“反思”等，也都渗透着费希特的隐喻。

精神哲学按精神发展的阶段分为三个部分：

一、“主观精神”。“主观精神”是指个人的精神，如张三的精神、李四的精神。这是尚未表现于外部社会制度之中的精神，所以它是“在自身关系(Beziehung auf sich selbst)形式下的精神”①，即内在的、未与自身以外的他物发生关系的精神，也可以说，“它的存在是自足的(beisich)”②。

这一部分颇相当于现代心理学的内容。

精神的发展必然要超出自身而进入自身以外的他物，这就是——

二、“客观精神”。“客观精神”是个人主观精神的外部表现，例如法律、道德、政治组织等等都是。“客观精神是现实性形式下的精神，即实现于由精神所创造和将由精神所创造的世界之中的精神。”③黑格尔在这里所说的“世界”，就是指法律、道德、政治组织等等。黑格尔认为，在这个“世界”里，“主观精神”的自由“表现为必然性”。④

① 黑格尔：《精神哲学》，《黑格尔全集》第10卷，39页。

② 同上。

③ 同上。

④ 同上。

黑格尔在这一部分中主要阐述了他的伦理学和政治哲学。

黑格尔认为，“主观精神”与“客观精神”都是“有限的精神”，都意味着主客之间的“不协调”。而精神的本质是无限的，因此，精神的发展必然要超出有限以达到无限。不过，有限性并不是与无限性绝对对立的，有限性是精神自己设置的，是“它自己内部的幻象”(das Scheinen innerhalb seiner)①，它潜在地设置这个“幻象”作为自己的限制，为的是扬弃这个限制，以实现主客的统一，实现自己的自由，使自己完全地“显现出来”②，这就是——

三、“绝对精神”。精神在这个阶段中认识到了它自己即是万事万物的原则和真理，万事万物不过是它自己的表现，认识到了对象和它自己、客体和主体是同一的；正因为如此，“绝对精神”可以说就是“主观精神”与“客观精神”的统一。这样，在“绝对精神”的阶段，特别是在其最高形式哲学的认识中，人的精神与“绝对精神”就合而为一了，也就是说，“绝对精神”在人身上，特别是在人的哲学认识中完全地显现了自己。

黑格尔在“绝对精神”部分所讲的，是他的艺术观、宗教观和哲学观。

黑格尔的精神现象学是包括逻辑学、自然哲学和精神哲学在内的哲学体系的“导言”③。但《精神现象学》所讲的人的意识发展史和《精神哲学》的内容约略相当。《精神现象学》中意识发展的前三个阶段(“意识”、“自我意识”、“理性”)约相当于《精神哲学》的“主观精神”部

---

① 黑格尔：《精神哲学》，《黑格尔全集》第10卷，41—42页。

② 同上。

③ 参阅拙著《黑格尔〈精神现象学述评〉》前言。

分，第四个阶段（“精神”）约相当于《精神哲学》的“客观精神”部分，第五、六两阶段（“宗教”、“绝对知识”）约相当于《精神哲学》的“绝对精神”部分。当然，《精神哲学》并非《精神现象学》的简单重复，特别是《精神现象学》中关于人类社会历史的许多生动的描述和深刻的见解，其中贯穿的革命朝气，都是《精神哲学》所不能企及的。不过，无论如何，就现成的两部著作来看，《精神哲学》有相当多的一部分是按《哲学全书》的要求和模型重写《精神现象学》的主要内容。为什么会发生这种现象？

原来黑格尔对《精神现象学》与哲学体系间的关系的看法上，有一个转变过程：

黑格尔在出版《精神现象学》时（1807），本来计划把它作为哲学体系的第一部分，把逻辑学、自然哲学和精神哲学作为第二部分：他不仅在《精神现象学》的初版封面上写下了“科学体系的第一部分”等字样，而且在这部著作的结束语中预告了第二部分的内容是“逻辑”、“自然”与“历史”。这个计划在 1812 年《大逻辑》第一版序言中又更明确地重申了一次，只不过把原先预告的“历史”部分改名为“精神”了。1817 年，《哲学全书》出版，黑格尔的“科学体系”的两大部分就算全部完成。但他在写《哲学全书》的逻辑学部分时，就似乎有懊悔之意，觉得不该在《精神现象学》中把本应在第二部分中具体讲述的东西提前讲了①。黑格尔颇想把精神现象学不再看成是“科学体系的第一部分”，而只把它看成是一个简单的绪论就行了。也许是因为这个原故，他在临死前不久准备修订《精神现象学》时，把初版时封面上的“科学体系的第一部分”等字样删掉了，而且 1831 年在《大逻辑》第一版序言

① 黑格尔：《小逻辑》，93—94 页。

的有关地方还补注了这么几个字："这个标题（指'科学体系'——引者）在下次复活节出版的第2版中，将不再附上去。"此外，1817年初版的《哲学全书》第36节还有几句话可资佐证："我早先已经把精神现象学，即意识的科学史，作为哲学的第一部分加以研讨了，意思是把它看成为纯粹科学的前导，因为纯粹科学是其概念的产物。不过同时，意识及其历史，和每一门别的哲学知识一样，不是一种绝对的开端，而是哲学圆圈中的一环。"①事实上，黑格尔在1817年《哲学全书》初版的"精神哲学"部分中，就已经把《精神现象学》所讲的意识发展史作为"哲学圆圈中的一环"——作为《哲学全书》的"一环"（不是像1807年那样把这些内容作为"开端"、作为哲学体系的"第一部分"），基本上作了一些重述。凡此种种，都说明黑格尔自1817年以后，虽然还继续提到精神现象学是哲学体系的第一部分，但已经不再强调这种关系了。

① 《黑格尔全集》第6卷，格诺克纳德文本，48页。

黑格尔关于"反思"和对立统一的学说*

一、历史背景

黑格尔所处的时代，就一般的社会状况来说，是德国资产阶级革命的前夕，社会动荡，人心思变；就自然科学和人们的思想方法来说，在17—18世纪这个时期，"非此即彼"的形而上学的思想方法，（即康德以前的那种旧形而上学所用的方法）占主导地位，康德在近代哲学史上才第一个打破形而上学方法的缺口。用黑格尔自己的语言来说，他所处的时代可以叫做"分裂"(Entzweiung)的时代，"异化"(Entfremdung)的时代。"分裂"最能说明他那个时代的社会状况和思想方法的特征。有各式各样的"分裂"：例如把对自然的整体割裂成一个片面、一个片面地来孤立地加以研究；把宇宙看成是一个没有有机联系的、没有生命的

* 本文系作者在1986年10月初于瑞士卢塞恩举行的题为"现代哲学和唯心主义哲学中的统一性概念"的国际哲学讨论会上的公开讲演。德文原稿载该会论文集，瑞士，伯尔尼，Peter Lang出版社，1987。中文稿载《德国哲学》丛刊，第5辑，北京，北京大学出版社，1988。

机械的东西；认识的主体不能真正认识客体的真相，不能真正把握客体；社会和个人之间处于分裂对立状态，人们不满意社会；个人与个人之间也是彼此格格不入；人们向往自由、可是必然性束缚住自己，二者彼此对立；……如此等等。黑格尔把这些现象归结为主体与客体的分裂、对立，自由与必然的分裂、对立，个人与社会的分裂、对立，自由与命运的分裂、对立，有限与无限的分裂、对立等等。他还把具有这种分裂、对立的特征的社会专门叫做"异化"的社会。"异化"的社会实际上就是分裂、对立的社会。

黑格尔美化古希腊城邦制共和国，认为那时候人与人之间是靠一种伦理关系来维系的，是一个没有异化的社会，是一个有统一而没有对立的社会历史时期。只是到罗马帝国时期，才开始出现异化，这一异化的现象一直延续到他所处的时代，而法国大革命则是异化的极端，这个时期是只有对立而没有统一的社会历史时期。在黑格尔看来，社会异化，人们的思想方法处于非此即彼的形而上学方法统治之下，这就会使人的精神得不到寄托，得不到归宿，所以这是人类历史的一个病态。如何对待这个病态？必须有药方来治疗。这个药方在黑格尔看来，就是"调和"(Versöhnung)。他认为只有把对立面调和起来，才能医治分裂的病态。黑格尔认为，他所面临的时代已经有了调和的趋势。他在《精神现象学》序言中说："我们这个时代是一个新时期的降生和过渡的时代"，"黎明"已经到来。他在这里还说，这个时代"仅仅是逐渐增长的渐进性的中断"，即将发生"质的飞跃"。他所说的"黎明"就是指：这个时代是矛盾即将解决的时代，是分裂即将得到调和，对立即将得到统一的时代。这说明黑格尔还在他的早年时期就对社会前景充满希望，充满革命朝气。我们在"文化大革命"中，甚至在"文化大革命"以前，往往把黑格尔所讲的"调和"了解成为保守的，甚至反动的，了解成为形而上学的静止的观点。现在我们一般说来，已经认识到，这种看法是错误的，是曲解了黑格尔的原意。

历史已经发展到调和的“黎明”了，现在的问题是需要对这个趋势从哲学理论上加以说明，这是一个哲学家的任务。黑格尔认为他作为一个哲学家理应肩负这个任务，解决这个课题。这个任务并不是从黑格尔才开始提出的，事实上，他的先驱者康德、费希特、谢林已经在从事这项工作，只不过他们由于处在一项大的工程的开端，没有也不可能真正把对立面的分裂加以调和，使对立面真正统一起来。例如在康德那里，有限与无限、现象与本体，主体与客体，归根结底是彼此分裂的，但即使是康德，他还是希望达到统一的，在他看来，“理性”的最高要求实质上就是达到对立面的最高统一。黑格尔从青年时期起，就立志要解决这个理论问题。他在《谢林哲学体系与费希特哲学体系的差别》一文中就明确讲到：哲学的中心任务就是“扬弃分裂”①。扬弃分裂也就是达到对立面的统一。可见，把握对立统一乃是黑格尔自己给自己提出的历史任务。如果不了解这一点，那也就不可能理解黑格尔哲学的中心思想。事实上，黑格尔一生的理论活动也确实是紧紧围绕着这个问题进行的，他的整个哲学体系就是要解决这样一个问题。

二、认识真理的最高形式是把握对立统一

黑格尔认为，感官所把握的东西，总是多样性的、有限的、个别的，都不是最真实的。平常人对感性的东西却不善于进一步加以否定，不善于超出个别的东西。黑格尔说，如果一个人能否定和超出感

① 《黑格尔著作》理论版，第 2 卷，95 页。

性的有限的东西，那么这个人就开始有了哲学的头脑。“我们面前有两种规定，一是普遍者、自在自为的存在者，一是特殊者和个别者的规定、个体性。至于特殊的、个别的东西，我们不难指出，它总是受限制的东西，他的概念总要依赖他物，它是有待的，不是真正独立存在的，因而不是真正实在的。因此斯宾诺莎从确定的东西着眼，提出了 Omnis determinatio est negatio 这个命题；因此只有未特殊化的、普遍的东西是真正实在的，只有它是实体性的。……斯宾诺莎把思维在自身中的单纯统一说成了绝对的实体。”“一般地应当指出，必须把思维放在斯宾诺莎主义的观点上；这是一切哲学研究的重要开端。要开始研究哲学，就必须首先作一个斯宾诺莎主义者”。因为“这种对一切特殊物的否定，是每一个哲学家都必须达到的；这是精神的解放，也是它的绝对基础”①。

通过对特殊的、有限的东西的否定，其结果就是达到普遍的东西，所以在黑格尔看来，哲学的本质的开端是认识普遍的东西。可是这个普遍的东西不是脱离特殊的东西的，它是包含特殊的东西在内的普遍，叫做具体的普遍。具体的普遍归根结底就是对立面的统一。

如何把握对立统一？如何认识真理？黑格尔认为要经过三种形式，亦即经过三个认识阶段：

第一阶段是“经验”(Erfahrung)，这种形式是“直接知识”(unmittelbares Wissen)，即在纷然杂陈的现象中“洞见到”其中的真理，而无需通过抽象的分析，“这种形式包括道德观点上所谓天真，以及宗教

① 黑格尔：《哲学史讲演录》第 4 卷，100—101 页；参阅《小逻辑》，137 页。

情绪，纯朴的信赖，忠、爱和自然的信仰。”①

第二种形式或阶段是“反思的认识形式”(die Form des reflektierenden Erkennens)。“反思”(Reflexion)在黑格尔的著作中有时与“后思”(Nachdeken)同义，这是极少数的情况；有时与“知性”(Verstand)混用。但大部分有其独特的用法和含义，这是我在这里所要专门讲的。这个含义就是指将统一体(Einheit)分裂为成双成对的两对立面的二重性活动。“反思是这样一种活动，它确立对立，并从一方走向另一方，但不造成两者间的结合和渗透于其中的统一。”②这种意义下的反思高于知性，知性坚执于彼此间有鸿沟的、固定的、孤立的规定；“反思”则“首先超出孤立的规定性，把它关联起来，使其与别的规定性处于关系之中，但仍然保持那个规定性的孤立有效性。”③这样，反思之超出孤立的规定性，便只是一种“外在的超出有限[die äuβerliche Erhebung über das Endliehe]”④。所以，黑格尔又说：“反思”，“就是要超出具体的直接物之上，并且规定它，分离它。但是，这种反思同样也必须超出它自己的那些进行分离的规定之上，并且首先要联系它们。在这种联系的立场上，那些规定的冲突便发生了。这种反思的联系，本身就是属于理性的；超出那些规定之上，提高到洞见它们的冲突，这是达到理性的真正概念的伟大的、否定的一步。”⑤“反思的联系”中的“冲突”就是指“反思”中对立面之间的冲突。反思固然超出了知性，但尚未达到“理性的真正概念”，即尚未达到对立统一。反思

① 黑格尔：《小逻辑》，88页。

② 《黑格尔全集》第15卷，格洛克纳本，215页。

③ 黑格尔：《小逻辑》，176页。

④ 同上。

⑤ 黑格尔：《逻辑学》上卷，26—27页。

只是由非此即彼的知性向着把握对立统一的目标走了"伟大的、否定的一步"。因此，认识真理还要有第三种形式，即"哲学的认识"(das philosophische Erkennen)。

第一种认识方式的结果是浑然一体、未加分析的东西，是直接的自然的统一(unmittelbare natürliche Einheit)，第二种认识方式是"用思想的关系来规定真理"①。其结果是间接的、未能有机地统一在一起的知识。这两种方式都是有限的方式。黑格尔认为只有第三种方式"哲学的认识"才是"认识真理最完善的方式"，才可以把握绝对真理的本来面目，把握"自在自为的真理"，这种方式就是要将"分裂境地""加以扬弃"，以求"返回"到"统一"(Einigheit)，亦即把握对立统一。②这里的 Einigheit 与 Einheit 同义。

黑格尔极力反对把统一(Einheit)抽象地理解为排斥他物、排斥差别、排斥多样性的东西。他说：那种"直接消除了多样性的东西"的"统一"，乃是"单纯的统一"、"形式的统一"③，又叫做"抽象的统一"。黑格尔主张"具体的统一"。"哲学诚然要研讨统一一般，但并非研讨抽象的统一、单纯的同一性和空洞的绝对，而是研讨具体的统一(概念)"④。所谓具体的统一，乃是一方和他方相结合的对立统一的整体⑤，这种统一是："与他物相中介同时即是与自身相中介"⑥。正因为如此，具体的统一也就是一种包含区别于自身之内的、有生命力

① 黑格尔：《小逻辑》，87页。
② 同上书，89页。
③ 《黑格尔著作》理论版，第1卷，444，441页。
④ 同上，第10卷，389—390页。
⑤ 同上，第1卷，376页；第11卷，250页。
⑥ 同上，第17卷，454页。

的过程："统一毋宁应理解为绝对的过程，理解为上帝的活力"，统一是"绝对的活动，它永恒地自我创造着"①。它不是抽象的、僵死的、不动的。②

三、对立统一是精神

黑格尔作为一个客观唯心主义者，认为只有精神性的东西才具有对立统一性，物质性的东西本身是达不到对立统一的。当然在他看来，没有一个东西本质上不是精神性的，整个世界就是绝对精神，自然界也潜藏着精神，是自在的理念。如果物质世界完全脱离了精神，则物质世界只能是彼此外在的、没有统一性的，因而也是不真实的。没有精神的东西不真实和没有统一的东西不真实，这两点在黑格尔那里是有机地结合在一起的。正因为如此，所以他认为，对立统一体本质上是精神的。但是这一思想在黑格尔那里还有一个发展过程。在法兰克福当家庭教师时，他已经看到了世界是一个对立统一体，但是还没有把对立统一体看作是精神性的主体，他直至1798年仅仅把对立统一看作是"爱"，他认为"爱"最能表达对立统一，因此整个世界都是"爱"在那里起统一作用。1799年黑格尔察觉到"爱"的缺点，因为它有主观片面性，因此，黑格尔用"生命"代替"爱"，即是说，他用"生命"来说明对立统一。尽管"爱"、"生命"这些表达都不很确切，但是也说明了黑格尔的思想中对立统一不是死板板的东西，而是活生生的，所以，他才用"爱"、"生命"这样的词来说明对立统一。到了成熟时期，黑格尔感到如果光用"爱"、"生命"来说明对立统一，那么仍然

---

① 《黑格尔著作》理论版，第17卷，533页。

② 同上，第5卷，57页。

没有表达出对立统一是个精神性的东西。因为一头牛、一匹马，它们也都有生命。他觉得只有人的精神、人的思维活动才能真正达到最高的对立统一。所以，到了1807年的《精神现象学》就已经不用“爱”、“生命”。来表达对立统一，而是用“主体”这个概念来表达对立统一体。他所说的“主体”也就是“自我”，也就是“精神”，而“自我”也就是一个无限的整体。黑格尔所讲的“自我”既指张三、李四的有限的自我，又是指无限的绝对精神的那个“自我”，而前者不过是后者的体现而已，所以，不能把黑格尔了解成为主观唯心主义者。黑格尔认为，作为绝对精神的自我，同我们个人的有限的“自我”，又是相通的。自我意识是人所独有的，动物是达不到的，植物、无机物就更加谈不上。只有具有精神的人，才能认识到自我，才会有自我意识。所谓自我意识，就是把自己当作自己的认识对象，意识到我自己。能够意识到我的，只有人。黑格尔经常说，动物说不出一个“我”字来。而能够意识到我，即能够把我当作对象，对象就是客体，而我同时又是主体。所以自我意识就是最典型地表明主体与客体的统一，对立面的统一。在逻辑学中，当谈到“自为存在”时，黑格尔进一步说明了这个问题，在他看来，“自为存在”就是把对方看作就是自身。一块石头尽管实际上它的对方就在它自身，但是石头意识不到这一点，达不到“自为存在”。唯独人能够达到“自为存在”，能够把对方看作就是自身，所以自我意识最能表达对方就是自己。黑格尔认为，整个宇宙最真实的面貌就是对方即自己。他经常说的一句话：在对方中就在自身中。就是说，对方就是自身，自身就是对方，而只有精神才能表达这一点，所以整个宇宙整体是个对立统一体，是绝对精神，也就是一个大写的“自我”。每个个人或有限的我，实际上都有自己私人的、主观的方面和普遍神圣的方面，前一方面并不能认识事物的实质，不能表达主客的对立统一，只有后一方面即人的普遍神圣的方面，才能表达主客的对立统一，人的这一方面是与绝对精神同一的。说绝对精神是自我，也就是指人的这个方面。中国有两句常用的话，一句是“人心之不同，各如其面”；一句是“人同此心，心同此理”。前一句类似乎人的私人的、主观的方面，后一句类似乎人的普遍的、神圣的方面。黑格尔所谓最高的统一体或绝对精神是自我，类似乎中国人讲的“人同此心，心同此理”。我说“类似”，表明两者间是有不同的哲学基础的，不能划等号。黑格尔把无限的宇宙叫做自我，是极端唯心的，而这一唯心之处又恰恰是他最辩证的地方。正是在这里，他表明了宇宙万物都是对立统一的，对方就是自己，自己就是对方。黑格尔认为，凡是离开了精神的东西都是分离的，没有统一性的，不真实的，越真实的就越能达到自我，也就越达到对立统一，所以真理的最高形式是主体，是自我，是对立统一体，是一个包含客体的主体。

当然，黑格尔认为，Einheit 这个字眼并不好，并不适于表达其实际的、真实的含义，它似乎表现了完全抽象的同一，而没有把区别和活动，过程表达出来。但是黑格尔还是到处都使用了这个词。

四、统一的发展过程

黑格尔认为哲学进展的全部过程都是讨论具体的统一。从最初的统一到最后的统一是真理和哲学研究不断深化的过程，而最高的最后的统一是绝对精神。黑格尔的原话：“哲学进展中的每一阶段都是这种具体统一的一个独特规定”①。例如“有与无的统一”便是最初的统一，亦即“最初的真理”，在这个统一（即“变”）之后的“一切”“逻辑规

① 《黑格尔著作》理论版，第 10 卷，390 页。

定”或“一切哲学的概念”，“都是这个统一的例证”①，而“统一的诸规定中最深刻的和最后的规定则是绝对精神的统一”②。

这里我们首先要说一说，如何由对立的东西以至多样性的东西达到它们的结合或统一的问题，然后再讲由低级的统一发展到高级的统一问题。

关于第一个问题，黑格尔在《逻辑学》《本质》篇中关于从“区别”、“对立”、“矛盾”到“根据”的过渡的论述中，实际上已经回答了。他认为，“区别”的最高阶段是“对立”，对立不是彼此漠不相干的区别，不是“杂多”，而是“本质的区别”。在对立中，与某方相区别的东西不是任何一个东西，而只是正好相反的东西，所以一个东西的对立面只有一个。黑格尔认为，一个东西的本质恰恰在于它的对立面。对立双方既互相依赖，又各自肯定自己的独立性，这便说明对立在逻辑上必然发展到矛盾。而矛盾的结果则是使对立着的双方，即“肯定物与否定物”“降低为仅仅是规定”，也就是使双方“回到”各自的“自身统一中”去，成为同一个统一体的两个单纯的规定，这个统一体(Einheit)或全体就是“根据”。所以从对立发展到矛盾，其结果也可以说是对立的每一方“回到根据”(in den Grund zurück-geht)。“根据”就是“解决了的矛盾”(der aufgelöste Widerspruch)，就是“肯定物与否定物的统一”(Einheit des Positiven und Negativen)③。由此可见，从多样性的东西、对立的东西到达它们之间的统一，实际上就是对立面之间的矛盾的解决、矛盾的调和，就是达到全体，达到真理。

---

① 黑格尔：《逻辑学》上卷，73页。

② 《黑格尔著作》理论版，第10卷，390页。

③ 同上，第6卷，68，69页。

不过，统一、全体、根据，又有大小范围之不同。一个小范围的统一、全体、根据只能对于小范围来说是矛盾的解决；把它拿到大范围中来看，原先的统一、全体、根据就会变成片面的东西与它的对立面相矛盾，矛盾的结果就会回到较大范围的统一、全体、根据，真理就是这样在不断地解决矛盾、不断扩大统一的过程中发展前进的。黑格尔认为他的绝对或绝对精神就是最高的统一、最终解决了的矛盾，亦即绝对真理。这就涉及了第二个问题，即从低级的统一发展到高级统一的问题。

如前所述，整个黑格尔的哲学体系就是一个由低级的统一到高级的统一的过程。我这里只想就逻辑学(它是自然哲学和精神哲学的灵魂，后二者不过是它的应用)来谈谈这个问题。

对立统一贯穿于逻辑学的三部分或者说三个阶段，但在三者之中的表现方式各不一样。"存在"论所讲的是关于直接认识的范畴，如质、量、度、有、无、变等等，它们之间虽然在实际上是有内在联系的，是统一的，例如度就是质和量的对立统一，变是有和无的对立统一，但正如黑格尔所明确指出的，这里的联系或统一还是"自在的"："在存在的范围里。各范畴之间的联系只是自在的"[①]。因此，"存在"范围中的范畴进展的形式(die Form des Fortgangs)表现为"过渡"(Übergehen)[②]，即当某物成为别物时，某物就因此而消逝了[③]，此是此，彼是彼，非此即彼。

可是"本质"论的范畴则不然。"本质"论是关于间接认识的范畴；

---

① 《黑格尔著作》理论版，第8卷，230页。

② 参见文末附注。

③ 《黑格尔著作》理论版，第8卷，230页。

如本质、现象、现实等，直接的东西和它背后的、间接的东西是相对的(relative)①，是“映现于对立面”(Scheinen in der Entgegengesetzten)②，对立双方的统一、联系不再是“自在的”，而是明显地“设定起来了”③。所以，在“本质”范围内，当某方进展到他方时，某方并未消逝，而是仍然停留在它们的联系里，彼与此互相依存，明显地而不是自在地紧密联系在一起，统一在一起。所以“本质”论中的各种规定(如同一、差别、本质、现象等等)进展的形式，不再是“过渡”，而是“映现”(Scheinen)或者说“反思”(Reflexion)：“反思作用或自身映现构成本质与直接存在的区别，是本质本身特有的规定”④。“反思”中的他物不是独立的他物，而仅只是作为对自身的否定即“作为否定”而存在，在其被否定中获得其存在；而与这个他物对立的“最初的东西”即直接物或存在，也只不过是“否定了的否定”，因而实际上不是一个可以由之出发的真正“最初的东西”⑤。这就是说，在“存在”论中，从“最初的东西”到他物的进展是从一个独立的此物“过渡”到另一个独立的他物，此物与他物都有自己的独立性；而在“本质”论中，“最初的东西”与他物两个对立面互相依存：他物只是由于作为对“最初的东西”的否定而存在；“最初的东西”只是作为“否定了的否定”而存在。每一方离开了对方均无自己的独立存在。在这里，出发点和到达点同一。所以“本质”论中从此一规定到另一规定又回到自身的进展运动

① 《黑格尔著作》理论版，第8卷，230页。

② 同上书，391页。

③ 同上书，230页。

④ 黑格尔：《小逻辑》，242页。

⑤ 《黑格尔著作》理论版，第5卷，24页。

（即“反思运动”），可以说是一种“从无到无并从而回到自己本身的运动[①]”。其所以说“无”，就是指“反思”中的每一方都没有自己的独立存在。“反思”中的他物不像“存在”论中那样是一个存在之物的非存在，而是一个“无之无”[②]。

黑格尔认为，对立面的反思关系并不表示对立面达到了真正的统一，因而也不足以表达事物的真实面貌，因为反思关系中的双方仍然在一定程度上保有自己的独立有效性，而未完全结合成为同一个有机体中的两个成分。可以说，整个“本质”论中的“反思运动”只是一个越来越克服对立双方的僵硬外在性和越来越达到明显的同一性的过程。就此而言，整个“本质”论中的规定既可以说都是“自身反思”的规定，但又“尚未完全地反思到自身”（noch nicht als schlechthin in sich reflektirt）[③]，只有“概念”才完全克服了对立，达到真正的同一，它完全地达到了“自身反思”。这就是说，“本质”范围中的范畴必须突破“本质”的范围而进展到“概念”的范围。“概念”好像自然界中有机的生命，例如种子或植物，它是直接知识与间接知识的具体的统一，双方既有区别，又合而为一个整体，一方在对方中，即在自身中。[④]“因为那些相互区别的东西直接地同时被认定为彼此同一，并与全体同一的东西”[⑤]。“概念”的进展形式，既不是“过渡”，也不是“映现”或“反思”，而是“发展”（Entwicklung），也就是说，“概念”范围内的进展就像同一粒种子发展成为一株植物一样。

---

① 《黑格尔著作》理论版，第5卷，24页。

② 同上书，25页。

③ 《黑格尔全集》第8卷，格洛克纳本，261页。

④ 《黑格尔著作》理论版，第8卷，309页。

⑤ 同上书，308页。

从“过渡”到“反思”更进而到“发展”，这实际上是统一由低级的形式到高级形式的进展过程。“两个方面或两个规定联结的基本方式有三：第一种是由一个规定过渡到它的另一方；第二种是它们的相对性，或一方自在地或实际上映现于他方的存在之中；第三种则是概念或理念的方式，即一方包含其他方于自身中，以致于它们的这种统一性本身就自在地是双方的原始本质，并被设定为它们的主体的统一性”①。“过渡”是指对立双方的统一只是自在的，因而表现为对立双方非此即彼；“反思”是指对立双方的统一已明显地“设定起来”，但双方各自仍然保有自己的一定程度的独立有效性；只有“发展”才是表示对立双方具体地统一起来了，在这里，对立双方之间的僵硬的外在性、彼此互相束缚、彼此异己的情况完全被克服了，“过渡”和“反思”所表现的必然性转化到了自由。彼此外在、互相束缚、彼此异己就是必然性，就是不自由，只有超出了对立双方的“反思关系”，到达“概念”，到达对立双方的具体统一，才有了自由，因为在这里，一方在对方中即在自身中，双方彼此互不束缚，互不限制。也只有到达这个阶段，才算是达到了真理。

这里需要强调的是，对立统一由“过渡”到“反思”到“发展”这一过程中的每个后面的阶段都已包含前面的阶段在内，所以在黑格尔看来，不通过“反思”的阶段，就不可能达到真正的具体的统一，“反思”是克服非此即彼的知性(Verstand)观点到达具体统一的思辨(speklative)观点的桥梁与关键，间接知识是克服直接知识、到达直接与间接的具体统一的桥梁与关键。

---

① 《黑格尔著作》理论版，第17卷，408页。

五、黑格尔关于反思与对立统一学说的意义和评价

黑格尔关于反思和对立统一的思想，在西方近代哲学史上有其独特的意义。康德以前的旧形而上学坚持非此即彼的观点，根本不承认对立统一，黑格尔继承和发展了康德的思想，进一步驳斥了这种旧形而上学所采用的思想方法。但康德是不可知论者，他实际上把统一推到了不可知的彼岸，黑格尔极力反对不可知论，认为统一是可以认识的。另外还有一些人也反对不可知论，但主张神秘主义，主张直接知识论，如谢林、耶柯比，他们着重反对非此即彼的抽象知性的观点，主张真理是统一，是活生生的，但他们认为真理是无需经过任何中介过程就可以达到的。黑格尔的反思的观点说明，要认识真理，克服非此即彼的旧形而上学观点，达到具体统一，必须经过一个漫长曲折的间接认识的过程，必须经过“反思”的阶段。所以黑格尔的反思学说，既反对了旧形而上学，而认为对立统一是真理；也反对了不可知论，认为对立统一是可以达到、可以认识的；同时还反对了直接知识说、神秘主义，而认为对立统一是要经过艰苦的中介过程才能达到的，不是一蹴即就的。美国的一位新黑格尔主义者哈里斯(W. T. Harris)在他的《黑格尔的逻辑学》一书中，认为黑格尔的反思学说是了解黑格尔的辩证法的一把钥匙，他没有把他的意思说清楚，但我想借用他这句话来说明反思学说在黑格尔哲学中的重要性还是可以的。

有一种关于对立统一的看法，认为对立统一就只是双方互相依存，用黑格尔的术语来说，就是互相映现，而对于黑格尔所讲的“概念”阶段中的对立双方的真正的具体统一，对于这种统一的自由的特点则完全置之不理。这种看法实际上就是停留在黑格尔的“反思阶段”。现在我们感到，对于对立统一的理解需要进一步加深，需要批

判地吸收黑格尔关于反思和对立统一学说中合理的东西。

黑格尔以后，关于如何认识和把握对立统一的问题，并没有结束。德国著名的新黑格尔主义者克洛纳(Richard Kroner)就认为，单纯的理性、思维不足以把握最真实的东西——“最高的统一”(Ultimate Unity)，他断言，理性、思维“需要天启宗教作补充”，“思想和信仰并不矛盾，而是相辅相成”的，但两者并不居于平等地位，在两者的关系中，“信仰居于首位，它超出于理性的力量之上，并完成理性的事业”①。理性思维企图达到最高的统一，它渴望做到这一点，但它遇到不可克服的障碍，这个障碍就是“最高的神秘”，亦即最高的统一，理性、思维永远不能解释“最高的神秘”，因为最高者(The Ultimate)“不能由概念来把握”②克洛纳认为，关于“最高的统一”的知识“超乎一切基于逻辑程序的知识之上”③，也就是说，超乎理性、思维、概念之上。他认为“最高的统一”需要由宗教信仰来把握，“宗教……教导我们用敬畏、信念、希望、爱和信仰去接触这种神秘”④。他认为宗教信仰的主要因素是“想象”(Imagination)。“想象能把思想与心灵所分离开的东西结合在一起；或者更精确些说，想象坚持抽象的思维所分离开来的诸因素的原始统一”⑤。据此，克洛纳断言：“想象比感官或理智更接近真实的生活”，“感官和理智既不能包括全体，也不能达到生活的深处”⑥。

---

① ［德］克洛纳(Richard Kroner)：《信仰的首要地位》，8页，The Macmillan Company，New York，1943。

② 同上书，90—91页。

③ 同上书，93页。

④ 同上书，3页。

⑤ 同上书，130页。

⑥ 同上书，138页。

克洛纳所理解的“理性”、“思想”只是黑格尔所说的“知性”，即在分离、对立中的思维。他说：“只要停留在思想的领域，就不可能抛却对立的范围，而最高的统一性却出现在这个领域之外”，因为“最高者是一个统一体，而不是对立”①。克洛纳根本不承认黑格尔所说的“思辨的理性”或思辨的思维，不承认思辨的思维也是一种思维，而且是比知性更高的思维。在他看来，思维只能是分离、割裂，只有想象才能把握到统一。

认为人有超出必然性、超出“知性”的方面，这是康德哲学的特点之一。克洛纳继承了康德的这一思想。但是康德毕竟是理性主义者，他所说的信仰毕竟是理性主义的，克洛纳所讲的信仰不同于康德所讲的信仰，他明确批评康德所谓信仰的理性主义成分。他说，“康德的主要错误”“就是认为理性能建立一种理性的信仰。康德过多地是一个理性主义者”②，“纯粹理性的信仰不是真正的信仰”③。克洛纳显然是一个超理性主义者或非理性主义者。

我认为，真实的东西的确是多样性的统一，而归根结底是对立面的统一。但是，并不在实际上存在着最高的统一，不存在着最后的真理，统一、真理永远是一个不断扩大、不断深入的过程。同样，我们对统一的认识，对真理的认识，也只能是一个无止境地追逐的过程，也就是说，这个过程只能是越来越全面，越来越深入，而不可能有朝一日达到最全面、最深入。这是否会使我们感到悲观失望呢？不然。正是“越来越全面、深入”促使我们不断前进，反之，“最全面、最深

① 克洛纳：《信仰的首要地位》，111页。

② 同上书，133页。

③ 同上书，134页。

入"则只能让我们停息。克洛纳关于依靠想象可以完全把握最高统一的说法，就是一种认为可以穷尽真理，可以达到"最全面、最深入"的理论。黑格尔虽然是理性主义者，并且他主张真理、统一是一个活生生的过程，但他的缺点是过分强调"绝对"的真实性和终极性。在这个问题上，我倾向于康德的说法，或者说得准确一点，我想借用康德的说法：整体、统一只是一种"虽然决不能完全实现，但永远被追求的一种理念"①，是一种理想，一种目标，它促使我们不停地去推广知识，引导我们不断前进。当然我不赞成康德的不可知论。庄子说："吾生也有涯，而知也无涯，以有涯随无涯，殆矣"。我不赞成庄子的说法，庄子是主张"弃知"的。我国的另一句谚语，叫做"自强不息"，联系我这里讲的题目来说，就是永不停息地追求真理，追求统一。这句话颇能代表我国的民族精神，我国目前正需要发扬这种精神。

【附注】一般地说，从有到无的"进展形式"是"过渡"(Üebergehen)。所以黑格尔说："有过渡到无"(《逻辑学》上卷，97页)。"假如有与无相互隔绝，一个被放在另一个范围之外，这样也就否定了过渡"(同上，84页)。"在本质里，不再发生过渡，而只有关系(Beziehung)。……例如，当我们说到有与无时，则有是自为的，同样，无也是自为的。但肯定与否定的关系则全然不同"(《黑格尔著作》理论版，第8卷，230页)。

不过，"有"作为逻辑学的开端是没有规定的、单纯直接的东西。最初的开端不能是有中介的，从而也不能是有规定的(《小逻辑》，190页)。"开端必须是绝对的，或者说，是抽象的开端(这在此处意义相同)；它于是不可以任何东西为前提，必须不以任何东西为中介，也没有根据；不如说它本身倒应当是全部科学的根据。因此，它必须直截了当地是一个直接的东西"(《逻辑学》上卷，54页)。"中介性是

① 《康德著作》第3卷，卡西尔本，393页，Berlin，Bruno Cassirer，1923。

由第一进展到第二，由有区别的东西出发的过程”，所以有中介的东西“不能是真正最初的东西”(《黑格尔著作》理论版，第 8 卷，183 页)。正因为如此，“有”作为开端或作为直接的东西就不能过渡到另一方，即不能过渡到无。所以黑格尔说：“因为有只是直接被设定的，所以无也只是直接地由它那里突然出现(hervorbricht)。不过所有后面的诸规定，例如紧接着来的定在，都较为具体”，或者说都是有中介的：“在定在中，已经设定了包含并产生那抽象作用的矛盾的东西，从而包含并产生那抽象作用的过渡的东西”(《黑格尔著作》理论版，第 5 卷，104 页)。——以上这些话的意思也就是说，“有”作为直接的东西和最初的开端，无中介性，因而不能“过渡”到另一方——“无”；“无”只是直接从“有”那里“突然出现”。“突然出现”(hervorbrechen)不同于“过渡”(übergehen)。“过渡”只是指“定在”和“定在”以后的诸规定的进展形式。

不过，这只是事情的一个方面。另一方面，黑格尔又认为，把“有”仅仅作为“纯粹直接的东西”来看待，乃是“片面的”。实际上，“这个纯有既是这个绝对直接的东西，又同样是绝对有中介的东西”(《逻辑学》上卷，57 页)。按照黑格尔的意见，开端是有与无的统一，是变(《小逻辑》，197 页；《逻辑学》上卷，59 页)，或者说是“übergegangensein”(《黑格尔著作》理论版，第 5 卷，83 页)。只是因为这个缘故，我们才可以说，“有”又可以过渡到“无”。

总起来说，我认为，“无”从“有”中突然出现，乃是“存在”论中诸规定的一般进展形式(“过渡”)之一特种方式。可以说，从有到无的“过渡还是掩盖着的(verborgen)”(同上书，104 页)，掩盖着的、隐蔽着的“过渡”就只能采取“突然出现”(hervorbrechen)的方式。我们不能因为黑格尔对于从“有”到“无”的进展用了“突然出现”一词，就否定“过渡”是“存在”论中诸规定进展的一般形式。

黑格尔的精神哲学与人*

一

精神哲学是关于人的哲学："只有人是精神。"①"人的本质是精神。"②"人是理性，是精神。"③

什么是精神？

黑格尔认为，精神就是主客的对立统一，反之，仅仅处于对立地位的主客关系，还不是精神："精神""不应被理解为仅仅由各种本质上是个别物的东西构成的一切个体之共同性或外在的全体，而是渗透于一切事物的东西……它作为普遍的东西，以自身为对象，因而作为特殊的东西，

---

* 本篇原载拙著《论黑格尔的精神哲学》(上海，上海人民出版社，1986)；后译成德文，于1988年5月出席巴黎国际辩论哲学大会时，以"Hegels Lehre vom Menschen"为题作了学术报告，德文译稿载王宽诚基金《学术讲座丛书》第5辑，1992年版。

① 《黑格尔著作》理论版，第12卷，389页。参阅《历史哲学》，366页。

② 同上书，397页。参阅《历史哲学》，373页。

③ 《黑格尔著作》理论版，第16卷，263页。

规定着个体；但作为普遍的东西，统摄着它的他物，使它的他物和它自身结合为一。……精神是被理解者与理解者的统一性。”所以精神也可以说就是“——精神性的实体性的统一性”①。“精神的东西是自然的东西与精神的东西绝对统一，这种统一使得自然的东西只不过是由精神设定起来的东西，是由精神来维持的东西”。② 这就是说，精神中的客体或自然物对于精神主体来说不是异己的、对立的东西。在黑格尔看来，精神作为精神必然已经历了和克服了这种异化和对立，所以他又说：“精神的本性在于通过否定之否定，从它的他物中，从对他物的克服中，来到自身。精神产生出它自身：精神经历了它自身的异化。”③“精神是自我认识的主体性。”④

精神由于克服了他物的异己性、外在性，它就使他物为精神主体自身所占有，他物不再是从外面限制自身的东西，所以精神的特点在黑格尔看来也可以说就是**自由**：“自由正是在他物中即是在自己本身中、自己依赖自己、自己是自己的决定者。”⑤“只有精神，它才作为在自身中的自由，是通过自身而存在的，是设定自身的东西。这包含着否定的环节。”⑥“精神的实体、本质，是自由。……精神是**依靠自身的存在**(Bei-sich-selbst-sein)，这也就是自由。”⑦

人的意识和认识是一个由低级到高级的漫长的发展过程。在黑格

① 《黑格尔著作》理论版，第 18 卷，93 页。

② 《黑格尔全集》第 15 卷，格洛克纳本，218 页。

③ 同上书，435 页。

④ 《黑格尔著作》理论版，第 18 卷，126 页。参阅《哲学史讲演录》第 1 卷，104 页。

⑤ 黑格尔：《小逻辑》，83 页。

⑥ 《黑格尔全集》第 15 卷，格洛克纳本，451 页。

⑦ 同上，第 11 卷，44 页。参阅《历史哲学》，55，56 页。

尔看来，人的精神本质，或者说得具体些，人的主客统一和自由的本质，并不是在意识和认识的任何一个低级阶段就可以达到和实现的。

一般地说，人必须达到**自我意识**，才谈得上主客统一和自由。在自我意识中，意识的对象即是自我本身，客体即是主体本身，所以自我意识是主客的对立统一，也是自由。从本书第一章可以看到，黑格尔的“主观精神”在达到“自我意识”阶段以前，曾经走过了一条很长的道路，这条道路可以说就是向“自我意识”的目标前进的过程。动物没有自我意识，只有人才能说出一个**我**字；但是人的意识发展的最初阶段是和禽兽处于同一水平的，人的意识向自我意识发展就是逐步与禽兽、与自然分离，使人区别于一般的自然物，而当其能说出一个**我**字时，他就不是禽兽，不是一般的自然物，而是具有精神本质的人：“人能超出他的自然存在，即由于作为一个有自我意识的存在，区别于外部自然界。……就人作为精神来说，他不是一个自然存在。”①从这个意义来看，精神又可说就是自我意识。所以黑格尔又说：“精神的这种依靠自己的存在（Dieses Bei-sichselbstsein des Geistes）就是自我意识，即对于自身的意识。”②

但“自我意识”，或者说人的精神本质—自由，也有一个不断完善的过程。所以黑格尔的精神哲学在进入“自我意识”阶段以后，又描述了一条很长很长的道路，这条道路比进入“自我意识”阶段以前更为复杂，更为曲折。这条道路不仅包括“主观精神”而且包括“客观精神”和“绝对精神”。不过只有到了“绝对精神”，特别是它的最后阶段——哲

① 黑格尔：《小逻辑》，92页。

② 《黑格尔全集》第11卷，格洛克纳本，44页。参阅第15卷，82页和《历史哲学》，56页。

学，才是最完善的自我意识，是最后的主客统一，也是人的精神本质——自由的最高峰，从而也是人的最后目的之实现。

我们平常说，人的认识有低级的感性认识和高级的理性认识，在黑格尔看来，人的精神的本质在理性认识而不在感性认识。不过，黑格尔把人的认识过程分得更为细致，他认为精神的本质在于他所说的“思想”(das Denken，思维)“禽兽也赋有灵魂，而**思维**才使灵魂成为精神”。[①] 这就是说，思想是精神之成为精神的关键，是人之不同于禽兽之所在。在黑格尔看来，我们的精神不满足于只把自己作为感觉直观、想象、意志来看待，而要求把自己作为**思想**来看待，思想不同于感觉、直观、想象、意志等，而精神只有在思想中，才能得到最高的内在的满足。所以精神的“最深的意义”不是感觉、直观等等，而是思想，精神只有作为思想才可以说是“**回到它的自己本身**”。“精神的原则、它的真纯的自身是思想”。[②]

《哲学全书》的“主观精神”部分在“自我意识”阶段之后对“思想”阶段作了专门的论述。“思想”是“自我意识”的进一步发展，其特点就在于它充分地表现了主客的对立统一和自由：思维着的主体或者说，思维着的自我，其产物是普遍性，即事物的实质和核心，而这个实质和核心在黑格尔看来就是思想、概念，所以在思维中，思维着的主体和被思维的客体是完全同一的。由于主客的这种同一性，——由于主体通过思维(不是通过单纯的感觉、欲望、表象等等)而把握了事物的实质和核心，人才获得自由。“当我思维时，我放弃我的主观的特殊性，

① 《黑格尔著作》理论版，第8卷，25页。参阅《小逻辑》，13页。

② 同上书，54—55页。参阅《小逻辑》，51页。

我深入于事情之中，让思维自为地作主”，这样，人就有了自由。[①]“在思维内即直接包含**自由**，因为思想是有普遍性的活动……所以从内容来说，只有思维深入于事物的**实质**，方能算得真思想：就形式来说，思维不是主体的私有**特殊**状态或行动，而是**摆脱了一切特殊性**、任何特质、情况等等抽象的自我意识，并且只是让普遍的东西在活动，在这种活动里，思维只是和一切个体相同一。在这种情形下，我们至少可以说哲学是摆脱掉骄傲了。——所以亚里士多德要求思想须保持一种**高贵**态度时，他所说的高贵性应即在于摆脱一切**特殊的**意见和揣测而让事物的**实质**当权。”[②]反之，如果通过感觉、表象、欲望、冲动等等把握事物，则不能把握事物的实质和核心，事物仍然是“外在于我的他物”，仍然是限制我的对立面，我也就不能说是自由的。[③]所以，黑格尔关于思想是主客对立统一和自由的学说，尽管是唯心主义的(就他把事物的实质和核心看成是思想、概念而言)，但他实际上是告诉我们，人只有去掉个人主观之见，深入事物内部，把握其实质，才有可能得到自由。黑格尔的这个观点是正确的。黑格尔说：“思想与冲动不同”：冲动是“依赖于外在的他物，不是自由；思想是深入于事情之中”，思想掌握了事物，所以是自由。[④] 黑格尔这段话的意思，如果可以借用一句中国话来说，就是，去人欲，存天理，即可得到自由。不过黑格尔不是一个主张完全抛弃人欲的哲学家，他所主张的是“**扬弃**”“人欲”，提高到用思维把握“天理”的境地，即可自由。由此可见，黑格尔所谓人的本质是精神，精神的本质是自由，其

---

① 黑格尔：《小逻辑》，83 页。
② 同上书，78—79 页。
③ 同上。
④ 同上。

实也可以归结为一句话，即人的本质是思想。没有思想，就谈不上精神，谈不上自由，也就谈不上人之为人的特点："**人的规定**是思维着的理性：思维一般是他的单纯**规定性**，他由于这种规定性而与禽兽相区别。……人本身就是思维，他是作为思维而具体存在着的(er ist da als denkend)"。[①]"禽兽没有思想，只有人才思想，所以也只有人才有自由，就因为他是有思想的"。[②]"人在自己的精神中具有著作为完全绝对的东西的自由，自由意志是人的概念。自由正是思维本身；谁抛开思维而谈自由，就不知道他所说的是什么。思维与自身的统一性就是自由，即自由意志。……意志只有作为思维的意志才是自由的。"[③]

当然，如果把思想活动理解为脱离实践活动的东西，那就仍然得不到自由。对于这一点，黑格尔有深刻的理解。正因为如此，《哲学全书》的"主观精神"部分在讲了"理论的精神"中的"思想"阶段之后，接着就讲"实践的精神"他强调指出，只有把"理论"与"实践"结合起来，才能达到"自由的精神"。"自由的精神"是"思想"的自我深入和自我发展。

但"自由的精神"只是"主观精神"即个人意识的最高峰，还不是人的自由本质的最后实现。只有超出"主观精神"，超出个人意识的范围，到"客观精神"中，到社会中，才能进一步实现人的精神本质或自由本质。

"客观精神"的三个领域，每一个都是一种特殊的"法"，都是自由

---

① 《黑格尔全集》第4卷，格洛克纳本，140页；参阅《大逻辑》上卷，118页。

② 《黑格尔著作》理论版，第12卷，95页；参阅《历史哲学》，111页。

③ 同上，第20卷，307—308页；参阅《哲学史讲演录》第4卷，234页。

在一种特殊形式下的体现："抽象法"领域体现着抽象的自由，这个领域中的人是法权意义下的人，德文原文是Person，人之所以成为这样意义下的人，在于他有占有物的权利，即占有财产，此种权利是"自由意志的定在"，无此权利就谈不上人的自由，因而也不成其为Person。但是在"抽象法"领域中，人的自由意志由于体现于**物**之中，因此就有可能受到强制，所以这个阶段的自由是有局限性的。到了"道德"领域，人的自由意志则体现于个人直接的意志之中，人所意愿的对象不单纯是物，而且意愿着自身，所以道德意志是自己决定自己，其本身是无法加以强制的，这里的自由比起"抽象法"领域中的自由来有一个"更高的基地"。道德意志使人不仅仅是"抽象法"领域中的**人**(Person)，而且使人成为**主体**(Subjekt)。但是"道德"领域只体现着主观的自由，是"自由意志"的内部状态，只有"伦理"领域特别是其最高阶段"国家"，才是内与外、主体与客体的统一，才能更充分地实现人的自由，实现人的精神本质。

在黑格尔看来，社会仍然是有限之物，人如果仅仅停留在"客观精神"的领域，自由还是有局限性的，必须突破"客观精神"，进入"绝对精神"的领域，以无限之物为自己的对象，这才能最充分、最完满地实现人的精神本质和自由本质。

人在"绝对精神"领域中，也有一个认识和发展的过程，这就是艺术、宗教、哲学三阶段。艺术是通过直接的感官的知识把握"绝对精神"的形式；宗教是通过表象的意识把握"绝对精神"的形式；哲学是通过自由的思维把握"绝对精神"的形式。《耶拿现实哲学》说："艺术虽然把世界作为精神的东西产生出来。"但由于只是通过直观，而"直观是直接性，它是没有被中介的"，"这种因素(指直观——引者)是不适合于精神的"，所以，"艺术只是把它的形态赋予一种有限的精神。"

“这种有限性的中介，直观，不能把握无限的东西。这只是想象的无限性(gemeinte Unendlichkeit)。……美毋宁是掩盖真理的面纱”。[①]

艺术的“真理”是宗教，宗教是“把艺术世界提升为绝对精神的统一性”。“在宗教中，精神自身作为绝对的普遍物而成为自己的对象”，而“绝对宗教就是这样一种认识，即认识到**上帝是自我认识的精神的深处**。因此上帝就是一切东西的自我。……他就是**具有普遍的时空的定在的人**(Mensch)。……**神圣的本性不是别的，而就是人性的**”。[②]简言之，在“绝对宗教”中，人与神相统一，与绝对相统一，而这一点是艺术阶段所达不到的。不过黑格尔在《历史哲学》中强调指出，对人与神的统一不可作表面的肤浅的理解，“似乎上帝只不过是人，人也就是上帝。相反，人只是就这样的意义来说才是上帝，即人要扬弃他的精神的自然性和有限性并把自己提升为上帝”。[③] 黑格尔一贯强调人的双重性：一是自然的方面、私欲的方面、个人主观的方面，一是精神的方面、普遍神圣的方面、本质的方面。1805—1806年《耶拿现实哲学》：“人生活在两个世界中：在一个世界中人具有**他的现实性**(Wirklichkeit，实在性)，**这方面是要消逝的，**这也就是他的自然性、他的舍己性、他的暂时性，在另一个世界中人具有他的绝对长住性，他认识到自己是绝对的本质”。[④]《历史哲学》：“人，如果独立自为地来考虑，是有限的，但他在自己本身中却又同时是上帝的肖像和无限性的源泉；他是他自己本身的目的，他在他自己本身中有无限的价值，他有达到永恒性的使命。因此他自己的故园是在一个超感官的世

① 《黑格尔全集》，拉松本，第20卷，265页，莱比锡1931年版。

② 同上书，266页。

③ 《黑格尔著作》理论版，第12卷，392页；参阅《历史哲学》，369页。

④ 《黑格尔全集》，拉松本，第20卷，270页。

界中，在一个无限的内在性中，而这个内在性，他只有通过与自然的定在和意志相分离才能获得，只有靠他在自身之内通过劳动打破这种自然的定在和意志才能获得。而这就是宗教的自我意识。”①黑格尔在这里告诉我们，人的价值不在其自然性，——“自然的定在和意志”，而在其普遍的、内在的、永恒的方面，而人的这一方面就是他自身的价值之所在，人的使命就是达到这种永恒性。黑格尔在谈到国家与教会的关系时也讲到了人的这两个方面。他断言：在国家中，人具有他的现实性，在教会中，人具有他的本质，国家是他的现实性，教会是他的绝对长住性。② 如果可以借用一句中国话来说，前一方面可以说是“人心之不同，各如其面”，这里的“人心”就是指各个人的不同私欲、不同感觉等等；后一方面可以说是“人同此心，心同此理”。黑格尔认为，绝对精神、绝对真理只有一个，是唯一的，人心都有可能把握这同一个真理。所以就人的精神方面、普遍神圣方面是人心所共同的而言，精神是唯一的：“普遍神圣的精神，——并非仅仅说它是无所不在的，——只是**唯一的**精神。它不应被理解为仅仅由各种本质上是个别物的东西构成的一切个体之共同性或外在的全体，而是渗透于一切事物的东西，是它自身与其他物的映现的统一，是主观的东西、特殊的东西的统一。”③黑格尔区分人的两重性，其主旨仍在于强调人的自由的本质，他认为人只有“扬弃”自己的前一方面，提升到后一方面，才能达到自由。《历史哲学》：“凡领会了真理，知道他自己是神

① 《黑格尔著作》理论版，第 12 卷，403 页；参阅《历史哲学》，378—379 页。

② 《黑格尔全集》，拉松本，第 20 卷，270—271 页。

③ 《黑格尔著作》理论版，第 18 卷，93 页；参阅黑格尔：《哲学史讲演录》第 1 卷，72 页。

圣理念的环节的人，他才同时被设定为放弃他的自然性，因为自然的东西是不自由的东西、无精神性的东西”。① 这里所说的“放弃他的自然性”和上引《历史哲学》中的“扬弃他的精神的自然性和有限性”，两句话都在同一个段落，这里的“放弃”(aufgeben)也并非简单抛弃，实际上和上面说的“扬弃”(aufheben)是一个意思，因为按照黑格尔的一贯的观点，人的两重性是相互统一在一起的，黑格尔并不主张人的自由本质排斥人的自然性，相反，他倒是认为自由应包含人的自然性，但又超出自然性。这也就是他为什么在1805—1806年《耶拿现实哲学》中主张“国家与教会的综合的结合”的缘故②。他说：“由于国家与教会两者得不到调解，所以两者都是不完全的。”③

宗教的局限性是把人的两重性或国家与教会两方面的“调解”、结合，以表象的方式推到未来的彼岸世界，而哲学则把这种“调解”、结合加以**理解**，加以**现实化**。④ 这里，黑格尔特别强调了哲学之不同于宗教的两个特点：一是当前性：“在哲学中，自我就是对绝对精神的认识”，这种认识并非发生在彼岸，而就在当前。“**在这里**，自我**认识**(erkennt)绝对”。二是中介性：在哲学中，“自我是个别物与普遍物的不可分离的结合”。“哲学的知识是重建直接性。它本身是中介的形式，**概念的**形式”。⑤ 所谓“重建直接性”，就是通过中介(间接性)而达到的更高的直接性，也就是个别物与普遍物，客体与主体的对立统

① 《黑格尔著作》理论版，第12卷，392页；参阅《历史哲学》，369—373页。

② 《黑格尔全集》，拉松本，第20卷，269页。

③ 同上书，270页。

④ 同上书，271—272页；参阅第19卷，115页。

⑤ 同上书，272页。

一。这样，哲学的认识就能使人的精神由直接到间接又回到直接，从而达到囊括整个宇宙的境地。它(指精神——引者)是它的(指意识的——引者)**稳定**的艺术品、**存在着的宇宙**和**世界历史**。哲学外化其自身，又回到自己的开端，回到直接的意识，而此直接的意识同样也是分离了的东西。因此，它(指整个世界——引者)就是人一般；人的问题是如何，世界就是如何，世界是如何，人就是如何。① 这就是说，人对"绝对精神"的**哲学认识**使人的精神同整个世界合而为一，使人的精神成为"**存在着的宇宙**和**世界历史**"，所以，人对"绝对精神"的**哲学认识**是人的精神本质和自由本质的最高最后的实现，也是人的最高最后目的的实现：但是，人要实现这一最后目的，要成为真正的人，必须经过整个《精神哲学》所描述的从最低级的直接意识起直至哲学认识为止的全部漫长曲折的艰苦历程，换言之，这一漫长曲折的艰苦历程，也就是黑格尔所理想的真正的人的成长史；这样看来，人的精神本质也可以说是人的意识的创造性发展的产物，是意识的一以贯之的、"稳定的艺术品"。

黑格尔关于人的学说有很多深刻的东西，对我们也很有启发。(一)人都有其独立自主的方面，也就是西方哲学史上一般所说的"自由意志"。这个方面的含义比单纯的实践或能动的改造作用要广泛得多，它既包含这一层意义，又不止于此，它还包含自我意识、自我选择、个性的发挥、自由自主等等含义。黑格尔所说的"主体性"颇足以表达这方面的内涵。这是人之为人的一个特点，动物没有这个特点。我们应该承认人有这个特点。反之，如果认为人的一切都是由客体决定的，都是自然性的，那为什么还要求一个人对他的行为负责呢？

---

① 《黑格尔全集》，拉松本，第20卷，273页。

“人本质上是精神；但精神并不是以直接的方式而存在的，反之，它本质上是要成为自为的（即自觉的——引者）、自由的、与自然相对立的，是要从沉浸在自然的状态中超脱出来，**使自己与自然分离**……人的状态就是可以归咎的状态（der Zustand der Zurechnung），就是对自己的行为有负责能力的状态（der Zustand der Zurechnungsfä higkeit）。犯罪一般说就是可以**归咎于他**。人们惯于把犯罪理解为作恶，这是从恶的方面来了解这个词。但犯罪在一般意义下也就是意谓着某人有可以归咎之处，意谓着其行动出自他的认识和意志”①。所以，要求对个人行为负责，这本身就是对人的“自由意志”或“主体性”的承认。黑格尔关于人的学说着重告诉我们，否认人的“自由意志”或“主体性”，就是否认人的独特的意义和价值。但是黑格尔学说的深刻之处还不止于此，这是许多西方哲学家特别是许多近代哲学家所都承认的。（二）黑格尔的独到之处在于：他不仅看了人的二重性即自然的方面与精神的方面，而且他要求把二者统一起来，认为人的精神本质和自由本质不是要简单抛弃自然的方面，而是既包含又超出自然的方面，只有这样，人的使命才有永恒的价值。黑格尔在这里教导了我们人生的意义和价值不在于做灭绝自然性、逃避现实的禁欲主义者，而在于把自己从自然性中提升到精神性。（三）与此相联系，黑格尔还断言，精神出于自然而又“多于”自然、“高于”自然。这是贯穿在黑格尔整个哲学体系中的一个基本思想，也是他在他的各种著作中多次明确提到的。这个基本思想告诉我们，人的精神本质和自由本质既不是脱离自然的，又不等于自然事物的总和，这里的“多于”和“高于”不是指量的差别，而是指精神在自然的基础上有其独创性，就像一支乐曲不等于它所包

① 《黑格尔著作》理论版，第16卷，264页。

括的全部音符的总和一样。如果没有这一点“多于”或“高于”之处，哪里还会有人的“自由意志”或“主体性”呢？人的“自由意志”或“主体性”的发展过程可以说是一个不断“多于”或“高于”自然的过程，也是一个不断“多于”或“高于”客体的过程，但这一点“多于”或“高于”之处又不是在自然、客体之外的另一抽象实体，它是黑格尔所说的意识的“艺术品”，即在自然、客体基础上的创造性的产物。不承认人的精神具有这种“多于”或“高于”的特点，就不能真正理解人的自由的本质，当然也就不能懂得人生的真谛，不能重视人的独特价值。而且每个人的自我都是一个中心，各有其不同的自然条件和客观环境，因此，每个人在此基础上形成的精神和自由意志都各有其特殊性。承认自由意志，必然也要承认各人有各人的个性。这样看问题，并非唯心主义。黑格尔的唯心主义决不在于他认为精神出于自然而又“多于”或“高于”自然，不在于他承认人有“自由意志”，而在于他认为自然不能离开绝对的客观的精神而独存，认为自然和人都是“绝对精神”的体现。（四）黑格尔的独到之处还在于他反对把自由理解为任性，把主体性理解为脱离客体性，把个体理解为脱离共性，他极力主张，自由与必然相结合才是真正的自由，主体性与客体性相结合才是真正的主体性，个性与共性相结合才是真正的个性；并且这种结合是一个漫长曲折矛盾复杂的过程和体系，其中包含诸如实践、劳动、法权、道德、家庭、社会、国家、艺术、宗教、哲学等等一系列的环节或因素。这是黑格尔在西方哲学史上的一大贡献。这就启发了我们，人的自由本质，或者说，人生的意义和价值，不是一蹴即就地来实现的，而是在逐步扩大、逐步深化的过程中来实现的；不是脱离实践、劳动、社会、国家以至哲学认识等等环节来实现的，而是在社会和国家中，在不断的实践和劳动中，在不断的知识追求中来实现的。反过来说，脱离社会和国家，不劳动，不实践，不追求知识，人就会失去自由的本质，失去人生的意义与价值；而且在人生的漫长历程中，如果中途停顿于任何一点，都会使人生的意义与价值受到局限，使自己的自由本质得不到进一步的发挥与实现。所以，一个真正追求自由的人，应该是一个投身于社会和国家之中，通过实践和知识的追求，不断克服自己与客体的对立矛盾，以求最大限度地达到主客统一的人。当然，我们所说的真正追求自由的人，他的追求过程应该是一个不断努力以求符合客观事物的发展及其规律的过程，更具体地说，是一个向着共产主义目标前进的过程，而不是客观唯心主义者黑格尔所谓的个人精神与"绝对精神"合一的过程。同时，我们也不应该像黑格尔那样为了用一个"绝对"来涵盖他的全部哲学体系，便过分强调所谓最真实最完善的人，所谓自由的最后实现和最充分的实现，我们认为人只能是不断完善，越来越完善，人的自由本质只能是不断实现，越来越充分地实现。即使到了共产主义，人也还有一个继续不断完善自己，继续不断实现自己的自由本质的过程，而绝不可能有所谓最终的实现和最完善的境地。

二

黑格尔关于人的学说在西方哲学史上有其思想渊源。古希腊哲学是奴隶社会时期的哲学，是素朴的，尚未意识到思维与存在，自由与必然的对立（尽管这种对立也包含在古代学者的科学对象中），极大多数古希腊哲学家所探讨的问题从主要方面说是本体论的问题。把人作为具有自由意志的主体而与客体相对立、相关联，这样的问题是古希腊哲学家所不能提出的。只是从智者起，他们才从本体论的研究转向人的研究，"人是万物的尺度"这一著名命题，是近代人本主义的最早来源。苏格拉底更是集中研究人的哲学家。智者、苏格拉底以及以后的怀疑主义等派别，使古代哲学达到了自我意识的原则，从此，西方哲学史关于人的哲学研究，关于人的自由本质的认识，前进了一步。

中世纪哲学是封建社会时期的哲学，占统治地位的是基督教，基督教关于人神合一的教义中包含这样一个原则，即在上帝面前，人人自由，人人平等，这个原则使人的自由不依赖于出身、地位等等外在的力量，说明西方哲学史上关于人的自由本质的认识又有所前进。但是上帝既然是统治一切的主宰，那么人的自由意志也必然要受到压抑，甚至被窒息；基督教教义关于人皆自由的原则，还远非认自由为构成人之为人的本质的观点。

只有到了自由资本主义时期的哲学——近代哲学，才把人逐步深入地理解为具有自由意志的主体，才越来越认识到人之为人的特点在于他具有精神性，具有自由意志。近代哲学的特征之一在于意识到主体与客体的对立，从而力求克服对立，达到统一，以期实现人的自由本质。

不过，近代哲学对人的自由本质的认识也有一个发展过程。文艺复兴时期把人权从神权的束缚下解放出来，在一定程度上展示了人的自由本质。但十七—十八世纪的哲学又认为人完全受制于自然界的因果必然性，甚至把人看成是一架机器，这样，人的自由本质仍然没有得到充分认识。十八世纪末十九世纪初，西方近代哲学发展到了自己的最高阶段，这个时期的德国唯心主义哲学家们在不同程度上，以不同方式，运用辩证的方法总结了前人的思想，创立了以康德、费希特、谢林、黑格尔为代表的德国古典唯心主义哲学，他们看到，十七—十八世纪机械的宇宙观把人的精神完全置于自然界因果必然性的支配之下，个人的自由意志仍然被抹杀，于是他们置身学院，在抽象的哲学范围内，站在唯心主义立场上，起而再一次为维护人类精神的独立自主性，为阐发人的自由本质而斗争。这是西方近代哲学史上人权的第二次解放。如果说在“文艺复兴”时期人权的第一次解放中，人为了自己的独立自主和自由本质而与**神**作斗争，那么，在十八世纪末十九世纪初德国古典唯心主义哲学期间人权的第二次解放中，人则是为了自己的独立自主和自由本质，而不能不在继续摆脱神学束缚的同时，着重同**机械的宇宙观**作斗争。其实，德国古典唯心主义哲学特别是黑格尔哲学之所以富于辩证法思想，其最根本的最现实的目的也就在这里。不理解德国古典唯心主义辩证法同论证精神的独立自主和人的自由本质之间的内在联系，就不可能真正把握住德国古典唯心主义辩证法的灵魂与实质。

康德、费希特、谢林、黑格尔，他们给哲学规定的任务是，在思维、主体第一性的基础上，力求使存在与思维、客体与主体统一起来。他们都一致认为，世界的本质是精神性的。精神、自我、主体、自由，在他们的哲学体系中都占中心地位。但他们对这些概念的理解又各不相同。康德企图从哲学理论上论证人的尊严与价值，他认为必然和经验的王国是可知的领域，自由和道德的王国是不可知的领域。他主张道德和自由意志高于知识、经验。他虽然企图把情感当作连接知识和意志之间的桥梁，但那毕竟只是一种拼合，没有做到真正的统一。这样，康德就为了维护人的精神的独立自由而把自由与必然割裂了开来。费希特受康德的影响，认为因果必然性只是现象，自我不是必然性的奴仆而是独立自由的主体。他为了更彻底地伸张人的独立自主性，便取消了康德的物自体，认为世界上的一切皆自我所创造，而此自我不是个人之我，而是普遍的我，是道德的自由的我。世界上的一切事物不是按因果必然性联系起来的，而是趋向于此道德之自我，为完成此道德之自我的目的而存在的。谢林从费希特哲学出发，创立了自己的同一哲学。他认为自然与精神，客体和主体表面相反，实则同一，都是同一个“绝对”的发展过程中的不同阶段。谢林继承费希特，主张变化发展的观点，并且他也用目的论的发展观代替十七—十八世纪的机械观，但谢林认为自我意识发展的最高阶段是艺术而不是费希特所说的道德：艺术境界是必然中的自由，不受道德与知识的约束，只有艺术的直观或理智的直观，才能把握活生生的、精神性的“绝对同一”。

黑格尔所处的时代在法国大革命之后和德国资产阶级革命的前夕，社会动荡，人心思变；就思想界来说，十七—十八世纪的机械观仍未根本打破。黑格尔把西方近代历史时期归结为主体与客体、理想与现实、自由与必然、个人与社会、无限与有限、统一性与多样性分裂对立的时代。这些分裂、对立的病态用黑格尔的语言来说，就叫做人的“异化”。在异化状态中，人的自由本质得不到充分实现。要医治这种病态，只有扬弃异化，达到对立面的统一。黑格尔认为，在他所处的十八世纪末十九世纪初的这一时期的特点就是，扬弃异化、调解对立面的趋势已经到来。问题是如何从哲学上对这种现象加以说明，所以他在早期著作中就已经明确规定哲学的中心任务是扬弃分裂，达到统一。在他看来，康德、费希特、谢林已经开始了这项工作，但远未能完成任务。

黑格尔认为，彼此分裂、对立的东西，都不是真实的，只有在统一中的东西才是真实的，不过这种统一不是脱离矛盾、对立的抽象统一，而是包含它们在内的统一，叫做具体统一或具体同一。另一方面，黑格尔作为一个客观唯心主义者，又认为只有精神性的东西才具有统一性，单纯物质性的东西，其本身不可能有统一性，因而也是不现实的，或者说，没有真实的存在。脱离精神无真实性，和脱离统一无真实性，这两条原则在黑格尔那里是有机地结合在一起的。也就因为这个原故，黑格尔才认为精神的特点是对立面的统一，是自由。把人的精神本质和自由本质同对立面的统一性结合起来考察，这就避免了脱离必然而言自由，脱离社会整体而言个性，脱离客体性而言主体性，脱离人的自然方面而言精神方面的种种抽象论调。从这里也就可以看到，对立统一之所以成为黑格尔全部辩证法的核心，是同他把精神哲学看做最高的学问，把论证人的自由本质看做哲学的最高目的分不开的。

关于人如何达到其最高的自由境界的问题，黑格尔既不同意康德的不可知论，也不同意谢林等神秘主义者所谓凭直观可以一蹴即就地加以把握的观点。他的精神哲学表明，“绝对”可以凭思维加以认识，但又必须经过一条漫长曲折的道路，正是这条道路构成人的精神发展的体系。把人的自由本质的实现纳入一个体系，把**自由**的概念同**体系**的概念结合在一起，这在西方哲学史上是一个前无古人的创见。

《自我实现的历程——解读黑格尔〈精神现象学〉》一书的“序”、“附录一：超越之路”和“后记”*

序

人要想实现自我，创造一个辉煌的世界，达到万物与我为一的崇高境界，或者用黑格尔的语言来说，达到“主体与客体同一”的“绝对知识”(精神现象学的最高阶段)的高度，总得与物打交道，与人打交道；不仅是与个人打交道，而且是与整个人类社会、人类历史打交道。这里所谓打交道，就是包括认识在内的全部生活实践，亦即作为主体的我与作为客体的他人、他物发生各种关系的过程。按照黑格尔的说法，这一自我实现的过程是漫长而又艰苦的，不是靠“手枪发射式”的“直观”或浪漫主义的空幻言词就可以完成的。孟子说：“天将降大任于斯人也，必先苦其心志，劳其筋骨，饿其体肤，空乏其身，行拂乱其所为，所以动心忍性，曾益其所不能。”(《孟子·告子下》)这就启发了我

* 此书于2001年1月由山东人民出版社出版。

们，一个伟大的人格，一种“上下与天地同流”(《孟子·尽心上》)的浩远境界，必须具有克服和战胜各种对立面的内在动力，黑格尔称之曰“否定性”。人的自我实现就是一个否定性的辩证过程，靠着这种否定性，人才能一步一步地冲破重重阻力，吞食各种对立面，不断地扩充自我，从而实现自我。黑格尔的《精神现象学》就是一部描述人为了实现自我、达到“主客同一”所必须通过的战斗历程的伟大著作。

《精神现象学》的主要特点之一是强调自我实现的历程的漫长性、矛盾性与曲折性，其矛头所向是谢林的浪漫主义的直观哲学，不了解这一点就不能理解黑格尔的精神现象学。在中国哲学史上，庄子主张通过“心斋”、“坐忘”以达到“天地与我并生而万物与我为一”(《庄子·齐物论》)的境界，“心斋”、“坐忘”多少有点类似谢林的浪漫式的直观方法，不免有“手枪发射”、一蹴即就之嫌。孟子主张通过“强恕”、“求仁”、“反身而诚”以达到“上下与天地同流”，这是走的一条非浪漫式的道路。相对地说，黑格尔所走的道路与孟子相近，但这只是就孟子与庄子相对比而言。孟子作为东方的中国古代哲学家，当然远未能达到西方近代的主客关系的思维方式的水平和与之相联系的“主体性原则”，我们不能要求孟子把他所走的非浪漫式的道路提高到主体与客体对立、矛盾和克服对立、矛盾的高度。黑格尔是西方近代哲学之集大成者，他把西方近代的主客关系式发展到了完善的顶峰，其主要表现就在于，他认为主体与客体的同一是一个主客二者由对立矛盾到统一，又由统一分裂为对立矛盾，再到统一，如此不断对立、不断统一的漫长曲折的过程。这样，在黑格尔那里，“主客同一”、万物与我为一这一最终的哲学目标便显得是一个“身经百战”、“遍体鳞伤”的“战将”而出现于我们面前，就像美国著名黑格尔主义哲学家鲁埃士(J. Royce)所说的那样。过程比结论更真实，血迹斑斑比最后的胜利更灿烂辉煌。这就是《精神现象学》所给我们的最大启示。

《精神现象学》是黑格尔青年时期的著作，比起后来成熟时期的著作来，更具朝气蓬勃、奋发向上的精神。尽管它是唯心主义的，未脱西方传统形而上的主客关系式的窠臼，距离西方现当代的超主客关系论尚有一步之遥，却仍然对我们今天的思想发展，特别是对正在向现代化迈进的中国哲学的发展，有很大的启发意义。

附录一：超越之路
——《精神现象学》的启发

一

黑格尔在他和谢林合编的《哲学评论杂志》第一期上发表的一篇文章中说：“哲学按其本性来说就是某种奥秘的东西(etwas Esoterisch-es)。”“哲学只是由于它正好与知性(Verstande)相对立并从而更与常识(gesunder Menschenverstand)相对立……才成其为哲学；相对于后者而言，哲学的世界自在地和自为地是一个颠倒的世界。”①例如常识和知性的观点总以为主体与客体是对立的、二分的，客体外在于主体，但哲学的观点却相反地认为主体与客体是同一的，而黑格尔死后的一些现当代西方人文主义哲学家则更进而认为哲学的最高境界是超越主体客体关系的，或者用我在拙著《天人之际》和《进入澄明之境》中的术语来说，是“后主体性的”(“后主体客体关系的”)“天人合一”境界。不管是黑格尔所最崇奉的“主客同一”也好，或者是“后主客关系的天人合一”也好，对于常识和知性而言都是“颠倒的世界”，都是“某种奥秘的东西”。其实，不仅西方的哲学观点是如此，中国传统哲学所讲的

① 《黑格尔著作》理论版，第2卷，182页。

“天人合一”(我称之为“前主体性的天人合一”或“前主体客体关系的天人合一”)，其中包括儒家所讲的天人合一与道家的天人合一，也都是“某种奥秘的东西”，是一种同常识和知性相对立的“颠倒的世界”，例如孟子所提倡的“上下与天地同流”，“万物皆备于我”(《孟子·尽心上》)，庄子所说的“同于大通”，“天地与我并生而万物与我为一”(《庄子·大宗师》、《庄子·齐物论》)就是如此。

但是，说哲学是“奥秘的”，这并不等于说哲学是高不可攀的。黑格尔在《精神现象学》中特别强调这一点。他认为哲学所奉为最高原则的东西，一方面是单纯的东西，但另一方面，它不能停留在单纯性中，它需要陈述或表达自身，需要特殊化和加以详细的规定，即是说，需要有一个展开自身的过程，否则，哲学就“只是少数个别人的一种内部秘传的东西”，而“缺乏普遍理解的可能性”。黑格尔主张：“只有完全规定了的东西才是公开的、可理解的，能够经学习而成为一切人的所有物。”①所以哲学在黑格尔看来既是“奥秘的”，又是“公开的”(exoterisch)。美国当代哲学家 John Sallis 教授在《黑格尔关于陈述的概念》一文中开宗明义就阐释了黑格尔关于哲学具有“奥秘性”与“公开性”的观点，他说：“哲学就其使它自己适合于它的实质(Sache)的道路，适合于它的世界、一个颠倒的世界的道路而言，它是奥秘的(esoteric)，但就它给所有想从事哲学的人提供忍受进入哲学的颠倒的可能性而言，它又是公开的(exoteric)。”“哲学的特殊的奥秘性规定着想提高自己进入哲学的初学者所需要的严格性：〔因为〕转向哲学是需要一种激烈的颠倒的。而且这种颠倒的本质因素是一种激烈地偏离原来的方位，其偏离之激烈只有用‘怀疑主义’这个名字才适合于

① 黑格尔：《精神现象学》上卷，8页。

说明之。”①这里的“怀疑主义”就是指《精神现象学》所说的对“自然意识”（常识和知性）按照主客二分观点所以为真的东西不断加以怀疑、加以否定的过程，正是通过这一怀疑主义的过程，初学哲学的人才逐步否定原来的常识的观点，进入一个颠倒的世界，即哲学的世界，在这个世界里，主体与客体不是二元对立的，而是同一的。Sallis 在阐述了哲学的“奥秘性”之后紧接着说：“不过从另一方面看，哲学又是公开的，哲学不得不给予初学者以可能性使其进入这种偏离原来方位的颠倒，亦即提供（在严格意义下）一种进入哲学的引导（introduction）。〔这也就是说〕进入哲学这一激烈偏离原位和颠倒的运动过程必须加以陈述（presented）。入门的陈述（Darstellung）是必需的。而精神现象学就意在满足这种需要。”②Sallis 引证了上述黑格尔发表于《哲学评论杂志》上的那篇文章中的一句概括性的话：“哲学诚然必须承认民众有提高自己进入哲学的可能性，但是它又不能把自己降低到民众的水平。”③

黑格尔关于哲学的“奥秘性”与“公开性”的观点以及 Sallis 的阐释启发了我们：哲学的最高境界，无论是集西方传统形而上学之大成的黑格尔的主客同一也好，或者是黑格尔死后西方现当代的超主客关系论或“后主客关系的天人合一”也好，甚至是中国古代的“前主客关系的天人合一”也好，首先都有其“奥秘性”，但又都有其“公开性”，都有让一切想从事于哲学的人达到哲学世界的可能性和过程，即是说都有路可循，尽管这种“公开性”的程度在不同的哲学家那里有非常大的

① J. Sallis, *Delimiations*, pp. 41—42.

② 同上书，41 页。

③ 同上书，40 页；《黑格尔著作》理论版，第 2 卷，182 页。

差距，以至于强调哲学的“公开性”、强调导入哲学世界的“陈述”过程的漫长性和曲折性的黑格尔斥责谢林的直观哲学是“手枪发射式的”哲学，是一蹴即就的、根本上缺乏过程的哲学，或者说是“没有公开性”的哲学。

在中国哲学史上，庄子主张通过“心斋”、“坐忘”以达到“同于大通”、“天地与我并生而万物与我为一”的最高境界，所谓“心斋”、“坐忘”就是除去思虑知识，有点类似谢林的浪漫式的直观方法，不免有“手枪发射”、一蹴即就、缺乏“公开性”之嫌。孟子主张通过“强恕”、“求仁”、“反身而诚”以达到“万物皆备于我”、“上下与天地同流”的最高境界，这是走的一条非浪漫式的道路。所以孟子说：“天将降大任于斯人也，必先苦其心志，劳其筋骨，饿其体肤，空乏其身，行拂乱其所为，所以动心忍性，曾益其所不能。”(《孟子·告子下》)这段话说明孟子所走的道路艰苦曲折，与黑格尔所主张的否定性过程即忍受痛苦、劳作之类的对立面而又能战胜对立面的过程有相近之处。但这只是就孟子与庄子对比而言。孟子作为东方的中国古代哲学家，当然还远未能达到西方近代的主客关系式的水平，我们不能要求孟子把他所走的非浪漫式的道路提升到主客对立而又不断克服这种对立以达到统一的黑格尔哲学的高度。相对于黑格尔主张哲学的“公开性”在于经历漫长曲折的主客对立和不断克服对立的“陈述”过程而言，中国传统哲学，无论是庄子的哲学还是孟子的哲学(包括宋明理学对孟子哲学方法的发挥)，都是比较缺乏“公开性”的。中国哲学未来的发展应该既坚持其“奥秘性”，具体地说，即坚持其天人合一、万物一体的高远境界，又要强调“公开性”，强调达到这种高远境界所必须经历的道路和过程，具体地说，我以为就是强调主体与客体的对立矛盾和克服对立矛盾的过程。

二

黑格尔所谓哲学的“奥秘性”和“公开性”的关系问题，实际上是讲的无限性和有限性的关系问题。有限的东西总是在自身之外尚有他物与之对立，有他物限制着它自身，常识与知性只看到事物的有限性，而黑格尔则认为哲学正是要把常识和知性的观点“颠倒”过来，看到任何一个有限的东西不单纯是与他物对立的“自在的东西”，而且是构成自身的一个不可缺少的组成部分；有限的东西在他物中仍然保持在自身中，主体在客体(对象)中仍然保持在主体自身之中，这也就是黑格尔所用的一个术语：任何一物不仅是“自在的”，而且是“既自在又自为的”①，这也就是主体与客体的同一，而这种同一性正是黑格尔所崇奉的精神的无限性。有限性讲的是一物与他物、主体与客体的相互对立、相互限制，无限性讲的是一物与他物、主体与客体的相互调和、相互统一。从有限性的眼光来看，无限性是“奥秘的”，哲学正是要尊崇这种“奥秘性”。但黑格尔强调，无限性只有通过有限性才能实现，对立面的同一性或主体与客体的同一性只有通过他们的对立性、矛盾性才能实现。正因为如此，哲学的“奥秘性”，或者说无限性的精神，在黑格尔看来并不是远离人的有限精神而高不可攀的，它对有限性的精神(人)来说是可及的——“公开的”。黑格尔哲学的辩证性正在于他主张哲学要“超越”有限以达到无限，但必须在有限性中、在对立的东西中实现这种超越；精神的无限性具有“绝对否定性”的内在动力，能不断地否定有限性，所以离开了有限的东西，就没有可以超越的东西，离开了对立的矛盾的东西，就没有可以调和、可以统一的东西。这就是黑格尔所提倡的超越之路。

---

① 参阅 J. Sallis，*Delimitations*，p. 52。

但是黑格尔毕竟是一个传统的形而上学家，他在《精神现象学》最后一章“绝对知识”中明确宣称，精神现象学在经历了一条漫长曲折的对立矛盾的有限性和克服这种有限性的过程之后所达到的“纯粹概念”，是“把时间消灭”了的，或者说是“扬弃”了“时间形式”的，“时间是作为自身尚未完成的精神的命运和必然性而出现的”①。这就表明黑格尔最终仍然主张有一个超出时间之外和之上的从而超出有限性之外和之上的无限性概念，它是有限的东西所不能企及的。这样，黑格尔所谓哲学的“公开性”就毕竟不免遭功亏一篑之讥，反对超越形而上的黑格尔最后还是陷入了超越形而上学。即使在《哲学全书》中黑格尔强调了“纯粹概念”的“外化”与“回复”，强调了“纯粹概念”与自然和人类精神的不可分离的结合，但《哲学全书》的最高环节精神哲学的最高阶段“哲学知识”又回到了“纯粹概念”，即回到了超出时间之外和之上的领域。

现当代人文主义思潮的哲学家们大多反对黑格尔超时间、超现实、超有限性的概念哲学，认为那是一种“在场形而上学”，他们主张现实世界是在时间之内的，所谓超出时间之外和之上的概念王国是抽象的。他们从根本上打破了以黑格尔为代表的主客关系的传统框架，倡导一种超主客关系论，海德格尔所讲的“此在与世界”的关系就是这种超主客关系论的一个典型，他认为人与世界是融为一体的，人并不是作为主体而在作为客体的世界之外的，人乃是一向寓于世界之中。这种人与世界交相融合的一体不同于黑格尔所谓作为主客同一的一体：黑格尔的主客同一体如前所说，最终是超出时间之外和之上的纯粹概念，现当代哲学所讲的人与世界交相融合的一体始终都不超出时

① 黑格尔：《精神现象学》下卷，268页。

间之外和之上；黑格尔的主客同一的一体与现当代哲学所讲的人与世界交相融合的一体都可以称为无限，但它们是两种不同意义的无限，前者是一个超时间的最完满的概念，即黑格尔自己所主张的所谓“真无限”，后者是在时间之内的无穷进展，即黑格尔所贬称的“坏无限”。我以为黑格尔所主张的“真无限”归根结底是抽象的，而他所贬低的“坏无限”倒是现实的、具体的。我们应该倡导在时间之内无穷进展的无限性和一体性。[①] 时间之内无穷进展的无限性在现当代哲学的观点看来，也具有一体性，因为任何一个在场的和不在场的、然而同样在时间之内的无穷多样、无穷进展的东西是一气相通的，中国哲学所讲的“万物一体”，也是这样一种具有无穷进展意义的一体，而不是超时间的“纯粹概念”。

然而要达到这种与时间之内无穷进展意义下的无限性相结合的“万物一体”的“奥秘”境界，却也需要经历一个黑格尔所强调的漫长过程，从而使哲学具有彻底的“公开性”。黑格尔的超时间的“真无限”和主客同一的概念使他的反传统形而上学的哲学特性功败垂成、功亏一篑，但批判了他的最终失足之处，转向现当代哲学的“万物一体”观(借用中国哲学的术语)之后，如果能进而把黑格尔所强调的却未能贯彻到底的无限必须通过有限、忍受有限、忍受对立矛盾的思想加以吸收和发挥，哲学的“奥秘性”和“公开性”将会结合得更加紧密。中国传统哲学所讲的“天人合一”或“万物一体”，尽管各家的说法不一，但不同程度地都有待于阐发“公开性”。西方现当代哲学的人文主义思潮经历了欧洲长期的主客关系思维的方式的洗礼，其所提倡的哲学最高境界是包含有限性和主客的对立矛盾在内的，但由于它的注意力重在批

---

① 参阅本书第十章“‘真无限’？‘坏无限’？”。

判黑格尔的超越形而上学，因而对黑格尔关于无限必须忍受有限、忍受对立矛盾才能超越有限的思想未能充分发挥和发展。

三

我们反对传统形而上学的超越，但并不反对任何意义下的超越。传统形而上要求超越到超出时间以外和以上的概念王国的领域，我们所讲的超越则是超越在场的东西而进入隐蔽在其背后的不在场的东西，这些不在场的东西同样是在时间之内的具体的东西。在场的东西总是有限的，而不在场的东西是在场的东西的根源，它们是无限的。这里的无限是无穷无尽、无穷进展之意。我们所讲的超越就是超越有限进入这种无穷无尽、无穷进展的无限广阔的天地。我们所讲的超越，既意味着不停留于当前的东西，又仍然在现实的世界里，这种由超越所达到的无限才是彻底地与有限不相分离的。黑格尔批判他所谓的“坏无限”实际上还是有限之物，我们则认为黑格尔所批判的正是我们所赞赏的，因为现实的具体的无限正是有限之物的无穷延伸和扩展。黑格尔最终把康德的警告置若罔闻，以为鸽子要飞得更高就得摆脱时间和有限性的空气阻力，我们则认为鸽子始终只能在时间和有限性的空气里飞翔，而时间和有限性的空气所据有的空间是无穷无尽、广阔无垠的。

根据以上所说，我以为，现实的超越之路就在于一丝一毫、一时一刻也不脱离时间和有限性，要勇敢地面对和忍受时间和有限性的磨炼，体悟到在场的东西是与不在场的无限性结合为一的，从而进入一种“天人合一”、“万物一体”的高远境界。

人生之初，尚处于一种不分主客的原始意识的状态，自从有了自我意识以后，人首先总是从有限的观点看事物，把任何一个事物看作是与人和其他事物相互对立、相互外在的，然后才在对立矛盾的磨炼中体悟到物与物、物与人处于息息相通的一体之中，这就叫做从无限的观点看事物，或者叫做超越。

首先就人与自然的关系来说。人在开始时总是把自然看作是外在于人自身的，与人自身相对立的，同时也把自然中的此一现象与彼一现象看作是不相联系、彼此外在的，于是盲目地对抗自然，招致自然对人的报复。在这样的长期磨难中，人逐渐认识到自然中的各种现象是有内在联系的，这就有了对自然规律的认识，可以算作是对自然有限物的一种初步的超越。有超越就有自由，对有限的初步超越就意味着初步的自由。但人们的通常意识还是把自然规律看作是外在于人自身的、与人自身相对立的，人们还不知道人与自然“本是同根生”，不知道人与自然处于相通相融的一体之中，双方都服从同一规律，于是对自然规律采取被动的甚至敌视的态度，这仍然是一种有限的观点，仍然是一种不自由，有待于作进一步的超越。黑格尔在《精神现象学》中把人的意识从个别认识的“感性确定性”到普遍规律性认识的“知性”通统作为主客对立和外在的观点列入意识发展的初级阶段，道理也就在此。

人若能在超越之路上进一步认识到自然规律与人是一体相通的，从而对自然规律采取一种积极肯定、主动顺应的态度，就像尼采所说的用“命运之爱”的热情对待必然性、规律性，这就是“强者的精神”，也就是进一步的自由。黑格尔的《精神现象学》在讲到由规律性认识的“知性”到“自我意识”的转化和过渡时只是抽象地说到“知性”阶段中主体与客体的对立被扬弃了，主客的同一在“自我意识”阶段中被建立起来了，而没有具体说到如何用主客同一的观点即无限的观点看待自然规律的问题，在这方面尼采的思想对本文所讨论的超越之路更有启发意义。

其次，谈谈人与人的关系。“民胞物与”的精神源于对“天人合一”、“万物一体”的体悟。自然物无精神性，不能理解人，不能约束自己，因而人只能通过对自然规律的认识和主动积极的肯定与顺从以进入“物与”的境地。和人与自然的这种情况相反，人与人之间则是有精神者与有精神者之间的关系，人可以通过理解他人而达乎“民胞”的境地。人有自然的方面与精神的方面，人的精神方面与自然有联系，但又是超出自然的。人的自然方面可以按照自然规律来加以探究，但人的超自然方面则不是简单地用自然科学所能把握的。人的学问不能等同于自然科学。如果说自然科学的任务是寻找普遍性的规律，那么，人的学问或者说精神科学的任务则应侧重于研究人与人之间的相互理解。人与人之间之所以能相互理解，其基础在于人皆生活于和交往于一个共同体之中。长期的共同生活使得即便是个人所独有的内心状态也能通过语言所具有的暗示作用而为他人所领悟、所理解，从而相互容忍、相互尊重、和谐相处。

但这种以“万物一体”为基础的“民胞”精神也是要经过漫长的超越有限性之路才能达到的。一个没有受过任何教化的人，或者历史上的野蛮人，总是从有限的观点看待他人，把他人仅仅看作是自己的对立面，为了满足个人的欲望，往往抹杀他人的存在，以致杀死他人；但是在生活的磨炼中，正如黑格尔在《精神现象学》和《哲学全书》的精神哲学部分中所描述的那样，人认识到杀死他人反而会使自己孤立无援，不可能实现自己，不如保留他人的生存权，蓄人为奴，把自我与他人的关系变成主奴的关系。以主奴的观点对待他人比起简单地杀死他人，在超越有限的道路上无疑是前进了一步，尽管它是不公平的。但是人在以主奴关系的眼光看待他人的过程中，又逐渐认识到自己离开了奴隶反而失去了自己的独立自主性，不如承认对方和自己一样是独立自主的主体，这样，人的超越有限之路就由“主奴关系”的观点提升到了黑格尔《哲学全书》所说的人与人“相互承认”的“普遍的自我意识”阶段。现代哲学家胡塞尔和当代哲学家哈贝马斯所讲的“互主体性”(主体间性)就是对黑格尔的“相互承认”的观点的阐发和发展。我们在下面没有必要按照《精神现象学》所描述的意识发展的诸阶段逐一加以细述(事实上，《精神现象学》以后的《哲学全书》已省略了“相互承认”的“普遍自我意识”阶段以后的诸阶段，例如“斯多葛主义”、“怀疑主义”、“苦恼的意识”)，仅仅以上所说的由杀死他人到视他人为奴到相互承认对方的独立自主性，就足以说明，建立在“万物一体”基础上的“民胞”精神是在通过有限、超越有限的漫长道路上磨炼出来的，人并不是一下子就达到这种高远境界的。人类历史是如此，当今人们意识的发展也是如此。人类历史经历了原始社会、奴隶社会、封建社会以至如今，思想家们才大谈在黑格尔所讲的“相互承认”的“普遍自我意识”基础上发展起来的“互主体性”和人与人之间的平等对话；而就当今人们的意识来说，主奴意识仍在很多人的意识中占主导地位，平等对话往往还是犯忌讳之词，可见超越有限之路是要在漫长的、忍受对立矛盾的痛苦中走过的。黑格尔说，主奴意识的基础是“霸权”①这和“民胞”精神的基础是“万物一体”正好形成鲜明的对比。但我相信人们在超越有限的道路上必将战胜“霸权”而进入“万物一体”之境，尽管这条道路是漫长曲折的，是异常艰苦的。

四

由此可见，我们所崇尚的“万物一体”、“天人合一”的境界既是高远的，又不是“奥秘的”。这种境界就在现实的、有限的事物之中，就

---

① 参阅拙著《论黑格尔的精神哲学》，39页，台北，唐山出版社，1995。

在人与物打交道的具体活动之中和人与人的生活交往之中，就在人类社会历史的发展过程之中。只要人们不死盯住有限的在场的东西，而放眼于不在场的东西，认识到不在场的东西也是现实的，是与在场的东西结合为一的，这无限广阔的境界就会出现在当前。所以“奥秘的”境界又是“公开的”——是人人都可企及的，当然，这需要经过艰苦的长期的磨炼。中国儒家主张“去私”，庄子主张“心斋”、“坐忘”即“去智”，在他们看来，这些就是超越有限之路。其实，“私”也者，“智”也者，都是主客二分的产物，人不可能不生活在主客二分之中，不可能没有“私”(非指损人利己之私)，不可能不要“智”(关于儒家是否绝对地否认私，庄子是否绝对地否认智的问题，兹不具论)，问题在于既要经过“私”和“智”，又要从“私”和“智”中挣扎出来。“私”和“智”是有限的在场的东西[①]，而从中挣扎出来，看到不在场的东西，这就是超越有限，进入无限(再重复一句，这里的无限是指现实中时间之内的无穷进展)。有“私”有“智”而从中挣扎出来，这就有痛苦，有磨炼，所以超越之路意味着痛苦和磨炼之路，高远的境界与忍受痛苦是不可分离的。那种以为脱离红尘、不识不知就是“天人合一”、“万物一体”的圣洁清高的看法，把“天人合一”、“万物一体”理解为单纯的悠闲自在、清静无为的看法，是对超越的误解，这种所谓“超越”实无可超越者、无可挣扎者，既无痛苦磨炼，也谈不上圣洁高远。

我在上面所用的“磨炼”一词，其具体意义实系指在意识发展过程中获取教训，相当于黑格尔《精神现象学》“导论”(“序言”中也提到过)中所用的“经验”一词的含义。黑格尔《精神现象学》一书最初用的副标

① 关于普遍规律和概念之类的“智”是“恒常的在场物”这一点，我在其他许多论著中已多次讲过，这里就不再论述了。

题是“意识的经验的科学”，意思是，意识在自己的发展过程中认识到，原先以为是外在于主体的对象或客体，实际上是与主体同一的，也就是说，原先以为是真的，后来才认识到那种认识是不真的，只有认识到客体与主体是同一的才是真理。这种认识上的“转换”就叫做“经验”。其实，黑格尔的“经验”也可以说是一种教训，教训就是认识到原先以为是真的后来才知道是不真的。黑格尔在《精神现象学》中所描述的意识发展过程就是一个不断接受经验教训的过程：意识发展过程中的每一个阶段，在其当时，总自以为是真的，后来才知道此一阶段仍然是把客体看作是外在于主体的，因而是不真的，意识于是向前发展到下一阶段以克服这种主客的相互外在性与对立性，但下一阶段自以为是真理的认识，等到后来又认识到此种认识仍然没有克服主客的相互外在性与对立性，意识因而又不得不再向前发展。……如此递进，以至最后达到主客的绝对同一即“绝对知识”。我称这一过程为“磨炼”，就是取其不断地接受教训之意。黑格尔是集传统的主客关系思维方式之大成的哲学家，他强调通过意识的“经验”过程或者说通过认识上的不断“转换”过程所要达到的目标是主体与客体的最终的同一，即认识到所谓外在于主体的客体最终是与主体同一的。我们参考西方现当代人文主义思潮的哲学观点，认为意识所经过的“转换”过程，或者说“磨炼”，乃是要把死盯住在场的东西的观点不断地“转换”为与无穷的不在场的东西结合为一的观点，这一过程也是漫长曲折的，而且是永无止境、无穷进展的，因为在场与不在场相结合的“万物一体”是无穷无尽的统一体，不是一个最圆满的所谓“真无限”的概念。且举黑格尔所用的杀死他人的野蛮观点到蓄人为奴的观点再到相互承认每个人的独立自主性的观点为例。黑格尔是站在传统形而上学的立场以此说明主客的对立同一，我则想以此说明如何从死盯住在场的观点发展到在场与不在场相结合的观点。杀死他人的野蛮观点乃是只看到在场的自我，完全抹杀构成自我之存在的背后的根源即他人。这种野蛮观点必然会使人接受一种教训：没有他人的生命与存在就没有自我。人们的意识于是发展到蓄人为奴的观点。蓄人为奴虽然是不公平的，但较之杀死他人毕竟在认识自我背后的不在场者方面前进了一步。主奴意识是一种霸权意识，这种人也是只盯住在场的东西，认为权势财富这些眼前的东西是最真实、最现实的，看不到隐蔽在他的权势财富背后不在场的根源是被统治者、被压迫者，他们才是真正的主人。霸权主义者在社会生活的进展过程中最终也会接受社会或历史的教训与惩罚，认识到他人和自我具有同等的独立自主性，意识的发展就这样进到"相互承认"、"互主体性"以至人己一体的境地。"万物一体"、"民胞物与"的境界就是这样一步一步地通过不断接受教训和磨炼才达到的。超越之路是艰苦的，需要有自强不息的精神与勇气。

人类的思想史是一个企盼超越有限的历史：原始思维没有普遍性的类概念，一切都用有限的个别的东西来指示。① 普遍性概念的发生使人们从有限性和个别性的束缚中解放出来，是人类思想史上的一个巨大进步，是对有限性的第一次巨大的超越。但以柏拉图和黑格尔为代表的西方传统形而上学却标志着人类思想对普遍性概念的过分夸大，以致普遍性概念被这类哲学家们不同程度地抬高到超出时间之外和之上的抽象领域，这样的超越最终使哲学变得脱离现实和人生，令人见而生畏。现当代人文主义思潮的哲学家们批判了超时间、超现实的概念哲学，主张哲学的真理和人生的最高意义与价值就在时间性之

① 参阅[法]列维—布留尔著：《原始思维》，162，163，164，170页，北京，商务印书馆，1981。

内的现实世界之中，但又认为这种真理和人生的意义不在于死盯住当前的在场的东西，而在于超越这种在场的东西的有限性，体悟到隐蔽在其背后的与之相联系的不在场的东西的根源性，体悟到在场与不在场的一体性。这种对有限性的超越不是从时间之内的现实物超越到非时间性的抽象概念王国，而是现实世界之内的超越，是不脱离现实的超越，这是人类思想发展史上的第二次对有限性的巨大超越，它使人们的注意力从抽象的天国回到具体的人间，把哲学和人生变得更具诗意。我在拙著《进入澄明之境——哲学的新方向》的“导论”中把前一种超越叫做“纵向的超越”，后一种超越叫做“横向的超越”。我以为“横向的超越”相对于“纵向的超越”来说，是人类思想发展史上更进一步的大解放，探索“横向超越”的超越之路具有极其现实的意义。

后　记

我在1962年41岁时就出版过一本《黑格尔精神现象学述评》(上海人民出版社)的小册子，由于时代的原因，当时主要是立足于批判黑格尔哲学的唯心主义，即使是对他的“合理内核”，也理解得非常肤浅。屈指38年，我已经是白发苍苍的老人了，面对青年时期讲过的同样一本书，同样一些道理，我更深切地体会到黑格尔的一句名言的含义：青年时期讲过的那些同样的真理，出自老年之口，却包含着他由少而壮、由壮而老的全部生活阅历及其意义。我现在写的这本《解读黑格尔精神现象学》不仅在篇幅上比先前的《述评》扩大了两倍，而且在观点上和解释上都有大不同于过去的新见，主要是从西方现当代思潮最前沿的观点解读黑格尔。这里凝结着我个人38年来由青年人变成老年人的生活经历，其中特别包括我近10多年来阅读西方现当代人文主义哲学家们对黑格尔思想著作的评论和解读的心得体会，当然也凝结着国际思潮的变迁特别是我国近40年来时代的风云变化所给我的影响。黑格尔《精神现象学》所描绘的是人的自我实现的漫长曲折的战斗历程，我深感现在的这本《解读》，对比过去的那本《述评》来说，也是经历了近40年来风雨苍黄的产物。这本《解读》和我过去论黑格尔的那些著作不同的是，它不完全是讲解黑格尔哲学的哲学史著作，而且融汇了我个人近一二十年来的哲学思想和观点。在这方面，我希望有兴趣的读者能特别细读本书第十章“真无限？坏无限？”。

《精神现象学》是一部极其晦涩难懂的书，它刚一问世，就遭到读者在这方面的责难。为了把这本《解读》写得能让更多的人接受，我原想摆脱黑格尔原著原文和术语的羁绊，完全按照我个人对《精神现象学》的体会，用自己的语言来行文，就像美国新黑格尔主义者鲁埃士关于《精神现象学》的讲演那样，这样的做法显然有利于快速地把握原书的大意，但很难让读者把我的《解读》与黑格尔的《精神现象学》原著相对照，对于读懂原著来说，收效不大。因此，我仍然采取了大体按原书段落的顺序引证必要的原文和专门术语和夹述夹议夹解释的办法；这样做，文字上难免有些梗塞，但我还是尽量设法增加了书的可读性。读者如想快速了解《精神现象学》的大意，建议先读我的“序”、“导言”中的“精神现象学”部分和第十一章中鲁埃士部分以及附录一：“超越之路”。《精神现象学》的“导论”，是《精神现象学》这本晦涩的书中最晦涩的部分，海德格尔对“导论”作了逐段的解释，他的解释非常深刻，特别是对理解黑格尔到现当代哲学的过渡很有启发，但他写得比黑格尔的原文还要晦涩，我在《解读》的第二章“《精神现象学》的‘导论’”中虽尽量努力把海德格尔的解释写得通俗些，但仍需读者具有加倍的耐心。我想，读者如果没有这方面的兴趣，可以略去这一章不读。

1962年我的那本《述评》问世时，《精神现象学》的中译本下卷尚未出版，因此本书第六章“精神”和以后的章节中所引用的《精神现象学》原文只能由我自己译自荷夫迈斯特德文本，这次因时间比较仓促，没有来得及一一改引后来出版的中译本下卷，希望得到中译本译者的理解。

附录一“超越之路——《精神现象学》的启发”是一篇独立的文章，但它是受《精神现象学》的启发写成的，对读者理解《精神现象学》或将有所助益，特附录于本书之后。

年表除按时间顺序罗列了黑格尔本人的事迹外，还增加了与黑格尔有较深关系的“同时代人”一栏，以便读者联系黑格尔当时所处的环境特别是学术环境来了解黑格尔。

本书不当之处，敬希读者指正。

2000年10月15日

于北京大学中关园

黑格尔《小逻辑》中文版(人民出版社)序*

黑格尔是德国古典唯心主义之集大成者，他结束了西方传统形而上学的旧时代。黑格尔死后，西方现当代哲学家大多对黑格尔哲学采取批评的态度，但正如他们当中一些人所说的那样，现当代哲学离不开黑格尔，甚至其中许多伟大的东西都源于黑格尔。在中国，自 20 世纪初就有些学者致力于黑格尔哲学的介绍、翻译与评论。1949 年中华人民共和国成立以后到 1976 年所谓“文化大革命”结束，大家所广为传播的观点是按照列宁的说法把黑格尔哲学看成是马克思主义的“三个来源”之一，一方面批判黑格尔哲学，一方面又强调吸取其“合理内核”，黑格尔是当时最受重视的西方哲学家。1976 年以来，哲学界由重视西方古典哲学转而注意西方现当代哲学的介绍与评论，黑格尔哲学更多地遭到批评，其总体地位远不如从前了，但不少学者对黑格尔哲学的兴趣与研究却比以前更加深沉、更多创新。“文

---

* 本篇选自梁志学译：《黑格尔逻辑学：哲学全书》第一部分，北京，人民出版社，2002。

化大革命”前大家所熟悉的黑格尔重要著作《小逻辑》今天第一次按德文原版翻译出版，便是一个明证。黑格尔无论在西方还是在中国，其名声的浮沉，其思想影响的起伏，正说明他的哲学在人类思想史上所占的历史地位时刻不容忽视，即使是在它遭到反对的时候。他的哲学体系之庞大，著述之宏富，思想内容之广博和深邃，在中西哲学史上都是罕见的；黑格尔特别熟悉人类思想史，他的哲学像一片汪洋大海，融汇了前人几乎全部的思想精华；他的著作又往往不是以完成的形态出现；未发表的手稿和听众的课堂笔记层出不穷；加上他生活在人们常说的“德国不幸的岁月”里，不得不采取中国人所说的“为人宜直”、“为文宜曲”的风格，写出一些讳莫如深、模棱两可的文字；当然还有他个人文笔的晦涩——所有这些都增加了我们对黑格尔哲学作整体把握的难度。对于我们中国读者特别是不通德文的读者来说，这种难度当然要更大一些。但只要我们耐心琢磨，仔细玩味，这气象万千的世界必能给我们提供各式各样的启迪和收益，包括一些因受黑格尔思想的启发而提出的反对意见和观点。对于一个作为辩证法大师的黑格尔来说，如果他死而有知，他一定会因为今人在不断变迁的时代里对他的观点和结论提出异议而感到欣慰的。

黑格尔的哲学体系分为逻辑学、自然哲学和精神哲学三部分。关于逻辑学的部分，黑格尔写过两部著作：第一部是他早期出版的《逻辑科学》，第二部是后来出版的《哲学百科全书》中的第一部分逻辑学。后者因篇幅较前者小了一半，被人们称之为《小逻辑》，以别于《大逻辑》，《大逻辑》是后人对《逻辑科学》一书的称呼。《小逻辑》大体上是《大逻辑》的提要。两者的主要差别在于：一、《大逻辑》“量论”部分有很多关于数学方面的材料在《小逻辑》中被删减了。二、《小逻辑》中论哲学和逻辑学的性质与方法部分比《大逻辑》更为详细，而关于西方近代哲学的主题——思维与存在的关系问题亦即黑格尔在《小逻辑》中所说的“思想与客观的对立问题”——的内容则是《大逻辑》所缺乏的。三、在思想观点方面，《小逻辑》比《大逻辑》显得更为成熟；在内容和行文上《小逻辑》比《大逻辑》更为简洁，特别是各节的附释大多是他的学生笔记，文字上尤为通俗易懂、生动活泼。《小逻辑》的这些特点和优点使它更能广为读者所接受和喜爱。

大家都知道，黑格尔的逻辑学不是形式逻辑。他的逻辑学名为逻辑，实为形而上学或本体论，亦即关于存在本身的理论和研究，或者用黑格尔自己的语言来说，就是研究“事物的本质”的学问。黑格尔认为，万事万物(一切自然现象和精神现象都包括在内)之本质或根底是概念(理念)，概念是万事万物都具有的“最一般的、最基本的规定、范畴”(黑格尔语，下同)，如有、无、变、一、多、质、量、度、本质、现象、原因、结果、相互作用等等，它们是一切具体事物之所以可能的逻辑前提或理由，用西方哲学的一个专门术语来说，它们是“逻辑上在先的”。黑格尔的逻辑学就是研究这样一系列“纯粹概念”(“纯粹理念”)的科学。所谓“纯粹”，就是说，这样的概念不是具体的特殊的感性事物的概念，如桌子的概念、马的概念，而是指一切事物都具有的“最简单的、最基本的，而且是人人最熟知的概念”，也可以说，它们是最普遍的、最抽象的概念，但它们又是“逻辑上在先的”。

但是，黑格尔是一个很重视现实的哲学家，他正确地看到，在现实世界中，“一”、“多”、“质”、“量”等概念总是同感性事物结合在一起的，现实世界中绝没有离开感性事物的概念，例如，没有离开一块石头，一棵树、一匹马的所谓纯粹的“一”，没有离开多块石头、多棵树、多匹马的所谓纯粹的“多”，没有离开石头、树木、马匹的所谓纯粹的“质”，没有离开石头、树木、马匹的所谓纯粹的“量”，如此等等。逻辑学所讲的“纯粹概念”如果脱离感性事物，则逻辑学只能是一个不现实的、抽象的“阴影的王国”。因此，黑格尔认为哲学不能仅仅停留于逻辑学，它必须前进到自然哲学以至于精神哲学，这也就是说，逻辑学的“纯粹概念”必然表现于万事万物之中，黑格尔把这种向外的表现叫做“外化”。“外化”并不是指时间上先有“纯粹概念”，只是到后来的某个时候，“纯粹概念”才一变而为自然事物。相反，黑格尔明白承认，尽管理念是“逻辑上在先”的，或者用他自己的话说，是“绝对在先的”，但另一方面，“自然在时间上是最先的东西。”①“外化”的意思不过是说，“纯粹概念”是万事万物的根本和核心，是万事万物之所以可能的前提，但是单有可能性，还不是现实性，单有核心，没有外表，还不是真实的事物，只有通过“外化”，事物才是结合核心与外表、本质与现象于一体的现实的真实的事物。黑格尔说：“包含在单纯逻辑理念中的认识，只是我们思想中的认识的概念，而不是认识的现成的本来的面貌，不是现实的精神，只是现实精神的单纯可能性”②。我们说“纯粹概念”是“逻辑上在先”，这就表明“纯粹概念”只是从逻辑上讲，从道理上讲是“在先的”、根本的、第一位的，但它们本身并不是现实的事物。关于这一点，英国黑格尔学者瓦拉士(W. Wallace)讲得很好，“纯思想的领域只是理念的幽灵——知识的统一性和实在性的幽灵，它必须再赋予血肉。逻辑的世界仅仅是(用康德的话来说)自然和精神的可能性。它是第一位的。”③黑格尔把逻辑学看成是讲事物的“灵魂”的哲学，把自然哲学和精神哲学看成是

① 黑格尔：《自然哲学》，28页。

② 黑格尔：《精神哲学》，《黑格尔全集》第10卷，20页。

③ 瓦拉士：《黑格尔的精神哲学》，12页。

“应用逻辑学”，这正是就“纯粹概念”比起自然现象与精神现象来是“逻辑上在先”而言，但离开了自然现象与精神现象的“纯粹概念”，则失去其为灵魂的意义，而成为无血无肉、无所依附的幽灵。

黑格尔在《小逻辑》中说：“自然哲学，研究他在的或异在的理念的科学。”[1]这句话的意思无非是说，自然现象中潜存着理念，潜存着“有”、“无”、“一”、“多”、“质”、“量”、“本质”、“现象”、“原因”、“结果”等概念，自然现象不过是理念之表现。例如，“一”这个“纯粹概念”在自然现象中就表现为一块石头、一棵树、一匹马，“多”这个“纯粹概念”在自然现象中就表现为多块石头、多棵树、多匹马，如此等等。概念是一种精神性的东西，只不过在自然现象中，概念是以一种无意识的、“冥顽化”的形式而存在的，只有人的意识活动才把概念从自然事物中解脱出来，也就是说，只有人的思想意识才能从现实的自然事物中抽象出概念。

在自然界的发展过程中，逻辑理念这种精神性的东西能逐步克服自然现象的外在性，逐步克服自己在自然阶段中所处的无意识的、“冥顽化”的状态，从而达到有意识的状态，这就产生了人，产生了精神。“精神是自然的真理性和终极目的，是理念的真正现实。”[2]“精神是从自然界发展出来的。”[3]“自然恰恰不是一种自身固定不变的、已经完成的独立东西，它即使离开精神也能持续存在，相反的，自然只有在精神里才达到自己的目标与真理。同样，精神在自己方面也并不单纯是自然的一个抽象的彼岸东西，相反的，只有精神把自然作为扬

① 黑格尔：《小逻辑》，51页。

② 黑格尔：《自然哲学》，34页。

③ 同上书，617页。

弃了的东西包含到自身，精神才是真正的精神，才证实自身是精神。”①可以看到，黑格尔是承认“自然在时间上是最先的东西”的事实的。不过，黑格尔又并不停留于这一简单事实的承认，作为一个客观唯心主义者，他认为，精神不仅仅表现为它的抽象形态——逻辑理念，“不仅仅是自然界的形而上学理念”，因而不仅仅逻辑上“存在于自然界之先”，② 而且精神作为有能动性的东西，有能力克服和扬弃它的否定面——自然事物，它是“自然界的目标”③，或者说“目的和真理”，而精神作为预悬的目标，也可说是在自然界之先的。当然，这里的“在先”，不是指经验上的，而只是指精神暗藏或包含在自然界之中，自然界预先以精神为自己发展的终极目的。所以黑格尔说：“自由的精神作为自然界的目标是先于自然的，自然界是由精神产生的，然而不是以经验的方式产生的，而是这样产生的，即精神以自然界为自己的前提，总是已经包含于自然之中。”④

黑格尔认为，精神不仅先于自然(就其作为自然界预悬的目标而言)，而且就下述意义而言还先于逻辑理念：按照黑格尔哲学的基本理论和方法，他的每一个三位一体都是一个对立面的统一体，都是“具体真理”，其中的正与反分开来看各自都是抽象的、片面的，而合则是正与反的“真理”，——是具体的和现实的东西，在这个意义下，合比起正与反来，是“在先的”。同理，精神是逻辑理念与自然界的合与统一，因而精神先于逻辑理念和自然。逻辑理念是精神的抽象形态，是未发现于外的精神，不是现实中存在着的精神，因而是片面

① 黑格尔：《小逻辑》，188 页。

② 黑格尔：《自然哲学》，617 页。

③ 同上。

④ 同上。

的；自然本身的特点是外在性，没有统一性，它是抽象精神的反面，因而也是片面的。在人的精神中，精神从自然的外在性中又回复到了自己，不过不是简单回复到原来的逻辑理念的抽象状态，而是进一步达到了具体的、现实的状态。“精神哲学，研究由他在返回到自身的理念”①人一方面是自然的一部分，一方面又是有理性的，所以人是自然和理念的统一。黑格尔说：“对于我们来说，精神以自然为其前提，而精神乃是自然的真理，从而是自然的绝对第一者（absolut Erstes，绝对在先者）。”②“关于精神的知识是最具体的，因而是最高的和最困难的”③。这里所说的“关于精神的知识”，就是指精神哲学。黑格尔在这里明确地告诉我们，精神是万事万物的“真理”，是最具体、最现实的东西，而精神哲学——关于人的学问则是“最高的”学问。这里所谓“最高”，就是指它的对象——精神，比起逻辑学和自然学的对象——逻辑理念和自然来，是最具体、最现实的东西。

黑格尔认为，精神的特点是自由，所谓自由，不是任性。“自由正是精神在其他物中即在其自身中，是精神自己依赖自己，是精神自己规定自己”④。所以精神乃是克服分离性、对立性和外在性，达到对立面的统一；在精神中，主体即是客体，客体即是主体，主体没有外在的客体的束缚和限制。整个自然界的发展就是趋向于这种统一和自由的境界，这就是精神出于自然而又高于自然之所在，也是精神哲学之所以是最高的学问之所在。

根据以上所说，逻辑学、自然哲学与精神哲学三者间的关系可以

---

① 黑格尔：《小逻辑》，51 页。

② 黑格尔：《精神哲学》，《黑格尔全集》第 10 卷，19 页。

③ 同上书，9 页。

④ 黑格尔：《小逻辑》，72 页。

概括为以下三点:

一、从"逻辑上"说,理念是在先的东西(即所谓"逻辑在先"),在这个意义下,逻辑学是讲事物的"灵魂"的哲学,自然哲学和精神哲学不过是"应用逻辑学"。

二、从时间上说,自然是最先的东西,它先于人的精神,先于逻辑理念。

三、从自然预先以精神为自己发展的目标来说,精神先于自然;从精神是理念和自然的统一与"真理",是最现实、最具体的东西来说,精神更是"绝对在先者"。精神哲学是最高的科学。

以上这些,既说明了黑格尔哲学体系三部分的关系,也说明了逻辑学在黑格尔哲学体系中所处的地位。我以为只有明白了这些,才能理解黑格尔的逻辑学之为本体论的意义。

我们平常都说,黑格尔的逻辑学既是本体论,又是认识论,二者是统一的。他的逻辑学之为本体论的意义已如上述。下面谈谈他的逻辑学之为认识论的意义。这主要是就其逻辑学中概念系列推移转化的过程与人的实际认识过程相一致而言的。

黑格尔在他的著作《精神哲学》中直接描述了个人的实际认识过程,即"按照时间的次序"人由最低级的感性认识到对事物"形成概念"的认识过程。逻辑学中的概念体系就是经过精神哲学所描述的实际认识过程才达到的。但逻辑学中一系列"纯粹概念"本身的进展又是以《精神哲学》中漫长的经验认识过程为依据的,也就是说,逻辑学中"纯粹概念"的发展序列同《精神哲学》中经验认识各阶段的发展序列大体上是相应的。逻辑学不过是以逻辑的"纯粹概念"的方式表达人的实际认识过程的学说。我们平常说,黑格尔的逻辑学就是认识论,这只是在上述意义下来说的,但二者还不能完全等同。逻辑学是关于思想、概念的学说，它只是以思想、概念的方式表述人的实际认识过程，至于直接地具体地描述人的认识过程，则是精神哲学的任务。①

逻辑学中概念系列之按照人的实际认识过程而推移转化的具体情况大体如下：逻辑学第一部分“存在论”所讲的概念如有、无、变、质、量、度等是指直接性的认识阶段，尚未深入认识到直接的东西的背后，所以这一部分中诸概念的推移转化乃是指从一个直接的东西“过渡”到另一个直接的东西。第二部分“本质论”所讲的概念如本质、现象、现实、原因、结果、相互作用等是指间接性的认识阶段，即深入到直接表面东西背后的底层的认识，所以这一部分中诸概念的推移转化不再是指从此一直接表面到彼一直接表面的“过渡”，而是表层与底层相互“反思”(“反映”、“反射”)的关系，这里的概念都是两个对立面(如本质与现象)成双成对地联袂而来。第三部分“概念论”中的概念是直接性与间接性、存在与本质的统一，是包含间接性在内的更高一级的直接性。“概念论”中诸概念范畴间的推移转化不同于“过渡”和“反思”，而是“发展”。“发展”是对“反思”关系中对立双方间的相互外在性的超越和克服。“概念论”中的诸概念范畴是相互区别的东西融合成为一个有机的、内在的整体，“发展”乃是这同一个整体所包含的各种潜在因素的发挥与实现。所以“概念论”中的概念不再有先前的“本质论”中的那种相互限制性(外在性)，而是达到了自由。“概念是自由的原则”。“概念论”的最高范畴，即“绝对理念”，就是绝对的自由。

逻辑学中概念的全部推移转化过程和黑格尔《精神哲学》所描述的认识过程一样(也和他的整个哲学体系一样)，是主体不断克服其与客

① 详见拙著《论黑格尔的精神哲学》，79—88页，上海，上海人民出版社，1986。

体的对立性和外在性而达到主客统一的过程，也是一个从必然转化为自由的过程。这是黑格尔逻辑学和认识论的共同特点。

关于哲学所属门类的划分法，哲学史上各家异说纷纭，莫衷一是。当前一般最流行的看法是把哲学的内容分为本体论、认识论(包括方法论)和价值论(伦理学、美学等)。而本体论和认识论乃是一种哲学的基本观点之所在。黑格尔的逻辑学既是本体论，也是认识论，所以读者如能理解黑格尔的逻辑学，也就掌握了黑格尔哲学的基本思想观点和基本内容。

*　　　　*　　　　*

尽管黑格尔强调概念的具体性，强调逻辑概念不能脱离具体事物，强调无时间性的“纯粹概念”不能脱离有时间性的人类历史(西方现当代人文主义思想家们一般都继承了黑格尔思想的这一方面而主张人与世界的交融合一，强调超越“主体—客体”的框架)，但只要承认和允许有一个无时间性的逻辑概念的王国，那就始终会面临一个有时间性的环节(认识过程、历史过程)如何与无时间性的环节(纯粹概念)统一起来的问题，或者用黑格尔《自然哲学》中的话语来说，也就是有时间性的“持久性”与无时间性的“永恒性”之间的鸿沟如何填平的问题。① 无论黑格尔怎样强调认识和历史的“持久性”多么漫长、曲折，最终还是回避不了如何由“持久性”一跃而到“永恒性”、如何由现实的具体事物一跃而到抽象的逻辑概念的问题。黑格尔由于最终把抽象的“永恒性”的“纯粹概念”奉为哲学的最高原则，用普遍概念的王国压制

① 详见拙著《自我实现的历程——解读黑格尔〈精神现象学〉》，190—192页，济南，山东人民出版社，2001；并参阅黑格尔：《自然哲学》“导论”。

了在时间中具有“持久性”的现实世界，他的哲学被西方现当代哲学家贬称为“概念哲学”或“传统形而上学”的集大成者。但无论如何，黑格尔哲学既是传统形而上学的顶峰，又蕴涵和预示了传统形而上学的倾覆和现当代哲学的某些重要思想（例如上述超越主客式的人与世界融合为一的思想），现当代许多批评黑格尔哲学的大家们往往是踩着黑格尔的肩膀起飞的。可以说，不懂黑格尔哲学特别是他的逻辑学，就既难于理解西方古典哲学，也难于理解西方现当代哲学，它是通达西方哲学以至整个西方思想文化的一把钥匙。

2002年4月26日

于北京大学中关园

现象学口号“面向事情本身”的源头——黑格尔的《精神现象学》

——胡塞尔与黑格尔的一点对照*

一

平常一提到“面向事情本身”，大家立刻就会想到，这是胡塞尔提出的现象学口号，很少注意到它与黑格尔之间的深切关系；平常讲胡塞尔的现象学或黑格尔的精神现象学，也很少着重把两者“加以对比或联系”①。但是只要仔细考察一下“面向事情本身”的内涵，就不能不使我们从胡塞尔联系到黑格尔，联系到黑格尔的《精神现象学》。

我们过去经常说，黑格尔是西方传统形而上学之集大成者，其实，我们更应该着重说，黑格尔是他死后的西方现当代哲学的先驱。这主要是指他的《精神现象学》一书而言，《精神现象学》突出地体现了他对西方传统的“主客二

---

* 本篇原载《江海学刊》2007 年第 2 期；《人大复印报刊资料》2007 年第 6 期转载。

① 参见贺麟、王玖兴译：《精神现象学》，译者导言，北京，商务印书馆，1962。

分”思维方式的批判，为西方现当代哲学中人与世界融合为一的基本思想铺垫了宽广的道路，对现当代现象学的建立起了积极的作用。

西方现当代现象学的标志性口号是“面向事情本身”，而这个口号实质上最早是黑格尔在《精神现象学》的序言中提出的。这个口号的内涵，即使在现当代现象学这里，其实质也只有从黑格尔《精神现象学》关于“实体本质上即是主体”的命题和思想中得到真切的理解和说明。

《精神现象学》序言一开始就指出，哲学或真理本身绝不是在单纯的最后结论中就能得到表达的。一般人总以为在最终的普遍性结论中就表达尽了事情本身，而不注重达到这个结论的特殊性过程。黑格尔断言，这种看法，或者用黑格尔自己的表述，“这样一种做法(ein solches Tun)”，“实际上是回避了事情本身(die Sache selbst zu umgehen)”，“因为事情并不穷尽于它的目的，而是穷尽于其实现中，实际的整体(das wirkliche Ganze)也不是结果，而是结果连同其成为结果的过程”。① 黑格尔还接着说：像这样只重目的或结果，只重不同结果之差异和判断的工作，不是“致力于事情”(mit der Sache sich zu befassen)②。黑格尔这里所说的“致力于事情”和上面所说“回避了事情本身”中的“事情本身”，就是后来的现象学派所谓“面对事情本身”或“回到事情本身”这一口号的源头。

黑格尔所谓“事情本身”(die Sache selbst)究竟是指的什么呢？他所谓“实际的整体”或真理之“结果连同其成为结果的过程”，究竟包含

---

① *Hegel Werke* 3，*Theorie Werkausgabe*，S. 13，Suhrkamp Verlag，1983.

② 同上。

什么样的含义呢？这个问题实际上就在随后所提出的"实体本质上即是主体"的命题中有了明确的回答。"一切在于把真的东西(das Wahre)不仅理解和表述为实体(Substanz)，而且同样理解和表述为主体(subjekt)"。"活生生的实体，只是就其为建立自身的运动或只是就其为自我转化和自我之间的中介时，它才是作为真正是现实的存在"。① "说真的东西只有作为体系才是现实的，或者说实体本质上即是主体，这乃是绝对即精神的观念中所要表达的"②。黑格尔这几段话说明，他所谓"事情本身"，就是"实体本质上即是主体"这一真理结论连同实现这一结论的"过程"——"体系"。在黑格尔看来，"意识"(das Bewusstsein)具有两个环节：一是属于自我的认识，一是认识的对象。所谓"实体"，就是"自我的对象"。③ 在意识中，自我与实体之间必然发生"不一致性"(Ungleichheit)，这就是"否定的东西"(das Negative)。黑格尔认为，正是这种"否定的东西"成为意识的"灵魂"，它推动着实体自身向着主体的方向活动，这个推动者不是来自实体之外，而就是实体自身(das Selbst)，故此种向着主体方向的活动即是实体自身的活动。实体在意识中的活动之初，表现为自我与其对象之间的"不一致性"，表现为主体与客体之间的对立，黑格尔把这种处于最初阶段的意识称为"自然意识"(das natuerliche Bewusstsein)。但随着实体自身的前进性活动，实体愈来愈表现为主体，认识对象愈来愈表现为作为认识者的自我，而当实体完完全全地表现自己即是主体之时，实体与主体之间的对立，主客之间的对立，存在与知识之间的对

① *Hegel Werke* 3，*Theorie Werkausgabe*，S. 23.

② 同上书，S. 28.

③ 同上书，S. 39.

立，也就完全被克服了，主客融合为一：实体、客体成了直接属于自我、主体的所有物。黑格尔的精神现象学，其全部内容就是对实体如何成为主体的活动过程的描述，也可以说，就是对人的意识经验如何克服实体与主体、存在与知识之间的对立或“不一致性”而使二者融合为一的过程。而当这种对立完全被克服，实体、客体完全成了自我、主体的所有物之时，“精神现象学也就此结束了”①。因此，为了具体说明和理解黑格尔的“实体本质上即是主体”这一命题的内涵，就有必要浏览一下整个黑格尔的精神现象学。这也就是为什么黑格尔说，他的“这种见识，只有通过对整个体系的陈述才能得到辩解”②。

《精神现象学》所描述的意识的经验发展过程，开始于“感性确定性”，这是此漫长过程的最原始的阶段。在此阶段，实体——认识的对象最少主体性，它纯粹地只是“这一个”而已，至于“这一个”是什么，认识者毫无所知，认识者对它只能“意谓”到它存在着。这也就是说，当对象(实体)处于意识的最初阶段时，由于主体性的缺乏，对象(实体)只能是一个 x，实际上什么也不是，它是一个无任何意义的东西。

当意识的自身活动由“感性确定性”阶段发展到了“知觉”阶段时，认识的对象则能表明自己“是什么”，例如认识到这是盐，它是白的、咸的、立方形的等等。这就说明，随着意识的前进性活动，对象(实体)的意义也开始产生了，它不再是什么也不是的、无意义的东西，而是能表明自己是什么的东西了，尽管在“知觉”的阶段里，对象(实体)所表明的“是什么”还是表面的、初步的。

---

① *Hegel Werke* 3，*Theorie Werkausgabe*，S. 39.

② 同上书，S. 22.

比"知觉"更高的阶段是"知性"。在"知性"阶段里，意识表现了对象(实体)的本质、法则，对象(实体)的意义随着意识自身的前进性活动而更加丰富了。

大体上按照上述的思路，黑格尔用了《精神现象学》一书的几乎全部篇幅，把意识的全部活动，从个人的意识活动到整个社会历史文化的活动(包括道德、艺术、宗教、哲学等等)，都作为意识由实体而成为主体的发展过程来加以描述，直至最后到了"绝对知识"阶段，存在便完全认识到自己即是自我，实体完全表明自己即是主体，于是意识最初以为独立自在的对象完全转换为对意识而言的东西，自我与存在、主体与客体的分离、对立完全得到克服而同一起来了。这样，《精神现象学》所表述的意识发展史，也就可以说，即是实体不断地由自在的、"无自我的存在"(selbstlose Sein)显现为"为自我的存在"(Sein fuer das Selbst)和"自我的存在"(Sein des Selbsts)的发展史。① 在实体完全表明自己即是主体的"绝对知识"以后，实体——认识对象，因具有全部主体性，其意义也就达到了最丰富的程度，它由最初的什么也不是("感性确定性")的阶段达到了具有全部社会历史文化(道德、艺术、宗教、哲学等等)的内涵的阶段(绝对知识)。

二

黑格尔《精神现象学》出版将近一百年以后，胡塞尔在《逻辑研究》第一卷(1900)中重新提到了"走近事情本身"的口号："只要不作一般性的辩论，而是走近事情本身(an die Sachen selbst herantritt，面对

---

① *Hegel Werke* 3，*Theorie Werkausgabe*，S. 584.

事情本身)，迷惑就会消失。”[①]在《逻辑研究》第二卷(1901)第二部分中又提到：现象学的一切都出自“一种实实在在地靠近事情本身的(an die Sachen selbst herankommenden)、纯粹朝向其直观自身被给予性的研究之中……”[②]10年以后，胡塞尔在《哲学作为严格的科学》(1911)中又说：“我们必须探问事情本身。”“研究的动力必定不是来自各种哲学，而是来自事情与问题。”[③]在《纯粹现象学与现象学哲学的观念》一书(1913)中，胡塞尔更明确地提出了“回到事情本身”的口号：“对事情做出合理的或科学的判断，意即指向事情本身，更确切地说，即从谈论和意见回到事情本身(auf die Sachen selbst zurueckgehen)，依照自身被给予状态(Selbstgegebenheit，自身被给予性)查阅它，而去除一切不相干的成见。”[④]胡塞尔所有这些关于“走向事情本身”、“回到事情本身”、“指向事情本身”的呼声，按照他自己的解释，就是指“纯粹按照其直观的自身被给予性”[⑤]，而“去除一切不相干的成见”[⑥]，亦即排除关于一切外在于意识之存在的成见或预先假定，而纯粹地专注于事物如何被给予我们、如何显现于我们的意识之前的描述。为了达到这一目的——“指向事情本身”、“走近事情本身”、“回到事情本身”，胡塞尔运用了“悬置”、“现象学还原”、“先验还原”、“本质还原”等术语和观点。“悬置”、“还原”，就是把所谓独立的客观存在放在括号之中(einklammern)，对它不作判断，从而把所有的东

① Edmund Husserl，*Gesammelte Schriften*，Band 2，S. 159，Herausgegeben von Elisabeth Stroeker，Felix Meiner Verlag，Hamburg.

② 同上书，Band 4，S. 535.

③ 参见该书中译本，北京，商务印书馆 1999，23，69 页。

④ 同上书，Band 5，S. 41.

⑤ 同上书，Band 2，S. 159.

⑥ 同上书，Band 5，S. 41.

西都还原为相对于意识而存在的东西，还原为显现于意识中的东西，这种被还原、被给予意识的东西，就叫做“现象”，它们都是“直观”，即直接给予的，或者说直接显现于意识中的东西。平常人的“自然态度”(natuerliche Einstellung)总是首先假定有独立于意识之外的外在存在，而“悬置”就是使这种自然态度失效。所以通过“现象学的悬置”之后，“自然态度”所认为的自在世界，就都成为意识中的东西(“现象”，或者又叫做“意向对象”)。“自然态度”超越意识之外，预先假定独立于意识的存在，这是一种“成见”、一种“假定”，所以胡塞尔又称“自然态度”是一种“独断的态度”。“悬置”并非否定这个世界，而只是对它存而不论。胡塞尔说：他用加括号的方法，只是“使属于自然态度之本质的一般命题失效”，但“我并不否定这个‘世界’，好像我是个智者派似的，我并不怀疑这个世界的具体存在(dasein)，好像我是个怀疑论者似的。然而我还是要运用‘现象学’的悬置，完全不理睬任何关于时空中具体存在的任何判断”①。

“现象学还原”不仅指“悬置”自然事物的外在存在，而且更重要的是指“悬置”“经验自我”(笛卡尔“我思”中的经验自我)，从而还原到纯粹思维、纯粹主体性(纯粹自我、先验自我)上去，胡塞尔称之为“先验的还原”。经过“先验还原”之后的先验自我，是任何“意向对象”或“现象”能成为“为我的东西”的先验前提，“先验自我”构成了它的对象。例如一个东西的多个侧面之所以作为一个统一体而呈现在我面前，就是由“先验自我”构成的。

---

① Edmund Husserl，*Ideen zu einer reinen Phaenomenologie und phaenomenologischen Philosophie*，*Gesammelte Sehriften*，Band 5，S. 65，Herausgegeben von Elisabeth Stroeker，Felix Meiner Verlag，Hamburg.

通过“先验还原”所把握的直观对象有两种：一是感性对象，例如某一匹个别的、具体的马，或某一特殊的红色；另一是范畴对象，例如马的概念或红一般。胡塞尔认为不仅感性对象，而且范畴对象都可以直观给予，这也就是胡塞尔著名的“本质直观”的学说。他认为范畴对象高于感性对象，范畴直观以感性直观为基础。① 个别对象在被感知时，两种直观是同时出现的：通过感性直观，我们感知到个别性；通过本质直观，我们感知到共相。② 例如在感知某一朵花时，我们既感知到它是一朵特殊的、个别的东西，但同时也直观到这个特殊东西的普遍性、共相，即直观到它是属于花这一共相的，直观到个别性中的普遍性。普遍性、共相、本质、Eidos，总是同时伴随着个别性的感知而原始地被给予的，或者说被直观到的。否则，我们在感知一朵花时，就不知道它是不是花。这样，胡塞尔现象学的口号“回到事情本身”，就不是指回到个别的感性对象上去，而是指回到普遍的本质。所以在胡塞尔看来，现象学是关于普遍性本质的科学。不过，这里需要特别注意的是，现象学所讲的普遍性本质，是意识中的东西，而不是超越于意识之外的外在之物。这一点，乃是现象学之为现象学的主要特点：“一切原则的原则”乃是，“每一原始给予的直观都是知识的合法源泉。一切在‘直觉’(Intuition)中原始地(可以说在其亲身的现实中)显现于我们之前的东西，都是单纯地被接受为自身给予的东西(als

---

① Edmund Husserl, *Logische Untersuehungen*, Band 4, S. 673, S. 674, S. 675, *Gesammelte Schriften*, Herausgegeben von Elisabeth Stroeker, Felix Meiner Verlag, Hamburg.

② Edmund Husserl, *Ideen zu einer reinen Phaenomenologie und phaenomenologischen Philosophie*, *Gesammelte Sehriften*, Band 5, S. 14.

was es sich gibt），但也只是在其为自身给予的限度之内"①。胡塞尔所提出的这种"一切原则之原则"，显然就是强调，只有在意识中直接观看到的东西才是绝对自明的；反之，在意识之外的外在之物，则是独断论的，不是自明的，而这种在意识中直接观看到的东西，不仅是感性中个别的东西，而且是本质、普遍性，是 Eidos，现象学最终就是要直观到、把握到普遍性的本质。经验主义和实证主义虽然也强调回到事情本身，但其所回归的事情本身只是感性直观中个别的东西，而胡塞尔则着重提倡回到范畴直观中普遍性的本质，回到这一高层次的"事情本身"。

可以看到，胡塞尔的"回到事情本身"，概括起来说，就是把"自然态度"所独断地认为独立自在的客观的东西，通过"悬置"、"还原"等方法，还原为主体的意识中的东西。这个思想，就其基本观点而言，其实就是黑格尔的"致力于事情"和"实体本质上即是主体"的命题所要表达的思想，其中包括两人都强调要把握事物的本质的思想。如前所述，黑格尔的"实体本质即是主体"命题的意思也正是，"自然意识"所认为独立自在的东西，在意识自我发展过程中，不断展示为越来越具有主体性，从而也越来越具有意义的东西，越来越真实的东西，直至最后成为最真实的东西（"绝对主体"、"绝对概念"）。难怪海德格尔说："胡塞尔与黑格尔如出一辙，都按同一传统而来，这个事情就是意识的主体性。"②"从黑格尔和胡塞尔的观点来看，哲学之事情就是主体性。"③只不过两者在如何达到"这个事情就是意识的主体

---

① Edmund Husserl，*Ideen zu einer reinen Phaenomenologie und phaenomenologischen Philosophie*，*Gesammelte Sehriften*，Band 5，S. 51.

② 海德格尔：《面向思的事情》，56 页，北京，商务印书馆，1996。

③ 同上。

性”这一共同的基本观点的具体途径方面和提出这一基本观点所针对的目标方面不相同。黑格尔的“实体本质上即是主体”，有一个漫长的实现过程，它所反对的是只讲空洞的结论或开端的形而上学方法；胡塞尔的“回到事情本身”，是回到直观中原始地被给予的东西的自明性(明证性)，缺乏辩证的发展过程，其所反对的目标是自然主义心理学和历史主义。

三

胡塞尔对哲学史上的哲学家，明显地重视笛卡尔和康德，很少提到黑格尔，即使提到黑格尔的地方，也不是关于“事情本身”的论述，而是对黑格尔的“世界观哲学”的批评。胡塞尔把对“世界观哲学”的批评同他对历史主义的批评联系起来。他对“回到事情本身”的呼声，不仅是为了反对自然主义，而且是为了反对历史主义。在胡塞尔看来，历史主义认为一切都是相对的，会导向极端怀疑的主观主义。真理、理论、科学的观念，会像所有观念一样失去其绝对有效性。而近代的“世界观哲学是历史主义怀疑论的孩子”。世界观哲学家，例如黑格尔，“主张每一门哲学只具有对其时代而言的相对合理性”。这种哲学自称是“绝对有效性的体系”，但并非“科学的哲学”：胡塞尔反对这种只有一个时代意义的哲学，而主张具有永恒意义的哲学：“我们的生活目标在总体上有两种，一种是为了时代，另一种是为了永恒：一种服务于我们本己的完善以及我们同时代人的完善，另一种服务于后人的完善乃至最遥远的后代人的完善。科学是一个标志着绝对的、无时间的价值的标题。”“科学的‘观念’是超时间的……它不受任何时代精神的相对性限制。”“我们切不可为了时代而放弃永恒。”[①]因此，胡塞尔号召，世界观哲学必须完全放弃那种自命能成为科学的要求，不要再迷惑人们的心灵，阻挠科学的哲学之进展。[②] 胡塞尔对“世界观哲学”的这些批评和议论，在追求科学的严格性、理论性和反对片面重实用动机方面以及提倡不媚一时之流俗的精神境界方面，诚然有其值得肯定和赞赏之处，但胡塞尔不重历史(他把历史也放在括号之内)，完全忽视黑格尔关于由实体转化为主体是一漫长的历史过程的思想，这确实是他的现象学的一大缺点。

黑格尔全部《精神现象学》所描述的实体自身转化为主体的历史过程告诉我们：任何一个认识对象的意义，都不仅包含个人的认识在内，而且包含了整个民族以至整个人类思想文化的内容，它是个人和全民族、全人类思想文化的结晶。黑格尔所谓当实体完全表明自己即是主体之时，精神现象学也就此结束了，这个断语的深层内涵就是：当实体、对象在意识中活动之初，它没有任何意义，什么也不是，但到了精神现象学结束之时，它已经经历了精神现象学所描述的经验意识运动、发展的各个阶段，亦即个人认识和整个民族以及全人类思想文化发展的各个历史阶段，这样，实体、对象的意义也就最充分地展示、显露出来了，换言之，实体、对象就由什么也不是达到了具有最丰富意义的东西了。例如一朵花的意义，对于我们今人来说，特别是对于一个具有深厚文化底蕴的今人来说，它就不仅是红红绿绿而已，也不仅是植物而已，而是具有道德含义、审美含义、宗教含义等等。

---

① 胡塞尔：《哲学作为严格的科学》，49，53，56，59，64 页。

② 参阅胡塞尔《哲学作为严格的科学》，66 页；并参阅 Edmund Husserl, *Gesammelte Schriften*, Band 2, S. 228。

梅花对于一个中华民族的儿女来说，就具有高洁的品格，甚至具有“零落成泥碾作尘，只有香如故”（陆游）的具体含义，菊花甚至具有“东篱”之下“悠然见南山”的具体含义。任何一物的具体含义都与一个民族以至整个人类思想文化发展的历史紧密联系在一起。所以，要深悉一物的真实意义，就要懂得一个民族以至整个人类思想文化的历史。黑格尔的《精神现象学》在这方面为我们提供了一个光辉的范例。从这个角度来看，胡塞尔只能说是通过“悬置”、“还原”等现象学方法，从理论上抽象地说明了事物的真实意义在于把独立自在之物转化为意识中的为我之物，而没有找到这一转化（“还原”）的具体途径，而黑格尔的《精神现象学》却为这样的途径提供了一个方案。胡塞尔自己坦承“还原”是困难的事①，他没有说出困难的具体原因，我以为，也许困难正是由于他没有走上他所反对的历史的道路，他没有考虑到把独立自在之物还原为意识中为我之物，必须经历一个漫长曲折的、艰难的意识发展的历史过程。也许胡塞尔会辩解说，这正是他所反对的历史主义的观点，正是作为严格的科学的哲学所不容许的。但是胡塞尔的科学的哲学，远离了人类现实的历史发展过程，远离了人类的思想文化发展史，未免显得抽象枯燥，脱离人的生活实际。胡塞尔晚年提出的“生活世界”和“主体间性”的观念以及对于欧洲文明危机、文化危机（胡塞尔称之为“科学危机”，实际上并非指科学本身有什么危机，而是指的文明危机、文化危机）的关怀，表明他已意识到他的现象学缺乏文化意蕴，缺乏对人生意义和价值的关怀的局限性，但他终其一生，一直没有把他的现象学同人生、同历史文化有机地结合起来，并

---

① Edmund Husserl，*Die Krisis der eurpaeischen Wissenschaften und die transzendentale Phaenomenologie*，*Gesammelte Schriften*，Band 8，S. 246.

把它发展成为一个以此为特点的有系统的哲学。而把哲学与人生紧密结合起来的这一特点，乃是由他的学生海德格尔所倡导、由海氏以后的一些后现代主义思想家们以各不相同的方式所陆续发展起来的。然而在此以前，把哲学与人生相结合特别是与思想文化的历史相结合的这一特点，在黑格尔那里已表现得非常突出，他的《精神现象学》，就既是一部同人生相结合的哲学体系，也是一部欧洲以至全人类思想文化的发展史。我们现在都在强调哲学要把自己化解到科学、伦理道德、审美、宗教等各种文化因素中去，哲学应在这些文化因素中找到自己的位置。其实，黑格尔的精神现象学以及他的整个哲学，正是这种现代观点的主要思想源头，只是他的"绝对概念"以及他对体系的过分追求，应该受到批判。

四

胡塞尔的"本质直观"说（"范畴直观"说），是哲学史上的一大突破，对海德格尔关于"存在本身"的探讨，从而对现象学的进一步发展，起了积极的作用。胡塞尔在《逻辑研究》第二卷第二部分中指出，联系词"是"(sein，"存在")是"感性直观"所直观不到的，它不像某种颜色那样是知觉的对象。"我能看见颜色，但不能看见颜色的是(das Farbig-sein)"。"是，乃全然不是可以知觉到的东西"。① 但通过"范畴直观"，却可以直观到"是"("存在")，例如通过"感性直观"，我可以直观到金子的黄色，但直观不到"金子是黄色"，然而通过"范畴直观"，却可以直观到"金子是黄色"。"金子是黄色"是一个判断。所以

① Edmund Husserl, *Logische Untersuchungen*, *Gesammelte Schriften*, Band 4, S. 666.

“实情(sachverhalt)和是(Sein，系词意义的是)的概念之根源，确实就在实行判断本身(Urteilserfuellungen selbst)之中”①。这就是说，“是”(存在)乃是在实行判断的一种直观的体验活动中被给予的。胡塞尔关于“是”之直观被给予性的思想，启发了海德格尔，让海德格尔想到，“是”(“存在”)不是像传统哲学的看法那样固守于判断之中，只是一种作为逻辑的推理和分析对象的“纯概念”(“存在者之存在”)，而是一种最原始的被给予的“存在本身”，一切现成的东西都源于“存在本身”，判断亦由于有“存在本身”这个前提才得以构成。胡塞尔的“范畴直观”说对海德格尔的这些想法起了先驱的作用，尽管海德格尔对他的老师胡塞尔多有批评，包括对胡塞尔的“范畴直观”说。

其实，黑格尔精神现象学中已潜藏了关于一切现成物源于最原始的“存在本身”的思想，海德格尔的存在论，应该说更多地、更直接地源于黑格尔，尽管海德格尔对黑格尔也主要地持批评态度。但我这里不打算多谈海德格尔与黑格尔哲学之间的直接关系，主要还是想对黑格尔《精神现象学》如何潜藏着“存在本身”的原始性思想，略作论述。

黑格尔《精神现象学》所描述的“实体本质上即是主体”这一漫长的历史性发展过程，实际上也就是他在《精神现象学》导论中所说的，由原先以为是独立自在之物“转换”为对于意识而言的为我之物的过程，黑格尔把这种过程称之为“经验”(Erfahrung)。“经验”也好，“实体本质上即是主体”也好，都是强调要克服存在与自我、实体(对象)与主体之间的分离、对立，而最终把二者完全统一起来。只有达到二者完全统一的阶段(即“绝对知识”、“绝对概念”)，存在、实体(对象)完全表明自己即是自我、即是主体，这样的存在、实体才是真实的。黑格

① Edmund Husserl, *Gesammelte Schriften*, Band 4, S. 669—670.

尔实际上是用意识、主体性来规定存在。所以在黑格尔看来，《精神现象学》所描述的全部过程，一方面是意识自身发展的过程，一方面也是存在之成为真实的过程，而且这后一方面更是他思想的重点：他描述意识发展的过程，是为了说明存在之成真的过程。与其说黑格尔的《精神现象学》讲的是认识论(这只是表面的)，不如说它讲的是存在论。也许就是因为这个缘故，海德格尔断言，黑格尔的精神现象学不是认识论。①

按照"绝对知识"是"实体本质上即是主体"这一发展过程的最后阶段而言，那么，"绝对知识"中的"纯概念"应该说也就是黑格尔心目中的最高的、最原始的存在。黑格尔的著名论断："真理是全体。"(das Wahre ist das Ganze)②这就意味着，作为"绝对知识"中之"纯概念"是一"全体"，它是一切事物之成真的根源，是最原始的存在。

黑格尔本来极力要强调的是，真理这一全体是连同其最终结果在内的全部自我形成的过程，前面说过的黑格尔所谓"事情本身"，也是讲的这同一个道理。他在《精神现象学》中，花了几乎全部篇幅来描述这一真理形成的过程(亦即存在之自我成真的过程)，但功亏一篑，他在全书即将结束的最后，忽然一跃而跳到了超越于具有时间性的意识发展过程之外的永恒领域，使结果脱离了过程，"纯概念"脱离了现实，无限脱离了有限，从而使他一直标榜的"全体"、"真无限"变成了一个最终与过程、与现实、与有限对立的另一遥远不可及的有限的存在者，而非存在本身。存在本身超出了存在者之外。他的"绝对主体"

① Heidegger, *Hegel's Phenomenology of Spirit*. p. 3, Indiana University Press, 1988.

② 贺麟、王玖兴译：黑格尔《精神现象学》，12 页，即 Hegel Werke 3, *Theorie Werkausgabe*, S. 24。

(“绝对概念”)最终还是一个与客体相对立的主体。黑格尔的精神现象学以及整个哲学终究不脱传统的主客关系的窠臼。黑格尔的存在论所关心的是超验的“绝对概念”、“绝对主体”如何使存在者成真，而不是存在本身。后者是海德格尔的存在论所讲的内容。海德格尔区分了“存在本身”(Being itself)与“存在仅仅作为存在者的真理”(Being as the mere truth of beings)①。这一区分恰恰表明了整个海德格尔哲学与黑格尔哲学的不同。

尽管如此，黑格尔的《精神现象学》毕竟特别强调了“事情本身”在于存在之成真的过程之全体。割掉黑格尔精神现象学最后的那个超出时间之外的“绝对概念”的尾巴(尽管黑格尔把“绝对概念”视为精神现象发展过程的最高峰)，我们就可以把这个发展过程之全体视为存在本身。黑格尔说：在意识中，自我与作为对象的实体之间的“不一致性”就是“否定的东西”，这“否定的东西”是两者的“灵魂或推动者”。“就因为如此，有些古人当他们把推动者理解为否定的东西时，就是把空虚理解为推动者，只是他们尚未把它理解为本身(das Selbst)。”②这里在行文上谈的是意识的发展过程，但正如前面已经说过的，实质上也是讲的存在的发展过程，即存在之成真过程。从这段话里可以看到，黑格尔特别强调发展的动力就是“自身”。这就意味着存在“本身”即是其成真的运动过程的动力。这也说明，从我们今天反传统形上的观点来看，黑格尔精神现象学的那个最后的尾巴——超越于时间性发展过程之外的“绝对概念”，诚然是可以割掉的：动力不在存在的发展

① Otto Poeggeler, *Heidegger's Path of Thinking*, p. 115.

② Hegel Werke 3, *Theorie Werkausgabe*, S. 39.

过程之外，而就在“存在本身”之内。① “存在本身”的原始性思想，在黑格尔的《精神现象学》中已呼之欲出了，海德格尔的存在论显然更多地受到黑格尔的启发。

说“实体本质上即是主体”是存在之成真的过程，这里说的“成为真理的过程”，亦即成为本质上的东西的过程，或者说，即是显现本质的过程。存在与本质、真理同一。黑格尔所讲的这个过程，其特点在于它的漫长性、间接性(中介性)。在具有这样一种特征的过程中，越是超越直接性直观的，越是经过间接性(包括推论)的，便越是达到本质的存在，越是具有真理性的存在。与黑格尔的这种存在论相对比，胡塞尔的“本质直观”所达到的存在之本质，不过相当于黑格尔《精神现象学》中低级的“力和知性”阶段所把握的“共相”，一种概念性的“种类”，只不过，黑格尔认为“共相”是经过一定的间接性(中介性)达到的，而胡塞尔则认为“共相”是通过直接性的直观(“本质直观”或“范畴直观”)即可达到。但是，存在之最深层的本质，或者说，存在之作为存在，难道就止于它作为概括性的“种类”、作为“共相”，就至矣尽矣了吗?《精神现象学》在“力和知性”阶段之后，还经历了伦理道德、法权、宗教、哲学等多种人类思想文化活动的历史进程，才达到存在之最高本质，达到最真实的存在。相比之下，胡塞尔的“本质直观”未免把存在的本质之含义理解得太简单了！例如曲阜的孔庙，它的本质是什么？按照胡塞尔的“本质直观”说，也许可以回答说，它是

① 黑格尔把意识本身的推动力称为“威力”(Gewalt，暴力)，这种“威力”同时又是来自“绝对”，因为“绝对”在意识运动发展之初，就“自在地和自为地已经并愿意在我们身旁”。这就是说，“绝对”从始就降临于我们，与我们同在，它把绝对真理之光投射于我们，使意识不断向前运动和发展(参阅拙著《自我实现的历程》，83，85页)。

“庙”。但“庙”这个共相，就说尽了孔庙的本质吗？实际上，孔庙已经沉积了几千年来中华传统文化思想发展之精华。孔庙的本质是什么？严格讲，这个问题需要写一本中华民族式的《精神现象学》来回答。胡塞尔所开创的现象学的特点，如前所述，主要在于，不再把存在理解为独立于人的意识之外的东西，而理解为意识之内的“为意识”的东西。据此，存在的本质应随着意识的发展(不仅指个人的意识，而且指民族、人类文化思想的发展)而发展、而深入。离开了人生，离开了人类文化思想的发展而谈存在的本质，那种本质只能是抽象的。也许可以说，胡塞尔的“本质直观”说只适合于自然物，例如说某物是花、是植物，这是马，纸是白的，金子是黄色的，这里的“花”、“植物”、“白”、“黄”、“马”都是共相，这些共相道出了主词的本质。诚然，这些共相都在一定程度上道出了存在的内容，就像“庙”这个共相也在一定程度上道出了孔庙的内容一样，但“共相”所道出的存在之内容，毕竟是低层次的。即使是就一朵简单的花而言，仅仅能道出这是花、是植物，也远未能深入其本质。一朵菊花或一朵梅花，在中华文化的心目中就蕴涵着傲岸、高洁等等风格和品格，不懂得中华传统文化的人，就不懂得中国这块土地上的菊花和梅花的丰富内涵和本质。如此观之，胡塞尔所讲的“本质直观”中的本质，未免显得太远离人生、远离思想文化了。难怪有人说，胡塞尔的“本质直观”看似直接，实际上却把本质推到了遥远的地方。与胡塞尔相比，黑格尔的精神现象学倒是更加切近人生、更加切近民族的思想文化，而为海德格尔的“存在本身”的思想观念，为其整个存在论提供了直接的源泉。胡塞尔晚年的“生活世界”说和对欧洲文化的关怀，毕竟来得太晚了，他已来不及作多的发挥，以弥补其先前的思想学说的局限。

诚然，我们也应该注意到，胡塞尔“本质直观”中的本质，不同于经验主义和唯理主义的抽象本质，我们不能简单地把它等同于抽象概括出来的东西。胡塞尔的"本质直观"说，同他关于经验发生的视域结构的理论是紧密相连的：他讲的"本质"，是在以某个对象为中心的、与之"共在场"(copresent)的、广阔无限的"视域"中发生的，因此，这种本质的发生、生成，也与经验者个人以往的人生经历以至一个民族的思想文化的历史发展过程一气相通。胡塞尔的这一深刻的"视域"说，实际上与黑格尔所主张的"实体本质上即是主体"的漫长过程说有相通之处。但他毕竟没有像黑格尔那样把他的"视域"展示开来而使之成为一个漫长的过程。他对历史的轻视，使他的"视域"说只是停留在抽象的理论论证上，而缺乏活生生的现实感与历史感。"视域"说只是为"本质"的发生提供了一种不同于经验主义和唯理主义的途径，但最终达到的还是一种抽象的普遍性、共同性，胡塞尔并没有从他关于"视域"的洞见出发，进而把本质展示为超越普遍性、共同性，具有个人人生经历以至一个民族的思想文化特色的个体性。而在黑格尔看来，只有这样的个体性，才是事物的最深刻的本质，黑格尔称之为"具体的个体性"。

五

黑格尔在《精神现象学》中把超出时间之外的、永恒的"绝对概念"、"绝对主体"当作投射于意识之光，照亮着现实意识的辩证运动和发展。用海德格尔的话来说，在黑格尔那里，正是"主体性"通过"辩证法的运动"，使自身"现身当前"(Gegenwart)，"进入其自身的在场(praesenz)"，这和胡塞尔将"先验主体"当作构成一切原始的被给予的东西之先验前提而使自己出场的方法，颇有异曲同工之妙：尽管方法不同，但两者(黑格尔的"绝对主体"与胡塞尔的"先验主体")都是把他们所强调的“事情本身”归结为“主体性”，归结为一种作为光亮的现成之物。正是针对这一点，海德格尔提出了他的作为“敞开之境”(Offenen)的“澄明”(Lichtung)说①和“无”的哲学原则②，认为，黑格尔的“绝对主体”说和胡塞尔的“先验主体”说都和西方一般的传统哲学一样，是以“有”为其哲学最高原则：虽有光亮，但没有“敞开之境”，无法让光亮穿越，就像森林没有空隙，无法让光线进入一样。海德格尔提出“无”的最高原则，“无”就是“作为存在的存在”(Sein als Sein)，它即是“敞开之境”，是“无”让光亮有可能起到照亮的作用，从而让在场者出场、显现。③ 这也就是说，是“无”让“有”得以出现。④ 海德格尔对黑格尔和胡塞尔的这一批评和他所提出的“无”的原则，无疑是很深刻的，在西方哲学史上是一大突破。但就黑格尔而言，这里应该指出的是，黑格尔的《精神现象学》，如果像我前面所说过的那样，只要割掉其最后那个“绝对概念”——“绝对主体”的尾巴，专注于《精神现象学》用接近全部篇幅所描述的意识运动发展过程本身，则这个过程本身就潜藏有以“无”为哲学原则的思想成分。前面已经引证过的《精神现象学》序言中那段话，说得更明白，这里无妨重复一下：“有些古人当他们把推动者理解为否定的东西时，就是把空虚理解为推动者，只是他们尚未把它理解为本身(das Selbst)。”⑤黑格尔在这里明确强调，意识“本身”就是古人说的“空虚”，它本身推动自己运动。这说明推动者不是一个现成的某物——不是某个“存在者”(“有”)，而是

① 海德格尔：《面向思的事情》，66 页。

② 参阅拙著《天人之际》，412—416 页。

③ 海德格尔：《面向思的事情》，67—73 页。

④ 关于这个问题，我在其他论著中多处作了较详细的说明，兹不赘述。

⑤ Hegel Werke 3，*Theorie Werkausgabe*，S. 39.

"无"，"无"即"本身"。"无"作为精神现象学的最高原则，在黑格尔这里呼之欲出，只是他不能摆脱旧形而上学的束缚，最后还是用一个超越于时间性的意识运动过程之外的"绝对主体"——最高的"存在者"——"有"来结束自己的体系，以示其体系之完满。黑格尔死后的大多数西方现当代哲学家特别讨厌他所奉为至尊的"绝对"以及他所孜孜以求的体系之完满性，于是连同他的许多能作为现当代哲学之先驱的思想，也都视而不见，有意无意地一概抛弃了。海德格尔把"无"规定为"存在本身"的思想，其实源于黑格尔。他把黑格尔看成与胡塞尔同样是不见"敞开之境"、不见"无"的哲学家，未免缺乏分析。胡塞尔的"先验主体"和"感性直观"、"范畴直观"中所直观到的被给予性，都完全是以"有"为哲学最高原则的体现。与此相联系的是，"主客二分"的模式在胡塞尔那里也表现得更为明显，只不过他把主客二分都通过现象学还原，移植到意识之内罢了。人们对于他的"主客二分"的思想模式已经评论得很多了，这里毋庸赘述。总起来看，在西方哲学由传统的古典哲学转向现当代哲学发展的进程中，在哲学日益现实化的趋势中，胡塞尔在许多方面似乎是倒退到黑格尔以前去了。胡塞尔更接近康德，海德格尔则距黑格尔较近而去胡塞尔较远。

第三编　影响我哲学生涯的人

第一部分“我和我的老师们”，是我最近在人民出版社出版的《归途——我的哲学生涯》一书的节录。这几段文字所记录的是我在西南联大念书期间几位老师对我人生道路和哲学思想的影响；但我更多的是想通过这几段文字，展现西南联大自由的学风和教授们的学术风采；第二部分“《若兰诗集》序”，是我为我的夫人彭兰女士的《诗集》所写的序言。她是我西南联大的同学，也是影响我哲学生涯的人。我和她的婚姻是闻一多先生促成的，若兰是闻先生为她起的别名。从我和若兰共同生活的岁月里，也可以窥见一点我们所经历的那个时代的沧桑。

我和我的老师们*

“独上高楼，望尽天涯路”

——从中学到大学

1941年秋，我和一位同时考取联大经济系的中学老同学同坐一辆“黄鱼车”(抗战时期来往于缅甸和昆明、重庆之间载运战时物资的封闭型大卡车，司机私自拉乘客从中赚钱，把乘客“闷”在车厢里，人称“闷黄鱼”)，途经贵阳，走了七天七夜，才到昆明。山路崎岖艰险，虽非蜀道，却比蜀道更“难于上青天”。我们两个人一路上尽发感慨：“大学之道难，难于上青天!”说罢，两人哈哈大笑。

西南联大的校址位于昆明城西边缘，校园前门，一块大横匾，“国立西南联合大学”几个大字，赫然而立，令我俩肃然起敬。我俩笑着说：“总算经过大学之道，走进了大

* 本篇选自《归途——我的哲学生涯》(北京，人民出版社，2008)。这里节选了其中第③—⑩章。标题是《自选集》新加的。

学之门!”

联大校舍本部是一排排的人字形茅草房，办公处、教室和老生宿舍都在本部，唯独一年级新生宿舍是附近昆华中学的校舍，两层楼洋房，居住条件比老生好得多，我们对联大的第一感觉是“不欺生”。

从中学到大学，就像乡下人进城，刘姥姥进大观园，花样多，什么都新鲜，都神秘。这系、那系，这样的课程、那样的课程且不说，新生谈论最多的是：他昨天见到大名鼎鼎的冯友兰，满脸大胡子；我今天见到数学天才华罗庚，一跛一瘸；忽而看见一位长袍长袖的教授模样，就猜想可能是北大的；忽而又见到一位西装革履的教授模样，就猜想可能是清华的。总之，眼花缭乱，充满了敬仰之情，以考入这样的大学而自豪。

西南联大，政治气氛和学术气氛一样浓重。进校不太久，就碰上由联大学生带头的倒孔运动。据说身为行政院长的孔祥熙从香港带洋狗乘飞机到重庆，国难期间，这种冒天下之大不韪的行为自然引起学生的愤怒。可是西南联大的学生，白天游行示威，晚上却照样自学到深夜；白天在大街上高喊“打倒孔祥熙”，“要民主”，晚上在宿舍里交谈数学方程式和“边际效用”(从经济学著名教授陈岱孙讲授的《经济学概论》课程上刚刚学到的名词)，还学着陈先生的腔调，故意拖长了声音：“marginal utility”。在西南联大，德先生与赛先生这两位北大旧交，似乎友情依旧，往往携手同行。还记得有一次(时间已经记不清)孔祥熙到昆明，据说原想到西南联大作一次讲演，但又不敢，改到云南大学，云大与联大只一道破土墙之隔，西南联大的同学闻讯后，成群结队，蜂拥而至，先占领了云南大学大讲堂最前面的地盘，大讲堂没有座位，学生们都是站立着的。孔祥熙尚未露面，一片怒吼声已经震撼了全场，他的侍从黄仁霖把手指插在口内，吹了一声长长的口哨，想借以压场，同学们更加愤怒，高喊“流氓，流氓”！孔祥熙出场了，一站到台中间就指着自己的鼻子说：“我姓孔，孔子的后人呀！我也是个教师，当过小学教员，还兼校工，摇过铃，让学生上课……”显然是想用这些话来打动我们，引他为同类，以赢得同情。同学们看他这气短的模样，总算放过了他。这一幕惊心动魄而又带有喜剧性的民运场面，令我终生难忘。在当时的国民党统治区，这样的场面恐怕也只有在西南联大才能见到。可是，与此相对照，也还有完全是另一番景象却同样轰动了几乎全校师生的学术场面，也让我一直把它当作西南联大的标志。联大校门前的一侧，是校本部的内墙，也是同学们最爱聚集的热闹区，各式各样的海报和小广告都贴在这里，联大的几次民主运动也都从这里发端，颇有点像今天北京大学的“三角地”。有一天，我从这里路过，见同学们三三两两在一起谈说着，一打听，原来是刘文典当晚要在昆北食堂讲《红楼梦》；找海报，真有其事，也不过是两三尺见方的一张破红纸。海报不起眼，却引起了那么多人的关注。离讲前还有半个多小时，昆北食堂挤满了听众，时间越来越近，来的人也越来越多，只好换地方，连换两次，最后总算找到了一个露天大院，安顿了下来。听众焦急地、也静静地等待刘先生出场。一等两等，还不见刘先生的身影。有人说：刘文典可能抽大烟还没有下床；有人问：刘文典是不是被蒋介石传召去了？（当时，西南联大很多人都知道刘文典抽大烟和任安徽大学校长期间敢于顶撞蒋介石的逸事）超过预定开讲时间半个多小时，刘文典总算姗姗而来，嘴里叼着一支纸烟，吞云吐雾，好一会儿一言不发。大家席地而坐，鸦雀无声，静候刘先生开口。我的化学老师，著名教授严先生就坐在我身旁，我小声问他：“严先生，您怎么也来听《红楼梦》呀？”答曰：“我学化学的，怎么就不能来听点《红楼梦》呀？”问得我哑口无言，又觉得他的话很值得玩味。好不容易刘文典开了口，第一句话："啊啊啊！你们各位都是林黛玉、贾宝玉呀？"全场哈哈大笑。严先生早已等得不耐烦，便应声回答说："什么贾宝玉、林黛玉的，都是大混蛋、小混蛋！"其实，他是为了泄愤，骂刘文典的，他的声音很小，估计没有什么人听见。刘文典不紧不慢地讲了很长时间，却没有一个人退场。讲完已经夜深，还有人向他不断提问，探讨着一些文学、甚至佛学的问题。西南联大，就是这样一所春风化雨、弦诵不绝的学术殿堂。我在西南联大，感受最深的也正是它的学术层面。至于它的政治氛围，至少在我联大前期生活中，对我仍然淡漠。

联大规定，"大一国文"、"大一英文"是全校的必修课，"逻辑"、"中国通史"、"西洋通史"是文科生必修课。文科学生还必修一门理科的课程，我选修的是化学，但我对化学最无兴趣，其中的实验部分，我经常旷课，考试得零分，以致整个化学成绩不及格，一直到四年级时选修微积分，才算满足了学校规定的要求。

历史课就像化学课一样引不起我的兴趣，这一方面是因为我记忆力一向不好，而历史和化学都要靠记忆（我喜欢谈理，我对理科的兴趣也主要在数学和物理，对文科的兴趣则主要在写说理文，而不在背历史），一方面也是因为教我中国通史课的老师吴先生讲课语言干瘪，一上讲台就拿起讲稿遮住自己的脸，一直照念到下课，下课铃声一响，他卷起讲稿就走。念的内容又尽是些官制史之类的东西，一点故事情节也没有，他把一个本应是生动活泼、发人深省的课程讲得枯燥无味，令人生畏。吴先生在上面扯起嗓门念，我们在下面急急忙忙记，考试前总算有个死记硬背的依据。我的考试成绩平平。好在联大往往是同一门课，几个教授开设。和吴先生同学期开设的通史课，是雷海宗教授的"中国通史"。他的课堂上总是门里窗外都挤满了听众，原来是旁听的人太多。我们同年级的同学，谁选吴先生的，谁选雷先生的，不知为什么不是按联大的惯例，由我们自愿，而是由主管部门分派下来的。我被分到吴先生名下，只好经常去做雷先生的旁听生。雷先生学识渊博，语言生动，讲课完全脱离讲稿，年代与历史事迹记得烂熟，还贯穿着一些深刻的思想，令人回味。我的许多历史知识是从雷先生那里旁听得来的，至今不忘。雷先生是史学界一代宗师，终生没有像吴先生那样为官。据说，雷先生在解放后曾遭到不公正的待遇。学者的命运，往往不是与他的学问大小相对应的。

至于经济系的本专业课程，只有著名经济学家陈岱孙先生讲授的“经济学概论”，由于他讲得特别清楚、简洁，对我确有吸引力，其余的什么“会计学”、“簿记”、“统计学”，我都觉得索然无味。我原以为经济学讲的是济世救民之道，不料尽是些“生意经”，经济系念完一个学期之后，我就萌生了转系的念头。但经济系的陈岱孙先生却给我留下了终生难忘的印象。他不但讲课好，而且衣冠楚楚，谈吐简洁，办事认真、严谨，特别守时间。昆明市每到正午12点鸣炮报时，陈先生的课正好是12点下课，陈先生一听到炮声，便左手伸前看表，说一声“下课”，正好他的讲课内容也告结束，不留尾巴。他的系主任办公时间是早八时到八时半，我们同学找他签字，早去一分钟，他的办公室门紧闭，一到正八点，他从门侧走出来开锁，办公用品都是前天晚上准备好了的，办起事来极快。过了八点半，如果想请他签字，他便用大拇指指向背后，眼看手表，不言不语，意思是要我们看他背后的钟，办公时间已过。他的手表和背后的时钟似乎也是经他校准过的。陈先生的风格对我们这个只讲“差不多”的民族传统来说，是一个讽刺，也是一位良师。我们经济系的同学都很敬重陈先生，大家谈论到他刚20岁出头就拿了美国的博士，得过Golden key(联大学生平日交谈中往往爱带一句半句英文)，不胜敬羡之情。

我念一年级时最感兴趣的是“大一国文”。“大一国文”共分26个班，按英文字母排列顺序，我那个班的老师是文学家李广田先生。李先生后来当过清华大学副校长、云南大学校长，在给我们讲“大一国文”时就有些名声。他讲课语言生动，爱与同学交谈。“大一国文”的课本中选有王国维《人间词话》，三种境界说给我印象极深。“古今之成大事业、大学问者，必经过三种之境界”。李先生讲完三种境界的内涵之后，留下作业，要我们思考，自己经历过一些什么样的境界，并写篇短文交给李先生评阅。李先生在看了全班作业之后，似乎在班上边笑边介绍，说了这样几句：大部分同学都主要的是谈“第二境”的经历：或因恋爱而“为伊消得人憔悴”，或因考大学开夜车而“衣带渐宽终不悔”，大多没有谈“第一境”和“第三境”的经历。李先生特意表扬了我，说我谈的“第三境”还“有点意思”，那就是在解决了一道几何难题之后所得到的快乐，就好比“众里寻他千百度，蓦然回首，那人却在，灯火阑珊处”。我很高兴李先生给了我表扬，但现在想来，只有“成大事业大学问者”才有“第三境”，我何人也？哪来此境？至于“第一境”，李先生在总评时似乎没有对同学们的作业作什么介绍，我对此亦无印象。依照我现在的回顾，对于一个刚从穷山沟里走出来的中学生来说，大学特别是西南联合大学，在我面前所展现的那丰富多彩、无限广阔的前景，实在令我迷惘，也令我向往，我尽情地观望，无穷地选择，我在初进西南联大之后的一段时间里，才真是处在一个“独上高楼，望尽天涯路”的“第一境”里。

在联大的“大一国文”课堂上，我第一次用白话文写文章，这是西南联大的特殊规定，我不习惯，问李先生是否可以写文言文，李先生说：“应该改一改了。”没有多作解释。我写了一篇题为《人与枯骨的对话》的短文，内容主要是寄托自己的大同理想。李先生在文末批写了一句评语："有妙想自有妙文"，给了我92分。我有点得意，后来投稿到昆明一家报纸《扫荡报》的文艺副刊上，很快就发表了。

1942年秋到1943年夏，我休学一年，到昆明附近的县城中学教书，贴补一点生活费用。当时联大学生大多来自沦陷区，经济来源断绝，靠政府以"贷金"名义(实际上从无偿还一说。我从1938年武汉沦陷去后方继续念高中，直到1946年大学毕业，食宿全靠国民党政府以"贷金"名义供给，"贷金"这一措施挽救了一代青年，应该向它致谢！)维持最低生活，所以很多同学都在外面"兼差"：有的当家庭教师，叫做"教家馆"，有的当中小学教员，听说还有一种"差事"是，每到中午12点就去市中心的近日楼上敲钟，向全市报时。"兼差"只能利用课余时间，很多同学在外面"兼差"到深夜，归来后还伴着一盏油灯，复习功课或读些课外读物，第二天清晨，照样"闻鸡起舞"，吃点稀饭加咸菜，便夹着书上图书馆。我在休学期间，着重学英语，想提高英语水平，我那时很想效法联大许多知名教授，将来出国留学，回国当教授。由于教中学赚了一点钱，便约了经济系一位原中学老同学陈才昌请英语系的老师王佐良先生为我俩补习英语，每月给王先生一点报酬。王先生是教我大一英文课的老师，英语水平很好(后来也是著名文学家)，他似乎对报酬之低毫不在意，逐字逐句地、耐心地给我们讲解莎士比亚的《哈姆雷特》英文原文，还要求我们背诵其中一些段落。我从《哈姆雷特》中学习到的，不仅是语言，更多的是其中的人生哲理。我特别爱背诵其中的一句名言："To be or not to be，that is a question。"我很服膺这句话，哲学最终其实就是讲的一个"To be or not to be"的问题。我在《北京大学教授推荐：我最喜爱的书》(陕西师范大学出版社2001年版)中，列了我最喜爱的十本书，其中就有《哈姆雷特》。

1943年秋，我因不满经济系一些课程中的“生意经”而转入社会系。念社会系的一年中，我把主要精力放在英语的学习上。“大二英文”课的老师是李斌宁先生，他当时是讲师，后来也是著名文学家。李先生英语水平高，对我们要求严，批改作业也很认真，对提高我的英语水平起了很大的作用。我还自学阅读了易卜生的剧本英文版好几种。为了学口语，我和另一位同学几乎每个星期天都到附近的一个小教堂——文林堂去“做礼拜”，从牧师那里学口语。我的那位同学也有志学西学，两人一致认为，不学好英语，很难学好西学。社会系的“人口调查”之类的课程，特别是其中一门课是老师带领我们同学去妓院搞调查，令我厌烦。正好这一年选修了贺麟先生的哲学概论，这是一个转机，我在“望尽天涯路”的迷惘中，终于追寻到了一条我终生以之的道路。

“荷出污泥而不染”

——贺麟先生引领我走上了哲学之路

贺麟先生的哲学概论课的教室在昆北食堂，是联大最大的教室，可容两三百人，每次课前，同学从四面八方匆匆赶来占座位，门外的台阶上总是站得满满的。听说与贺先生同时开设“哲学概论”课的另一位老师的班上，选课人少，课堂上冷冷清清。

贺先生讲课，从不念讲稿，语言生动活泼，通俗易懂。课堂上他提到最多的哲学家是黑格尔，当时我对黑格尔何许人也，毫无所知，只是把一些从正面看反面，从反面看正面的话头同这个“黑格尔”的名字联系起来，有时令我联想到中国的《老子》，但贺先生联系得最多的却不是《老子》，而是宋明道学，特别是陆王心学。他爱把黑格尔的绝对唯心主义与王阳明的“心外无理”结合起来。印象最深的是，贺先生说黑格尔的“绝对精神”是一个战胜了一切对立面的“战将”，就像中国人讲的“荷出污泥而不染”一样，荷花从污泥中冒出来而又清香高洁。他还特别强调，不经污泥污染过的清高，算不得真正的清高，这就是“辩证法”。我特别欣赏贺先生的这些讲法和思想，我当时就对同学们谈到贺先生，称赞他思想“隽永”。他的讲课引起了我对“辩证法”的兴趣，“辩证法”这个词在我当时的印象里似乎有一种能使思想深邃、文笔矫健的魅力。尤其影响我至深且远的是，他对“荷出污泥而不染”的哲理分析，为我从小就崇奉的清高品格提供了一种理论上的说明和根据。学了他的哲学概论之后，我以为比起社会学、经济学来，哲学最能触及人的灵魂；同时，我还发现，哲学才最适合我从小就爱沉思默想的性格。就是在这样一个主要思想支配下，我于 1944 年秋又由社会系转入了哲学系，从此，我在学习和研究的大方向上就算终生无悔了。一个人的才智和兴趣往往相伴而生，但对才智和兴趣的自知之明又往往需要经历一个过程，不是一下子就能清楚的，何况人生的探索追寻本来是一条长远的道路。西南联大允许自由转系的教学制度，为培养人才大开方便之门，为我的志愿选择提供了广阔的空间和良好的机缘。

我转入哲学系，是经过当时的系主任汤用彤先生签字批准的。汤先生看了我念经济系和社会系的成绩单后，认为我总成绩很好，国文、英文成绩居优，便很快签了字，还说：“看你成绩，是个有偏爱的人。”“你对黑格尔哲学有兴趣，将来可以好好在这方面做些研究。”这是我第一次见到汤先生：白发苍苍，雍容大度，宽厚仁慈，令我顿生崇敬之心。

我转入哲学系后一直到毕业，经常到贺先生家当面请教一些哲学问题，贺先生大概是看到我的哲学概论成绩好，热情接待我。贺先生总爱主动谈论他对中国哲学特别是程朱陆王哲学的看法，谈得最多的是，他欣赏陆象山、王阳明的“心外无理”说，反对理在心外，反对超时空、超感性的东西。我后来听了冯友兰先生的中国哲学史课程，才知道他的思想观点和冯友兰在这方面正好是对立的。但我当时作为一个初学哲学的学生，对这些问题，特别是一些观点上的分歧，并不敏感，除非他们把持反对观点的人的名字明确点出来。就我当时的思想状态来说，我似乎更对冯友兰的“理在心外”、“理在事先”的观点更多兴趣，冯友兰讲的“没有飞机之前，先有飞机之理”，在我脑海里印得很深。我并没有把这两种观点的歧异明确起来，只觉得冯先生讲的东西逻辑性强，思路清晰，贺先生讲的东西比较混沌，又觉更有余味。大学毕业以后，经过解放，一直到 20 世纪 80 年代改革开放，我大体上在贺冯两人观点分歧这个问题上，基本上偏倚冯，我在那段相当长的时间里，倾向于柏拉图主义的形而上学，比较崇奉超感性、超时空的理的世界。然而从 20 世纪 80 年代改革开放以来，由于受了尼采、海德格尔、伽达默尔等西方现代哲学思想的影响，我的观点则倾向于陆王心学，我把陆王心学与西方现当代哲学特别是大陆人文主义思潮联系起来，形成了我当前所主张的新的“万物一体”的哲学——“超主客关系的天人合一”的哲学。我特别赞赏王阳明的心学。我现在的哲学观点明显地与贺先生在联大时期所讲的陆王心学有某种联系，只不过我比起当年的贺先生来，着重强调要把王阳明的心学与主客关系的思维方式结合起来，强调要弥补中国传统哲学缺乏逻辑推理和细致分析的局限性。

贺先生在联大时期讲黑格尔哲学，其基本观点是新黑格尔主义。我到贺先生家请教哲学问题时，贺先生经常对我大讲新黑格尔主义，美国的 Royce，英国的 Bradley，意大利的 Croce，我当时已相当熟悉，贺先生要我看这些人的原著。贺先生当时主持西洋哲学名著编译委员会，我有机会看到这些人的原著和中文译稿。我后来以黑格尔和新黑格尔主义为研究方向，与贺先生的教导、培养有深切的关系。我的毕业论文题目就是《新黑格尔主义哲学家 F. H. Bradley 思想研究》，由贺先生指导。贺先生除耐心为我讲 Bradley 的哲学思想和原著外，给我最有深意的一句教导，至今犹铭刻在心："我虽然主持西洋名著编译委员会，非常看重翻译工作，但我要提醒你的是，不能靠翻译从事西方哲学研究，要念原文，翻译终究代替不了原文。"西洋哲学名著编译委员会出版了很多西洋哲学名著中译本，如 J. Royce 的《近代哲学的精神》，F. H. Bradley 的《伦理学研究》，B. Rand 选本《西洋伦理学名著选辑》(原名《古典道德学家》)等等。还有中国著名学者洪谦教授的《维也纳学派哲学》。这些书都由商务印书馆出版，抗战时间，印刷条件差，都是一些像黄表纸(信迷信的人祭神用的黄色纸)一样的棕黄色薄纸装订而成的本本，从正面可以透视到反面，但我大多读过，一直保存到现在，朋友们到我家，说"这都成了珍贵的文物"。我却由此而忆及贺先生，他不但为介绍西学作出了重大贡献，而且培养了不少精通英文的人才，如樊星南、韩裕文、徐孝通等学者，这些人据说后来都留学美国。

贺先生为人忠厚老实，不计较小节。我大学毕业前后，有两件事至今令我对贺先生还有点歉疚之感。一是我毕业那年，与闻一多先生高足联大中文系学生彭兰女士结婚，按照当时的风习，双方各有一个主婚人，她的主婚人很自然地是闻一多，我的主婚人按常情应请贺先生，我的毕业论文是他指导的，可是彭兰鉴于闻与贺在政见上有些不合，要我另找别的老师，我改请了同样也很关心我的南开大学文学院长、教我美学的老师冯文潜先生做我的主婚人。贺先生知道我结婚后，还向我道了一句喜："听说你和闻一多的高足结了婚，恭喜你哟，什么时候带她到我家来坐坐。"我不记得我当时是怎样支吾过去的，却深感贺先生的大度。其二，毕业考试结束不久，系布告栏内一条公告：保送我读研究生，清华北大，任择其一。我犹豫了一阵子：是进北大研究生院，做贺先生的研究生，还是入清华研究院，做金岳霖先生的研究生？由于我当时更迷恋分析哲学，加上彭兰作为闻一多的高足对贺先生心存芥蒂，我因而选择了清华研究院，想做金先生的研究生。后因家庭经济困难，连续休学两年，去南开大学当助教。贺先生后来问我：本想你来北大，你怎么又到清华去了。我当时明知贺先生不喜欢分析哲学，但我还是明确回答了贺先生：我喜欢数学、逻辑，好理论分析，还是走分析哲学的路好。贺先生也明确地回答我：各有千秋，只要能做出成绩来，都一样。其胸怀之博大，令我感动。我后来在南开大学任助教期间，每到北平，都要去看望贺先生，听他讲人生哲理，他总是热情接待，还主动约我在他主编的杂志上发表文章。

贺先生引领我走上了哲学之路，他在我的哲学生涯中打上了深深的印迹。1992年9月，贺先生病逝，我写了一副挽联：

滇南立雪，承启蒙痴，游子自来思故里。

耄耋穷经，更添新意，后生立志步前贤。

“存在就是被感知”

——冯文潜先生指导我初会西方哲学原著

转入哲学系后，我在哲学的海洋里随意翻腾，碰巧抓到了一本英国经验论哲学家巴克莱的《人类知识原理》的英文原著，翻阅了头几页，便被吸引住了，于是经常从图书馆借阅。我当时自学这本书的地点，既不是图书馆，也不是宿舍或教室，而是茶馆，今天的青年也许觉得不可想象。抗日战争期间，从沦陷区迁往后方的学校，校舍都很简陋，西南联大其尤甚者，二三十人住在一间狭长的人字形草房里，房顶是铁皮上加盖茅草，四壁是土砖，三五个熟识的同学自由组合成一个一个的小组(我们口头上爱说 group)，把一间本来就空间很小的房间分隔成四五个小组，每一个小组就是由两三个上下床围成的一个“小天地”，各个小组之间的人大多彼此不相往来，我与隔壁小组的一位同学只一床蚊帐之隔，相聚一年，彼此没有交谈过。每个小组一张书桌，书桌往往成了上铺的踏脚板，我们很难坐在桌旁念书，而图书馆又小，同学绝大部分是把茶馆当做自修室。早晨一起床，吃过早饭，就夹着书本到校旁的云林街“泡茶馆”，一杯茶从早晨八九点“泡”到十二点，然后回食堂吃午饭，午饭后又去“泡”，一天“泡”三次，也就只给三次的钱，茶老板并不因为你“泡”的时间长就多收费。巴克莱的那本著作，我几乎全部都是在茶馆里“泡”完的。

云林街一条街几乎全都是茶馆，街上行人，熙熙攘攘，大多是联大同学，茶馆里高朋满座，也一样大多是联大同学，各种喧嚣声、议论声都有。一会儿从打桥牌的座位上冒出来什么“just make”，“他妈的”；一会儿从闲坐聊天的座位上冒出来什么“四大家族……”五花八门，应有尽有。茶馆的墙壁上还挂上几个大字："闲谈莫论国事"。可我念巴克莱的书入了迷。巴克莱的那本书，千言万语，集中在一句话："存在就是被感知"。任何东西，你不感知它、不感觉它，它就不存在，例如桌子就不过是一堆看起来是黄色、方形、摸起来是凉凉的、硬硬的感觉，除此以外，它就什么也不是，哪还有什么独立于人的感知、感觉之外的桌子？我念到这里，觉得"很好玩"、"很有意思"，巴克莱把我引入了一个非常人所能想象到的世界。我对茶馆里的各种喧嚣声、议论声置若罔闻，也似乎是，既然我不去感知它们、感觉它们，它们也就都不存在了。我那时根本不懂什么是哲学，只是第一次接触到了一些哲学原著，便以为它是哲学之全部。原来念经济系时的一位同系同学问我："哲学是讲什么的？"我回答说："哲学就是把桌子化解为无，我们平常人太现实了，你还在念经济系！什么银行、货币说穿了都是无，一堆感觉，你不感觉它，银行、货币也就没有了，只有学了哲学才能使人真正高超起来。"经济系的那位同学回答我："学这些有什么用呀？难怪哲学系尽出疯子，你可别学疯了。"不管我当时对巴克莱、对哲学了解得怎么肤浅，反正我觉得我已另有一番境界，不足为俗人道也。

我转入哲学系后念的第二本哲学原著是柏拉图的《理想国》，这是南开大学文学院长、美学家冯文潜（字柳漪）先生在讲授西洋哲学史课程时要求我们必读的书。柳漪师问我：你已经接触过一点西洋哲学原著吗？我回答：正在念巴克莱的《人类知识原理》，已经念了不少。柳漪师约我到他家谈谈我对巴克莱的理解。他对我的回答似满意似不满意。大概意思是：很有些心得体会，但不够准确。我平日爱在课后追着柳漪师提问，我隐约感到他喜爱我这个学生，便在一次谈话后明确表示，希望以后经常到他家请教。他满口答应。特别是冯师母，有一次，还热情接着柳漪师的话头说：你这位老师很愿意接待你。我就这样成了他家的座上客。他特别嘱咐我，要我熟读柏拉图的《理想国》，他说："这才是西方哲学史上最最重要的必读之书，要像读《论语》一样地读。"我似乎感到我原来随手抓的那本巴克莱《人类知识原理》没有抓到点子上。我当时对西方哲学原著根本没有什么叫做重要什么叫做次要的观念。柳漪师还非常具体地教了我一套读《理想国》这样的经典著作的办法。他要我每读完一节或一章，就合上书本，用自己的话把原文的大意写下来，个人的心得和评论写在另一旁。他说："我看你的读书报告，首先是注意你自己的理解和概括是否与原文的原意相符合，但又不准你照抄原文，要你合上书本再写，尤其不要满纸都是自己的评论，实际上，却连原意都理解错了，弄得文不对题。"的确，我在写读书报告的过程中，有时自以为懂了，临到执笔，却又表达不出来，概括不起来，这时就会深切地认识到自己对原文还懂得不透，于是打开原书再看，再合上，再写，这样写完一次读书报告之后，原著的那一部分内容就不仅懂得比较透彻，而且也记得比较牢固了。实在不懂的地方，口头请教老师。这就更加终生难忘。柳漪师评阅时，既看我个人的评论，更着重在有失原意之处。他提醒我，基础性的东西，就得这样学。我当时暗想，老师有点"述而不作"，但后来每一回想，却越来越觉得从他那里学得的知识最准确，最熟透。巴克莱的《人类知识原理》一书的后面部分，我也是用他教我的这个办法来自学的。巴克莱的《人类知识原理》和柏拉图的《理想国》是我与西方哲学"初会"的两本原著，也是我读得最熟的两本西哲原著。怎样打基础？怎样做学问？我在这些方面深深受益于柳漪师。我希望现在的青年对于打基础的东西也不妨试用一下这个办法，或许苦一点，甚至会有人不屑于这样做，但等到年纪大了，我猜想会感到终生受用。

这两本原著都是在茶馆里那种“我不感知那些喧嚣声和议论声，那些声音就不存在”的条件下念的。在政治气氛和学术气氛都很浓重的西南联大，常常会听到“走出象牙塔”的进步呼声，我算得是身在茶馆，心还在象牙之塔的一个“落后分子”。柳漪师当年也没有走出象牙之塔，师生两人可谓“沆瀣一气”。他看中了我，竟在我生病期间还打听我住的房号，到我床边问寒问暖。柳漪师对我那种慈父般的关爱，甚至引起了周围同学的羡慕之情。他在我病中了解到我因经济困难，在外“兼差”，由于时间冲突，常常不能听他讲授的“美学”课，便破例允许我可以不上课，以读书笔记和学年考试成绩结业，还说：“学习不一定非得围着老师转不可。”我的“美学”课成绩居然得了92分。

我大学毕业时，他要我到南开大学当助教，当助教的第一年就独立开课，这也有点例外。过了一两年，也许在解放之后，他又要我翻译巴克莱的《人类知识原理》。“你把《人类知识原理》念得那么熟，就干脆把它翻译出来吧，我替你校阅。”他的校阅也很特别，一字不改，尽作旁注：“此字不妥”，“此句待斟酌”，问号、感叹号，随处可见。我问他何意，他一一作答，显然比他亲自动笔还要劳神费事。一切都出自我之己意，但多有他的印迹。这大概也算得是一种学术上的自由之风吧。在翻译过程中，柳漪师经常提醒我，翻译首先要注意准确性：“做学问重在严谨扎实，翻译重在忠于原文，有人讲一个哲学家的思想，讲得天花乱坠，但对照原文一看，却错误百出，做学问不先下一番我注六经的苦功夫，就想六经注我，一步登天，那只能是空中楼阁。”他的这番告诫至今犹在我的耳边，也是我衡量学术价值的主要标准。我译的《人类知识原理》几乎全部收录在北大哲学系编的《西方古典哲学原著选辑》中，《人类知识原理》的校阅者写的是冯文潜。每看到那“校阅者”三个字，就会引起我对他的怀念，那不是一般的“校阅者”，他是我哲学生命的养育者。1961年，他不幸病逝，我专程到天津南开大学参加他的追悼会。

“一即是多，多即是一”

——旁听吴宓先生英诗课，对“万物一如”的哲学感受

“一”与“多”的关系本是古希腊哲学的一个基本问题，我从“西洋哲学史”课程中已经学到了一些，但“一即是多，多即是一”和与之相联系的“万物一如”这样有诗意的命题，却是从文学家吴宓先生那里旁听得来的。有一天，上课铃声正响，我赶着要去上我本系的一门什么课，途经一个大教室，见窗外站满了人，便也挤上前去探头看窗里，原来是吴宓正在上“英诗”课。一看黑板，满满地都是One(“一”)和Many(“多”)两个大字，一个大One在最上端，两旁包括一个小one和一个小many，然后在小one和小many下面又分别写上更小的one和many，如此类推，层层叠叠，一直叠到黑板最下端，便是许多删节号。有点像魔术，顿时吸引住了我，足足站了50分钟，本系的课自然也就放弃了。吴先生的“英诗”课是一个学期，我旁听了几乎大半个学期。联大所有讲课的老师在开课之前都要先公布参考书单，我原以为“英诗”是英语系的课程，吴先生又是研究西洋文学史的教授，参考书一定全是英文，没想到他的参考书单很长，似乎大部分却都是中国古典文学，什么《论语》、《孟子》、《庄子》、《史记》都有，我心想，这些中国经典的书名我也很熟，就想听听吴先生是怎么讲的。他讲的内容，给我印象最深的是：多离不开一，一也离不开多，美就是讲的多样性的统一，即多中之一，亦即和谐；基督教的上帝是离开了多之

一；与基督教的上帝不同，“万物一如”则是与“万物同一”，这是一种“无我之境”。记得吴先生好像还引证了庄子《马蹄》篇的“同与禽兽居，族与万物并”几句话。吴先生似乎把我引入了一个“天地与我并生，而万物与我为一”的“至德之世”。

吴先生特别从“多即是一，一即是多”的道理中引申出美之为美的原理，他认为美就是从多中见一。他强调中国文学中讲的“典雅”的重要意义，“典雅”就是内涵丰富，意义深远，发人深思，让你从特殊(多)中见到普遍(一)。我近一二十年来的许多美学观点，就有当年吴先生课堂讲演的蛛丝马迹。他在课堂上不时讲到翻译问题，主张翻译要以“信达雅”为目标，直译、死翻不足道。当时联大同学每到周六，多爱到市区的南屏电影院看美国电影，什么“长相思”、“鸳梦重温”、“翠堤春晓”、“蝴蝶梦”等等影片，都是联大同学茶余饭后的热门话题。据传，这些电影的片名大多是吴宓的译作。同学们议论起来，无不称赞这些译名之典雅，但实际上皆非从原文死译而来。例如“长相思”的英文原文是 old maid，直译应是“老处女”，显然不够典雅，意译成“长相思”，而在括号内注明原文“老处女”，这就既典雅又不失原意。我从联大毕业以后，还经常在人前称道吴先生的这些影片译名，无不点头赞许。不料几年以前，一位大学宣传部长、中文系教师却提出了异议，我不禁感慨系之，写了一篇短文以寄意，题曰《长相思与老处女》，发表在《光明日报》的副刊上(2000 年 9 月 7 日)。

吴先生为人耿直，不拘小节，爱顶撞人。我和经济系一位好友在图书馆前见到吴先生，想请他为我们私人教英文，给他报酬。在联大，这样的例子不是没有，前面提到，莎士比亚的《哈姆雷特》，我就是这样学习的。然而吴先生却不等我们把话说完，就劈头一句：“我是岂能靠钱买得的？我再穷也不会！……”我们原来是一番好意，觉得抗战时期，教授们也都生活艰苦，自己在外兼差，赚了点钱，也算给老师一点补助。当时年轻，做事太冒失，可我们对他更增加了一分敬畏之心。同学中盛传吴先生在昆明大街上看到一家饭馆，招牌名曰“潇湘馆”，吴先生勃然大怒：“潇湘馆只能是林妹妹住的地方，岂能如此这般！”举起拐杖就要砸。与他这种放荡不羁相对照的是，吴先生备课之认真，也广为英语系同学所传诵。听说，他每次讲课前一夜，都要写出详细的讲授提纲，哪些先讲，哪些后讲，哪些多讲，哪些少讲，他都要仔细斟酌，即使熟悉的引文也要核对再三。临到讲课的那天清晨，他还要找一个僻静的地方，默想一遍当天讲课的内容。他的讲课效果很好。我亲眼看到，他讲课不看讲稿，偶尔瞟一眼，马上又面对学生，即便是引文，他也背得很熟，极少拿起书本照念。上课之准时，可与经济系的陈岱孙教授媲美，他更多的是提前进课堂。同学们说，守时间，严谨，这是清华的作风，吴与陈都是清华的教授。

吴先生是一个性格多方面的人：为人不拘小节，教学却严谨认真；讲西洋文学史，却重中国经典；爱《红楼梦》，却崇奉孔子。据说，他是一个思想保守之人，凡胡适提倡的，他都不苟同，反对白话文是其一例。可以说，吴先生本人就是一个“一中有多，多中有一”之人。

像吴先生这样的人，在西南联大尚不乏其例。西南联大很赞赏这样的人，这也许是西南联大自由之风的一个标志。西南联大这个学校也是一座“一中有多，多中有一”的学府。政治思想方面：进步的，保守的，中间的，左中右都有，各得其所。学术派别和学术观点方面，仅以哲学系为例，有信奉陆王心学的贺麟，也有信奉程朱理学的冯友兰；有信奉大陆理性主义和佛学的汤用彤，也有维也纳学派的洪谦。风格方面：汤用彤，雍容大度，成竹在胸；冯友兰，博古通今，意在天下；冯文潜，精雕细刻，入木三分；贺麟，出中入西，儒家本色；

金岳霖，游刃数理，逍遥方外。总之，名家荟萃，各有千秋。西南联大是百花园，学子在这里可以任意采摘；西南联大是万神庙，学子在这里可以倾心跪拜。我和我的联大同学们就是在这样自由的学术雨露中成长起来的。

旁听在西南联大蔚然成风，不仅学生旁听老师的课，而且老师之间互相旁听之事，也经常有之。我亲身经历的是，闻一多与沈有鼎，一属中文系，一属哲学系，两人同开“易经”课，这种冷门课，选课的人不多，旁听的人却不少，我是其中之一。闻一多的“易经”课上常见沈有鼎旁听，沈有鼎的“易经”课，也常见闻一多旁听。课后两人并肩而谈，有时似乎在争论。旁听意味着自由选择，意味着开阔视野，意味着学术对话。我在联大几年期间，共旁听了四五种课程。从旁听中学到的东西似乎更牢固，更多启发性，吴先生的“英诗”课是我从中收益最大者。也许因为那完全是个人兴之所至，无任何强制之意的缘故。与此相反的是，当时由于国民党教育部的规定，西南联大和其他大学一样设有政治课性质的“公民”之类的课程，不但绝无一人旁听，而且听者也只是出于必修而求得混个学分而已。被逼而修，有何学术自由之可言！

“近所谓东西文化之不同，在许多点上，实即中古文化与近古文化之差异”

——冯友兰先生指引我初识中西哲学之差异

念中学期间就已知道冯友兰的大名，但没有读过他的书。西南联大经常可以在校园的院墙上看到名教授的讲座海报，我进联大最早听的两个讲座，一个是刘文典讲《红楼梦》，一个就是冯友兰的《论道统》。讲座的地点是联大最大的教室，门里窗外，人山人海，我挤进去占据了一点立锥之地。讲桌前站着一个身穿长袍马褂、满脸大胡子、戴着高度近视眼镜的道学先生，面前放着一个黄皮包。不用问，这就是冯友兰。“我今天讲的题目是论道统统统……统。”惹得全场大笑，原来冯先生严重口吃。但稍事缓解后，冯先生忽然又一阵一阵地讲得非常流利畅快，条理之清晰，气势之磅礴和他的结巴形成一幅对比鲜明的画面，越发吸引着听众。那次讲座的内容，大体上是冯先生所谓“照着讲”与“接着讲”的那套关于宋明道学的著名论点，我恍恍惚惚，似懂非懂，但觉其中有深意，他给我留下了第一印象：博学鸿儒。

转入哲学系后，当然以能听冯先生的中国哲学史课程为幸福。我当时也参看其他一些讲中国哲学史的书，都觉得理论分析少，不甚了了，常常因此而迁怒于整个中国人的传统思维方式：笼统、混沌。唯独听冯先生的课，读冯先生的《中国哲学史》，就觉得他对于许多中国古代的思想学说解释得那么清晰，评论得那么近情近理。他虽然强调“写的哲学史”“须永远重写”，这是西方新近的观点，但他又特别重视“信史”，重视忠于原文，他的《中国哲学史》一书的特点之一，就是引证了大量原文，其用意在于要求读者“直接与原来史料相接触”。所以他的讲解之清楚明白，绝非主观附会，哗众取宠。他连中国经典原著中本来含混有歧义的地方，也要清楚明白地指出其含混之处何在，歧义的各种可能性何在，还要留下一些可以让听者自己去琢磨的空间。

冯先生讲中国哲学史，总是联系西方哲学史来考察。他受英美新实在论的思想影响较深，其对中国古代哲学史上许多思想学说的讲解中，新实在论的观点随处可见。对朱熹的理气说的讲解，其尤著者。

他所“讲的”中国哲学史或他所“写的”《中国哲学史》，似乎是他《新理学》所提出的“真际”说之体现和应用。“真际”实际上是柏拉图的“理念世界”，是新实在论的“潜存”，朱熹的“理”也被冯先生讲成了柏拉图的“理念”和新实在论的“潜存”。冯先生的“新理学”是柏拉图主义、新实在论与中国程朱理学相结合的一个统一体。他的课对我影响最大之处是把我引向一个形而上学的、超感性的“理”的世界。我把对柏拉图主义的兴趣与对程朱理学的兴趣，也结合了起来。我对程朱理学的兴趣大于对陆王心学的兴趣，而且这种倾向支配了我几乎大半辈子。

与此相联系的是，他讲中国哲学史，却把我的兴趣引向了西方哲学史。通过冯先生“讲的”中国哲学史，我觉得中国传统思想缺乏分析和逻辑论证，许多内蕴很深厚的东西都被掩藏了起来，可以玩味，却难于解说。我是一个自命为“有数学头脑的人”，重逻辑推理，我当时心想，要学哲学就要学西方哲学，中国传统里太少逻辑。这一看法现在看来，显然有点过激之处。但无论如何，冯先生当时讲的中国哲学史，表现了他运用逻辑方法作细致的理论分析的风格，很合乎我个人的口味。他“写的”《中国哲学史》一书，引文篇幅超过原文，但一点也不觉得它缺乏理论，而且我以为，与当时其他许多中国哲学史方面的著作相比，冯先生的《中国哲学史》是理论性最强的。冯先生是20世纪我国真正有自己独创的思想体系的哲学史家和哲学家。

冯先生在《中国哲学史》一书中说：“直至最近，中国无论在何方面，皆尚在中古时代。中国在许多方面，不如西洋，盖中国历史缺一近古时代，哲学方面，特其一端而已。近所谓东西文化之不同，在许多点上，实即中古文化与近古文化之差异。”①冯先生在这本书里和在

① 冯友兰：《中国哲学史》下册，495页，商务印书馆，1934。

讲堂上都没有详细说明他这一断语的具体内容。从他当时讲课的总体上窥其大意，也许是说，中国哲学史缺乏西方自文艺复兴特别是自笛卡尔到19世纪中叶的近代哲学阶段，在这个阶段里，西方科学繁荣发达，与之相应的哲学观点也多进取精神，重研究自然，重个人思想自由。但这样的说法已掺杂了我个人的揣测和思想观点，冯先生并没有这样讲明。我以为，把中西文化之差异看成是时代性差异，诚如冯先生所加的限制词所说，“在许多点上”，是符合史实的。近来学术界关于中西文化之差异问题，有“时代性差异”和“类型性差异”之争。我以为，文化包括科学、道德、审美、宗教等等诸多方面，文化是这些方面的一个有机统一的整体。其中只有科学可以用“进步”的标准来衡量，因此，我们可以说，某民族在某个时代科学上进步或落后。但道德、审美之类的文化活动，则不是简单地可以用进步或落后来评判的，各民族在道德、审美等方面有各自的民族特点，也许我们可以用“类型”一词来指称，类型性之差异不能等同于时代性之差异。然而，一个民族的道德、审美等方面又是与其科学方面有机地联系起来的，道德、审美等等必然打上科学的烙印，因此，完全撇开科学方面的时代性而单就道德、审美等方面的类型性来评判一个民族的文化整体，也是不切实际的。我在《境界与文化》一文中专门论述的这个问题。我这里所要着重说的是，我至今仍然比较倾向于冯先生的观点：“在许多点上”，中西哲学之差异是时代性之差异。我把科学比喻为文化之躯体，道德、审美等等比喻为文化之灵魂。中华民族的传统文化缺乏一个强壮的科学躯体，这是我们民族文化不及西方的一大弱点。重视这种差异，会使国人更加奋进，而绝非自卑。

冯先生讲中国哲学史，特别明显地表现了他的中国古典文学和英文方面的功底。冯先生能诗善文，这在我们联大同学中早有传闻，他为西南联大撰写的纪念碑文，更为海内外学者所称道。他虽然重逻辑推理和概念分析，但他的讲演，语言精练、词汇丰富，古典诗词，信手拈来，挥洒自如，不时还插进一则古籍中的小故事、小笑话，让你在紧张的推理中感到一点轻松。冯先生无论是“讲的”中国哲学史还是“写的”《中国哲学史》，都让我深深体会到，研究中国哲学史而缺乏中国古典文学方面的功底，很难对中国哲学史的研究有可观的成就。冯先生在这方面的造诣至今无人能及。

冯先生英文很好，不但讲课不时引几句哲学的英文原著原文，而且我在联大时还亲自见到冯先生在一次讲演中与一位英国学者用英语进行流利对话和辩论的场面。我想，这是冯先生能联系西方哲学讲中国哲学史的一个重要条件，这一点也非常值得我们今天从事中国哲学史研究工作时予以重视。

冯先生的政治思想倾向，在当时联大同学印象中，无疑是正统的。我以为冯先生是大学问家，又有志于实现自己的理想于社会现实之中，故常怀为帝王师的宏愿，然冯先生并非谄媚上司之人。相反，他也是一个敢于抗争、维护学术自由的纯粹的学者，无愧为西南联大这座以学术自由为其重要特征的最高学府之一员。当时的教育部长陈立夫曾几次训令西南联大按教育部规定，统一教材。冯友兰执笔为文曰：“夫大学为最高学府，包罗万象，要当同归而殊途，一致而百虑，岂可刻板文章，勒令从同。惟其如是，所以能推陈出新，而学术乃可日臻进步也，今教部对于各大学束缚驰骤，有见于齐而无见于畸，此同人所未喻者一也。……如何研究教学，则宜予大学以回旋之自由。……今教授所授之课程，必经教部之指定，其课程之内容亦经教部之核准，使教授在学生心目中为教育部一科员之不若。此同人所不未喻者四也。”冯先生敢于顶国民党之重压，力争学术自由之宏伟气象，与其文章之气势，用语之精当，皆跃然纸上。今日读之，仍觉意味深长，耐人寻思。冯先生在其所撰西南联大纪念碑碑文中还有这样一段豪文："联合大学以其兼容并包之精神，转移社会一时之风气，内树学术自由之规模，外获民主堡垒之称号，违千夫之诺诺，作一士之谔谔，此其可纪念者三也"。此固对西南联大校风之最允当的概括，亦冯先生个人风格之写照。当今之世，敢作一士之谔谔者，能有几人？

冯先生《中国哲学史》一书之抗战旧版，我一直保存至今，黄表纸，从正面能透视反面，已成珍贵文物，我一直在翻阅它。冯先生诞辰 101 周年之际，我还写了《重读冯友兰解放前的〈中国哲学史〉》一文，以资纪念。

"以无为本"

——汤用彤先生引领我进入了"玄远之境"

如果说冯先生的哲学最高原则是"有"，那么，汤先生的哲学最高原则就可以说是"无"。冯先生的讲课给人以现实感，汤先生的讲课则把我带入了一个"玄远之境"。

汤先生融汇古今，博贯中西，连通梵华，其开设的课程几乎遍及哲学和哲学史各部门。我念联大哲学系期间，就选修了三门：印度哲学史，魏晋玄学与大陆理性主义。汤先生矮胖，发全白，笑颜常开，穿灰色长服，活像一个罗汉，每次上课，一看到他漫步走来，我们几个同学就要小声窃语："汤菩萨来了。"汤先生走到讲桌前打开一个旧布书包，边讲边引经典，但他又非照念讲稿和古籍。汤先生之重史料，是我所听各门课中之最突出者。他的论断似乎都有史料上的依据。他反对曲解历史，曲解原文，作哗众取宠之新论。他甚至以一种讽刺而又豪迈的口吻说过这样的话：“我天资次等，老老实实地做点史料考证，虽不曰新流派，但也会产生头等的研究成果。”(大意)人们评价汤先生一生的学问，即使是说他缺乏新体系者，对汤先生学识之渊博，治学之谨严，考证之周密，见解之精深，亦无不称赞备至。汤先生不作雄健挥洒之龙文，但其讲课和著述皆于平实中见真知，有苍劲古朴之气韵。我个人一生为文，往往如履薄冰，特别是害怕发生资料上的“硬伤”，于今年纪大了，似乎在写作上胆子愈来愈小，汤先生的身影一直是我做学问的一面镜子。

汤先生为人，亦蔼然仁者。据传，当他的两位同事发生争论时，问他的意见，他默然而笑，惹起两人都对他不满。有一位当时哲学系老师曾明确评价汤先生：“如龙之卷曲，不见首尾”。据我所知，汤先生性本不好与人争，不臧否人物，然亦耿介之士，他曾在一个公开场合，怒斥以做学问为进身阶梯者为“无耻之徒”。

我所听汤先生三门课中，印象最深的是魏晋玄学。他在课堂上讲得最多的是“物我两忘”和“即世而出世”。汤先生说：“笛卡尔明主客，乃科学之道，但做人做学问还需要进而达到物我两忘之境，才有大家气象。”他所强调的“大家气象”给我留下了深刻的印象。我近10多年来，经常强调，既要重主客，又要超主客，强调科学与哲学相结合，与汤先生当年的教诲有一定的联系。汤先生讲课着力于王弼，也引起了我对王弼的兴趣。王弼主张“有之所始，以无为本”。故理想的人格就在于达到“无”的境界，此即王弼所提出的“圣人体无”的观点。如何“体无”？王弼认为圣人非无喜怒哀乐之情，不能无哀乐以应物，然圣人虽“应物”、有情，“而无累于物”。王弼的这个观点至今还影响着我。人之有情、有功利心，此乃人性之自然，不可违也，然理想的人格应能超越功利之心，超越喜怒哀乐之情。超越者，非抛弃人情、功利，而是入乎其内又能出乎其外，战而胜之。这也就是王弼所谓圣人之“神明”。汤先生强调王弼之所以能“应物而无累于物”，关键在于王弼之“无”并非虚无，并非违反自然，而在于顺乎自然，对一切事物泰然处之。“神明茂，故能体冲和以通无。”汤先生的解译似乎把我引入了一个既要面对现实又能超脱现实的境界。然而这样说，已掺杂了我今天的观点，我当时的这种想法，实际上是非常模糊的。但无论如何，我当时对汤先生既能游刃于章句考证之中，又能寄心于玄远之境，感到无比崇敬。

魏晋时期，玄学既盛，故时人亦多以放荡不羁为尚，阮籍、嵇康、刘伶等竹林七贤乃一时风尚之代表人物。我一向羡慕竹林七贤的生活。汤先生推崇阮籍、嵇康，谈阮籍、嵇康之所以任性不羁，纵情山水，乃愤世嫉俗，鄙视权贵之举，非为放达而放达也。汤先生平日不好谈当世之务，然常有言外之意，弦外之音，令我们同学联想到时政之腐败，民心之愤懑。汤先生的讲课虽常把我们引入“得意忘言”之境，但此境远非佛教之厌世、弃世，汤先生在佛学方面的造诣最深，然不信佛教。我听汤先生讲魏晋玄学，不时把他讲解的竹林七贤与我小时从父亲那里学到的陶渊明之不为五斗米折腰联系起来。汤先生曾引阮籍鄙弃封建社会“君子之礼法”之词：“君子之处区内，亦何异夫虱之处裈中?”“自以为吉宅”，而“死于裈中不能出”。“汝君子之礼法，诚天下残贼乱危死亡之术耳”。阮籍攻击“君子礼法”之尖刻，有魏晋玄学“尚无”之哲学根基。汤先生在课堂上对此种人格之称颂，令我对阮籍、嵇康等人更增敬重之心，也流露了汤先生本人傲然挺立的风格。

汤先生要求学生不死记硬背，而要理解、领会他讲课内容的深意。考试时，他从不出简单的打正负号之类的试题，他像语文老师一样在黑板上书写几个大字：“论崇无”、“论尚有”之类，说一声“你们可以翻书”，然后他就离开教室，两节课以后，他来收考卷。汤先生这种听任学生自由发挥的作风是北京大学提倡学术自由的一个标志，对促进学生的创造性无疑起了积极作用。

我从西南联大毕业后，有几年时间没有机会与汤先生见面。1953年，汤先生任北大副校长，我妻彭兰任校长办公室秘书，常侍左右，对汤先生之为人有较多了解，我亦从彭兰口中得知一二。这时，汤先生已和众多从旧社会过来的知识分子一样，通过思想改造运动，面目远非昔日可比。据说：汤先生是分管总务的副校长，却放下大学问家的架子，经常与工人亲切交谈，有时在地里劳累到深夜。另一位副校长江隆基，是党员，老干部，实际的北京大学最高领导人，称赞汤先生是“忠厚长者”，是“最听党的话的人”。我闻听之余，既有敬羡之情，又不免为他惋惜。汤先生的学问成就，均在解放以前，解放后实无可观者。汤先生个人之过欤？时代已不可能为汤先生提供做学问的条件，耽误了汤先生的后半生，也为中国哲学界造成了无可弥补的损失。然而我这种惋惜之情在当时也只是转瞬即逝，因为在那个时代，评价一个人的标准主要在政治而不在学术。我之惋惜，恐当时之汤先生所不许也。

“我对分析哲学的兴趣是出于一种游戏的爱好”

——金岳霖先生让我爱上了分析哲学

标题上的这句话是金岳霖先生课后的谈话，它不仅道出了金先生爱好他本专业的志趣，也是他人生哲学的一种表白。我一转入哲学系，就听系里的高年级同学说：金先生是分析哲学的大师，喜欢搞逻辑分析和概念分析，爱看侦探小说，是打桥牌的高手，但对自己的生活琐事从不在意，人情世故也不很在行，一辈子打光棍。据传，金先生从美国回国时，别人都是大一包小一包的行李，浑身累赘，唯独他毫无牵挂，双手捧着一个大红苹果，在轮船码头上东张西望。朋友问他："你的行李呢"？他却支支吾吾："啊！啊！我的苹果呢？"我们同系不少同学都认为金先生是一个"真正不为外物所累的高士"，他一心扑在概念分析和逻辑问题的游戏上，忘怀一切，成了"无怀氏之民，葛天氏之民"。解放以后，1952年院系调整，金先生任北大哲学系主任，我任教学秘书，因为同他朝夕相处，便笑着问他回国时手捧大苹果之事，他回答说："往事如烟啊，我也记不清了。"我心想，当年的传闻看样子是事实。他在课堂上和课堂下都曾流露过，他很喜欢老庄哲学。我觉得金先生从专业上说，爱好的是分析哲学，但从人生观上说，信奉的是老庄哲学。所以我评价金先生是借游刃于概念分析而逍遥于方外之学者。金先生还有一件小小趣事：在出席一次记者会上，招待的小姐让他签名，他竟执笔而不能挥毫："啊！啊！我叫什么名字？"我想，他决非记忆力减退，也许是因为思考他的概念分析和逻辑问题而成了庄子的"忘己"之"至人"吧。

我选修金先生的课有"知识论"与"形而上学"两种。金先生的课给我留下的最深印象是对古希腊科学"自由精神"的赞赏。他认为古希腊哲学家，一方面讲哲学要与实际生活相结合，例如柏拉图的"哲学王"就和中国人讲的"内圣外王"有点相似，但柏拉图与亚里士多德都重科学的"自由精神"，这种"自由"就是不计较金钱、名誉，专心致志于纯粹的理性思维、科学探索，这就叫做"为求知识而求知识"。受金先生的启发，我当时模糊地感觉到，哲学家似乎有两类：一类是“纯粹”的“哲学家”，一类是“学而优则仕”的哲学家，金先生属于前者。我从小受我父亲“不进官场，要做学问中人”的教导，更多地崇敬金先生这样“纯粹的哲学家”。我前不久写《希腊精神与科学》一文，曾联系到阿基米德的一个故事，阿基米德“沉思”几何学问题，正当他在地上画一个圆时，罗马士兵的刺刀插到了他的身旁，他却高声喊道：“别踩了我的圆。”古希腊为科学而科学的“自由精神”，何等崇高！何等伟大！金先生那种不为外物所累的情趣虽然不能与阿基米德面临的悲壮场面相比，但其为了思考逻辑问题而忘怀一切的境界，亦应可与希腊科学的“自由精神”相媲美。我们今天讲发展科学，需要提倡像金岳霖这样的哲学家的“纯粹性”。

金先生讲课，有他独特的风格。他身材比较高大，穿西服，披一件长大的风雨衣，可能是因为有什么眼疾，经常戴一个太阳帽，遮住了几乎头部的上半，慢慢吞吞地走来，一进教室，便把自己高大的身躯塞进讲桌旁一把木头扶手椅里。一阵闭目凝思，然后说两句又停一停，他似乎是要把我们都引入他所设计的瑶林仙境之中，与他同呼吸、同思维。偶尔他会突然叫起一个同学的名字：“啊！这个问题，你说说你的看法。”我就被金先生叫起过好多次，有时，他干脆让我在课堂上讲上10多分钟，他边听边问，或自问自答，同学们也不时插话。一时间，课堂变成了七嘴八舌的茶馆，师生之间变成了平等对话的伙伴。更有甚者，个别不懂事的同学竟敢当面顶撞金先生：“您的看法有矛盾，不对。”金先生不以为忤，不断地说：“唔！唔!”金先生之大度，全班同学无不敬重。

金先生是罗素哲学专家，在课堂上爱讲罗素，我念罗素的《哲学问题》时，常当面请教他。金先生的英文非常好，据他自己说，他经常是用英文思考哲学问题，这比用中文思考还要准确一些。我念《哲学问题》英文原文本，碰到一些英文术语上的解释问题，他耐心地、原原本本地为我作详细的讲解。他在课堂上和课后不时主动地提到《哲学问题》中所讲的一个主要观点：哲学不会对哲学问题作出一种确定无疑的答案为所有人接受，哲学之所以值得学，也不在于它的答案，而是在于问题本身，在于提出问题，这些问题能丰富我们的想象力，让我们能展望事情的各种可能性，而不受各种习俗偏见的束缚，从而扩展我们的思想境界。大概也就是出于这种考虑，金先生在我们同学向他提出不同意见时，他反而夸奖“你有哲学头脑”。罗素和金先生关于哲学的价值在于扩展思想境界的论点，在我近一二十年来所形成的哲学思想中，还保留着一些印迹。

我刚入西南联大不久，就知道当时同学中流传的一种看法，说北大是“学而不思”派，清华是“思而不学”派。转入哲学系后，这种看法似乎更为明显。但我觉得这样说，未免太片面，太简单化了。金岳霖是清华学风的旗帜，他重逻辑分析，重理论体系，他创建清华哲学系时，据说只有一个学生，就是后来鼎鼎大名的逻辑学家沈有鼎，沈先生是一个搞数理逻辑、重理论体系的人。但他师生二人，皆非思而不学者：金先生于中国哲学史和西方哲学史都很熟悉，史方面的知识很丰富，沈先生精通《易经》，开设了《易经》的专门课程，对西方哲学史也有研究。汤用彤是北大学风的旗帜，他重史料，重考据，但他分析问题之细致，思考问题之深入，少有人及。尽管如此，“重史”与“重论”（“重思”）两种倾向，在北大与清华之间，确实各有所长。我们作为联大的学生，能受惠于两方面的优点，真可谓得天独厚。我当时已初步认识到，学哲学离开了哲学史，易陷入空疏。可是我从小喜爱数学，高中时期又是读的理科班，大学四年级还选修了微积分，我对

“论”的兴趣更多于对“史”的兴趣，再加上听金先生的课，我爱上了分析哲学，所以我在毕业时被保送入研究院的志愿单上，填了清华，打算作金先生的研究生，走分析哲学的路。分析哲学和我当时的毕业论文所研究的“新黑格尔主义”是两个相反的派别，教我分析哲学的金岳霖与指导我毕业论文的贺麟，一个是清华，一个是北大，两人做学问的风格也很不一样，最终还是我从小养成的性格决定了我当时的选择。我在填完入研究院的志愿单后，登门拜访了金先生，金先生表示热烈欢迎：“我早知道你有数学头脑，宜于研究分析哲学。什么时候去北平？欢迎你去找我。”很遗憾，我后来因家庭经济困难，连续休学两年，按规定不能再复学了。一直到1952年院系调整，我才和金先生在燕园见面，相距已有六年之久，而且其间还隔了一场解放战争。

按我的本性来说，像金先生那样重“论”，爱推理，超脱世事，寄高远之意于概念分析的“游戏”之中，那是我的理想。我从大学毕业，告别金先生、告别分析哲学以后，转而从事“史”(哲学史)的研究，那种兴趣是后天习得的，非出自我之本性，至于搞马列主义哲学，那更非始料所及，乃时势和生活上各种因缘时会所使然。

“哲学与文学的联姻”

——闻一多先生和他的高足彭兰女士促成了我人生的重大转折

1945—1946我大学毕业那一年，是昆明学生运动蓬勃发展的高潮时期，西南联大被誉为当时的“民主堡垒”，我的不问政治、自命清高、向往道家境界的思想，不能不受到直接的冲击。是继续孤芳自赏，还是投入现实，这是我当时面临的重大问题。就在这个时期之前不久，我结识了中文系同学、闻一多的信徒和高足彭兰女士。我们是在联大校舍旁边云林街的茶馆里念书时相识的。茶馆里的一个个大圆桌就是我们联大学生的书桌，认识的、不认识的，男生、女生，文科的、理科的，围桌共坐。我和她都是武汉人，那时，学校里有各省的同乡会，同是天涯沦落人，同乡容易聚集在一起，我们很自然地不免要搭讪一两句。她起先不知道我是哲学系的，不时说一两句令哲学系人难堪的话："哲学系的人，好争辩，寡人情，不通世故"。但后来在聊天中彼此知道了一些身世，便逐渐以诗相酬和。我那时完全不通平仄，她勉励我："你的诗有意境，这是能诗的根本，平仄是个技艺，我可以教你。"她经常替我正平仄，我则更多地向她学笔姿、学意态。从此，我们逐渐产生了爱慕之情。但她是属于联大进步学生之列。当时的联大同学之间，政治思想分野比较明显，左中右往往各人心中有数。她属"左"，我属"中"，彼此心照不宣。她把我的思想情况告诉了闻一多。一天，她说，闻先生约我到他家聊天，我知道这是一次"面试"。闻先生问了我一些家庭情况，接着说："听说你很有哲学头脑，我很愿意你能常来我家聊聊。现在的形势，我想，你也清楚，希望你走出象牙之塔。""走出象牙之塔"，这是联大同学中早已流传的进步呼声，闻先生似乎是这个呼声的领唱者。我第一次从闻先生口中亲耳听到这个呼声，更感到其意义之沉重。临别时，他送了我一本《海上述林》，黑绒面，烫金字。走出他家门，我深深感到，我将面临着人生的一次重大转折。

西南联大不仅是一座政治上的"民主堡垒"，同时也是一个学术上的"自由论坛"。昆明学运高潮期间，这两方面的结合表现得尤其明显。在西南联大，国民党党部及其下属的三青团本来就遭人白眼，学运高潮期间，国民党、三青团稍有蠢动，更遭唾骂，"反对一党专政"

和“党团退出学校”的呼声不绝于耳。我曾亲耳听到，闻一多在一次课堂上愤激地说：“国民党成年累月地讲统一、统一，都统一于它，还有什么学术自由可言！哪有党干涉学术的道理？他们懂什么学术?”在西南联大，敢于谔谔如此者，何止闻一多“一士”？政治系的张奚若，社会系的费孝通等人都公开地要求“政治民主”、“言论自由”。西南联大这种民主自由的声势几乎窒息了国民党、三青团分子的声音。记得一位姓陈的教授、联大三青团负责人，有一天在学校大门口看民主墙上的大字报，几个同学走近他身旁，讽刺了他几句，他只好默然而退。在西南联大，作“千夫之诺诺”如陈某者，似乎都抬不起头来。联大常委之一、清华大学校长梅贻琦，属正统派，但算得是一个比较开明的人士，他是当时联大的实际校长，在一次全校大会上，说了几句不那么合乎民主、自由口味的话(具体内容已记不清)，下面的一位同学立即叫了一声：“法西斯!”梅贻琦一向口音沉重，这次更以低沉的声调回应一句：“说－我－是－法西斯，我－就－是法西斯!”全场寂然。我和我们几个同学会后异口同声地说：“梅贻琦真够法西斯的”！联大同学一般尊重的是学者，特别是一些大学者，而不是以官阶高低衡量人。倚仗权势，非西南联大校风所能容。当时的教育部长，大家都不屑一谈，谈起来也是用一种轻蔑的口吻。学校里一些管人事、管事务的人，大家也都平等相待，但他们是职员，不是教员，与学术不相干。至于挂上了国民党头衔的职员，则根本不在同学们的眼里。在学校里，学术是衡量一切的最高标准，这也是学术得以自由的前提。有人问我，西南联大是怎么成就人才的？我说“学术自由，如此而已”！唯自由才有学术。独立思考，见由己出，斯有真心真言与真才实学。倚政治之权势，谋一唱亿和之效应，乃不学无术、践踏人才之源。请参阅本书收录的拙文：《知趣不知趣》。

我在西南联大这种学术自由空气的感染下，对国民党、三青团越来越厌弃，越来越拒斥，但我并没有接近共产党。闻一多很了解我的心情，他有意在引导我走上革命之路，经常通过彭兰让我接触一点革命的实际。一次对我触动较大的倒是学运高潮期间校门口民主墙上的一张漫画：几个哲学系的学生戴着高度近视眼镜，连成一队，汗流浃背地爬梯子，梯子的顶端是一座庙，正中坐着一个祖师爷，是冯友兰的头像，满脸大胡子，头发如云雾缭绕，云缝间布满了“本质与现象”、“思维与存在”、“有与无”、“变与不变”、“一与多”之类的名词概念。我看了这张漫画，不免忐忑不安，自觉身在其中。这张漫画是当时进步同学画的，讽刺的是抗日战争期间，国家处于危急存亡之秋，一些搞脱离现实的哲学的学生还拼命往象牙之塔里钻。我面对这张漫画，对比“一二·一”学生运动中四烈士的鲜血和我个人两耳不闻窗外事的冷漠，汗颜无地。在彭兰的带动下，我经常到闻一多家，聆听他的教诲。不知不觉之间，我的交往圈子扩大到了一些进步人士的边缘，地下党和来自延安的声音，也时有所闻。

1946 年夏，我刚从联大毕业，那几个月里，昆明时局特别紧张。一方面是李公朴、闻一多骂国民党的调子越来越高，另一方面是国民党特务准备对李、闻下毒手的传言也越来越多。一天，我和彭兰到闻一多家，亲眼见到一个穿灰色旗袍的女特务疯疯癫癫地在闻家大门口叫喊：“闻一多，你这个多字，是两个夕字，夕阳西下，你小心就要落山了。”我们两人想开门出去同她理论，闻先生要我们别理她。第二天，闻先生在一个公开的会上骂国民党的语言更尖锐了。7 月 10 日我俩离滇回汉前夕，去告别闻先生。我们担心联大刚结束，准备迁回北平，学生大多也已离滇，闻先生失去学生的支持，特务下手的可能性更大，劝闻先生尽快飞重庆转往北平。闻先生似乎想抗争到底。闻先生这次对我俩讲了很多很多："你俩的婚姻，是我促成的，算得是文学与哲学的联姻了，世英要多学点文学，若兰(闻先生觉得她单名不好叫；就给她起了这个名字)其实也有思想，有哲学头脑，要学点外文，我一向主张学中文的要懂外文。我将来等到那个时候，还是要回到书斋里一心做我的学问，就可以不问政治了，我也不是个闹政治的人。""等到那个时候"这半句话是闻先生特别提高了嗓子说的，我们心领神会，知道他的意思是说，等到国民党垮台，共产党夺得了政权之时。闻先生特别叮嘱我们"回武汉后，要赶快北上"，还带着暗示的眼光问我们："你们懂吗?"当时人们大多猜测，将来的局势可能是南北对峙，闻先生怕国民党挑动内战，我们可能隔在南方。告别闻先生之次日，我俩乘汽车离开了昆明，晚宿典靖县，就听到李公朴遇刺的消息，隔数日车行至贵阳，见报载，闻一多遇刺身亡，没想到前几天与闻先生的那次长谈，竟成了师生永诀之词。我们想重返昆明，被同车的一位地下党员劝阻了。彭兰和闻先生的夫人情同母女，我们和闻先生的子女情同手足。我们失去的不只是一位尊敬的师长，而且是一位至亲，是我们人生旅程中的一盏明灯。

在我的哲学生涯中，闻先生影响我最深远的一句话，莫过于"走出象牙之塔"一语。闻先生本人原系研究古典文学、甚至研究甲骨文的学者，是国民党政府的腐败把他逼出象牙之塔的。他在同我和彭兰告别的那次谈话中，显然表白了他的意愿：在未来他所理想的环境里，他仍然要回到象牙之塔，"不问政治，一心做学问"。我相信他的那几句话是严肃认真的，是他的肺腑之言。他在遇难前，虽有学者、诗人和民主斗士"三重人格"之称号，但他当时想回到象牙之塔的理想和愿望表明他依然书生本色，是一个并没有彻底走出象牙之塔的纯粹学者。

《若兰诗集》序*

若兰原系闻一多先生为彭兰取的号。1945 年 7 月我们在昆明结婚时，一多师是她的主婚人，柳漪(冯文潜)师是我的主婚人，锡予(汤用彤)师是我俩的证婚人。我们在昆明青云街一个偏僻的小巷(竹安巷)里租得一间小房，办了一桌酒席，应邀参加的就是这三位老师和他们的夫人，总共八个人。一多师打开他亲笔为我们用篆字书写的横幅向我们祝贺说："这中间的四个字，我心则悦，不用我解释；要说的是这个上款：若兰世英结婚纪念。这不仅是因为她是个单名，不好写，更重要的是，若兰者，似兰非兰也，真正的兰花太实，我想虚一点好，专取其幽香清远之意。"我今以此名集，亦有此意。她在昆明西南联大念书时，每爱在空净之处闲吟太息。据她告诉我，她父亲是前清翰林，母亲也出自书香门第，晚年都信佛，她的人生观颇受佛教思想的影响。但她的思想显然不完全是出世的。

---

* 本篇选自《若兰诗集》，北京，华夏出版社，1989。

国破家何在，层山涌暮云。
凄风人独立，古木雁中分。
孤塔迎残照，荒烟拥乱坟。
吴钩何处觅，空对夕阳曛。

真像空谷中的幽兰，显得很寂寞、很凄切，却总想为人世间放出一点清香。她在昆明的报纸上就曾以谷兰为笔名发表过诗词。

她逝世的第二天，我写了一副挽联：

春城弦诵喜结缡，争吟韵事，从此谁与正平仄！
人海徊徨承解惑，共倾衷肠，他生再面嗟沧桑。

我和她是以诗相识的。我那时完全不通平仄，她勉励我："你的诗有意境，这就不易，平仄我可以教你。"她经常替我正平仄，但我更多的是向她学笔姿、学意态。从此我们逐渐产生了爱慕之情。婚后，她常常对我讲她儿时如何聪颖，如何能诗作对。至今仍然记忆犹新的一副对联是，她舅舅（前清秀才）出了一句上联：围炉共话三杯酒，她立即答出下联：对局相争一桌棋。时年九岁（1927 年）。她遇有得意之作，常邀我赓和，我自愧没有这种诗才，越来越敬佩她。有一次我在日记中写了几句我很敬佩她之类的话，不料惹得她看后大哭了一场，原来是怪我没有写一句我爱她的话。她长我三岁，不少朋友劝我们不要结婚，理由不外是，相敬不等于相爱。但我们终于在弦诵争吟中结成了婚姻。我们的一生，如果用一句哲学的语言来说，也许就是相敬与相爱又有区分又有统一的一生吧。

我们结婚之前，经常听她说，她"决不会同一个学哲学的人结婚，好争辩，寡人情”。可是偏偏一多师说她是女同学中最有哲学头脑的人，而且她为了同我结婚，曾向一多师征求意见，一多师在“面试”我之后的结论又偏偏是有哲学头脑，有培养前途。哲学与文学就这样联姻了。1963年她在小汤山疗养，晚登乾隆题字处，她填了一首《浪淘沙》，其后半阕是：

帝业总成空，白骨尘封，名园非复旧时容。
古木苍松人共赏，世世无穷。

这几句富于人生哲理的词句，特别令我喜爱，也许就多亏我是一个懂得哲学的人吧。她生前每爱责怪我不该学哲学：“你要是学文学，也许会对我的帮助大一些。”但我常想，也许就因为我是学哲学的，才成了她这几句诗的知音哩！

她七岁丧父，二十岁丧母，常有身世飘零之感。但她从幼年时期起就有积极进取之心，她特别念念不忘的是她母亲临终时叮嘱她的一点遗愿：做一位教员，做一个诗人。她终其一生，似乎都是想在这两个方面留下一点雪泥爪印。她逝世前几个月曾写下这样两句：

桃李满园堪庆幸，且留鸿爪在人间。

也许她是为她的小小成绩感到了一点欣慰。但就是这一点小小的成绩，也是她经历了人世的风涛才取得的。

1940年秋，战云弥漫，学子流亡，她刚刚告别她母亲的遗体，就从武汉的法租界偷偷逃离日寇的虎口，历尽艰难险阻才只身到了西南联大叙永分校，念中文系，次年转昆明校本部。她这时就已显露了诗才，不时在读书报告的末尾附上几句诗作，请老师斧正，颇得闻一多、罗庸、朱自清、浦江清几位老师的赏识。罗庸老师常常把她的诗词抄在黑板上让大家共赏。诗集的前面有好几首就是从她的读书报告中抄录下来的。她和同班或同乡同学来往，也常以诗相酬和，不少同学对她以联大才女相称。

她和联大其他许多流亡的穷学生一样，为了糊口，不得不给人家当家庭教师，往往深夜归来，还伴着一盏孤零零的桐油灯，写作业，看古文，不遑寝息。据说，她又是女生宿舍中起床最早的一个，经常是喝一碗稀饭，咽一点咸菜，就夹着书包离开了宿舍，或上图书馆，或去人家教家馆，就连当时穷学生上茶馆念书的茶钱也难以负担得起。她并不是一个两耳不闻窗外事，一心只读圣贤书的人，她的心灵深处究竟在盘旋一些什么呢？

万里河山半劫灰，婵娟含恨且低徊。
三更数尽难成梦，恍惚遥闻画角哀。

她同当时许多青年学生一样，是抱着“千秋耻，终当雪”的收复河山之心而走向进步、走向革命的。她跟随着闻一多先生的步伐，成了闻先生的高足。这大概是诗集中怀念一多师的诗词较多的主要原因。她属于联大当时比较进步的学生，而我当时向往的是鸡犬之声相闻，老死不相往来的小国寡民思想，我总爱向她念叨庄子的哲学：我生也有涯，而知也无涯，以有涯随无涯，殆矣。她不同意我到闻先生那里去“告状”。闻先生送我一本《海上述林》，黑绒面，烫金字，给了我深刻的印象。在她和闻先生的思想影响下，当然主要还是由于形势的教育，我经过长时期的沉思，逐步走向革命，并于 1948 年在天津南开大学参加了党的地下外围组织“民青”。近几年来，我们都深感走到了人生的尽头，经常谈论离休退休。据说，根据文件，我可以办离休，而她则已于逝世前九个月办了退休。我在她面前感到惭愧。她于1944年毕业于昆明联大后，在昆明教中学的两年期间里，经常在师生中进行革命思想宣传；1946年秋到天津南开大学中文系任教，参加过反饥饿、反内战的运动，散发过反对国民党反动派的传单，掩护过进步学生去解放区。我知道她在这个问题上不是十分平静的，但她毕竟有“职位工资只等闲，潜心四化志坚顽”的广阔胸怀，如果我今天要为她鸣一下不平，她也许又会觉得我还不够作她的知音哩！

天津解放后不久，她回武汉，曾任中学语文教师和教导主任，1952年参加民盟，任民盟武汉市委常委兼妇女工作委员会主任，1953年加入中国共产党。这是她风华正茂，在故乡中等教育界极其活跃的几年。她是一个家乡观念很重的人。回武汉后的几年，她日夜为刚刚解放后的故乡教育事业操劳。从她后来的几篇诗作里，可以看出她对培养故乡后辈的热情。北京大学湖北学生于1985年成立联谊会，她赋诗祝贺：

长江浪阔奔千里，湘累遗篇万古新。
负笈幽燕思报国，振兴华夏为人民。

凡是从故乡来京的青年，她总是殷勤接待，不遗余力地要满足他们的愿望，期待他们成材。当年她赠给武汉大学一位青年教师的七绝：

松花远寄数千里，盛意深含故园情。
三楚文明留简册，喜看后继有群英。

1953年秋，由于我已先一年调来北大，她也到这里工作，迄今三十四年有余，历任校长秘书、中文系教学秘书、中文系古代文学教研室副主任、讲师、副教授、教授等职。她撰写了关于诗经、乐府、高适研究的论文多篇，著有《高适年谱》。她讲授过先秦两汉文学史、古典诗歌选、散文选等基础课，以及乐府诗研究、古典文论、杜甫研究、高适岑参研究等专题课。她对中国古典文学，特别是古典诗词有很深的造诣。她在此期间创作了大量旧体诗词。

1958年她对“书斋徒咄咄，纸上空谈兵”的自我批评，1963年和1964年对国庆节的颂歌，以及1976年对毛主席、周总理的悼念，都表现了她作为一个诗人的赤诚。1970年，她和广大的中国知识分子一样处于艰难岁月，却在鄱阳湖畔写下了这样的诗句：

鄱阳春水碧连天，仰望长空卧石眠。

充分表现了一个诗人的潇洒、坦荡和旷达。

她待人平易，但从不随波逐流，寓倔强于随和。1966年，中文系总支书记程贤策同志遭到迫害，有人想利用她的随和，在她手下抓走程贤策同志，她拒不交人，设计把程藏在女厕所里，暂时让程闯过了一道难关。不久，程终于被逼身亡。1978年学校召开追悼会，为程平反昭雪，她感赋一词以寄悼念之情，词的上阕是：

十二年华逝水流，忆在心头，恨在心头，
黄金台上鸟啾啾，生者堪忧，死者堪愁。

写得多么凄婉，多么深切，非情谊至深者，何能至此。

中文系的张仲纯教授也是在那段岁月里含冤受屈的一个，她在1978年送别仲纯教授时写下了“多少事，欲话苦难言”的诗句，婉约地道透了中国一代知识分子的悲哀，也和其他一些酬赠友人的诗句一样，表现了她对人的诚挚、温厚与同情。

我的祖父是一个乡下裁缝工，父亲是中小学教员。我和她第一次见面时，穿着一件灰色旧长棉袍，有点捉襟见肘。她当时虽然也是流亡学生，却是名门出身，大家闺秀。可是就在她看过我父亲给我的全部信函，充分了解了我的贫寒家境之后不久，我们终成眷属。我终生不会忘记，那是发生在旧社会的姻缘呀！她不善女功，我们结婚的两床被是由我一针一线地缝上的，我对她从无这方面的要求，她也常常以此在人面前夸耀。但当我在外面遇到困难时，一回家就爱缠着她，要向她倾诉衷肠。她在我受到挫折时总是设法使我振作。1984年游太湖时我在寄给她的一首七绝中写了这样两句：“纵有丰碑高万丈，何如一叶泛五湖。”她在回赠我的诗中劝我：

莫羡范蠡遗韵事，水光山色永争妍。

和往常一样，是她为我排忧解惑，使我又一次振奋起来。

“人海茫茫苦难多”。何况多少年来我们这个社会里的惊涛骇浪，令人惘然。四十二年来，我们最能引以自慰的就是能够在一起共话沧桑，共嗟荣辱。从今以后，纵有千愁万绪，更与何人诉说！

她的淡远、泰然而又热情的诗人气质，在她最后半年多来的病院生活里表现得尤为鲜明。短短七个月的时间，她面临死神，成诗八首，或感谢医护人员“辛勤岁月绩长留”，或赞扬病友“戎马倥偬情旷达”，或歌颂国庆节日“彩塔花坛耀九州”，或庆幸台湾大陆“两岸同胞共月明”，句句充满了炽烈豪放的激情，哪有一点点即将辞世的呻吟！只是在精力极度疲惫的情况下，岚儿勉强她在医院花园里呼吸一点清鲜空气时，她才作了“金风阵阵催人老，从欲年华浪里舟”的叹息。但她在猜测到自己患的是癌症以后的当夜，却写下了这样的豪迈诗句：

癌症何须惧，死生顺自然。
人间最乐处，诚挚为元元。

她是一个既有革命豪情又富儿女之情的人。就在写这首不怕癌症，一心为人民的七绝的同时，还写了另一首诗赠我：

他生共饮长江水，喜看鸳鸯逐浪飞。

表达了她临死之前愿同我再结来生之好的深情。我虽然亦已年近古稀，两鬓成霜，也不禁在酬和她这篇诗作的同时回忆起当年携手翠湖时的绮语柔情：

依稀蝶梦到沧洲，月色清明夜色柔。

这是我们婚前她赠我的第一首诗。我们的相识以诗开始，我们的共同生活也以诗结束。

她把她的一生全部贡献给了文学和教育事业，堪称纯真的诗人，辛勤的园丁。

她显然以未能完全实现她的理想和她母亲的遗愿为憾。1980 年的重阳节是她母亲逝世四十二周年纪念日，她感赋了这样两句：

欲追李杜谈何易，辜负叮咛泪万行。

她是实事求是的，从不妄自尊大。但她并非完全缺少李杜的禀赋。

织绣自来称粉黛，文章从不让须眉。

这两句诗及其答和她舅父的那句下联“对局相争一桌棋”，都是她九岁时所作，未尝不可与杜甫“七龄思即壮，开口咏凤凰”相媲美。诗集所搜集的那几首在联大时期的长短句，其清超不让白石，婉约有如易安。为什么在这以后的几十年里，她没有充分展露她的诗才呢？她有“鲁戈真可挥西日，老骥千程不怕多”的壮志，可是她在逝世前的这几年里，每一回顾过去的大半生，就不免要兴“冯唐易老岁蹉跎”或“年华虚掷意茫茫”之叹。这不是她个人的悲鸣，她用诗的语言表达了我们这一辈人的心声。

在若兰离开我们的这一个月里，我几乎每天都要翻阅她的遗作，从她留下的这些雪泥鸿爪中回顾我和她共同走过的四十多年岁月。谨以这本集子悼念我至亲至爱的若兰，并用以慰藉我们的几个孩子和许多深深怀念她的朋友。

1988年2月24日

若兰逝世后一月于北大燕园

张世英著作目录(不包括合著)

(一)著作

《论黑格尔的哲学》(上海：上海人民出版社，1956 年第 1 版，1957 年第 2 版，1961 年第 9 次印刷，1972 年第 3 版)

《论黑格尔的逻辑学》(上海：上海人民出版社，1959 年第 1 版，1981 年第 3 版；1975 年日文译本在日本出版)

《黑格尔"精神现象学"述评》(上海：上海人民出版社，1962 年)

《黑格尔〈小逻辑〉绎注》(长春：吉林人民出版社，1982 年)

《论黑格尔的精神哲学》(上海：上海人民出版社，1986 年第 1 版；1995 年台北唐山出版社重版)

《康德的纯粹理性批判》(北京：北京大学出版社，1987 年)

《黑格尔辞典》(主编并撰稿 10 余万字)(长春：吉林人民出版社，1991 年)

《天人之际——中西哲学的困惑与选择》(北京：人民出版社，1995 年第 1 版，2007 年第 2 版第 4 次印刷)

《北窗呓语——张世英随笔》(上海：东方出版社，1998 年)

《进入澄明之境——哲学的新方向》(北京：商务印书馆，1999 年)

《自我实现的历程——解读黑格尔“精神现象学”》(济南：山东人民出版社，2001 年第 1 版，2003 年第 2 次印刷)

《张世英学术文化随笔》(北京：中国青年出版社，2002 年)

《哲学导论》(北京：北京大学出版社，2002 年第 1 版，2006 年第 6 次印刷，2008 年第 2 版)

《新哲学讲演录》(桂林：广西师范大学出版社，2004 年第 1 版，2006 年第 3 次印刷，2008 年第 2 版)

《境界与文化》(北京：人民出版社，2007 年)

《归途——我的哲学生涯》(北京：人民出版社，2008 年)

(二)译作

[英]巴克莱：《人类知识原理》，略加删节后收入北京大学哲学系编《十六—十八世纪西欧各国哲学原著选辑》(北京：商务印书馆，1975 年)

[德]库诺·费舍尔：《青年黑格尔的哲学思想》(长春：吉林人民出版社，1983 年)

《新黑格尔主义论著选辑》(主编，北京：商务印书馆，上卷 1997 年，下卷 2003 年)